普通高等教育研究生教学用书

教育部战略性新兴领域"十四五"高等教育教材

Transportation Engineering

交通运输工程学

（第 3 版）

翟婉明　刘　攀　主编

人民交通出版社

北京

内 容 提 要

本书在介绍交通运输行业发展与学科概况的基础上,总结了交通运输工程学科的共性理论基础和方法,全面系统地介绍了公路交通运输系统、铁路交通运输系统、水路交通运输系统、航空交通运输系统、管道交通运输系统以及城市交通与综合交通运输系统的规划设计、基础设施、移动装备、运输组织、运行控制与管理等方面的基本理论和专业基础知识及相关技术,并对公路运输、铁路运输、水路运输、航空运输和管道运输的科技前沿与未来发展趋势进行了阐述。

本书被教育部列入战略性新兴领域"十四五"高等教育教材体系,可作为交通运输工程学科硕士研究生的必修课教材,也可作为交通运输类专业高年级本科生的选修课教材,同时可供在交通运输工程领域从事教学、科研、技术开发、管理等工作的人员参考。

图书在版编目(CIP)数据

交通运输工程学/翟婉明,刘攀主编. —3 版. —北京:人民交通出版社股份有限公司,2024.7
ISBN 978-7-114-19558-7

Ⅰ.①交… Ⅱ.①翟… ②刘… Ⅲ.①交通工程学—研究生—教材 Ⅳ.①U491

中国国家版本馆 CIP 数据核字(2024)第 110851 号

Jiaotong Yunshu Gongchengxue

书　名:	交通运输工程学(第3版)
著 作 者:	翟婉明　刘　攀
责任编辑:	张一梅
责任校对:	孙国靖　刘　璇　卢　弦
责任印制:	刘高彤
出版发行:	人民交通出版社
地　　址:	(100011)北京市朝阳区安定门外外馆斜街 3 号
网　　址:	http://www.ccpcl.com.cn
销售电话:	(010)59757973
总 经 销:	人民交通出版社发行部
经　　销:	各地新华书店
印　　刷:	北京市密东印刷有限公司
开　　本:	787×1092　1/16
印　　张:	39
字　　数:	946 千
版　　次:	1999 年 7 月　第 1 版
	2003 年 9 月　第 2 版
	2024 年 7 月　第 3 版
印　　次:	2024 年 7 月　第 3 版　第 1 次印刷　累计第 25 次印刷
书　　号:	ISBN 978-7-114-19558-7
定　　价:	98.00 元

(有印刷、装订质量问题的图书,由本社负责调换)

《交通运输工程学》(第3版) 编写组

主　编：翟婉明　刘　攀
副主编：陈　峻　刘建新
成　员（以姓氏笔画为序）：

丁　一	丁　萌	于德新	马园园	马　涛	王大鹏	
王　昊	王　佳	王海燕	王　磊	尹嘉男	左洪福	
石怀龙	王　田	付珊珊	包丹文	江龙晖	冯宏祥	
朱玉华	朱晓宁	任　刚	邬姗华	刘志远	刘克中	
刘佳仑	孙小倩	孙　明	孙思琪	芦道方	严新平	
杨　飞	杨立新	杨　扬	杨忠振	杨神化	杨家其	
杨　敏	杨　超	杨　磊	李　力	李大韦	李志斌	
李晓彬	李　晨	李　猛	李善梅	李豪杰	吴薇薇	
邱延峻	邱　睿	何良德	沙　梅	沈　亮	宋晓东	
初良勇	张久鹏	张石平	张　永	张军峰	张连丰	
张劲军	张国柱	张　健	张　涛	张浩然	张　笛	
张　敏	张裕卿	陈　丰	陈　坚	陈　垚	陈　茜	
陈　康	陈新元	陈煜澈	邵　荃	范世东	罗小明	
罗世辉	罗斯达	岳　昊	周亚东	周博见	周　鑫	
郑中义	郑亚红	郑金海	赵　军	赵　征	赵春发	
赵　鹏	赵　德	赵巍飞	胡明华	胡欣珏	胡晓健	
钟　鸣	侯　磊	姜　雨	姚恩建	秦进坚	袁成清	
袁　泉	徐　宁	徐铖铖	高广军	郭子迪	郭延永	
郭　进	凌　亮	涂　敏	姬忠礼	黄其渊	常程坤	
章文俊	章定文	梁永图	彭子烜	彭其澄	彭剑京	
彭　瑛	董传明	董襄宁	程　龙	程　文	曾京	
蔡开泉	廖　绮	廖　鹏	熊　文			

第3版前言

《交通运输工程学》是一本涵盖各种运输方式、涉及面广、系统性强、内容丰富的书籍。第2版(沈志云、邓学钧编著)自2003年出版至今,历时20余年。作为交通运输工程一级学科及所含二级学科硕士研究生专业必修课程教材,《交通运输工程学》为众多高校所选用,同时也被交通运输行业众多科研院所、企业和政府管理部门所参考。《交通运输工程学》对于促进交通运输类专业人才的培养、企业科技进步和管理创新起到了积极作用。

过去20年,特别是党的十八大以来,我国交通运输行业取得了突飞猛进的发展,铁路、公路、港口、机场等交通设施规模已位居世界前列,交通运输工程科学技术不断创新,为我国成为交通大国提供了重要支撑。进入新时代,伴随着《交通强国建设纲要》《国家综合立体交通网规划纲要》的发布,我国交通运输系统建设和事业发展开启了新篇章,交通作为"中国现代化的开路先锋"的作用更加凸显。新时代对我国交通发展提出新愿景,对交通运输类专业人才的培养也提出了新的更高要求。作为统领交通运输工程学科研究生培养的一门专业基础课教材,与时俱进、更新修编,既是各方的迫切之需,也是提升人才培养质量的急切之需,对于不断提高交通运输人才培养质量、更好地满足交通强国建设需要具有重要的战略意义。

鉴于此,人民交通出版社于2022年底启动了本教材第3版的修订工作,聘请西南交通大学翟婉明院士和东南大学刘攀教授担任主编,东南大学陈峻教授和西南交通大学刘建新教授担任副主编。经过主编们的精心筹划和部署,2023年5月,在南京召开了《交通运输工程学》(第3版)教材编写工作会议,来自20所高校的近50位专家出席,确定了本教材的编写大纲、主要参编单位以及各篇统稿负责人,同时讨论确定了各篇章的主要内容和编写人员,以及编写进度和编写要求等。会后,参与编写的专家学者积极响应,热忱地投入教材修订工作中。经过多次的研讨交流和修改完善,全书于2024年2月定稿。

本教材作为教育部战略性新兴领域"十四五"高等教育教材,相较第2版,对篇章架构进行了重塑,主要包括:(1)介绍了交通运输工程学科的基本概况与学科发展沿革,明确了学科共性理论基础和方法;(2)分别面向公路、铁路、水路、航空、管道等不同交通运输方式,进行了规划设计、基础设施、运载装备、组织控制、安全应急等学科方向的知识梳理和融合;(3)强化了现代城市交通、综合交通运输系统的内容介绍;(4)按专题介绍了公路、铁路、水路、航空、管道各运输方式的科技前沿与未来发展。

全书由翟婉明、刘攀任主编,负责总体策划与统稿;陈峻、刘建新任副主编,负责具体实施与各篇章统稿;西南交通大学、东南大学、南京航空航天大学、武汉理工大学、中国石油大学(北京)、同济大学、北京交通大学、北京航空航天大学、长安大学、中南大学、中国民航大学、长沙理工大学、大连海事大学、重庆交通大学、北京大学、宁波大学、集美大学、河海大学、大连理工大学、上海海事大学、广州航海学院、中国石油大学(华东)、国家管网集团油气调控中心、中国电子科技集团公司第二十八研究所等20多所高校和科研院所的百余位专家学者联合编写。各篇编写分工如下：

第一篇　交通运输行业与学科概况，由翟婉明统稿，翟婉明、刘建新、刘攀、陈峻编写。

第二篇　交通运输工程学理论基础，由刘攀、李志斌统稿，李志斌、徐铖铖、刘志远、王昊、马涛、郭延永、黄迪、陈新元、陈垚、孙小倩、廖鹏、廖绮、张裕卿、王佳、彭剑坤、张国柱、宋晓东、陈煜澈编写。

第三篇　公路交通运输系统，由马涛、赵德统稿，马涛、赵德、李大韦、彭剑坤、张永、张军辉、陈坚、过秀成、邵海鹏、李岩、于新莲、张久鹏、张石平、章定文、熊文、张国柱、王佳、张海龙、周博见、涂然、程澄、赵晓康编写。

第四篇　铁路交通运输系统，由翟婉明、刘建新统稿，彭其渊、高广军、秦进、邱延峻、郭进、曾京、罗世辉、朱晓宁、彭子烜、凌亮、石怀龙、赵军、李力编写。

第五篇　航空交通运输系统，由胡明华、田文统稿，胡明华、田文、蔡开泉、尹嘉男、赵鹏、杨磊、吴薇薇、邵荃、左洪福、丁萌、姜雨、赵嶷飞、李善梅、张军峰、孙小倩、赵征、彭瑛、包丹文、董襄宁、周亚东编写。

第六篇　水路交通运输系统，由严新平、张笛统稿，杨家其、郑亚红、王磊、王海燕、涂敏、杨忠振、冯宏祥、邬姗华、陈康、初良勇、郑金海、郭子坚、何良德、刘克中、李晓彬、杨神化、沙梅、周鑫、孙明、衷道方、丁一、朱玉华、孙思琪、张敏、张涛、付珊珊、章文俊、张连丰、江龙晖、李猛、董传明、王大鹏、杨立新、郑中义编写。

第七篇　管道交通运输系统，由梁永图统稿，梁永图、张劲军、姬忠礼、常程、罗小明、侯磊、廖绮、邱睿、袁成清、范世东、张浩然、徐宁、沈亮、邵奇编写。

第八篇　城市交通运输系统，由任刚统稿，任刚、陈茜、胡晓健、赵德、李豪杰、杨超、于德新、袁泉编写。

第九篇　综合交通运输系统，由杨敏统稿，杨敏、姚恩建、张永、杨飞、程龙、杨扬、罗斯达、岳昊、程澄、李志斌、钟鸣、周博见编写。

第十篇　交通运输工程科技前沿与未来发展，由陈峻统稿，马涛、陈丰、张健、彭剑坤、翟婉明、赵春发、胡明华、蔡开泉、赵鹏、尹嘉男、马园园、严新平、张笛、刘佳仑、李晨、胡欣珏、廖绮、张浩然、徐宁编写。

本教材是上述各单位交通运输工程教学与科研从业人员集体智慧的结晶，在编写过程中得到了国务院学位委员会第八届交通运输工程学科评议组的大力支持，以及人民交通出版社韩敏总编辑的大力帮助和张一梅编辑的积极协助，同时得到国内很多兄弟院校的支持和帮助。教材中参考了国内外大量文献、书籍，恕不能一一列出，在此一并致以诚挚的谢意！

由于本教材涉及面广，难免存在不足之处，敬请读者予以指正。

《交通运输工程学》(第3版)编写组
2024年2月

第一篇 交通运输行业与学科概况

第一章 交通运输概论 2
  第一节 交通运输内涵 2
  第二节 交通运输与经济社会发展 4
  第三节 我国交通运输行业发展现状及趋势 5
第二章 交通运输工程学科概论 9
  第一节 交通运输工程学科内涵 9
  第二节 交通运输工程学科发展历程及趋势 11
本篇参考文献 13

第二篇 交通运输工程学理论基础

第一章 交通运输系统特征 16
  第一节 交通参与者—载运工具—基础设施耦合特征 16
  第二节 交通参与者特征 17
  第三节 载运工具特征 19
  第四节 交通基础设施特征 21
  第五节 交通流特征 23
  第六节 交通运输系统与外部系统关系 25
第二章 交通运输数据分析基础 29
  第一节 交通运输数据抽样理论 29
  第二节 交通运输数据分析理论 31
  第三节 交通大数据特征与应用 34
第三章 交通运输系统分析与优化理论基础 36
  第一节 交通运输系统分析理论 36
  第二节 交通运输网络优化理论 41

第三节　交通运输系统供需均衡分析理论 ································· 45

第四章　交通运输控制与组织理论基础 ································· 49
　　第一节　交通控制基本原理与方法 ································· 49
　　第二节　交通运输组织理论基础 ································· 57

第五章　交通运输工程力学基础 ································· 63
　　第一节　交通基础设施静力学基础 ································· 63
　　第二节　交通基础设施动力学基础 ································· 65
　　第三节　交通基础设施材料力学基础 ································· 68
　　第四节　交通基础设施结构原理 ································· 72
　　第五节　载运工具系统动力学基础 ································· 76

第六章　交通安全与环境分析基础 ································· 82
　　第一节　交通运输系统安全理论 ································· 82
　　第二节　交通环境振动与噪声理论 ································· 89
　　第三节　交通运输系统排放的大气污染物和测量方法 ································· 93

本篇参考文献 ································· 95

第三篇　公路交通运输系统

第一章　公路交通运输系统概述 ································· 100
　　第一节　公路交通运输系统的特点与作用 ································· 100
　　第二节　公路交通运输系统的组成 ································· 102
　　第三节　公路交通运输系统现状与发展趋势 ································· 103

第二章　公路交通规划与设计 ································· 107
　　第一节　公路交通规划设计目标与任务 ································· 107
　　第二节　公路交通运输系统调查与建模 ································· 109
　　第三节　公路交通系统规划 ································· 112
　　第四节　公路交通系统设计 ································· 115

第三章　公路交通基础设施 ································· 119
　　第一节　路基基础设施 ································· 119
　　第二节　路面基础设施 ································· 122
　　第三节　桥涵基础设施 ································· 125
　　第四节　隧道基础设施 ································· 128

第四章　公路载运工具 ································· 133
　　第一节　公路载运系统与载运工具 ································· 133
　　第二节　公路载运工具运输功能分类与设计 ································· 134
　　第三节　电动公路载运工具原理与运用 ································· 137

  第四节 智能公路载运工具原理与运用……………………………………… 141
 第五章 公路交通运输组织与管理 ……………………………………………… 146
  第一节 公路交通运输组织原则和特点……………………………………… 146
  第二节 公路客运组织与管理………………………………………………… 148
  第三节 公路货物运输组织与管理…………………………………………… 153
  第四节 公路运输服务绩效管理……………………………………………… 161
 本篇参考文献 …………………………………………………………………………… 166

第四篇 铁路交通运输系统

 第一章 铁路交通运输系统概述 ……………………………………………… 170
  第一节 铁路交通运输系统的特点、地位与作用…………………………… 170
  第二节 铁路交通运输系统的组成…………………………………………… 171
  第三节 铁路交通运输的发展………………………………………………… 174
 第二章 铁路交通运输系统规划与设计 ………………………………………… 176
  第一节 铁路交通运输系统规划的目的与任务…………………………… 176
  第二节 铁路交通运输系统规划的需求分析……………………………… 177
  第三节 铁路交通运输系统规划的总体设计……………………………… 179
  第四节 铁路交通运输系统规划的基本方法……………………………… 181
 第三章 铁路交通基础设施 ……………………………………………………… 185
  第一节 铁路线路工程设施…………………………………………………… 185
  第二节 铁路车站及枢纽……………………………………………………… 188
  第三节 铁路信号与通信系统………………………………………………… 191
  第四节 列车自动控制系统…………………………………………………… 198
 第四章 铁路交通移动装备 ……………………………………………………… 202
  第一节 铁路机车车辆………………………………………………………… 202
  第二节 动车组………………………………………………………………… 206
  第三节 重载列车……………………………………………………………… 213
  第四节 城市轨道交通车辆…………………………………………………… 216
 第五章 铁路交通运输组织与管理 ……………………………………………… 219
  第一节 铁路客运组织………………………………………………………… 219
  第二节 铁路货运组织………………………………………………………… 221
  第三节 车站工作组织………………………………………………………… 223
  第四节 列车工作组织………………………………………………………… 227
  第五节 列车运行图与铁路通过能力……………………………………… 230
  第六节 铁路运输调度………………………………………………………… 237
 本篇参考文献 …………………………………………………………………………… 240

第五篇　航空交通运输系统

第一章　航空交通运输系统概述 ⋯⋯ 242
第一节　航空交通运输系统的特点与作用 ⋯⋯ 242
第二节　航空交通运输系统的组成 ⋯⋯ 244
第三节　航空交通运输系统的现状与发展趋势 ⋯⋯ 247

第二章　航空交通运输系统规划与设计 ⋯⋯ 249
第一节　机场规划与设计 ⋯⋯ 249
第二节　空域规划与设计 ⋯⋯ 255
第三节　航空公司运营规划 ⋯⋯ 258

第三章　航空运输系统设备与设施 ⋯⋯ 261
第一节　航空器系统 ⋯⋯ 261
第二节　机场设施与装备 ⋯⋯ 265
第三节　航行系统设施设备 ⋯⋯ 269

第四章　航空交通管理与运输服务 ⋯⋯ 274
第一节　航空客货运组织与管理 ⋯⋯ 274
第二节　机场运行管理与保障 ⋯⋯ 278
第三节　空域运行管理 ⋯⋯ 282
第四节　空中交通流量管理 ⋯⋯ 286
第五节　空中交通服务 ⋯⋯ 289

第五章　航空交通安全与应急管理 ⋯⋯ 292
第一节　航空安全管理体系 ⋯⋯ 292
第二节　航空器适航与维修 ⋯⋯ 294
第三节　机场与空域运行安全 ⋯⋯ 297
第四节　突发事件应急管理与救援 ⋯⋯ 299

本篇参考文献 ⋯⋯ 302

第六篇　水路交通运输系统

第一章　水路交通运输系统概述 ⋯⋯ 306
第一节　水路交通运输系统的内涵及特征 ⋯⋯ 306
第二节　水路交通运输系统的构成 ⋯⋯ 308
第三节　水路交通运输系统的发展沿革及趋势 ⋯⋯ 309
第四节　水路交通运输系统规制 ⋯⋯ 312

第二章 水路交通运输系统规划 ································ 317
第一节 水路交通运输系统分析 ································ 317
第二节 航道网规划 ································ 319
第三节 港口规划与布置 ································ 321
第四节 船队与航线规划 ································ 325
第五节 水路交通运输系统战略规划 ································ 328

第三章 港口航道基础设施 ································ 330
第一节 港口水工建筑物 ································ 330
第二节 港口陆域设施与装卸设备 ································ 333
第三节 航道设施 ································ 338
第四节 通航建筑物 ································ 341

第四章 船舶及航行系统 ································ 345
第一节 船舶种类及特点 ································ 345
第二节 船体结构 ································ 346
第三节 船舶设备与动力系统 ································ 351
第四节 船舶驾控与航行辅助系统 ································ 360

第五章 水路运输组织 ································ 368
第一节 船舶运输组织基础 ································ 368
第二节 水路货物运输组织 ································ 368
第三节 水路旅客运输组织 ································ 372
第四节 港口运营组织与智能调度 ································ 373
第五节 港口装卸工艺 ································ 376
第六节 水运商务 ································ 380

第六章 水路运输安全保障系统 ································ 383
第一节 安全保障主体及其职责 ································ 383
第二节 安全监管保障 ································ 385
第三节 航海保障 ································ 389
第四节 水上应急保障 ································ 391

本篇参考文献 ································ 396

第七篇 管道交通运输系统

第一章 管道交通运输系统概述 ································ 400
第一节 管道运输系统的特点、地位和作用 ································ 400
第二节 管道运输系统的组成 ································ 403
第三节 管道运输与水路运输、铁路运输、道路运输的协同 ································ 406

第四节　管道运输系统发展现状与趋势 ··· 409
第二章　管道运输系统规划与设计 ··· 416
　第一节　管道线路与站场设计 ··· 416
　第二节　复杂管网物流规划 ·· 419
　第三节　管道运输系统可靠性 ··· 420
第三章　管道运输设备与设施 ··· 422
　第一节　管道供能设备 ·· 422
　第二节　低温管道运输设备 ·· 425
　第三节　管道储存设备与设施 ··· 428
　第四节　管道计量装置 ·· 430
第四章　管道运输系统运行与控制 ··· 434
　第一节　管道运输工艺概述 ·· 434
　第二节　管道运行仿真方法 ·· 436
　第三节　管道运输调度方法 ·· 437
　第四节　管道运输控制方法 ·· 439
　第五节　管道运输市场运营 ·· 441
第五章　管道运输系统应急与维护 ··· 445
　第一节　运输管道检测方法 ·· 445
　第二节　运输管道监测方法 ·· 448
　第三节　运输管道安全评价 ·· 451
　第四节　运输管道事故后果与应急管理 ·· 453
本篇参考文献 ··· 458

第八篇　城市交通运输系统

第一章　城市交通运输系统概述 ·· 460
　第一节　城市交通供需平衡关系 ··· 460
　第二节　城市交通运输系统推演与评估 ·· 464
第二章　城市交通规划与设计 ··· 467
　第一节　城市综合交通体系规划 ··· 467
　第二节　城市交通设计 ·· 473
第三章　城市交通管理与控制 ··· 478
　第一节　城市交通需求管理 ·· 478
　第二节　城市交通运输系统管理 ··· 479
　第三节　城市交通控制与诱导 ··· 481
第四章　城市交通综合治理 ·· 486
　第一节　城市交通综合治理的内涵与目标 ··· 486

第二节　城市交通现代化治理体系 489
　　第三节　城市交通现代化治理手段 492
　第五章　城市智能交通系统 495
　　第一节　城市智能交通感知系统 495
　　第二节　城市智能交通管控系统 498
　　第三节　城市智能交通服务系统 501
　本篇参考文献 505

第九篇　综合交通运输系统

第一章　综合交通运输系统特征 508
　第一节　综合交通运输系统基本要素 508
　第二节　综合交通运输系统主要特征 511
第二章　综合交通系统布局与规划 515
　第一节　综合立体交通网络布局与规划 515
　第二节　综合交通运输通道布局与规划 518
　第三节　综合交通运输枢纽布局与规划 521
第三章　客运交通一体化组织与联程运输 524
　第一节　客运交通一体化与联程运输系统特征 524
　第二节　客运交通一体化与联程运输组织 527
　第三节　客运交通一体化与联程运输主要模式 531
第四章　货物运输一体化组织与多式联运 536
　第一节　货物运输一体化与多式联运系统特征 536
　第二节　货物运输一体化与多式联运规划设计 538
　第三节　货物运输一体化与多式联运组织管理 541
　第四节　货物运输一体化与多式联运协同运营 543
本篇参考文献 545

第十篇　交通运输工程科技前沿与未来发展

第一章　公路交通自动驾驶 548
　第一节　自动驾驶车辆 548
　第二节　自动驾驶交通 551
　第三节　自动驾驶交通基础设施 555
第二章　磁悬浮交通 560
　第一节　磁悬浮交通发展现状 561

第二节　常导电磁悬浮型磁浮交通技术 ·· 565
　　第三节　超导电动悬浮型磁浮交通技术 ·· 570
　　第四节　高温超导钉扎悬浮型磁浮交通技术 ·· 572
第三章　空地协同的新航行系统 ·· 574
　　第一节　空地协同新航行系统的未来发展 ·· 574
　　第二节　空地宽带安全通信与可信导航 ·· 577
　　第三节　空地一体态势认知与自主运行 ·· 579
　　第四节　空域流量协同管理与智能决策 ·· 581
第四章　水路交通新一代航运系统 ·· 585
　　第一节　新一代航运系统内涵 ·· 585
　　第二节　绿色智能船舶 ··· 588
　　第三节　数字生态设施 ··· 589
　　第四节　可靠岸基支持 ··· 590
　　第五节　韧性运营服务 ··· 591
第五章　智慧互联管网运输系统 ·· 594
　　第一节　智慧互联管网的内涵 ·· 594
　　第二节　管道数字孪生体 ·· 595
　　第三节　管道智能化运营 ·· 598
　　第四节　新介质管输系统 ·· 599
　　第五节　面向能源互联的管网系统 ·· 601
本篇参考文献 ·· 604

第一篇

交通运输行业与学科概况

第一章　交通运输概论

第一节　交通运输内涵

一、交通运输的概念

何为交通？何为运输？又如何描述交通运输呢？《辞海》的定义是：交通是各种运输和邮电通信的总称，即人和物的转运和输送，以及语言、文字、符号、图像等的传递和播送。《中国大百科全书·交通卷》的解释是：交通包括运输和邮电两个方面，而运输的任务是输送旅客和货物。

根据《辞海》的定义和《中国大百科全书·交通卷》的解释，可以这样理解：交通是指人员、货物的流动和信息的传输，但随着科学技术的发展，已经形成了许多专门化的信息传输系统，因此，可以认为交通仅仅是指载人、载物的载运工具在运输线上的流动。运输则是借助公共运输线及其设施，利用各种载运工具来实现人与货物空间位移的一种经济活动和社会活动。

从交通和运输这两个概念可以看出，交通强调的是载运工具在运输线上的流动状况，与载运工具上所载的人员、货物数量无关；而运输则强调载运工具上载运的人员和货物的多少、移动的距离，并不强调载运工具的数量和流动的过程。

显然，交通和运输反映的是同一事物的两个方面。运输以交通为前提，交通以运输为目的，两者既相互区别，又密切相关，统一在一个整体之中。为了完整表达词义，通常采用交通运输这一名词来描述载运工具以及人员、货物在运输线上的流动状况及其相应的经济社会活动。

二、交通运输系统及发展历程

现代交通运输是一个庞大而复杂的系统，由铁路运输、公路运输、水路运输、航空运输和管道运输这五种基本运输方式组成。现代交通运输系统涵盖各种运输方式下基础设施的规划、建设与养护，载运工具的制造、运行与保养，运输过程的组织、运行控制与管理等。旅客和货物的运输从始发地到终点地的全过程，通常都要由几种运输方式配合完成。

五种基本运输方式在载运工具、线路设施和运营方式等方面各不相同，并且各有其不同的技术经济特征，因而也各有其适用的范围。纵观交通运输的发展史，在不同时期，虽然有所侧重，但都是几种运输方式同时存在。从世界范围内交通运输发展的侧重点和主导的角度，可以将现代交通运输的发展划分为四个阶段。

第一阶段：水路运输发展阶段。水路运输是一种既古老又现代的运输方式。在铁路诞生之前，同以人力、畜力为动力的陆上载运工具相比，水路运输无论是运输能力、运输成本，还是方便程度等方面，都具有显著优势。历史上水路运输的发展对工业布局和大都市的形成影响很大。此外，水路运输中的海运还具有独特地位，几乎不能被其他运输方式取代。

第二阶段:铁路运输发展阶段。1825年,英国修建了世界上第一条铁路并投入公共客货运输,这标志着铁路时代的开始。由于铁路能够快速、大容量地运送旅客和货物,因而极大地改变了陆上运输面貌,为工农业的发展提供了新的、强有力的交通运输方式。从此,工业布局摆脱了对水上运输的依赖,内陆腹地的工农业得以加速发展。

第三阶段:公路运输、航空运输快速发展阶段。20世纪30至50年代,公路运输、航空运输相继发展,与铁路运输进行了激烈的竞争。就公路运输而言,由于汽车工业的发展和公路网的扩大,公路运输充分发挥了其机动灵活、迅速方便的优势。与此同时,随着工业的发展和科学技术的进步,航空运输在速度上的优势使其不仅在长途旅客运输方面占有重要的地位,而且在货运方面也发展很快。这两种运输方式发挥的作用显著上升,铁路一枝独秀的局面被改变,各种运输方式同时竞争成为本阶段的特征。

第四阶段:综合运输协调发展阶段。20世纪50年代以后,人们开始认识到在交通运输的发展过程中,铁路、公路、水路、航空和管道这五种运输方式是相互竞争、相互制约和相互协调的关系,因此需要进行综合考虑,协调各种运输方式之间的关系,构成一个高效、有序的现代化综合运输体系。

综合运输体系是社会经济发展到一定阶段,在理论创新、科技创新和制度创新的共同作用下产生的一种现代交通运输组织模式,是经济社会不断发展的必然要求。

自改革开放起至20世纪末,在以经济建设为中心的方针指引下,我国交通运输建设步伐加快,交通运输理论研究同步快速发展。此时,综合交通运输研究的三个重点是:交通运输与国民经济发展的关系;铁路、公路、水路、航空、管道等各种运输方式之间的关系;各种运输方式内部结构的关系。

21世纪,随着经济社会及交通运输自身发展和条件的变化,我国综合交通运输研究与实践的重点和视角也不断拓展,在强调各种运输方式自身加快完善网络、提升能力,进而促进各种运输方式之间合理分工、协同发展的"方式观"基础上,进一步提出了综合交通运输的"系统观""空间观"和"战略观"等理论观点和研究框架,并在实践中不断丰富与发展。

综合交通运输"系统观",重点是从经济社会、生态环境等大系统视角审视交通运输系统的衔接和均衡发展;综合交通运输"空间观",重点是从国际、国内跨区域、城市群、都市圈、城市、乡村等不同空间尺度,研究分析综合交通运输体系的整体布局和建设发展;综合交通运输"战略观",重点是根据经济社会和交通运输发展的阶段变化,研究综合交通运输的地位、作用及发展导向和任务等。

各种交通运输方式构成的现代交通运输体系可以使国内外、各地区联结成一个统一的整体,对于促进国民经济的协调发展、国土空间的开发和资源的合理利用等均具有十分重要的意义。交通运输在国民经济和社会发展中起着重要的先行官作用。

三、交通运输的技术经济特征

我国现代交通运输由铁路、公路、水路、航空和管道五种运输方式组成。它们的产品对象(客、货及其在空间的位移)虽然是相同的,但技术性能指标(如速度、载运质量、连续性、舒适程度等)、对地理环境的适应程度和经济指标(如能源和材料消耗、投资、运输费用、劳动生产率等)是不同的。

人们对交通运输的要求是快速、经济和便利。我们可以从以下几个方面对各种运输方式的技术经济特征进行考察。

（1）送达速度。技术速度决定了载运工具在途运行的时间，而送达速度除了取决于在途运行时间之外，还取决于途中的停留时间和始发、终到两端的作业时间。对旅客和收发货人而言，送达速度才具有实际意义。在评价速度指标时，应当考虑各种运输方式有各自适用的速度范围（即服务的速度范围）。

（2）投资效益。各种运输方式由于其技术设备的构成不同，不但投资总额大小各异，而且投资期限和初期投资的资金也有相当大的差别。例如，铁路技术设备（机车车辆、线路、车站等）投资额大且工期长。相对而言，水路运输利用天然航道进行，其设备的投资远低于铁路，投资主要集中在船舶、码头等基础设施。此外，比较各种运输方式的投资水平，还需考虑运输密度和载运工具利用率等因素。

（3）运输成本。一般来说，水路运输及管道运输成本最低，其次为铁路和公路运输，航空运输成本最高。当然，各种运输方式的成本水平受各种因素影响。

此外，还应从运输能力、运输的经常性和机动性等方面考察各种运输方式的特性。从运输能力的角度来看，水路运输和铁路运输都处于优势地位。从运输的经常性角度来看，铁路运输受季节和气候的影响最小。从运输的机动性来看，公路运输则最优。而长距离输送原油、天然气时，管道运输则是最佳选择。

虽然铁路、公路、水路、航空和管道五种现代运输方式各有其不同的技术经济性能和使用范围，但随着科学技术的进步，各种运输方式的技术装备也在不断更新，其技术经济性能和使用范围也将不断变化。充分发挥各种运输方式的优势，可以最大限度地节省运输建设投资和运输成本，并提高运输效率。

第二节 交通运输与经济社会发展

交通运输是整个社会运行的纽带，它既是人类社会生产、生活中不可或缺的重要环节，又是保证人们在政治、经济、文化、军事等方面联系交往的重要手段，因此在现代社会中发挥着非常重要的作用。随着人类社会的进步和科学技术的发展，交通运输的作用越来越大，一个国家、一个地区的生产、经济及社会活动的诸多方面均有赖于交通。国家各级政府交通管理部门的组织领导，以及社会相关部门和企业的共同协调和运作，是保障交通运输系统高效率运行的关键所在。

交通运输是国民经济发展的基础。交通运输在促进国民经济发展，支撑城乡一体化与国土空间优化，以及推动其他产业发展等方面发挥着巨大的作用。

一、交通运输促进国民经济发展

交通运输能够对产业结构和空间格局发挥调整与优化作用。交通廊道的便利性使得生产组织的范围更大、与市场的距离更短，有利于形成更为合理、高效的产业结构。运输成本的降低，也有利于产业的规模集聚与结构调整。

交通运输业可以增加并推动就业。交通运输的发展提升了机械制造、土木建造、能源动力、运输服务等众多产业的就业规模，在加速经济发展、增加国民经济总量方面发挥着重要作用。此外，便捷的交通运输服务不但能够提高人们生活质量，还能拉动交通路线附近地区的经济发展,促进就业率大幅增加。

交通运输能够改善投资环境,提升区域竞争力。在市场竞争和要素流动的环境下,资源与资本会向有较高投资收益率的区域流动。对地区而言,便利的交通运输,不仅能够有效降低企业生产成本、提升投资回报,而且会吸引外来资本、加速地区经济发展。

二、交通运输支撑城乡一体化与国土空间优化

交通运输支撑城乡一体化。交通运输的发展水平决定人与物流动的便利性、安全性、经济性。广覆盖、高效率的综合交通运输体系,能进一步缩短城乡之间的距离,促进城乡交流、推动城乡一体化建设进程。

引导国土空间布局优化。交通设施的布局决定着国土空间的区位与发展潜力,综合交通运输的差异性、互补性,对国土空间结构产生反馈和长期塑造作用。一方面,发达的综合交通运输体系压缩时空距离、促使要素加快流动,降低了空间优化的成本代价;另一方面,现代化交通运输系统有助于人们在更大范围选择生活与就业,实现更加合理的人口分布,促进国土空间的结构优化。

三、交通运输不断推动产业发展

交通运输推动物流业发展。交通运输是物流系统中最基本、最具有活力的功能要素,对物流发展具有决定意义。高效的运输服务、运输过程优化与成本控制,对降低物流成本具有决定性作用。综合交通运输是全球范围内快速、及时、便利的大规模物流业发展的基础。因地制宜、综合发挥各种运输方式优势并有机结合,是现代物流业的基本特征。

交通运输激活旅游业发展。在现代旅游产业中,交通运输在旅游过程中起连接旅游要素和控制成本的作用。一方面,交通运输的便利提高了旅游景点的通达性,增加了区域内旅游点的数量,使旅游产业蓬勃发展。另一方面,交通基础设施的完善以及新技术在营运管理中的应用,提升了区域旅游服务的规模与质量,降低了旅游产业要素流动的成本。

交通运输还支撑了电子商务、快递配送、配载等新兴业务的发展。交通运输是现代产业体系协调发展的坚实支撑,是内外经济循环相互促进的重要纽带,是产业链、供应链安全和稳定的保障。同时,交通运输也有利于扩展投资新空间,并催生、加速培育新技术与新产业。

交通运输的发展,除持续提升交通运输服务水平、满足人民对美好生活的向往外,还体现在推动国家实现公平发展、促进国家实现绿色发展、保障国家实现安全发展、提升国家核心竞争能力等诸多方面。

第三节　我国交通运输行业发展现状及趋势

一、我国交通运输行业发展现状

我国交通运输事业走过了沧桑巨变的发展历程,与经济社会的关系经历了从"整体滞后"到"瓶颈制约",再到"总体缓解"和"基本适应"的转变。目前,交通运输事业的发展已经从根本上改变了基础薄弱、整体落后的面貌,大踏步赶上了时代前进的步伐。

特别是近十多年来,我国交通运输事业取得历史性成就,发生了历史性变革,正在实现

由交通大国向交通强国的历史性跨越,有力服务和保障了第一个百年奋斗目标的实现。

我国综合立体交通网加速成型,建成了全球最大的高速铁路网、高速公路网、世界级港口群,航空航海通达全球,综合交通网络总里程突破 600 万 km。中国高铁、中国路、中国桥、中国港、中国快递成为亮丽的"中国名片"。规模巨大的综合交通运输体系有力服务和支撑了我国作为世界第二大经济体和世界第一大货物贸易国的运转。交通运输的快速发展缩短了时空距离,深刻改变了城乡面貌,加速了物流和经济流,有力支撑了国内经济循环畅通,也为世界经济发展做出了重要贡献。

我国综合运输服务能力大幅提高。铁路、公路、水运、民航客货周转量,港口货物吞吐量,邮政快递业务量等指标连续多年位居世界前列,我国已成为世界上运输最繁忙的国家之一。"人享其行、物畅其流"已初步实现,交通运输成为人民群众获得感最强的领域之一。

交通运输基础性、先导性、战略性作用充分发挥,为国家战略的实施提供了坚强保障。完成了"具备条件的乡镇和建制村通硬化路、通客车"的兜底性目标任务,实现了"小康路上不让任何一地因交通而掉队"的庄严承诺,有效服务打赢脱贫攻坚战和乡村振兴战略实施。京津冀、粤港澳大湾区、长三角等区域交通连片成网,促进区域协调发展的水平不断提升。

二、我国交通运输发展趋势与交通强国建设目标

我国交通运输事业发展的总趋势是:依靠科技创新,推动交通运输高质量发展,加快建设交通强国。在采用新技术实现交通运输现代化方面,各种运输方式虽有不同特点,但却存在共同的方向,那就是:高速、重载、智能。

(一)提高速度

提高运行速度是交通运输发展过程中的永恒主题。一部交通运输发展史就是运行速度不断提高的历史。任何一种载运工具都在特定的介质中运行,随着技术的进步,其能不断克服介质阻力而持续提高运行速度。但是,提速是有代价的,如果与提速带来的效益相比没有明显的优势,那么这种提速不具备生命力。

从技术角度看,各种运输方式提高速度的方法有共同特点。首先,加大牵引动力以获得足够大的驱动力,由此克服周围介质的阻力,使载运工具运行得更快,同时需要可靠的制动技术来保证载运工具停止运行;其次,载运工具应动力性能优良、自重轻、阻力小、运行平稳,以确保安全;再次,交通运输基础设施也应尽量平直,以减少对载运工具的激扰。以上特点是高速铁路、高速公路、高速水运或高速飞机区别一般运输的地方。

(二)提高载重

如果说客运最关注的是速度,那么货运则是载重。客运高速化和货运重载化,共同构成现代交通运输的主体特征。

重载货运是综合运用一系列高新技术的结果。超强材料和结构的采用,超常功率的牵引和制动,大宗货物的集散和管理等,都是各种运输方式实现重载化时面临的问题。

(三)智能交通

智能交通系统是当前及未来发展的一大重点方向。

高速、重载、智能是交通运输发展的共同趋势。各种运输方式在解决这些问题上的技术路线和经济路线往往大同小异,可以互相借鉴。但在具体实施上又各有特点。从共性出发,

把握个性,才能使交通运输事业不断发展。

(四)加快建设交通强国

2019年9月,中共中央、国务院印发《交通强国建设纲要》,提出到2035年基本建成交通强国,到21世纪中叶全面建成人民满意、保障有力、世界前列的交通强国。

"人民满意"是指提供高品质、多样化的交通服务,满足人民不断增长的对美好生活的需求;"保障有力"是指交通运输在提供高质量服务的同时,还应发挥先行引领作用;"世界前列"是指交通基础设施规模、交通服务、交通科技、交通安全水平等进入世界前列。

2021年2月,中共中央、国务院又印发《国家综合立体交通网规划纲要》,提出到2035年基本建成便捷顺畅、经济高效、绿色集约、智能先进、安全可靠的现代化高质量国家综合立体交通网。实现交通运输由追求速度规模向更加注重质量效益转变、由各种交通方式相对独立发展向更加注重一体化融合发展转变、由依靠传统要素驱动向更加注重创新驱动转变。

当前和今后,加快建设交通强国,推动交通运输高质量发展,是我国交通运输行业发展的总目标和主要任务。

为贯彻落实《交通强国建设纲要》《国家综合立体交通网规划纲要》,客观评估交通强国建设进程和开展国际对标,2022年3月,交通运输部印发《交通强国建设评价指标体系》,用于科学引导交通运输高质量发展,加快建设交通强国。

《交通强国建设评价指标体系》按照1个国家综合指标、5个行业指标和31个省域指标进行设置。其中,国家综合指标围绕"安全、便捷、高效、绿色、经济"五大基本特征,设置了20项评价指标。

国家综合指标的具体内容如下:

"**安全**"是交通发展的永恒主题,是经济社会稳定发展的重要前提。重点从生命安全、应急保障、自主可控3个评价维度设置4项指标。

(1)交通运输安全性。该指标反映贯彻统筹发展和安全要求,主要体现交通基础设施建设、运输服务、交通运输工具装备等安全运行能力及行业安全生产关键岗位从业人员素质。

(2)交通系统韧性。该指标反映交通运输系统稳定性与可靠性,主要体现综合运输通道、客货运枢纽、关键路段工程、重要港口航道等交通基础设施在重大突发事件下的可替代、易修复、抗毁坏能力等。

(3)应急响应水平。该指标反映在重大突发事件发生后的快速响应能力,主要体现在及时启动应急响应,迅速实施应急救援、交通运输保障,有效降低减轻突发事件影响等。

(4)交通设施装备水平。该指标反映交通运输设施装备技术水平,主要体现我国交通运输领域设施、装备、产品等核心技术方面的先进程度以及自主可控能力。

"**便捷**"是对交通供给能力和质量的要求,提高交通基础设施通达程度,便利人民群众出行,注重交通运输服务公平性,增强人民群众获得感。重点从覆盖广泛、快捷顺畅2个评价维度设置5项指标。

(5)交通基础设施覆盖衔接水平。该指标反映交通基础设施、运输服务的空间布局和衔接水平,主要体现各方式、各层级交通运输网络的通达覆盖水平。

(6)对外连通度与国际化水平。该指标反映我国与其他国家的交通连通程度,交通运输对产业链、供应链的运输保障水平,主要体现我国对外交通运输服务的覆盖能力和国际物流供应链服务保障能力。

(7) 交通基础设施无障碍水平。该指标反映交通基础设施服务老年人、残疾人、孕妇儿童等特殊群体无障碍出行及正常使用情况，主要体现特殊群体出行便利程度和服务水平，满足老龄化社会交通需求，提升交通运输服务人性化、精细化水平。

(8) 全国 123 出行交通圈覆盖率。该指标反映都市区 1 小时通勤、城市群 2 小时通达和全国主要城市 3 小时覆盖的人口情况。

(9) 全球 123 快货物流圈覆盖率。该指标反映快货国内 1 天送达、周边国家 2 天送达、全球主要城市 3 天送达的覆盖情况。

"高效" 是对交通供给效率的要求，充分利用物联网、大数据、人工智能等先进技术手段，提高交通基础设施利用效率、衔接转换效率、运营管理效率和交通网运行通畅水平，发挥各种运输方式的比较优势和组合效率。重点从高效利用、一体协调、智能创新 3 个评价维度设置 5 项指标。

(10) 交通设施利用率。该指标反映设施利用合理化水平，主要体现交通设施利用效率。

(11) 交通网运行通畅水平。该指标反映交通网络运行的通畅程度，主要体现合理运行速度区间的占比情况、设施能力和需求匹配情况。

(12) 旅客联程运输水平。该指标反映旅客出行一体化服务水平，主要体现交通运输全链条高质量服务能力。

(13) 货物多式联运水平。该指标反映货物通过两种及以上运输方式一体化装载、衔接和转运的效率及发展水平。

(14) 综合交通智慧化水平。该指标反映交通基础设施、交通装备、运输服务和交通管理智能化水平以及系统的智慧化发展程度。

"绿色" 是满足人民对优美生态环境的需要，推动形成绿色交通发展方式，提高资源集约节约化水平，促进交通与自然和谐共生。重点从生态环保、集约节约 2 个评价维度设置 3 项指标。

(15) 交通运输工具主要大气污染物排放与碳排放水平。该指标反映由交通运输工具产生的大气污染物与二氧化碳排放下降情况，体现减排效果。

(16) 交通与环境协调发展水平。该指标反映交通运输绿色发展水平及能源综合利用效率，重点从城市绿色出行水平和新能源载运工具推广应用等方面进行衡量。

(17) 交通基础设施空间资源集约化水平。该指标反映综合交通及各运输方式对土地、岸线、线位等国土空间资源集约节约利用情况。

"经济" 是对交通投入产出比率的要求，体现用户以可承受的价格享受到高品质、高性价比的运输服务，全面适应并支撑经济社会发展。重点从经济适应、支撑有力 2 个评价维度设置 3 项指标。

(18) 交通支出可承受能力。该指标反映人民群众对交通运输时间成本和支出费用的可承受能力，以及交通基础设施建设财务可持续能力、全生命周期成本可承受能力、有效防范债务风险能力。

(19) 交通运输对经济增长贡献率。该指标反映交通运输业对 GDP 增长的全部贡献程度，包括直接贡献和通过促进消费、带动相关产业增长的间接贡献等。

(20) 通道枢纽经济发展水平。该指标反映运输通道和交通枢纽建设对经济引领促进水平，体现对客流、物流、资金流、信息流等集聚带动作用，以及促进经济要素循环、推动交通与周边经济协同发展的能力。

第二章 交通运输工程学科概论

第一节 交通运输工程学科内涵

"交通运输工程学科"是在交通运输系统快速化、智能化以及经济社会需要"安全、便捷、高效、绿色、经济"的现代化综合运输体系背景下产生的多学科交叉、需求导向型的工程应用型学科。

一、学科研究对象

本学科是研究人和物在一定的"质"和"量"要求下,在特定时间和空间范围的移动,以及为实现该移动所需修建的基础设施及其布局、载运工具运用、交通信息与控制、运营与管理、安全与环保等理论、方法与技术的学科。研究对象涉及铁路、公路、水路、航空和管道等运输方式组成的综合运输体系和城市交通系统的发展政策、规划设计、基础设施建造、载运工具运用,以及交通运输系统的运行控制、运营管理、运行安全和环境保护等领域。

二、学科知识基础

本学科是围绕综合运输系统建立起来的学科体系,以数学、力学、化学、电学、材料学、经济学、系统科学、信息与控制科学等为基础知识,以运输经济学、交通流理论、交通基础设施建养、交通信息与控制、交通运输系统规划、交通运输组织与管理、载运工具安全维护与可靠性、交通系统安全与环境相容性等作为其基本理论与方法基础。

本学科以上述基础知识和基本理论方法为核心,以服务经济社会发展需求为导向,注重工程实践,在问题驱动、理论分析、学科交融三个层次上进行研究。其中:问题驱动是指面向交通运输领域的重大需求,在解决工程技术难题过程中,凝练提出本学科的核心科技问题,进而提出新的理论方法和关键技术;理论分析是指围绕本学科专业重大科技难题,应用基础知识和基本理论方法,进行基础理论的研究和探索;学科交融是指通过学科间的综合和交叉,不断丰富和完善交通运输工程学科体系。

三、学科范畴

交通运输工程学科针对由铁路、公路、水路、航空和管道等多种运输方式构成的区域或城市交通运输体系进行研究,直接的研究对象是交通运输系统构成要素及其相互作用关系,即交通运输需求、交通基础设施、载运工具及其管控系统。学科坚持"四个面向",即坚持面向世界科技前沿、坚持面向经济主战场、坚持面向国家重大需求、坚持面向人民生命健康,结合我国交通运输系统发展特点,设置以下五个二级学科。

(一)交通运输规划与管理二级学科

以单一或者综合交通运输系统为研究对象,探究交通参与者、载运工具、交通基础设施与环境等系统构成要素的运行规律及其相互间的作用关系,研究交通运输系统规划、设计与管理的理论与方法。通过对交通运输系统的综合规划、协同设计、运行与运营管理等,优化系统资源配置、平衡供需关系,实现交通运输系统安全、便捷、绿色、高效、经济等发展目标。

该二级学科以交通运输系统的发展政策、规划设计、运行与运营管理等为主要研究方向,研究内容主要包括:交通参与者的出行行为与交通运输需求分析;交通流理论;交通运输系统发展战略;综合交通网络与枢纽场站规划设计;客货运输组织与优化;交通运输系统运行与运营管理;交通运输经济;交通运输系统仿真等的理论、方法、技术,以及交通运输系统要素的运行规律、评估分析与协同优化等问题。

(二)交通基础设施工程二级学科

以公路与城市道路、铁路与城市轨道、机场、港口轨道、管道和交通枢纽等交通基础设施为主要研究对象,通过数学、力学、化学、物理学、材料科学、环境科学、信息科学、遥感科学等多学科交叉的理论和方法,探究交通基础设施结构与材料、本体与环境、结构性能与功能性能的平衡协调,以及交通基础设施与载运工具之间的相互作用与协同发展,实现交通基础设施安全、耐久、绿色、智能等建设目标。

该二级学科以交通基础设施的勘测设计、施工建养、运行管理、维护更新及其智能化、绿色化为主要研究方向,研究内容主要包括:交通基础设施的勘测设计、结构设计、材料设计、施工工艺、质量评定,以及交通基础设施全寿命服役状态感知、监测、检测、评估、养护、更新和管理等领域的基础理论、关键技术、核心装备等问题。

(三)载运工具运用工程二级学科

以交通运输系统中的载运工具(汽车、机车车辆、船舶、飞机和交通枢纽相关装备等)为主要研究对象,研究载运工具运用过程中的运行特性、安全可靠性、维修等方面的理论、方法与技术,提升载运工具运用品质与水平。

该二级学科以载运工具运用过程中的运行特性、安全可靠性、维修性等为主要研究方向,研究内容主要包括:系统动力学与控制、结构与轻量化、系统动态性能匹配与优化、摩擦磨损机理与控制、振动与噪声控制、节能与降耗等载运工具运行特性的理论、方法与技术;服役性能与安全控制、载运系统与承载结构及其运行环境相互作用、系统运用可靠性、系统智能化与控制等载运工具安全可靠性的理论、方法与技术;载运系统及其运行环境的状态监测与智能感知、故障机理与诊断、智能运维等载运工具维修的理论、方法与技术。

(四)交通信息与控制二级学科

以单一或者综合交通运输系统为研究对象,研究交通基础设施、载运工具、交通参与者与环境等构成要素间相互作用的信息耦合机理以及交通信息采集、传输、处理与优化控制的基本理论和技术,支撑安全、高效、绿色、环保、智慧的现代交通运输系统发展。

该二级学科以交通系统信息化为基础,以数字化、智能化、网络化、协同化为手段,主要研究方向包括:交通信息感知与处理、交通运输系统运行控制、交通运输系统数据建模等;研究内容主要包括:交通信息感知与传输、交通信息融合与处理、交通大数据分析、交通状态辨识与预测、交通系统数据建模、交通运输系统运行控制、载运工具与基础设施协同控制、自主交通运输系统控制等的理论、方法与技术。

（五）交通安全与环境二级学科

以单一或者综合交通运输系统为研究对象，探究载运工具、交通参与者、交通基础设施与环境等要素对交通运输系统运行安全和环境生态的影响规律，研究交通运输系统安全保障与交通内、外环境友好的理论、方法与技术，将安全和环保等特性融入交通运输系统规划、设计、建造、运行全过程，提升交通运输系统的安全保障水平和环境友好品质，实现交通运输系统的安全、舒适、绿色的可持续发展目标。

该二级学科以交通运输系统的事故防控、能耗和排放控制等为主要研究方向，研究内容主要包括：交通运输系统的安全规划、交通事故机理与主动防控、交通安全分析与评价、交通事故风险识别与预警、交通安全设计与调控、交通事故再现、交通安全人因机理、异常驾驶行为辨识与干预、交通应急管理与演练、交通事故救援、交通安全保障、交通运输系统韧性等的理论、方法与技术；交通运输系统环境污染防治规划、排放分析与控制、噪声分析与控制、交通导致的大气、水域等污染防治、交通能耗优化与能源融合、交通能源系统规划设计、低碳/零碳交通系统设计与优化、交通及乘员环境影响分析与优化设计、交通及乘员环境监测分析与评价等的理论、方法与技术。

第二节 交通运输工程学科发展历程及趋势

随着经济社会和交通运输行业的快速发展，我国交通运输工程学科发展不断革新，对支撑交通运输行业应对不同时期面临的问题和挑战起到了十分重要的作用。学科的发展大致经历了形成期、发展期和成熟期三个阶段。

一、学科形成期（1952—1997年）

20世纪50年代初，为满足新中国成立初期国民经济快速发展急需专门技术人才的需求，国务院对我国大学院系设置进行了大规模调整，将此前注重综合性人才培养的英美模式调整为强化专业性人才培养的苏联模式，学科、专业也相应调整，一级学科以国民经济建设领域设置，交通运输工程一级学科的前身"铁道、公路、水运"学科在这样的背景下组建形成，并覆盖"铁道工程、公路、城市道路及机场工程、桥梁与隧道工程、机车车辆、船机修造工程"等二级学科。

随着国民经济发展对交通运输行业的要求不断提高，二级学科不断增加，至改革开放初期，"铁道、公路、水运"一级学科所包含的二级学科增加到12个：铁道工程、公路城市道路及机场工程、桥梁与隧道工程、机车车辆、船机修造工程、运输管理工程、物质流通工程、运输自动化与控制、铁道牵引电气化与自动化、汽车运用工程、航海技术、交通工程。

交通工程是"铁道、公路、水运"一级学科中增加的最后一个二级学科，交通工程二级学科的出现对"铁道、公路、水运"一级学科的内涵拓展及交通运输工程一级学科的最终形成具有重要推动作用。

二、学科发展期（1997—2011年）

1997年，国务院学位委员会和国家教育委员会在总结我国近50年学科建设经验基础上,结合国家经济发展新形势,又一次对学科、专业进行了较大幅度调整,通过重新分类和归并,大大压缩了一级学科数量。

虽然"铁道、公路、水运"一级学科及其所包含的12个二级学科的学科名称突显了行业特征,但学科属性偏弱,内涵不够清晰。鉴于此,将一级学科名称调整为"交通运输工程",将原来12个二级学科中的桥梁与隧道工程,机车车辆两个二级学科分别调整到土木工程、机械工程一级学科,并对其他二级学科进行了重组,最终形成4个二级学科:道路与铁道工程、交通信息工程及控制、交通运输规划与管理、载运工具运用工程。

调整后的一级、二级学科在名称上既体现了综合性,也使学术性得到较大提升,适应了我国当时大规模高速公路、铁路建设及城市智能交通管理对交通运输行业人才培养的现实需求。

1998年,交通运输工程学科评议组根据新的一级学科建设要求,制定了《交通运输工程一级学科简介(1998版)》,引导相关高校与科研机构对交通运输工程学科进行整合,组建了一大批新的交通运输工程学科点,为我国综合交通运输体系的大规模建设、现代化管理和智能化服务培养了大批高层次人才,有力地支撑了我国国民经济的快速发展。

三、学科成熟期(2011年至今)

2011年,国务院学位委员会根据我国国民经济发展的新形势以及国内外科学技术发展的最新动态,对一级学科进行了微调,增设了与交通运输工程一级学科相关联的安全科学与工程、城乡规划学等一级学科。

交通运输工程学科评议组根据学科建设新要求,制定了新版《交通运输工程一级学科简介(2011版)》(以下简称"2011版的学科简介"),以指导各高校和科研院所的学位点建设。2011年版的学科简介强调交通运输工程是研究交通运输三要素的学科。交通运输三要素指的是产生交通运输需求的主体、载运工具和交通运输基础设施。交通运输工程学科的研究内容是与需求主体行为特征、载运工具运用与管理、基础设施规划建设与运营管理等要素密切相关的科学技术问题。

2015年,交通运输工程学科评议组根据教育部的要求,新编了《交通运输工程博士、硕士学位基本要求》,对博士、硕士研究生应掌握的基本知识及结构、应具备的基本素质与学术能力,以及学位论文基本要求做出了明确规定。

2016年,交通运输工程学科评议组根据国务院学位委员会的总体部署,重新制定了《交通运输工程博士硕士授权点基本条件》,以引导新一轮博士点、硕士点的申报,以及已有学位点的评估。同时,提出了一级学科下设交通运输规划与管理、交通基础设施工程、载运工具运用工程、交通信息与控制工程、交通安全与环境等主干学科方向,并对学科方向与特色、学科队伍、人才培养、培养环境与条件等提出了基本要求。

2021年,交通运输工程学科评议组根据国务院学位委员会的新要求,对交通运输工程学科的二级学科指导性目录进行了新一轮修订,对二级学科的名称与设置进行了调整,并进一步明确了各二级学科的学科内涵与研究范围。调整后的交通运输工程学科包含"交通运输规划与管理""交通基础设施工程""载运工具运用工程""交通信息与控制""交通安全与环境"5个二级学科。

截至2022年底,我国交通运输工程学科建有28个一级/二级学科博士点,43个一级/二级学科硕士点,另建设有 134 个交通运输专业型博士、硕士点,以及"智能交通管理与控制"等 50 多个自主设置二级学科,覆盖了近 200 个高等院校、科研院所。这些学科/学位点为我国的交通运输行业输送了大批高层次专门人才。

四、交通运输工程学科发展趋势

未来交通运输工程学科发展趋势如下:

(1)总体研究方向将进一步聚焦国家重大需求,服务"交通强国"战略,以安全、便捷、高效、绿色、经济为目标,以提升各种交通运输的绿色、智能和韧性以及综合交通一体化融合等为重点,以大幅提高交通运输服务品质为核心,促进各学科方向的创新发展。

(2)本学科具有明显的多学科交叉特征,大数据、互联网、人工智能、超级计算、智能驾驶等新技术的应用推动交通运输科技深刻变革,对学科知识体系更新产生了重要影响,迫切需要围绕"四个面向",培养交通运输领域战略科技人才、科技领军人才、青年科技人才和卓越工程师,人才培养要求更加突出"复合型、创新型、国际化"的发展趋势。

本篇参考文献

[1] 沈志云,邓学钧. 交通运输工程学[M]. 2 版. 北京:人民交通出版社,2003.

[2] 邓学钧,刘建新. 交通运输工程导论[M]. 北京:清华大学出版社,2009.

[3] 本书编委会. 综合交通运输导论[M]. 北京:人民交通出版社股份有限公司,2021.

[4] 本书编委会. 综合交通运输学[M]. 北京:人民交通出版社股份有限公司,2022.

[5] 中共中央,国务院. 交通强国建设纲要[EB/OL]. 2019[2021-09-19]. http://www.gov.cn/gongbao/content/2019/content_5437132.htm.

[6] 中共中央,国务院. 国家综合立体交通网规划纲要[EB/OL]. 2021[2021-02-24]. http://www.gov.cn/zhengce/2021-02/24/content_5588654.htm.

[7] 交通运输工程学科评议组. 交通运输工程一级学科发展报告[R]. 2021.

[8] 交通运输工程学科评议组. 交通运输工程学科一级学科简介及博士、硕士学位基本要求[R]. 2022.

第二篇

交通运输工程学理论基础

第一章　交通运输系统特征

第一节　交通参与者—载运工具—基础设施耦合特征

随着时代的演进，交通运输工程领域涵盖的范围逐渐扩展且多样化。其中，作为交通运输系统的核心组成部分，交通参与者、载运工具和基础设施之间相互关联耦合，形成了一个复杂而完整的交通运输系统。系统内各种行为基本源于这三大交通要素之间的相互作用，运输目标的实现也与它们之间的关系密切相关。

一、公路运输

在公路运输系统中，交通参与者、载运工具以及基础设施常被"人""车""路"指代。其中，"人"包括行人、驾驶人以及乘客等，根据出行需求对"车"进行选择与操控；"车"提供动力与空间，实现"人"的位置移动；"路"则为"车"提供行驶环境，影响着"车"的运输效率与安全性；同时，"路"会将环境信息传递给"人"，"人"的决策也将改变"路"的状况。如图 2-1-1 所示。

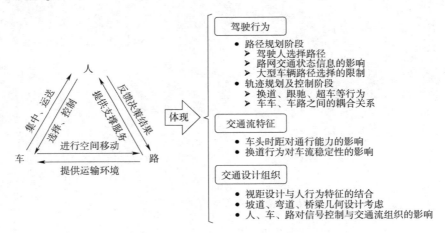

图 2-1-1　人、车、路耦合关系与体现

二、铁路运输

在铁路运输系统中，乘客（货物）和乘组工作人员通过列车进行相互关联，被运输者通过购票和乘车行为与载运工具连接，而乘组工作人员则负责保障乘客的安全和服务质量。列车在铁路线路上实现位置移动，并依赖轨道线路的规划、建设和维护。铁路车站作为固定节点，为列车提供停靠、维修以及物资补给等服务。此外，列车站点是乘客（货物）位置转移的起点和终点，车站的设置和服务水平直接影响乘客的出行体验。

三、水路运输

在水路运输系统中,交通参与者包括乘客、海员和港口工作人员:乘客是水路运输的主要利用者;海员负责船舶操作、导航和维护;港口工作人员负责货物装卸和运营,与港口设施协作。船舶承担货物运输任务,连接交通参与者与基础设施,实现连续的水路运输。基础设施包括港口水域设施、港口陆上设施和航标设施等,提供良好的停靠条件,保障船舶安全航行,同时负责货物装卸和导航标志,为水路运输提供安全高效的条件。以上三要素在水路运输体系中相互依赖、相互合作,以港口为关键节点,航道为关键通道,通过船舶实现货物和乘客的运输,确保水路运输的连续平稳。

四、航空运输

在航空运输系统中,交通参与者包括航空旅客、机组人员,以及航空运输活动运行管理部门(例如,机场、空管、航空公司)的专业人员等。载运工具包括客机、货机、特种车辆,以及用于特殊飞行任务的通用飞机等,是航空旅客、货物及特殊飞行任务实施的承载者。基础设施面包括机场基础设施、航行系统基础设施。机场是飞机起飞、降落、经停的主要场所,是航空运输网络的节点。航行系统提供通信、导航、监视、管制指挥、空域管理和流量管理等功能。

在现代航空运输中,交通参与者、载运工具和基础设施之间形成紧密的耦合关系。航空运输活动的运营方与乘客相互协作,确保整个飞行过程的安全水平和服务质量。飞机与机场、空域等基础设施之间相互耦合,智慧化的机场和空中交通管理设施为飞机安全起降和空中飞行提供不可或缺的平台支持。

五、管道运输

管道在现代能源运输中占据主导作用,具有连续性、高效性与线路固定性等特点。管道运输对象是以液体、气体以及固体(浆体)为主的能源物资(如原油、天然气、矿粉等),管道与管道操作人员共同承担着交通参与者的角色。管道运输系统由运输对象、管道本体、存储单元、供能单元、控制单元、执行单元、监测/检测/计量单元、安全防护单元等组成。在管道运输中,管道既作为载运工具,又作为固定基础设施,通过操作人员的控制,实现运输对象在固定站点间的连续输送。

第二节 交通参与者特征

交通参与者是指所有在运输系统中活动的个体和组织,他们通过使用、管理或维护交通工具和基础设施,参与交通流动和运输过程。"以人为本"是交通运输工程的一项重要原则,分析交通参与者的共性特征,将为未来运输系统的综合管理和规划提供更为科学的依据。

一、公路运输交通参与者特征

在公路运输系统中,行人、驾驶人和乘客共同构成交通参与者,共享道路基础设施,其交通特性和相互协作是确保公路运输顺利进行的关键。其中,行人是步行出行的个体,其特点包括速度较慢、空间需求较小和自由度较高等;驾驶人则需要具备成熟的驾驶技能和高度集中的注意力,以应对路况变化,此外,驾驶人的心理特性对驾驶安全至关重要;乘客的交通特性包括交通需求心理和乘车反应。前者表现为乘客出行的目的,后者则取决于道路条件和车辆内部环境。

交通参与者在公路运输系统当中的核心协作行为在于遵守交通规则和尊重他人权利。行人需遵守规则以确保安全,驾驶人应礼让行人并保持安全车距,乘客则需在车内遵守秩序。只有当每个参与者充分履行自身职责时,公路运输系统才能顺畅运行。

二、铁路运输交通参与者特征

乘客作为铁路运输的核心交通参与者,在年龄构成、性别比例及负重出行方面具有多样化特征。在个体行为特征方面,乘客特性体现在步频、步幅和步速上,并受心理状态、身体条件、出行目的等主观因素,以及车站设施、列车到站状态和客流状况等客观条件的影响。在群体行为特性方面,乘客会因列车到达与离去而急剧增加和减少,形成客流激变;不同性质的客流在车站汇集,使得客流流线复杂;此外,乘客群体因出行的一致性存在潮汐特性,大型枢纽站尤为明显。

铁路运输的参与者同样需要在遵循自身要求的同时相互协作,实现铁路运输的安全高效。司机需要严格遵守信号规定,并密切关注行车环境,确保列车在规定的速度和时刻表内安全行驶;乘务员的职责是服务乘客,并巡视工作,维持车厢秩序等;乘客则需要遵守乘车规定和车站秩序,配合乘务员的工作。三者相互关联,互相配合,完成铁路的运输目的。

三、水路运输交通参与者特征

水路运输中的交通参与者包括乘客、海员和港口工作人员等。由于水路运输的特殊性,乘客的出行受到自然地理条件的限制,且通常更注重出行体验而非速度。受工作空间与生活条件的限制,船舶驾驶及作业人员往往会更容易出现精神紧张、作息不规律,以及产生心理负荷,身心健康和作业能力对环境的影响较其他运输方式更敏感。

为确保水路客货运输的安全和稳定,交通参与者之间的协作不可或缺。船舶驾驶员需要严格遵守海上交通规则和导航标准,准确评估航道和天气情况;乘务员需要提供乘客服务的同时协助驾驶员,以保证航行安全;港口工作人员负责保障船只的安全停靠,以及旅客和货物的顺畅流通;乘客需要遵守船舶的规章制度,听从驾驶员和乘务员的指示。

四、航空运输交通参与者特征

由于航空运输的特殊性和安全风险,交通参与者之间的复杂交互过程同时发生在地面和空中,其特性主要体现在机场陆侧、空侧部分。航空运输交通参与者主要包括航空旅客、机组人员以及航空运输活动运行管理人员。作为航空运输活动的核心服务对象,乘客集聚在机场特定的航站楼,按照特定的时间到达和出发,具有强客流集聚性,此外,乘客易受航空运输的不稳定性影响,随机性和不确定性较大;作为服务提供者,机场、空管和航空公司运行人员的特点在于出入民航运行单位频繁,交通需求相对集中,具有一定的潮汐规律。

在航空运输过程中,航空旅客和机场/航空公司运行人员之间的协作、机场/航空公司与空管部门运行管理人员之间的协作,是确保航空运输安全和高效的关键。航空旅客作为被运输者和服务对象,需要严格遵守民航当局相关管理规定;航空运输活动的运行管理人员发挥航空运输活动的组织者和运营者角色,确保航班的正常运行,并提供安全高效的服务。机组成员与地面人员密切协作,旨在为乘客提供安全、便捷的旅行体验。

五、管道运输交通参与者特征

在管道运输中,交通参与者由操作人员和管道中被输送的物资构成。其中,管道操作人员的主要职责是确保管道系统的安全、高效运行,强调对整个系统的管理和维护;而原油、天然气等物资虽然在管道中作为交通参与者,但其流动性和物质特殊性更强调运输系统的连续性和流畅性。这使得交通参与者在管道中运输方式相较于在其他运输方式,更注重内部的相互交互和规则的遵循的特性,显得尤为特殊。

六、交通参与者的共性总结

在各种交通运输方式中,交通参与者都是交通运输系统的重要组成部分,基本可以划分为运输操作者、运输服务提供者以及运输对象三类。在不同的环境下,参与者有着不同的特性表现。其中,运输操作者具备特定的反应与判断特性,需要遵守操作章程,实现载运工具的安全运行;运输服务提供者则与操作者进行配合,并对运输对象进行服务与引导;运输对象则会根据环境反映出个体与群体上的特性,行为上受到前两者指示与运输安全要求的约束。三者互相之间密切联系,共同实现自身在不同方式下的安全运输。

第三节　载运工具特征

载运工具是不同交通运输方式的重要组成部分,按照需求和目的,其负责将货物和旅客从一个地点运送到另一个地点。不同交通运输方式的载运工具都具备特定的基本属性和运输模式,以满足不同距离、数量和速度的运输需求。

一、公路运输载运工具

公路运输的载运工具是指以汽油、柴油、电力或其他能源作为动力,通过轮胎在各类道路上行驶的车辆,主要分为机动车和非机动车两类。机动车是指由动力装置驱动或牵引,在道路上用于搭载乘客或运输货物的各类车辆,非机动车是指由人力进行驱动或牵引的交通工具。根据不同的运输对象,公路运输载运工具分为客车、载货汽车(也称卡车)、牵引车(也称拖车)、挂车和特种车辆。

公路运输载运工具的核心优势在于其卓越的灵活性和适应能力,能够根据客户需求提供个性化的门到门服务,并有效处理多样化的货物规模和种类。不过,这种运输方式的效率在很大程度上取决于道路状况,并且相比其他运输模式,其面临较高的运营成本和环境负担。

二、铁路运输载运工具

铁路运输的载运工具主要是指沿着铁路或轨道行驶的火车,一般分为机车和车辆。机车是铁路运输的主要动力源,列车的运行和移动都依赖于机车的牵引或推送。根据动力源的不同,机车可分为蒸汽机车、内燃机车和电力机车。根据用途的不同,车辆可分为客车和货车。

铁路运输载运工具的显著特征是其高载运能力、能源效率、可靠的时刻表和单位货物低运输成本,但其运营高度依赖于专门的铁路基础设施,并且其可行路线受限于现有铁路网络布局。

三、水路运输载运工具

水路运输的载运工具是指在河流、湖泊、运河和海洋等水域通过航行进行运输的船舶。按用途可分为军舰和民用船舶。用于交通运输领域的船舶基本是民用船舶,其中,运输船负责运输货物和乘客,其占据了民用船舶中的主要部分。

货船是运送货物的船舶统称,一般不载旅客,若附载旅客,则不超过 12 人。根据功能的不同,货船分为杂货船、集装箱船、散货船、液货船等。根据《国际海上人命安全公约》规定,凡载客 12 人以上的船舶均须按客船规范要求来建造与配置设备及人员。专运旅客的称为客船,而客货兼运的称为客货船。

水路运输载运工具显著特征是巨大的货物承载能力和相对较低的运输成本,其非常适合于大宗货物的长途运输。然而,这种运输方式的速度通常较慢,并且运营范围受限于可行的水域路线和可用的港口设施。

四、航空运输载运工具

航空运输的载运工具主要是指利用螺旋桨或高速喷射气流在空气中的推力,从而在空中航行的飞机。飞机结构主要由机身、机翼、尾翼、起落架和发动机组成。一般飞机的内部容积分为主舱和下舱,主舱基本是客舱,下舱用于装载货物。但对于货机而言,主舱和下舱均用于装载货物。位于飞机底舱的前、后货舱又可分为若干个分货舱。分货舱一般是用永久性的固体舱壁或可移动的软网隔离而成。

航空运输载运工具的主要特点在于其卓越的运输速度和时效性,非常适合长距离运输和对时间敏感的货物。然而,这种运输方式的成本相对较高,承载能力有限,并且运营受到天气条件和航空法规的显著影响。

五、管道运输载运工具

管道运输是大宗流体货物长距离运输最有效的方式,其载运工具一般是管道。按其敷设方式分类,管道可以分为埋地管道、架空管道与水下管道;按输送介质分类,管道可分为输送原油或石油产品的输油管道、运送天然气的天然气管道、运送水的水力管道和运送固体及其料浆的固体料浆运输管道;按运输目的分类,管道可分为用于城市供水系统的供水管道、用于废水处理和排水系统的排水管道、专用于运输石油或天然气的油气管道、用于输送各种化学品和化工产品的化工管道、用于输送热能(热水或蒸汽)的热力管道等。

管道运输载运工具的显著特征在于其持续不断的运输流程、高效率和低运营成本,特别适用于输送液体和气体等大宗物品。然而,这种运输方式的主要局限在于其初始建设成本较高、具有固定的路线设置,以及仅能输送特定类型的货物。

六、载运工具共性特征

总体上,虽然不同交通运输方式在载运工具类型和运输模式上存在差异,但它们的共同特征是将货物或旅客从一个地点运送至另一个地点,都是为了实现货物和乘客的安全、快速和高效运输,提供便利和经济效益。同时,随着经济和社会的发展、科学技术的进步,运输过程由单一方式向多样化发展。各种载运工具协作配合、优势互补,形成多式联运,提高整体运输效能。

第四节 交通基础设施特征

交通基础设施是指为居民出行和社会产品运输提供交通服务的固定工程设施,是我国国民经济发展的重要基础和先导。各类交通基础设施提供载运工具通行的平台和接驳服务,支持交通运输系统的顺畅运行,在连接不同区域、推动经济发展和便利人们出行方面都发挥着重要的作用。

一、公路运输交通基础设施

公路运输交通基础设施是指为支持公路运输而建设和配置的各种设施和设备,可以分为公路运输线路设施和公路运输场站设施两大类。

公路运输线路设施由路基、路面、桥梁、涵洞、隧道、防护工程、排水设施与设备,以及山区特殊构造物等基本部分组成。此外,还需要配置交通标志、安全设施、服务设施,以及绿化栽植等。

公路运输场站设施主要指组织运输生产所需要的生产性和服务性的各类建筑设施,如客运站、货运站、停车场(库)、加油站及食宿站等。公路货运站是指公路货运网络中组织货物集散、中转运及相关服务,并具有一定规模的场所。公路客运站是公路旅客运输网络的节点,是公路运输经营者与旅客进行运输交易活动的场所,是为旅客和运输经营者提供站务服务的场所,是培育和发展公路运输市场的载体。

二、铁路运输交通基础设施

铁路运输交通基础设施主要由铁路线路与轨道、铁路车站及枢纽,以及铁路信号与通信组成。

铁路线路构成机车车辆和列车运行的基础,是由路基、桥隧建筑物(包括桥梁、涵洞、隧道等)和轨道(包括钢轨、联结零件、轨枕、道床、防爬设备和道岔等)组成的一个整体工程结构;铁路车站是为乘客提供上下车、候车、换乘等服务的设施,是铁路运输的基本生产单位,集中了和运输有关的各项技术设备,并参与整个运输过程的各个作业环节;铁路信号是通过信号灯、信号机、信号牌等设备来向列车司机传递运行指令和信息的命令,以控制列车的行驶速度、行进方向和停车位置,确保列车之间的安全距离和避免碰撞;铁路通信是指用于在铁路运输系统中进行信息传输和通信的设备和网络,用于列车与车站、列车与列车之间的通信,以及列车与调度中心和控制中心的通信。

三、水路运输交通基础设施

水路运输交通基础设施主要包括港口及其附属设施、仓库和堆场、航道和航标等。

港口是水路运输的重要节点,是水陆交通的衔接点,主要职能包括旅客和货物的集散。

一方面需要有良好的水域，能够保证进出港船舶航行安全；另一方面需要提供各种服务设施（码头、泊位、集装箱堆场、起重设备等）和健全的管理机构，以保证旅客和货物的运输能够安全高效。

仓库和堆场是港口的陆域设施，是指位于港口区域内存储货物的建筑物或设施。航道和航标属于港口的水域设施。航道是指船舶行驶的通道，以确保船舶的安全通行，避免潜在的碰撞和事故；航标是指在航道或水域中设置的、用于引导船舶航行和标示航道安全的设施，用于提供定位信息、警告信息和交通指令。

四、航空运输交通基础设施

航空运输交通基础设施主要包括机场基础设施、航行系统基础设施。

机场是用于飞机起飞、着陆、停驻、维护、补充给养及组织飞行保障活动所用的场所，包括相应的空域及相关的建筑物、设施与装置。机场是民航运输网络中的节点，是航空运输的起点、终点和经停点，也是空中运输和地面运输的转接点。机场设施主要由飞行区、航站区及进出机场的地面交通系统组成。飞行区包括机场内用于飞机起飞、着陆和滑行的区域，以及用于飞机起降和盘旋的空域，由跑道系统、滑行道系统和机场净空区构成。航站区是飞行区与机场其他部分的交接部，包括旅客航站楼、站坪、车道边、站前停车设施等。进出机场的地面交通系统包括公路、铁路、地铁（或轻轨）和水运码头等，其功能是把机场和附近城市连接起来，将旅客和货物及时运进或运出航站楼。

航行系统基础设施是确保飞机在所有飞行阶段安全和效率的空基与地基功能的综合性设施系统，主要包括通信设施、导航设施、监视设施、空域管理设施、空中交通服务设施、空中交通流量管理设施，以及机载航电空管系统装备等。传统的陆基航行系统基础设施主要聚焦通信、导航、监视功能的实现，而新航行系统设施更加强调以下性能：利用数据链技术，实现可靠的空—地、地—地数据交换，进一步实现空—空数据交换；利用卫星技术，从陆基通信、导航、监视系统向星基通信、导航、监视系统过渡；提高系统计算机处理能力和网络化水平。

五、管道运输交通基础设施

管道运输交通基础设施主要包括管道、储存库、泵站和控制中心。

管道是管道运输系统中最主要的基础设施，是输送介质的主要通道，负责将液体、气体或固浆状物质输送到目的地。它的直径和材质等取决于运送的物质类型和距离；储存库用于存储输送介质，以应对生产和消费之间的波动或临时停工情况，确保介质稳定的供应和适应需求波动，通常是地下或地上的大型容器，具有防漏系统和安全设施；泵站用于提供输送介质所需的压力，确保介质在管道中保持流动，包括泵、控制阀、监测设备等；控制中心是一个集成装置，用于监督和控制整个管道系统的运行，并进行调控，确保安全、高效地运行，包括监测系统、自动化控制设备、通信设备等。

六、交通基础设施共性特征

尽管不同的交通基础设施具有各自独特的设置方式和功能，但也存在一些相似之处：它们都是为各自的运输方式提供基础设施，以确保对应的载运工具正常运行；它们的建造都需要消耗大量的资源,包括人力和物力资源;它们都以连通性、可达性、安全性、效率性和可持续性为自己的发展目标。各类交通基础设施的建设和发展对于促进经济发展、改善人民生活水平和推动社会进步具有重要意义。

第五节 交通流特征

在交通运输工程中,交通流是一个关键概念,涵盖了各种交通运输工具在特定时间和地点上的运行状态。在交通工程和规划中,对交通流的研究有助于分析和评估交通系统、规划和设计交通设施、提高道路安全、减轻拥堵、改善出行体验、降低环境影响等。

一、公路交通流特征

公路交通流是指在公路网络上运行的车辆在时间和空间上的组织与分布,由公路运输载运工具组成。公路交通流特征涉及以下要素。

(1)车流量:指在选定时间段内,通过道路某一地点、某一断面或某一条车道的车辆实体数。车流量的高低影响着道路的通行能力和拥堵程度。

(2)密度:指在某一路段上车辆的密集程度,一般用车辆数或车辆数密度表示。高密度下,车辆之间的间距缩小,通行速度下降,拥堵可能加剧。

(3)速度:指车辆在道路上的平均行驶速度。车辆速度直接影响着路段的通行能力和出行时间。

(4)流率:流率是指不足 1h 的时间段内(通常是 15min),通过道路(或道路上某一条车道)指定地点或断面的车辆数经过等效转换得到的单位小时的车辆数。

公路交通流的主要状态受交通量和道路条件影响。高峰期,车流量和密度大,速度低,可能出现拥堵和延误。低谷期,车流量和密度相对较低,车速较快,交通流畅通。公路交通流的演化受城乡布局、交通管理和道路规划等因素影响。随着城市化推进和机动车增加,交通流量增加,拥堵问题显著。为缓解拥堵,需采取交通管理和规划,提高交通系统通行能力和效率。

二、铁路交通流特征

铁路交通流是指在铁路网络上,列车在时间和空间上的分布与组织,主要由客运列车和货运列车组成,列车间有固定运行时刻和线路。铁路交通流特征包括以下要素。

(1)列车密度:指在某一路段上列车的密集程度,通常用列车数或列车数密度表示。高密度会影响列车的运行间隔和车站的调度能力。

(2)运行速度:指列车在铁路线路上的平均运行速度。运行速度影响列车的运输效率和运行时间。

(3)进出站流量:指在车站进出站的列车流量,直接关系到车站的运行能力和乘客的候车时间。

铁路交通流的状态受列车运行图和调度计划影响。高峰期,列车密度大,车站调度紧张,需确保合理运行间隔,避免拥挤和延误。低谷期,列车密度相对较低,调度相对宽松。铁路交通流的演化受铁路线路容量、信号系统和调度算法等因素影响。随着高铁和自动化技术发展,铁路运输效率提高。为优化交通流,需改进信号系统、调度算法,考虑新技术应用。

三、水运交通流特征

水运交通流是指在水路网络上船舶在时间和空间上的分布与组织。水路交通流涵盖货船、客船等。水运交通流特征包括以下要素。

(1) 船舶流量:指在一定时间内通过某一水路断面的船舶数量。船舶流量影响着水路通行能力和港口的吞吐量。

(2) 船舶密度:指在某一水路区域内船舶的密集程度。高密度可能导致船舶之间的相遇和超越问题,需要实施交通管制。

(3) 航速:指船舶在水路上的平均航行速度。航速影响船舶的运输效率和航行时间。

水运交通流状态受港口布局、航道疏浚和航行规则等因素影响。繁忙港口,需实行船舶交通管制和调度,以确保安全和吞吐效率。疏浚和规则宽松区域,船舶流量和密度较低,航行速度较快。水运交通流的演化受港口设施和航道状况等因素影响,需改进港口设施、实施航道维护并推动船舶自动化技术和航行信息系统应用,以提高水路运输效率。

四、航空交通流特征

航空交通流是指在航空网络内飞机在时间和空间上的分布与组织,包括客运飞机、货运飞机、通用飞机等。航空交通流特征涵盖以下要素。

(1) 飞行流量:指在一定时间内通过某一机场、航线或空域的飞机数量。飞行流量影响着航空运输系统的承载负荷和拥堵状态。

(2) 空中交通密度:指在某一空域内飞机的密集程度。对于不同空中交通密度的机场和空域而言,相应的运行规则、运行模式及管理措施手段存在一定的差异。

(3) 飞行速度:指飞机在空中和地面的平均运行速度。飞行速度影响着飞行时间和航线的运输效率。

航空交通流状态受空域规划管理、空中交通管理措施和外部环境影响。在繁忙空域,飞行流量和交通密度大,需实行相应的空中交通管理措施以提升航班运行安全和效率。随着技术进步,空中交通管理能力和航班飞行效率的进一步提升成为航空运输业界的重要挑战,引入先进的管理技术和系统成为优化航空交通流的重要手段。

五、管道交通流特征

管道运输交通流是指在管道运输系统中,流动物质(如液体、气体等)在空间和时间上的状态,它包括物质的流速、压力、密度等重要参数。

(1) 流速:指单位时间内通过管道横截面的物质质量或体积的数量,通常以米/秒(m/s)或立方米/秒(m^3/s)为单位。管道运输中的流速直接影响着输送能力和输送效率。

(2) 压力:指流体对单位面积的作用力,通常以帕斯卡(Pascal,Pa)为单位,是控制流体流动状态的重要参数,直接影响了管道的结构设计和安全运营。

(3) 温度:指流体中分子的平均热运动状态,通常以摄氏度(℃)为单位。对于需要加热输送或者低温输送的流体,管道输送温度需要严格控制在一定范围内。

(4) 黏度:指流体对流动所表现的阻力,通常以帕斯卡·秒(Pa·s)为单位。流体黏度越大,流动性就越差,从而影响管道运输的能量消耗。

(5)密度:指单位体积内的物质质量,通常以千克/立方米(kg/m^3)为单位。在管道运输中,物质的密度会随着输送过程中压力和温度的变化而变化。

流速、压力、温度、黏度、密度相互交织影响着输送物质的流动特性,从而直接影响了管道运输系统的输送能力、稳定性和能源效率。深入理解和准确把握这些主要状态既是设计、优化和管理管道系统的重要基础,也是保障管道运输安全、高效运行的关键因素。管道流体可能呈现不同流态,如层流、过渡流、湍流,影响流速、压力损失、温度损失等参数。流态研究对管道系统设计和运营至关重要。输送能力受管道直径、流速、密度、黏度等多因素影响,是设计中的重点考虑因素。了解管道输送的压力损失和温度损失有助于设计合理管道系统、减少能源消耗、降低运营成本。

六、交通流共性特征

在各类交通运输方式系统中,交通流在流量指标、密度和密集程度、速度、主要状态等方面都具有共性特征(表2-1-1),这对于理解和优化交通系统至关重要。

交通流共性特征　　　　　　　　　　　　　　　　　　　表2-1-1

交通流要素	共性特征
流量指标	所有交通流都涉及流量指标,如车流量、船舶流量、飞机流量等,用于衡量在一定时间内通过某一点或段的运输工具数量或物体的移动情况
密度和密集程度	交通流的密度或密集程度是各类交通运输系统中的共性特征。高密度通常会导致运输工具之间的相互影响和可能的拥堵,从而影响系统的通行能力
速度	交通流中的速度是一个关键参数,直接影响着系统的通行能力和效率。较高的速度通常与畅通的交通流相关,而较低的速度可能导致拥堵和延误
主要状态	各种交通流都经历高峰期和低谷期,这与交通量、密度、速度等参数的变化有关。高峰期通常伴随着较大的交通流量和密度,而低谷期则相对较少
交通管理	不同交通方式都需要实施交通管理措施,以确保交通流的安全、有序和高效。这可能包括交通信号、航空管制、流量管理、交通限制等
演化特征	交通流的演化受到多种因素的影响,包括城市化水平、技术发展、交通规划等。对于不同交通方式,都需要随着社会和技术的演进来进行系统的改进和优化
系统效率和能力	交通流的特征影响着整个运输系统的效率和容量。各种交通方式都需要考虑如何提高系统的运输效率,通过合理规划和管理来提高通行能力
安全性	无论是公路、铁路、航空、水运,还是管道,都需要关注和维护系统的安全性。交通流的流动状态直接关系到安全性,因此需要制定合适的安全标准和管理措施

第六节　交通运输系统与外部系统关系

一、外部系统特征

交通运输外部系统通常指与交通运输系统直接或间接相互作用、产生影响的其他系统、环境或要素,包括自然环境、环保系统、经济体系等,其外部性特征见表2-1-2。

交通运输外部系统的外部性特征　　　　　表2-1-2

交通运输外部系统	外部性特征
自然环境	包括地形地貌、气候、气温、降水等自然因素,直接影响交通运输系统的建设、运营和安全
城市规划与土地利用	涵盖城市布局、道路网络、用地规划等,决定了交通需求的分布和交通系统的设计
交通管理与监控	包括交通信号系统、智能交通系统、路况信息系统、数字地图和导航系统等,以提高系统安全、促进交通流畅性、维护交通秩序和服务公共利益
交通安全与执法	包括交通规则制定与实施、安全教育、事故处理、应急响应、执法罚款等,旨在确保道路的安全和交通秩序
环保系统	包括节能、减排、降噪、新能源等,旨在减少交通运输对环境造成的不利影响,建立可持续性交通运输系统
经济体系	经济状况、产业结构等既会影响交通需求的规模和特点,也会影响交通系统的投资和发展
社会因素	人口规模、人口分布、人口流动性等,直接影响到交通需求的形成和变化
技术发展	包括交通技术、通信技术等的发展,将会影响到交通运输系统的安全性、便捷性等方面

二、公路运输系统与外部系统关系

(1)城市规划与土地利用。合理的城市规划和土地利用直接影响公路网络规划和交通流分布。公路网的布局和容量规划需要与城市的发展规划相协调,以确保公路运输系统与城市的一体化发展。

(2)能源供应系统。公路运输对能源的需求巨大,尤其是汽车燃料。与能源供应系统的协调有助于确保稳定的能源供应,同时推动更环保的交通能源技术发展。

(3)环境保护与减排措施。公路运输对环境有影响,尾气排放、噪声和道路建设需关注环保。采取减排措施,与环保部门密切协作,推动绿色交通的发展。

(4)法规与交通政策。公路运输系统需要遵守法规和交通政策。与政府交通机构的协调对于确保公路运输系统的合规性和顺利运行至关重要。

三、铁路运输系统与外部系统关系

(1)城市规划与土地利用。城市规划和土地利用对铁路线路和车站规划产生影响。合理的规划应考虑铁路接驳,提供高效城市交通服务,确保铁路线网满足城市交通需求。

(2)能源供应系统。包括电力系统(对于电气化铁路)、燃料供应系统(对于燃油机车)等。与能源系统的紧密关系对于确保铁路系统的可持续性和稳定运行至关重要。

(3)环境保护与减排措施。铁路运输需关注环境保护,减少尾气排放和噪声,提高运输环保性。铁路运输与环保部门紧密合作,推动环保技术在铁路运输中应用。

(4)信息技术与通信系统。包括列车控制、信号系统、票务系统等。与信息技术和通信系统的协调有助于提高铁路系统的运行效率和安全性。

四、水路运输系统与外部系统关系

(1)港口城市规划。水路运输系统与港口城市规划之间存在紧密关系。港口的发展和设计需要考虑到城市基础设施、交通网络、土地利用规划等因素,以确保港口与周边城市的协调发展。

(2)国际贸易关系。与国际贸易组织、贸易合作伙伴和相关国家的贸易政策的协调,对于水路运输系统的畅通和货物的顺利流通至关重要。

(3)环境保护与减排措施。控制船舶排放、保护水域环境是水路运输需关注的问题。减少船舶排放是可持续水路运输的措施。水路运输与环保部门紧密合作,推动水域环境保护。

(4)气象和气候系统。水路运输系统需要与气象和气候系统协作,以便更好地应对恶劣天气条件。实时天气信息、风暴监测等对于航行计划和安全性的影响都是需要考虑的因素。

五、航空运输系统与外部系统关系

(1)机场规划与建设。机场规划和设施建设是支持航空运输网络的关键环节。合理的机场布局和设施规划提高效率和便捷性,确保设施满足需求。

(2)空中交通管制。空中交通管制确保交通安全和协调航空流量。有效的管制系统能够防止空中交通拥堵和碰撞,确保航空运输安全和顺利地进行。

(3)环境保护与减排措施。航空运输需控制飞机尾气排放和噪声,减少环境不良影响,推动航空运输绿色发展。

(4)安全交通与执法。航空警察和安全机制确保航空运输安全,保障飞行安全的顺利进行。航空运输系统需与执法机构密切合作,加强交通安全管理。

六、管道运输系统与外部系统关系

(1)自然环境。地形地貌、气候等自然环境因素直接影响管道运输系统的布设和运行。合理应对自然环境变化是确保管道运输系统安全、高效运行的关键。

(2)能源系统。能源供应和价格直接影响管道运输系统的运营成本。合理利用清洁能源、优化能源利用效率有助于降低成本,提高管道运输在能源运输中的竞争力。

(3)经济体系。经济状况和产业结构决定交通需求和物资流动。管道运输作为物流方式,直接受到经济体系的影响。产业结构变化影响物资运输需求,影响管道运输的布局和运营。

(4)社会因素。人口规模、流动性等社会因素直接影响交通需求的形成和变化。管道运输系统需要灵活调整运营策略,以满足不同区域和时期的需求。

七、交通运输系统与外部系统间的共性外部特征与共性关联特征

各类交通运输系统与外部系统之间存在共性外部特征和密切关联关系,需要与城市规划、交通管理、环保和执法等多个外部系统紧密协作,以确保安全高效、环保的运输服务,促进整体城市和区域的可持续发展,其共性关联特征见表2-1-3。

交通运输系统与外部系统间的共性关联特征 表2-1-3

外部系统	共性关联特征
规划与土地利用	所有交通运输系统都受城市规划和土地利用的直接影响。合理的城市规划能够促进交通效率,而适宜的土地利用设计有助于交通设施的布局和交通流的畅通

续上表

外部系统	共性关联特征
交通管理与监控	交通管理和监控是各种运输方式的关键组成部分。通过优化交通信号、标志和监控设施，可以提高道路通行能力，减少拥堵。密切与交通管理部门的合作是确保运输系统顺畅运行和安全的必要条件
环境保护与减排措施	所有运输系统都需要关注环境保护，减少尾气排放、噪声及对自然环境的不良影响，是可持续发展的关键。与环保部门的密切合作有助于推动绿色交通的发展，采用环保技术和减排措施
交通安全与执法	交通安全和执法是各类运输系统的核心问题，负责维护交通秩序，减少事故的发生。紧密与执法机构合作，加强交通安全教育和执法力度，有助于提高运输系统的安全性
外部系统的直接影响	不同类型的运输系统在特定的外部系统上有其独特侧重。例如，水路运输受港口规划和建设的直接影响，航空运输受空中交通管制系统的直接影响，而管道运输则受到自然环境和能源系统的直接影响。因此，与外部系统的紧密合作是确保各运输系统高效运行的重要因素
演化特征	交通流的演化受到多种因素的影响，包括城市化水平、技术发展、交通规划等。对于不同交通方式，都需要随着社会和技术的演进来进行系统的改进和优化
系统效率和能力	交通流特征影响着整个运输系统的效率和容量。各种运输方式都需要考虑如何提高系统的运输效率，通过合理规划和管理来提高通行能力
安全性	无论哪种运输方式，都需要关注和维护系统的安全性。交通流的流动状态直接关系到安全性，因此需要制定合适的安全标准和管理措施

第二章 交通运输数据分析基础

第一节 交通运输数据抽样理论

交通运输数据抽样理论是交通系统数据分析的关键理论之一,通过从海量庞杂的交通数据中选取代表性的样本,为交通系统的分析和优化提供重要支持。本章将深入探讨交通运输数据抽样的目的与分类,介绍随机抽样、系统抽样、分层抽样等常见抽样方法,以及样本量计算与数据质量评估的重要性。

一、交通运输数据抽样的目的与分类

交通运输数据抽样旨在从海量的交通数据中选择具有代表性的样本,以便在数据分析和研究中更加高效地获取有价值的信息。数据抽样不仅能够降低分析的成本和复杂度,还可以为系统优化提供实际可行的数据支持,数据抽样实施过程中需要考虑以下方面因素。

(1)样本:交通运输数据抽样的首要目的之一是获取有代表性的样本,从而在数据分析过程中准确地反映整体交通现象。交通系统的复杂性和多样性意味着在现实情况下无法对所有数据进行全面分析。通过合理的抽样方法,可以从不同的交通场景中提取样本,确保这些样本能够代表各种不同的交通状况,从而在分析中得到更准确的结果。

(2)成本和效率:交通领域的数据量庞大,全面分析这些数据不仅耗时费力,还需要大量的资源和技术支持。通过抽样,可以在保持数据代表性的前提下,大幅降低数据分析的成本和工作量。这有助于研究者更加高效地利用有限资源,快速获得有关交通问题的结论。

(3)数据推断与决策支持:交通运输数据抽样的另一个重要目标是实现数据推断。通过对抽样样本的分析,可以获得有关整体数据集的信息,从而为决策者提供有力的支持。例如,基于抽样数据分析得出的交通流量趋势可以用来推断未来交通状况,从而为交通规划和设施设计提供方向性建议。

(4)解决数据获取难题:在某些情况下,获取特定类型的交通数据可能困难。例如,交通事故数据通常受到法律法规、隐私保护等方面的限制,因此无法全面获取。在这种情况下,抽样成为一种可行的途径,可以从已有的样本中获取一定量的交通事故数据,为事故分析和预防提供支持。

(5)数据质量保障:交通运输数据抽样还有助于保障数据质量。通过对抽样样本进行质量评估,可以及时发现数据中的错误、缺失或异常情况,从而提高数据的准确性和可靠性。这对于研究的可信度和推广性具有重要意义。

综上所述,交通运输数据抽样的目的在于在代表性、效率、推断能力和数据质量等方面寻求平衡,从而为交通领域的研究和决策提供可靠的数据基础。通过恰当选择抽样方法和样本量,研究者能够更加高效地获取有关交通现象的信息,为解决实际问题提供有力支持。

交通运输数据抽样方法的分类是为了在面对不同的数据类型、研究问题和资源限制时，选择最合适的抽样方法。分类有助于使抽样过程更具系统性和灵活性，从而确保所选样本能够准确、代表性地反映整体数据特征。在交通领域，抽样方法的分类主要包括随机抽样、系统抽样和分层抽样。

抽样方法的分类并不是严格的，在实际应用中通常会结合多种方法，根据具体问题的特点进行灵活选择。因此，在交通运输数据分析中，研究者需要根据数据类型、研究目的和资源限制，选择最适合的抽样方法。同时，对不同抽样方法的优缺点和适用范围有清晰的认识，有助于确保抽样过程的科学性和有效性。总之，交通运输数据抽样方法分类是为了更好地选择适合的抽样策略，以获得准确、可靠的研究结果。

二、交通运输数据常见抽样方法

（一）随机抽样

交通运输数据的随机抽样旨在从交通数据总体中以随机方式选择样本，消除抽样过程中的主观偏见，保证样本具有代表性和可推广性。在交通领域，随机抽样常用于获取交通流量、车速、出行行为等数据。其基本原则是使用随机数生成器，随机选择样本，使得每个样本点都有被选中的机会，从而减小抽样引入的偏差。随机抽样需要注意样本量的大小和数据质量，以确保抽样结果的可靠性和代表性。

（二）系统抽样

交通运输数据的系统抽样是一种基于特定规则的抽样方法，其核心思想是按照一定间隔或规律，从交通数据总体中选择样本。这种方法可以在保持一定代表性的基础上，降低抽样过程的复杂性，从而更高效地获取数据样本。在交通领域，系统抽样常用于选取具有一定规律分布的数据点，如时间序列数据或空间分布数据。此外，系统抽样也有助于在分析中捕捉到数据的周期性或趋势性变化，从而更好地理解交通现象。然而，系统抽样也需要注意规律选择的合理性。如果选择的规律不恰当，可能会引入样本偏差，影响数据的代表性。因此，在进行系统抽样时，研究者需要充分了解数据的分布特点，并根据研究问题选择适当的抽样规律。系统抽样是一种有效的抽样方法，通过按照一定规律选择样本，可以高效地获取具有代表性的数据，为交通研究和决策提供重要支持。

（三）分层抽样

交通运输数据的分层抽样是一种将数据总体划分为不同层次，并从每个层次中独立抽取样本的抽样方法。这种方法可以确保每个子群体都有足够的代表性，从而在数据分析中更准确地反映整体数据特征。在交通领域，分层抽样常用于选取不同类型的交通参与者、不同道路类型或不同区域的数据样本。分层抽样的优势在于其可以针对不同子群体的特点进行有针对性的抽样，从而提高数据的代表性和可靠性。此外，分层抽样还能够兼顾不同层次之间的差异，使得分析结论更具广泛适用性。然而，分层抽样也需要注意分层划分的合理性。不恰当的分层划分可能导致样本选择偏差，影响数据的准确性。

三、样本量计算与数据质量评估

（一）样本量计算

交通运输数据的样本量计算是抽样设计中的关键环节，它确保所选样本能够在一定程度上反映整体数据的特征,并保证研究结果具有一定的统计意义。样本量的大小需要根据研究目的、统计方法、置信水平和效应大小等因素进行合理计算。在交通领域,样本量计算的基本思想是在保持一定置信水平(通常为95%或99%)和效应大小的前提下,确定所需的样本数量。效应大小指的是研究中期望检测到的差异或关联程度。样本量计算可以基于统计方法,如均值比较、回归分析等,来确定需要的样本数量。样本量计算的公式通常基于统计理论,需要考虑显著性水平(α)、置信水平($1-\alpha$)、效应大小、预期标准差等多个因素。通过这些因素的综合考虑,可以得出所需的样本量。样本量计算还需要根据实际可用资源和数据采集成本来进行调整,以确保计算结果在实际应用中可行。样本量计算是抽样设计中的重要环节,它确保研究能够在统计上得出可靠的结论。通过综合考虑研究目的、统计方法和资源限制等因素,合理确定所需的样本量,为交通领域的数据分析和研究提供坚实的基础。

(二)数据质量评估

交通运输数据的数据质量评估是确保抽样数据准确性和可靠性的关键步骤。不同类型的交通数据可能受到错误、缺失或异常值的影响,因此需要采用适当的方法来评估和处理这些问题。

(1)数据清洗。数据清洗是数据质量评估的首要步骤。通过检查数据中的错误、缺失、重复等问题,并进行纠正或填充,可以确保数据的一致性和完整性。例如,在交通流量数据中,可能出现因传感器故障导致的异常值,这些异常值需要进行识别和清除。

(2)异常值检测。异常值可能影响数据的分析和结论。通过统计方法或可视化手段,可以识别出与正常数据偏离较大的异常值。在交通数据中,需要对异常数据进行检测和处理。

(3)数据一致性检验。在涉及多个数据源的情况下,数据一致性的问题可能会影响分析的准确性。通过比较不同数据源的数据,可以检验其一致性并排除矛盾处。例如,不同交通监测系统获取的流量数据应该在一定程度上保持一致。

(4)数据完整性评估。数据完整性是数据质量的重要方面。在交通数据中,可能会出现部分数据缺失的情况,如某些时间段或区域的数据缺失。通过分析缺失数据的模式和影响,可以评估数据的完整性,进而决定是否需要进行填充。

综上所述,交通运输数据的数据质量评估需要综合考虑数据清洗、异常值检测、数据一致性和数据完整性等多个方面。采用适当的方法和工具,可以有效提高抽样数据的准确性和可靠性,为交通数据分析和研究提供高质量的数据支持。

第二节　交通运输数据分析理论

交通运输数据分析是从抽样得到的数据中提取信息、揭示规律和做出预测的关键步骤。本节将探讨交通运输数据分析的核心内容,包括描述性统计分析与假设检验、统计回归基本原理与常见回归方法,以及人工智能方法的基本原理。

一、交通数据描述性统计分析与假设检验

1. 描述性统计分析

描述性统计分析是一种用来总结和描述数据集中信息的方法,旨在通过统计量和可视

化手段来呈现数据的基本特征、分布和趋势。它不仅可以帮助我们更好地理解数据,还可以为后续的数据分析和决策提供重要参考,例如,在分析交通流量数据时,可以计算每天的平均车流量、中位数和峰值时段,以了解交通拥堵的典型模式。描述性统计分析涉及多种统计量和图表,其中常用的如下。

(1)中心趋势测量。这些统计量可以帮助我们了解数据的平均值、中位数、众数等。平均值表示数据的平均水平,中位数代表数据的中间位置,众数则是出现频率最高的值。通过这些测量,我们可以获取数据集的典型特征。

(2)离散程度测量。这些统计量用于衡量数据的变异程度,包括标准差、方差和范围等。标准差越大表示数据越分散,方差反映数据的平均偏差程度,范围代表了数据的最大值和最小值之间的距离。

(3)分布形状测量。分布形状可以通过偏态和峰态来描述。偏态反映了数据分布的偏斜程度,正偏态表示数据向右偏斜,负偏态表示数据向左偏斜。峰态用于衡量数据分布的尖峰程度,正态分布具有零峰态。

(4)图表和图形。描述性统计分析还包括绘制直方图、箱线图、散点图等图表和图形。这些图表能够以视觉方式展示数据的分布和关系,使数据特征更加直观。例如通过绘制速度直方图,可以展示不同路段的车速分布,帮助交通工程师理解交通速度的变化情况。

总之,描述性统计分析是数据分析中的重要步骤,它帮助我们理解数据集的基本特征和趋势,为进一步的数据挖掘、建模和决策提供了基础。通过分析中心趋势、离散程度和分布形状等统计量,以及绘制各种图表,可以对数据进行初步的解读和总结。

2. 假设检验

假设检验是一种基于统计方法的推断过程,用于对一个或多个关于总体参数的假设进行验证,是交通决策与分析中的常用分析工具。例如,在交通规划中,可以进行假设检验来验证一个新道路改建项目是否会显著减少交通拥堵;在道路养护管理中,可以采用假设检验确定某项养护方法是否显著影响了道路耐久度。在科学研究和数据分析中,我们通常会提出一个关于总体的假设,并利用采样数据来确定是否有足够的证据来支持或拒绝这些假设。假设检验能够帮助我们做出关于总体特征的推断,从而支持决策和科学研究。

假设检验的基本步骤通常包括:

(1)建立假设。首先,提出一个关于总体参数的假设,通常分为零假设(H0)和备择假设(H1)两种。零假设通常表示没有效应或无关联,备择假设则表示存在效应或相关性。

(2)选择检验统计量。根据问题的特点和数据类型,选择合适的检验统计量。检验统计量是根据样本数据计算的,可以用于衡量样本结果与假设之间的差异。

(3)设定显著性水平。显著性水平(α)是决定是否拒绝零假设的阈值。通常选择一定的显著性水平,如0.05或0.01。如果检验统计量的计算结果在这个阈值范围内,则可能拒绝零假设。

(4)计算p值。p值是表示在零假设成立的情况下,观察到样本结果或更极端结果的概率。p值越小,表示观察到的结果与零假设越不一致,从而越有可能拒绝零假设。

(5)做出决策。根据p值和显著性水平,可以做出决策,即拒绝零假设或不拒绝零假设。如果p值小于显著性水平,则可以拒绝零假设,否则不能拒绝零假设。

常见的假设检验包括:

(1)单样本假设检验。用于比较一个样本的均值或比例与某个特定值的关系。

(2)双样本假设检验。用于比较两个样本的均值、比例或方差等是否有显著差异。

(3)方差分析。用于比较多个样本(组)之间的均值是否存在显著差异。

(4)相关性检验。用于判断两个变量之间是否存在显著相关关系。

(5)非参数检验。适用于数据分布不满足正态分布的情况。

通过假设检验,我们能够根据样本数据对假设的真实性进行推断,从而使我们能够在数据分析、科学研究和决策中做出更加准确和可靠的结论。然而,假设检验也需要注意选择合适的检验方法、样本大小和显著性水平等因素,以确保得出的结论具有统计意义。

二、统计回归基本原理与常见回归方法

1. 统计回归基本原理

统计回归是一种分析因变量与一个或多个自变量之间关系的方法。其基本思想是通过建立数学模型,预测因变量与自变量之间的关联。回归分析广泛应用于交通运输领域,以解释交通流量、事故率等因素之间的关系,例如回归分析可用于桥梁运维中,分析各因素对结构健康的影响,预测维护需求、优化资源分配、提高运维效率。

2. 广义线性回归

广义线性回归是一种回归分析方法,不仅可以处理线性关系,还可以适用于非线性关系。通过引入链接函数和权重函数,广义线性模型能够适应更复杂的数据情况。

3. 隐变量回归

隐变量回归是基于隐变量(潜在变量)的一类回归方法,用于处理观测不完全的数据。通过隐变量,可以更准确地捕捉数据背后的模式和关系。隐变量回归可以用于处理交通传感器数据,以捕捉潜在的交通流动模式,例如城市中的交通拥堵现象。

4. 时间序列回归

时间序列回归是针对时间相关数据的一类回归方法。在交通运输领域,时间序列回归常用于预测交通流量、拥堵等情况,从而支持交通规划和管理。例如,时间序列回归可以应用于轨道交通客流预测,通过历史数据预测交通流量、优化列车调度、提升准时性,有效改善轨道交通运营效果。

三、人工智能方法的基本原理

1. 人工智能概述

人工智能是一门研究如何使计算机具有智能的学科。它涵盖了机器学习、深度学习、自然语言处理等多个领域,可以用来处理复杂的交通大数据分析,包括交通流量优化、智能交通管理等。

2. 机器学习

机器学习是人工智能的一个重要分支,通过让计算机从数据中学习模式和规律,实现智能化的决策和预测。在交通领域,机器学习可以用于交通流量预测、交通事故风险评估等任务。在交通流量预测方面,机器学习模型可根据历史数据和实时信息,预测航空交通出行需求,有助于优化航空交通管控措施和减少延误。在水路交通事故风险评估方面,通过机器学习分析交通事故数据,可以确定水路交通事故风险较高的区域和条件,以采取针对性的预防

措施。

3. 深度学习

深度学习是机器学习的一个子领域，其核心是人工神经网络。深度学习在图像识别、自然语言处理等领域取得了显著的成果，也可以应用于交通图像识别、列车司机和飞行员行为分析等问题。在交通图像识别方面，深度学习模型可以识别交通摄像头捕捉到的图像，检测违章行为、监控交通流量并提高道路安全。在列车司机行为分析方面，通过分析列车司机的行为、眼动数据和车内传感器信息，深度学习可评估司机的状态，例如疲劳或分心，以提高交通安全。

第三节　交通大数据特征与应用

交通大数据在现代交通领域扮演着重要的角色，通过收集、处理和分析大量的交通数据，为交通系统分析和决策提供了有力支持。

一、交通大数据来源与特征

1. 交通大数据的来源

交通大数据是指通过各种传感器、设备和系统收集的与交通运输相关的大规模数据。这些数据涵盖了交通流量、交通运行状态、出行行为、交通事故等各个方面的信息，具有广泛的应用价值。交通大数据主要来源包括：

（1）交通传感器。广泛部署的交通传感器是交通大数据的重要来源之一。这些传感器包括交通流量监测器、车速测量器、摄像头、雷达等。通过这些传感器，可以实时监测各种交通方式的流量、速度等信息，从而获取交通运行状态的数据。

（2）车载设备。现代车辆配备了各种车载设备，如全球定位系统（GPS）、惯性测量单元（IMU）等，这些设备可以实时记录车辆的位置、速度、加速度等信息。通过车载设备，可以获取大量的行驶轨迹数据，用于分析车辆行为、出行路径等。

（3）智能交通系统。智能交通系统整合了各种交通信息技术，包括交通信号控制、车辆管理、路况监测等。通过智能交通系统，可以实时获取交通信号灯的状态、路况信息、车辆跟踪数据等，用于交通分析和优化。

（4）移动应用和社交媒体。移动应用和社交媒体平台也是交通大数据的来源之一。许多人使用移动应用记录出行路径、分享交通经验，这些数据可以用于分析出行模式、热点区域等。此外，社交媒体上的用户动态也可以提供关于交通事件和路况的信息。

2. 交通大数据的特征

交通大数据具有多样的特征，主要包括：

（1）时空特征。交通大数据的最显著特征之一是其丰富的时空信息。例如通过记录车辆位置、速度、行驶路径等数据，可以获取交通流量、拥堵情况、出行行为等方面的信息。这些时空数据能够更好地揭示交通运行地变化趋势，为交通运输系统优化实时决策提供依据。

（2）多源异构特征。交通大数据涵盖了多种数据源，包括传感器、车载设备、智能交通系统、移动应用等。这些异构数据源提供了多样的信息，可以从不同角度对交通现象进行分析。例如，传感器提供了实时的交通流量数据，车载设备提供了车辆行驶轨迹，智能交通系统提供了路况信息。这些数据的综合利用可以提供更全面的交通情况分析。

（3）高维度特征。交通大数据通常具有高维度的特点，即涉及多个变量和属性。这些变量可以包括车速、车型、道路类型、时间、天气等多个方面。高维度的数据使得交通分析更为复杂，但也为深入研究交通问题提供了更多维度的视角。

（4）实时性特征。交通大数据的获取通常是实时的，这意味着可以获得近乎实时的交通信息。实时性特征使得交通管理和决策能够更加及时地应对突发情况，优化交通流动性，减少拥堵。

（5）隐私安全特征。由于交通大数据涵盖了大量个人出行信息，隐私安全问题也是一个重要特征。在应用交通大数据时，需要确保数据的隐私保护，避免个人隐私泄露。

通过分析这些特征，可以更好地理解交通现象，提高交通系统优化方案的精准性和效率。

二、交通大数据典型应用

1. 智能交通管理

交通大数据在智能交通管理中具有广泛的应用，能够实现交通流量监测、实时路况发布、信号控制优化、停车管理、智能导航、交通事件管理等多个方面的目标。通过有效利用交通大数据，可以实现交通系统的智能化和优化，提高交通效率、改善交通环境。交通大数据在智能交通管理中的主要应用包括：交通流量监测与预测、实时路况发布、交通信号控制优化、停车管理、智能导航、交通事件分析与管理等。

2. 航空交通管理优化

在航空交通管理中，交通大数据可应用于管制指挥模式优化、飞行路径优化和空域拥堵管理。通过分析航班数据、天气状况和机场流量，系统可以动态调整管制指挥规则和方式、实时调整飞行路径、提高空中交通效率、减少航班延误。此外，大数据还支持实时监测航空器飞行状态，提升航班运行安全性。

3. 轨道交通运营优化

在轨道交通运营方面，交通大数据用于列车调度、乘客流量预测和故障诊断。通过分析乘客进出站数据、列车运行状况等信息，系统能够优化列车运行计划，提高准时性，并实时应对高峰期乘客流动。

4. 水路交通事故分析

大数据在交通事故分析中的应用有助于分析水路交通事故类型和严重程度、研究事故发生原因等。通过深入了解水路交通事故的特征和模式，可以制定更有效的船舶碰撞预防措施，降低水路交通事故风险，保障交通参与者的安全。另外，可以通过识别高风险水域，为水路交通安全管理提供有力支持。

5. 基于位置的服务

交通大数据在基于位置的服务中应用广泛，可以为用户提供更智能、便捷的出行体验。通过分析交通数据，可以实现实时导航、停车服务、交通事件提醒等多种功能，为城市居民和出行者提供更好的出行选择和服务。通过利用交通大数据的时空信息，可以为用户提供个性化、实时的位置相关服务。交通大数据在基于位置的服务中的主要应用包括：导航与路径规划、停车导航和空位查询、交通事件提醒、位置感知服务等。

第三章　交通运输系统分析与优化理论基础

第一节　交通运输系统分析理论

一、基础理论

交通运输系统分析由多学科相互交叉和渗透形成，本节首先介绍交通运输系统分析的基础理论。

1. 系统科学

系统科学是指从系统的角度观察研究客观世界的一门学科。"系统"指由相互联系、相互作用的要素（或部分）组成的具有一定结构和功能的有机整体；准确来说，"要素"加上"结构"等于"系统"。系统科学主要研究系统的要素（或元素）、结构和系统的行为（性质）。

2. 经济学

经济学是研究人类社会经济活动的各类经济学科的总称。根据考察对象和研究方法的不同，经济学大致可以分为宏观经济学和微观经济学两个领域。宏观经济学主要以整个国民经济的活动为研究目标，注重对整个国民经济的整体进行分析或"总量分析"。而微观经济学则以单个经济单位为研究对象，注重分析经济单位的经济行为以及相应的经济变量或"个量"。由于总量是由个量综合而成的，因此微观经济学是宏观经济学的基础和前提。

3. 管理科学

管理是对人、物、事等组成的系统的运动、发展和变化，进行有目的、有意识地控制行为，而管理科学是对有效管理的探索和研究，对管理行为、活动的科学概括和总结。系统分析学与管理科学关系十分密切，系统分析学的产生与管理科学的发展息息相关，同时管理科学的发展又进一步推动系统分析学的发展。

4. 决策科学

决策科学是研究、探索和寻求做出正确决策规律的学科，也是为决策提供科学理论和方法的学科。交通运输系统分析的任务是为决策者提供决策方案，因此与决策科学有着密切的联系。决策科学主要研究对象包括决策范畴与概念、决策要求、决策结构、决策理论，以及决策原则、决策方法、决策过程、决策组织等。决策科学是一门综合性的、横跨自然科学与社会科学，以及涉及人类思维领域的学科。为了对某些重大问题做出科学、正确的决策，需要广泛运用各种知识。因此，分析、整合、归纳、概括和抽象出人类决策活动中最本质的东西是决策学的基本要素，也是决策学的一项重要任务。

5. 运筹学

运筹学是一门应用数学学科，利用统计学，数学模型和资料科学等方法，去寻找复杂问题中的最佳或近似最佳的解答，用于解决现实生活中的复杂问题，特别是改善或优化现有系统的效率。运筹学的研究内容十分广泛,其主要分支有:线性规划、非线性规划、整数规划、几何规划、大型规划、动态规划、图论、网络理论、博弈论、决策论、排队论、存贮论、搜索论等。利用运筹学处理问题时主要分为五个阶段:①规定目标和明确问题;②收集数据和建立模型;③求解模型和优化方案;④检验模型和评价解答;⑤方案实施和不断优化。

二、交通运输系统分析基本方法及其应用

(一)系统预测方法

交通运输系统预测是基于动态获取的交通状态数据时间序列,推测未来时段的交通状态。通常以交通流量(包括客流量和货流量)、平均速度、行程时间和占有率等作为反映交通状态的基本参数,这些参数的预测构成了交通预测的核心。先进的交通信息系统和先进的交通管理系统可以直接利用交通状态的预测结果,为管理者提供决策依据,为出行者提供有效信息。这有助于实现更合理的路径规划和选择,达到诱导交通流动、节约行程时间、缓解道路拥堵和提高效率等目标。交通预测模型流程如图2-3-1所示。

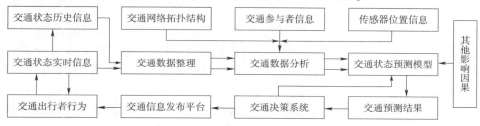

图2-3-1 交通预测模型流程示意图

总的来说,交通状态的变化过程是一个实时、非线性、高维且非稳定的随机过程。而且,随着统计时段的缩短,交通状态的随机性和不确定性日益增强。例如,道路交通状态的短期变化不仅与本路段过去的几个时段的状态有关,还受到上下游路段的交通状态以及天气变化、突发事件等诸多外部因素的影响。然而,从时间和空间两个角度来考虑,交通状态可以体现出规律性变化。

随着智能交通技术在全球范围内的广泛应用,实时交通信息预测技术已成为推动道路交通动态控制和管理的重要力量。如Cheslow等在1992年的技术报告中所指出的,利用实时交通数据对未来交通流和行程时间的及时预测是实现动态交通控制的基本要求。在过去的三十几年中,越来越多的专家和学者开始关注这一领域。

在总结先前研究的基础上,交通状态预测可以根据不同的标准进行分类。按照研究的时段来分,有长期预测、中期预测和短期预测三种。其中,长期预测与中期预测是指时间序列数据的间隔和预测期较长的情况,如30min、1h、1d,甚至更长,而短期预测则是指时间序列数据的间隔和预测期较短的情况,如5min、15min等。按照待研究的对象来分,有专门针对某条路段交通状态的预测,也有对整体路网交通的预测;有针对高速公路的预测,也有对城市主干道的预测。此外,按照交通数据的类型来分,分别有对交通流量、速度、行程时间等交通状态参数的预测,也有综合多个交通参数给出的预测。按照所使用的交通状态参数的维度来分,有单变量预测和多变量预测。按照所用模型的性质来分,有依赖于数学方法的预测,还有依赖于物理模型的预测。按照所用模型的类型来分,有基本预测模型,还有组合预测模型。

交通预测大体分为两种模式，一种是基于经验的结合统计学方法的预测，另一种是以交通过程理论和交通供求关系为基础的预测。第二类预测模型主要包括基于交通模拟的预测、基于动态交通分配的预测和基于元胞自动机的预测等。这些方法把车辆当作实体，通过建模来描述路网交通基础设施和驾驶人的交通行为，利用计算机仿真技术，模拟出道路网中车辆的动态交通运行状态，从而预测道路交通的相关信息。

（二）系统决策方法

系统决策是在一定条件下，根据系统状态，从可采取的各种策略中，依据系统目标选择最优策略并付诸实施的过程。科学决策是运用科学的思维方法和决策技术，以系统目标为导向，进行科学决策的过程。交通运输系统决策是指在运输系统中与运输活动有关的决策问题，如运输经济决策、运输科技决策、运输发展决策等。从运输企业的长远发展来看，是否需要增加新的投资、扩大运输规模；是否需要引进新技术、新工艺、新设备；从运输企业的日常管理来看，如何确定合理的运输价格，何时更新运输设备、如何更新等，这些都是决策者需要面对的挑战，需要他们能够做出合理、适时、科学、正确的决策。

1. 确定型决策问题

确定型决策是指决策环境完全确定，选择结果也确定，可以确定计算出各方案的益损值的决策问题。其主要特征包括：①存在明确的决策目标，希望达到最大值或最小值；②存在确定的自然状态；③存在两个或两个以上的行动方案供决策者选择；④不同行动方案在不同自然状态下的益损值可通过一定方法推算。

针对确定型决策问题，常用的决策方法包括：①单目标决策问题的方法，如线性规划、非线性规划、动态规划、目标规划、整数规划、投入产生模型和确定型库存模型等；②多目标决策问题的方法，如多目标规划。

2. 不确定型决策问题

不确定型决策问题指的是决策者对环境情况缺乏了解，但可以通过分析各种可能影响决策事件的因素，对可能发生的自然状态进行估计，同时计算出各个方案在不同状态下的益损值。其主要特征包括：①存在明确的决策目标，希望达到最大值或最小值；②存在两个或更多的自然状态；③存在可供选择的两个或更多的行动方案；④不同的行动方案在不同自然状态下的益损值。不确定型决策主要取决于决策准则的主观愿望和要求。常用的决策方法有乐观准则、悲观准则、折中准则和遗憾值准则等。

乐观准则决策者在做决策时，总是抱着乐观的态度，不放过任何一个获得好结果的机会。他们倾向于选择能够带来最大收益的方案，敢于冒险。决策步骤包括：①编制决策效益值表；②从每一个方案中选取一个最大的收益值；③从各方案最大收益值的选择结果中选出最大者作为备选方案。

悲观准则决策者在做决策时，总是担心决策失误可能带来的损失。因此，他们在做决策时非常谨慎，以悲观的态度来评估各种方案。他们选择最小收益的方案以最小化潜在的损失。决策步骤包括：①编制决策效益值表；②从每一个方案中选取一个最小的收益值；③从各方案最小收益值的选择结果中选出最大者作为备选方案。

折中准则是一种介于乐观和悲观之间的决策准则，决策者需要确定一个折中系数。决策步骤包括：①编制决策效益值表；②计算每个方案的折中决策受益值；③选择折中决策受益值最大的方案作为备选方案。

遗憾准则旨在最小化遗憾值,即决策者在某种自然状态下选择非最优方案所错过的收益机会。该准则要求决策者先计算每个方案在不同状态下的遗憾值,再找出每个方案的最大遗憾值,并从中选择对应最小遗憾值的方案作为最优决策方案。具体步骤包括:①编制决策效益值表;②计算每个方案在不同状态下的遗憾值;③找出每个方案的最大遗憾值;④选择最大遗憾值中最小的对应的方案作为备选方案。

(三)系统评价方法

对现有交通运输系统进行高质量发展和改善的前提是对其进行客观全面的描述和评价,找出交通问题的根源,并系统改善提供依据。因此,建立一套科学、客观的交通运输系统评价指标体系(表2-3-1),对系统进行评价有重要的意义。常用评价方法包括层次分析法、主成分分析法、模糊综合评价法等。

城市群综合交通运输系统评价指标体系示例　　　　　表2-3-1

基本特征	评价维度	评价指标	评价角度
安全	生命安全	B_1:万人交通事故率 B_2:十万人口死亡率	综合交通系统安全性
	应急保障	B_3:应急响应时间	
便捷	覆盖广泛	B_4:交通线网密度 B_5:重要节点通达率	综合交通系统网络
	快捷顺畅	B_6:交通网络通达度 B_7:都市区1小时交通圈人口覆盖率 B_8:城市群2小时交通圈人口覆盖率 B_9:主要城市3小时交通圈人口覆盖率	综合交通系统运输效率与服务水平
高效	高效利用	B_{10}:交通枢纽 V/C B_{11}:交通线网 V/C B_{12}:高速公路里程比例 B_{13}:高速铁路里程比例 B_{14}:等级航道里程比例	综合交通系统网络
	一体协调	B_{15}:分方式运输量分担率 B_{16}:分方式周转量分担率 B_{17}:综合交通枢纽换乘(转换)时间	综合交通系统一体化
绿色	生态环保	B_{18}:单位运输周转量污染因子排放量 B_{19}:集约化交通方式运输周转量占比	综合交通系统可持续发展
	集约节约	B_{20}:单位国土空间资源的交通周转量	
经济	经济适用	B_{21}:交通支出占比 B_{22}:全社会运输费用率	
	支撑有力	B_{23}:交通运输业 GDP 贡献率	

注:V/C 表示在理想条件下,最大服务交通量与基本通行能力之比,反映道路的服务水平。

1. **层次分析法(Analytic Hierarchy Process,AHP)**

层次分析法是使用最广泛的评价方法之一。该方法对评价备选方案和综合查找最相关备选方案的过程进行整合,可用于对一组备选方案进行排名或选择最佳备选方案。该方法在一个总体目标下进行排名或选择,并将该目标被分解为一组目标或准则。

层次分析法可以通过树状的层级结构,将复杂的决策问题在一个层级中划分为多个简单的子问题,并且每个子问题可以独立地进行分析。这个层级中的子问题可以包括任何类型的子问题,无论是无形的还是有形的、仔细计算的或粗略估计的、清晰理解的或模糊的,只要是用于最终决策的子问题都可以包括在内。

当该层级结构建立好后,决策专家会使用系统的评估尺度,为每个部分的相对重要性分配权重数值,然后建立成对比矩阵,并计算特征向量和特征值。该特征向量代表每一层级中各部分的优先权,可以为决策者提供充分的决策信息,并组织有关决策的评估条件或标准、权重和分析。这种方法可以降低决策错误的风险。

AHP的评估尺度是每一层级指标因素之间的成对比较,基本划分包括五种,即等强、稍强、颇强、极强和绝对强,并赋予名目尺度1、3、5、7、9的衡量值。另外设立介于五个基本尺度之间的四个尺度,并赋予2、4、6、8的衡量值,共有九个尺度,各尺度所代表的意义见表2-3-2。

比例标度表　　　　　　　　　　　　　　表2-3-2

评估尺度	定义	评估尺度	定义
1	同等重要	7	强烈重要
3	稍微重要	9	极端重要
5	较强重要	2,4,6,8	两相邻判断的中间值

2. **主成分分析法(Principal Component Analysis,PCA)**

在多元变量分析中,主成分分析法是一种用于降维和综合评价的方法。此方法通过正交转换对一系列可能相关的变量的观测值进行线性变换,将其投影为一系列线性不相关的变量值,这些不相关的变量被称为主成分。更具体地说,主成分可以看作是一个线性方程式,其中包含一系列线性系数来指示投影方向。PCA对原始数据的正规化或预处理具有敏感性(相对缩放)。

主成分分析是一种统计方法,通过重新组合原始变量,形成一组相互无关的新综合变量,同时尽可能多地反映原始变量的信息。这种方法也被称为主分量分析。主成分分析旨在将原始的大量具有一定相关性的指标(如 P 个指标),重新组合成一组互相无关的综合指标来代替原始指标。在数学处理上,这些新的综合指标是通过将原始 P 个指标进行线性组合得到的。最经典的做法是使用第一个线性组合 F_1 的方差来表示,即 $Var(F_1)$ 越大,表示 F_1 包含的信息越多。因此,在所有的线性组合中选取的 F_1 应该是方差最大的,因此被称为第一主成分。如果第一主成分不足以代表原始 P 个指标的信息,可以考虑选取 F_2 作为第二个线性组合。为了有效地反映原始信息,F_1 已经包含的信息不需要再出现在 F_2 中,用数学语言表示就是要求 $Cov(F_1,F_2)=0$,则称 F_2 为第二主成分。依此类推,可以构造出第三、第四、……、第 P 个主成分。

3. **模糊综合评价法(Fuzzy Comprehensive Evaluation,FCE)**

模糊综合评价法是一种基于模糊数学的综合性评标方法。该综合评价法利用模糊数学的隶属度理论,将定性评价转化为定量评价,即利用模糊数学对受多种因素影响的事物或对象进行总体评价。它具有结果清晰、系统性强的特点,能够较好地解决模糊的、难以量化的问题,适合解决各种非确定性问题的解决。

模糊综合评价法的一般步骤包括:①模糊综合评价指标体系的构建:构建模糊综合评价指标体系是进行综合评价的基础,而评价指标的选择是否适宜,将直接影响到综合评价的准确性。在构建评价指标体系时,应广泛涉及与该评价指标体系相关的行业资料或法律法规;②确定合适的权重向量:通过专家经验法或 AHP 层次分析法来确定合适的权重向量;③构建评价矩阵:建立合适的隶属函数从而构建好评价矩阵;④评价矩阵和权重的合成:采用适合的合成因子对其进行合成,并对结果向量进行解释。

第二节 交通运输网络优化理论

交通运输系统的运营管理过程中,运筹优化理论发挥着重要的作用。通过一套完整的数学方法和技术体系,运筹优化理论可以解决交通领域中的一系列实际问题,实现资源的优化利用并辅助规划者做出高效决策。其在路网规划、交通流量管理、货物配送等各个实际工程场景中,都对应着具有代表性的优化问题。本节将基于最短路问题(Shortest Path Problem,SPP),厘清研究交通问题的一般范式;在此基础上,通过介绍交通运输领域最为经典的车辆路径问题(Vehicle Routing Problem,VRP)和其常用的运筹优化求解框架——整数优化(Integer Programming,IP),阐述运筹优化模型在具体交通问题中的应用。

一、图与网络设计

图与网络设计在研究交通问题中扮演着关键的角色。图与网络设计理论是运筹优化领域的一个重要分支,专注于研究如何设计和优化图和网络的结构,以实现特定的目标和需求。在交通问题中,图被用来描述具有节点和边的结构,其中节点表示实体,边表示节点之间的关系。这些实体和关系可以是真实世界中的物理对象(如道路、管道或通信网络)或抽象概念(如交通流量、电力传输或信息传播)。图与网络设计理论旨在优化节点之间的连接、边的容量、信息流或资源分配等因素,以达到一定的目标。在交通领域,图与网络设计理论的应用十分广泛。本节以最短路问题为例,简要介绍图与网络设计的应用场景。

最短路问题是图论研究中的一个经典算法问题,旨在寻找由节点和路径组成的网络图中两节点之间的最短路径。除了作为网络问题直接应用外,最短路问题还经常作为交通分配问题、车辆路径规划问题求解过程中的关键步骤。

如图 2-3-2 所示,最短路问题的一般形式为:考虑一个赋权有向图 $G=(V,E,W)$,其中 V 为节点集合,E 为节点之间的边集合,W 为每条边的权重集合。每条边 $e_{i,j}:=(i,j)\in E$ 的权值为一个非负的实数 $w_{i,j}$,该权值可以视为节点 i 到节点 j 的距离。例如图 2-3-2 展示了一个具有 6 个节点的赋权有向图,其节点集合为:$V=\{v_1,v_2,v_3,v_4,v_5,v_6\}$,各边的权值分别为:$w_{1,2}=10, w_{2,3}=7, w_{4,3}=4, w_{4,5}=7, w_{6,5}=1, w_{1,6}=3$,$w_{6,2}=2, w_{4,1}=3, w_{2,4}=5, w_{6,4}=6$。设一单源点 $s\in V$,若需要找出从源点 s 出发,到除 s 之外的任意一点 $t\in V\setminus\{s\}$ 的最短路径,称为

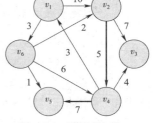

图 2-3-2 赋权有向图

单源最短路问题；若要将图中任意两节点间的最短路全部找出,则称为全局最短路问题。

单源最短路问题常用 Dijkstra 算法求解。Dijkstra 算法是由荷兰计算机科学家 Dijkstra 于 1959 年提出的,Dijkstra 算法主要特点是从起始点开始,采用贪心策略,每次遍历到始点距离最近且未访问过的顶点的邻接节点,直到扩展到终点为止。算法步骤可以概括如下。

第一步：初始时令 $S = \{s\}$,$T = V - S$。若 T 中存在某节点 i 与节点 s 之间有边 $e_{s,i}$,则距离值 $d_i = w_{s,i}$,否则 $d_i = +\infty$。

第二步：从 T 中选取一个与 S 中节点有关联边,且关联边的权值最小的点 p 加入集合 S 中。

第三步：对 T 中其余节点的距离值进行修改：若加进 p 作中间点后,节点 s 到节点 i 的距离值缩短,则修改距离值 $d_i = d_p + w_{p,i}$。重复第二步和第三步,直到 S 中包含终点 t 时,算法结束；若需要求出源点 s 到其他所有点的最短路,则重复第二步和第三步直到 S 中包含所有节点时,算法结束。

Dijkstra 算法利用了贪心思想来求解最短路,所以求解速度较快,时间复杂度为 $O(|V|^2)$。但是 Dijkstra 算法不适合带有负权边的最短路问题,因此具有一定的局限性。

而全局最短路问题需要求出所有点之间的最短路径。最直观的做法是通过求解 $|V|$ 次单源最短路问题来实现,但是更为行之有效的方法是 Floyd 算法。与 Dijkstra 算法类似,该算法名称以其创始人之一的 1978 年图灵奖获得者、斯坦福大学计算机科学系教授 Robert W. Floyd 命名。Floyd 算法又称为插点法,是一种利用动态规划的思想寻找给定的加权图中多源点之间最短路径的算法,算法步骤可以概括如下。

第一步：用一个 $|V|$ 行 $|V|$ 列的矩阵 D 来表征网络间各节点之间的最短路,第 i 行第 j 列元素表示节点 v_i 到节点 v_j 的距离 d_{ij}。初始状态矩阵 D 记为 D^0,其中 $d_{ij} = w_{i,j}$,如果两点直接没有边相连,则 $d_{ij} = +\infty$。令 $k = 1$。

第二步：令 $D^k = D^{k-1}$。对矩阵 D^k 中的每一个元素 d_{ij},若 $d_{ij} > d_{ik} + d_{kj}$,则 $d_{ij} = d_{ik} + d_{kj}$,其中点 $i \neq j \neq k$。

第三步：令 $k = k + 1$,如果 $k = |V| + 1$,算法终止,否则重复第二步。

Floyd 算法在求解全局最短路问题中有很优秀的表现,但缺点是它的时间复杂度略高,为 $O(|V|^3)$。

通过对最短路这一经典问题的介绍,可以看出求解交通问题时的一般范式为：先选取合适的方法将所研究的对象抽象为拓扑图；再在所设计的网络图的基础上,将问题用数学模型刻画出来；最后,结合问题的特征和数学模型的相关性质,设计合适的算法对问题进行求解。由此可见,图与网络设计是研究交通问题的基础。良好的网络结构设计可以精确而简练地刻画出问题特征,有效帮助简化问题对应的数学模型,并减小求解算法的复杂度。

二、车辆路径问题

车辆路径问题(Vehicle Routing Problem,VRP)是交通运输领域中应用最为广泛的问题之一,也是运筹优化领域的一个重要问题。VRP 问题一般定义为：针对一系列带服务的需求点,通过组织适当的行车线路使车辆有序地访问所有节点,在满足一定的约束条件(如货物需求量、发送量、交发货时间、车辆容量等限制)下,达到一定的目标(如路程最短、费用最少、使用车辆数最少等)。该问题在物流、配送、公共交通等领域有广泛的应用。VRP 问题通常涉及以下要素。

（1）节点：表示车辆需要经过的位置或站点，例如发货点、配送点、客户地址等。

（2）边：连接节点的路径或道路，表示车辆行驶的路径选择。

（3）距离或成本：每条边上的距离、行驶时间或成本值，用于衡量车辆在路径上的消耗。

（4）车辆数量和容量限制：限制车辆的数量和每辆车的最大容量，确保路径规划满足实际约束。

（5）时间窗口约束：对于某些节点，可能有特定的时间窗口要求，即车辆必须在指定时间范围内到达或离开。

车辆路径问题源自1956年Flood提出的旅行商问题（Traveling Salesman Problem，TSP）。1959年Dantzig和Ramser以加油站运输汽油为背景案例，研究了一组从固定枢纽站出发的卡车如何以最小的行驶里程前往多个加油站为其实现石油补给，将TSP问题进行了拓展。在此基础上，1964年Clarke和Wright将这个问题推广到了物流和运输领域：即如何使用不同容量的卡车车队为分散在仓库周围的一组客户提供送货服务，并提出了一种有效的贪心启发式算法来近似求解VRP。如今这一类VRP问题已经成为运筹学和交通运输优化领域研究最广泛的主题之一，为了更加充分地刻画现实问题的复杂性，越来越多的实际问题被考虑到VRP问题中，演变出了考虑车辆容量限制的车辆路径规划问题（Capacitated Vehicle Routing Problem，CVRP）、考虑时间窗的车辆路径规划问题（Vehicle Routing Problem with Time Window，VRPTW）、考虑车队异构性的车辆路径规划问题（Heterogeneous Fleet Routing Problem，HVRP）、考虑需求随时间变化的动态车辆路径问题（Dynamic Vehicle Routing Problem，DVRP），以及考虑旅行时间等不确定性的随机车辆路径问题（Stochastic Vehicle Routing Problem，SVRP）。

在描述VRP问题时，通常通过定义0-1变量x_{ij}^k来表达车辆k是否途经路段(i,j)，因此整数规划（Integer Programming，IP）成为刻画VRP问题最常用的模型。然而，由于整数变量的非线性和离散性，整数规划问题的求解远比线性规划困难得多。求解整数规划的常用精确算法如下。

（1）分支定界法（Branch and Bound）：该方法通过将整数规划问题分解为一系列线性规划子问题，并使用分支策略来探索解空间，同时，通过界限（上界和下界）的计算，剪去无效的分支，从而加速搜索过程。

（2）割平面法（Cutting Plane）：割平面法通过不断添加割平面来修正线性规划松弛下的整数规划问题，割平面可以通过问题特定的约束条件或者线性规划松弛下的不可行解等方法得到，该方法可以逐步逼近整数解，并提高线性规划松弛下的界限。

（3）混合整数线性规划（Mixed Integer Linear Programming，MILP）求解器：MILP求解器是专门用于解决整数规划问题的优化软件包，常见的MILP求解器包括Gurobi、CPLEX、SCIP等，它们基于最先进的整数规划算法和优化技术，可以高效地求解大规模和复杂的整数规划问题。

而在实际问题中，由于规划时域较长且存在大量需求节点，导致VRP问题中的决策变量具有大量的可能组合，搜索空间急剧增加、问题的规模随之增大，使得上述精确算法通常难以求解大规模的实际问题。因此，许多学者开发了启发式算法来求解现实网络中的VRP问题。大量启发式方法于20世纪60年代至80年代提出，Laporte和Semet对相关算法进行了较为详细的综述。然而,这些启发式算法通常基于贪婪的规则生成一组可行解且在迭代过程中,已生成的可行解很难进行修改,容易陷入局部最优。为克服这一弱点,Glover 最早提出了元启发式算法。元启发式算法不依赖于问题的具体特征,而是通过引入近似求解、局部搜索、随机性等技术,以一种通用的方式进行问题求解。元启发式算法的特点在于其可以对问题的解空间进行全面搜索,并结合随机性和启发式信息,有效避免算法陷入局部最优解。常见的元启发式算法包括遗传算法、模拟退火算法、粒子群算法、蚁群算法等。这些算法具有不同的搜索策略和特点,在解决问题时可以根据问题的性质选择合适的算法或进行算法的组合。

三、交通运输优化问题求解方法

在实际问题中,模型除了整数变量外,通常还包含连续变量,由此构成的混合整数规划(Mixed Integer Programming,MIP)成了交通运输系统优化中最为常见的问题范式。本节将简要介绍一下混合整数规划问题的基本特性和常见的求解算法。

混合整数规划可以表示为以下数学模型:

$$\min_{x,y} cx + fy \tag{2-3-1}$$

$$\text{s.t. } Ax + By = B \tag{2-3-2}$$

$$x \geq 0 \tag{2-3-3}$$

$$y \in Y \subseteq \mathbb{R}^n \tag{2-3-4}$$

其中,x 和 y 为列向量表示的决策变量,维度分别为 $m \times 1$ 和 $n \times 1$;系数矩阵 $c \in \mathbb{R}^{1 \times m}$ 和 $f \in \mathbb{R}^{1 \times n}$ 是行向量;A 和 B 是约束矩阵,其维度分别为 $A \in \mathbb{R}^{r \times m}$,$B \in \mathbb{R}^{r \times n}$。$b$ 为常数项矩阵,其维度为 $b \in \mathbb{R}^{r \times 1}$。

求解 MIP 的常用精确算法主要包括:割平面算法、分支定界算法、分支切割算法、分支定价算法、DW 分解算法和 Benders 分解算法等。

(1)分支定界算法是一种分而治之的思想,本质上是一种隐枚举。但是由于加入了剪支和定界的步骤,使得该框架在实际求解中比真正的纯枚举要高效得多。

(2)分支切割算法是目前商业求解器中求解混合整数规划最为流行的内嵌算法框架。其在分支定界算法的基础上,加入了割平面的步骤,用于割去当前节点的最优小数解,从而逼近该节点的凸包,显著地加速了求解过程。

(3)DW 分解和 Benders 分解算法是根据模型的特殊结构,将模型分解为更容易求解的小问题,通过小问题之间的迭代求解和交互,最终获得达到精确求解模型目的的精确算法。

每一种精确算法都不存在绝对的优劣关系,它们各有特点。在实际运用过程中需要结合问题特性灵活选用,从而达到显著加速求解的目的。

由于交通网络问题规模庞大,决策变量和约束条件的数量都非常可观。而在混合整数规划问题中,因为搜索整数解空间的复杂性会随着问题规模呈指数增长,这使得大规模混合整数规划(Large-scale Mixed Integer Programming,MIP)问题求解变得更加困难。

解决大规模混合整数规划问题的挑战在于如何有效地搜索整数解空间,以找到最优解或接近最优解的解。传统的求解方法,如分支定界法和割平面法,在大规模问题上的求解效率较低,因为它们需要枚举和评估大量的候选解。为了应对大规模混合整数规划问题,学者基于上述算法框架提出了一系列的算法改进策略,并通过将精确算法与启发式思想相结合,开发了许多兼顾了算法求解速度和解质量的算法框架。其中一些方法如下。

（1）剪支和预处理技术：通过对称性剪支、可行性剪支、可行解修复等方法减少搜索空间，这些方法可以减少冗余计算，从而提高求解效率。

（2）分支定界和割平面的改进：针对大规模问题，提出了各种适应性的改进分支定界和割平面策略，如启发式分支选择、自适应分支策略、割平面生成的加速技术等，以提高求解效率。

（3）分布式和并行计算：为了处理大规模问题，分布式和并行计算技术被广泛引入到大规模混合整数规划求解中。这些技术将原问题划分为多个规模较小的子问题，并利用多台计算机或多个处理器同时求解，以加速求解过程。

通过各种加速策略和改进算法，目前在求解大规模混合整数规划问题方面取得了较为显著的成效。然而，大规模混合整数规划问题是一个复杂且具有挑战性的问题，尤其是因为不同问题之间存在的差异，算法的加速策略和改进方案需要根据问题特性针对性地定制。因此，仍然需要探索更加通用的高效求解框架和算法加速策略，使得更多实际应用领域可以受益于这些方法的应用。

第三节　交通运输系统供需均衡分析理论

本节针对交通运输系统供给与需求相互作用的问题，阐述交通运输网络中的供需均衡理论，在此基础上，介绍考虑供需相互作用的网络设计方法理论。

一、交通网络中的均衡机理

无论是中远期交通规划，还是短期交通管理和控制，都需要合理地分析预测交通网络中的流量分布状态，然后才能有依据地制定交通规划方案和管理策略。

交通网络中的流量分布状态是交通系统中供给与需求两类参与者相互作用的结果。一方面，交通系统用户（驾驶人、乘客、行人）通常选择效用最小的方式出行。例如，在给定出行起点和终点的前提下，驾驶人可能会选择出行时间最短的路线。另一方面，最短出行时间并不是一个固定的常数，而是依赖于交通流量分布状态的变量。也就是说，连接出行起点和终点之间各条路径的出行时间是关于交通网络中流量分布的函数（流量决定了交通拥堵程度）。交通网络中一个起终点之间的最短出行时间并不能通过求解最短路推算出来，而整个交通网络中的流量分布状态也并不是显而易见的。因此，如何建立一个有效的模型来分析网络上的流量分布成为一个关键问题，而分析这一问题的方法称为交通网络均衡分析。

交通网络上的均衡源于路段出行时间和路段流量的相互依赖关系。假设网络上用户的出行需求已经确定。即在交通规划四阶段法中前三个阶段已经完成。从起点到终点存在数条路径相连。那么接下来的问题是，各个 OD 对之间的出行需求是如何分布到这些路径上的？如果所有的用户都选择了相同的道路出行（一般是这些路径中的最短路径），这条路径上的拥挤程度就会随着这条路径上的用户的增加而不断增加。拥挤程度增加导致路径出行时间变长，当出行时间长到一定程度的时候，这条路径就不再是最短出行路径了。这时，一部分出行者就会放弃这条路径，选择当前最短路径出行。

确定网络上各条路径的交通流量实际上就是确定一个供需均衡问题的解。路段流量就是所有经过这条路段的路径的流量之和。每条路段上都有各自定义的相互独立的效用函数,用来描述路段出行时间和路段流量之间的关系。在这个交通网络上,路段、路径、OD 对之间的交通需求紧密联系,相互作用、不可分隔。交通网络均衡分析基于以下假设条件。

(1)存在一个已经定义好的城市交通网络;

(2)给定路段效用函数(定义路段出行时间和路段流量的关系);

(3)OD 出行需求分布矩阵。

要解决交通网络均衡分析问题,就需要明确网路上出行者的路径选择机制。这个选择机制其实是将交通需求分配到各个路径上的过程。所有 OD 对之间的路径选择行为相互影响。对于一个 OD 对,存在分布交通量和承载分布交通量的若干条路径。多条路径是如何共同承载该 OD 对之间的分布交通量?

假设所有出行者独立地做出令自己出行费用最小的决策,可以得到一个广泛认可的流量平衡原则,即 Wardrop 第一原则,通常称为用户均衡(User Equilibrium,UE)。用户均衡原则认为,网络上的平衡流量应满足两个条件:①在任何一个 OD 对之间,所有被使用了的路径(流量大于零)的出行时间相等,用符号 u^{rs} 来表示他们的出行时间;②所有未被使用的路径的出行时间大于或等于 u^{rs}。在用户均衡状态下,没有用户能够通过单方面的路径变更行为,来减少自己的出行时间。

二、交通网络均衡的拓展

用户均衡问题是交通网络分析的基础,通过对假设条件的放松,研究者们逐步建立了各种各样的拓展模型,以适应不同应用场景的需求。比如,有学者指出在现实生活中,网络中 OD 需求的大小会受到网络运行状况的影响,例如,在交通拥堵时各个 OD 中的出行者可能取消原定出行计划,从而导致 OD 需求的变化。因此,OD 需求不是固定不变的,而是根据交通网络的服务水平具有一定的弹性。所以,在用户均衡问题的基础上,一些学者们研究建立了弹性用户均衡模型。

类似地,有学者指出在交通方式的种类繁多的情况下,当发生拥堵时,OD 之间的交通需求的转移呈现多样化形态,出行者不仅可能取消原定出行计划,部分出行者可能会更换出行方式,例如,选择公交或者轨道交通出行,或者将不同出行方式组合,形成多式联程的出行方式。因此,在进行出行路径选择之前,需要先进行出行方式选择。因为,OD 需求会在不同交通方式之间转移,所以,在弹性用户均衡的基础上,一些学者研究建立了多模式用户均衡模型。

经过几十年的发展,通过对具体应用场景的刻画,用户均衡模型已经衍生出众多拓展模型,但是这些模型的基础都是均衡原理。

用户均衡问题的另一个拓展是随机用户均衡,其概念最早是由 Daganzo 和 Sheffi 于 1977 年提出。随机用户均衡假设路线选择是基于感受的边的旅行时间而不是量测出的时间,驾驶人感受的时间被认为是随机变量,在驾驶人中的分布是已知的。对这些随机变量作不同的假设分布,可以获得不同的随机用户均衡模型。因此,随机用户均衡可以定义为:当不存在出行者认为他能通过单方面改变出行路径来降低其阻抗时,交通网络中的流量分布就达到了随机用户均衡状态。也就是说,交通网络中的每个用户都认为自己所选择的路径是"阻抗"最小的路径,但用户所感知的最小阻抗路径不一定就是真正的最小阻抗路径,OD 对之间已被选用的路径也并不一定有相同的实际阻抗。通过对旅行时间这一随机变量做出不同假设,比如 Gumbel 分布、正态分布,研究者们逐步建立了数量众多的随机用户均衡模型。

三、交通网络设计方法

交通网络设计问题是在一定的投资约束条件下,考虑出行者行为选择情况的同时,改善某些路段的基础设施或者管理方式,以整个交通网络达到某种系统最优指标为目的。一般认为该问题是交通研究领域最困难、最具有挑战性的问题之一,其困难之处在于交通管理者与交通出行者间的博弈机理复杂,形成的数学优化模型大多为强非凸问题,难以精确求解。

交通网络优化设计的问题近年来逐步受到重视,是因为全球很多城市的交通出行需求的增长大大超越了人们的预期,而城市交通服务体系能够提供的资源却有限。所以选择一个高效的交通规划方案来尽可能有效利用交通资源,满足日益增长的出行需求就成为一个重要的问题。

交通网络优化问题大致可以分为三类:离散型、连续型和混合型。交通网络优化问题的离散形式可以处理路段新建、车道新建等问题;而交通网络优化问题的连续形式可以处理现有路段或车道基础上的改建拓宽,提高通行能力问题;交通网络优化问题的混合形式则是同时处理路段或车道的新建和容量提升的问题。这三类问题都需要考虑一个系统优化的目标(比如网络出行总时间)和出行者在交通网络上的出行行为。交通网络优化设计问题的挑战性来源于其模型的复杂性。

在许多大规模的应用中经常会遇到一种双层博弈问题,即多个群体共同参与在一个博弈过程中,其中有一方是处于决策层(上层)的决策者,其他参与者是处于下层的追随者。上层决策者以他们的目标最优为决策方向制定策略,而下层追随者根据上层决策者的决策,在满足上层决策约束的前提下,选择最符合自身利益的行为。

图 2-3-3 反映了一般双层问题的博弈结构。上层问题的解空间中任意决策变量都有一个对应的下层优化问题,这个下层优化问题反映了下层追随者对决策者所做决策的反应。令上层决策变量通过一组向量 x_u 来表示,下层决策变量通过另外一组决策变量 x_l 来表示,那么 (x_u, x_l^*) 就表示上层规划问题的一个可行解,其中 x_l^* 表示了下层追随者应对上层决策的最佳策略,即下层(通常是非线性)问题的最优解。在双层博弈问题中的上下双方都有各自的目标和约束条件,但是两方并不是对等的。上层决策者完全了解下层追随者的行为逻辑,有权对博弈过程中的资源做出分配,而下层追随者并不完全了解上层决策者,只能服从上层决策者的决策,在不违反上层决策的前提下,根据自身目标做出最符合自身需求的决策。所以这就形成了一种相互影响,主从博弈的双层优化问题。

通常来说,决策者与追随者之间经常存在目标冲突。这种博弈形式在经济,交通,环保等领域经常发生。对于某些公众利益或与个体利益冲突且影响深远的议题,这种双层优化的需求往往十分迫切。

由于这类问题的复杂性,目前还没有一种完善的算法可以进行高效求解。实际大规模复杂问题通常都需要将该问题简化为一个简单的单层优化问题,以获取近似最优解。此外,这类问题也经常使用专门设计的启发式算法来求解。

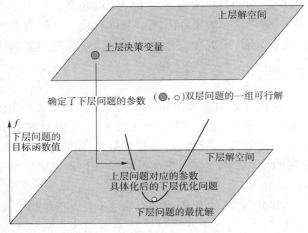

图 2-3-3 双层问题的一般结构

第四章　交通运输控制与组织理论基础

第一节　交通控制基本原理与方法

交通控制是指利用信号灯、指令标志、阀门等控制设施对车辆、列车、轮船、飞机等交通工具以及输送介质进行运输状态和通行权的控制，以达到提升交通运输系统的安全与效率、降低能耗、减少污染等目的。

虽然不同模式交通系统的具体控制对象和控制方法不同，但本质上都是对交通工具或输送介质运输过程的时空资源分配，包括交通流中个体交通工具运行时必要的安全间距控制、运行轨迹控制、运行速度控制等，以及为避免拥堵采取的交通流量控制、不同运行路径交通流在时空约束下产生交通冲突时的通行权控制等。表2-4-1给出了不同模式交通系统的主要交通控制对象和控制方法。

各类交通运输系统控制对象　　　　　　　　　　　　表2-4-1

模式	道路	水路	铁路（城轨）	航空	管道
	弱控制		强控制		
行驶间距控制	车辆跟驰控制	船舶航行间距控制	列车运行间隔控制	管制运行间隔控制	—
交通流量控制	匝道流量控制	进出港船舶控制	发车频率控制	空中交通流量管理	管道流量/压力控制
节点通行控制	交叉口通行控制	船闸控制与调度	车站信号控制	跑道起降控制、空域节点飞行控制	管道节点控制
干线协调控制	绿波协调控制	多梯级船闸协调控制	区间闭塞控制	航路/航线飞行控制	多站场协同调控
网络协调控制	交叉口群控制	航道网控制	铁路网调度指挥	空域网络飞行控制	分级控制
智能网联控制	车路协同控制	船岸协同控制	基于车车通信的列车运行控制	空地协同下的航班运行控制	智慧互联管网控制

在道路、水路、铁路（城轨）、航空、管道等交通运输系统中，道路系统与水运系统其交通运输的组织性较弱，运行轨迹相对灵活。铁路系统、航空系统与管道系统的运输组织性较强，控制与调度的结合更为紧密。

一、行驶间距控制

分别对不同模式交通系统中交通工具行驶间距的控制方法进行介绍。

1. 道路交通系统

驾驶人在行驶时需要控制自身车辆与前方车辆保持适当的间距，以保证行车安全。该间距的大小与车辆运行速度有关，通常车速越大，所需的安全间距也越大。平稳状态下车辆

的跟驰间距与车速之间的函数关系有多种形式,一般表示如下:

$$s = \gamma v^2 + \tau v + l \tag{2-4-1}$$

式中:s——车辆跟驰行驶的安全车头距离;
v——车辆行驶速度;
γ、τ——模型参数;
l——车身长度。

2. 水运交通系统

在水路交通控制中,船舶领域是一个非常重要参数,它是指以该船为中心的一个二维领域,其他船舶必须避免进入以保证航行安全。船舶领域受通航环境、船舶尺度、航行速度、船流密度和水流速度等多种因素影响,一般认为船舶领域是一椭圆形区域,其长轴和短轴分别是船舶长度的某一倍数。在进港航道或者内河航道中,船舶间的纵向安全间距(即船舶领域长轴)是航行控制的重点,相应的船舶安全间距模型如图 2-4-1 所示。

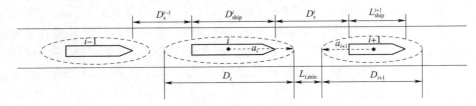

图 2-4-1 基于安全间距的船舶领域模型

船舶间距 D_s^i 表示为:

$$D_s^i = \frac{1}{2}(D_i - L_{ship}^i) + L_{i,min} + \frac{1}{2}(D_{i+1} - L_{ship}^{i+1}) \tag{2-4-2}$$

式中:D_s^i——船舶间距;
D_i——船 i 的船舶领域长轴长度;
L_{ship}^i——船 i 的全长;
$L_{i,min}$——船 i 与前船船舶领域间的距离。

3. 铁路交通系统

铁路交通是以轨道作为导向的交通系统,为保证行车安全,列车需与前车保持安全运行间隔。列车自动防护系统(Automatic Train Protection,ATP)负责控制列车的安全运行间隔。ATP 系统实时掌握列车及前车的速度和位置信息,计算列车最大允许速度,并与列车实际的运行速度比较,如果超速则向列车输出制动命令,使列车减速,以动态地保持安全追踪间隔和实施超速防护。图 2-4-2 所示为列车安全运行间隔。

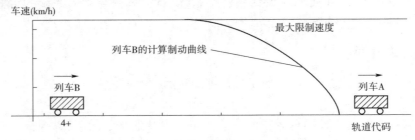

图 2-4-2 列车安全运行间隔示意

4. 航空交通系统

飞机飞行需要保持一定的飞行间隔,飞行间隔是指为了防止飞行冲突、保证飞行安全、提高飞行空间和时间利用率所规定的航空器之间应当保持的最小安全距离。飞行间隔包括垂直间隔和水平间隔。为管制的航空器配备间隔时,应当为航空器提供至少下列一种间隔。

(1)垂直间隔。垂直间隔保证飞机在不同飞行高度飞行,从而防止飞机在垂直方向上相撞。航空器的垂直间隔应当按照规定的飞行高度层、高度或者高配备。我国于2007年11月22日0时在所属空域8900~12500m实施米制的缩小垂直间隔(Reduced Vertical Separation Minimum,RVSM),即在8900~12500m的平飞巡航区间,两个飞行高度层之间的垂直标准由600m缩小为300m,从而该高度区间的飞行层数由7层增加至13层。RVSM与非RVSM空域高度层配备如图2-4-3所示。

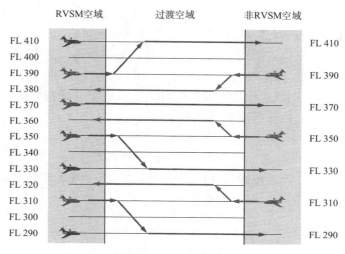

图2-4-3 RVSM与非RVSM空域高度层配备示意

(2)水平间隔。水平间隔分为纵向间隔和横向间隔,是飞机在相同飞行高度上保持的水平距离,确保飞机不会相互干扰或碰撞。根据《民用航空空中交通管理规则》,在同航迹、交叉航迹或者逆向飞行的航空器之间,可以通过保持一个以时间或者距离表示的纵向间隔方式配备水平间隔;在不同的航路上或在不同地理位置飞行的航空器之间,可以通过使航空器保持横向间隔的方式配备水平间隔。

二、交通流量控制

分别对不同模式交通运输系统中流量控制的方法进行介绍。

1. 道路交通运输系统

在道路交通运输系统中,当下游路段的流量接近饱和时,需要对上游路段的车流量进行控制,以防止下游路段因交通量过饱和而引发拥堵。流量控制的基本方法是通过交通信号控制,把驶入下游路段的交通量限制在合理范围内,以保障下游路段交通流能够顺畅地运行,避免拥堵和排队溢出至上游路段,典型的流量控制场景有高速公路与快速路的匝道控制等。

2. 水运交通运输系统

在水运交通运输系统中,系统运输能力主要受港口、进港航道、船闸、限制性航段等特殊节点的约束。交通流量控制通常根据港口泊位作业情况、进港航道条件、船闸通过能力等，一般从交通流量的源头进行流量控制，即港口在船舶服务系统支持下，根据泊位装卸效率和作业时间、到港船舶数量、船舶吨级、是否乘潮等制定泊位作业计划，合理安排船舶离港或者进港，避免船舶在泊位、港内锚地滞留，保障进港航道的安全畅通。

3. 铁路交通运输系统

铁路交通运输系统发车流量控制主要体现在车站的发车间隔调整。针对列车实际运行情况与计划出现偏差情况，行车调度员对列车的运行计划进行调整，通过调整列车的区间运行时间和停站时间等，控制列车发车时间与车站发车间隔，使列车尽快正点运行，恢复正常行车秩序。

4. 航空交通运输系统

航空交通运输系统中，空中交通流量管理是在空中交通流量接近或者达到空中交通管制可用能力时，适时地进行调整，确保空中交通最佳地流入或者通过相应区域，以提高机场和空域的容量利用率。从组织架构来看，航空交通流量控制由涵盖国家、区域，以及终端区和机场流量管理的分层管理体系构成；从实施阶段来看，航空交通流量控制通常可以分为战略、预战术和战术流量控制三个阶段；从管理范畴来看，航空交通流量控制可以分成区域流量控制、终端区流量控制、机场场面流量控制。

5. 管道交通运输系统

管道交通运输系统的流量/压力控制从根本上说有两种方式：一种方式是通过调节泵或压缩机的功率实现对液体或气体输送流量/压力的控制；另一种方式则是通过调整管道阀门的开度实现对液体或气体输送量/压力的控制。

三、节点通行控制

分别对不同模式交通系统中节点通行控制的方法进行介绍。

1. 道路交通运输系统

交叉口是道路网的节点，交叉口控制是道路网交通信号控制的基本单元。交叉口控制的本质是为不同行驶路径的车流进行交叉口时空资源和通行顺序的分配。以十字形交叉口机动车辆控制为例，每个入口方向有左转、直行、右转3种车流，总计12种不同行驶路径的车流，其中存在大量的行驶路径冲突。通过设置交通信号相位，可以使每个相位内获得通行权的车流无冲突或以较低的冲突通过交叉口。交叉口信号控制相位图如图2-4-4所示。

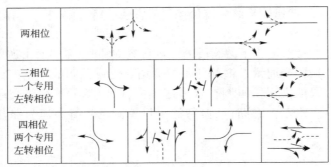

图 2-4-4 交叉口信号控制相位图

信号相位能够降低交通冲突,但无法保障交叉口的通行效率。因此,需要对信号控制的周期和各相位的时间进行优化。具体控制方法是,通过模型求解使交叉口车辆延误最小的信号周期长度,然后按照交叉口各车道交通饱和度均等的原则为各个相位分配通行时间。交叉口信号控制分为定时式控制、感应式控制和自适应控制等,具体控制模型将在本书的后续章节做详细介绍。

2. 水路交通运输系统

船闸调度是水路交通系统关键节点通行控制的典型场景。船闸调度是以满足过闸交通需求为目标,合理地安排船舶过闸的次序与闸次调度的时序,并确定船舶在闸室内的空间位置。船闸调度需要考虑通过能力、延误、安全等多个相互联系与制约的目标,是一个复杂的多目标不确定组合优化问题,其关键是为任意一艘船舶选择合理的闸室、确定在闸室内的位置,以及安排过闸时间,对应三个耦合的子问题:闸室分配、闸室编排和运行调度。通常根据公平优先、兼顾效率的原则,从时间(船舶延误)和空间(闸室有效面积利用)等维度考虑优化目标和约束条件。

3. 铁路交通运输系统

车站是铁路交通运输系统的节点,车站信号控制系统又称为车站联锁系统。在车站范围内,列车由某一指定地点运行至另一指定地点所经过的路段称为进路。为保证车站行车安全,必须确保列车在驶入进路之前,进路处于空闲状态;必须确保进路上的所有道岔位置正确且被锁定;必须确保其他列车不会从正面、侧面和尾部进入进路。当以上条件都满足时,防护该进路的信号机才有开放的可能,从而允许列车驶入进路。联锁系统是通过建立进路、道岔和信号机之间的相互制约关系,保障列车在进路上运行安全。

4. 航空交通运输系统

机场、航路点是航空运输网络中的关键节点,对应的节点通行控制主要包括机场滑行道/跑道/停机位节点的通行控制,以及航路/航线节点的通行控制,具体的控制策略可包括跑道分配策略、滑行等待策略、停机位分配策略、航路点排序策略、尾随间隔管理策略等。航空交通系统中的节点通行控制是一个复杂的多目标优化问题,需要综合考虑机场、空管、航司等民航运行主体的多维度利益需求(例如,安全、容量、效率、成本等),以及运行模式、安全间隔、节点属性、机型性能等约束限制,对各关键节点对应的时空资源进行优化调度。

5. 管道交通运输系统

管道系统的节点类型很多,按照功能可分为加压/加热站、阀室、分输站、下载站、清管站、首末站等。这些节点的控制任务多样,既能够调节管道输送流量的大小,又能够分配干线管道通往各条支线管道的流量。除此之外,还能够对有特殊需求的运输物质进行加压或加热,以维持物质的必要的物理性能和化学性质。

四、干线协调控制

分别对不同模式交通运输系统中干线协调控制的方法进行介绍。

1. 道路交通运输系统

干线协调控制(图2-4-5)的作用是将干线上若干个连续交叉口的信号控制协调起来,使这些交叉口被沿干线行驶的车辆连续不停车地通过。干线协调控制的主要方法是协调各交叉口沿干线方向的绿灯开启时间差,以提高交叉口绿灯时间被车队的利用率。干线协调控制分为单向协调控制和双向协调控制。单向协调控制通常应用于单行线路段控制,双向协调控制通常应用于主次干道的控制。双向协调控制的效果受到交叉口间距、信号周期长度、车辆行驶速度以及交叉口相位和相序的影响,可采用数学模型进行协调控制方案的优化,优化的目标通常是双向绿波带宽最大化。

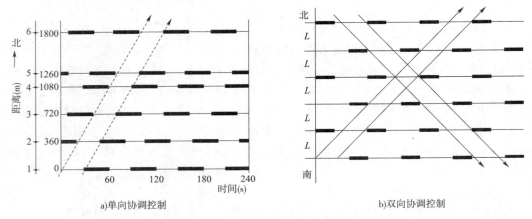

图 2-4-5　干线协调控制示意图

2. 水路交通运输系统

干线多梯级船闸的协同控制,就是针对船舶流率大、船型复杂、变水位等复杂运行环境下船闸的拥堵问题,在内河航运信息智慧服务系统(包含电子航道图、交通管控中心、船载终端、移动客户端)支持下,实现航运信息系统的集成、共享与协同。根据临近航道与船闸交通状态,调节各船闸放行船舶流率,调控各航段内船舶交通流,减缓关键节点的船舶拥堵和安全风险,保障水运交通网络运输效率。例如,三峡—葛洲坝通航梯级自 2018 年起实行"统一调度、联合运行"调度方式,将近 600km 水域的通航调度管理水域划分为"核心水域、近坝水域、控制水域、调度水域",实行长江干线过坝船舶联动控制。

3. 铁路交通运输系统

闭塞是用信号或凭证保证列车按照空间间隔运行,使前行列车和追踪列车之间保持一定距离的控制方法。区间闭塞控制的目的是保证同一区间或闭塞分区内只有一列车占用。当一个列车进入某个区段时,系统会自动关闭闭塞分区,防止其他列车进入;只有在前方分区完全空闲时,才会允许后续列车进入。区间闭塞控制的目的是用于确保列车在区间安全运行并提高区间通过能力。

4. 航空交通运输系统

飞机航线控制是指对飞机在空中飞行时的航线进行规划、调整和管理,以确保飞行的安全性、效率和准时性。航线控制涉及多个因素,包括飞行路径、航点、航路、飞行高度、飞行速度以及避免冲突和气象影响等。航线规划指在飞行之前,由航空公司的航班调度人员和空中交通管制员制定,通过选择最优的飞行路径,以最小化飞行时间和燃油消耗,同时避开气象影响和限制空域。航线调整指在飞行过程中,由于气象变化、空域限制、飞行高度调整等因素影响,对飞机航线进行动态最优调整,以确保飞行运行的安全和顺畅。

5. 管道交通运输系统

在长距离管道运输过程中,通常需要在管道沿线设置多个泵站或加压站。当需要提高管道输送流量或压力时,可以让多个站内的供能设备同时启动运行;反之,则可以关闭一些站场的供能设备,以降低管道输送流量或压力。具体实施时,通常根据管道全线流体的运行状态进行多站场的协同控制,以满足安全、高效、节能的运输要求。

五、网络协调控制

分别对不同模式交通运输系统中网络协调控制的方法进行介绍。

1. 道路交通运输系统

道路网控制是对控制区域内多个交叉口进行协调控制以实现路网内车辆平均延误最小、停车次数最少或通行能力最大等目标的控制。道路网控制以单点交叉口信号控制为基本单元,通过优化交叉口周期、绿信比及相邻交叉口的相位差,实现对交叉口群的协调控制。

当道路网控制区域内交通需求处于相对平稳状态时,可以对控制区域的交叉口群设定相同的信号周期,以便交叉口群的协调控制方案能够周期性运行。此时可对控制区域内所有交叉口的控制方案进行集中优化以达到系统最优的控制目标。当道路网交通需求处于波动中时,交叉口群可采用自适应控制。此时,交叉口没有固定的周期,信号相位的时长根据自身交叉口以及相邻交叉口的交通需求实时优化调整,控制模式为分布式控制。

2. 水路交通运输系统

通过航道网中多船闸节点的协同控制,有助于缓解航道网因部分船闸通过能力不足而造成的交通负荷不均衡等现象。相比于道路交通运输系统,多船闸节点的规模相对较小,但受到的影响因素更复杂、更多元,其协同控制更多基于船闸航道现场管控承载能力,优化不同待闸船舶量条件下船闸的船舶放行量。采用船舶导航等移动端应用向船舶推荐合理停泊区、航速、航线等,平衡各船闸节点交通负荷,保障干线航道网交通稳定;同时联合水工程运行单位,建立跨区、域跨部门的多船闸节点的协同控制机制,形成面向船闸航道突发堵拥等应急情况时的系统应对措施,提高航道网的应急调度能力。

3. 铁路交通运输系统

我国铁路系统调度指挥体系采用分级递阶控制结构,由中国铁路总公司调度指挥中心、铁路局调度指挥中心和基层站段调度室三个层次组成。

铁路总公司调度指挥中心是全路路网运输生产的总指挥,负责组织编制和执行铁路运输年度计划、月度计划和日常计划,监督日常运输生产,处理突发事件等。铁路局调度指挥中心是负责组织编制和执行铁路局管内的运输计划,监督各站段运输生产,处理日常突发事件等。基层站段调度室负责站段范围内的日常运输组织指挥工作。在分级递阶控制结构中,各级之间有着明确的职责和权限划分,上级对下级进行业务指导和监督,下级对上级负责并接受其考核。分级递阶控制结构能够有效地提高铁路运输生产的组织和管理水平,提高运输效率和服务质量。

4. 航空交通运输系统

航空运输活动以跑道、航路点、航段和扇区等基础结构进行组合衔接,通过机场管制区、终端/进近管制区、高空航路等形式,构成面向民航空管、客货运输等业务的机场网络、航路网络和航线网络。当前,世界航空交通正进入网络化协同运行阶段,统一调控是保障航空交通网络安全有序运行的核心。从民航运行视角来看,航空交通运输系统网络协调控制单位可分为民用航空局(简称"民航局")、民航地区管理局、民航监管局等不同层级;从空管运行视角来看,航空交通运输系统网络协调控制单位可分为民航局空管局、地区空管局、空管分局(站)等不同层级。

5. 管道交通运输系统

从管理角度来看,管道控制基本采用分级控制。以川气东送管道为例,采用中心控制级、站场控制级和就地控制级的三级控制方式。最高一级称为中心监控级,通常负责整个管线的调度和监控,监视全线各站场的工艺参数和设备状态。第二级为站场控制级,负责监控系统中的各个站场。第三级为就地控制级,通过各类现场控制装置、动力机构或操作柱对现场设备进行手动操作。根据运输计划,逐级进行运输任务管控,实现整体管道运输系统的协调运行。

六、智能网联控制

分别对不同模式交通运输系统中智能网联交通控制的方法进行介绍。

1. 道路交通运输系统

道路交通运输系统中,智能网联交通控制的发展趋势是车路云协同自动驾驶控制系统。该系统通过先进的车路感知设备以及路对外界信息交互(Infrastructure to Everything, I2X)和车对外界信息交互(Vehicle to Everything, V2X)技术对道路交通环境进行实时高精度感知,按照规定的通信协议和数据交互标准,高效协同地执行车辆和道路的感知、预测、决策和控制功能,以实现整合、协调、管理、控制所有车辆、设施设备、信息服务的目标。

车路云协同自动驾驶控制的发展分为三个阶段。第一阶段,实现车车、车路间的信息共享能力,向驾驶人提供网联信息,实现开放道路的智能网联辅助驾驶。第二阶段,道路和车辆之间能够进行实时信息交互,即依托 C-V2X 系统,道路系统为车辆提供横向和纵向控制的建议或指令,同时,车辆向道路反馈其最新规划决策信息,从而实现初步自动驾驶控制。第三阶段,智能化道路基础设施可以满足所有单个自动驾驶车辆在所有场景下完全感知、预测、决策、控制等功能,并优化部署整个道路基础设施网络,实现对所有车辆的完全自动驾驶控制。车路协同控制场景如图 2-4-6 所示。

a) 交叉口车路协同控制

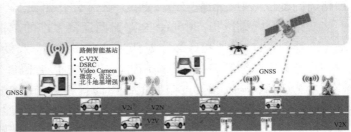
b) 路段车路协同控制

图 2-4-6 车路协同控制场景示意图

2. 水路交通运输系统

结合当前水路交通系统中智慧航道、智慧港口建设,水运智能网联控制的发展趋势是船岸协同下船舶智能航行控制系统,特别是针对不同时期水位多变、流态复杂、航道弯曲狭窄、水底泥沙运动频繁、船舶流量大等特征的航道,通过航道通航要素信息多源感知、船舶航路规划、船舶航行智能决策、船舶运动规划建模等,实现航道要素的智能感知、航道数据的智能融合、航道信息的智能服务,形成航道"可视、可测、可控、可调度"以及船舶的智能航行。

3. 铁路交通运输系统

为实现铁路路网统一调度指挥与控制的智能化,我国采用铁路路网调度指挥系统(Train operation Dispatching Command System,TDCS)。TDCS 是实现铁路各级运输调度对列车运行实行透明指挥、实时调整、集中控制的现代化信息系统。TDCS 利用信息技术、网络技术、控制技术等现代科学技术手段取代传统的行车指挥手段,采用了先进的通信、信号、计算机网络、数据传输、多媒体技术等现代信息技术,在保证网络安全的前提下,与相关系统紧密结合、互联互通、信息共享,实现了铁路运输组织的科学化、现代化,提高了运能和效率,减轻了调度人员的劳动强度,改善了调度指挥的工作环境。

4. 航空交通运输系统

空地协同控制指在航空领域中,通过密切协调和整合空中交通管理与地面运营活动,以实现高效、安全和有序的航空运行。这种协同控制的方法旨在通过空地互联信息共享与协同决策的手段,优化航班起降、滑行和空中飞行活动,以最大限度地提升航空系统的运行效能和资源利用率。在这种模式下,空中交通管理和机场/航司运营部门紧密合作,共同应对飞行冲突、空域拥堵和航班延误等挑战,确保航空活动的安全和高效。随着大数据、人工智能、移动互联网等技术的发展,空地协同控制变得更加便捷,成为未来航空交通控制的发展趋势。

5. 管道交通运输系统

智慧互联管网是一种新兴的能源传输和管理系统,它以管道为基础,结合先进的信息技术和智能化设备,具备全方位感知、综合性预判、一体化管控和自适应优化的能力。通过集中式控制系统,将所有管道和相关设备设施纳入一个中央控制中心。运营人员可以通过这个中心实时监控和管理整个管网的运行情况,包括调整输送流量、控制阀门、监测/检测管道结构的健康状况等。管网系统能够通过人工智能和自主学习算法,根据实时数据和环境变化自主调整管网的运行模式,优化能源的传输路径,以达到最佳的能源利用效率。

第二节 交通运输组织理论基础

交通运输组织是交通运输部门、运输企业针对运输生产过程中的运输资源进行科学、经济、合理配置和利用的理论和技术。交通运输组织包括旅客运输组织和货物运输组织,虽然不同方式的运输组织各有特点,但其背后存在着一般性的运筹学问题和基本模型,主要包括:选址问题、指派问题、时刻表问题等。

一、选址问题

在交通运输系统中,选址优化问题一般指找到最佳的位置或路线来建设交通设施,以便最大限度地满足各种需求和限制条件。这种问题通常涉及多个因素的权衡,例如地形地貌、交通需求、环境影响、经济成本等。在交通运输系统中,选址优化问题可能涉及确定新的道路、铁路、水路、航空线路和管道的最佳路径,或者确定新的车站、码头、机场、油库等交通设施的最佳位置。解决这类问题需要运用数学建模或运筹学等方法,以找到最优的解决方案。

选址优化问题包括单目标选址问题和多目标选址问题。在交通运输组织工作中,实际问题往往都是多目标规划问题。下面将介绍三类常见的多目标选址优化问题。

(1) P-中值问题(P-median Problem)。

P-中值问题目标是在给定的候选设施位置中选择 P 个设施,以最小化所有需求点到其最近设施的加权距离总和。这个问题可以通过以下数学模型来描述。

其中,数学模型中定义如下。

I:候选设施的集合,$i \in I$ 表示具体的某一设施,如车站、码头、机场、油库等。

J:需求点的集合,$j \in J$ 表示具体的某一需求点,如可选择的车站地区、码头位置、机场地址、油库位置等。

d_{ij}:设施 i 和需求点 j 之间的距离。

P:建立的设施总数。

x_i:二进制决策变量,如果设施 i 被选为中值设施,则 $x_i=1$,否则 $x_i=0$。

y_{ij}:二进制决策变量,如果需求点 j 被分配给设施 i,则 $y_{ij}=1$,否则 $y_{ij}=0$。

目标函数:

$$\text{Min} \sum_{i \in I} \sum_{j \in J} d_{ij} y_{ij} \tag{2-4-3}$$

约束条件:

$$\text{s.t.} \sum_{i \in I} y_{ij} = 1, \forall j \in J \tag{2-4-4}$$

$$\sum_{i \in I} x_i = P \tag{2-4-5}$$

$$y_{ij} \leq x_i, \forall i \in I, \forall j \in J \tag{2-4-6}$$

$$x_i \in \{0,1\}, \forall i \in I \tag{2-4-7}$$

$$y_{ij} \in \{0,1\}, \forall i \in I, \forall j \in J \tag{2-4-8}$$

目标函数(2-4-3)表示最小化所有需求点到其最近设施的距离总和。约束(2-4-4)确保每个需求点都被分配给一个设施;约束(2-4-5)确保恰好有 P 个设施被选为中值设施;约束(2-4-6)确保需求点只能被分配给已经被选为中值设施的设施;约束(2-4-7)与(2-4-8)是决策变量的二进制性质。

(2) P-中心问题(P-center Problem)。

P-中心问题(P-center problem)的目标是在给定的候选设施位置中选择 P 个设施,以使得所有需求点到其最近设施的最大距离最小。这个问题可以通过以下数学模型来描述。

其中,数学模型中定义如下。

I:候选设施的集合,$i \in I$ 表示具体的某一设施,如车站、码头、机场、油库等。

J:需求点的集合,$j \in J$ 表示具体的某一需求点,如可选择的车站地区、码头位置、机场地址、油库位置等。

d_{ij}:设施 i 和需求点 j 之间的距离。

P:建立的设施总数。

x_i:二进制决策变量,如果设施 i 被选为中心设施,则 $x_i=1$,否则 $x_i=0$。

y_{ij}:二进制决策变量,如果需求点 j 被分配给设施 i,则 $y_{ij}=1$,否则 $y_{ij}=0$。

Z:连续决策变量,表示所有需求点到其最近设施的最大距离。

目标函数:

$$\text{Min} Z \tag{2-4-9}$$

约束条件:

$$\text{s.t.} \sum_{i \in I} y_{ij} = 1, \forall j \in J \tag{2-4-10}$$

$$\sum_{i \in I} x_i = P \tag{2-4-11}$$

$$y_{ij} \leq x_i, \forall i \in I, \forall j \in J \tag{2-4-12}$$

$$Z \geq d_{ij} y_{ij} \tag{2-4-13}$$

$$x_i \in \{0,1\}, \forall i \in I \tag{2-4-14}$$

$$y_{ij} \in \{0,1\}, \forall i \in I, \forall j \in J \tag{2-4-15}$$

目标函数(2-4-9)表示最小化所有需求点到其最近设施的最大距离。约束(2-4-10)确保每个需求点都被分配给一个设施;约束(2-4-11)确保恰好有 P 个设施被选为中心设施;约束(2-4-12)确保需求点只能被分配给已经被选为中心设施的设施;约束(2-4-13)确保 Z 至少等于所有需求点到其最近设施的距离;约束(2-4-14)与约束(2-4-15)是决策变量的二进制性质。

(3)覆盖问题(Covering Problems)。

覆盖问题是以所期望的服务范围满足大多数或者所有用户需求为前提,确定设施的位置。覆盖问题一般分为两类,分别是集合覆盖问题(Location Set Covering Problem)和最大覆盖问题(Maximum Covering Location Problem)。

集合覆盖问题的目标是确定最小数量的设施位置,以便所有的需求点都在给定的服务半径内。这类问题在交通系统中有着广泛应用,如确定城市区域内公交站的位置,以便所有乘客能够在公交服务范围内。这个问题可以通过以下数学模型来描述。

其中,数学模型中定义如下。

I:需求点的集合,$i \in I$ 表示具体的某一需求点,如住宅区等。

J:候选设施位置的集合,$j \in J$ 表示具体的某一设施位置,如公交站等。

N_i:可以服务(覆盖)需求点 i 的候选设施集合。可用变量 a_{ij} 来判断需求点 i 是否被候选设施位置 j 覆盖,若是,则 $a_{ij} = 1$;否则,$a_{ij} = 0$。

x_j:二进制决策变量,如果设施在位置 j 被选中,则 $x_j = 1$,否则 $x_j = 0$。

目标函数:

$$\text{Min} \sum_{j \in J} x_j \tag{2-4-16}$$

约束条件:

$$\text{s.t.} \sum_{j \in N_i} x_j \geq 1, \forall i \in I \tag{2-4-17}$$

$$x_j \in \{0,1\}, \forall j \in J \tag{2-4-18}$$

目标函数旨在寻求设施总量最少。约束(2-4-17)保证每个需求点至少被一个设施服务范围所覆盖;约束(2-4-18)是决策变量的二进制性质。

但是在实际中,由于预算或资源的约束,不能保证有限设施将所有需求点都覆盖。此时,优先考虑需求强度大的需求点是很有必要的。最大覆盖问题的目标是在设施数量或者设施成本有限制的情况下,最大化被覆盖的需求点,使被服务的乘客或货物的总量最大。如地铁站点的布置。这个问题可以通过以下数学模型来描述。

其中,数学模型中定义如下。

I:需求点的集合,$i \in I$ 表示具体的某一需求点,如住宅密集区或商业区等。

J:候选设施位置的集合,$j \in J$ 表示具体的某一设施位置,如地铁站等。

N_i:可以覆盖需求点 i 的候选设施集合。可用变量 a_{ij} 来判断需求点 i 是否被候选设施位

置 j 覆盖,若是,则 $a_{ij}=1$;否则,$a_{ij}=0$。

P:有限制的可建设设施总数。

w_i:需求点 i 的需求强度。

x_j:二进制决策变量,如果设施在位置 j 被选中,则 $x_j=1$,否则 $x_j=0$。

y_i:二进制决策变量,若需求点 i 被覆盖,则 $y_i=1$,否则 $y_i=0$。

目标函数:

$$\text{Max} \sum_{i \in N_i} w_i y_i \quad (2\text{-}4\text{-}19)$$

约束条件:

$$\text{s.t.} \sum_{j \in N_i} x_j \geq y_i, \forall i \in I \quad (2\text{-}4\text{-}20)$$

$$\sum_{j \in J} x_j \leq P \quad (2\text{-}4\text{-}21)$$

$$x_j \in \{0,1\}, \forall j \in J \quad (2\text{-}4\text{-}22)$$

$$y_i \in \{0,1\}, \forall i \in I\# \quad (2\text{-}4\text{-}23)$$

目标函数(2-4-19)旨在寻求有限设施(P 个)覆盖的需求总量最大。约束(2-4-20)保证在备选设施点中已定位一个设施可以覆盖需求点 i,否则需求点 i 将不被记作被覆盖;约束(2-4-21)限制了可以建立的设施数量;约束(2-4-22)与(2-4-23)是决策变量的二进制性质。

二、指派问题

考虑到不同运输任务之间存在复杂的时序耦合关系,以及载运工具(公交车/列车/飞机等)的适配运行条件,本部分介绍基于时空网络的混合整数规划优化模型,适用于包括车辆、列车组和飞机等载运工具的指派问题。

记载运任务(如公交车/列车/航班等)为 $j \in J$,对应的可行时间窗为 $[st_j, et_j]$;记载运工具类别(如公交车/列车/飞机等)为 $k \in K$,各类别的可用工具数量为 d_k,各类别载运工具可执行的任务子集为 J^k,则可为每个载运工具类别对应构建 $|K|$ 个时空网络图 $G_k(V,E)$。时空网络图中,节点集 V 由载运任务子集 J^k 和两个虚拟节点 s_k, t_k 构成,连边集 E 则涵盖了 (s_k, j)、(j_1, j_2) 以及 (j, t_k) 三类连边,分别对应载运工具开始执行任务(对应初始位置和起始可用时间)、两相邻任务可连续执行(位置衔接、时间窗不重叠)以及载运工具终止执行任务的情况。进一步,定义集合 $\delta_k^+(j)/\delta_k^-(j)$ 为网络 G_k 中节点 j 对应的前序/后序连边集合,0-1 决策变量 x_e^k 在分配载运工具类别 k 执行任务对 e 时取 1,否则取 0,参数 c_j^k 为相应的成本,则数学优化模型如下所示:

$$\min \sum_{k \in K} \sum_{e \in \delta_k^+(s)} c_j^k x_e^k \quad (2\text{-}4\text{-}24)$$

$$\sum_{e \in \delta_j^-} x_e^k = \sum_{e \in \delta_j^+} x_e^k, \forall k \in K, j \in J \quad (2\text{-}4\text{-}25)$$

$$\sum_{e \in \delta_k^+(s)} x_e^k \leq d_k, \forall k \in K \quad (2\text{-}4\text{-}26)$$

$$\sum_{k \in K} \sum_{e \in \delta_k^+(j)} x_e^k \in [lb_j, ub_j], \forall j \in J \quad (2\text{-}4\text{-}27)$$

该模型的目标函数(2-4-24)旨在最小化指派成本,约束(2-4-25)确保除虚拟节点外的其他各网络节点出入度相同。约束(2-4-26)约束了各类型载运工具的可用数量,约束(2-4-27)则规定了各运载任务所需的最小/最大数量 lb_j/ub_j。该优化模型可针对性地分配载运工具,以降低运营成本,并在松弛约束(2-4-27)的基础上采用拉格朗日松弛算法进行求解。

三、时刻表问题

交通运输时刻表是表示载运工具(铁路列车、航班、长途客车及公交汽车等)在站点(车站、港口、机场)出发、到达或通过时刻和停站时间的技术性文件。时刻表代表了运输生产的具体计划或特定时段的运输服务规划。

交通运输时刻表优化问题是交通运输组织的一个重要问题。时刻表优化模型通常包括以下组成部分。

(1)目标函数:时刻表问题的优化目标通常为最小化运营成本或最大化运营收益、最大化乘客服务水平以及资源利用水平等。

(2)决策变量:时刻表问题的决策变量包括载运工具在特定站点的出发和到达时间。

(3)约束条件:时刻表问题的约束通常包括以下几个方面。

①需求约束:载运工具的服务频率需满足乘客出行或货物运送的需求。

②时间约束:载运工具出发和到达时间应符合预先设定的时间窗口。

③间隔约束:载运工具运输班次之间的时间间隔应考虑运输服务水平的要求。

④资源约束:运输线路的通过能力限制、站点资源限制(例如铁路车站轨道利用情况、机场跑道和登机能力)、载运工具可用容量以及乘务人员的服务能力。

以铁路时刻表为例,基本的时刻表优化模型如下。

其中,数学模型中定义如下。

$x_{i,k}$:列车 i 与前一列车 $(i-1)$ 在车站 k 的行车间隔。

$\alpha_{i,k}$:列车 i 的行车间隔内乘客到达车站 k 的平均到站率。

$a_{i,k}, d_{i,k}$:列车 i 在车站 k 的到达和发车时刻。

$r_{i,k-1}$:列车 i 在区间 $[k-1,k]$ 的运行时间。

$u_{i,k}$:列车 i 在车站 k 的停站时间。

$$\min \sum_{k=1}^{K} \sum_{i=1}^{N} \frac{1}{2} \alpha_{i,k} x_{i,k}^2 \qquad (2\text{-}4\text{-}28)$$

$$\text{s.t. } a_{i,k} = d_{i,k-1} + r_{i,k-1} \qquad (2\text{-}4\text{-}29)$$

$$d_{i,k} = a_{i,k} + u_{i,k} \qquad (2\text{-}4\text{-}30)$$

$$x_{i,k} = d_{i,k} - d_{i-1,k} \qquad (2\text{-}4\text{-}31)$$

$$\beta_{\min} \leq x_{i,k} \leq \beta_{\max} \qquad (2\text{-}4\text{-}32)$$

目标函数(2-4-28)为最小化乘客候车时间。

约束(2-4-29)和约束(2-4-30)表示列车在车站的到发时刻与区间运行时刻、车站停站时间的关系。

约束(2-4-31)表示相邻列车间的行车间隔与出发时刻的关系。约束(2-4-32)表示相邻列车的行车间隔应不小于最小追踪间隔($\beta_{\min}$)以确保行车安全,应不超出最大服务间隔($\beta_{\max}$)满足保服务水平的要求。

在公交、铁路和水运班轮运营时刻表优化方面,模型聚焦于公交车辆、列车或船只在各个站点的班次间隔和到达时刻。时刻表优化通常需要考虑载运工具的分配与驾驶人排班任务等限制。对于航空运输系统,航班时刻表优化以容需平衡为规则,通过对航班的频次、航班日期、起飞时间、降落时间等进行统筹配置,实现机场运行能力的充分挖掘以及航班运行效益的最大化。目前,航班时刻资源配置分为行政性分配和市场化配置两种基本模式,且大多数国家采用行政分配方式,仅有少数国家采用行政分配和市场配置相结合的方式。

交通运输时刻表优化模型常采用整数规划(IP)、混合整数线性规划(MILP)或混合整数非线性规划(MINLP)等建模方法。常用的求解方法包括精确算法(如分支定界法和分支定价法),以及启发式算法(如遗传算法和模拟退火算法等)。启发式算法适用于求解大规模或复杂度较高的问题。

第五章 交通运输工程力学基础

第一节 交通基础设施静力学基础

交通基础设施静力学是研究道路、桥梁和隧道等交通基础设施结构物在静荷载作用下的结构响应状态。静荷载是指不随时间变化的外加载荷或随时间变化较慢的载荷。依据静力学原理,分析外部荷载作用或不同类型外部荷载组合作用下,交通基础设施结构内部的应力、应变、位移、变形和开裂等响应。为交通基础设施结构设计、构件优化、安全性和稳定性验算,以及结构性能预测提供结构内力响应参数。以下介绍了不同类型交通基础设施的外部荷载类型及静力学分析原理。

一、交通基础设施的外部荷载作用类型和组合

(一)道路结构的外部荷载作用类型

道路结构的外部荷载作用类型分为汽车荷载与环境荷载,如图2-5-1所示。汽车荷载主要包括:汽车轮重与轴重的大小与特性;不同车型车轴的布置;设计期限内,汽车轴型的分布以及通行量逐年增长的规律;汽车静态与动态荷载特性的比较等。环境荷载则主要为温度或湿度变化引起的道路结构内部膨胀与收缩,从而产生相应的温度或湿度应力。

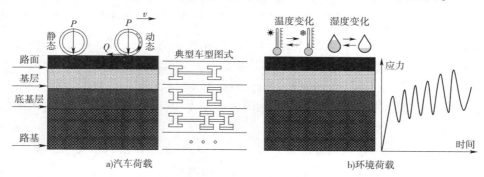

图2-5-1 道路结构的外部荷载作用类型
P-车辆通过轮胎给路面施加的垂直荷载;Q-车辆通过轮胎给路面施加的水平荷载;v-车辆行驶速度

(二)桥梁结构的外部荷载作用类型与组合

桥梁在使用过程中会受到各种外部荷载的作用,对于桥梁受到不同的外部荷载作用和组合,需要根据规范或实际情况进行合理的分析和计算。主要包括以下方面。

(1)永久作用:包括结构重力、预应力、土的重力和土侧压力、混凝土收缩及徐变影响力、基础变位影响力和水的浮力。

(2)可变作用:根据对桥梁的影响程度可分为基本可变荷载和其他可变荷载。基本可变

荷载包括汽车荷载及其引起的冲击力、离心力、土侧压力和人群荷载。其他可变荷载包括汽车制动力、风力、流水压力、冰压力、温度影响力和支座摩阻力。

(3)偶然作用：汽车撞击作用、船只或漂浮物撞击作用和地震作用。

桥梁结构采用以可靠度理论为基础的概率的极限状态设计法设计，将设计极限状态分为承载能力极限状态和正常使用极限状态。承载能力极限状态下的作用效应组合为基本组合和偶然组合，正常使用极限状态下的作用效应组合为短期效应组合和长期效应组合。

二、交通基础设施结构内力计算理论

1. 道路结构内力计算理论

道路结构由多层不同材料组分的结构层构成，在外部荷载下呈现复杂的应力应变关系。但在车辆行驶过程中，道路结构受到轮胎的瞬时作用，其发生的黏性和塑性变形相对于道路非常微小。因此，可以将道路结构视作线性弹性体，并采用层状弹性体系理论求解内力，如图 2-5-2 所示。

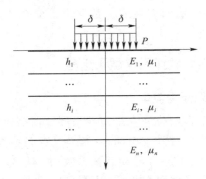

图 2-5-2　道路结构层状弹性体系理论

δ-载荷圆半径；P-垂直载荷；h_i-弹性体系各层的厚度；E_i-弹性体系各层的弹性模量；μ_i-弹性体系各层的泊松比

层状弹性体系由若干个弹性层组成，最下层为弹性半空间体，其上各层均有一定厚度。在求解内力时，存在以下假设：

(1)各层完全弹性、均质、各向同性以及位移和形变是微小的；

(2)最下一层在水平方向和垂直向下方向为无限大，其上各层厚度为有限、水平方向为无限大；

(3)各层在水平方向无限远处及最下一层向下无限深处，其应力、形变和位移为零；

(4)层间假定完全连续、完全光滑、不完全连续与滑动；

(5)不计自重。

采用层状弹性体系求解时，车轮荷载被简化为圆形均布荷载，并在圆柱坐标体系中分析各分量，如图 2-5-3 所示。随后基于弹性力学中的平衡方程、物理方程、几何方程和应力协调方程，并结合层状弹性体系的层间连续条件和边界条件，求解道路结构在该荷载下的应力应变响应。

2. 桥梁结构内力计算理论

根据现有的桥梁形式和类型，桥梁结构的内力计算理论主要包括：梁桥横向分布系数计算理论、拱桥线形计算理论及斜拉桥和悬索桥线形计算理论。

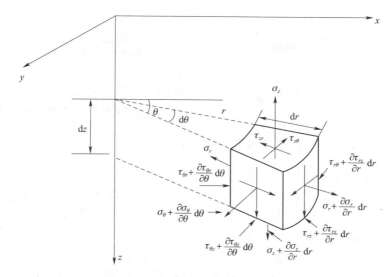

图 2-5-3　圆柱坐标系中微分单元体受力分析图

(r,θ,z)-圆柱坐标系；σ_r、σ_θ、σ_z-圆柱坐标系三个方向上的法向应力；$\tau_{rz}=\tau_{zr}$、$\tau_{r\theta}=\tau_{\theta r}$，$\tau_{z\theta}=\tau_{\theta z}$-圆柱坐标系三个方向上的剪应力。

（1）梁桥横向分布系数计算：梁桥是由多根梁组成的结构，当受到车辆荷载时，车辆荷载会按照一定的比例分布到各根梁上，该比例即横向分布系数，其与车辆位置、车轮距、梁间距、梁截面形状和刚度等因素有关，可以通过理论公式或试验方法进行计算。

（2）拱桥线形计算：拱桥是由拱圈和拱肋组成的结构，拱圈是拱肋在水平投影面上的曲线，拱肋是拱圈在垂直投影面上的曲线。拱桥线形计算是指确定拱圈和拱肋的形状和尺寸，使得拱桥在自重和温度荷载下达到最优化的状态，即最小化应力和变形，可通过几何法或能量法进行计算。

（3）斜拉桥和悬索桥线形计算：斜拉桥和悬索桥是由主塔、斜拉索（或主缆）和主梁组成的结构，斜拉索（或主缆）是承受主要荷载的构件，其形状由平衡方程决定，称为平衡线形。斜拉桥和悬索桥线形计算是指确定斜拉索（或主缆）的平衡线形和初始张力，使得结构在各种工况下满足强度和稳定性要求，可通过迭代法或有限元法进行计算。

第二节　交通基础设施动力学基础

交通基础设施动力学是研究道路、桥梁和隧道等交通基础设施结构物在外部动力荷载作用下的动力响应和振动特性。典型的动力荷载作用包括周期荷载、冲击荷载和随机荷载等。与静力学相比，动力学分析需要考虑惯性力的作用；且结构的动力响应是随时间变化的，即结构内力、位移、变形等响应是时间的函数。动力学分析为交通基础设施在动态荷载下的结构优化和稳定性验算提供了更加可靠的依据。以下介绍了不同交通基础设施动态荷载特性以及动力学分析原理。

一、交通基础设施外部荷载振动特性

桥梁在受到动荷载（例如车辆行驶、风荷载、地震等）作用时会发生振动，而桥梁的振动

特性由其固有频率和振型所决定。

桥梁的固有频率是指桥梁在没有外部激励下自由振动的频率。它取决于桥梁的质量、刚度和几何形状。桥梁的质量分布和结构刚度会影响桥梁的固有频率。通常情况下,桥梁的形状大小与固有频率成反比。

桥梁的振型是指桥梁在振动时不同部位的振动模式。桥梁可以同时具有多个振动模式,每种模式对应一个特定的频率。不同振动模式的振动形态和节点位置是不同的。

二、交通基础设施结构动力响应模拟与计算

1. 道路结构动力响应模拟与计算

研究道路结构在交通荷载作用下的动力响应,揭示其破坏机理,可以促进其从静态向动态转变。在道路动力学领域中,通常将路面作为研究对象,汽车作为运动荷载,研究路面的响应和汽车参数对道路结构的影响,其主要研究方法如下。

(1) 理论研究法:通常采用移动单元法、傅立叶积分变换、传播矩阵法、模态叠加法、Galerkin 截断方法等分析道路结构在运动荷载下的宏观响应,包括不平顺路面-饱和地基的动力响应、移动车辆作用下的汽车—人—路面相互作用机理、路面参数(路面粗糙度、土壤刚度等)对车路系统响应的影响等。

(2) 数值模拟法:主要采用有限元法、离散元法及离散元和有限元的耦合来获得道路结构在运动荷载作用下的动力响应。

2. 桥梁结构动力响应模拟与计算

桥梁结构动力响应模拟与计算方法主要包括动力时域分析和频域分析。

(1) 动力时域分析是指在时间域内对结构进行动态响应分析的方法。这种分析方法可以有效计算和模拟结构的响应随时间的变化。动力时域分析通常基于结构的动力方程,结合所受的动荷载(如地震、风载等),通过数值积分方法(如有限差分法、有限元法等)来求解结构的位移、速度、加速度等动态响应参数,多用于模拟结构在复杂的非线性和非周期性荷载下的响应。

(2) 频域分析是指在频率域内对结构进行动态响应分析的方法。在这种分析中,结构的响应是通过对结构和动力荷载的频谱进行相应的频域计算得到的。频域分析通常使用傅立叶变换等数学方法,将时域信号转换为频域信号。结构的频域响应可以用频率响应函数(频率响应曲线)来表示,该函数展示了结构在不同频率下的振动特性,能够有效模拟在周期性荷载下结构的响应。

三、交通基础设施与车辆耦合动力学原理

道路结构与车辆之间是一种复杂的动态交互过程,按照研究学科可以分为基于汽车系统动力学和基于轮胎动力学的车—路相互作用。

1. 基于汽车系统动力学

汽车系统动力学通常将路面不平整度作为激励,研究汽车系统的稳定性及道路的友好性,如图 2-5-4 所示。

其研究模型主要包括集中参数模型、有限元模型和多体系动力学模型。集中参数模型将汽车质量、阻尼和弹簧等元件抽象成有限个自由度的力学分析模型,包括 1/4 车辆模型、

1/2 车辆模型及整车模型等,如图 2-5-5 ~ 图 2-5-7 所示。

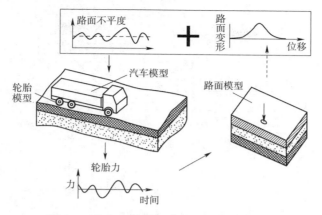

图 2-5-4 汽车—道路相互作用的一般性研究方法

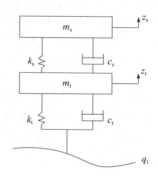

图 2-5-5 1/4 车辆模型

m_s-簧载质量,即车身部分质量;m_t-非簧载质量,即车轮质量;k_s-悬架刚度;k_t-车轮轮胎刚度;c_s-悬架阻尼;c_t-车轮轮胎阻尼;z_s-簧载质量垂向位移;z_t-车轮质心垂向位移;q_t-轮胎质心接地处受到的路面不平整激励

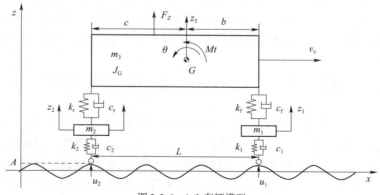

图 2-5-6 1/2 车辆模型

m_3-簧上总质量;J_G-簧上总质量转动惯量;k_r、k_f-分别为前后桥悬架刚度;c_r、c_f-分别为前后桥悬架阻尼;m_1、m_2-分别为前后桥簧下质量;k_1、k_2-分别为前后桥轮胎刚度;c_1、c_2-分别为前后桥轮胎阻尼;b、c-分别为前后桥距总质心距离;L-前后桥轴距;θ-簧上质量俯仰振动;z_1、z_2、z_3-分别为簧上质量、前桥簧下质量和后桥簧上质量的垂向位移;u_1、u_2-分别为前后轮受到的路面不平整度激励位移;v_x-行驶速度

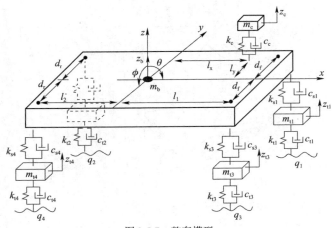

图 2-5-7 整车模型

m_c-驾驶人和座椅质量；z_c-驾驶人座椅垂向位移；m_b-车体质量；z_b-车体质心处的垂向位移；I_p-车体俯仰转动惯量；θ-车体俯仰角位移；I_r-车体侧倾转动惯量；ϕ-车体侧倾角位移；m_{ti}-轮胎质量($i=1,2,3,4$)；z_u-轮胎垂向位移；q_i-车轮处的路面不平度垂向激励；k_{si}-悬架刚度；C_{si}-悬架阻尼；k_{ti}-轮胎刚度；c_{ti}-轮胎阻尼；k_c-座椅弹簧刚度；C_c-座椅弹簧阻尼；l_1、l_2-车体质心距前轴和后轴的距离；m_u-车体质量；l_x、l_y-驾驶人座椅到车体质心的纵向和横向水平距离；d_f、d_r-前轴左右轮距和后轴左右轮距的一半

此外，模态综合法被广泛应用于汽车系统的振动及其对道路友好性的研究中，将汽车的复杂结构分为若干子结构，根据边界条件对各子结构的模态特性进行耦合叠加，然后通过平衡和约束方程获得模态坐标下的运动方程。多体系统动力学则是对非线性车辆进行建模，研究汽车系统的动态轮胎力对路面的损伤影响。

2. 基于轮胎动力学

轮胎是汽车的关键部件，汽车行驶时，轮胎胎面与路面为滚动的接触状态，受到路面的不平整度、摩擦因数等的直接影响。轮胎在外部荷载作用下具有复杂的受力机制，包括垂向力、纵向力和侧向力等。同时，在汽车行驶过程中，尤其是自然环境因素下，轮胎—路面系统中胎面接触的摩擦因数和抗滑性能对交通安全至关重要。因此，需要考虑轮胎的材料力学性质、路面纹理、轮胎—路面接触面之间的水层及行车速度对湿滑路面摩擦因数的影响。

第三节　交通基础设施材料力学基础

交通基础设施材料力学原理介绍了钢材、水泥混凝土、沥青混凝土、碎石和土等主要的交通基础设施建造材料的力学特性和本构行为。这包括了这些建造材料在交通基础设施常规服役荷载作用下的弹性、黏弹性或非线性回弹以及强度特性，也包括了其在外部环境或动态荷载作用下的塑性、断裂和疲劳行为。交通基础设施材料的力学原理为静力学和动力学分析提供了材料的本构方程，为交通基础设施结构设计提供了性能预测模型或结构验算标准。以下介绍了不同类型的交通基础设施材料及其力学特性。

一、交通基础设施材料

交通基础设施材料主要包括钢材、水泥基、沥青类、碎石类和岩土类等，如图 2-5-8 所示。

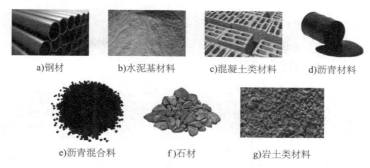

图 2-5-8 常用的交通基础设施材料图示

（1）钢材：钢锭、钢坯或钢材通过压力加工制成的各种形状、尺寸和性能的材料，如钢筋、钢绞线等。

（2）钢筋：一种具有高强度、高韧性和高抗拉性能的钢材，广泛用于混凝土结构中，如主梁、基础、桥墩等构件，增强结构的抗拉能力。钢筋的规格主要根据其屈服强度来划分，如HPB300、HRB400 等。

（3）钢绞线：由多股钢丝捻合而成的钢缆，具有高强度、高韧性、高柔性和高耐疲劳性等优点，广泛用于桥梁的预应力混凝土梁、板、拱等构件中作为预应力筋或后张筋，桥梁常用的钢绞线的规格有 $\Phi^s15.2$、$\Phi^s17.8$、$\Phi^s21.6$ 等，其强度等级常为 1860MPa。

（4）水泥基材料：以硅酸盐水泥为基体，以各种纤维为增强体，加入填料、化学助剂和水复合后构成的材料。

（5）混凝土类材料：由胶凝材料把散粒状材料胶结到一起，并形成具有一定强度的人造石材，具有高抗压强度、低抗拉强度、良好的耐久性和可塑性等特点。

（6）沥青材料：由高分子碳氢化合物及其衍生物组成的，黑色或深褐色，不溶于水而几乎全溶于二硫化碳的非晶态有机材料。沥青材料分为沥青和焦油沥青两大类。

（7）沥青混合料：由粗集料、细集料和填料经人工合理选择级配组成的矿质混合料与适量沥青材料经拌和而成的均匀混合料。

（8）石材：自然风化或人工破碎而得到的卵石、碎石、砂等，大量用作混凝土等材料的集料（又称为集料，砂石料）。

（9）岩土类材料：天然的地质历史的产物，一般是碎散的、不连续或部分连续的介质。

二、弹性和黏弹性断裂理论

弹性和黏弹性断裂理论是研究材料在受力下破坏和断裂的理论。部分交通基础设施材料（如混凝土、钢材等）在较小外部荷载下的应力与应变呈线性关系，即弹性。图 2-5-9 所示的一维胡克定律可表示一维弹性本构关系：

$$\sigma = E\varepsilon \tag{2-5-1}$$

式中：σ——应力；

ε——应变；

E——材料的杨氏模量。

部分交通基础设施材料（如沥青类材料）在外部荷载下展现出依赖时间的黏弹性特征，如图 2-5-10 所示。材料的一维黏弹性本构关系如下：

$$\sigma = \int_0^t E(t-\tau)\frac{\partial \varepsilon}{\partial \tau}\mathrm{d}\tau \qquad (2-5-2)$$

式中：$E(t-\tau)$——材料的松弛模量；
　　　τ——$0 \sim t$ 之间的任意时间。

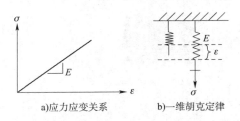

图 2-5-9　交通基础设施材料的弹性特征

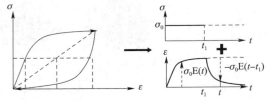

图 2-5-10　交通基础设施材料的黏弹性特征

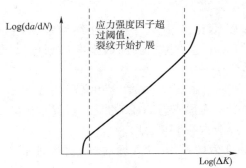

图 2-5-11　应力强度因子与裂纹扩展速率的典型关系

此外，交通基础设施材料在外部荷载的作用下存在断裂隐患，了解该材料的断裂特征，可以确保交通基础设施的使用安全。在线弹性断裂力学中，将裂纹体视为线弹性材料，利用弹性力学分析裂纹尖端的应力场、位移场，以及与裂纹扩展有关的能量关系，并由此找出控制裂纹扩展的物理量，如应力强度因子，由施加的应力及裂纹尺寸确定。Paris 提出材料的裂纹扩展速率与应力强度因子成指数函数关系，如图 2-5-11 所示。该关系可以通过以下公式表示：

$$\frac{\mathrm{d}a}{\mathrm{d}N} = C(\Delta K)^n \qquad (2-5-3)$$

式中：$\frac{\mathrm{d}a}{\mathrm{d}N}$——裂纹扩展速率；
　　　ΔK——应力强度因子增量；
　　　C 和 n——Paris 模型参数。

三、疲劳及蠕变变形理论

疲劳及蠕变变形理论研究材料在长期交替加载和持续加载下的变形与破坏行为。疲劳变形理论关注材料在循环加载下的累积损伤，最终导致裂纹和断裂。

在疲劳理论中，常用方法是通过疲劳实验绘制 S-N 曲线，纵坐标表示应力比，即施加的应力与材料强度的比值，对数尺度下的横坐标表示材料加载循环到失效的次数，如图 2-5-12 所示。从图中可以看出，疲劳失效次数与应力比成反比，而当应力比低于某一数值时，材料并不会发生疲劳失效，该数值通常定义为疲劳耐久极限。

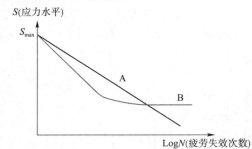

图 2-5-12　典型的材料 S-N 疲劳曲线（A、B 代表不同材料）

连续介质力学理论也被广泛应用于交通基础设施材料的疲劳损伤研究中,通过定义损伤内变量,代表材料的疲劳微裂纹的形核与扩展演化,再基于不可逆热力学框架展开分析,假设存在一个包含损伤变量的流动势或损伤面,进而利用Clausius—Duhem不等式以及正交法则建立材料的疲劳损伤演化方程,最后结合室内试验和数值模拟来分析材料的宏观疲劳损伤演化规律,如图2-5-13所示。

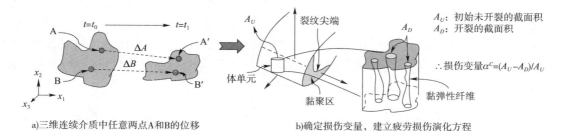

a) 三维连续介质中任意两点A和B的位移　　　b) 确定损伤变量,建立疲劳损伤演化方程

图2-5-13　基于连续介质力学的交通基础设施材料疲劳损伤演化规律研究示意图

蠕变变形理论则考虑了材料在恒定应力下随时间的持续变形,该现象在高温和高湿等条件下易发生。应力保持不变时,应变随时间延长而增加的现象为蠕变,如图2-5-14所示,它与塑性变形不同,只要应力的作用时间够长,即使应力小于弹性极限也会发生变形,而塑性变形通常在应力超过弹性极限之后才出现。

四、非线性回弹及塑性变形理论

非线性回弹及塑性变形理论研究材料在超过其弹性极限后的变形行为。非线性回弹指材料在受力一段时间后,卸载外力无法使其恢复到原始状态,产生残余变形。而对材料施加外部荷载后,加载初期表现出可恢复的弹性行为,直至超过材料的屈服临界点后便会发生不可恢复的塑性变形,该临界点对应的应力称为屈服应力,如图2-5-15所示。

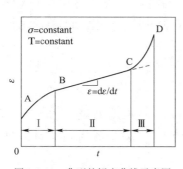　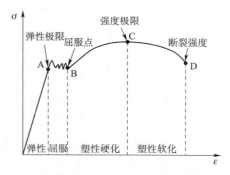

图2-5-14　典型的蠕变曲线示意图　　图2-5-15　典型的交通基础设施材料应力应变曲线示意图

在塑性理论中,屈服函数、流动法则及硬化准则是最重要的三要素。屈服函数表征材料的屈服条件,表明应力满足某种关系时材料开始屈服并进入塑性变形阶段,常用的屈服准则包括Mises屈服准则、Drucker-Prager屈服准则和摩尔库伦屈服准则等;流动法则表示材料进入塑性阶段后塑性应变的流动方法,即各个方向塑性应变的分量如何进行计算,当采用屈服函数作为流动方法时,该法则为关联流动法则(塑性应变增量方向与屈服面方向垂直),否则为非关联流动法则;硬化准则表示材料屈服面的变化规律,主要为各向同性硬化、随动硬化

和混合硬化。各向同性硬化表明屈服面随着等效塑性应变的增大不断扩大；随动硬化表明屈服面位置随着塑性流动发生改变，但形状不变；混合硬化则为两者的组合。

第四节　交通基础设施结构原理

交通基础设施的结构原理提供了交通基础设施结构或构件的设计原则和方法，以保证结构在全寿命服役期间的安全性、经济性和合理性。交通基础设施结构设计原理一般采用考虑概率分布的极限状态和服役状态设计。结构设计过程包括结构组合设计、材料选择、结构验算、构件尺寸优化和经济性优化等。以下介绍了不同类型交通基础设施的结构设计原理和方法。

一、路面结构设计原理与方法

（一）沥青路面结构设计原理与设计方法

沥青路面以沥青材料作为胶结料，以不同类型的集料和矿粉作为骨料和填料，通过沥青材料黏结集料和矿粉组成面层、基层和功能层等，最终形成一种完整的板体结构，如图 2-5-16 所示。

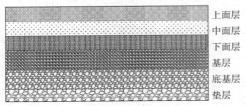

图 2-5-16　沥青路面典型结构

沥青路面结构设计方法主要分为经验法和力学—经验法等。经验法通过对道路的试验观测，建立路面结构、车辆荷载和路面使用性能三者之间的关系，如美国的加州承载比（CBR）法和美国各州公路及运输工作者协会（AASHTO）法。力学—经验法则应用力学原理分析路面结构在荷载与环境作用下的力学响应量，建立力学响应量与路面使用性能之间的关系模型，并运用关系模型完成结构设计，如我国现行的沥青路面设计方法、美国的沥青学会（AI）法和壳牌（Shell）法。我国《公路沥青路面设计规范》（JTG D50—2017）中，采用双圆均布垂直荷载作用下的层状弹性体系理论计算路面结构力学指标。

沥青路面结构与材料设计的主要目标在于控制路面各层位的开裂、损害和变形。

（二）水泥路面结构设计原理与设计方法

水泥路面是以水泥混凝土为主要材料修筑面层的路面。水泥路面设计的主要内容包括：①结构组合设计；②平面尺寸、接缝及路肩设计；③配筋设计（如果需要）；④材料组成设计（如果需要）；⑤路面厚度设计；⑥排水设计等。

水泥路面结构组合设计的主要任务在于，根据路基的基本状况及公路等级、交通荷载等级、自然环境条件和特殊工程要求等条件，选定基层的层数、材料，确定面层混凝土路面的类型和层数。

在确定采用普通水泥混凝土路面后，平面尺寸及接缝设计的主要任务是确定板宽或分幅施工宽度，确定横缝（缩缝）间距，确定需要设置胀缝的位置和形式及与其他路面相衔接的端部构造形式，如图 2-5-17、图 2-5-18 所示。确定与桥梁连接处的构造方式，确定拉杆与传力杆设置方案（钢筋直径、长度、间距等），见表 2-5-1，选定路肩类型、材料与组合。

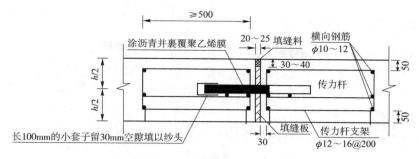

图 2-5-17　胀缝构造示意图(尺寸单位:mm)
h-水泥板厚度;φ-钢筋直径

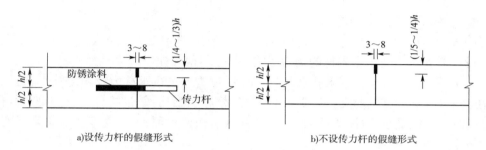

a)设传力杆的假缝形式　　　　b)不设传力杆的假缝形式

图 2-5-18　横向缩缝构造示意图(尺寸单位:mm)

传力杆尺寸和间距(单位:mm)　　　　　　　　　　表 2-5-1

面层厚度	传力杆直径	传力杆最小长度	传力杆最大间距
220	28	400	300
240	30	400	300
260	32	450	300
280	32~34	450	300
≥300	34~36	500	300

进行初步设计时,材料参数宜根据实际情况,从现行行业标准的推荐范围中选取;进行施工图设计时,应进行严谨的材料组成设计流程,确定材料配合比,并获取材料的准确设计参数,用于计算分析。

基层材料组成设计可参照现行行业标准《公路路面基层施工技术细则》(JTG/T F20—2015),水泥混凝土材料组成设计可参考现行行业标准《公路水泥混凝土路面施工技术细则》(JTG/T F30—2014)的相关内容。

路面厚度设计的主要任务是计算并确定路面各层厚度,通常通过假定其他层层厚,求算面板厚度。排水设计的主要任务是整合路面和路基排水,并考虑路表、中央分隔带路面结构内排水基层等多种组合方案,确定沟管孔径和构造尺寸,进行水力计算验证其是否满足功能要求,并依据技术经济性选出最佳方案,详细步骤参照现行行业规范《公路排水设计规范》(JTG/T D33—2012)。根据不同类型水泥路面的材料与结构特征,其设计侧重点有所不同,如钢筋混凝土路面设计中,应注重配筋设计方案。

二、桥梁结构设计原理与方法

在桥梁结构设计中,对于不同材料及其组合方式的桥梁,需要有相应的设计原理和方法,一般要求在承载能力极限状态和正常使用极限状态下对混凝土、钢结构和组合式桥梁进行结构与稳定性设计。

1. 承载能力极限状态

当采用内力的形式表达时,桥涵构件的承载能力极限状态计算应采用式(2-5-4):

$$\gamma_0 S \leq R \quad (2\text{-}5\text{-}4)$$

式中:γ_0——结构重要性系数;
  S——作用组合的效应设计值;
  R——构件承载力设计值。

式(2-5-4)为各受力构件极限承载力计算的一般形式,作用组合的效应设计值 S 和构件承载力设计值 R 都需要根据构件的受力形式进一步计算确定。

混凝土桥梁在承载能力极限状态下的设计应对构件进行承载力及稳定计算,必要时应对结构进行倾覆和滑移的验算。按受力形式,需要进行设计计算的构件可分为受弯构件、受压构件、受拉构件、受扭构件、受冲切构件、局部承压构件六种,其中受弯和受压是混凝土桥梁构件最主要的受力形式。

钢结构桥梁在承载能力极限状态下应验算轴心受力构件、受弯构件、拉弯、压弯构件的强度和稳定性,同时还应对承受汽车荷载的结构构件与连接进行抗疲劳设计计算。其中稳定性验算中需要通过计算板元的有效截面宽度和有效截面面积来考虑局部稳定和剪力滞的影响,通过引入等效弯矩系数、整体稳定折减系数、有效截面模量等来对构件进行整体稳定验算,其中受拉翼缘仅考虑剪力滞影响,受压翼缘需要同时考虑剪力滞和局部稳定影响。在进行疲劳验算时,针对钢结构构件提出了三种疲劳荷载计算模型,其中构件和连接采用模型Ⅰ或Ⅱ验算,桥面系构件采用模型Ⅲ验算,模型中通过引入实验得到的常幅疲劳极限、放大系数等指标对构件进行疲劳验算。

2. 正常使用极限状态

混凝土桥梁在正常使用极限状态下需要采用作用频遇组合、作用准永久组合或作用频遇组合并考虑作用长期效应的影响,对不同受力构件的进行正截面和斜截面抗裂验算、裂缝宽度验算和挠度验算,并使各项计算值不超过规定的各相应限值。

钢结构桥梁在正常使用极限状态下应考虑桥梁的竖向挠度和设置预拱度,其中竖向挠度值不应超过表2-5-2规定的限值。预拱度设置大小应视实际需要而定,宜为结构自重标准值加1/2车道荷载频遇值产生的挠度值,频遇值系数为1.0,并应保持桥面曲线平顺。

竖向挠度限值　　　　　　　　　表2-5-2

桥梁结构形式	简支或连续桁梁	简支或连续板梁	梁的悬臂端部	斜拉桥主梁	悬索桥加劲梁
限值	$\dfrac{l}{500}$	$\dfrac{l}{500}$	$\dfrac{l_1}{300}$	$\dfrac{l}{400}$	$\dfrac{l}{250}$

注:1. l 为计算跨径,l_1 为悬臂长度;
　2. 当荷载作用于一个跨径内有可能引起该跨径正负挠度时,计算挠度应为正负挠度绝对值之和;
　3. 挠度按毛截面计算。

三、隧道设计原理与方法

在进行隧道设计之前,应对围岩稳定性进行分析。围岩稳定性分析方法经历了"经验判断—散体理论分析—数值计算—数值极限分析"的发展过程,这与不同时期地下工程实践特点、研究人员对地下工程的认知水平以及计算技术的发展密不可分。早期的围岩稳定性分析方法主要是采用工程地质等定性方法,将围岩视为外荷载,采用静力学分析方法。随着岩土力学和地下结构施工手段的发展,将围岩视为承载结构体,以弹塑性理论为基础来考虑围岩的稳定性。而计算机技术及数值计算方法的推广与应用,克服了数学求解上的困难,为解决复杂介质、复杂边界条件下围岩稳定性分析提供了一个有效的途径。近年发展起来的有限元极限分析法,结合数值分析与极限分析方法,通过隧道力学计算解得隧道设计的稳定安全系数,从而将围岩稳定性分析带入到现代隧洞设计的实用阶段。

国际隧道协会(ITA)提出,现有的地下结构设计方法可以总结为以下4种设计模型:①以工程类比为主的经验设计法;②以现场量测和试验为主的实用设计法;③荷载—结构模型方法;④岩体力学模型方法,包括解析法和数值法。通过调研各国的地下结构设计实践,目前主流的两类计算模型为:①以支护结构作为承载主体,结构力学模型,又称为荷载—结构模型;②视围岩为承载主体,支护结构则为约束围岩变形的模型,即岩体力学模型或称为围岩—结构模型。

四、隧洞设计计算的基本要求与原则

1. 基本要求

(1)设计前应进行可靠准确的设计预测。这是因为塑性流变大变形岩体、松散软弱岩体与偏压隧洞通常对初期支护形成很大围压,极易造成工程事故。

(2)为确保初衬形成前施工安全,施工进尺应短,支护速度应快,尽量快速形成初衬,这就要求初衬前围岩有一定安全度来保证初衬施工中不坍塌。

(3)需要对初衬后提出安全系数的要求,以确保初衬形成后的施工安全。

2. 设计原则

(1)现行行业规范中多采用荷载-结构法与地层-结构法进行设计计算,部分规范仅采用荷载-结构法,但松散压力并不是隧洞的主要围岩压力,导致计算结果与实际相差较大。因此,深埋、浅埋隧洞都应做地层-结构法计算,同时对浅埋隧洞应考虑上覆松软岩体受水和环境影响造成的强度降低。但对拱顶未做支护的深埋隧洞需要进行安全系数验算,如果安全系数很低也需用松散压力验算。

(2)当前隧洞结构的选型在国内不同部间存在较大差异,如交通部门包括铁路、公路、地铁和隧道等,多数采用复合支护,少数采用整体式衬砌和锚喷衬砌,所采用的衬砌总厚度通常较大;而建筑、国防、仓库、水利和矿山等部门一般很少做复合支护,而且衬砌总厚度都较小。实际上,隧洞结构的选型应考虑隧洞围压大小和隧洞尺寸,尤其是跨度。对岩质良好的Ⅰ、Ⅱ、Ⅲ级围岩的小跨度隧洞,宜采用一次支护,或一次与多次喷射的锚喷支护;对岩质良好的大跨度隧洞,仍应做复合支护。

(3)按地层—荷载法计算,必须考虑地层的荷载释放。目前规范计算中都将衬砌作为弹性杆件,根据经验,无论初衬、二衬都会受到很大的拉力,使混凝土难以达到规定的安全系

数。而且这也与我国目前实际施工方法不一致,初衬时围岩和初衬都有很大的变形,早已超出弹性范围,而且初衬后还需预留适当的变形量,考虑围岩及初期支护的变形,如Ⅳ、Ⅴ级围岩公路隧道预留量为50~150mm,可见初衬必然进入塑性阶段;同时初衬作为弹性杆件也不能充分发挥围岩的自承作用。因此,需要改变衬砌设计的理念,将初衬作为加固圈,允许进入塑性阶段,并允许有一定的材料损伤。

第五节　载运工具系统动力学基础

本节介绍了交通运输工程主要的载运工具如轨道车辆、公路车辆、船舶和飞机的运动系统构成,同时介绍了这些载运工具的动力学原理。

一、载运工具运动执行系统构成

公路运输是指汽车运输,而汽车的主要结构由发动机、底盘、车身和电气设备四部分组成,图2-5-19显示了插电式混合动力电动汽车的系统总成。

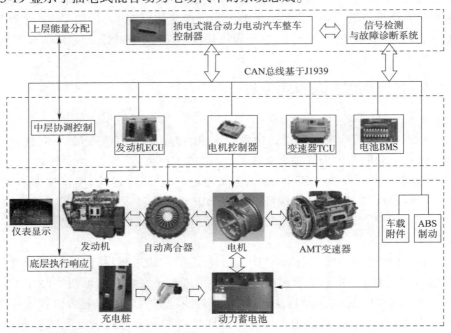

图2-5-19　插电式混合动力电动汽车的系统总成

铁路交通运输的载运工具通常为火车,其主要由车体、走行部、制动装置、车钩及缓冲装置和车内设备五个部分组成。

水路运输常用的载运工具为船舶。船舶又可分为军用船舶(舰艇、军舰等)和民用船舶(客船、客货船、货船等)。船舶的基本构造由三个部分,分别是船体、船舶动力装置以及船舶电气。

航空运输作为运输的重要部分,通常以飞机作为其主要载运工具。图2-5-20显示了我国自主研制的C919大飞机。飞机由机翼、尾翼、机身、起落架、动力装置和机载设备六部分组成,而其飞行系统也包括六个系统,分别是:通信系统、操纵系统、液压传动系统、燃油系统、空调系统和防冰系统。

图 2-5-20　C919 国产大飞机

二、载运工具动力学原理

1. 动力学参数定义

汽车、铁道车辆、船舶和航空飞机的重力、阻力、驱动力和制动力是影响它们运动和操控的重要力量。以下是它们的含义和简要解释。

（1）重力是地球对物体施加的吸引力，是物体向下运动的原因。重力的作用是使车辆或飞行器保持接触地面或水面，以及在下坡时提供向下的加速度。

（2）阻力是运动物体受到的与运动方向相反的力。主要来自空气或水的阻碍，大小取决于物体的速度、形状和介质性质。其作用是减慢车辆或飞行器的运动速度，并消耗能量。

（3）驱动力是推动车辆或飞行器前进的力量。在汽车中，驱动力通常来自发动机产生的力矩和转动力矩，通过传动系统传递到车轮上。在船舶中，驱动力通常来自推进器（如螺旋桨）产生的推力。在航空飞机中，驱动力通常来自发动机产生的推力，通过飞机的推进器（如喷气发动机）或旋翼（如直升机）传递。

（4）制动力是减慢或停止车辆或飞行器运动的力量。在汽车中，制动力通常来自制动器（如制动）对车轮施加的摩擦力。在船舶中，制动力可以来自反推器或舵的操纵。在航空飞机中，制动力通常来自飞机的空气制动装置（如扰流板、反推器）。

2. 公路车辆动力学原理

以简单的单车模型为例（图 2-5-21），需要考虑纵向力和横向力，纵向力就是使车辆前后移动的力量，而横向力则促使车辆在横向移动，在力的相互作用过程中，轮胎起着决定性的作用，此外还应考虑车辆的侧滑角。

由于通常情况下速度矢量的夹角很小，可以使用小角度近似原理得到。车辆动力学模型为：

$$\begin{cases} \dot{X} = v_x\cos(\psi) - v_y\sin(\psi) \\ \dot{Y} = v_x\sin(\psi) + v_y\cos(\psi) \\ \dot{x} = v_x \\ \dot{y} = v_y \\ \dot{v}_y = -\dfrac{2C_{\alpha f}+2C_{\alpha r}}{mv_x}\dot{y} - \left(v_x + \dfrac{2C_{\alpha f}l_f - 2C_{\alpha r}l_r}{mv_x}\right)^s\dot{\psi} + \dfrac{2C_{\alpha f}}{m}\delta \\ \ddot{\psi} = -\dfrac{2l_fC_{\alpha f}-2l_rC_{\alpha r}}{I_zv_x}\dot{y} - \dfrac{2l_f^2C_{\alpha f}+2l_r^2C_{\alpha r}}{I_zv_x}\dot{\psi} + \dfrac{2l_fC_{\alpha f}}{I_z}\delta \end{cases} \quad (2\text{-}5\text{-}5)$$

式中：X、Y——车辆在绝对惯性坐标系下的纵向位移和横向位移；

ψ——车辆的横摆角度;
v_x——车辆坐标系下的纵向速度;
v_y——车辆坐标系下的横向速度;
x、y——车辆坐标系下的纵向位移及横向位移;
$C_{\alpha f}$、$C_{\alpha r}$——前后轮的轮胎侧偏刚度;
l_f、l_r——车辆质心到前后轴的轴距;
I_z——车辆质心处的惯性矩;
δ——前轮侧偏角;
m——车辆质量。

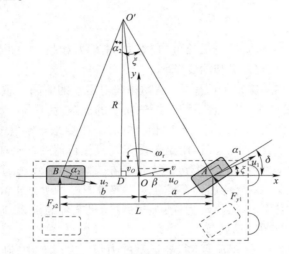

图 2-5-21　车辆线性二自由度模型

O'-汽车转弯中心;R-转弯半径;O-汽车的运动质心;β-汽车质心侧偏角;δ-汽车前轮转角;ω_r-汽车横摆角速度;v-汽车质心行驶速度;v_O-汽车质心处的纵向速度分量;u_O-汽车质心处的横向速度分量;u_1、u_2-汽车前、后轮中心的速度;α_1、α_2-前、后轮的侧偏角;F_{y1}、F_{y2}-前后轮所受的侧向力;a、b-质心到前后轮轴心的距离;L-汽车轴距;ξ-u_1 与 X 轴的夹角

3. 铁道车辆动力学原理

轨道车辆和轨道是一个整体系统,在这个系统中它们相互联系又相互作用。在系统运行时,系统中各组成构件将会产生各种力和位移,这些力的产生是由于车辆和线路的相互作用以及连接车辆相互之间作用引起的。轨道车辆的动力学模型图 2-5-22 所示。

轨道车辆的线性动力学方程的一般形式为:

$$[M]\{\ddot{y}\} + [C]\{\dot{y}\} + [K]\{y\} = [D_w]\{\tilde{f}(t)\} + [D_{dw}]\{\dot{\tilde{f}}(t)\} \qquad (2\text{-}5\text{-}6)$$

式中:　$[M]$——系统的惯量;
　　　　$[C]$——系统的阻尼;
　　　　$[K]$——系统的刚度矩阵;
　　　　$[D_w]$、$[D_{dw}]$——激励的位移和速度输入矩阵;
　　　　$\{y\}$——系统的响应矢量。

4. 船舶动力学原理

船舶的实际运动是一种具有 6 个自由度的异常复杂的运动。对大多数情况下的船舶运动及控制而言,可以忽略船舶垂荡、横摇和纵摇运动(图 2-5-23)。

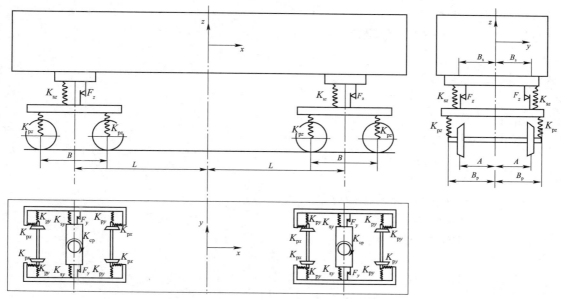

图 2-5-22 轨道车辆整车动力学模型

K_s-车体与转向架之间的垂向刚度;F_z-车体与转向架之间的垂向力;K_{pz}-车轮与轨道之间的垂向刚度;B-轴距(两个车轮之间的距离);L-转向架之间的距离;A-轮对轴距(每对车轮之间的距离);B_p-每对车轮到转向架中心的横向距离;K_{py}-车轮与轨道之间的横向刚度;K_{px}-车轮与轨道之间的纵向刚度;K_{sy}-车体与转向架之间的横向刚度;F_y-车体与转向架之间的横向力;K_{cp}-转向架中车体的横向刚度;K_{sz}-垂直方向上的悬挂系统刚度;B_s-悬挂系统横向宽度

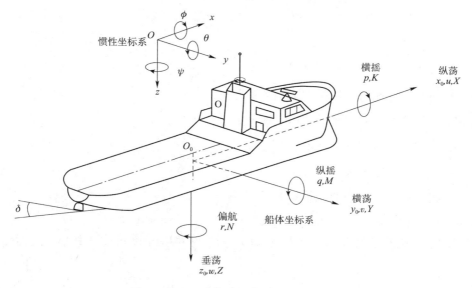

图 2-5-23 地面固定坐标系和船舶随动坐标系

$O-xyz$ 是地面固定坐标系;$O-\xi\eta\zeta$ 是船舶随动坐标系;$O-x_0$ 轴沿地球表面指向北;$O-x$ 轴指向船首;$O-y$ 轴指向船体右舷;$O-z$ 轴指向船底;其余变量是船舶运动变量符号

在不考虑风、浪和流等外界条件的影响,仅对船舶三自由度运动进行辨识与建模。

$$\begin{pmatrix} m+m_{11} & 0 & 0 \\ 0 & m+m_{22} & mx_R+I_{26} \\ 0 & mx_s+I_{62} & I_z+I_{66} \end{pmatrix} \begin{pmatrix} \dot{u} \\ \dot{v} \\ \dot{r} \end{pmatrix} = \begin{pmatrix} F_x \\ F_y \\ N_z \end{pmatrix} + \begin{pmatrix} 0 & 0 & m(x_g r+v) \\ 0 & 0 & -mu \\ -m(x_g r+v) & mu & 0 \end{pmatrix} \begin{pmatrix} u \\ v \\ r \end{pmatrix}$$

(2-5-7)

式中： m ——船舶质量；
　　　　u ——船舶纵向速度；
　　　　v ——横向速度；
　　　　r ——转艏角速度；
　　　　x_R ——船舶垂向位移；
　　　　x_s ——船舶横向位移；
　　　　x_g ——船舶重心距船中纵向位置；
　　　　m_{11}, m_{22} ——船舶附加质量；
　　　　I_{26}, I_{62}, I_{66} ——船舶附加惯性矩；
　　　　F_x, F_y ——船体合力；
　　　　N_z ——船体合力矩；
　　　　I_z ——船舶质心处惯性力矩。

5. 飞机动力学原理

在建立模型之前,对飞机本体假设：忽略在飞机运动时产生的陀螺力矩、飞机本身的惯性力矩、飞机机体弹性变形或内部活动部件对飞机飞行的影响以及飞机的整体质量不变。在不考虑风影响下,在地轴系上,物体平移运动动力学方程为：

$$\begin{cases} m\left(\dfrac{\mathrm{d}\vec{v}}{\mathrm{d}t} + \vec{\omega} \cdot \vec{v}\right) = \vec{F_a} + \vec{P} + \vec{G} \\ \dfrac{\mathrm{d}\vec{h}}{\mathrm{d}t} + \vec{\omega} \cdot \vec{h} = \sum \vec{M} \end{cases}$$

(2-5-8)

式中： $\vec{\omega}$ ——飞机质心相对地轴系的运动角速度矢量；
　　　　$\vec{v}$ ——飞机质心相对地轴系的运动速度矢量；
　　　　$\vec{F_a}$ ——作用在飞机上的空气动力矢量；
　　　　$\vec{G}$ ——飞机本身重力矢量；
　　　　$\vec{h}$ ——机体相对于质心的动量矩矢量；
　　　　$\sum \vec{M}$ ——作用在机体上的外力矩矢量和。

通过简化叉乘运算代入相对体轴系动力学方程并展开可得到飞机在三个方向上的速度：

$$\begin{cases} \dot{u} = rv - qw - g\sin\theta + \dfrac{1}{m}[X_{\text{aero}} + P_x] \\ \dot{v} = -ru + pw + g\cos\theta\sin\phi + \dfrac{1}{m}[Y_{\text{aero}} + P_y] \\ \dot{w} = qu - pv + g\cos\theta\cos\phi + \dfrac{1}{m}[Z_{\text{aero}} + P_z] \end{cases}$$

(2-5-9)

式中: p——发动机推力;

X_{aero}、Y_{aero}、Z_{aero}——机体系下空气动力;

P_x, P_y, P_z——发动机推力;

g——重力加速度;

u、v、w——机体系下三轴速度矢量;

$\dot{u}$、$\dot{v}$、$\dot{w}$——机体系下三轴加速度矢量;

p、q、r——机体系下三轴角速度;

ϕ、θ——姿态欧拉角。

第六章　交通安全与环境分析基础

第一节　交通运输系统安全理论

交通运输系统安全泛指道路、铁路、水运、航空和管道等五大交通运输方式中,应用安全管理理论及安全工程技术,保障人员、货物和资产在运输过程中免受意外事故和损失。内容包括交通运输系统安全分析、交通运输系统安全评价和交通运输系统安全保障,涵盖了一系列的规章、制度、技术、管理和操作等,旨在减少交通事故的发生,保护乘客、行人和运输工具的安全。

一、交通运输系统安全评价方法

交通运输系统是一个多因素交互作用的系统,处于一个涉及交通参与者、载运工具、基础设施、交通管理、环境等诸多因素的动态系统过程中,具有多变性、复杂性与关联性等特点。交通参与者包括驾驶员、船员、飞行员等,其交通安全素质和专业水平对系统安全性影响深远。载运工具涵盖了汽车、火车、船舶、飞机、管道等多种运输工具,其设计和运行状态直接关系到整体系统的安全性。基础设施包括道路、桥梁、轨道、航道、管道系统等,其规划和维护直接关系到各交通系统的安全性水平。交通管理在各个系统中都扮演着重要的角色,包括交通规则、信号系统、航空管制和管道运输监管等,以确保系统运行的有序性和安全性。环境因素在不同交通系统中也表现出多样性,包括天气条件、地理条件、自然灾害等对各交通系统安全性的影响。

在交通运输系统安全评价中,应对交通运输系统中的各种因素进行综合分析和评判,查明系统中的危险因素,对其进行定性或定量描述的科学评价,以便采取相应的安全保障措施。传统的安全评价方法如安全检查表法、风险矩阵法、预先危险性分析等定性评价方法,及事故后果灾害评价、指数评价法、概率风险评价法等定量评价方法,在交通运输系统中已得到了广泛应用。随着运输技术的不断发展,运输系统的安全影响因素增多且各因素之间的耦合效应增强,研究人员提出了更为科学严谨的安全评价方法。

1. 道路交通安全评价方法

道路交通安全评价方法可分为基于交通事故的安全评价和基于非事故数据的安全评价。基于交通事故的安全评价方法是最直观的评价方法,在采集大量道路、交通特征与事故数据等基础上,通过数理统计的方法,建立起各种因素与交通事故的关联关系,从而定量化表征交通安全。基于非事故数据的安全评价方法,采用交通事故替代指标对交通系统进行安全诊断、研判、评估,规避了交通事故数据小样本、长周期、影响因素多等缺点。常见的交通事故替代指标有交通冲突、事故前兆等。随着计算机视觉技术的发展,高精度的车辆轨迹数据也越来越广泛地应用到了道路交通安全评价。图 2-6-1 展示了交通冲突和交通事故之间的关系,图 2-6-2 展示了信号交叉口的车辆轨迹数据。

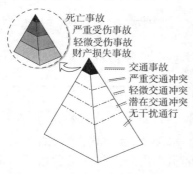

图 2-6-1 交通冲突与交通事故的联系　　　　图 2-6-2 信号交叉口车辆轨迹

2. 铁路交通安全评价方法

铁路交通评价方法通过系统性分析和评估铁路运输系统的交通参与者、铁路车辆、轨道基础设施、交通管理、外部环境等关键要素的潜在危险因素,确保运输系统的安全、高效和可持续运营。主要包括传统的风险评估方法、安全性指标体系的建立、人为因素分析、模拟与仿真技术的运用等多方面手段。近些年人工智能领域的一些方法也被应用至铁路运输系统安全评价,包括模糊综合评价法、数据包络分析法、灰色系统理论分析法、图论和网络理论、人工神经网络和安全性与可靠性理论等,在列车运行安全预测、铁轨上方障碍物检测等方面取得了良好的效果,更精准地处理系统的不确定性和复杂性,从而全面提高了对铁路运输系统整体安全性的评估效能。表 2-6-1 展示了高速铁路运营安全评价所常用的基础数据分类和内容。

高速铁路运营安全基础数据分类和内容　　　　　　　　　　　表 2-6-1

数据分类	数据内容
安全监管数据	高铁各类事故、故障数据。如事故调查报告、事故认定书等
日常违章信息	违章时间、所属铁路局、所属站段、责任岗位、违章地点等
维修作业数据	事故、故障、病害、缺陷维修记录、销号记录等
作业人员信息	动车组司机、车站值班员等高铁一线岗位人员的基本信息
动车组运用、检修数据	铁路局(动车段/所)及相关动车组主机厂在动车组运用和检修时,针对转向架、牵引、制动和受电弓系统故障的数据记录及相关履历信息
动车组安全监测数据	转向架系统图像监测信息,动车组轴承声学监测信息,动车组轮对监测信息,车载传感器监测的转向架、牵引、制动和高压等系统信息
动车组源质量整治信息	对动车组相关部件源头质量问题的跟踪和说明信息,包括对于转向架、牵引、制动和受电弓等系统故障问题中较为翔实的记录
工务病害数据	工务专业病害统计,如设备部件、发生时间、病害描述、整治情况等
限速点监测数据	限速点检测监测数据,如轨道几何精测数据、监测系统数据等
电务检测监测数据	列控设备状态动态数据、信号监测及运维数据、ATP 车载设备台账等
供电检测监测数据	供电安全检测系统检测出的缺陷数据、缺陷原因分析、缺陷维修情况

续上表

数据分类	数据内容
自然环境监测数据	高铁沿线风、雨、雪等自然环境信息
全路动检车检测数据	高速铁路开通以来的动态检测数据,包括轨检车波形图文件、大值个数统计、超标区段数据统计等轨道质量指数(TQI)数据统计等

3. 水上交通安全评价方法

水上交通安全评价是为了确保水上交通运输的安全性、可靠性和高效性,评价范围主要包含船舶在设计、建造、维护和操作;水道的通航安全、水深、航标设置;港口的布局、装备和安全设施;导航系统、AIS(自动识别系统)的可靠性;船员和港口工作人员的培训水平、技能水平、工作负荷、工作环境;气象条件及其对应的安全操作要求;航海安全法规和标准及水运应急救援机制等。水上交通致灾因素众多,因素间耦合关系复杂,近年来海事监管系统日渐完善,大量的船舶航行数据被准确、及时获取,在大量海事数据的支持下,基于模糊贝叶斯、模糊证据理论、机器学习等多种风险评估方法相结合的混合模型得到了广泛应用以避免不确定性因素对评估结果的影响。随着计算机模拟评价和计算机安全决策支持系统逐渐成熟,同时通过计算辅助与定性、定量动态仿真相结合的水上交通安全评价方法得到广泛研究。常见的有集装箱船积载计划计算机辅助评价系统、计算机辅助判析系统、COSCO海事统计分析与评估系统等。图2-6-3展示了船舶领域计算机辅助建模常用模型。

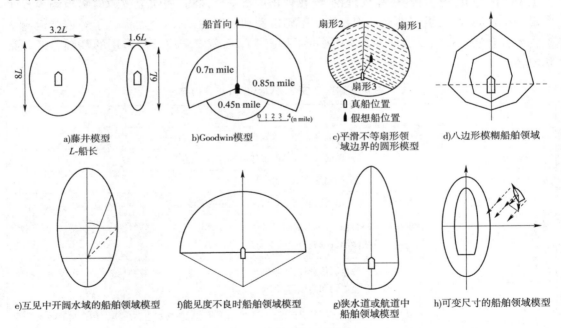

图2-6-3 船舶领域常用模型

4. 航空运输安全评价方法

由于航空事故通常会导致灾难性的后果,针对航空运输系统的安全评价显得尤为重要,评价范围通常涉及航空器的安全性能与维护、操作规程;航空公司的运营管理、安全文化、培训标准、机队维护、机场布局、安全设施、地面应急救援服务、空中交通管理系统性能、技术设备可靠性、机组人员/空中交通管制员的技能水平和身心状态、天气条件及对应的安全操作规范、国内外航空相关法规和标准等诸多方面。航空运输安全评价方法包括风险矩阵与Borda序值法、三角模糊分析法、绩效因子等。近年来，诸多学者将神经网络、随机规划、贝叶斯网络等成熟的理论方法应用于航空运输安全评估和风险管理领域，将智能算法与可靠性数据、运营数据相结合，在实际应用中具有显著效果。

图2-6-4所示为航空交通系统安全风险分析的基本框架，该框架采用循环方式进行，主要分为八个步骤，具体如下。

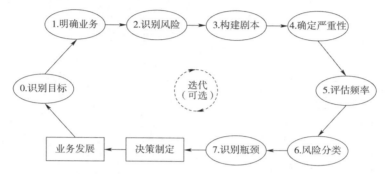

图2-6-4　航空交通运输系统安全风险分析的循环流程

第0步：确定安全风险分析的目标、安全规章的应用背景、使用范围，以及安全风险分析的详细程度。

第1步：明确待评估的航空运输业务。

第2步：识别与航空运输业务相关的风险，为真正开展安全风险分析工作的第一步。

第3步：集成以上信息，构建安全风险分析所需剧本。

第4步：评估安全风险的严重性。

第5步：评估安全风险的发生频率。

第6步：对安全风险以及每一个安全相关的剧本进行分类。

第7步：对于可能存在不可接受风险的剧本，识别剧本的安全瓶颈，例如风险程度，以及导致安全隐患的状况等。

考虑到现有的安全风险分析方法众多，上述步骤中使用的安全风险分析方法应取决于基本需求，以及安全风险分析在循环过程中的迭代次数。特别是在第5步描述的频率评估时，对于每一个剧本，可通过适当的"树"来计算风险发生的频率。另外，安全风险分析的反馈过程有助于航空运输管理概念的设计人员明确业务设计过程中应着重提升的安全事项。在设计发生变更时，应对安全性的提高程度进行核实，原因在于设计变更需付出较大的成本，业务变更可能带来新的风险，亦可能导致原来安全风险在可接受范围之内的剧本产生更多额外的风险。在业务发生变更时，若只关注那些原来安全风险水平不可接受的剧本，则新的风险或额外风险带来的后果可能会被错误地忽略。

5. 管道运输安全评价方法

管道运输的安全评价，主要从定性风险评价、半定量风险评价、定量风险评价三个大类方法来进行。定性风险评价主要根据经验和判断能力对生产系统的工艺、设备、环境、人员、管理等状况进行分析，获知系统中存在的事故危险和诱发因素，并根据这些因素的影响程度采取预防控制措施。半定量风险评价将事故发生概率和事故后果按照权重各自分配指标，采用数学方法将两个对应的事故概率和事故后果的指标进行组合，得出相对风险。其中最具有代表性的是肯特法（图2-6-5），该模型已广泛应用于管道的安全管理中。定量风险评价通过对系统或设备失效概率和失效后果的严重程度进行量化分析，精确描述系统的风险，从数量上说明被评价对象的危险等级，综合评估潜在事故后果的严重度和可能性，使风险分析更全面。管道定量风险评价模型主要包括事故率模型、人员伤亡风险模型、事故后果模型、风险综合模型四种。

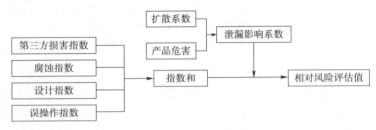

图2-6-5 肯特法风险评价基本模型

二、交通运输系统安全保障技术

1. 道路交通安全保障技术

（1）道路交通安全保障体系。其是一个综合性的管理和运营体系，建设涵盖多个方面，以确保道路交通系统的安全性和高效性。其包括道路交通安全管理法规与教育、道路安全规划、道路安全设计、车辆安全设计、客运安全管理、货运安全管理、道路交通风险监测预警、道路交通安全管控、道路交通应急管理等。道路交通安全保障体系的构建贯穿从法规制定到实际运营，每个环节都至关重要，以确保道路交通的安全和高效。

（2）道路交通风险监测预警。其涵盖多个关键方面，在道路方面，通过实时监测路面状况，根据事故信息识别事故黑点，提前发现道路安全隐患；在交通参与者方面，包括车辆的识别与跟踪、行人等交通参与者的危险行为检测；在交通流运行状态方面，实时监控交通拥堵、运行风险等情况；对突发事件的监测预警包括事故、火灾等；而在不良运行环境方面，通过大数据分析判断恶劣天气、能见度等因素，为交通管理提供科学依据。这些综合的监测预警手段旨在提高道路交通的整体安全性，为紧急救援和交通决策提供及时有效的信息支持。

（3）道路交通安全管控。其涵盖多个关键方面以确保交通安全。首先，通过制定合理完善的交通安全法规，加强交通规则和法律的执行，提升交通安全水平。其次，通过科学规划和有效管理交叉口，包括良好的设计、合理的信号系统和高效的交叉口流量控制，从而减少事故风险。在高、快速路方面，严格的速度管理、超载管理、匝道管控和监控系统有助于降低事故发生率和事故严重程度。此外，通过引导交通参与者的路径和行为，采用科技手段进行路径诱导，可以降低拥堵、提高通行效率，进一步减少潜在的事故风险。

（4）道路交通应急管理。其针对道路交通事故，包括车辆碰撞、火灾等紧急情况的及时处置，保障伤者及车辆的安全。其涵盖事故应急处理、交通拥堵疏导、应急路线规划、道路清障、信息发布与通告、医疗救援、协调与指挥、灾害防范与减灾、资源调度与支援以及培训与演练。通过紧急情况下的有序执行，该体系旨在迅速处置事故、疏导拥堵、提供急救服务，确保道路用户的安全与通行畅顺，并通过科学规划和培训提高对突发事件的应对能力。

2. 铁路交通安全保障技术

(1) 铁路交通安全保障体系。其围绕铁路运营安全这一中心任务，利用先进的通信技术、计算机网络技术，将地域分散、组织管理松散的各个设备和环境监测检测点，连同与行车安全直接相关的作业和施工现场，以及各部门的各级管理决策层连接起来，实现通畅快捷的安全信息流动和大范围的安全信息共享，建立集监测、检测、控制和管理决策为一体的大型综合自动化技术体系。其可以归纳为几个方面：铁路安全监控和检测技术、移动设备和固定设备安全检测技术、铁路运营安全管理技术、应急救援与调查技术、货运安全保障技术。

(2) 铁路安全检测与预警。其涉及铁路运营相关的方方面面，主要涵盖了列车控制系统、列车状态检测与诊断、机车车辆诊断与实时监测、桥隧检测、车站与站场状态监测、轨道检测、牵引供电设备安全监测、自然环境监控与检测（如雨量及洪水、地震、强风、落石等）、社会治安环境监控与检测（如安全防护工程、铁路入侵检测）、人员安全监测等。

(3) 铁路安全管理。其包括安全组织、安全法规、安全信息、安全技术及安全教育等。首先，安全组织管理是安全管理的实施主体，负责安全的组织领导、协调平衡、监督检查工作。安全法规是保障铁路运营安全的重要基石。安全信息一般是指对一切有利于铁路安全生产的指令和系统安全状态的描述或反映。安全技术则包括列车设备、轨道设施等方面的技术保障，以确保设备设施处于良好状态。此外，通过安全教育，培训铁路从业人员的安全意识和操作技能，提高应对突发事件的能力。这些方面的综合管理构建了完备的铁路安全管理体系。

(4) 铁路运输应急救援。其是为了应对突发事件和事故而建立的一套系统性的组织和资源配置机制，主要是抓好组织机构、人员、装备三落实，并制定切实可行的工作制度，使救援的各项工作达到规范化管理。事故应急救援工作涉及众多部门和多种救援队伍的协调配合，主要包括应急救援组织机构、应急预案、事故通报流程和内容、应急响应等级、应急通信设备、应急救援设备和应急资源等内容。救援技术包含救援列车技术、线路开通技术、事故勘查技术、事故再现技术等。

3. 水上交通安全保障技术

(1) 水上交通安全保障体系。其致力于建立一个全面的、有力的机制，以保障海上活动的安全。这一体系包括船舶航行定位与避碰、船舶交通管理系统、船舶自动识别系统、全球海上遇险与安全系统、应急响应机制、危险品处理流程、海上救援计划等。海上安全保障体系的目标是有效防范和应对海上活动中可能发生的各类安全威胁，确保迅速而有效的处置措施，最大限度地保障生命和财产安全。

(2) 水上安全检测与预警。其涵盖广泛，包括航行安全监测，通过雷达和卫星定位监测船舶航行状态，确保安全距离；气象和海洋环境监测，实时掌握天气和海况变化，提前预警恶劣天气；船舶技术状况检测，对船体结构、发动机等进行检测，降低技术故障风险；危险品监测，确保携带危险品船只符合安全标准；船员状况检测，监测船员健康和工作状态；航道安全监测，监测海域浅滩、障碍物等，保障航道安全；突发事件监测，实时监测潜在风险。这些手段共同确保海上活动的安全，为海上安全管理提供全面有效的信息支持。

(3) 水上安全管理。其是一项综合性的工作，旨在规划、组织和监管海上活动，确保其在法律框架内有序运行。水上交通管理法规明确各类水上交通参与者的行为规范，船舶检验监管防范潜在风险，导航设施标志提供清晰导航信息，通信监控系统实现及时沟通和状态监测,培训与演练强化从业人员安全意识和操作技能,海上安全管理机构需要通过制定规章制度、协调各方利益关系,以及监测和维护海上交通秩序,从而提升整个海上系统的管理效能和安全性。

(4)水上交通应急管理。其是为了应对海上交通突发事件而采取的一系列组织、措施和手段。其主要内容包括制定科学完善的应急预案,明确各类突发事件的处理流程、责任分工和资源调配方案;建设高效的通信指挥系统,确保在突发事件中各方能够迅速响应、协同作战;进行定期的演练和培训,提高各级人员的应急处置能力;配备先进的救援设备和船舶,以便在紧急情况下进行快速救援和灭火;加强国际合作,建立跨国应急联动机制,提升应对国际性海上交通事故的能力。通过这些措施,海上交通应急管理旨在最大限度地减轻事故造成的损害,保障海上交通的安全稳定。

4. 航空运输安全保障技术

(1)航空安全管理体系。安全管理体系(Safety Management System,SMS)是国际民航组织倡导的管理安全的系统化方法,它要求组织建立安全政策和安全目标。通过对组织内部的组织结构、责任制度、程序等一系列要素进行系统管理,形成以风险管理为核心的体系,并实现既定的安全政策和安全目标。民航安全管理体系由管理承诺与策划、风险管理、安全信息、监督、测评与改进五个部分。

(2)安全运行保障技术。飞机安全监控是保证飞机安全运行的重要手段,也是飞机全寿命周期安全管理的重要环节,指在飞机运行过程中及时跟踪和发现飞机存在的问题、薄弱环节和隐患,主要包括飞机运行状态监控、飞行品质监控、飞机故障诊断、飞机可靠性监控和飞机运行可靠性评估等内容。在机场运行安全方面,雷达系统被广泛应用,用于监测飞机在地面的移动和空中运动,保障空中和地面的安全距离。地面运行监控系统通过实时监测机场滑行道和滑行道口的运行情况,有效避免地面交通事故的发生。自动引导系统、风切变预警系统等则协助飞行员在复杂的地面环境中进行安全。在空域运行安全方面,ADS-B 技术、TCAS 系统通过卫星导航系统有效监控和控制空中交通,提高空中交通的可见性,降低碰撞风险。

(3)应急管理与救援技术。其包括紧急通信系统、机载监测技术、紧急降落设备和救生工具、天气监测技术等方面。紧急通信系统确保飞机与地面实时连接,机载监测技术通过传感器实时监测飞机状态并发出警报。天气监测技术提供实时天气信息,帮助航线调整。紧急降落设备和救生工具包括滑梯和救生筏,确保快速疏散。导航和卫星系统提供准确坐标,协助搜救队伍定位。无人机、热成像技术和救援机提高救援效率,迅速找到幸存者。

5. 管道运输安全保障技术

(1)管道安全管理系统。管道运输的安全管理较为复杂,涉及设计、制造、安装、检验、使用、维修等各个环节。目前我国通过强制性的国家监察,将管道作为特种设备对待,指定专门的机构负责管道的安全监察工作,并拟制订一系列法规、规范标准,供从事管道的设计、制造、安装、使用、检验、修理、改造等方面的工作人员共同遵循,并监督各环节对规范的执行情况,从而逐渐形成管道安全监察或监督管理体制,降低管道运输的事故风险。

(2)风险监测预警技术。管道运输风险监测预警是一种关键的安全管理手段,旨在实时监控和有效预警管道运输系统可能面临的各类风险和潜在威胁。通过部署先进的监测设备,包括传感器、监控摄像头等,实现对管道运输的实时监测,对异常情况进行精准识别。大数据分析在风险监测中扮演着重要角色,系统通过对历史运输数据的深度分析,构建智能算法和预测模型,从而识别出潜在的风险因素。人工智能技术的应用进一步加强了监测预警系统的智能化水平。通过机器学习和深度学习等技术,系统能够自动学习和优化模型,提高对复杂情况的适应能力。这种智能化的监测预警系统不仅能够实时识别风险,还能够根据实际情况动态调整预警策略,最大限度地减少误报和漏报,提高系统的准确性和可靠性。

(3)管道运输应急管理。管道运输应急管理体系包括应对、恢复和改进。首先,建立完善的应急预案,确保在事故发生时有序展开应急响应。其次,紧急通信系统保障信息传递,为指挥调度提供实时支持。通过定期组织应急演练,提高从业人员和机构的应急处理水平。最后,对事故后的恢复和改进进行管理,提高整体安全性和抗灾能力。全面的管道运输应急管理体系最大限度地降低事故发生可能性,减轻损失,并在事故后迅速、有序、高效地进行应对和恢复,确保系统持续安全运行。

第二节　交通环境振动与噪声理论

交通环境振动是指由运行车辆对结构冲击产生的振动,通过路基、高架桥梁墩台及其基础、隧道基础和衬砌等传播至地表环境的具有与车辆运行状态相关的持续性小幅振动。交通环境噪声是指由各种交通工具在行驶过程中产生的妨害人们正常生活的声音。

一、交通环境振动噪声的影响

交通环境振动会引起建筑结构的应力幅变化,当建筑物的振动超过所容许的阈值时就可能产生损坏。环境振动对电子显微镜、外科手术器具等精密仪器的使用有较大影响,造成设备读数不准、精度下降甚至不能正常工作等问题。此外,环境振动会影响生活环境及人体健康,振动易引起人体内脏器官的共振,也会使人心情烦躁,危害人的心理健康。

交通环境噪声主要危害有:降低听力,影响人们的睡眠、休息、工作和学习,干扰语言交流和通信联络等。此外,交通环境噪声还会造成生理上和病理上的影响,如眩晕、恶心、高血压与心脏病的发展恶化等。交通环境噪声同样能够对动物的听觉器官等造成病理性变化和损伤。

二、环境振动噪声分析理论与方法

1. 交通环境振动分析理论与方法

交通系统对环境振动影响的理论分析包括以下三个方面:①移动车辆引起的环境振动发生产生机制,即振源问题,包括车辆条件、轮轨接触状态、轨道结构、桥梁、隧道、地基结构等下部结构形式等;②振动在自由场地上的传播规律,即传播路径问题,包括下部结构基础与土层、土层与建筑物基础的相互作用,振动在土层中的传播规律等;③受振体,即建筑物、设备和人,包括减轻受振体振动响应的措施。图2-6-6为交通荷载引起的环境振动发生机理和振动在频域内的传递关系表示。

其中,$P_t(\omega, x, V)$表示移动的交通荷载,是激励频率ω、沿行车方向位置坐标x和车速V的函数;$A_t(\omega, x, z)$、$A_s(\omega, x, y, z)$、$A_r(\omega, x, y, z)$分别表示轨道结构、自由场地和接收点的响应,可以用传递函数的概念来描述,即:

$$\begin{cases} A_t(\omega,x,z) = H_t(\omega,x,z) \cdot P_t(\omega,x,V) \\ A_s(\omega,x,y,z) = H_t(\omega,x,z) \cdot H_s(\omega,x,y,z) \cdot P_t(\omega,x,V) \\ A_r(\omega,x,y,z) = H_t(\omega,x,z) \cdot H_s(\omega,x,y,z) \cdot H_b(\omega,x,y,z) \cdot P_t(\omega,x,V) \end{cases} \quad (2\text{-}6\text{-}1)$$

式中：$H_t(\omega,x,z)$、$H_s(\omega,x,y,z)$、$H_b(\omega,x,y,z)$——轨道系统、周围土层和建筑结构的传递函数。

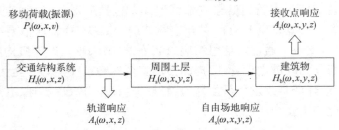

图 2-6-6　交通荷载引起的环境振动的机理和振动的传递关系

在交通环境振动的分析中，关键在于移动荷载以及传递函数的数学建模，主要研究方法有四种，分别是解析法、数值分析法、试验研究法和经验预测法。

解析法是对振源—传播路径—受振体系统的每一个构成部分都采用理论模型来描述。在早期，用传统的格林（Green）函数法和波动理论来对环境振动问题进行理论分析。有限元（FEM）、边界元（BEM）等数值分析法可以更精准地模拟交通环境振动，因此得到了广泛应用。在早期，受限于计算效率，常常采用 2 维模型来分析交通环境振动影响。与 2 维方法相比，3 维模型可以模拟辆移动的相位效应，但是计算量较大。2.5 维方法是指针对截面尺寸、材料属性等参数沿某一轴向不变的三维结构，基于 2 维模型的解和空间波数变换来获得 3 维结构的响应，从而大大提高求解效率，在钢轨、桥梁、隧道、土体结构等结构振动分析中得到了广泛应用。

2. 交通环境噪声理论分析理论与方法

结构振动声辐射涉及声振耦合方程的求解，为结构领域和声学领域的交叉应用。为了快速分析，在交通环境噪声评估中往往采用简化的声源模型进行预测。通过在离线路中心线一定距离位置测试获得源强点的声源特性，再结合点声源、线声源理论模型来推算远场点的声压和衰减规律。由于声源特性的复杂性，这种简化理论模型往往很难在全空间位置获得高精度。以高速铁路系统为例，主要的噪声源包括轮轨噪声、轨道结构噪声、车辆噪声、气动噪声等，需要采用更为精细化的声学模型进行仿真分析，包括声学边界元、有限元、统计能量法（SEA）等方法。

声学有限元法是根据变分原理来求解数学物理问题的一种数值计算方法，对于分析复杂形状腔体内的声场特性有着显著的优点。声学边界元法是在有限元的离散技术上，通过转化 Helmholtz 方程边值问题为边界积分方程发展而来，具有使分析问题降维、适用于复杂结构及无限域问题的优点。统计能量法近年来在船舶、航空、列车等领域的噪声预测方面运用广泛，适用于中高频振动噪声问题的求解。

三、环境振动噪声评估标准

针对环境振动噪声的标准众多，包括《住宅建筑室内振动限值及其测量方法标准》（GB/T 50355—2018）、《城市区域环境振动标准》（GB 10070—1988）、《铁路边界噪声限值及其测量方法》（GB 12525—1990）、《社会生活环境噪声排放标准》（GB 22337—2008）、《城市轨道交通引起建筑物振动与二次辐射噪声限值及其测量方法标准》(JGJ/T 170—2009)等规范。

(一)交通环境振动评估标准

在对振动进行评价时,通常采用振动频谱和振级作为评价指标。

1. 振动频谱

由试验测出结构振动响应时程,通过傅立叶变换得到不同频率对应的最大振动响应,以频率为横坐标,以振动响应为纵坐标,得到振动的频谱曲线。

2. 加速度振级

用加速度表示的振级有以下几种形式。

a. 振动加速度级 VAL。振动加速度级 VAL(dB)的计算公式为:

$$VAL = 20\lg\left(\frac{a_{rms}}{a_0}\right) \quad (2\text{-}6\text{-}2)$$

式中:a_{rms}——振动加速度的有效值,m/s^2;

a_0——基准加速度,m/s^2。

b. 振级 VL,又称计权振动加速度级,计算公式为:

$$VL = 20\lg\left(\frac{a'_{rms}}{a_0}\right) \quad (2\text{-}6\text{-}3)$$

式中:a'_{rms}——频率计权振动加速度的均方根值。

c. Z 振级 VL_Z。Z 振级 VL_Z 为全身铅垂振动不同频率计权因子修正后得到的振动加速度级。

3. 速度振级

速度振级用 L_v(dB)表示,计算公式为:

$$L_v = 20\lg\left(\frac{V_{rms}}{V_{ref}}\right) \quad (2\text{-}6\text{-}4)$$

式中:V_{rms}——振动速度的有效值,按照振动时程信号中 1s 时间内的数据计算;

V_{ref}——振动速度参考值,取值为 2.54×10^{-8} m/s。

相关标准与规范如下:

(1)《住宅建筑室内振动限值及其测量方法标准》(GB/T 50355—2018)。

住宅建筑室内振动单值评价量为 Z 振级;分频振动测量评价量为 1/3 倍频程铅锤向振动加速度级,频率范围应为 1~80Hz;振动引起的结构噪声评价量应为 1/1 倍频程等效声级,频率范围应为 31.5~250Hz。同时,规范中对于不同限制等级(一级、二级)和时间段(昼间、夜间)给出了相应的限值。

(2)《城市区域环境振动标准》(GB 10070—1988)。

为了限制环境振动对居民睡眠、学习、休息的干扰和影响,国家环境保护局以 Z 振级 VL_Z 标准值为评价指标,规定了城市区域环境振动的标准值见表2-6-2。

城市区域环境振动标准限值 表2-6-2

适用地带范围	昼间(dB)	夜间(dB)
特殊住宅区	65	65
居民、文教区	70	67

续上表

适用地带范围	昼间(dB)	夜间(dB)
混合区、商业中心区	75	72
工业集中区	75	72
交通干线道路两侧	75	72
铁路干线两侧	80	80

(二)交通噪声评估标准

由于噪声的测量要反映人耳引起的响度感觉大小,需要充分考虑到人耳的听觉特性。人耳对于不同频段的声音变化敏感程度不同,为了反映噪声的客观强度在人主观引起的感受,往往采用计权声压级。A 计权(A-Weighted)是一种较为常用的用语音频测量的标准权重曲线,用于反映人耳的响应特性。

(1)《铁路边界噪声限值及其测量方法》(GB 12525—1990)。

该标准采用等效声级 L_{eq} 作为评价标准,其中等效声级为某一段时间内声级能量的连续平均值,计算公式为:

$$L_{eq} = 10\lg\left[\left(\frac{1}{T}\right)\int\frac{p_A^2 dt}{p_{ref}^2}\right] \tag{2-6-5}$$

式中:T——持续时间;

p_A——t 时刻的瞬时声压;

p_{ref}——参考声压,取值 2×10^{-5}Pa。

该标准规定的铁路边界噪声限值规定,昼间和夜间均为 70dB(A)。

(2)《社会生活环境噪声排放标准》(GB 22337—2008)。

《社会生活环境噪声排放标准》(GB 22337—2008)适用于对营业性文化娱乐场所、商业经营活动中使用的向环境排放噪声的设备、设施的管理、评价与控制,规定了环境噪声的排放限值,包括边界噪声排放限值、结构传播固定设备室内噪声排放限值。

(3)《城市轨道交通引起建筑物振动与二次辐射噪声限值及其测量方法标准》(JGJ/T 170—2009)。

该标准以建筑物室内振动与二次辐射噪声为评价指标。二次辐射噪声指被激励产生振动的建筑构件,其固体表面振动向周围空气介质辐射的声压。建筑物室内二次辐射噪声限值应符合表 2-6-3 的规定。

建筑物室内二次辐射噪声限值[单位:dB(A)]　　表 2-6-3

区域	昼间	夜间
0 类	38	35
1 类	38	35
2 类	41	38
3 类	45	42
4 类	45	42

四、交通环境振动噪声控制方法

随着交通环境振动噪声的影响逐步扩大,对振动噪声的控制势在必行,2010年生态环境部发布了《地面交通噪声污染防治技术政策》(环发〔2010〕7号),2010年生态环境部又与科技部等11个部委联合发布了《关于加强环境噪声污染防治工作改善城乡声环境质量的指导意见》,2018年发布了《城市轨道交通环境振动与噪声控制工程技术规范》(HJ 2055—2018),《中华人民共和国环境噪声污染防治法》对交通噪声控制有明确的要求。

交通环境引起的振动噪声控制方法主要有以下几种:

(1) 从振源减振、隔振。目前常用的减振措施包括减振扣件、各类浮置板减振轨道(减振垫浮置板、梯形轨枕、钢弹簧浮置板)、弹性支座等,通过减少传递的振动能量来降低交通环境振动的噪声辐射。近年来,以声子晶体为代表的周期性材料,也逐渐被应用于振动噪声控制。

(2) 通过阻尼加快振动噪声衰减。通过在结构中设置调谐质量阻尼器、颗粒阻尼器、约束阻尼层等来加快振动的衰减以实现减振降噪的目标。

(3) 限值振动噪声传播。对于环境振动,采用填充沟可以截断土体中振动波的传播。对于环境噪声,声屏障可以改变噪声传播路径,降低接受点的噪声水平,根据降噪需求,可以选择半封闭或者全封闭式声屏障。

第三节 交通运输系统排放的大气污染物和测量方法

一、交通运输系统排放污染物介绍

交通运输系统污染物是指由交通运输系统产生并排放到大气中的各种有害化学物质和颗粒物,对空气质量和环境健康产生负面影响。这些排放物对空气质量和环境产生严重影响,也是导致城市雾霾和全球气候变化的重要原因之一。截至2021年,中国交通排放污染物在总体排放污染物中占比较高。具体占比数据可能会因年份和数据来源而有所不同,但根据国际能源署(IEA)的数据,中国交通部门(包括公路、铁路、航空和航运等)在温室气体碳排放中的比重约占总排放的15%左右,交通排放对于PM10和PM2.5的贡献分别在20%~30%,交通排放对于NO_x的贡献在30%~40%。这些废气和废物对环境和人类健康造成了许多负面影响。首先,交通排放是导致空气污染的主要源之一。废气中的污染物如NO_x、CO和颗粒物对空气质量产生了严重影响,加剧了雾霾和酸雨等环境问题。其次,交通排放是温室气体的重要来源之一,尤其是二氧化碳的排放。温室气体的增加导致全球气候变暖和气候变化,对生态系统和人类社会造成了威胁。总之,交通排放是一个全球性的环境和健康问题。表2-6-4展示了交通运输系统排放污染物的分类、主要危害和来源。

交通运输系统排放污染物的分类、主要危害和来源 表2-6-4

交通运输系统排放污染物	主要危害	来源
一氧化碳(CO)	一氧化碳是主要来自燃油和天然气的不完全燃烧。它可以危害人体的血红蛋白,降低血液中的氧气运输能力,导致中毒和健康问题	交通运输工具运行过程中的排放

续上表

交通运输系统排放污染物	主要危害	来源
氮氧化物(NO_x)	氮氧化物(NO_x)包括一氧化氮和二氧化氮,是造成空气污染和酸雨的主要源头,也对呼吸系统健康有害	交通运输工具运行过程中的排放
挥发性有机化合物(VOCs)	挥发性有机化合物可以参与光化学反应,导致地面臭氧和细颗粒物的形成,对呼吸系统有害	交通运输工具运行过程中的排放;加油和加气站的操作中释放
颗粒物(PM)	颗粒物分为可吸入颗粒物(PM10,直径小于$10\mu m$)和细颗粒物(PM2.5,直径小于$2.5\mu m$)。它们可以引发心血管和呼吸系统问题,对健康造成严重威胁	道路磨损;交通运输工具运行过程中的排放
二氧化碳(CO_2)	二氧化碳对全球气候变化贡献巨大,导致地球气温升高和气候不稳定	交通运输工具运行过程中的排放
道路磨损颗粒物	这些颗粒物是由车辆轮胎与道路之间的摩擦产生的,包括金属、橡胶和沥青颗粒。它们可能含有有害物质,如铅、镍和多环芳烃	道路磨损

二、交通运输系统排放数据采集技术

交通排放采集工具与方法是用于测量和监测交通工具排放物的工具和技术。这些工具和方法可以帮助我们了解交通排放对环境和人类健康的影响,并为采取相应的措施提供依据。

1. 环境检测站

环境监测站是用于实时监测空气质量和交通污染的设施。它们通常布置在城市的不同位置,包括道路旁边,以收集不同区域的交通排放数据。监测站通常配备了传感器和仪器,用于测量主要的交通排放污染物,如二氧化碳、氮氧化物、一氧化碳和颗粒物。我国的大气环境监测站涵盖了多个城市及多污染物的监测。

在固定的环境监测站的基础上,移动测量车(又称走航车)是专门设计用于在道路上实时测量交通排放的车辆。这些车辆通常装备有气体分析仪和颗粒物采集器,可以测量行驶车辆的尾气排放,以及测量路边空气中的污染物浓度。

2. 车载排气排放物采集系统

车载排气排放物采集系统(Portable Emission Measurement Systems,PEMS)是一种用于收集车辆排气排放物样本的设备。它们通常使用在实验室环境中或通过固定在测量站或测量车上,用于捕获并分析车辆排放的污染物。该系统一般包括排放监测仪器[如氮氧化物(NO_x)、二氧化硫(SO_2)、一氧化碳(CO)、颗粒物(PM)和碳氢化合物等]、排气排放物采样装置、GPS和车辆信息集成设备、数据记录和分析设备。

3. 基于遥感技术的道路污染测量技术

道路侧边测量是一种简单有效的方法,基于遥感技术的道路污染测量系统通过在道路两侧设置气体传感器和颗粒物采样器,来测量经过的车辆排放。这种方法可以提供实时的交通排放数据,并帮助识别高排放车辆。遥感技术是利用遥感设备,如红外线传感器或激光雷达,从远处测量车辆尾气排放,这种方法可以在道路上进行无干扰的测量,尤其适用于大规模交通排放监测。

三、交通运输系统排放计算的主要方法

交通排放计算是指对交通运输活动中产生的污染物进行量化测算和估计的过程。通过交通排放计算,可以了解交通工具排放的污染物种类、数量以及在特定地区或时间段的总体排放水平。交通排放的主要计算方法分为能耗法、里程法、周转量法。

1. 交通排放能耗法

交通排放能耗法的基本原理是根据车辆行驶过程中所消耗的能源来估算排放量。这种方法将车辆的能源消耗与燃料的能量密度和能源转化效率联系起来,通过测量燃料消耗和运动阻力等参数来计算车辆排放的能耗指标。根据能耗指标,可以推算出二氧化碳(CO_2)等排放物的产生量。使用交通排放能耗法能够更好地反映交通工具在整个能源使用过程中的环境影响。交通排放能耗法在实际应用中可以用于评估不同类型交通工具的环境性能,并为政策制定者提供决策依据。此外,能耗法也可以用于评估交通规划方案、车辆管理政策和交通系统的环境影响。

2. 交通排放里程法

交通排放里程法的基本原理是通过测量车辆行驶里程和相应的排放因子来估算排放量。排放因子是指在特定行驶条件下,每行驶一定距离车辆所排放的污染物量。这些排放因子可以根据车辆类型、燃料类型、驾驶模式等因素进行建模和确定。通过将行驶里程与排放因子相乘,可以得出特定车辆在一定时期内的排放量。交通排放里程法在实际应用中具有广泛的用途。首先,它可以用于评估不同类型交通工具的排放水平,包括燃油车、混合动力电动汽车和纯电动汽车等。通过比较不同车辆的排放量,可以为政策制定者提供指导,促进低排放交通工具的采用和推广。其次,交通排放里程法可以用于评估交通规划方案和交通管理政策对排放的影响,为城市规划和交通系统优化提供参考。

3. 交通排放周转量法

交通周转量法的基本原理是将车辆的行驶里程与交通流量相乘,并乘以相应的排放因子,以计算在一定时间内产生的排放量。行驶里程可以通过车辆数量和行驶距离的估算得到。交通流量数据可以通过交通监测系统、交通调查或交通模型等方法获取。排放因子是指在特定的交通流量条件下,每个车辆所产生的污染物量。交通周转量法可以利用现有的交通流量数据进行排放估计,因此在实际应用中具有一定的便利性和成本效益。

本篇参考文献

[1]《中国公路学报》编辑部.中国交通工程学术研究综述·2016[J].中国公路学报,2016. 29(06).
[2] 本书编委会.综合交通运输导论[M].北京:人民交通出版社股份有限公司,2021.
[3] 沈志云,邓学钧.交通运输工程学[M].2版.北京:人民交通出版社,2003.

[4] 钱炳华,张玉芬.机场规划设计与环境保护[M].北京:中国建筑工业出版社,2000.

[5] 王炜,陈峻,过秀成.交通工程学[M].3版.南京:东南大学出版社,2019.

[6] 鲁植雄.载运工具原理及应用[M].3版.北京:东南大学出版社,2020.

[7] 韩彪.交通运输学[M].北京:中国铁道出版社,2000.

[8] 赵小军.铁道概论[M].上海:上海交通大学出版社,2017.

[9] 郭子坚.港口规划与布置[M].3版.北京:人民交通出版社,2011.

[10] Washington S, Karlaftis M G, Mannering F, et al. Statistical and econometric methods for transportation data analysis[M]. Boca Raton:CRC press,2020.

[11] 杨东援、段征宇、李玮峰,等.大数据与城市交通治理[M].上海:同济大学出版社,2022.

[12] 刘志远、张文波.交通大数据理论与方法[M].杭州:浙江大学出版社,2020.

[13] Gelman, A., Carlin, J., Stern, H., et al. Bayesian Data Analysis[M]. Boca Raton:Chapman& HALL/CRC,2013.

[14] Ben-Akiva M E, Lerman S R. Discrete choice analysis:theory and application to travel demand[M]. Boston:MIT press,1985.

[15] Xu C, Liu P, Yang B, et al. Real-time estimation of secondary crash likelihood on freeways using high-resolution loop detector data[J]. Transportation research part C:emerging technologies,2016,71:406-418.

[16] Train K E. Discrete choice methods with simulation[M]. Cambirdge:Cambridge university press,2009.

[17] 秦韶阳,赵德,章国梁,等.交通强国背景下的城市群综合交通系统评价指标体系构建[J].现代交通与冶金材料,2022,5,2(3):10-17.

[18] Sheffi Y. Urban Transportation Networks:Equilibrium Analysis with Mathematical Programming Methods[M]. Hoboken:Prentice-Hall,1984.

[19] Taha H. A. Operations Research:An Introduction[M]. Noida:Pearson Education India,2013.

[20] Toth, P., Vigo, D. Vehicle Routing:Problems, Methods, and Applications[M]. Philadelphia:Society for Industrial and Applied Mathematics,2014.

[21] 《运筹学》教材编写组.运筹学[M].北京:清华大学出版社,2022.

[22] de DiosOrtúzar J., Willumsen L. G. Modelling Transport[M]. Hoboken:John Wiley & Sons,2011.

[23] Sinha K. C., Labi S. Transportation Decision Making:Principles of Project Evaluation and Programming[M]. Hoboken:John Wiley & Sons,2011.

[24] 陈峻,徐良杰,朱顺应,等.交通管理与控制[M].2版.北京:人民交通出版社股份有限公司,2017.

[25] 彭其渊,王慈光.铁路行车组织[M].2版.北京:中国铁道出版社,2015.

[26] 唐涛.列车运行控制系统[M].北京:中国铁道出版社.2016.

[27] 廖鹏,孔庄,杨春红.内河单级多线船闸交通建模与仿真[J].哈尔滨工程大学学报,2018,39(3):414-421.

[28] 杨超,霍连才,台伟力,等.民航概论[M].北京:清华大学出版社,2022.

[29] 孟江,龙学渊,黄茜,等.油气管道输送技术[M].北京:中国石化出版社有限公司,2021.

[30] 黄晓明.路基路面工程[M].北京:人民交通出版社股份有限公司,2019.

[31] Little D N, Allen D H, Bhasin A. Modeling and design of flexible pavements and materials[M]. Berlin:Springer,2018.

[32] 郑仲浪,吕彭民.基于舒适性及道路友好性的拖挂车辆悬架参数优化方法[J].交通运输工程学报,2009(5):53-58.

[33] Paris P,Erdogan F. A critical analysis of crack propagation laws[J]. Journal of Basic Engineering,1963:528-533.

[34] 裴玉龙.交通安全[M].北京:人民交通出版社股份有限公司,2018.

[35] 郭延永,刘佩,袁泉,等.网联自动驾驶车辆道路交通安全研究综述[J].交通运输工程学报,2023,23(05):19-38.

[36] 严新平.长江航运安全监管及应急技术[M].武汉:武汉理工大学出版社,2017.

[37] 王华伟,吴海桥.航空安全工程[M].北京:科学出版社,2014.

[38] 雷晓燕,圣小珍.铁路交通噪声与振动[M].北京:科学出版社,2004.

[39] 郑长聚,洪宗辉.环境工程手册[M].北京:高等教育出版社,2000.

[40] 王炜,项乔君,常玉林,等.城市交通系统能源消耗与环境影响分析方法[M].北京:科学出版社,2002.

[41] 邱兆文.汽车与环境[M].北京:人民交通出版社股份有限公司,2021.

[42] 张玉芬,钱炳华,戴明新,等.交通运输与环境保护[M].北京:人民交通出版社,2003.

第三篇

公路交通运输系统

第一章 公路交通运输系统概述

第一节 公路交通运输系统的特点与作用

公路交通运输系统是指以公路运输方式将被运送对象按既定目标实现位移所涉及的各个有机组成部分。公路交通运输系统是整个综合交通运输体系中的一个子系统,具有特定的功能、特点与作用。

一、公路交通运输系统的功能与特点

(一)功能

在理论上,通常将公路交通运输系统基本功能划分为通过与送达功能。通过功能是指在干线上完成大批量运输。送达功能又称集散功能,是指通过性运输承担集散客货任务的运输。

就一般情况而言,客货运输全过程的完成都需要公路运输方式的参与。在高速公路投入使用以前,公路运输的主要功能是送达,也就是主要为其他运输方式承担集散客货的任务。随着高速公路建成投入使用、公路通行条件的改善,公路运输方式的通过功能大大加强。在实现高速化后,公路运输方式已具备了通过功能和送达功能,成为全能的运输方式,这正是公路运输业发展迅速的根本原因。

(二)特点

在综合运输体系中,公路运输最显著的特点是技术上和经济上的灵活性,由于汽车工业的发展和公路网的扩大,公路运输能充分发挥其机动灵活、迅速方便的优势。

公路交通运输系统技术上的灵活性主要表现在以下五个方面。

(1)空间上的灵活性:可以实现"门到门"运输。

(2)时间上的灵活性:通常可实现即时运输,即根据货主或旅客的需求随时启运。相较其他运输方式,公路运输网点的发展、运输组织与管理水平更高,旅客等候时间相对较短。

(3)批量上的灵活性:可接受的启运批量最小。

(4)运行条件的灵活性:运输服务范围不仅在等级公路上,还可延伸到等级外的公路,甚至辐射到许多乡村便道。普通货物装卸对场地、设备没有专门的要求。客运站点设置灵活,有的只设置一个停靠点即可。

(5)服务上的灵活性:具体表现为能够根据货主或旅客的具体要求提供个性化的服务,最大限度地满足不同性质的货物运送与不同层次旅客的需求。

公路运输方式技术上的灵活性,决定了其运输生产具有点多、面广、流动、分散的特点。点多、面广是指其服务对象的分布及服务范围。流动是指其服务过程。分散通常有两个层次的含义:①运输服务单位所属的基层单位分散在服务区域各点;②运输服务的作业单位分

散,常常是以每一辆车为独立作业单位的。这些特点使得公路运输业在组织与管理方面具有非常鲜明的行业特色。

公路交通运输系统经济上的灵活性,主要表现在以下两个方面。

(1)运输投资起点较低,且从业者完全可以根据运输需求和自身条件灵活选择。

(2)运输生产固定结构低,选择空间大,经营者可根据市场环境和自己的风险承受能力选择合适的投资固定结构,属于低风险发展的运输方式。

与其他运输方式相比,在市场经济条件下公路运输方式更具生命力。这正是公路运输方式在市场经济社会中得以持续发展,并逐步成为市场经济发达国家的主力运输方式的重要因素之一。

此外,公路交通运输系统还具有一定的经济性。按货物运输产品为主体来衡量经济性,货主考虑经济性的因素主要包括四个方面:①运输费用;②运输过程占用资金的时间价值;③其他消耗,包括中转装卸、仓储、货损货差、货物保存保量支出等;④关联经济性,包括商机的利用,原材料完成前库存占用资金,库存费用的变化等。随着社会的发展,运费对运输产品经济性的影响越来越小。正是在这样的发展环境及经济机理下,除国际贸易形成的远洋运输外,公路运输在现代综合运输体系中所占的比重越来越大,成为发达国家绝对主力的运输方式。现代物流业中建立起来的即时供应系统,公路运输起到了关键的支撑作用,这也是公路运输技术上、经济上灵活性的优势所在。

二、公路交通运输系统的地位和作用

公路交通运输在整个交通运输业处于基础地位,发挥着以下作用。

(1)公路交通运输投资少、机动灵活、快速直达,既是最便捷,也是唯一具有送达功能的运输方式。其可以减少中转环节,实现"门到门"的运输,货物送达速度快,并可深入工矿企业、广大农村和边远地区,这是公路运输独特的优势,是其他运输方式所不能比拟的,因此在综合交通体系中发挥着重要作用。一般情况下,客货运输全过程的完成都需要有公路运输方式的参与。

(2)其他运输方式组织运输生产,需要公路运输提供集疏运的条件。运输方式之间的衔接也需要公路运输来完成倒载换装。

(3)公路运输覆盖面广,通达深度高。公路运输对城乡经济的发展起着举足轻重的作用,特别在我国中西部和一些经济不发达地区,公路运输是最主要的运输方式。

(4)随着我国公路技术等级的逐步提高,尤其是一批高等级公路的建成通车,公路客货运量在综合运输体系中所占的比重不断提高。2022年,中国公路客运量占客运总量的比例为63.47%;公路货运量占货运总量的72.04%。

(5)半个多世纪以来,公路运输是世界各国各种运输方式中发展最快的一种,现已成为许多国家最主要的运输方式。2022年末,我国民用汽车保有量31903万辆,相当于2001年的17.70倍,1978年的234.93倍。在当今世界,公路交通的现代化程度已经成为衡量一个国家交通发展水平的重要标志。

(6)交通运输是国土资源开发的先锋,我国西部地区生产力落后,经济欠发达,一个主要原因是交通闭塞、流通不畅。因此,西部大开发首先应当发展交通运输。由于西部地区特殊的自然环境和地理条件,公路运输在西部综合运输体系中占主导地位,所以实施西部大开发战略,交通基础设施的建设以公路为重点。

第二节 公路交通运输系统的组成

从技术结构上看,公路运输系统的组成包括基础设施和载运工具两大类。基础设施主要包括公路通道、公路枢纽(客运、货运)等。在现代社会中,公路运输载运工具主要是汽车,包含乘用载运工具、货运载运工具、公共交通工具、智能驾驶工具等。

一、公路交通运输系统基础设施

公路交通运输系统基础设施主要包括公路通道、公路枢纽(客运、货运)。本小节仅做简单介绍,关于公路交通运输系统基础设施的详细特点将在本篇第三章中介绍。

(一)公路通道

公路通道是指连接两个地点或区域的道路,用于穿越地形障碍、水域、山脉等,以便保持道路网络的连通性。其作用是方便人们出行和货物运输,促进经济发展和社会交流。公路通道是最常见的道路通道,公路是指经交通运输主管部门验收认定的城间、城乡间、乡间能行驶汽车的公共道路,它连接城市和乡村,方便人们出行和货物运输。以下是几种常见的公路通道类型。

(1)隧道。隧道是一种位于地下或山脉内部的通道,用于穿越地形障碍。隧道内通常有道路或铁路铺设,以便车辆或火车通行。隧道的设计和建设需要考虑地质条件、通风、照明以及应急疏散等因素。

(2)桥梁。桥梁是用于跨越水域、峡谷或其他地形障碍的结构,让道路能够继续通行。公路桥梁可以是悬索桥、斜拉桥、拱桥、梁桥等多种形式,根据地理条件和设计需求而异。

(3)隔离式通道。隔离式通道通常是高架结构,用于跨越城市道路、河流或其他地面障碍。它们通常由多个桥梁构成,形成一个连续的高架道路。

(4)地下通道。地下通道是一种位于地面以下的通道,用于实现不同方向的道路交叉。地下通道可以用于车辆、行人或自行车通行,可以提高交通流量的效率,同时减少交通阻塞和事故风险。

(5)浮桥。浮桥是一种临时性的桥梁,通常用于短期内跨越水域,例如河流或湖泊。它们通常由浮筒或浮船支承,能够为车辆提供通行通道。

(6)隔音隧道。这种类型的隧道主要用于减少交通噪声对周围环境的影响。它们通常位于城市区域,有助于隔离交通噪声,保护周边居民。

(7)特殊用途通道。某些情况下,通道也可以用于特殊用途,比如供野生动物穿越道路的生态通道,以及供自行车和步行者使用的人行通道。

这些公路通道类型在不同的地理环境和交通需求下具有不同的应用,它们都有助于维持道路网络的连通性,并使交通更加便捷和安全。

(二)公路枢纽

国家公路运输枢纽是位于重要节点城市的国家级公路运输中心,与国家高速公路网共同构成国家最高层次的公路运输基础设施网络,由客运枢纽站场和货运枢纽站场组成,提供公共交通运输服务。

公路枢纽是指在公路运输网络中两条或者两条以上的公路交叉,是交叉路口、交会点或连接不同道路的重要节点,使交通从一个道路流向另一个道路。公路枢纽是具有运输组织与管理、中转换乘与换装、装卸存储、多式联运、信息流通和辅助服务六大功能的综合性设施,旨在使车辆能够在不同道路之间平稳转换,同时最大限度地减少交通阻塞。作为交通运输的生产组织基地和公路运输网络中客货集散、转运及过境的场所,公路枢纽具有若干专用汽车客、货车站和连接这些车站的公路及技术设备等构成的集合体。公路枢纽是城市对外交通的桥梁和纽带,并与城市交通系统有着密切的联系。

公路枢纽一般分为客运公路枢纽和货运公路枢纽。客运公路枢纽是指连接不同交通方式的客运换乘中心,通常包括公交、长途客车等交通工具的换乘站点。客运公路枢纽的作用是方便乘客在不同交通工具间换乘,提高公共交通系统的效率和便利性。货运公路枢纽是指专门为货物物流和配送而设计的货物集散中心,货运公路枢纽旨在有效地实现货物在城市内或不同城市间的转运和配送,提高货物运输的效率和准确性。同时,货运公路枢纽还可以促进区域经济的发展,提高物流行业的竞争力。

二、公路运输系统载运工具

公路运输系统中的载运工具主要是指利用公路进行货物或人员运输的各种车辆。根据其自身特征,现存公路载运工具按照大类可分为一般公路载运工具、电动公路载运工具和智能公路载运工具;根据其功能和用途,可以分为载货车辆和载客车辆。本小节仅按照功能和用途做简单介绍,关于公路运输系统载运工具的详细特点将在本篇第四章中介绍。

载货车辆是公路运输中的主要组成部分,它们主要用于长途或短途的货物运输。这些车辆通常拥有较大的载重能力和储物空间,能够承载各类不同性质的货物,如原材料、半成品、成品等。为了更好地满足货物的特殊要求,还有一些特殊的载货车辆,如冷藏车、罐车等。

载客车辆主要用于载运人员,包括轿车、皮卡、长途客车、旅游客车、公共汽车和校车等。与载货车辆相比,载客车辆更注重乘客的舒适性和安全性,因此,在车辆设计、座椅配置、安全设施等方面都有更高的要求。

此外,随着科技的发展,公路运输系统的载运工具也在不断更新换代。例如,纯电动汽车和混合动力电动汽车的应用越来越广泛,这些车辆具有环保、节能、低噪声等优点,符合可持续发展的要求。同时,智能网联汽车技术也在逐步成熟,它们能够提高运输效率、降低运输成本,并且减少交通事故的发生。

总的来说,公路运输系统中的载运工具具有多样性、专业性和技术性的特点。它们不仅满足了现代社会对物流和客运的需求,还推动了公路运输行业的创新和发展。

第三节 公路交通运输系统现状与发展趋势

一、公路交通运输系统现状

(一)发展成效

公路交通运输在国民经济和社会发展中发挥着至关重要的作用,我国公路交通运输发展成效显著,公路交通运输基础设施网络日趋完善,战略支撑能力稳步增强,运输服务质量持续提升。

1. 公路交通运输基础设施网络日趋完善

近5年我国公路固定资产投资累计超过10万亿元,公路里程和公路密度持续攀升(图3-1-1)。截至2022年底,全国公路里程达535.48万km,公路密度为55.78km/100km²。其中,高速公路里程为17.73万km,占公路里程比重为3.3%,通达99%的城镇人口在20万以上的城市及地级行政中心;二级及以上公路里程为74.36万km,占公路里程的比重为13.9%,通达超过97.6%的县城;四级及以上等级公路里程516.25万km,占公路里程的比重为96.4%(图3-1-2)。农村公路里程达453.14万km,其中县道里程69.96万km、乡道里程124.32万km、村道里程258.86万km。覆盖广泛、互联成网、质量优良、运行良好的公路网络已基本形成。

图3-1-1 2017—2022年末全国公路里程及密度

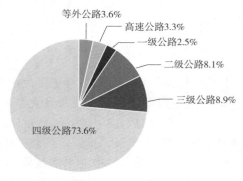

图3-1-2 2022年末全国公路里程构成(按技术等级)

2. 公路交通运输战略支撑能力稳步增强

公路在脱贫攻坚、乡村振兴、推动区域协调发展中发挥了重要的基础性支撑作用。"十三五"期间,全国累计解决了246个乡镇、3.3万个建制村通硬化路难题,新增1121个乡镇、3.35万个建制村通客车,全面实现了交通扶贫的"两通"(通硬化路和通客车)任务,农村地区居民出行条件得到有效改善,有力支撑如期打赢脱贫攻坚战。京津冀、长江经济带、粤港澳大湾区、成渝双城经济圈等区域内公路网络进一步完善,有效促进了区域互联互通和经济一体化发展,服务支撑国家区域重大战略实施作用显著。

3. 公路运输服务质量持续提升

公路运输是客运和货运的主要运输方式之一。2022年公路运输完成营业性货运量371.19亿t,占全国总货运量的73.3%;完成货物周转量68958.04亿t·km,占全国总货物周转量的30.5%(图3-1-3)。2022年公路运输完成营业性客运量35.46亿人,占全国总客运量的63.5%;完成旅客周转量2407.54亿人·km,占全国总客运周转量的18.6%(图3-1-4)。

在运营管理方面,高速公路处于"畅通"和"基本畅通"状态里程占比达80%以上。公路运行调度与应急指挥系统基本实现全国联网。多层次客运服务网络基本建立,城乡客运一体化水平稳步提高,道路客运联网售票服务水平显著提升。多式联运蓬勃发展,农村物流网络节点体系初具雏形。智慧物流、定制客运、网约车、分时租赁、网络货运等新业态、新模式竞相迸发,运游融合产品不断涌现。

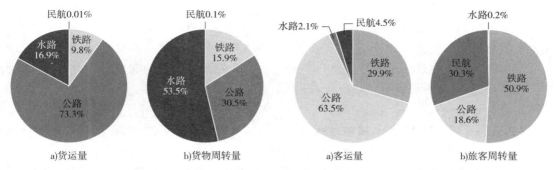

图 3-1-3　2022 年营业性货物运输量构成（按运输方式分）　图 3-1-4　2022 年营业性旅客运输量构成（按运输方式分）

（二）存在问题

公路交通运输作为最基础、最广泛的运输方式，发展成效显著，但是仍然存在不平衡不充分问题，具体表现在以下方面。

1. 基础设施网络仍待补强和优化

一些省际间公路有待贯通，特别是城市群内城际之间和主要城市过境路段交通量饱和，技术等级有待优化。区域之间、城市群之间、主要城市群地区城际之间高速公路主通道能力需要提升。普通国省干线和农村公路的通达深度、技术状况、服务能力有待改善，路网韧性有待加强。公路与城市道路衔接水平不高，大城市出入口交通拥堵现象仍然存在。

2. 养护水平仍然不高

随着公路规模不断扩大，养护和运行管理压力持续加大，国省干线公路已集中进入大中修高峰期。"重建轻养""以建代养"的现象仍比较普遍，常态化养护的长效机制需要进一步完善。普通公路，特别是农村公路安全防护等配套设施仍不到位，危桥改造处治不及时，部分地质灾害易发多发路段存在较高运行风险。养护决策科学化程度亟待提升，专业化、机械化程度较低。

3. 运输效率亟待提升

联程运输和多式联运发展总体上仍然处于起步阶段。公路客运高品质多样化运输服务供给不充分，旅客出行便捷程度有待提升，与其他运输方式一体化联程运输水平不高，尤其是农村客运发展仍不够完善。公路货运结构调整主要依靠行政手段，尚未形成以合理比价关系为核心的市场长效发展机制，与实体产业链供应链创新融合不足，还不能满足现代流通体系的服务需求，国际道路运输便利化水平仍待提升。

4. 创新融合发展不足

自动驾驶、车路协同等领域的自主创新能力依然较弱，智慧公路成套技术还处于研究探索阶段。新一代信息、智能技术在公路交通领域的应用还不够，数据赋能、智慧增值的效应还未有效发挥。跨方式、跨行业融合程度不高，公路交通＋新业态、新模式培育还不足。

二、公路交通运输系统发展趋势

当前和今后一个时期，我国发展仍然处于重要战略机遇期，新形势、新需求、新变化对公路交通运输发挥好先行引领和基础保障作用提出了新的更高要求。公路交通运输作为国家综合立体交通网的基础和重要组成，主要呈现以下发展趋势。

1. 更加注重多网协调融合发展

随着公路基础设施网络的日益完善,公路将由建设为主逐步向建管养运协调发展转变,路网覆盖将更加广泛,路网结构将进一步优化,公路养护效能将进一步提高,路网协同管理水平将不断增强。将进一步加强公路与其他运输方式的衔接协调和深度融合,推进公路交通与邮政快递业、旅游业、制造业、现代农业等相关产业融合发展。

2. 更加注重新业态、新模式发展

"互联网+"交通的新模式将被进一步推广。基于"出行即服务"的理念,发展基于智能终端的一站式出行服务,推广共享交通、定制客运、网络预约、互联网租赁等新模式。发展"互联网+"高效物流的创新智慧物流营运模式,推进多式联运发展,推广甩挂运输,创新普通货车租赁、挂车共享、长途接驳甩挂、集中单元化等新模式,推动干线甩挂运输与多式联运、末端配送高效衔接。

3. 更加注重数字化、智能化发展

公路发展将由传统要素驱动向创新要素驱动转变。结合新一代信息技术、人工智能技术,研究建设智慧公路,推进公路基础设施全要素、全周期数字化转型发展,探索自动驾驶、车路协同等新技术。打造建设数字化运输服务网络,推进全过程运输服务电子化,打造跨方式、跨区域全程电子化客货运服务体系。推进大数据支撑应用,实现全要素感知数据多源融合,推进公路网大数据中心建设。

4. 更加注重绿色低碳发展

公路将更加注重绿色低碳发展。推动公路交通与生态保护协同发展,推进绿色公路和绿色服务区的建设和升级改造,推动重要生态功能区公路沿线的公路修复。促进资源能源节约集约利用,节约集约利用土地,推广施工材料、废旧材料再生和综合利用。加强公路交通运输领域节能减排和污染防治,推进新能源和清洁能源车辆的应用,推动大宗货物和中长途货运"公转铁""公转水",推进超标排放的机动车淘汰更新。

第二章 公路交通规划与设计

第一节 公路交通规划设计目标与任务

公路交通规划是国土空间规划和综合交通运输规划的组成部分。公路交通规划应围绕全面建设社会主义现代化强国，落实国家区域发展战略方针和政策，优化完善区域综合运输网络，提出区域公路网建设总体安排，为近期和远期公路发展建设与管理提供决策依据。

一、公路交通规划设计目标与原则

（一）规划设计目标

1. 提高公路运输效益

公路交通规划应符合公路客货流流量和流向分布特征，合理确定公路规模和网络布局，便捷连接综合交通枢纽城市、重要交通枢纽，有效减少公路使用者的单位运输成本，提高公路运输经济效益。

2. 促进区域经济社会协调发展

公路交通规划应结合区域城镇与产业空间布局，分析不同区域的个性化公路设施配置，提高公路网络承载能力和交通可达性，缩小地区差距，促进区域经济社会协调发展。

3. 完善综合交通运输系统

公路运输具有机动灵活、适应性强、可达性好的特点，是唯一能实现"门到门"服务的运输方式，其他运输方式一般通过公路集疏运完成运输任务。公路交通规划是综合运输体系的重要组成部分，既要满足公路运输发展自身的需求，又要促进铁路、水路、航空等其他运输方式的综合发展。

4. 集约节约土地资源利用和环境保护

合理的公路交通规划不但可以优化城镇空间布局和产业发展，实现城镇空间与网络空间相协调，更好地服务旅游业等相关产业，而且能够减少公路交通造成的污染并保护生态环境。

5. 增强公路网络安全水平和韧性

公路交通规划需改善自然灾害多发、地理自然阻隔、边境等重点区域的网络可靠性，提升设施的安全性，使公路网具备应对各类重大安全风险的能力。

（二）规划原则

1. 系统优化

现代公路运输可视为一个系统，公路交通规划必须以系统分析原理为理论基础。以整体优化为目标，提高整个公路运输系统的运输效益。同时需要合理把握建设时序，近期与远期相结合,因地制宜确定建设标准,积极稳妥推进项目建设。

2. 综合协调

公路交通规划要考虑各种运输方式的现状与发展规模,以统筹融合为导向,着力补短板、重衔接、优网络、提效能,注重存量资源优化利用和增量供给质量提升,特别注意与铁路和水路的宏观总体协调规划。以铁路为主干、公路为基础,充分发挥水路、民航比较优势,完善铁路、公路、水路、民航、邮政快递等基础设施网络。

3. 创新驱动

公路交通规划要注重科技创新赋能,运用交通运输基础设施建设、交通装备、交通信息化与智能化等方面取得的标志性技术创新科技成果,提高公路数字化、网联化水平,持续增强"建管养运"统筹和全寿命周期管理能力,充分挖掘存量资源潜力,聚焦短板弱项扩大优质增量供给,提升服务质量效益,实现供给和需求更高水平的动态平衡。

4. 可持续发展

公路交通规划应坚持生态优先,推动绿色低碳转型,在资源能源消耗和生态环境破坏最小的基础上,最大限度地满足公路运输需求,实现与社会经济协调发展、与自然生态和谐共生的可持续发展。

二、公路交通规划主要任务

(一)规划范围与年限

公路交通规划应顺应"五级三类"的国土空间规划体系,分为国家级规划、省级规划、市级规划、县级规划和乡镇级规划,各级规划范围为各级行政辖区内全域,间接影响范围包括行政辖区外周边地区。公路交通规划通常分为远期战略规划(20~30年)、中长期规划(10~20年)和近期五年建设规划。

(二)工作流程

公路交通规划要落实国土空间规划和综合交通运输规划的要求,在确保公路网络与城镇开发边界、永久基本农田、生态保护红线三条控制线相协调,经济和社会效益并重、土地利用集约化、交通可持续发展的前提下,开展区域资料收集和数据处理,根据经济社会及交通发展的现状与需求,进行公路交通规划分析并制订合理可行的网络布局方案,最后确定建设时序,实施规划方案。

(三)规划内容

公路交通规划分析包括四个阶段,分别是公路交通发展态势分析、公路交通需求分析、公路网络布局规划设计和公路交通规划综合评价,其程序如图3-2-1所示。

公路交通发展态势分析是依据国土空间规划、国民经济与社会发展规划和综合交通运输规划,分析和预测区域的经济社会发展趋势及主要的经济社会指标,研究经济社会与公路交通发展的相互关系,研判在未来不同发展阶段的公路交通发展态势。

公路交通需求分析包含公路交通需求预测和公路交通供给分析。公路交通需求预测是指建立区域内交通量的生成和分布模型,运用多种数学模型和专家经验预测规划区域的公路交通需求。公路交通供给分析是指对公路网容量、公路通行能力和服务水平进行研究,即在给定的供给条件下,计算公路交通运输效率等相关技术经济指标。

公路网络布局规划设计包括初始公路网络生成,公路网络优化和服务效果评价。公路网络生成方法是指以建设资金、公路网络发展规模、地理环境等条件为依据,采用经验调查法、数理解析法、系统分析法等选择规划线路,将选定的控制节点连接起来,形成初始公路网络布局方案。建立网络配流模型,对初始公路网络布局方案配流并研判服务效果,构建公路网络优化模型,生成若干公路网络布局规划优化方案。采用公路网络服务效果评价模型对多方案进行比选,确定最终的优化方案。

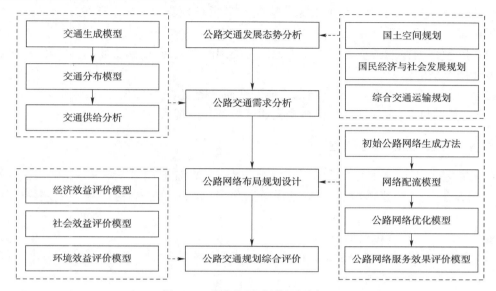

图 3-2-1　公路交通规划分析程序框图

公路交通规划综合评价包括经济效益评价、社会效益评价和环境效益评价。通过确定评价目标和原则,选取合理的评价指标,建立评价指标体系,构建评价模型,对公路交通规划进行综合评价。

第二节　公路交通运输系统调查与建模

公路交通运输系统调查是公路网规划的一项基本内容,调查得到的各类信息经过整理、分析和处理,可供公路网规划不同阶段的模型调用和分析。

一、规划区域社会经济基础资料调查

社会经济信息调查的内容包括规划区域的人口、土地、资源状况及经济发展状况。对于大多数社会经济指标,要求具有一定长度的时间序列数据作为预测的基础。数据来源应该以国家、省(区、市)、地区的统计资料为主,必要时作为专项调查加以补充。

(1)人口资料:规划区域各分区的总人口、各种产业人口、总国土面积、耕地面积、社会总产值、主要产品产值、国民收入、人均收入。

(2)经济指标:经济结构、产业结构、产业政策、城镇建制、布设格局及其发展方向等。

(3)重大经济布局的调整和安排,新建、扩建和改建的大型工矿企业等。

(4)主要经济产品,如煤炭、石油、金属矿石、钢铁、矿建材料、水泥、木材、非金属矿石、粮

食、日用工业品等。

(5) 运输量:客货运历年运输量、各运输方式比重等。

(6) 交通工具:各方式、各车种的交通工具拥有量。

二、规划区域土地使用调查

规划区域土地使用与公路交通有着密切的关系,不同性质的土地使用可产生或吸引不同性质的交通,交通与土地使用的关系是进行交通需求预测的基础。服务于交通规划的土地使用调查应包括以下内容。

(1) 土地使用性质:各交通区主要土地使用类别的土地面积,如工业、商区、居住、科教卫等土地使用类别的面积。

(2) 就业、就学岗位数:全部交通区或典型交通区的就业、就学岗位数。

(3) 商品销售额:全部交通区或典型交通区的商品销售额。

三、公路交通基础设施调查

在公路基础设施调查中,对规划对象公路要详细,对辅助规划公路可粗略些。公路交通基础设施信息调查的内容主要包括道路信息、道路运输站场信息和公路网结构信息等。

道路信息调查主要包括如下内容。

(1) 道路几何参数主要包括道路的起点、终点、长度、宽度、技术等级及路肩宽度、行车道宽度、交叉口类型与尺寸等。

(2) 路面状况包括路面类型(水泥混凝土、沥青混凝土、砂石路面、土路面等)、路基材料与结构、使用时间以及道路铺面状况(优、良、中、差、坏)等。

(3) 交通事故主要包括事故次数、伤亡人数、经济损失及事故多发地段等。

道路客货运输站场是运输系统的重要组成部分,也是运输系统成功运作的关键。一般来说,道路运输站场应该作为多种运输方式的接口区域来进行规划与设计,调查内容如下。

(1) 现有设施的容量与利用程度、趋势分析和未来市场预测。

(2) 针对规划区域内的每一个客运站、货运站和集装箱中转站调查信息。

(3) 针对客运站完成旅客集散、换乘、服务等功能,调查各站的级别、日发送量、日发班次、建筑面积、占地面积和总投资等信息。

(4) 针对货运站完成理货、分装、换装、仓储、服务等功能,调查各站年吞吐能力、配载率、占地面积和总投资等信息。

(5) 对于集装箱中转站,调查各站的年吞吐能力、占地面积、翻箱率、自有箱数、装卸机械数和总投资等信息。

公路网结构信息调查主要包括如下内容。

(1) 各道路路段的等级、机动车道及非机动车道路面宽度、机非分隔方式、长度、坡度、交通管理方式(如单行线、公交专用线)等。

(2) 网络邻接目录,主要包括各节点的编号、各节点的邻接边数及各节点的邻接点号,节点为信号交叉口、无控制交叉口、环形交叉口、立体交叉口、交通枢纽及城市或集镇所在地。

(3)交通节点与交通区对应关系表,包括交通小区与所对应的交通节点号。

四、综合运输信息调查

综合运输信息调查的内容主要包括综合运输网络信息和综合运输交通信息。综合运输交通信息的调查内容如下。

(1)铁路、公路、水运、航空及管道五大运输方式历年完成的客货运输量及所占比重。

(2)公路交通运输部门完成的历年公路客货运输量及周转量。

(3)非营运部门车辆完成的历年公路客货运输量及周转量。

(4)国家、省级公路的历年交通量和县、乡级公路的基年交通量。

(5)铁路、公路、水运、航空及管道等运输方式的基年运输OD表。

(6)铁路、公路、水运、航空及管道等运输方式的运输成本、平均速度、实载率(使用率)以及汽车平均工作率、平均车日行程、平均运距等运营指标。

(7)铁路、水运、航空等运输方式转移到公路的客货运输量。

五、公路机动车OD信息

公路上的人、货物或其运输工具,从某一地点向另一地点的移动称为出行。将出行的两端点[即起点与终点(讫点)]叫作出行端点。在某一区域内,为获得通过两个出行端点的车辆类型、荷载种类、交通流量、交通流向、货物类别、人员流动情况、交通目的等资料所进行的调查称为起讫点调查,又称OD调查。

OD调查的内容及相关数据则是通过OD调查表来具体反映的。OD调查表格式的设计应根据项目侧重点的不同而略有差异,设计的基本指导思想是力求简单、适用(考虑在路旁站立填写)。

OD调查所获得的数据配合未来经济与人口增长、车辆保有量、土地利用等变化用来预测规划区域未来的交通需求,进而确定现有交通设施能否满足未来需求,确定建设新设施或改善现有系统的必要性。OD调查是交通调查中最复杂的一种综合性的调查,需要动用较多的人员与资金。

六、道路流量调查

道路流量资料是进行现状交通网络评价、交通阻抗函数标定及未来路网方案确定的重要依据。道路流量调查包括以下内容。

(1)道路机动车流量:主要道路分车型、分时段交通量,重要路段连续调查24h,一般路段调查16h或12h。

(2)交叉口机动车流量:主要交叉口分车型、分时段、分流向交通量,流量调查16h或12h,流向调查两个高峰小时。

(3)道路自行车流量:主要道路分时段交通量,重要路段调查24h,一般路段调查16h或12h。

(4)交叉口自行车流量:主要交叉口分时段、分流向交通量,流量调查16h或12h,流向调查两个高峰小时。

(5)核查线流量:核查线流量用于校核交通预测模型,每条核查线把规划区分成两部分,尽可能利用天然障碍线(如河流、铁路、城墙等),核查线与道路相交处需进行流量调查。

第三节 公路交通系统规划

公路交通系统的规划包括公路网络布局方案设计与优化、公路网络方案效益分析及综合评价、公路网建设实施方案设计和公路网规划的调整与滚动设计等内容。

一、公路网络布局方案设计与优化

公路网规划的核心及目的是路网方案的设计。路网方案设计包括根据规划期内公路交通需求量及建设资金制定公路网络建设布局方案与实施方案,是一个不断调整优化的复杂过程。

1. 基年 OD 矩阵的确定

通过公路交通需求预测,可得到各特征年(常为近期、中期、远期期末年)的客、货运车辆的 OD 矩阵(pcu/d)。在进行公路网络的布局方案设计时,除客、货运的 OD 矩阵,还需要各特征年的高峰小时客货运车辆 OD 矩阵(pcu/d)。

各特征年的高峰小时客货运车辆的 OD 矩阵可通过将各特征年的全日客货运车辆的 OD 矩阵乘以高峰小时集中系数而得,高峰小时集中系数(即高峰小时出行量占全日出行量的比例,也叫高峰小时流量比)通过车辆出行调查、道路流量调查确定,一般在 0.08~0.12 之间。

在进行公路网络建设实施方案设计时,为了对建设项目进行优先排序,除了需要各特征年的 OD 矩阵外,还需任一年的 OD 矩阵。上述 OD 矩阵可利用特征年 OD 矩阵内插确定。

2. 公路网络合理建设规模确定

一个区域的公路网络在不同的社会发展阶段应有相应的发展规模。此规模主要与区域内的经济发展状况、重要节点分布状况、交通发展状况有关。对一个区域的公路网络合理建设规模的研究就是要确定该区域不同发展阶段的公路网络的理论长度及公路网的等级配置。

公路网络合理建设规模的确定是一个复杂的问题,主要确定方法为国土系数模型。该模型认为,区域公路网络的合理长度与区域经济发展水平、人口及国土面积有关。

除国土系数模型外,还可利用本区域的历史资料,采用增长率法、时间序列法、弹性系数法等方法来预测公路网建设规模的趋势,并考虑建设资金的约束状况来进行综合分析。

3. 公路网络布局方案设计

(1)公路网络布局设计原则。

公路网络布局设计应根据区域交通源的分布、交通流量流向,并结合地形、地质、河流、综合运输布局、区域周围地区的公路网以及原有公路网状况,因地制宜地进行。区域公路网布局设计首先应确定相应的运输控制点,即公路网必须连接的地点。各级公路网的控制点应为该级区域中主要的交通源。

公路网布局规划应分层次并由上到下进行,局部服从整体,省道网应以国道网为基础,地方道路网应服从国道网、省道网的需要,三者协调,逐步完善。规划路网是在现有路网的基础上进行的,规划路网不可能也不应该完全抛弃现有路网,而是应该充分利用现有路网,使之能在规划路网中发挥最大作用。一条公路可根据交通量的大小分段采用不同的公路等级,但为使公路的技术指标保持相对均衡连接,一条公路的等级不应频繁变更。不同公路等级的路段应有一定的长度,等级越高则路段最短限制长度应越长。

(2)公路网络布局典型图式。

公路网络布局图式是以运输点为节点,节点间的公路为边线,由节点和表示边线基本走向的线条组成的图形。

一般来说,在平原和微丘地区,路网图式中的三角形(星形)、棋盘形(方格形)和放射形(射线形)较为普遍;而重丘和山区,由于受到山脉和河川的限制,路网图式往往形成并列形、树叉形或条形。当区域内的主要运输点偏于区域边缘时,有可能产生扇形或树叉形;条形有可能在狭长地带的区域公路网中出现。各种图式往往又相互组合,形成混合型。

4.公路网络布局方案优化

公路网络布局方案优化,主要是指在原有路网的基础上,以公路网的整体最优化为目标,根据可能的投资条件,决策新建和改建路段。它包括以下三个方面的含义。

(1)公路网络优化指根据资金的许可,以路网的整体优化为目标,对原有路网进行的改善和扩展,即公路网络布局方案设计的内容。

(2)广义的公路网络优化是公路网规划建设全过程投资优化,除了上述的布局优化外,还包括将在公路网布局规划方案中各建设项目按不同的规划期安排实施顺序,以使得规划期内的总建设效益最大,即通过建设项目排序进行公路网建设实施方案设计的过程。

(3)公路网布局规划的实际实施是一个长期的过程。在此期间,由于经济发展的速度、生产力布局、投资结构或国家有关政策发生变化,运输结构和公路交通量可能会与预测的情况不完全相符,致使公路网结构、规模及路线等级对运输需求的适用性发生变化。此时需根据具体情况,参考公路网建设投资方向进行调整,以尽最大可能满足运输需求的变化。

二、公路网络方案效益分析及综合评价

公路网络方案效益分析是指通过一系列的准则、标准和指标来衡量拟定的公路网络方案,并对各种定性、定量指标加以综合,得出量化结果,为方案比选提供科学的依据。

1.公路网络方案效益评价的分类

根据评价的时间,公路网络方案效益评价分为事先评价和事后评价。一般所说的评价指事先评价。根据所采用的评价指标,公路网络方案评价分为单一目标评价(经济效益评价)和多目标评价(综合评价)。

2.公路网络方案效益评价的原则

公路网络方案效益评价一般采用对其经济效益进行评估的方法,具体包括直接费用和效益分析、对有无方案的效益进行比较、采用统一年限和价格分析以及采用预测的交通需求OD量进行网络分析等。

3.公路网络规划方案的综合评价

公路网络规划方案的综合评价应包括技术评价、经济评价及环境评价三个方面。

(1)公路网络规划方案的技术评价。公路网络规划方案的技术评价是从网络的技术性能方面分析其内部结构和功能,目的是揭示路网的使用质量,回答路网建设能否解决交通问题,为编制公路网规划方案、验证方案的合理性,并进行方案的优化和决策提供技术方面的

依据。

（2）公路网络规划方案的经济评价。公路网络规划方案的经济评价是指对整个路网进行经济效益分析，在交通流量、运行时间预测的基础上，通过比较规划方案的建设费用、运营费用及运输效益，并结合规划期的未来资金预测，对方案的经济合理性进行分析论证。

（3）公路网络规划方案的环境评价。公路网络规划方案的环境评价是指从区域社会经济可持续发展的角度对公路网规划方案进行环境影响分析，包括公路网对国土及自然资源的开发利用、水土保持及环境保护的影响等。

三、公路网建设实施方案设计

公路网建设实施方案是将已确定的公路建设布局方案中的各个建设项目按不同五年计划安排实施顺序，贯彻"近期宜细、中期有准备、远期可粗、有设想"的原则，以达到在规划期内总体建设效益最大的目的。

1. 建设项目划分

（1）项目划分。

在适应性决策中，通过交通分配选择 V/C 值大于 V/C 允许值的路段，还应组成项目，进入备选决策集，即将所选出的路段的集合划分为若干个项目。项目划分不仅决定了项目的作用和效益，而且影响着项目排序的意义。在项目划分中要考虑路段物理条件的连续性、路段上交通流的连续性及项目施工实施的要求等方面的因素。项目划分工作必须与规划地区决策人员和了解施工要求的工程技术人员联合分析确定。

（2）项目分类。

在建设项目排序中，为了使不同的项目可以比较，对所有项目应统一评价。但由于各建设项目的具体情况和实际意义不完全相同，因此，有时需要对项目进行分类，在同一类项目中采用相同的评价方法，不同类项目可用不同的比较方法。公路网建设项目按其作用不同，一般可分为维护性项目、提高性项目、发展性项目和特殊性项目等。各类项目所选用的评价指标和评价方法可有所差异，但同类项目内的评价标准需统一。同类项目分别评价后，还需再做不同类项目之间的比较。

2. 公路网建设项目优先排序

公路网建设项目的排序旨在为公路网建设实施方案的设计与决策提供依据，是将在公路网布局规划方案中确定的各个建设项目安排实施顺序，以使得规划期内的总建设效益最大。

公路网建设项目的评估与排序可提供最佳投资方向及项目建设时机等方面的决策依据。

合理的建设实施顺序能够最有效地利用资金，同时尽可能地满足交通增长的需求。项目排序是一个动态的过程，需要符合项目建设的实际意义和满足决策的需要。

四、公路网规划的调整与滚动设计

1. 跟踪调查

通过跟踪调查，不断为数据库提供补充资料，掌握规划的实施情况，及时发现变化因素，确定调整范围。调查方式主要通过原编制规划时索取或交换资料的渠道，建立经常联系或定期索取的关系,以索取国民经济、运输结构、运输服务设施、运输需求等统计资料,干线公路定点交通量观测资料及主要行业的规划调整资料等。

2. 调整与滚动原则

公路网规划的主要依据是预测公路客货运输量及路段交通量,当其变化较大时,公路网规划应随之进行调整。公路网规划方案滚动调整的重点在于路网结构方案的调整、某些路段标准的变化及项目按轻重缓急修建改善顺序的变化。

由于在公路网规划的编制过程中,遵循了"近期宜细、中期有准备、远期可粗、有设想"的要求。近期实施计划比较详细,一般列出了实施的时间计划;中期只列出了建设项目及优先排序,没有实施计划;而远期相对较粗,只提出了布局规划。随着时间的推移,近期项目被逐步实施建设,而原来的中期渐渐变成近期、远期变成中期,因此,也应定期对公路网规划进行滚动,使得公路网的规划、建设不断向前推进。一般来说,省域级公路网规划每3~5年要做一次大的调整(滚动),市域级、县域级公路网规划每5年做一次大的滚动。

3. 调整与滚动方法

进行公路网规划的调整或滚动时,应按路网编制方法和调整依据,重新计算编制全套路网规划的图表和投资估算表。结合原有规划,需重复完成大部分规划工作,即资料收集,包括数据库资料的使用,修正原来的预测模式,预测客货运输量,进行各种运输方式的运量分配,预测公路交通量及建设资金,对原规划方案及实施计划进行检验,根据需要增加新的建设项目,取消原规划中不必要的项目,然后对新的规划方案进行综合评价,并确定实施措施。

第四节　公路交通系统设计

一、公路的功能与分级

(一)公路功能的划分

公路功能的划分应基于公路的预期作用,功能设计应满足出行的要求。我国《公路工程技术标准》(JTG B01—2014)中将公路按功能划分为干线公路、集散公路和支线公路。干线公路分为主要干线公路和次要干线公路,集散公路分为主要集散公路和次要集散公路。

干线公路具有畅通直达功能,主要满足可通达的要求,交通流不间断、交通质量高可以节省运行时间、降低运行成本、保证足够的交通安全。同时,在评价此功能的质量水平时,必须将节省时间、降低成本、保证交通安全目标和保护环境目标进行慎重比较。

集散公路具有汇集疏散的功能,主要是汇集和分流交通,为公路周围的区域提供交通便利。这类交通要求的车速相对较低。集散功能可能与连接功能有部分重合。

支线公路具有出入通达功能,主要为满足居民的活动、行走、购物要求等,因此对速度没有特别高的要求,主要强调可达性。

(二)公路分级

对不同性质(长度、目的等)的运输,应提供不同等级的公路系统来服务,当然亦必须有不同的设计标准及管制方式。《公路工程技术标准》(JTG B01—2014)依据公路的功能和适应的远景交通量,将公路分为以下5个等级。

（1）高速公路：为专供汽车分向、分车道行驶，全部控制出入的多车道公路。高速公路的年平均日设计交通量宜在15000辆小客车以上。

（2）一级公路：为供汽车分向，分车道行驶，可根据需要控制出入的多车道公路。一级公路的年平均日设计交通量宜在15000辆小客车以上。

（3）二级公路：为供汽车行驶的双车道公路。二级公路的年平均日设计交通量宜为5000～15000辆小客车。

（4）三级公路：为供汽车、非汽车交通混合行驶的双车道公路。三级公路的年平均日设计交通量宜为2000～6000辆小客车。

（5）四级公路：为供汽车、非汽车交通混合行驶的双车道或单车道公路。双车道四级公路的年平均日设计交通量宜在2000辆小客车以下；单车道四级公路的年平均日设计交通量宜在400辆小客车以下。

二、通行能力与服务水平

（一）道路通行能力

道路通行能力是指道路设施在正常的道路条件、交通条件、管控条件、环境条件和驾驶行为等情况下，在一定的时段内(通常取1h)可能通过设施的最大车辆数。

（二）道路服务水平

道路服务水平是用路者在不同的交通流状况下，能得到的速度舒适性、经济性等方面的服务程度。服务水平通常由速度、交通密度、行驶自由度、交通中断情况、舒适性和便利程度等描述和衡量。

《公路工程技术标准》(JTG B01—2014)和《公路路线设计规范》(JTG D20—2017)将服务水平划分为一至六级，共6个等级，各级交通流状况描述如下。

一级服务水平：交通流处于完全自由流状态。交通量小、速度高、行车密度小，驾驶者能自由按照自己的意愿选择所需速度。

二级服务水平：交通流处于相对自由流的状态，驾驶者基本上可按照自己的意愿选择行驶速度。

三级服务水平：交通流状态处于稳定流的上半段，车辆间的相互影响变大。

四级服务水平：交通流处于稳定流范围下限，但是车辆运行明显地受到交通流内其他车辆的影响，速度和驾驶的自由度受到明显限制。

五级服务水平：交通流处于拥堵流的上半段，对于交通流的任何干扰，都会在交通流中产生一个干扰波，交通流不能消除它，车流行驶灵活性极端受限。

六级服务水平：交通流处于拥堵流的下半段，是通常意义上的强制流或阻塞流。

三、公路几何设计

（一）平面

现代道路平面线形由直线、圆曲线和缓和曲线构成，称之为平面线形三要素。道路平面线形设计就是从线形的角度去研究三个要素的选用和相互间的组合等问题。

(二)纵断面

陆地表面是高低起伏变化的,当这种起伏不大时,道路可以顺应地形修建,当起伏剧烈,不能满足汽车的动力性能和平稳性要求时,就需要对道路经过的区域进行填挖处理(包括修建桥隧等构造物),以保证汽车安全、快速通过,同时还要考虑经济性及对环境的影响等。这些都是纵断面设计的工作。

(三)横断面、路侧与视距

道路横断面是指中线上任意一点的法向切面,它由横断面设计线和地面线组成。其中设计线包括行车道、非机动车道(或慢车道)、人行道、路肩、分隔带、边沟、边坡、截水沟、护坡道及取土坑、弃土堆、环境保护设施等部分。

路侧是指从车道外边缘到用地界或道路红线边界的范围。路侧安全设计是指对这一区域进行安全设计,也称为路外设计。

为保证行车安全,驾驶人应能随时看到汽车前方相当远的一段路程,一旦发现前方路面有障碍物或迎面来车,能及时采取措施,避免相撞这一必需的最短距离称为行车视距。行车视距是否充分,直接关系到行车的安全与速度,是道路使用质量的重要指标之一。

(四)选线定线

选线是在规划道路的起终点之间选定一条技术上可行、经济上合理,又能符合使用要求的道路中心线的工作。定线是根据既定的技术标准和路线方案,结合地形、地质等条件,综合考虑路线的平面、纵断面、横断面,具体定出道路中线的工作。

(五)平面交叉

道路与道路(或其他线形工程)在同一平面上的相互交叉称为平面交叉,又称交叉口。在道路网中,各种道路纵横交错,必然会形成许多交叉口,交叉口是道路系统的重要组成部分,是道路交通的咽喉。相交道路的各种车辆和行人都要在交叉口汇集、通过和转换方向,它们之间的相互干扰会降低行车速度,阻滞交通,延误通过时间,也容易发生交通事故。因此,如何正确设计交叉口、合理组织交通,对提高交叉口的车速和通行能力、减少延误和交通事故、避免交通阻塞、保障行车通畅,都具有重要意义。

(六)立体交叉

立体交叉是利用跨线构造物使道路与道路或道路与其他线形工程,在不同高程上相互跨越的连接方式,简称立交。立体交叉是高速道路(高速公路和城市快速路的统称)的重要组成部分。采用立体交叉可消除或减少相交道路各方向车流的冲突点,控制相交道路的车辆出入,保证行车安全和畅通;车流可连续稳定地运行,减少时间延误,提高行车速度;车辆各行其道,等候时间减少,能快速连续行驶,提高了道路通行能力。立体交叉构造物多、施工复杂、造价高不易改建。因此,是否采用立体交叉应根据道路、交通、环境及自然条件,经过技术、经济及环境效益的比较和分析后慎重确定。

四、交通安全设施

(一)护栏

护栏是一种纵向吸能结构,通过自体变形或车辆爬高来吸收碰撞能量,从而改变车辆行驶方向、阻止车辆越出路外或进入对向车道，最大限度地减少对驾乘人员的伤害。

(二)道路交通标志

道路交通标志是以颜色、形状、字符、图形等向道路使用者传递信息，用于管理交通的设施。交通标志应结合道路及交通情况设置。通过交通标志提供准确及时的信息和引导，使道路使用者顺利快捷地抵达目的地，促进交通畅通和行车安全。

(三)道路交通标线

道路交通标线是由施划或安装于道路上的各种线条、箭头、文字、图案及立面标记、实体标记、突起路标和轮廓标等构成的交通设施，设计时要实现向道路使用者传递有关道路交通的规则、警告、指引等信息的作用，可以与标志配合使用，也可以单独使用。

(四)隔离设施

隔离设施按构造形式可分为金属网、钢板网、刺铁丝网和常青绿篱四大类。隔离设施的形式选择必须考虑各种类型隔离设施的性能、经济性、美观性，以及与道路周围环境的协调性和施工条件、养护维修条件等因素。

(五)防眩设施

防眩设施是在夜间行车时，为防止驾驶人受到对面来车前照灯炫目而采用的设施。设置在区分上下行车道的中央分隔带上，多用于有四条以上车道的高速公路、一级公路和城市快速路。设置路段多为高架桥、填方路段，也结合道路设计速度、线形等的需要而采用。

五、停车区与服务区

(一)停车区

高速公路应根据规划在互通式立体交叉范围内或沿线布设停车区，以满足车辆停车、休息等需要。高速公路停车区一般对称布置在主线两侧，比服务区规模小，区内主要提供停车处、厕所、小型休息桌椅等，部分还设置加油站。

(二)服务区

高速公路的服务区是为驾乘人员提供中途休息、进餐等服务，以及为车辆提供停车、加油、维修等必要服务的场所。服务区应包括停车场、公共厕所、休息室、加油站、维修站、餐厅、商店、绿地等设施。

第三章 公路交通基础设施

第一节 路基基础设施

本节主要介绍路基基础设施的基本概念、结构组成、气候与交通作用、使用性能要求、设计理论与方法、建设技术等,涉及地基、路基、排水等基础设施,涵盖路基基础设施设计施工、质量控制和评价等内容。

一、路基的基本概念

路基是在天然地表面按照道路的设计线形(位置)和设计横断面(几何尺寸)的要求开挖或堆填而成的岩土结构物。路基是路面结构的基础,是公路工程的主要组成部分,坚强而又稳定的路基为路面结构长期承受汽车荷载提供重要保证。

通常根据公路路线设计确定的路基高程与天然地面高程是不同的,路基设计高程低于天然地面高程时,需进行挖掘;路基设计高程高于天然地面高程时,需进行填筑。由于填挖情况的不同,路基横断面的典型形式可归纳为路堤、路堑和填挖结合三种类型。路堤是指全部用岩土填筑而成的路基,路堑是指全部在天然地面开挖而成的路基,此两者是路基的基本类型。当天然地面横坡大,且路基较宽,需要一侧开挖而另一侧填筑时,为填挖结合路基,也称为半填半挖路基。在丘陵或山区公路上,填挖结合是路基横断面的主要形式。

在路基顶面铺筑面层结构,路基横断面沿横断面方向由行车道、中间带、硬路肩和土路肩所组成。各部分的宽度与道路等级、设计速度等有关,图3-3-1是典型的路基横断面和结构层。

填方路基结构0~30cm称为上路床、30~80cm称为下路床、80~150cm称为上路堤、150cm以下称为下路堤,不同的路堤范围对填土有不同的要求。

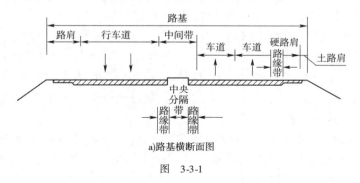

a) 路基横断面图

图 3-3-1

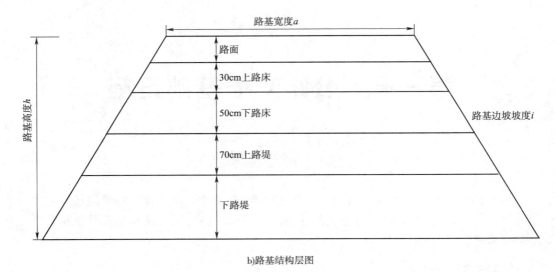

b) 路基结构层图

图 3-3-1　路基横断面和结构层

二、路基的使用性能要求

为了保证公路与城市道路最大限度地满足车辆运行的要求、提高行车速度、增强安全性和舒适性、降低运输成本和延长道路使用年限,要求路基具有下述基本性能。

1. 承载能力

行驶在路面上的车辆,通过车轮把荷载传给路面,由路面传给路基,在路基内部产生应力、应变及位移。如果路基结构整体或某一组成部分的强度或抗变形能力不足以抵抗这些应力、应变及位移,则路基结构会出现沉陷,导致路面破坏,使路况恶化、服务水平下降。因此要求路基结构具有与行车荷载相适应的承载能力。

2. 稳定性

在天然地表面建造的道路结构物改变了自然平衡,在达到新的平衡状态之前,道路结构物处于一种暂时的不稳定状态。新建的路基结构经常受到大气温度、降水与湿度变化的影响,结构物的物理、力学性质将随之发生变化,处于另外一种不稳定状态。路基结构能否经受这种不稳定状态,而保持工程设计所要求的几何形态及物理力学性质,称为路基结构的稳定性。

在地表上开挖或填筑路基,必然会改变原地面地层结构的受力状态。原来处于稳定状态的地层结构,有可能由于填挖筑路而引起不平衡,导致路基失稳。如在软土地层上修筑高路堤,或者在岩质或土质山坡上开挖深路堑时,有可能由于软土层承载能力不足,或者由于坡体失去支承,而出现路堤沉落或坡体坍塌破坏。路线如选在不稳定的地层上,则填筑或开挖路基会引发滑坡或坍塌等病害出现。因此在选线、勘测、设计、施工中应密切注意,并采取必要的工程措施,以确保路基有足够的稳定性。

大气降水使得路基结构内部的湿度状态发生变化,低洼地带路基排水不良,长期积水会使矮路堤软化,失去承载能力。山坡路基有时因排水不良而引发滑坡或边坡滑塌。因此防水、排水是确保路基稳定的重要方面。

大气温度周期性的变化对路基结构的稳定性有重要影响,在严重冰冻地区,低温引起路基的不稳定是多方面的,低温会引起路基收缩裂缝,地下水源丰富的地区,低温会引起冻胀,路基上面的路面结构也随之发生断裂。春天融冻季节,在交通繁重的路段,有时会出现翻浆,路基路面发生严重的破坏。

3. 耐久性

公路工程投资昂贵,从规划、设计、施工至建成通车需要较长的时间,这样的大型工程应有较长的使用年限,一般的公路工程使用年限至少数十年。承重并经受车辆直接碾压的路面部分要求使用年限在二十年以上,因此路基工程应具有耐久的性能。

在车辆荷载的反复作用与大气水温周期性的重复作用下,路基使用性能将逐年下降,强度与刚度将逐年衰变,引起路面结构的损坏。因此,提高路基的耐久性,保持其强度、刚度、几何形态经久不衰,需要精心设计、精心施工、精选材料以及养护、维修等。

三、路基设计

公路路基是路面的基础,承受着土体本身的自重和路面结构的重量,同时还承受由路面传递下来的行车荷载,所以路基是公路的承重主体。

公路路基属于带状结构,随着天然地面的高低起伏高程不同,路基设计需根据路线平、纵、横设计,精心布置,确定高程,为路面结构提供具有足够宽度的平顺基面。路基设计之前,应做好全面调查研究,充分收集沿线地质、水文、地形、地貌、气象、地震等设计资料。

路基承受行车荷载作用,主要是在应力作用区,其深度一般在路基顶面以下 0.8m 范围内。此部分为路面结构的路床,其强度与稳定性要求可根据路基路面综合设计的原则确定。坚固的路基,不仅是路面强度与稳定性的重要保证,而且能为延长路面使用寿命创造有利条件,所以路基路面的综合设计至关重要。

为了确保路基的强度与稳定性,使路基在外界因素作用下,不致产生不允许的变形,在路基的整体结构中还必须包括各项附属设施,其中有路基排水,路基防护与加固,以及与路基工程直接相关的设施,如弃土堆、取土坑、护坡道、碎落台、堆料坪及错车道等。

由于路基高程与原地面高程有差异,且各路段岩土性质会发生变化,因此,各路段的路基横断面形状差别很大。路基设计应根据当地自然条件和工程地质条件,选择适当的路基横断面形式和边坡坡度。

对于超过规范规定的高填、深挖路基,以及地质和水文等条件特殊的路基,为确保路基具有足够的强度与稳定性,需要进行个别设计和验算。路基设计宜避免高路堤与深路堑。

路基设计应从地基处理、路基填料选择、路基强度与稳定性、防护工程、排水系统以及关键部位路基施工技术等方面进行综合设计。在工程地质和水文地质条件良好的地段修筑的一般路基,其设计包括以下内容:①选择路基断面形式,确定路基宽度和高度;②选择路堤填料与压实标准;③确定边坡形状与坡度;④路基排水系统布置和排水结构设计;⑤路基防护与加固设计;⑥附属设施设计。

四、路基施工

公路是线性、带状的永久性土工建筑物,路基是公路的主体工程,路基施工质量的优劣直接影响公路的使用寿命、运营行车安全性、实时性、舒适性以及公路的维护成本。

路基施工的任务是将正确的设计图纸转化为符合工程质量标准的工程实体。路基施工的目标是要达到工程质量优良、造价经济、工期合理、技术先进、生产安全和保护环境的目的。

路基施工的依据是设计文件和施工的有关技术规范,施工质量控制等标准。

路基施工内容包括:①熟悉设计文件,领会设计意图,做好施工准备工作;②组织施工队伍,包括人员、机械设备和其他物资准备;③做好现场调查和场地清理,修建必要施工临时设施;④选择筑路材料,进行材料的试验;⑤拟定施工方案,确定施工工艺;⑥按照操作规程进行施工,并且逐项检查施工质量和验收。

路基施工分为土质路基和石质路基施工。土质路基施工过程包括地面处理、填料选择、路基填筑(开挖)、路基压实、质量控制等。在山区公路施工中,经常会遇到大量石质或硬土需要开挖,由于单靠人工、机械难以或不能满足施工要求,石质路基施工必须使用炸药进行爆破。

第二节　路面基础设施

路面基础设施是在路基顶面的行车部分用各种混合料铺筑而成的层状结构物。路面基础设施一方面用于支持和维持道路的功能和运行,为车辆或其他交通工具行驶提供稳固、平整、耐久和安全的表面;另一方面又保护了路基,使之避免了直接经受车辆和大气的破坏作用,长期处于稳定状态。

一、路面基础设施组成

行车荷载和自然因素对路面的影响,随路面结构深度的增加而逐渐减弱。因此,对路面基础设施的强度、抗变形能力和稳定性的要求也随深度的增加而逐渐降低。为了适应这一特点,路面基础设施通常是分层铺筑的,按照使用要求、受力状况、土基支承条件和自然因素影响程度的不同,分成若干层次。通常按照层位功能的不同,划分为三个层次,即面层、基层和垫层,如图3-3-2所示。

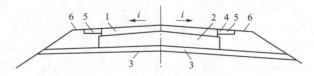

图3-3-2　路面基础设施结构层次划分示意图
1-面层;2-基层(包括底基层);3-垫层;4-路缘石;5-硬路肩;6-土路肩;i-路拱横坡

现代化公路运输不仅要求道路能全天候通行车辆,而且要求车辆能以一定的速度,安全、舒适而经济的在道路上运行,这就要求路面应具备良好的行驶条件和服务水平,即足够的承载能力、良好的稳定性、长期服役耐久性、良好的表面平整度与抗滑性能等。

二、沥青路面结构

沥青路面是用沥青材料作结合料黏结矿料修筑面层与各类基层和垫层所组成的路面结构,具有表面平整、无接缝、行车舒适、耐磨、振动小、噪声低、施工期短、养护维修简便、适宜于分期修建等优点,因而在世界各国高等级公路中获得了越来越广泛的应用。

沥青路面面层直接承受车辆和大气因素的作用,必须满足高温稳定性、低温抗裂性、水稳定性、耐疲劳性能、抗老化性能、抗滑性能、防渗性能等基本要求。沥青路面常见的损坏现象有裂缝、车辙、松散、剥落和表面磨光等，大体上可分为结构性破坏和功能性破坏两类。对于功能性破坏，可以通过修整、养护来恢复路面的平整性，以满足行车使用要求。但对结构性破坏，一般需进行彻底的翻修。

三、水泥混凝土路面结构

水泥混凝土路面包括普通混凝土、钢筋混凝土、连续配筋混凝土、预应力混凝土、装配式混凝土和钢纤维混凝土等面层板和基（垫）层所组成的路面。与其他类型路面相比，混凝土路面具有强度高、稳定性好、耐久性好、夜间能见度好等优点。但是，混凝土路面也存在一些缺点，比如，对水泥和水的需要量大；有接缝，易引起行车跳动，影响行车的舒适性；开放交通较迟，修复困难。

水泥混凝土路面面层除了承受动荷载的冲击、磨耗和反复弯曲作用外，还受到大气温度、湿度反复变化的影响。因此，水泥混凝土路面必须具有较高的抗弯拉强度和耐磨性能、良好的耐冻性以及尽可能低的膨胀系数和弹性模量，此外还应有适当的施工和易性。水泥混凝土路面在行车荷载和环境因素的作用下可能出现的破坏类型主要有：断裂、唧泥、错台、拱起、接缝挤碎等。

四、路面设计理论与方法

1. 柔性路面设计理论与方法

建立了弹性力学多层结构承受多个圆形荷载的分析系统及相应的计算机程序；提出了能控制路面结构主要性能的设计指标体系；形成了符合我国当前交通状况的荷载模式及交通分析方法；制订了完整的设计参数指标、标准、测试仪器与方法；建立了切实可行的设计计算方法系统。

2. 刚性路面设计理论与方法

运用解析法及有限元法建立了弹性力学层状结构，弹性地基板体结构模型，形成了整套分析计算方法与计算机程序；建立了以弹性力学为基础，以混凝土弯拉应力为设计控制指标，综合考虑荷载应力与温度应力作用并应用可靠度分析的设计体系与方法；研究并建立了地基支承、疲劳效应、动力效应等一整套设计参数的取值与测试方法。

五、半刚性基层路面结构

在粉碎的或原状松散的土中掺入一定量的无机结合料（包括水泥、石灰或工业废渣等）和水，经拌和得到的混合料在压实与养生后，其抗压强度符合规定要求的材料称为无机结合料稳定材料。由于无机结合料稳定材料的刚度介于柔性路面材料和刚性路面材料之间，常称此为半刚性材料。以此修筑的基层或底基层亦称为半刚性基层（底基层）。

1. 石灰稳定类基层（底基层）

在粉碎的土或原状松散的土（包括各种粗、中、细粒土）中掺入适量的石灰和水，按照一定技术要求拌和，在最佳含水率下摊铺、压实及养生，其抗压强度符合规定要求的路面基层称为石灰稳定类基层。用石灰稳定松散的土得到的混合料称为石灰稳定土，其缩裂是影响基层服役性能的关键因素，石灰稳定土基层的缩裂会反射到面层。

2. 水泥稳定类基层

在粉碎的或原状松散的土(包括各种粗、中、细粒土)中掺入适量的水泥和水,按照技术要求,经拌和摊铺,在最佳含水率时压实及养护成型,其抗压强度符合规定要求,以此修建的路面基层称水泥稳定类基层,具有良好的整体性、足够的力学强度、抗水性和耐冻性。其初期强度较高,且随龄期增长而增长,所以应用范围很广。

3. 工业废渣稳定基层

工业废渣材料主要用石灰与之综合稳定,即石灰工业废渣材料,常用的有石灰粉煤灰类及石灰其他废渣类。石灰稳定工业废渣基层具有水硬性、缓凝性、强度高、稳定性好,成板体,且强度随龄期不断增加,抗水、抗冻、抗裂、收缩性小,适应各种气候环境和水文地质条件等特点。

六、路面使用性能与评价

为了了解和掌握路面使用性能的变化情况,以便及时采取各种养护和改建措施,延缓其衰变或恢复其性能,必须定期对路面的使用性能进行评定。路面的平整度、破损程度、承载能力及抗滑性能是路面使用性能的重要方面。

1. 路面平整度

路面平整度可定义为路面表面诱使行驶车辆出现振动的高程变化。路面不平整所引起的车辆振动,会对车辆磨损、燃油消耗、行驶舒适、行车速度、路面损坏和交通安全等多方面产生直接影响。平整度是度量路面行驶质量的主要性能指标,目前主要采用国际平整度指数(IRI)来作为标准化的平整度指标。

2. 路面破损状况

路面损坏状况一般采用路面状况指数(PCI)来进行评价。对于不同的损坏类型、严重程度和范围规定不同的扣分值,按路段的损坏状况累计其扣分值后,以剩余的数值表征或评价路面结构的完好程度。

3. 路面结构承载能力

路面结构承载能力是指路面在达到预定的损坏状况之前还能承受的行车荷载作用次数,或者还能使用的年数。在使用过程中,路面的承载能力逐渐下降,与此同时损坏逐步发展。承载能力低的路面结构,其损坏的发展速度快;承载能力接近于临界状态时,路面的损坏达到严重状态,此时必须采取改建措施(设置加铺层等)以恢复或提高其承载能力。

4. 路面抗滑性能

路面抗滑性能是指车辆轮胎受到制动时沿路面滑移所产生的抗滑力,它与路面的宏观粗糙度、路面表面的排水性能及潮湿程度有关。高速行车时,路面粗构造起主要作用,其功能是使车轮下的路表水迅速排除,以避免形成水膜。粗构造由构造深度表征其性能,采用铺砂法来测量。

七、路面养护管理

路面管理系统可划分为网级管理和项目级管理两个层次,以分别适应不同管理层次的需求,两者具有不同的结构和功能。网级管理系统对路网进行系统的优化决策后,将提出路面养护项目清单。对于养护项目段再进行更详细的设计分析,提出各种可能的设计方案,优化比较,得到一个技术可行、经济合理的最优方案。项目级管理系统仅针对一个工程项目,它的主要任务是在管理部门对某一工程进行技术决策时提供对策,以选择费用效益最佳的方案。实施路面管理系统的重要意义在于它帮助管理部门改善所要做出的决策,扩大了决策范围,为决策的效果及时提供反馈信息,以积累管理经验,并保证管理部门内部的协调一致。

第三节　桥涵基础设施

桥涵基础设施是指在河流、沟渠、道路、铁路或其他交通线路上建设的桥涵结构及其相关的支撑设施。桥涵基础设施在现代交通网络中起着重要的作用,它们不仅实现了不同交通网络地点之间的顺畅连接,为交通运输系统提供了重要的支持和保障,还促进了经济的发展和社会的进步。

一、基本类型和功能特点

根据结构形式和功能,桥涵可以分为以下几种基本类型。

(1)梁桥:梁桥是最常见的桥涵类型之一,由横跨支承结构的梁组成,可以是简支梁、连续梁或悬臂梁。梁桥适用于小至中跨度的跨越,具有施工简单、造价相对较低等优点。

(2)拱桥:拱桥采用弧形结构,通过弧形的受压构件将重力转移到桥墩上,并通过桥墩传递到地基。拱桥在历史上广泛应用,它们通常用于较大跨度的跨越,具有优雅的外观和坚固的结构。

(3)斜拉桥:斜拉桥是一种通过斜拉索将桥面与支承塔连接的桥梁。它结合了悬索桥和梁桥的特点,适用于中至大跨度的跨越,相较于悬索桥,具有较高的刚性和经济性。

(4)悬索桥:悬索桥是一种通过悬挂在主梁上的主缆和斜拉索来支承桥面的桥梁。悬索桥适用于大跨度的跨越,具有优美的外观和高强度的特点,被广泛应用于长距离的水体和峡谷等场所。

(5)涵洞:涵洞是由一个或多个预制的矩形或方形的混凝土框架构成,通常位于道路或铁路下方,交通工具、人或动物等可以通过。

二、总体规划和设计要点

桥涵的总体规划是在交通规划的基础上,对桥涵项目进行全面、系统的规划和设计。它考虑了多个方面的因素,以确保桥涵在功能、安全、环保和经济等方面都能够达到最佳效果。以下是桥涵总体规划中需要考虑的关键要素。

(1)交通需求分析:首先要对所处区域的交通需求进行全面分析,包括车流量、行车速度、交通组织等,以了解桥涵项目在整体交通网络中的位置和作用。

(2)桥涵类型选择:根据交通需求和跨越障碍物的情况,选择最适合的桥涵类型,如梁桥、拱桥、斜拉桥、悬索桥等,以满足项目的功能要求和经济效益。

(3)规划布局:定义桥涵的位置、长度、宽度和高度等规模参数,并考虑与周围道路、交叉口和城市设施的衔接,确保桥涵的布局与周围环境相协调。

(4)结构设计:确定桥涵的支承结构形式和材料,以满足承载能力、稳定性和耐久性的要求,考虑自然灾害和地质条件对结构的影响。

(5)美学设计:考虑桥涵的美学设计,使其与周围环境和城市景观相协调,增加桥涵的美观性。

(6)经济效益:对桥涵项目进行经济评估,包括建设成本、维护成本和未来的交通运营收益,确保项目的经济效益可行性。

(7)社会效益:评估桥涵项目对周围社区和居民的影响,考虑噪声、振动和可达性等因素,减少负面社会影响。

(8)可持续性:在总体规划中考虑桥涵的可持续性,包括设计寿命、材料回收利用等,以降低对资源的消耗和环境的影响。

三、桥涵在设计、施工、运营管养中的智能化数字化技术

(一)桥涵设计智能化数字化技术

桥涵设计的目标在于创建稳定、安全、经济和符合环保标准的结构。然而,传统设计方法可能无法充分考虑不同因素之间的复杂关系,导致设计方案的不充分或过于保守。引入智能化数字化技术的目的在于优化桥梁设计流程,提高设计效率,减少人为误差,同时确保设计的可持续性和安全性。

智能化数字化技术在桥涵设计中的应用十分广泛,涵盖了以下多个方面。

(1)智能建模与仿真:传统的桥梁设计往往依赖于二维或三维平面图纸,但这种方式难以全面展示工程的真实情况。智能建模技术可以将桥涵的设计转化为数字模型,使设计师能够在虚拟环境中进行实时的交互和调整。仿真技术则可以模拟不同荷载条件下桥涵的行为,评估其受力性能,从而优化设计方案,提前预防潜在问题。

(2)数据驱动设计:当今世界充斥着大量的数据,而这些数据可以为桥涵设计提供宝贵的参考。智能化数字化技术可以分析历史数据、地质信息、环境因素等,为设计过程提供依据。例如,利用气象数据预测风荷载、水文数据预测洪水水位,从而优化桥梁的设计方案。

(3)虚拟现实(VR)与增强现实(AR):VR和AR技术在桥涵设计中的应用,使设计师能够身临其境地体验整个工程。通过虚拟现实技术,设计师可以在虚拟世界中步行桥涵,感受设计细节,并发现潜在的问题。增强现实技术则可以将数字模型叠加在现实场景中,帮助设计师更好地理解设计与环境之间的关系。

(4)建筑信息模型(BIM):BIM技术不仅在建筑领域有广泛应用,也在桥涵设计中发挥重要作用。BIM整合了设计、施工和运维的信息,使得设计团队能够更好地协同工作。设计者可以在数字模型中添加各种信息,如材料属性、结构特点、施工步骤等,从而实现全生命周期管理。

(5)人工智能(AI)优化设计:人工智能技术在桥涵设计中的应用,主要体现在设计优化方面。AI可以分析大量设计方案,从中找出最优解。例如,通过遗传算法或神经网络,优化桥梁结构,减少材料消耗,提高结构稳定性。

智能化数字化技术在桥涵设计领域发挥着重要作用,不仅推动了设计方法的革新,还提升了设计效率、准确性和可持续性,为交通基础设施的建设贡献了巨大的力量。

(二)桥涵施工智能化数字化技术

随着科技的迅猛发展,桥涵施工领域也逐渐引入智能化数字化技术,以提升施工效率、

质量和安全性。这些技术的应用不仅使施工过程更加精细化和可控,还为工程管理和监测提供了更全面的手段。

智能化数字化技术在桥涵施工中的应用包括但不限于以下几个方面。

(1)数字化施工计划:利用建筑信息模型(BIM),可以实现桥涵施工的数字化规划。通过将施工计划与三维模型结合,可以模拟不同施工阶段的进度和资源需求,从而更好地优化施工顺序和资源分配。

(2)智能机械设备:引入智能化机械设备,如无人机、机器人等,可以在施工现场高效地测量、建模和监测。无人机可以用于施工现场的空中监测,机器人可以用于复杂环境的施工任务,从而提高工作效率和准确性,如焊接机器人、抹砂浆机器人等。

(3)虚拟现实(VR)与增强现实(AR):VR和AR技术在施工培训、操作指导和质量检查中具有潜在应用。工人可以通过AR眼镜获得实时指导,减少操作错误,提高施工质量。

(4)远程监控与控制:利用传感器和网络技术,可以实现对施工现场的远程监控和控制。监控数据可以实时传输到中心,工程管理人员可以及时了解施工进展和问题,做出迅速决策。

智能化数字化技术在桥涵施工中的应用正逐步改变着传统的施工方式,实现更高效、安全和可控的施工过程。

(三)桥涵管养智能化数字化技术

桥涵管理的核心目标在于延长设施的使用寿命,确保设施的正常运行,同时降低维护成本。智能化数字化技术的应用目的在于实现实时监测、精准维护、智能决策,从而提高管理效率、减少不必要的维护和修复成本,确保桥涵的可持续运营。

桥涵在管养方面的智能化数字化技术应用包括但不限于以下几个方面。

(1)结构监测与健康评估。

传感器网络:在桥涵结构上部署传感器,监测参数如变形、振动、温度等,实时获取结构健康信息。这些传感器网络通过物联网连接,将数据传输到中央系统进行分析,以便实时监控结构状态、识别异常并预测可能的问题。

大数据分析:收集的传感器数据可以用于建立预测模型,利用机器学习和大数据分析技术,预测结构健康状况,提前识别潜在问题,优化维护计划,从而延长桥涵的寿命。

数字孪生模型:创建数字孪生模型,即数字化的桥涵结构复制品,以模拟实际桥涵设施的行为。这些模型用于评估不同维护策略、预测结构寿命、模拟灾难事件的影响等。

(2)智能检测设备与维修机器人。

无人机巡检:利用无人机进行巡检,可以迅速检查桥涵的外观和周围环境,捕捉高分辨率图像。这有助于及早发现裂缝、腐蚀等问题,指导维护措施。

维修机器人:智能机器人可以用于桥涵的维护和修复,如清洁、喷涂防腐剂、填充裂缝等。这不仅提高了施工效率,还减少了工人的潜在风险。

激光扫描和三维建模:使用激光扫描技术对桥梁和涵洞进行扫描,以创建精确的三维模型。这有助于工程师更好地了解结构的状态,识别缺陷和需要修复的区域。

随着技术的不断发展,桥涵管理和维护将变得更加智能化和数字化。

四、桥涵基础设施的未来发展与创新

作为城市交通和基础设施的重要组成部分,桥涵在不断变化的城市环境中扮演着关键

的角色。随着人工智能、物联网、可持续发展等领域的持续发展,桥涵基础设施也在不断迎来创新和变革。未来,桥涵基础设施将呈现出许多令人期待的发展趋势与创新方向。

(1)智能化和数字化:智能化和数字化技术将在桥涵基础设施中进一步得到更广泛的应用,通过传感器、监测设备和数据分析,桥涵可以实现实时监测、远程控制和预测维护,提高其健康状况的可视化和可管理性,智能化的数据分析还可以帮助优化桥涵的设计、施工和维护,实现更高效的运营。

(2)可持续发展:在低碳和可持续发展的背景下,桥涵基础设施的设计和建造将趋向于更加环保和节能,采用可再生材料、减少能源消耗、优化资源配置等将成为发展的方向,同时,桥涵的维护也将注重对环境影响的降低,推动绿色低碳的创新。

(3)新材料应用:新材料技术的发展将为桥涵基础设施带来新的可能性,高强度、耐腐蚀、轻质化的材料将逐渐替代传统材料,提高结构的性能和寿命,纳米材料、自愈合材料等的应用也将为维护和修复提供更多创新解决方案。

(4)人工智能应用:人工智能技术将在桥涵基础设施的管理和维护中发挥更大的作用,AI可以用于预测结构损坏、优化维护计划、模拟不同荷载下的结构响应等,从而提高维护效率和准确性。

(5)自主监测与维护:未来,自主监测和维护技术将逐渐成熟,无人机、机器人以及自动化系统将能够自主地巡检和维修桥涵结构,这将减少人工巡检的需求,提高维护效率,同时减少维护人员的风险。

(6)可适应性与韧性设计:未来的桥涵基础设施将更具可适应性和韧性,考虑到气候变化和极端天气事件,桥涵的设计将更加注重韧性,以确保在不利条件下的正常运行。

这些创新趋势将共同推动桥涵基础设施朝着更安全、更耐久、更智能和更可持续的方向发展。

第四节　隧道基础设施

一、隧道的概念

隧道是埋置于地层中的工程建筑物,是人类利用地下空间的一种形式。1970年国际经济合作与发展组织召开的隧道会议综合了各种因素,对隧道所下的定义为:"以某种用途、在地面下用任何方法按规定形状和尺寸修筑的断面积大于$2m^2$的洞室"。隧道的种类繁多,从不同的角度来划分就有不同的分类方法。从隧道所处的地质条件来划分可以分为土质隧道和石质隧道;从埋置的深度来划分,可以分为浅埋隧道和深埋隧道;从隧道所在位置来划分,可以分为山岭隧道、水底隧道和城市隧道。从用途来划分,可分为交通隧道、水工隧道、市政隧道和矿山隧道。

二、隧道勘察与选线

(一)隧道勘查技术

隧道地质勘探涉及收集和分析有关围岩体地质状况的数据,这对于识别潜在危险和确保隧道稳定至关重要。近年来,新的勘测技术不断发展,提高了地质勘探的准确性和效率。

隧道的地质勘察方法主要有遥感、物探、钻探及原位测试等,在隧道工程地质勘察技术中,遥感技术属于常见的应用技术之一,尤其是在遥感技术体系逐步完善的背景下,已经形成了比较完善的应用体系,包括红外遥感技术、电视遥感技术、雷达遥感技术等。主要被用于识别地质结构,如断层和裂缝,以及绘制地质特征。

物探方法作为间接勘察方式,具有勘测透视性、连续性、高效准确等特点,可在短时间内,低成本、高质量地完成隧道地质勘察任务。常用的隧道勘察物探方法主要有地震反射波法、地震折射波法、高密度电法、音频大地电磁法(AMT)、可控源音频大地电磁法(CSAMT)、航空电磁法、半航空电磁探测法(SAEM)等。

钻进参数探测技术在勘察技术中出现时间相对较短,其技术原理是在作业区选定勘测点后,借助钻机设备进行钻孔操作,同时在钻机设备上固定数据采集装备,在不断掘进的过程,实时采集作业区域的基础信息,如钻机设备的掘进速度、围岩内部应力、掘进深度等。借助此类数据信息,技术人员能够及时获取到现阶段钻机的工作状态,同时对作业区基础地质环境信息进行分析,从而确定作业区域的基础地质情况,为后续施工计划的制定提供科学性的数据支持。

原位测试是在岩土原来所处的位置上或基本上在原位状态和应力条件下对岩土性质进行的测试。常用的原位测试方法有:载荷试验、静力触探试验、旁压试验、十字板剪切试验、标准贯入试验、波速测试及其他现场试验。

(二)隧道超前地质预报技术

隧道超前地质预报是利用地质勘察技术对掌子面前方的地质情况及不良地质体的性质及位置进行探测、分析及预报,预测可能的发生风险,提前做好防治措施,从而达到隧道施工防灾、减灾的目的。针对隧道施工常用的钻爆法和TBM法,根据探测环境不同,超前地质预报"因地制宜"地发展了多种技术方法。各类预报方法的对比及特点见表3-3-1。

主要超前地质预报方法　　　　　　　　　　表3-3-1

方法	预报距离 (m/次)	探测时间 (h/次)	预报内容	预报特点
洞内地质素描法	—	0.5	地层岩性、结构面产状、地下水出露点及出水状态等	优点:可以随时进行,不影响施工,可推断和预报隧道工作面前方的工程、水文地质情况。缺点:结果较为粗略
超前钻探	15~30	5~10	地层岩性、岩体完整性、地下水情况等	优点:可反映岩体概况,反映情况直观。缺点:钻探结果往往因"一孔之见"存在漏报、漏探问题
地震波法	100~200	1	地层界面、断层、大规模溶洞等不良地质体的位置和规模,以及弹性模量、泊松比等岩体力学参数估算	优点:可定量反映岩体参数,对工作面前方遇到的与隧道轴线近垂直的不连续体(节理、裂隙、断层破碎带等)的界面确定,结果比较可靠。缺点:分辨率较低,地下水探测能力有限
地质雷达法	<30	0.5	断层、裂隙带、破碎岩体、岩性界面等,岩层富水状态	优点:能预报掌子面前方地层岩性的变化,对于断裂带特别是含水带、破碎带有较高的识别能力。缺点:雷达记录易受干扰

续上表

方法	预报距离（m/次）	探测时间（h/次）	预报内容	预报特点
瞬变电磁法	60~100	1	富水岩层、含导水构造等，以及富水区域的位置	优点：能够探查掌子面前方的预测断层、溶洞和富水带的位置、规模。缺点：易受机械设备等金属结构干扰
激发极化法	30	1	富水岩层、含导水构造等，以及含水构造定位和水量估算	优点：对富水不良地质有较敏感响应。缺点：在隧道中应用易受干扰
高分辨直流电法	80	1	围岩地质体中隐伏含水构造等异常体	优点：对富水不良地质有较敏感响应。缺点：在隧道中应用易受干扰

三、隧道设计方法

隧道设计方法主要有工程类比法、荷载—结构法、地层结构法、信息反馈法、综合设计法和针对地震荷载的动力设计法 6 种类型。国际隧道协会于 1978 年曾成立结构设计模型研究组，收集和汇总了各国会员目前采用的地下结构设计方法。经过总结，国际隧道协会认为，目前采用的地下结构设计方法可以归纳为以下 4 种设计模型。

（1）工程类比法：参照过去隧道工程实践经验进行工程类比设计的方法。

（2）收敛—约束法：也称特征曲线法，以现场量测和室内试验为主的实用设计方法。

（3）荷载—结构法：从主动地层压力和被动地层抗力两方面考虑地层对结构的作用，采用结构力学理论进行设计的方法，例如，弹性地基圆环计算法、弹性地基框架计算法、温克尔假定的链杆法等计算方法。

（4）连续介质模型：包括解析法和数值法，数值法目前主要是有限单元法与有限差分法。

近年来，隧道信息化水平不断提高，智能化、精细化是隧道设计未来的发展趋势。即在机械施工的基础之上，基于现场数码成像技术与智能感知设备，自动获取隧道信息，选择相应智能算法对信息进行处理分析，自动优化隧道设计方案，调整施工参数，实现隧道的动态化设计。

四、隧道施工方法

隧道施工方法选择受到工程的性质、规模、地质和水文条件，以及地面和地下障碍物、施工设备、环保和工期要求等因素的影响。制定的施工方案需要在保证隧道安全的前提下，达到优质、高效的目的。目前常见的施工方法有以下几种。

（一）钻爆法

钻爆法是以钻孔、装药、爆破为开挖手段，以围岩结构共同作用为支护设计理论，采用复合式衬砌结构，以钻爆开挖作业线、装渣运输作业线、初期支护与防排水作业线、二次衬砌作业线、辅助施工作业线为特点的隧道施工方法。

（二）盾构法

盾构法是暗挖法施工中的一种全机械化施工方法。盾构由盾壳、推进机构、取土机构、拼装或现浇衬砌机构以及盾尾等部分组成。盾构法是将盾构在地层中推进,通过盾构外壳和管片支承四周围岩防止发生向隧道内的坍塌,同时在掌子面上用切削装置进行土体开挖,通过出土机械运出洞外,靠千斤顶在后部加压顶进,并拼装预制混凝土管片,形成隧道结构的一种机械化施工方法。

(三)隧道掘进机(简称TBM)

TBM是通过开挖并推进式前进实现隧洞成型且带有周边壳体的专用机械设备。TBM主要分为盾构、岩石隧洞掘进机、顶管机等类型。国际上将隧洞掘进机统称为TBM,在国内习惯将用于软土地质开挖的隧洞掘进机称为盾构,而将用于硬岩地质开挖的岩石隧洞掘进机称为TBM。TBM与盾构的最大区别在于工作模式和支护方式的不同,尤其以工作模式最为显著。TBM单纯依靠硬岩滚刀刀具实现对掌子面的滚压破岩,能同时完成开挖、出渣、支护等作业,实现"工厂化"施工。

(四)水下沉管隧道

水下沉管隧道是由若干在预制场内进行预制钢筋混凝土结构或钢壳与钢筋混凝土复合结构或钢结构与混凝土复合结构的管节,分别浮运到现场,逐节沉放到水下,在水下将其相互连接并正确定位在已经开挖的水下沟槽内,其后辅以相关工程施工,使这些管节组合成为连接水体两端陆上交通的载体。

(五)悬浮隧道

悬浮隧道(submerged floating tunnel,SFT)是未来峡湾跨越、深海通道等重大交通工程建设的重要方式。SFT也被称为"阿基米德桥",是一种跨越长大水域的新型交通构筑物,主要由依靠浮力悬浮在水下一定深度处的隧道管体、限制管体过大位移的锚固装置以及衔接两岸的驳岸段等组成。水中悬浮隧道具有对环境整体影响小、车辆能耗低、受天气影响小、造价低、运营阶段不受恶劣气候影响且能耗低等优势,成为21世纪最具竞争力的跨海结构形式。

隧道智能化施工可定义为将信息化、机械化、自动化、智能化技术与先进的隧道建造技术相融合,通过对地质、结构、机械、人员、材料等信息的全面感知、泛在互联、融合处理、主动学习和科学决策,面向隧道的施工方法。隧道智能化建造的特征是实现机械化、信息化深度融合。智能化以机械化和信息化为基础,借助于当前迅速发展并更加高效和功能强大的新技术(如大数据、云计算、BIM等)发展起来,将逐渐成为工程建造领域的发展方向。隧道建设的智能化体系架构由智能化装备、智能感知、数据资源、智能决策、智能管控5个方面组成。

在隧道建设中,由于施工条件、断面变化、经济成本以及地质等因素,常采用不同工法和多工作面施工的策略,这就涉及不同工法之间和同一工法下模式或工作面施工转换的问题。在工法转换过程中,需保证施工组织衔接顺利,施工安全可靠。一般来说,隧道施工工法转换需满足以下两个条件:①隧道已开挖段围岩—支护体系处于平衡稳定状态;②准确预测掌子面前方地质条件。而在隧道开挖中,这两个条件处于动态变化中,需持续进行判定,在符合转换条件前提下,才可实施工法转换。

五、隧道养护与运维

伴随隧道工程建设规模不断加大,交通基础设施不断完善,因运营养护理念、维护技术和管理策略与隧道寿命周期息息相关,重点逐渐转向隧道养护与运维。作为穿越性构筑物,隧道在运营期间受工程地质、水文、列车通行冲击的影响较大,极易出现多类病害,常见的病害类型包括衬砌开裂、渗漏水、衬砌剥落掉块、衬砌背后空洞、材料劣化、结构变形、冻害等。在隧道运营期间,需要通过各种检测技术对隧道内部进行有效检测。目前常用手段包括:探地雷达技术、三维激光扫描技术、冲击回波技术、红外探测技术和光纤光栅技术等。采用上述方法获取状态信息或者图像等数据,进而根据监测数据,检测结果对隧道进行服役性能评估。隧道土建结构设施的功能从其根本而言就是保证交通出行的路径安全,即在隧道通行期间隧道衬砌支护结构安全、可靠,不存在不可接受的风险。公路隧道设施服役性能影响因素众多,其服役状态劣化是多种因素共同作用的结果,且各种因素对隧道设施服役性能的影响规律具有一定的不确定性、模糊性。

针对不同成因的隧道病害提出不同的处治方案。衬砌开裂处治方法一般有拆除重建、局部凿除补强、锚固注浆或嵌钢拱架、套衬补强、凿槽嵌补、埋管灌浆和直接涂抹等。治理隧道渗漏水病害时,应坚持"堵排结合、因地制宜"的原则,比如,渗漏水量较多的位置可以"以排为主",渗漏水量较少的部位可以"以堵为主"。同时,在选择防水材料时,应确保其有良好的延展性能、抗酸碱性能、不透水性等。衬砌背后空洞一般采用回填注浆,根据调查结果确定注浆方案及参数;特殊情况下需凿除病害部位的衬砌结构并重新施作,确保填补密实。针对隧道结构大变形或承载力不足,当前所采用的加固方法包括增大截面法、内张钢圈法、粘贴复合腔体法和钢板-混凝土组合加固法等;各种加固方法在隧道工程实践中结合不同的病害成因有着不同的实际应用。

隧道突发性病害并不罕见,高效地开展隧道应急处置对保障隧道安全很有必要,隧道应急处置主要包括隧道实时化动态风险评估、自动化预警、快速化处置、应急救援技术与装备。工业机器人、自主化专用装备等开始在隧道应急救援中投入使用。隧道应急处置能力对隧道运营管理职能的先进水平提出了更高的要求。隧道运营管理是指对隧道运营过程的规划、组织、实施和控制,是与隧道交通服务密切相关的各项管理工作的总称;从另一个角度讲,也可以认为是对隧道及其服务设施进行运行、评价和改进。隧道运营管理包括日常运营管理和养护维修管理。隧道日常运营管理包括日常巡查、设施控制、物品管理、职工培训、宣传教育、服务质量统计等。土建结构的养护工作分为清洁维护、结构检查、保养维修和病害处置;机电设施养护工作分为日常检查、经常性检查、定期检修、分解性检修和应急检查。加强公路隧道养护维修管理,能有效减少或消除诱发安全事故的各种隐患。近年来,隧道智慧化综合管控平台的概念被提出,如何搭建集监测、决策、预警、服务于一体的综合管理系统,提升隧道病害的应急处置效率,是未来隧道运营养护管理需要攻克的难关。

第四章 公路载运工具

第一节 公路载运系统与载运工具

一、公路载运系统

公路载运系统(图3-4-1)是以交通网络、载运工具、基础设施为依托,以现代交通运输管理技术和信息技术为基础,以便捷、安全、高效和经济为目标,组织实现客运与货运的运输工程管理系统。公路运载系统主要包括公路基础设施、载运工具、载运对象(旅客、货物)及劳动者(驾驶人)等,其中公路基础设施又可以分为公路载运线路设施和公路载运场站设施两类。

图3-4-1 公路载运系统

二、公路载运工具

现存公路载运工具按照大类可分为一般公路载运工具、电动公路载运工具和智能公路载运工具。

一般的公路载运工具主要包括乘用载运工具、公交载运工具、货运载运工具和特种载运工具。乘用载运工具细分为基本型乘用车(轿车)、多用途车(MPV)、运动型多用途车(SUV)等。乘用载运工具作为日常生活中最常见的一种交通工具,具有代步、载物、出行便利等功能价值,能够满足人们的日常需求。公交载运工具主要分为城市公交、中短途公交、长途公交:城市公交是指在城市内部以新能源汽车为主的小型公交车,中短途公交是指行驶时间在 1~3h,以燃油车为主的大型客车;长途公交的运行时间长,行驶范围广,空间相对较大,能够容纳更多的人和行李,舒适度相对较高。货运载运工具主要包括普通货车、自卸货车、半挂,大部分以柴油作为能源动力,主要营运于煤矿、工矿厂区、长途物流等方面,根据核载吨数为货车设计不同的轴数。特种车辆包括油罐车、冷藏车、清扫车等,根据不同的应用场景和不同的载货性质,赋予特种车辆不同的行驶功能,从而完成各自的工作任务。

电动公路载运工具一般包括纯电动汽车、混合动力电动汽车、燃料电池汽车。纯电动汽车是指驱动能量完全由电能提供的、由电机驱动的汽车。纯电动汽车的组成包括:电力驱动及控制系统、驱动力传动等机械系统完成既定任务的工作装置。混合动力电动汽车至少可从下述两类车载储存的能量中获得动力的汽车:一是具有可消耗的燃料;二是具有可再充电能/能量储存装置。燃料电池汽车是指以燃料电池系统作为单一动力源或者以燃料电池系统与可充电储能系统作为动力源的电动汽车。燃料电池的能量是通过氢气和氧气的化学作用,而不是经过燃烧,直接变成电能。

智能公路载运工具的诞生基于智能网联、无人驾驶等信息技术的发展。智能公路载运工具的环境感知像人类的视听感觉一样,利用各种传感器对环境进行数据采集,获取行驶环境的信息,并对信息中的数据进行处理,这些信息为智能载运工具的安全行驶提供及时、准确、可靠的决策依据,最终实现对智能载运工具的横纵向协同控制。

第二节 公路载运工具运输功能分类与设计

一、乘用公路载运工具

汽车的整备质量是指汽车按出厂技术条件装备完整(如备胎、工具等安装齐备),各种油水添满后的质量。例如,MPV 整备质量为 1.5~1.9t,SUV 整备质量为 1.7~2.3t。最高车速是指在水平良好的路面(混凝土或沥青)上汽车能达到的最高行驶车速,是汽车在平坦路面无风条件下,行驶阻力和驱动力平衡时的车速。例如,MPV 最高车速为 110~150km/h,SUV 最高车速为 160~200km/h。转弯半径是指汽车行驶过程中,由转向中心到前外转向轮与地面接触点的距离。例如,普通轿车、MPV 以及 SUV 的转弯半径一般在 5~6m。燃油经济性是在保证动力性的条件下,汽车以尽量小的耗油量经济行驶的能力。例如,小型 SUV 平均百公里油耗 8.28L,紧凑型 SUV 平均百公里油耗 9.23L。

制动距离是在车辆处于某一时速的情况下,从开始制动到汽车完全静止时,车辆所驶过的路程。小型车通常具有较轻的车身质量,所以在相同的制动条件下,它们的制动距离通常较短,小型车的制动距离一般为 9~12m;中型车相对较大,质量也较大,需要更多的距离来制动,中型车的制动距离一般为 12~15m;SUV 较大,质量也较大,因此,在相同的制动条件下,它们通常需要更长的距离来制动,SUV 的制动距离一般为 15~18m。比功率是汽车发动机最大功率与汽车总质量比。小型车通常具有较轻的车身质量,所以相同功率的发动机在小型车上可以产生较高的比功率,小型车的比功率一般为 80~100 马力[1]/t,中型车相对较大,质量也较大,所以相同功率的发动机在中型车上产生的比功率会相对较低,中型车的比功率一般为 60~80 马力/t;SUV 通常比较重,相同功率的发动机在这类车型上会产生相对较低的比功率,一般来说,SUV 和跨界车的比功率为 40~60 马力/t。

帕萨特、CRV、GI8 部分参数对比见表 3-4-1。

帕萨特、CRV、GI8 部分参数对比表　　　　　　　　　　　表 3-4-1

厂商	上汽大众	东风本田	上汽通用别克
级别	中型车	紧凑型 SUV	中大型 MPV
发动机最大功率(kW)	110(150Ps)	142(193Ps)	174(237Ps)
WLTC 综合油耗(L/100km)	6.1	7.4	8.08
整备质量(kg)	1485	1684	2050
最高车速(km/h)	210	188	195

二、公交载运工具

公交载运工具整备质量包括公交车的基本构造、底盘、座椅、发动机、电池(如果是电动公交车)等部件的质量,但不包括乘客和货物的质量。一般来说,城市公交车的整备质量为 5~20t,而大型客车如长途客车的整备质量可能超过 20t。城市公交的最高车速通常为 50~70km/h,中短途公交的最高车速一般为 70~90km/h,长途公交的最高车速通常为 90~110km/h。公交车的转弯半径通常较大,因为它们是大型车辆,具有较长的车身和轴距,通常为 10~15m,在设计时主要考虑的是车辆悬架系统、车辆底盘设计、车辆类型和尺寸、轮胎类型和尺寸。燃油经济性:公交车通常使用柴油或压缩天然气等传统燃料。燃油经济性在设计时取决于公交车的型号、发动机、驾驶方式和运行条件等因素。公交车的制动距离取决于多个因素,包括车辆的速度、路况、制动系统、车辆负载等,通常为 10~20m。

选取中通客车 LCK6909H6Q1 作为参考,其配置参数见表 3-4-2。

中通客车 LCK6909H6Q1 配置参数表　　　　　　　　　　　表 3-4-2

型号	LCK6909H6Q1	行李仓(mm)	47
外观参数	—	性能参数	—
总长(mm)	8990	座位数(人)	31~40 座
总宽(mm)	2550	最高车速(km/h)	100
总高(mm)	3400	发动机配置	—
整备质量(kg)	9250	发动机型号	WP7H270E62

[1] 1 马力 = 735.499W。

三、货运载运工具

货运载运工具整备质量包括的基本构造、底盘、货箱、油罐等部件的质量。普通货车的整备质量通常为 3~10t,具体取决于车型和用途;最大核载量通常为 5~20t,取决于车辆结构和法规限制;最高车速通常为 80~100km/h。普通货车的转向半径通常为 8~12m,以适应一般道路的转弯需求;燃油经济性通常为 4~8L/100km,具体取决于车辆型号和工况条件;制动距离通常为 15~30m,受到负载和制动系统的影响。自卸货车的整备质量、最大核载、最高车速等指标通常与普通货车相似。自卸货车需要具备可靠的卸货装置,如倾斜式卸料机构,以提高卸货效率;还需要具备良好的悬架和制动系统,以应对负载变化时的稳定性和安全性要求。半挂货车的整备质量通常较普通货车和自卸货车更轻,一般为 8~20t,取决于车辆结构和装载需求;最大核载量通常为 20~50t,取决于车辆结构和法规限制;最高车速通常为 80~100km/h,但也受到法规和道路条件的限制。在表 3-4-3 中,选取中国重汽的几种货车进行参数比较。

普通货车、自卸货车、半挂参数对比   表 3-4-3

参数指标		HOWO 轻卡		斯太尔-M5G		HOWO-T7H	
质量参数		整备质量(kg)	2215	整备质量(kg)	14820	整备质量(kg)	8540
		满载质量(kg)	4495	满线质量(kg)	31000	满载质量(kg)	25000
		准拖质量(kg)		准拖质量(kg)		准拖质量(kg)	37200
尺寸参数	外轮廓尺寸	长(mm)	5865	长(mm)	8620	长(mm)	6950
		宽(mm)	2080,2180	宽(mm)	2490	宽(mm)	2496
		高(mm)	2450	高(mm)	3450	高(mm)	3230,3560,3745,3850
	轴距(mm)		3160,3280	轴距(mm)	1800+2700+1350	轴距(mm)	3225+1365,3225+1350,3200+1400
	最小离地间隙(mm)		210	最小离地间隙(mm)	260	最小高地间隙(mm)	277
性能参数		最高车速(km/h)	95	最高车速(km/h)	82	最高车速(km/h)	101
		经济车速(km/h)	50~70	经济车速(km/h)	40~60	经济车速(km/h)	65~88
		最大爬坡度(%)	25	最大爬坡度(%)	35	最大爬坡度(%)	34
		最小转弯直径(m)	13.4,13.8	最小转弯直径(m)	21	最小转弯直径(m)	15

四、特种载运工具

特种载运工具整备质量包括基本构造、底盘、各种作业上装等部件的质量。特种载运工具转弯半径通常较大,因为它们是大型车辆,具有较长的车身和轴距。燃油经济性是指车辆在一定行驶距离内消耗燃油的效率,是用来衡量汽车性能的一个重要指标。特种车辆的燃油经济性在设计时与多种因素有关,包括车身形状、空气阻力、滚动阻力、整备质量、进排气量及空燃比等。特种车辆的制动距离设计主要考虑制动系统性能、负载以及制动力分布等。表 3-4-4 为清扫车、油罐车参数比较。

清扫车、油罐车参数比较 表 3-4-4

类别	清扫车	类别	油罐车
公告号	DFL1140B10	公告号	DFH1180BX5V
轴距	4500mm	轴距	4500/4700/5000mm
发动机型号	ISD210 50	发动机型号	ISS190 50/ISD210 50
发动机排放	国五	发动机排放	国五
驾驶室	东风天锦 D530 一排半标准顶	驾驶室	东风天锦 D530 一排半标准顶
变速器型号	DF6S900	变速器型号	DF6S900
变速器挡位速比	6.938/0.814	变速器挡位速比	7.967/0.875
前桥	6T	前桥	6T 盘式
后桥类型	东风单减 10T 桥	后桥类型	东风单减 9T 桥
后桥主减速比	5.571	后桥主减速比	5.286
后悬架类型	钢板弹簧	板簧	7/9 +6
车架纵梁断面	250×80×(7+4)mm	车架纵梁断面	250×80×(7+4)mm
车架宽度	前后等宽 860mm	车架宽度	前后等宽 860mm
油箱	钢 160L	油箱	全铝 200L
其他	带 PTO 功能、预留远程油门、PTO 接口、带取力器或预留取力器安装口	其他	消声器、排气口前置、预留取力器安装口

第三节 电动公路载运工具原理与运用

一、电动公路载运工具定义与构型分类

电动公路载运工具,是以一个或是多个电动机或是驱动电机为动力来源,符合道路交通、安全法规各项要求的公路交通载运工具。电动公路载运工具可以通过集成电路系统,由载运工具外的设备提供电力,也可以用载运工具上的电力来源(例如电池、发电机或燃料电池)来供电。最常见的电动公路载运工具包括纯电动汽车、燃料电池电动汽车、混合动力电动汽车等。

(1)纯电动汽车。

纯电动汽车(Battery electric vehicle,BEV)是驱动能量完全由电能提供的、由电机驱动的汽车。纯电动汽车与传统内燃机汽车的主要差别在于能源输出与动力传递方式。纯电动汽车包含四大部件:驱动电机、调速控制器、动力蓄电池、车载充电器。纯电动汽车通过蓄电池提供电力给驱动电机,驱动电机把电能转化为动能驱动车辆。纯电动汽车结构布置简单,由于驱动电机在 2 万转内都能有效提供扭力,只需要结构可靠的单速变速器传递,动力传动方式类似于传统内燃机汽车通过差速器传动到车轮;其电池模组一般配置在底盘,降低车辆重

心的同时提高安全性。在电动机通常除用作载运工具的驱动装置外,在制动时也充作再生制动系统的能量转换器,把车辆的动能回收转化为电能重新蓄存到动力蓄电池中实现能量回收,减少传统燃油车摩擦制动中热耗散。

(2)燃料电池电动汽车。

燃料电池电动汽车(Fuel cell electric vehicle,FCEV)是以燃料电池系统作为单一动力源或者以燃料电池系统与可充电储能系统作为混合动力源的电动汽车。燃料电池是一种主要利用氧或其他氧化剂进行氧化还原反应,把燃料中的化学能转换成电能的发电装置。最常见的燃料为氢,其他燃料来自任何能分解出氢气的碳氢化合物,例如天然气、醇和甲烷等。燃料电池有别于原电池,优点在于通过稳定供应氧和燃料来源,即可持续不间断地提供稳定电力。因燃料电池发电特性,多数燃料电池载运工具也加入超级电容器或蓄电池作为动力系统的一部分。载运工具上燃料电池多是以储存的高压氢气加上空气中的氧气发电。与内燃机载运工具相比,燃料电池载运工具的主要污染来源为氢气的制造过程,因目前较经济的氢气制造过程需以天然气为原料。

(3)混合动力电动汽车。

混合动力电动汽车(Hybrid Electric Vehicle,HEV)是能够至少从可消耗的燃料以及可再充电能/能量储存装置两类车载储存的能量中获得动力的汽车。使用燃油驱动内燃机加上电池驱动电动机的混合动力电动车称为油电混合动力电动汽车,目前市面上的混合动力电动汽车多属此种。油电混合动力电动汽车在内燃机低速效率不佳的时候使用电动机辅助,在普通驾驶时用惯性驱动发电机回收部分动能给电池充电,普遍比同型纯内燃机车辆有更好的燃油效率及动力性能表现,是内燃机车向纯电动汽车过渡的车型。根据动力系统结构形式将混合动力电动汽车分为以下三类。

①串联式混合动力电动汽车。车辆的驱动力只来源于电机的混合动力电动汽车。结构特点是发动机带动发电机发电,电能通过驱动电机控制器输送给驱动电机,由驱动电机驱动载运工具行驶。另外,动力蓄电池也可以单独向驱动电机提供电能驱动载运工具行驶。

②并联式混合动力电动汽车。车辆的驱动力由驱动电机及发动机同时或单独供给的混合动力电动汽车。结构特点是并联式驱动系统可以单独使用发动机或驱动电机作为动力源,也可以同时使用驱动电机和发动机作为动力源驱动载运工具行驶。

③混联式混合动力汽车。同时具有串联式、并联式驱动方式的混合动力电动汽车。结构特点是可以在串联混合模式下工作,也可以在并联混合模式下工作,同时兼顾了串联式和并联式的特点。

二、电动公路载运工具关键部件

(1)电池。

电动公路载运工具常用的电池类型主要分为两大类:蓄电池和燃料电池。

蓄电池是将化学能直接转化成电能的一种装置,包括铅酸蓄电池、镍氢电池、钠硫电池、二次锂电池、空气电池、三元锂电池等。蓄电池通过可逆的化学反应实现再充电,它的工作原理是充电时利用外部的电能使内部活性物质再生,把电能储存为化学能,需要放电时再次把化学能转换为电能输出。

燃料电池是一种将燃料和氧化剂中的化学能直接、连续地转变为电能的发电装置。燃料电池有多种类型包括质子交换膜燃料电池(PEMFC)、固体氧化物燃料电池(SOFC)、熔融碳酸盐燃料电池(MCFC)、碱性燃料电池(AFC)等，但是它们都有相同的工作模式。燃料电池主要由阳极、阴极、电解质和外部电路等组成，其单体电池是由两个电极以及电解质组成，阳极为氢电极，阴极为氧电极。通常，阳极和阴极上都含有一定量的催化剂，用来加速电极上发生的电化学反应，两极之间是电解质。燃料电池的正、负极本身不包含活性物质，只是个催化转换元件。

（2）电机。

图 3-4-2 为电动公路载运工具的电机分类，其中粗体类型是已经应用于电动载运工具的电机类型，包括串励直流电机、并励直流电机、他励直流电机、永磁直流电机、笼型转子感应电机、永磁无刷交流(BLAC)电机、永磁无刷直流(BLDC)电机和开关磁阻(SR)电机。基本上，电动载运工具电机分为两大类：含有换向器和不含有换向器。前者仅仅表示它们具有换向器和电刷，而后者不具有换向器和电刷。应当指出的是，电动载运工具电机的发展趋势集中于开发新型的无换向器或无刷电机，尤其是双凸极电机和游标电机类型。

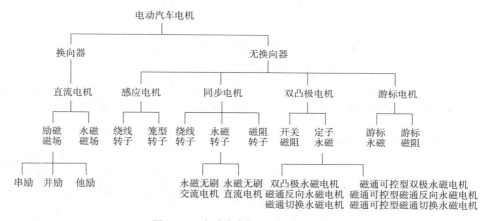

图 3-4-2　电动公路载运工具的电机分类

电机的种类很多，以基本结构来说，主要由定子和转子所构成。定子在空间中静止不动，转子则可绕轴转动，由轴承支撑。定子与转子之间会有一定空气间隙(气隙)，以确保转子能自由转动。机壳(场轭)需要用高导磁系数材料制成，电流进入线圈产生磁场，利用电流的磁效应，使电磁铁在固定的磁铁内连续转动，进而将电能转换成动能。直流电机的原理是定子不动，转子依相互作用所产生作用力的方向运动。交流电机则是定子绕组线圈通上交流电，产生旋转磁场，旋转磁场吸引转子一起做旋转运动。

（3）电控系统。

电控系统是电动载运工具的总控制台，如同"电动载运工具的大脑"，它决定了电动载运工具的能耗、排放、动力性、操控性、舒适性等主要性能指标。

一般来说，电动载运工具的电控系统主要包含三个共性子系统，整车控制器(Vehicle Control Unit, VCU)、电机控制器(Motor Control Unit, MCU)和电池管理系统(Battery Management System, BMS)，这些控制器之间都是通过 CAN 网络等实现相互通信。

VCU 是电动载运工具各个电控子系统的调控中枢，它协调和管理整个电动载运工具的整体电子电器系统(图3-4-3)运行状态。它是与驾驶人互动主要接口,它接收来自驾驶人的各项操作指令,诊断和分析整车及部件状态,控制子系统控制器的动作,最终实现整车安全、高效行驶。

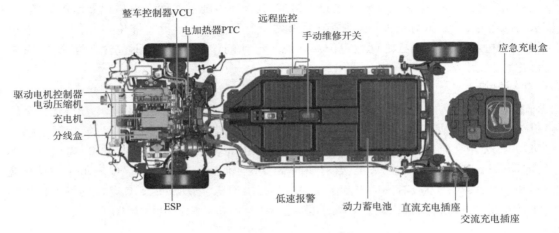

图3-4-3　整车电子电器架构

MCU是电动载运工具特有的核心功率电子单元,通过接收整车控制器的行驶控制指令,控制电机输出指定的力矩和转速,驱动车辆行驶。

BMS是动力蓄电池系统的"大脑",主要对电池系统的电压、电流、温度等数据进行采集并监测,实现电池状态监测和分析、电池安全保护、能量控制管理和信息管理功能。

三、电动公路载运工具运用

(1)运用现状。

电动公路载运工具在公路交通中正扮演着越来越重要的角色,以下是当前电动载运工具在公路交通领域中的一些应用。

①个人交通:越来越多的消费者选择购买电动载运工具作为日常通勤和家庭使用的交通工具,电动载运工具为他们提供了环保、经济和便利的出行方式。

②商业交通:许多城市的出租车、网约车和商用货车已经开始使用电动载运工具,以减少尾气排放并降低运营成本,电动出租车和网约车服务的普及也提高了公众对电动载运工具的认知度。

③公共交通:公共交通部门也在逐步引入电动巴士和电动列车等公共交通工具,这些电动公共交通工具可以减少噪声和污染,改善城市空气质量。

总体而言,电动公路载运工具在公路交通中的应用正不断增加,并且会在未来继续发展。随着技术的进步和充电基础设施的完善,电动公路载运工具将成为推动可持续交通发展的重要力量。

(2)发展面临的挑战。

电动公路载运工具作为可持续交通的重要组成部分,虽然取得了显著的进展,但仍面临着一系列挑战和难题。以下是电动公路载运工具发展面临的一些主要难题。

①电池技术。电动载运工具的核心是电池技术,而目前主流的电池类型是锂离子电池。

尽管锂离子电池在能量密度、充电效率和寿命方面相较于传统铅酸电池有明显改善，但仍存在一些限制。例如，充电时间较长、容量受限、成本高昂，以及对稀缺材料的依赖等问题，这些都需要进一步的研究和创新来提升电池性能。

②充电基础设施。充电基础设施的建设和完善是电动载运工具普及的重要条件之一。然而，目前全球范围内的公共充电桩数量相对较少，并且充电网络的覆盖范围不够广泛。此外，不同地区和国家的充电标准和接口不一致，给用户带来了不便。因此，加大对充电基础设施的投资和标准化工作至关重要，以提升用户的充电体验和便利性。

③续航里程和充电时间。电动载运工具的续航里程和充电时间是消费者关注的重点。虽然电池技术不断进步，但仍存在续航里程有限和充电时间长的问题。相较于传统燃油车辆的加油时间，电动载运工具的充电时间较长，这限制了其在长途旅行和远距离出行方面的应用。因此，需要进一步提高电池能量密度、开发快速充电技术，并建设更多快速充电站，以方便用户充电并缩短充电时间。

④成本和价格。目前电动载运工具的购买成本相对较高，主要由于电池的昂贵价格。尽管随着电池技术进步和规模效应，电动载运工具的价格逐渐下降，但与传统燃油车辆相比仍存在差距。此外，电池的寿命和维护成本也是用户考虑的因素之一。因此，需要进一步降低电池成本、提高电池寿命，并通过政府补贴等措施促进电动载运工具的普及。

⑤电池回收和环境影响：电动载运工具被认为是减少尾气排放和环境保护的重要手段，但其制造过程和电池回收等环节也会对环境产生一定的影响。例如，电池的制造涉及稀有金属和大量能源消耗，而废旧电池的回收处理也面临挑战。因此，需要加强对电动载运工具整个生命周期的环境评估和监管，推动电动载运工具的可持续发展。

⑥能源供应和可再生能源利用：随着电动载运工具数量的增加，对能源供应和可再生能源的利用提出了新的挑战。电动载运工具的大规模充电将对电网造成压力，因此需要协调能源供应和电网规划，以确保电动载运工具与可再生能源的配套发展，进一步减少对化石燃料的依赖。

总而言之，电动载运工具的发展面临着诸多难题，包括电池技术、充电基础设施、续航里程、成本和价格、电池回收、环境影响等方面。然而，随着技术水平的进步，电动载运工具行业将逐渐克服这些难题，并实现可持续发展。

第四节　智能公路载运工具原理与运用

一、智能公路载运工具定义与分类

（1）智能公路载运工具定义。

智能公路载运工具的定义相似于自动驾驶汽车，是指通过计算机系统和传感器等技术实现智能公路运载的交通工具。它能够在不需要人类干预的情况下，自主地感知周围环境、做出决策并执行驾驶操作，可以通过激光雷达、摄像头、超声波传感器等多种传感器获取道路信息和交通情况，并利用人工智能、机器学习等技术进行数据分析和决策制定，从而实现智能驾驶。智能公路载运工具的平稳运行主要依赖于以下几个系统：感知系统、数据处理和决策系统、控制系统、通信系统。

①感知系统。智能公路载运工具通过使用激光雷达、摄像头、雷达、超声波传感器等多种传感器,对周围环境进行感知和识别。这些传感器可以获取道路信息、障碍物、行人、交通信号等数据。

②数据处理和决策系统:通过人工智能、机器学习和深度学习等技术,将感知系统获取的数据进行处理和分析,从而做出决策。这些决策包括车辆的加速、制动、转向等操作,以及对交通信号、行人、障碍物等的应对策略。

③控制系统:智能公路载运工具通过控制系统实现对车辆的控制。这包括控制车辆的加速、制动、转向等动作,以及保持车辆在车道上行驶的稳定性。

④通信系统:通过与其他车辆、交通基础设施和云端服务器等进行通信,获取实时的交通信息、地图数据和路况等,从而更好地做出决策和规划路径。

智能公路载运工具的出现有望提高交通安全性、减少交通事故、提高交通效率,并为出行提供更加便捷和舒适的方式。

(2) SAE 自动驾驶分类。

随着计算机技术、通信技术、信息融合技术和智能算法理论的快速发展并在汽车中得到广泛应用,智能驾驶汽车应运而生,各类高级驾驶辅助系统(Advanced Driver Assistance System,ADAS)得到应用,例如自适应巡航控制(Adaptive Cruise Control,ACC)、车道保持(Lane Keeping Assist,LKA)、自动紧急制动系统(Automatic Emergency Braking System,AEB)、自动泊车(Automatic Parking,AP)等。智能驾驶汽车的出现能够减轻驾驶人的驾驶负担、驾驶人疲劳驾驶时代替其驾驶、对潜在的危机及时做出反应、提高驾驶安全性,并在减少交通事故的发生以及改善交通拥挤等方面发挥了重要的作用。智能车辆发展的最终方向是自动驾驶,根据美国汽车工程师协会(Society of Automotive Engineers,SAE)2014 年制定的自动驾驶分级标准,自动驾驶可分为 0 级到 5 级(L0—L5)共六级,这也是目前业内普遍采用的标准(表3-4-5)。

智能驾驶水平分级标准 表3-4-5

SAE 等级	名称	概念界定
Level 0	完全由人驾驶	由驾驶人全程操控汽车,但是可以得到主动安全系统的辅助信息
Level 1	机器辅助驾驶	利用环境感知信息对转向盘和纵向加、减速度的一项进行控制,其余由驾驶人完成
Level 2	部分自动驾驶	利用环境感知信息同时对转向盘和加、减速度进行控制,其余工作由驾驶人完成
Level 3	有条件的自动驾驶	由自动驾驶系统完成所有驾驶操作,驾驶人根据系统请求适当干预
Level 4	高度自动驾驶	在限定的道路和环境下,由自动驾驶系统完成所有驾驶操作,无需驾驶人进行任何干预
Level 5	完全自动驾驶	由自动驾驶系统完成全部驾驶操作,驾驶人能够完成的全部道路环境,自动驾驶系统都能完成

二、智能公路载运工具关键部件

智能化车辆整体硬件架构是现代汽车技术的核心之一,它基于先进的电子与计算技术,使车辆具备感知、决策和控制的能力,从而实现自动驾驶或辅助驾驶功能。

智能底盘是智能化车辆的核心部分,它由电动机、传动系统、悬架系统和制动系统组成。电动机提供动力,并与传动系统配合实现车辆的前进、倒退和转向等操作。悬架系统则负责调节和支撑车身,以提供良好的行驶舒适性和稳定性。制动系统用于控制车辆的减速和制动。为了感知周围环境并获取相关数据,智能化车辆配备了多种传感器。其中最重要的是激光雷达、摄像头、超声波传感器和毫米波雷达。激光雷达通过发射激光束并检测其反射来创建三维环境地图,同时测量障碍物距离与位置等信息。摄像头则通过图像处理技术识别和跟踪道路标志、行人和其他车辆等。超声波传感器主要用于近距离的障碍物检测,如制动辅助和防撞系统。而毫米波雷达则可以在复杂天气条件下实现远程障碍物探测。控制单元是智能化车辆的大脑,它负责处理来自传感器的数据,并做出相应的决策。控制单元由多个微处理器组成,配备了实时操作系统和各种算法,以实现高效的数据处理和决策。例如,在自动驾驶模式下,控制单元可以根据传感器数据判断、规划出最优路径,并发送指令给底盘来实现自动驾驶。为了与外部网络进行通信,智能化车辆还配备了通信模块。这些模块可以使用无线网络(如4G/5G)或卫星通信等技术与云端进行数据交换。通过与云端的连接,智能化车辆可以获取实时交通信息、更新地图数据,并接收来自云端的指令,如更新软件、调整参数等。智能化车辆还配备了人机交互界面,方便驾驶人与车辆进行交互。常见的人机交互界面包括触摸屏、语音识别和手势识别等。驾驶人可以通过触摸屏设置导航目的地、调整车辆设置,通过语音识别与车辆进行语音指令交互,而手势识别技术则可以实现更加直观和便捷的操作。最后,智能化车辆的硬件架构还依赖于软件平台来管理各个硬件组件之间的通信和协调。软件平台包括底层驱动程序、传感器数据处理算法、决策算法,以及与其他车辆或基础设施进行通信的协议。这些软件组成了智能化车辆系统的核心,确保各个硬件组件能够高效地协同工作。车辆驾驶行为规划如图3-4-4所示。

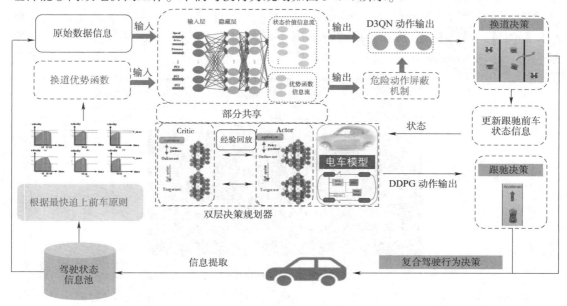

图 3-4-4　车辆驾驶行为规划

总结起来,智能化车辆整体硬件架构由智能底盘、传感器、控制单元、通信模块、人机交互界面和软件平台等组成。它们相互协作，在感知环境、做出决策并控制车辆行驶方面发挥着重要作用，使得智能化车辆具备自动驾驶或辅助驾驶的能力。这些硬件组件以及它们之间的协作是实现智能化车辆技术的关键。

三、智能公路载运工具运用

ACC通过车辆间的雷达或摄像头识别前方车辆，并自动调整车速以保持与前车的安全距离。这项技术可以减少驾驶人对速度的调整，提供更平稳的行驶体验。车道保持辅助系统(LKAS)借助摄像头或其他传感器来监测车道线，帮助驾驶人保持车辆在车道内行驶。当驾驶人不经意间偏离车道时，LKAS会进行纠正，并提供轻微的转向力度，以确保车辆保持在正确的轨迹上。AEB利用摄像头、激光雷达等传感器来监测前方障碍物，并在必要时自动制动以避免碰撞。这项技术可以大大降低碰撞事故发生率，并减轻事故带来的伤害。自动泊车系统使用传感器和摄像头来检测停车位，并自动操纵车辆进行制动。这项技术可以减少驾驶人在狭小空间中进行制动时的困扰，提高制动的准确性和效率。盲区监测系统(BSM)使用侧面雷达或摄像头来监测车辆附近的盲区，并在有车辆接近时提供警告，这个功能可以帮助驾驶人在变道或并线时更好地感知周围的交通情况，减少潜在危险。交通拥堵辅助系统(TJA)利用传感器和导航系统来识别交通拥堵，并自动控制车辆前进和停止，以减少驾驶人在拥堵情况下的疲劳和压力。疲劳监测系统(DMS)使用摄像头或传感器来监测驾驶人的眼睛、脸部表情和头部姿势等指标，以判断其是否疲劳或分心，当发现驾驶人出现疲劳迹象时，DMS会发出警报提醒驾驶人休息。车辆避障和主动换道是自动驾驶技术中的两个重要功能。车辆避障功能中，自动驾驶车辆可以通过传感器（如雷达、激光雷达、摄像头等）感知周围环境，并根据检测到的障碍物（如其他车辆、行人、路障等）做出相应的反应，例如，当车辆检测到前方有障碍物时，它可以自动减速或改变行驶路径以避免碰撞（图3-4-5）。主动换道功能允许自动驾驶车辆在高速公路上进行主动换道操作，当驾驶人发出换道指令时，车辆可以利用传感器监测周围车流情况，并自动控制转向和加减速来完成换道操作，该功能通常还包括合理判断和选择最佳时机进行换道的能力。

图3-4-5 自动避障示例

这些功能都是基于先进的传感器技术、数据处理算法和电子控制单元实现的。然而，目前这些功能仍处于不同阶段的实验和开发中，并且需要满足严格的安全要求才能在实际道路上使用。因此，尽管已经有一些车辆实现了这些功能的雏形，但它们仍然需要驾驶人的监督和干预来确保安全。总之,智能辅助驾驶技术为汽车行业带来了巨大变革,它们不仅提供了额外的安全保护和驾驶便利性,还可以提高驾驶的效率和舒适度。随着技术的不断发展和改进,智能辅助驾驶技术有望在未来进一步完善,实现更安全、更智能的驾驶体验。

智能公路载运工具的发展面临一些重要挑战,具体如下。

①驾驶场景复杂。道路上的交通环境非常复杂,包括各种道路标志、交通信号灯、行人、自行车和其他车辆等。智能公路载运工具需要能够准确地感知和识别这些元素,并做出适当的决策和行动。

②接管控制逻辑不明晰。当前的自动驾驶技术仍然存在着接管控制(即从自动驾驶模式切换到手动控制)的问题。在某些情况下,驾驶人可能需要迅速接管车辆的控制权,但是如何确保安全地进行切换还是一个挑战。

③法律道德风险。自动驾驶技术引发了一系列法律和道德问题。例如,如果自动驾驶汽车发生事故,责任应该由谁承担?如何解决在紧急情况下做出艰难选择的道德困境?这些问题需要社会、政府和汽车制造商共同努力来解决。

④安全性和可靠性。智能公路载运工具必须具备高度的安全性和可靠性。任何技术故障或系统错误都可能导致事故,因此需要严格的测试和验证来确保系统的稳定性和可靠性。

⑤法律法规和监管。自动驾驶技术涉及多个领域的法律、道路交通法规和监管问题。各国政府需要积极制定相关政策,明确自动驾驶车辆的要求、标准和责任分配等方面的法律框架。

第五章　公路交通运输组织与管理

第一节　公路交通运输组织原则和特点

一、公路运输组织内涵

公路运输组织是在公路运输企业的生产和经营实践中发展起来的关于公路运输资源合理配置和利用的理论和技术。具体来说是指运用现代科学管理方法，针对客流或货流制定合理的公路运输组织方案，组织旅客、货物和运输工具在空间上和时间上进行有效结合，实现旅客和货物的位移，提高公路运输生产能力和服务质量。公路运输组织包括公路客运组织、公路货运组织和公路运输服务绩效管理三个方面的内容。

二、公路运输组织的基本原则

公路运输组织的基本目的是实现公路运输生产力等诸多要素的最优结合和各环节、各工序的紧密配合，争取以一定的劳动消耗获得最高的公路运输效率、最好的服务质量和最佳的经济效益，以发展公路运输方式的生产力的最大效力，满足社会对运输服务的需要。公路运输组织的基本原则包括安全、经济、有序、可持续等方面的内容，具体如下。

(1) 安全性原则。

安全是公路运输组织最根本的原则。应该从机制、措施、人员、设备、组织管理办法等各方面，采取切实有效措施，保障运输流的安全。

(2) 效益最大化原则。

公路运输组织应该考虑成本与效益的关系，追求效益最大化。在不同的社会发展时期，不同层次的公路运输组织者对成本和效益有不同的理解。例如，普通运输企业，其成本的含义一般是运输直接相关的各种费用支出，如里程、运输车辆、人员费用等效益主要指运输的直接收益；对于政府部门，成本除上述与运输直接相关的各种费用支出，还包括环境费用等，也包括社会经济效益等。

(3) 有序化原则。

公路运输组织必须合理有序，对于保障运输畅通、减少拥堵、提高运输设备利用效率等都具有重要的作用。应该考虑由于交通拥挤带来的运输低效和运输成本增加等问题，最大限度地保障运输的畅通。

(4) 可持续发展原则。

公路运输优化组织必须考虑到运输与环境的关系，积极倡导发展使用清洁环保的运输方式，保护自然与环境，减少能源消费，促进交通运输与国民经济的可持续发展。

三、公路运输组织的特点

公路运输组织具有如下特点。

(1)机动灵活,适应性强。

由于公路运输网一般比铁路、水路网的密度要大十几倍,分布面也广,因此,公路运输车辆可以"无处不到、无时不有"。公路运输在时间方面的机动性也比较大,车辆可随时调度、装运,各环节之间的衔接时间较短。尤其是公路运输对客、货运量的多少具有很强的适应性,汽车的载重吨位有小有大,既可以单个车辆独立运输,也可以由若干车辆组成车队同时运输。

(2)可实现"门到门"直达运输。

由于汽车体积较小,中途一般也不需要换装,除了可沿分布较广的路网运行外,还可离开路网深入到工厂企业、农村田间、城市居民住宅等地,即可以把旅客和货物从始发地门口直接运送到目的地门口,实现"门到门"直达运输。这是其他运输方式无法与公路运输比拟的特点之一。

(3)中短途运输速度较快。

在中、短途运输中,由于公路运输组织可以实现"门到门"直达运输,中途不需要倒运、转乘就可以直接将客货运达目的地,因此,与其他运输方式相比,其客、货在途时间较短,运送速度较快。

(4)对数字技术要求较高。

随着科技的不断发展,公路运输组织在提升运营效率和信息管理能力方面对数字技术的依赖不断增强。智能调度、数字化运营、大数据分析以及无人驾驶技术的应用,使得公路运输组织更加灵活、经济、高效,以适应不断变化的物流运输环境。数字技术的不断发展已成为提升公路运输组织运营水平的关键因素。

四、公路运输组织的发展趋势

公路运输组织的发展趋势主要体现在一体化、数字化和绿色化三个方面,这些趋势将推动公路运输行业朝着更高效、智能化和环保的方向发展。

(1)一体化。一体化是指将公路运输与其他交通方式(如铁路、航空、水路)进行有机整合,以实现多式联运和供应链的高效衔接。未来,公路运输组织将更加注重与其他交通模式的合作和互联互通。通过信息技术的支持,实现运输资源的共享与调配。在一体化的发展趋势下,公路运输企业将积极参与多式联运,与铁路、水路、航空等交通方式进行衔接,形成完整的运输网络。这将减少货物运输中的转运环节,提高运输效率,降低运输成本,并缩短货物运输时间,提供更快捷、便利的服务。

(2)数字化。数字化是指公路运输组织在运营管理中广泛应用信息技术和数字化手段,以提高运输智能化、信息化和服务水平。未来,公路运输将借助物联网、大数据、人工智能等先进技术,建立数字化平台和系统,实现车辆远程监控、运输数据分析、智能调度等功能。通过数字化,公路运输企业可以实现运输过程的实时监控和管理,优化运输路线和资源配置,提高运输效率和服务质量,同时为用户提供更便捷、个性化的运输体验。

(3)绿色化。绿色化是指在公路运输组织中推广节能环保技术,减少碳排放和资源消耗。在绿色化发展趋势下，公路运输企业将积极采用绿色交通工具，如电动汽车、氢燃料车辆等，减少尾气排放和空气污染。此外，优化车辆调度和路线规划，降低空驶率和行驶里程，提高运输能效，也是绿色化发展的重要措施。

综合来看，一体化、数字化和绿色化是未来公路运输组织发展的重要趋势。这些趋势将推动公路运输行业的转型升级，提升运输效率、服务水平和环保意识。随着技术的不断进步和社会的不断发展，公路运输组织将不断创新和适应，迎接未来发展的挑战和机遇。

第二节 公路客运组织与管理

一、公路客运组织概述

公路客运是指以旅客为运输对象，以汽车为主要运输工具，在公路上实现旅客空间位移过程的活动。公路客运除了是人们中短途出行的主要运输方式之外，也是衔接铁路客运、航空客运的重要方式。公路客运具有机动灵活、直达性好可实现"门到门"直达运输等优势。公路客运与其他客运方式相比，具有以下特点。

（1）路网密度最高。公路客运是沟通城市城市、城市乡村，连接内地和边疆，分布范围最广，而且在各种运输方式中网络密度最大的运输方式。

（2）运输覆盖面广。以汽车为主要运输工具，对道路条件适应性强，能够运达山区、林区、牧区等其他运输方式不易到达的地方。

（3）运输方式多样。既可组织较多车辆完成一定规模的、大批量的旅客运输任务，也可单车作业，完成小批量的旅客运输任务。道路客运可以满足多种客运需要，如长途、超长途、高速、旅游、包车、出租等运输。

（4）灵活性强。道路客运线路纵横交错、干支相连，线路和站点形成网络，易于根据情况调整，较好地满足旅客出行的需求，具有其他运输方式所没有的"门到门"运输和就近上下客等特点。

（5）投资少，资金回收快。与其他运输方式相比，投资少、车辆更新容易。

二、公路客运组织管理方法

1. 客运班次计划及编制

客运班次的安排是车站提供旅客旅行的依据，也是车站完成旅客运输任务和提高客运生产计划的一项重要的基础工作。客运班次的安排主要包括行车路线、发车时间、起讫站点名称、途经站及停靠站点等。客运班次安排得科学合理，可使旅客往返乘车方便，省时省钱，使客车运行不超载、不空驶，因此，科学合理安排客运班次具有重要意义。安排客运班次时应考虑以下因素。

（1）根据旅客流向及其变化规律，确定班次的起讫点和中途停靠站点，兼顾始发站及各中途站旅客乘车的需要。

（2）安排班次的多少，取决于客流量大小。遇到节假日及集会等客流量猛增时，要采取及时增加班车或组织专车、提供包车服务等措施。根据旅客流规律来安排班次时刻。为方便旅客,各线路班次安排要尽量考虑与其他交通工具到发时间相衔接。

2.客车运行循环序号的编制

一个循环序号(俗称车辆运行路牌)是指一辆客车在一天内的具体运输任务,运行指定的一个或几个班次。全部循环序号包括了运输公司所有参与运营车辆的全部班次。有了循环序号,才能进一步编制客车运行作业计划和进行车辆运行调度。

循环序号的内容一般包括代号名称、班次的起讫站名、开到时间、距离里程、车日行程等相关内容。由于班车运行是连续的,编排循环代号要合理分配运行任务,各个代号的车日行程要基本相当,代号与代号要首尾相连,便于循环,使各单车均衡地完成生产任务(表3-5-1)。

客车运行周期循环表 表3-5-1

路牌号	车次	起站	终站	开车时间	到达时间	距离(km)	车日行程(km)
205.35.2	195.22	南京	上海	7:00	10:05	310	5.220
⋮							

编制客车运行周期循环表,首先要确定客车运行周期循环。客车运行周期循环的方式主要有:大循环、小循环与定车定线等三种形式。

(1)大循环运行。大循环运行是指将全部计划编号统一编成一个周期,全部车辆按确定的顺序循环始终的运行方式。这种循环方式适用于各条线路道路条件相近、车辆基本相同的情况。其优点是每辆客车的任务安排基本相同,车日行程接近,驾驶员的工作量比较平均;缺点是循环周期长,驾、乘人员频繁更换运行线路,不利于掌握客流及道路变化等情况,且某局部计划被打乱,会影响整个计划的进行。

(2)小循环运行。小循环运行是指把全部计划编号分成几个循环周期,将车辆划分为几个小组分别循环,其优点是有利于驾乘人员了解和掌握运行范围的线路和客流变化等情况,有利于安全运行和提高服务质量;缺点是有时客车运用效率不如大循环。

(3)定车定线运行。定车定线运行是指将某一车型固定于某条线路运行的方式,一般在营运区域内道路条件复杂或拥有较多车型时采用,或在多班次班线时采用。其优点是有利于驾乘人员较详细地了解、掌握运行线路客流变化等情况,有利于提供优质服务;缺点是客车不能套班使用,对提高车辆运用效率有一定影响。

客车运行计划一般编制成客车运行周期表的形式,简单明了(表3-5-1)。编制客车运行周期表要满足以下条件:①保证全部客运班次均有车辆参运;②充分发挥每辆车的运输效率;③循环周期不宜过长,以便于安排车辆的维修及驾驶员、乘务员的食宿和休息。

3.客车运行作业计划

客车运行周期循环表编好后,开始编制车辆运行作业计划。其编制步骤如下。

(1)确定相关数据资料。

主要包括营运线路图、线路客运量(范围)、车日行程、车站作业时间、营运车辆类型和车辆数及车辆定额载客量、车辆工作率、实载率、营运速度、保修计划等信息资料。

(2)计算开行的客运班次数目 n。

$$n = \frac{q_i}{q_0 \varepsilon} \tag{3-5-1}$$

式中：q_i——该月份 i 线路日均客流量，p/d；
$\quad\quad q_0$——每车座位数，座；
$\quad\quad \varepsilon$——实载率，%；
$\quad\quad n$——客运班次数，趟。

（3）确定班次时刻和路牌（表3-5-2）。

客运班次时刻表及路牌　　　　　　　　　　表3-5-2

路牌	班次	起点	终点	发车时间	到达时间
1	101	A	B	6:30	12:20
2	102	B	A	13:30	19:20
⋮	⋮	⋮	⋮	⋮	⋮
10	201	D	A	7:00	12:00
11	202	A	D	13:00	18:00
⋮	⋮	⋮	⋮	⋮	⋮
20	506	C	A	8:00	13:20
21	507	A	C	12:00	17:20

（4）编制月度客车运行作业计划表（表3-5-3）。

客车运行作业计划表　　　　　　　　　　　表3-5-3

日期	1	2	3	…	19	20	21	22
车号（已行程）	路牌							
101（4000）	1	2	3	…	3	4	5	机动
⋮	⋮	⋮	⋮	⋮	⋮	⋮	⋮	⋮
304（6.3000）	15	16.2	17	…	16.3	19	20	21
305（9000）				…				
⋮	⋮	⋮	⋮	⋮	⋮	⋮	⋮	⋮

调度工作中最核心的部分是车辆的调度安排。它不仅以车辆运行为中心，而且通过科学的运行作业计划，将企业内部各职能科室、车队、车站、车间等基层生产单位连接成一个有机整体，同时保持与企业外港口、火车站、飞机场相衔接和配合。经报批的客车运行作业计划应及时向驾驶员公布，以便他们及时了解运行作业计划，在这个过程中客运调度是保证客运正常高效运行的关键环节。

客运调度的工作内容一般包括：①做好运量与运力的平衡。②根据客车运行作业计划的执行情况，合理调配车辆，确保运输生产按计划顺利进行。③根据客流量、流向、流时及其变化规律，及时调整运力，保证车辆运用效率得以充分发挥并能满足客运需要。④参与班次时刻表和客车运行作业计划的编制，组织客车按计划运行。⑤建立健全客运调度值班制度，做好日常调度工作。⑥做好资料统计工作。

三、公路客运新模式及组织管理

(一)公路客运接驳运输

1.公路客运接驳运输的概念

公路客运接驳运输是指公路客运班车运行到指定的接驳点(如高速公路服务区、高速公路附近的客运站或其他交通便捷的地点)后,实施当班驾驶员停车换人、落地休息,或换车换人,由在接驳点上休息等待的备勤驾驶员履行接驳手续,上车驾驶继续执行客运任务的运输组织方式。

接驳运输可有效解决长途客运组织模式存在的安全隐患。鉴于车上没有良好的休息场所,接驳运输组织模式在线路中的合适位置选择接驳点,驾驶员可在此进行停车休息,由接驳点处休息等待的其他驾驶员继续完成驾驶任务,以此避免或杜绝了疲劳驾驶的发生。接驳点处的维修点也可以对车辆进行及时检修,保障车辆的安全性能。同时,开展接驳运输有利于加强道路客运企业间的资源共享,促进车辆及场站资源的高效利用,提升企业的运输组织能力。

2.公路客运接驳运输组织方式

根据线路不同的运营条件,公路客运接驳运输组织模式有着不同的分类。

按接驳线路条数分为"单线"组织模式以及"复线"组织模式。"单线"组织模式以单条线路组织为核心,线路(包括返程线路)经过若干个接驳点,接驳点处等候的驾驶员只需提供本条往返线路的驾驶员换驾接驳的组织模式。"复线"组织模式以接驳点组织为核心,在接驳点处有多条线路经过,共用同一个接驳点进行换驾接驳。此接驳点等候的驾驶员服务于途经接驳点的所有线路。

根据驾驶员服务区域,可分为"路段作业"接驳运输组织模式和"区域作业"接驳运输组织模式。"路段作业"接驳运输组织模式指的是驾驶员在固定路段上往返运行的情况,适用于发车时间相对密集的情况。"区域作业"组织模式指驾驶员在所属接驳点附近区域固定行驶,适用于线路较多但发班次数较少的情况。

根据接驳换乘方式,可分为"换人不换车"组织模式和"换人换车"组织模式。"换人不换车"组织模式是指在接驳点处接驳时,驾驶员换驾休息,车辆由接驳点等候的其他驾驶员继续执行运输任务。因组织和管理较为方便,故"换人不换车"组织模式为目前各运营企业普遍采用的模式,适用于车辆数有限的情况。"换人换车"组织模式指当驾驶员驾驶车辆到达接驳点进行接驳时,驾驶员落地休息,车辆进行维护,由接驳点等候的其他驾驶员和其他车辆继续完成运输任务。此种组织模式下,因沿途接驳点处可进行乘客配载,当线路各区段乘客实载率相差较大时,可以通过换车进行有效的运力配置调整。

(二)定制客运

1.定制客运的概念

定制客运从班车客运衍生而来,指已经取得道路客运班线经营许可的经营者依托电子商务平台发布道路客运班线起讫地等信息、开展线上售票,按照旅客需求灵活确定发车时间、上下旅客地点并提供运输服务的班车客运运营方式。

作为一种需求导向型客运服务系统,定制客运通过聚合单个的出行需求为旅客提供个性化、定制化的运输服务。先进的、科学的、可靠的运行计划可以提高旅客对定制客运的忠诚度和使用黏性，也是客运企业运力资源均衡配置和效益提升的关键。

2. 定制客运组织

与传统班车客运运行计划编制类似，定制客运的运行计划编制需要考虑站点设置、线路设计、时刻表制定、车辆配置等。然而，定制客运与传统的班车客运在运行计划编制方面仍存在一定的差异性，具体表现如下。

(1) 动态站点。在定制客运服务模式下，旅客通过定制客运信息服务平台预约出行需求起讫点。通常，旅客预约出行需求点与其居住地、工作地非常接近，以便更好地实现其"门到门"的出行需求，但也因此导致其具有随机性和分散性的特点。在旅客预约出行需求点众多且分散，而车辆又有盈利约束的情况下，客运服务经营者可以基于旅客预约出行需求设置动态站点，引导一定时空范围内的旅客前往某一个动态站点上车，无须因个别请求而频繁改变行驶线路。科学合理地设置动态站点是满足旅客就近乘降需求、保障旅客安全、提高车辆实载率的重要保障，也是提升定制客运运营效率和服务水平的关键。

(2) 动态线路。无论是班车客运服务模式还是定制客运服务模式，线路设计均是其运行计划编制的关键环节和重要内容。通常，传统班车客运的线路主要基于旅客历史出行的需求信息进行规划设计，线路一旦确定，则较长周期内固定不变。实际上，旅客需求在不断变化，这种方法并不能根据旅客的实际需求及时调整客运线路。与班车客运不同，定制客运的线路是在旅客与客运服务经营者的共同参与下，基于定制客运信息服务平台以灵活、动态、人机交互式的方式完成。在线路设计时既要考虑动态站点的布局、资源配置，又要满足客运服务经营者营运利润目标、旅客满意度等，从而设计合理的定制客运线路。

(3) 动态时刻表。时刻表设计的目的是实现定制客运运力与旅客需求之间的良好匹配。在传统班车客运的运行计划中，客运服务经营者首先确定发车频率和时刻表，假定旅客可以调整个人出行行为以接受预制的时刻表。在实际运营中，由于出行需求的波动性、道路交通状况的不确定性以及出行行为的复杂性，传统的班车客运时刻表制定方法往往导致服务不可靠性的问题。

与传统班车客运时刻表由客运服务经营者主导制定不同，在定制客运服务模式下，旅客通过定制客运信息服务平台预约在特定地点的上车时间段，时刻表在客运服务经营者与旅客双方共同参与、互动反馈的基础上制定。

(4) 动态票价。传统的班车客运通常采用单一票价模式，即同一客运班线的票价相同，而且票价制定后将长时间保持固定不变。虽然当前道路客运量的下滑并不完全取决于单一、固定的票价制定策略，但能否根据客运市场的需求变化对票价及时进行调整，也是不同客运方式能否吸引更多客源的重要因素。在定制客运服务模式下，由于定制客运满足了旅客"点到点""门到门"的出行需求，相较于传统的"站到站"的班车客运，其服务更加便捷和高效。鉴于定制客运的个性化运输服务特征显著，票价也应体现个性化特征，以便与旅客出行行为偏好相契合，同时应与运输企业的运输成本相匹配。因此，定制客运应采取动态的定价策略以适应市场的需要，体现不同层次旅客的需求和市场调控机制。作为定制客运运行计划编制的一项关键工作，合理、科学的票价策略制定对于吸引旅客选择定制客运出行、提升定制客运竞争力具有十分重要的作用。

(5) 车辆配置。车辆配置主要包括车辆类型和配车数量的确定。根据线路长度、道路网条件、旅客需求密度及旅客个性化需求,定制客运需使用不同载客座位数的车型;同时,根据不同的运行计划情况采用不同的配车数量,保证供给与需求相匹配,从而达到控制经营成本、提高经济效益的目的。与班车客运相比,定制客运运行计划更加灵活和弹性,每次运行均根据旅客预约出行需求确定动态站点和线路。其根据所服务区域的道路条件及动态站点客源、预约时间窗进行车辆配置,在车辆具备运行所需的道路条件的基础上,确保车辆具有较高的实载率和服务水平。客运量较小的服务区域,可配置载客座位数较小的车型,避免供给过剩、资源浪费;客运量较大的区域,应配置载客座位数较大的车型,使运行计划更加集约化,节约运营成本;当服务区域的客流具有时间分布特征、不同时间段的客流具有明显差异时,则应采用多车型相结合的车辆配置方案。

第三节　公路货物运输组织与管理

一、公路货物运输组织概述

公路货物运输组织就是从运输生产过程管理入手,按照运输企业的生产经营目标和计划,充分利用各种现有资源,对运输生产的各要素、环节进行合理安排,从运输产品的时间、质量、数量和成本等要求出发,对为社会提供符合需要和用户满意的运输服务全过程进行计划、组织、协调。

公路货物运输组织应符合安全、迅速、准时、方便、经济等基本要求。运输组织需要采用科学合理的运输组织方法,确保按照基本要求开展运输组织工作。

二、公路货运组织管理方法

(一)公路货物运输组织的工作流程

运输过程主要包括两大组成部分:由货主与运输企业之间的运输商务过程和运输企业运送货物的运输生产过程。

运输商务过程是由货主与运输企业之间,围绕运输服务需求和运输服务质量和价格,明确双方权利义务进行交易并最终形成契约关系,订立运输合同的过程。

运输生产过程则是运输企业履行上述契约要求,提供相应的运输产品,将运输对象从始发地送到目的地的过程。这一过程是在运输企业内部,借助一定的载运工具,并综合运用相关技术设备和人力资源,组织有关部门和环节的协调和配合,实现运输对象的运送过程及其相关技术、经济和安全管理过程。

公路货运生产组织工作主要有以下内容。

(1)查看订单。调度员在运输作业信息系统里查看所有未经调度的客户订单列表(一般根据不同的运输需求(如发运时间、发运地和到达地、货物重量及数量、货物性质等)对订单进行排序),同时该列表里还包含了客户对订单运作的具体要求,如车型、提货时间、提货地点、提货条件等。

(2)组合订单。根据托运人的要求、货物的性质,各个订单的发运和到达信息、公司现有运力情况等,对托运人订单进行拆分、组合,统筹安排运输资源,合理分配运量,最后将所有信息录入信息系统。

(3) 中转。确定某项作业是否需要相应的跟进机构,即是否需要异地分公司、办事处或其他运输服务合作单位(如联合运输)来协同完成本作业的送达环节,并将相关信息录入信息系统。

(4) 下达运输计划。将安排好的运输计划分别通知自有车队或其他外包运输服务商,并要求其在规定时限内准备一定数量和符合运输要求(车型、车况)的车辆,等待提货,并及时反馈备好运输车辆的相关信息(驾驶员、车型号等相关信息等)。

(5) 准备提货。安排有需要业务员跟随车辆上门提货的作业,并通知相应的业务员和运输车辆。

(6) 信息反馈。若托运人对订单的既定运输计划,要求得到信息反馈,调度员负责将相关信息提供给客户(通过电话或传真等方式)。

(7) 生成运输作业单。在信息管理系统生成的运输作业,并对其内容进行检查,确保无误。

(8) 订单派发。调度员打印运输作业单,连同客户订单一起派发给业务员、自有车队或其他运输服务商。

(9) 提货及发运。业务员及运输车辆以订单和运输作业单为依据,完成提货和货物发运手续等工作内容。

(10) 运送与途中管理。运输车辆按订单要求发车运送,驾驶员和随车人员要确保在途货物的安全管理。

(11) 信息反馈。调度员对在途订单(运输作业单)进行全程跟踪,将订单在途信息及时录入公司信息管理系统,方便托运人及收货人通过系统对在途货物信息进行跟踪和查询。

(12) 客户签售。收货人与驾驶员或随车人员清点货物,核实无误后,在运单上签售,由驾驶员或随车人员将有关单证带回。

(13) 运输统计与结算。由统计结算人员将上述各工作环节转来的托运单、作业计划、行车路单及运输回单等与报表文件中的同类项数据进行核对,作为对货主结算运费及企业内部运输统计与结算的依据;之后编制有关运输统计报表(如生产日报、车辆运行记录等)、按月度及年度进行企业内部的单车运输结算与编制有关报表(如汽车运输主要技术经济指标等)。

(14) 货运事故处理。如不慎在运输途中出现交通事故,车辆和货物损坏甚至有人员伤亡,运输企业相关管理人员要根据运输合同、保险合同等处理相关赔偿或理赔事项。

公路货运作业流程如图 3-5-1 所示。

在不增加或很少增加车辆数量的前提下,充分挖掘运输潜力,以既有的车辆设备能力完成更多的运输量,是提高运输生产效率和管理水平的重要途径。提高车辆生产率,属于组织技术性问题,包括采用先进的货运组织形式、选择最优行驶路线及合理选用载运车辆等。

(二)公路货运车辆运行组织方式

根据货运任务的要求不同,货运组织一般分为单班运输和多班运输两大类。

(1) 单班运输(人车同休)。

单班运输(人车同时休息)指在一天(24h)之内,一辆车出车工作时间为一个班次。在货运任务比较平稳,运量变化幅度不大的情况下,常采用该种方式。

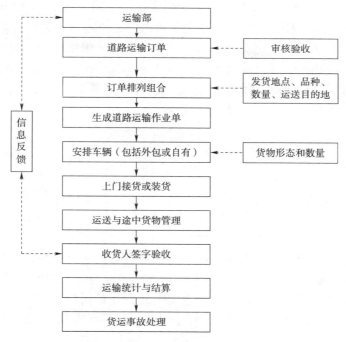

图 3-5-1　公路货运作业流程

(2) 多班运输(人休车不休)。

在一天(24h)之内,如果一辆车出车工作两个或三个班次,就称为双班或多班运输,其出发点是"人休车不休",可以停人不停车或少停车,增加了车辆工作时间,提高了车辆设备利用率和生产率。

组织多班运输的基本方法是每辆汽车配备两名以上的驾驶员,分日夜两班或三班轮流行驶,这种组织方法比较简单易行,在货源、驾驶员、保修装卸等条件都具备,不增添车辆设备就可以完成工作量的条件下,可以采用多班运输,并能取得较好效果。

根据货源情况以及驾驶员工作组织方式的不同,多班运输主要有以下几种组织形式。

① 一车两人,日夜双班。即每车配备驾驶员二人,分为日夜两班,每隔一段时间(每周或旬),日夜班驾驶员相互调换一次,配备一名替班驾驶员,替班轮休。

这种组织形式能做到定人、定车,保证车辆的保修时间,驾驶员的工作、学习、休息时间比较有规律,行车时间组织安排简单,伸缩性大,容易与货主及有关部门配合。缺点是车辆时间利用还不够充分,驾驶员不能当面交接车辆。组织形式及交接班方法如图 3-5-2 所示。

图 3-5-2　一车两人,日夜双班运输组织形式示意图

②一车三人，两工一休。每车配备三名驾驶员，每位驾驶员工作两天、休息一天，夜班轮流，按规定地点、定时交接班。它适用于一个车班内完成一趟或多趟往返的短途运输任务，一般在车站、码头、机场、物流中心等节点处的货物集疏运输采用较多。采用这种组织形式，能做到定车、定人，车辆出车时间较长，运输效率高。缺点是每车班驾驶员一次工作时间较长，容易疲劳；另外，安排车辆和维修时间较紧张，需要配备驾驶员数量也较多。组织形式及交接班方法见表3-5-4。

一车三人，两工一休多班运输组织形式　　　　　　　　　表3-5-4

人员	周一	周二	周三	周四	周五	周六	周日
甲	日	日	休	夜	夜	休	日
乙	夜	休	日	日	夜	夜	夜
丙	休	夜	夜	休	日	日	休

③一车两人，日夜双班，分段交接。每车配备两名驾驶员，分段驾驶，定点（中间站）交接，每隔一段时间，驾驶员对换行驶路线，确保驾驶员劳逸均匀。这种组织形式一般适宜于运距比较长，车辆在一昼夜可以到达送货点或能往返的运输线路上，其特点基本与第一种组织形式相近，但能保证驾驶员当面交接。其组织形式及交接班方法如图3-5-3所示。

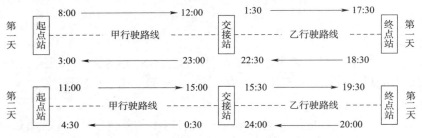

图3-5-3　一车两人，日夜双班，分段交接运输组织形式示意图

④一车三人，日夜双班，分段交接。每车配备三名驾驶员，分日夜两班行驶，驾驶员在中途定点、定时进行交换，中途交接站可设在离终点站较近（全程1/3左右处），并在一个车班时间内能往返一次的地点，在起点配备两名驾驶员，采用日班制，每隔一段时间轮流交换。

这种组织形式运输效率高，能做到定车、定人运行，驾驶员的工作、休息时间均衡，但车辆几乎全日运行，适用于保养能力强，驾驶员充足，或为完成短期突击性运输任务时采用。其组织形式及交接班方法见图3-5-4所示。

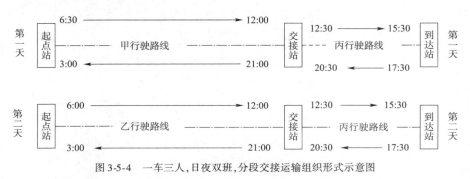

图3-5-4　一车三人，日夜双班，分段交接运输组织形式示意图

⑤两车三人,日夜双班,分段交接。每两车配备三名驾驶员,分段驾驶。其中两名驾驶员各负责一辆车,固定在起点站于与行驶,另一人每天交换两辆车,驾驶员在固定站定站、定时交接。中途交接站可设在离终点站较近(全程1/3左右处)。

这种组织形式能做到定车、定人运行,可减少驾驶员配备,车辆时间利用较好;车辆维护时间充分,但驾驶员工作时间较长,不能正常休息,它适用于运力较紧张时所采用(图3-5-5)。

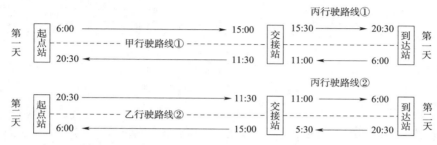

图 3-5-5　两车三人,日夜双班,分段交接运输组织形式示意图

⑥一车两人,轮流驾驶,日夜双班。一辆车上同时配备两名驾驶员,在车辆全部运行时间内,由两人轮流驾驶,交替休息。这种组织形式适用于长途运输、货流不固定的运输线路上。其组织特点是能定人、定车,最大可能地提高车辆运行时间;缺点是驾驶员在车上得不到正常休息,随着高速公路网的形成,车辆性能的不断提高,这种组织形式已越来越多地被采用。其组织形式见表3-5-5。

一车两人,轮流驾驶,日夜双班运输组织形式　　　　表3-5-5

时间(h)	14:30—17:00	17:00—21:00	21:00—1:00	1:00—5:00	5:00—12:00	12:00—19:00	19:00—21:30
作业项目	准备与装车	运行	运行	睡眠	运行	运行	卸车与加油
驾驶员A	√	√	⊙	⊙	√	⊙	√
驾驶员B	√	⊙	√	⊙	⊙	√	√

注:√——工作;⊙——休息。

三、甩挂运输组织

1. 甩挂运输的概念及特点

甩挂运输就是用牵引车拖带挂车至目的地,将挂车甩下后,换上新的挂车运往另一个目的地的运输方式,如图3-5-6所示。

甩挂运输具有以下特点。

(1)挂车、半挂车本身没有动力,需要由具有动力的牵引车进行拖带行驶。

(2)一车多挂。一台牵引车可以配置两台以上的半挂车,并且两者之间不固定搭配;对运输组织化程度要求较高。

(3)甩挂运输要能够"甩"起来,通常要求较高的组织化、网络化、标准化水平,是先进的运输生产力的集中体现。

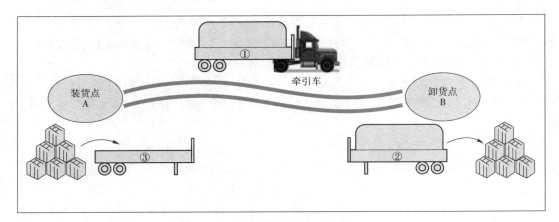

图 3-5-6　车辆甩挂运输组织原理图

2. 甩挂运输的主要组织形式

根据牵引车与挂车配备数量、线路网特点、装卸点装卸能力等,甩挂运输可以分为不同的形式,如图 3-5-7 所示。随着运输组织工作的手段不断完善,甩挂运输的概念和技术也在不断发展,一般情况下,甩挂运输(或作业)主要有以下几种形式。

➤ 按甩挂运输的依托物流枢纽结点:港口、铁路货运站、物流园区和以港口和铁路货运站为货源物流运营中心为依托点:

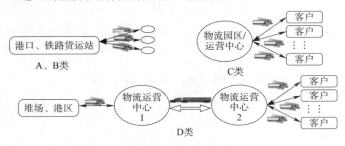

图 3-5-7　甩挂运输形式

(1) 一线两点甩挂运输。这是在短途往复式运输线路上常常采用的一种运输形式。牵引车往复运行于两装卸作业点之间,在整个运输系统中,通过配备一定数量的挂车,牵引车在线路两端将根据具体条件进行甩挂作业,根据货流的情况或装卸的能力,可以采用"一线两点,一端甩挂"(即装甩卸不甩或卸甩装不甩)和"一线两点,两端甩挂"。适用于装卸点固定、运量较大的地区,只要组织得当,其效果比较显著。

(2) 循环甩挂运输。这是在循环行驶线路上进行甩挂作业的一种形式。在闭合循环回路的各装卸点上,配备一定数量的周转集装箱或挂车,牵引车每到达一个装卸点后,甩下所带的集装箱或挂车,装卸工人集中力量率先完成主车的装(或卸)作业,然后,装(挂)上预先准备好的集装箱(挂车)继续行驶。

(3) 驼背运输或载驳运输。在多式联运中,各种运输工具的联结点,挂车或载有集装箱的底盘车由牵引车拖带后直接开上铁路平板车上或者船舶上停妥,然后摘挂后离去,挂车或集装箱底盘车由铁路车辆或船舶载运到前方的换装点,再由换装点的牵引车开上铁路车辆或船舶,挂上挂车或集装箱底盘车,直接运往目的地。驼背运输这一组织方式节约了装卸及换载作业时间,提高了作业效率。

(4)整批货物甩挂运输。通常情况下,对于运距较短但运量大且货源稳定、装卸货地点固定的"两点一线"间整批货物运输,适合在装卸货地点两端同时开展甩挂作业,即同时在装货点和卸货点配备一定数量的周转挂车,采取"两点一线、两端甩挂"的运输组织方式。若是挂车通过半挂牵引车动力的拖带在两点间往复运行,则可选择"一牵一挂"这一列车组合方式。

四、道路特殊货物运输组织

货物运输过程中的部分货物,有危险、鲜活易腐等特点,它们对装卸、运送和保管等作业有其特殊要求,这类货物统称为特殊货物。特殊货物的运输组织与管理,除应当符合普通货物运输的规定外,同时应当根据所运输货物的特点,遵守一些特殊的要求。本小节主要介绍危险品运输、冷链运输的组织与管理。

(一)危险货物运输

1. 危险货物运输的特点

危险货物是指具有爆炸、易燃、毒害、腐蚀、放射性等性质,在运输、装卸和存储保管过程中,容易造成人身伤亡和财产损毁而需要特别防护的货物。其中"具有爆炸、易燃、毒害、腐蚀、放射性等性质"是危险货物造成火灾、灼伤、中毒、辐射伤害与污染等事故的先决条件。与普通货物运输相比,危险货物运输呈现出以下独有的特点。

(1)业务专营。只有符合规定资质并办理相关手续的经营者才能从事道路危险货物运输经营业务。

(2)车辆专用。装运危险货物的车辆不同于普通货物运输的车辆。交通运输部发布的《危险货物运输规则》对装运危险货物的车辆技术状况和设施做出了特别规定。该规定明确了道路危险品运输车辆和设施必须符合特定的要求,普通货物运输车辆和不符合条件的车辆都不得装运危险品。

(3)人员专业。危险货物运输业是一个特殊的行业从事道路危险货物运输的相关人员必须掌握危险货物运输的有关专业知识和技能,并做到持证上岗。

(4)安全运输。安全运输是危险货物运输的基点是区别于其他普通运输的标志,这里所说的"安全性"有这样两层含义:一是在危险货物运输管理中一定要把安全工作放在首位,一切以安全为重,一切工作都必须在安全的前提条件下进行,严格实行"安全一票否决制";二是必须合法、规范地进行危险货物运输和管理。危险货物由于自身特性各异,事故隐患可能出现在运输过程的任何环节,因此必须按照规范一丝不苟地执行。

2. 危险货物运输组织

危险货物运输,要经过受理托运、仓储保管、货物装卸、运送、交付等环节,这些环节分别由不同岗位人员操作完成。其中,受理托运、货物运送及交接保管工作环节尤其应加强管理,其运输组织要点如下。

(1)受理托运。营业人员受理业务时,应认真填写托运单,并认真核对托运单上所填写货物的编号、品名、规格、件重、净重、总重、收发货地点、时间,以及所提供的单证是否符合规定。对第一次接受承运的危险货物必须向托运人索取《化学品安全技术说明书》(CSDS),获取危险货物安全数据清单,方可受理。对于未列入《危险货物品名表》的危险货物,托运人出具《危险货物鉴定表》后,方可受理。

(2)生产调度。生产调度工作是通过车辆运行作业计划和调度命令,将企业内部各个生产环节做出合理安排,根据承运的危险货物特性、质量,选配合适的运输车辆,并加强现场管理和车辆运行指挥,以保证运输生产的连续性、均衡性及安全性。

(3)货物运送。应当根据所运危险货物的性质,配备必需的应急处理器材和安全防护设备。在运输过程中,除驾驶人员外,必须另外配备押运人员对运输全过程进行监管。在运输过程中,若发生燃烧、爆炸、污染、中毒或被盗、丢失、流散、泄漏等事故时,驾驶人员、押运人员要立即向当地公安部门和本单位报告,说明事故情况、危险货物品名、危害和应急措施,在现场采取一切可能的警示措施,并积极配合有关部门进行处置。此外,不得使用危险货物运输车辆运输食品、生活用品、药品、医疗器具,不得使用罐式专用车辆或者运输有毒、腐蚀、放射性危险货物的运输车辆运输普通货物,其他危险货物运输车辆运输普通货物时,必须进行消除危险处理。

(4)交接保管。自货物交付起至运达止,承运单位及驾驶、装卸人员应负保管责任。托运人派有押运人员的应明确各自应负的责任。在货物交接时,危险货物必须点收点交,签证手续完善。装货时发现包装不良或不符安全要求,应拒绝装运,待改善后再运。卸货时发生货损货差,收货人不得拒收,并应及时采取安全措施,以避免扩大损失,同时在运输单证上批注清楚,驾驶员、装卸工返回单位后,应向调度汇报,及时处理。因故不能及时卸货,在待卸期间行车人员应负责对所运危险货物的看管,同时应及时与托运人取得联系,做出处理决定。在货物存放方面,禁止危险货物与普通货物混合存放。

(二)冷链运输

1. 冷链运输的特点

冷链运输是指在运输全过程中,在装卸搬运、变更运输方式、更换包装设备等环节使所运输货物始终保持一定温度的运输。冷链运输是冷链物流的一个重要环节,冷链运输成本高,而且包含了较复杂的移动制冷技术和保温箱制造技术,冷链运输管理包含更多的风险和不确定性。

冷链运输与普通常温运输相比,具有以下特点。

(1)运输对象具有特殊性。冷链运输的对象为鲜活易腐性货物。鲜活易腐性货物的腐败变质主要是由微生物的作用、酶的作用、氧化作用、呼吸作用和机械损伤造成的,温度对以上5种腐败变质因素具有重要影响,此外,水分活度也是影响货物腐败程度的一个因素。

(2)运输温度要求严格。在冷链运输过程中需连续保持适宜的温度和湿度环境。

(3)对货物原始品质要求高。货物的原始品质对冷链运输质量的影响非常重要,其次是保证包装要符合鲜活易腐货物的特性和冷链运输的要求。

(4)运输时效性要求高。冷链运输必须有一定的时效性,要求快速运输。超长时间运输,货物品质就会显著降低。

(5)需要专业的设施设备。例如专用的冷藏车、冷藏箱、蓄冷器、冷库以及低温装卸平台、温度检测和记录设备、温度报警装置等。

(6)各环节作业要求更高的专业性和协调性。各个作业环节需要协调一致、紧密配合才能保证冷链不会"断链"。同时,对各环节作业的要求也更高,不仅需要对各种特殊设备进行专业操作,运输、装卸过程的作业要求也更加严格,还要能够应对温度异常等各种突发事件。

2. 冷链运输组织工作

良好的冷链运输组织工作对保证所运货物的质量十分重要。鲜活易腐货物运输的特殊性要求保证及时运输。应充分发挥公路运输快速、直达的特点，协调好仓储、配载、运送各环节，及时送达。

配载运送时，应对货物的质量、包装和温度要求进行认真检查，包装要合乎要求，温度要符合规定。应根据货物的种类、运送季节、运送距离和运送地方确定相应的运输服务方法，及时地组织适宜车辆予以装运。鲜活易腐货物装车前，必须认真检查车辆及设备的完好状态，应注意清洗和消毒，装车时应根据不同货物的特点，确定其装载方法。如为保持冷冻货物的冷藏温度，可紧密堆码，水果、蔬菜等需要通风散热的货物，必须在货件之间保留一定的空隙，怕压的货物必须在车内加隔板，分层装载。

第四节 公路运输服务绩效管理

一、绩效定义和绩效考核方法

一般来说，绩效的定义是企业完成业绩目标和人才发展进行的工作结果、工作过程行为、工作能力评估及完善的过程。

绩效考核是指考核主体（如政府、企业）对照岗位目标和绩效标准，采用科学的考核方式，评定工作主体（如下属企业、企业员工）的工作任务完成情况、工作主体的工作职责履行程度和工作主体的发展情况，并且将评定结果反馈给工作主体的过程。绩效考核是记录工作主体工作行为和结果，采用可衡量的评价方法形成评价结果，进而促进组织共同发展的过程。绩效考核包括计划、实施、反馈和改进等环节，所有环节相互统一，形成一套完整的绩效考核体系。常用的绩效管理方法包括目标管理法（MBO）、平衡计分卡（BSC）、360度考核法（又称全方位考核法）、关键绩效指标考核法（KPI）和目标与关键结果（OKR）考核法。

二、公路客货运绩效管理

客货运绩效管理重点针对人员绩效和单车绩效，管理体系包含以下核心环节。

（1）选择考核方法：选择适合考核主体特色的考核方法，如KPI考核法。

（2）量化考核指标：对财务、业务、团队管理、工作能力和学习成长等维度进行综合测评。

（3）确定考核计划、组织架构、考核周期：确定绩效考核实施主体、被考核人、考评分数来源、考核流程。

（4）绩效反馈与改进：将考核绩效存档，传达给被考核人，推动绩效持续改进。

（5）绩效结果应用：对接绩效奖励、人事调整、培训与再教育、人力资源等管理接口。

1. 人员绩效管理

人员绩效考核一般采取平衡计分法，将绩效指标分解为财务维度、业务维度、团队管理维度、工作能力维度和学习成长维度等方面，利用KPI考核法确定考核关键指标，利用层次分析加权、熵权法等方法分配各维度及其下属考核指标的权重。

以财务人员为例，首先分析财务部门主要职责，即：

（1）严格遵守财经法律法规，建立会计账册，进行会计核算，审核原始凭证，编制记账凭

证,据此登记核算各类明细账,保证财账相符、账账相符、账表相符;

(2)按照企业办事规则和各岗位操作流程、工作流程办理会计业务;

(3)负责财务总账和报表编制工作;

(4)建立健全财务规章制度;

(5)编制企业财务分析。

根据主要职责,从绩效考核五大维度入手,利用比较矩阵计算五维能力权重(表3-5-6)。

客货运企业财务人员五维能力权重表　　　　　表3-5-6

项目	财务	业务	团队管理	工作能力	学习成长	权重
财务	1	2	3	2	3	0.31
业务	1/2	1	4	4	1/3	0.25
团队管理	1/3	1/4	1	1/2	1/2	0.08
工作能力	1/2	1/4	2	1	3	0.18
学习成长	1/3	3	2	1/3	1	0.18

2. 单车绩效管理

单车绩效考核以单台运营车辆为考察课题,以单个驾驶员与车辆管理人员为考核对象,以单车成本核算为核心的一种绩效考核方式。确立以单台车辆为考核对象,可以直接针对驾驶人员、乘务人员等与车辆运营直接相关的主体设定考核标准,区别于其他业务管理人员,考核工作更具针对性,权责更加明确。此外,将成本控制作为单车核算的核心,服务质量、安全管理、车辆运营收入、运营纪律考察等作为单车绩效考核的核算范畴,进一步丰富客货运绩效考核指标体系。单车绩效考核包含以下流程。

(1)建立单车绩效考核领导小组。全面负责考核过程各部门的协调与合作,加强各部门的沟通与问题反馈。

(2)各职能部门明确权责。各职能部门在考核小组的领导下明确工作职责,严格按照核定的部门职责按步骤执行,避免职责不清导致的责任事故推诿。

(3)数据采集。考核工作需要准确的原始数据支撑。单车考核一般考虑油耗、修理费、胎费、安全事件等指标,通过服务行程报表、维修报表、加油记录、全球卫星定位(如北斗卫星导航系统)、车辆自诊断系统(OBD)、车载视频监控等设备与手段,详细记录被考察车辆的行程及行程中产生的费用与安全事件数,定期对考核数据进行汇总、整理。

(4)确定绩效考核周期。在单车绩效考核过程中,对单车收入、油耗、修理费、安全、服务、运营等六个方面的考核以月度考核、月度兑换的方式。由于轮胎使用寿命较长,可以采用月度考核、季度兑现的方式完成。

(5)制定绩效考核激励方法。针对各单车考核指标,针对性建立激励方法。如针对油耗,可采取企业内部排名、油费包干等手段,激励驾驶员在驾驶过程中减少激进驾驶行为,降低油耗;针对安全事件,通过实时视频监控和动作识别算法,及时发现行程中的安全隐患(疲劳驾驶、接打电话等),通过即时通信传达警示指令。

三、数字化背景下客货运输绩效管理技术

绩效考核的有效性需要以下五个元素的支撑：数据充分、数据源正确、数据采集时间与地点准确、考核人和考核制度完善。实现这样一套业绩管理体系，需要依赖数字化管理手段，通过建立标准工作流程收集并展现多个数据来源的数据，帮助管理者切实把握现状，做出决策，并加以有效实施。否则，如果沿用传统方式，将很难落实上述五个要素。

数字化可赋予传统绩效管理新的理念与价值（表 3-5-7），形成具备跨区域实时对标、高效及时的数据分析和"专业的人干专业的事"及大团队合作的管理闭环。

传统绩效管理与数字化绩效管理的对比 表 3-5-7

项目	传统绩效管理	数字化绩效管理
数据	原始数据追溯难、数据记录精度低	高精度数据实时上传，便于不同尺度数据分析支撑绩效管理
来源	花费大量人力和物力收集与统计数据	通过数字化管理系统自动生成报告，数据来源统一可靠
时间和地点	结果数据滞后	实时数据警报，及时解决问题
人	容易因为问题不及时上传或管理人员过于繁忙而无法展开有效沟通	任意时间、地点、人员均可开展对话，提高沟通效率
决策	依赖负责人的问题识别与解决能力	数字化致因分析，实现全链条举措追踪，保证举措的闭环与落地

数字化客货运绩效管理基于以下五类突破性应用。

第一类：设备直联。通过工业物联网（IoT）直接完成数据抽取、清理、分析与展现，形成企业内部准确可靠的信息来源，避免任何数据结果的二次处理，同时为未来的大数据分析积累宝贵的原始数据资料。

第二类：实时根因。在企业实物运行过程中，一旦问题发生，要由掌握实际情况的员工或一线管理者在线填写或分析致因。这是积累原始数据的有效方法。基于数据的统计基础，管理人员能更好指导一线员工深入分析问题。

第三类：动态计算。将运输服务信息与设备原料、能源消耗、人力消耗等人力物力资源使用情况相结合，动态计算不同产品组合下工序物耗与能耗的基础，更加准确地呈现偏差。

第四类：问题报送。按照指标偏离的频率、次数与严重程度来预设报警管理规则，根据事件的紧急程度将问题逐级推送给管理人员，确保管理人员及时知晓、按需干预。

第五类：联动绩效。将问题识别、举措闭环等行为结果指标纳入管理人员的考核评价体系，推动管理人员业务水平的提升。

四、公路客货运数字化绩效管理实例

1. 实例1：公路货运企业数字化安全绩效管理

安全作为交通运输的首要评价指标之一，依靠全面、精准的信息管理和信息共享。数字化技术（如车载监测设备、云端数据库、大数据处理等）可以有效提高安全生产管理的效率，已被广泛应用在公路货运企业安全绩效管理中。具体应用包括车辆监控与管理、驾驶员管理、货物追踪与管理、风险评估与预警、数据分析与应用等。

车辆监控与管理：通过安装车辆定位装置、视频监控设备等手段，实时监控运营车辆的位置、行驶路线、速度、油耗等信息。同时，及时发现并处理车辆故障，确保车辆的安全运营。

驾驶员管理：通过安装车载监控设备，对驾驶员的驾驶行为进行监控与记录，分析驾驶员的驾驶习惯和安全记录，及时纠正不安全用车行为，降低驾驶员违规驾驶和安全事故的发生率。

货物追踪与监管：通过物联网设备、条码识别和 RFID 等技术，对货物进行追踪和管理，实现货物信息自动上传，确保货物的安全性和完整性，提高货物运输效率。

事故风险评估与预警：通过对车辆、驾驶员、货物和路线等因素的全面精准评估，对安全风险进行预判和预警，及时采取措施进行安全防范和控制，降低安全事故发生的风险。

数据分析与应用：通过海量多源数据的收集与分析，实现数据挖掘和应用，为安全绩效管理提供更加准确、全面的决策依据，同时及时发现不合理的运输路线和不良运输习惯，为优化安全管理提供支持。

2. 实例2：城市地面公交数字化业务管理

随着城镇化进程不断推进和社会经济不断发展，我国城市道路交通拥堵问题凸显，优先发展城市公共交通成为共识。然而，随着区域轨道交通网络的建设完善、私家车保有量的不断提升和网约车市场的持续扩张，城市地面公交的客流需求大幅缩减，公交企业运营效益受到挑战，企业亏损问题严重，政府财政补贴压力连年增高。因此，全面开展公交服务绩效管理工作，解析地面公交服务的本源问题，对城市公交服务效益的提升具有重大意义。公交运营公司通过建设企业资源规划（Enterprise Resource Planning，ERP）等数字化管理系统，联动公交智能调度、安全监控、安全作业、机务维修、刷卡收银、客户服务、物资管理、在线培训、行政管理等多个信息化系统，可基本覆盖运营、安全、机务、服务等业务。城市公交数字化应用架构如图3-5-8所示。

数据架构上，公交服务绩效管理的数据架构可分为两层：基础数据标准和统计数据标准。基础数据标准相对静态，主要包括公交核心业务数据，如人员、线路、车辆等和参考数据，如车辆类型、线路分类、燃料类型等。统计数据标准相对动态，主要包括描述运营班次和交易记录等运营活动的生产数据，以及针对运营收益和安全等评价性指标的业务活动分析统计数据。通过建设公交业务管理数字化底座，可实现公交企业运营成本、期间费用、税金和附加成本的细粒度管理，从而通过数字化手段准确掌握公交运营各成本支出和收益情况，有助于增强线路退出准入、车型置换、场站扩建、运营班次调整等公交规划与运营工作决策的科学性。

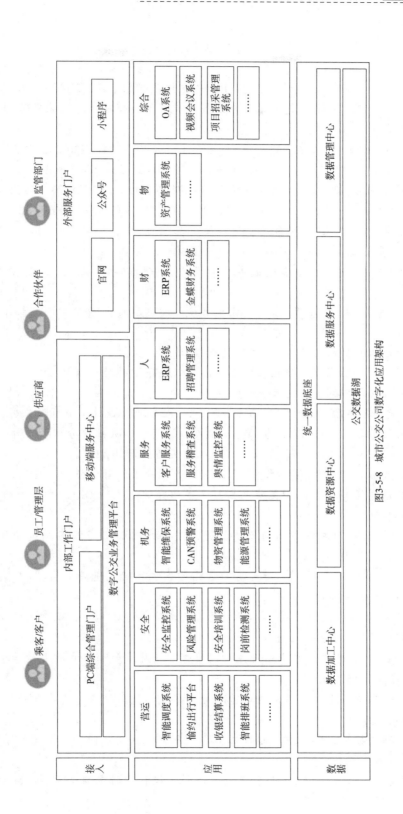

图3-5-8 城市公交公司数字化应用架构

本篇参考文献

[1] 2022年交通运输行业发展统计公报[J]. 中国水运,2023(07):29-33.

[2] 崔姝,饶宗皓,王宇,等. 构建双循环新发展格局背景下公路交通发展思路[J]. 交通运输部管理干部学院学报,2020,30(04):41-44.

[3] 交通运输部. 公路"十四五"发展规划[EB/OL]. (2022-01-29)[2023-08-18]. https://xxgk.mot.gov.cn/2020/jigou/zhghs/202204/t20220407_3649836.html

[4] 国家发展改革委,交通运输部. 国家公路网规划[EB/OL]. (2022-07-04)[2023-08-18]. https://www.gov.cn/zhengce/zhengceku/2022-07/12/content_5700633.htm

[5] 交通运输部. "十四五"公路养护管理发展纲要[EB/OL]. (2022-04-26)[2023-08-18]. https://xxgk.mot.gov.cn/2020/jigou/glj/202204/t20220426_3652905.html

[6] 贾元华,于洪兴,李斌. 公路交通现代化发展理论与实践[M]. 北京:中国铁道出版社,2017.

[7] 徐志刚,李金龙,赵祥模,等. 智能公路发展现状与关键技术[J]. 中国公路学报,2019,32(8):1-24.

[8] 杨涛. 公路网规划[M]. 北京:人民交通出版社,1994.

[9] 张生瑞,周伟. 公路网规划理论与方法[M]. 北京:中国铁道出版社,2009.

[10] 裴玉龙. 公路网规划[M]. 2版. 北京:人民交通出版社,2011.

[11] 许金良,等. 道路勘测设计[M]. 5版. 北京:人民交通出版社股份有限公司,2018.

[12] 程国柱,裴玉龙. 道路通行能力[M]. 北京:人民交通出版社股份有限公司,2019.

[13] 邓学钧. 路基路面工程[M]. 3版. 北京:人民交通出版社,2008.

[14] 申爱琴. 道路工程材料[M]. 北京:人民交通出版社股份有限公司,2016.

[15] 《中国公路学报》编辑部. 中国路面工程学术研究综述·2020[J]. 中国公路学报,2020,33(10):1-66.

[16] 胡长顺,王秉纲. 水泥混凝土与沥青混凝土复合式路面研究综述[J]. 中国公路学报,1994,(04):33-39.

[17] 裴建中,贾彦顺,张久鹏,等. 沥青路面结构可靠度的研究进展及展望[J]. 中国公路学报,2016,29(01):1-15.

[18] 徐鹏,祝轩,姚丁,等. 沥青路面养护智能检测与决策综述[J]. 中南大学学报(自然科学版),2021,52(07):2099-2117.

[19] 黄晓明,赵润民. 道路交通基础设施韧性研究现状及展望[J]. 吉林大学学报(工学版),2023,53(06):1529-1549.

[20] 裴建中. 道路工程学科前沿进展与道路交通系统的代际转换[J]. 中国公路学报,2018,31(11):1-10.

[21] 《中国公路学报》编辑部. 中国道路工程学术研究综述·2013[J]. 中国公路学报,2013,26(3):1-36.

[22] 张阳,王傲鹏,张靖霖,等. 水泥稳定碎石材料干燥收缩研究综述[J]. 吉林大学学报(工学版),2023,53(02):297-311.

[23] 邵旭东.桥梁工程[M].5版.北京:人民交通出版社股份有限公司,2019.
[24] Thoughts on the development of bridge technology in China[J]. Engineering,2019,5(6):1120-1130.
[25] 谢永利.隧道工程[M].重庆:重庆大学出版社,2015.
[26] 张昭雷.隧道工程地质勘察相关阶段的技术要点关键分析[J].中国标准化,2019(24):134-135.
[27] 叶志明.土木工程概论[M].5版.北京:高等教育出版社,2020.
[28] 谭忠盛,吴金刚.我国隧道钻爆法施工技术回顾与展望[J].隧道建设(中英文),2023,43(06):899-920.
[29] 王梦恕.中国隧道及地下工程修建技术[M].北京:人民交通出版社,2010.
[30] 陈志敏,欧尔峰,马丽娜.隧道及地下工程[M].北京:清华大学出版社,2014.
[31] 段树金,向中富.土木工程概论[M].2版.重庆:重庆大学出版社,2022.
[32] 陈越.沉管隧道技术应用及发展趋势[J].隧道建设,2017,37(04):387-393.
[33] 丁浩,程亮,李科.悬浮隧道结构动力响应研究进展与展望[J].隧道建设(中英文),2019,39(06):901-912.
[34] 《中国公路学报》编辑部.中国交通隧道工程学术研究综述·2022[J].中国公路学报,2022,35(04):1-40.
[35] 朱永全,宋玉香.隧道工程[M].3版.北京:中国铁道出版社,2015.
[36] 陈湘生,徐志豪,包小华,等.隧道病害监测检测技术研究现状概述[J].隧道与地下工程灾害防治,2020,2(03):1-12.
[37] 鲁植雄.载运工具原理及应用[M].3版.长沙:东南大学出版社.2020.
[38] 尹传忠.运载工具运用基础[M].上海:上海交通大学出版社2012.
[39] 何洪文.电动汽车原理与构造[M].2版.北京:机械工业出版社,2018.
[40] 陈清泉,孙逢春,祝嘉光.现代电动汽车技术[M].北京:北京理工大学出版社,2002.
[41] 严朝勇.电动汽车电机控制与驱动技术[M].北京:机械工业出版社,2017.
[42] 胡志强,Martin Hofmann,Florian Neukart,等.智能汽车的发展愿景——从人工智能与数据分析的角度分析[J].中国工业和信息化,2018(06):40-45.DOI:10.19609/j.cnki.cn10-1299/f.2018.06.006.
[43] 朱冰,范天昕,张培兴,等.智能网联汽车标准化建设进程综述[J].Automobile Technology,2023(7).
[44] 陈刚,殷国栋,王良模.自动驾驶概论[M].北京:机械工业出版社,2019.
[45] 陈慧岩,熊光明,龚建伟,等.无人驾驶汽车概论[M].北京:北京理工大学出版社,2014.
[46] On-Road Automated Driving(ORAD) Committee. Taxonomy and definitions for terms related to driving automation systems for on-road motor vehicles[M]. SAE International,2021.
[47] 李洋,杨智元,陈晓龙,等.智能汽车人机协同决策关键技术综述[J/OL].中国公路学报:1-31[2024-02-07]. http://kns.cnki.net/kcms/detail/61.1313.U.20240126.1825.002.html.
[48] 何杰,鲍香台.运输组织学[M].3版.南京:东南大学出版社,2022.

第四篇

铁路交通运输系统

第一章 铁路交通运输系统概述

第一节 铁路交通运输系统的特点、地位与作用

一、铁路交通运输内涵

(一)定义

广义的铁路交通运输是指载运工具(车辆)在特定导轨导引下将旅客或货物运送到目的地的交通运输方式。其中,导轨类型包括钢轮路轨、胶轮路轨和电磁轨道等;载运工具包括铁路客货车辆、动车组、重载列车、轻轨列车、单轨列车、有轨电车和磁悬浮列车等。狭义的铁路交通运输是指载运工具通过钢轨导引运行的交通运输方式,不包含地铁、轻轨、磁悬浮等城市轨道交通。

(二)技术经济特征

(1)运量大。我国重载铁路开行的载重最大的重载列车为载重3万吨级的重载列车;我国高速铁路长编组动车组(16辆)一次可运输旅客1200余人。

(2)速度快。铁路列车在固定导轨上运行,运行时阻力较小,同时不受其他交通工具和外界环境的干扰,运行速度快。

(3)安全性强。铁路运输集中调度管理,通过信号系统、自动控制系统等对列车运行全过程进行监控,保证运输安全。

(4)可靠性高。铁路运输几乎不受气候和交通拥堵等因素影响,可无间断地进行旅客和货物运输,运输准点率高。

(5)经济性突出。铁路运输可以实现规模效益。

(6)低碳环保。列车主要使用电力作为动力源,能源利用效率较高,碳排放量更少。

(7)初期投资大。铁路基础设施建设时,需要铺设轨道、建造桥梁和隧道、修建车站等场站设施,占用土地相对较多,其初期投资大,且固定成本占比较大。

(8)建设周期长。铁路需要考虑地质、地形、气候等多种因素,施工前需要进行详细、精细的勘察和设计,同时还涉及大量的土建工程、电气工程等复杂工程技术,所以铁路基础设施建设周期较长。

(9)灵活性差。列车行驶在固定轨道上,货物装卸和旅客乘降等作业必须在车站完成,整体机动性差,一般都需要其他运输方式的配合才能完成货物和旅客的全程运输服务。

(10)作业时间长。由于铁路运输的集中调度管理模式,列车在车站的始发、中转、终到等技术作业时间相对较长。

二、铁路交通运输的地位与作用

铁路运输是国民经济发展的大动脉,对经济社会发展产生了重大作用和深远影响,在我国综合交通体系中一直处于骨干地位。

铁路运输是国民经济中的基础性、先导性、战略性产业,对国家经济的繁荣、区域经济的发展和人民生活水平的提高都具有重要意义。首先,铁路是国家交通基础设施的重要组成部分,铁路运输实现了人员和货物大量、快速的流动,促进了区域间的经济联系和资源的优化配置。其次,铁路运输对城市化进程起到了重要的推动作用。铁路线路的建设和运营,可以促进城市之间的联系和交流,加快城市的发展。最后,铁路运输的发展还可以创造大量的就业机会,提高就业率。

铁路运输在生产资料流通领域中的地位和作用极其重要。铁路运输能够承担大规模、长距离的货物(尤其是大宗货物)运输任务,可以通过组织列车编组和增加运输频次来满足不同规模和距离的运输需求,为生产流通提供可靠的保障。同时,准时、准点的运输货物,保证了生产流通的顺畅。另外,相比其他运输方式,铁路运输还具有低成本和高安全性等特征。

铁路运输在旅客运输市场中也扮演着越来越重要的角色。由于铁路运输在快速性、可达性、准时性、舒适性和经济性等方面具有显著优势,是很多国家旅客运输的主要方式。特别是 21 世纪以来,我国高速铁路飞速发展,满足了日益增长的高速度、高质量出行需求,铁路运输和人民群众的日常生活已密不可分。根据铁道统计公报的数据,从 2017 年开始,我国铁路旅客发送量就超过了 30 亿人次。随着高速铁路网络的持续完善,铁路旅客发送量和周转量还在持续递增。

第二节 铁路交通运输系统的组成

一、铁路交通运输系统构成

铁路运输与其他运输方式一样,其服务目的都是快速、安全地完成旅客和货物的位移。为了实现这一功能,铁路交通运输系统是由基础设施、移动装备和运输组织管理系统构成。其中,运输组织管理系统涉及对基础设施、移动装备的管理,同时由于系统内外部的环境和人员都会对铁路基础设施和移动装备等产生各种影响,因此,铁路运输组织管理工作的对象,还包括环境和人员,如图 4-1-1 所示。

二、基础设施

铁路基础设施,也被称为铁路固定设施,主要包括线路、道床、桥梁、隧道、场站及其附属设施、铁路枢纽、信号与通信系统、列车自动控制系统等。

(一)铁路线路

铁路线路是使用机车牵引或使用装有动力装置的列车行驶于轨道上的交通线路,通常由钢轨和相应的道岔、信号设备、电气设备等组成。在铁路设计领域,铁路线路的内涵还包括长度、轨距、最高运行速度、线路等级等信息。

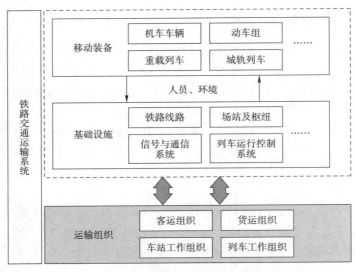

图 4-1-1　铁路交通运输系统构成

(二)场站及其附属设施

铁路场站是列车的起点、终点或途中停靠的地点,也是旅客上下车和货物装卸的主要场所。场站附属设施包括站房、站台、售票处、候车室、行李寄存处、货场、卫生间、餐厅、商店等,主要是为旅客和货物提供服务。

(三)铁路枢纽

铁路枢纽是指连接多条铁路线路的交通枢纽,通常包括车站、货场、调车场、机务段等设施,执行换乘、调度、运输、维修等,是铁路运输系统中的重要组成部分。

(四)信号与通信系统

信号与通信系统是确保列车之间的安全距离、运行顺序和有效通信的重要系统。信号系统主要包括信号灯、信号标志和信号设备等,用于向列车司机传递行车指令和信息等,以确保列车在线路上按规定速度和间隔行驶。通信系统主要包括列车间的通信设备、列车与调度中心的通信设备,用于实现列车与信号中心、车站、调度员等的通信。

(五)列车运行控制系统

列车运行控制系统是根据列车在线路上的客观运行条件、实际运行状况等,通过列车车载设备和地面设备,对列车运行实施控制、监督和调整的系统,目的是保证行车安全,提高运输能力。列车运行控制系统也简称为列控系统。

(六)其他设施

其他设施指为了保证铁路线路和列车运行的安全而设置的设施,如在高速铁路沿线设置有防护栏,以及牵引供电设施等。

三、移动装备

移动装备是指可以在铁路线路上移动的相关设备,主要包括机车、车辆、动车组以及重载列车、城市轨道交通列车等。

(一)机车

机车是指牵引和推动铁路车辆的动力机械设备,如内燃机车、电力机车等。

(二)车辆

车辆是指铁路的客车和货车,用于运送乘客和货物。广义的铁路车辆泛指在铁路上运行的车辆,包括各种类型的列车、机车、客车、货车、动车组等。

(三)动车组

动车组又称动车组列车,是由若干带动力的铁路车辆(动车,M)和不带动力的铁路车辆(拖车,T)组成,具有起动加速快、编组固定和折返不摘挂机车等特点。

(四)重载列车

重载列车是指在货运量到发集中的运输线路上采用大型专用货车编组、采用双机车或多机车牵引而开行的一种超长、超重的货物列车。

(五)城市轨道交通列车

城市轨道交通列车是指在城市公共交通方式中,采用铁路轨道结构进行承重和导向的车辆运输系统。

四、运输组织与管理

运输组织与管理是指对铁路运输系统进行规划、协调、管理和监督的工作,包括客运组织、货运组织、车站工作组织、列车工作组织和列车运行图等。

(一)铁路客运组织

铁路客运组织主要包括票务管理、客运服务、客运营销、旅客安全管理等工作,主要任务是根据旅客需求和运输计划,合理安排列车运行,满足旅客出行需求。

(二)铁路货运组织

铁路货运组织是指对货物运输进行组织、管理和协调的一系列活动和机构,活动包括货物的接收、装卸、运输、储存、配送等;机构包括铁路货运公司、货运站、货运部门等。

(三)车站工作组织

车站工作组织是指车站的日常运营、安全管理、客运服务等工作,主要职责包括车站运营管理、安全生产管理、客运服务管理、货运服务管理、设备设施维护管理等。

(四)列车工作组织

列车工作组织主要用于协调和管理列车的运行和服务,包括列车调度、列车运行、车站服务、乘务员管理等,通过有效的协作和沟通,保障列车的正常运行和乘客的出行体验。

(五)列车运行图

列车运行图是列车在铁路线路上的运行时间表,包括列车的发车时间、到达时间、途经站点、停靠时间等信息,用于安排列车的运行计划,确保列车按时、安全地运行。

第三节 铁路交通运输的发展

一、铁路发展历程

(一)世界铁路发展概况

铁路起源于19世纪初。世界上第一条正式运营的铁路,是1825年正式开通的英国斯托克顿—达灵顿铁路,标志着近代铁路运输业的开端。19世纪50年代是英国铁路建设的高峰时期,截至1880年,英国主要铁路线路基本建成。

1830年5月,美国第一条铁路建成通车,从巴尔的摩至埃利州科特,全长21km。此后,美国铁路建设规模持续扩大,到1910年共修筑铁路37万余公里。1916年,美国铁路营业里程达历史最高峰,共计408745km。随着其他运输方式的迅速发展,铁路运营规模不断缩减。

截止到20世纪40年代,全世界共有70余个国家拥有近100万km铁路营业里程。第二次世界大战结束后,由于工业发达国家的公路和航空运输业蓬勃兴起,铁路运输所占比例不断下降,由于经营状况不佳,部分国家拆除或封闭标准低、运量小的铁路。

20世纪60年代后期以来,铁路进入采用新技术装备的调整期。1964年,日本建成东京至大阪的世界上第一条高速铁路。20世纪70年代能源危机后,铁路建设又重新得到了很多国家的重视,法国、英国、德国等国家先后开始修建高速铁路。

(二)中国铁路发展概况

中国第一条运营铁路是1876年由英国修建的吴淞铁路,全长共14.5km,轨距762mm,次年(1877年)被清政府赎回并拆除。1881年建成的唐胥铁路是中国自建的首条标准轨货运铁路。1897年,按吴淞铁路原线路走向再建淞沪铁路。1909年建成的京张铁路,是我国自主设计和建造的首条干线铁路,由詹天佑负责设计和修建。

中华人民共和国成立后,设置铁道部。在中国共产党的领导下,我国克服重重困难,集中力量恢复被战争破坏的铁路。到1949年底,共修复铁路8278km、桥梁2717座,铁路通车里程达21810km,为推动我国工业体系建立和促进国民经济发展提供了保障。

我国为开发西部地区,先后组织修建了成渝铁路、宝成铁路、包兰铁路等重要铁路干线。其中,1952年通车的成渝铁路是新中国成立后我国自行设计施工、完全采用国产材料修建的第一条铁路。2006年全线通车的青藏铁路,全长1956km,是世界上海拔最高、线路最长的高原铁路。1992年全线通车的大秦铁路,全长653km,是我国第一条双线电气化重载运煤专线。

2003年,秦沈(秦皇岛—沈阳)客运专线建成通车,设计时速200km,基础设施预留至250km/h,其中包括山海关—绥中间66.8km、最高时速250~300km的高速试验段,是我国第一条快速客运专线铁路。2007年,我国铁路实施第六次大提速,在有条件的提速干线成功开行时速200~250km的动车组列车,达到了既有线提速改造的世界先进水平。2008年,我国第一条时速超300km的高速铁路—京津城际铁路开通运营。2009年,我国第一条长距离高速铁路——京广高速铁路武广段开通运营,最高时速350km,标志着我国迈进高铁时代。

2010—2018年,京沪高速铁路、京广高速铁路、沪昆高速铁路等先后投入运营,东部、中部、西部和东北四大板块间实现高铁互联互通。2013年,铁道部撤销实行政企分开原则,铁道部拆分为国家铁路局(承担主要行政职责)和中国铁路总公司(承担企业职责)。2019年6月,中国铁路总公司改制成立中国国家铁路集团有限公司(以下简称"国铁集团")。

在我国自主设计和建造的第一条干线铁路——京张铁路的100多年后,由我国自主设计建造、世界上首次全线采用智能技术建造的京张高速铁路,于2019年12月30日全线开通运营。国铁集团在2020年发布了《智能高速铁路体系架构1.0》,并被国际铁路联盟采纳,为世界智能高速铁路的发展提供了中国方案。

二、铁路发展方向

(一)更高速化

近几十年来,随着社会经济持续发展和科学技术不断进步,追求更快速度以缩短货物和旅客在途时间,一直是铁路发展的重点所在。高速铁路具有速度快、运力大等优势,能提供更快捷、便利的服务。许多国家都在积极推进高速铁路建设。同时,磁悬浮列车、真空管道运输、自动驾驶技术、智能化系统等的研究和应用,也为铁路未来更高速化的发展需求提供了基础和支撑。

(二)更智能化

未来智能铁路是指通过应用先进的信息化技术,包括基于全方位态势感知、自动驾驶、运行控制、故障诊断、故障预测与健康管理等技术,实现铁路移动装备及基础设施的自感知、自诊断、自决策、自适应、自修复;采用泛在感知、智能监测、虚拟现实、智能视频、事故预测及智能网联等技术,实现运输计划的一体化编制和智能调整等。

(三)更绿色化

随着新能源技术的发展,铁路未来将研究采用氢能、太阳能、风能等可再生能源作为列车动力源,以进一步减少对传统能源的依赖和温室气体的排放。目前,世界各国的铁路行业在大力推广节能技术和使用环保材料,包括轻量化设计、空气动力学优化、能量回收技术以及采用可回收材料制造列车车体和内部构件等。

(四)更联程化

铁路与其他运输方式的联程联运已经成为重要的发展趋势。通过铁路与城市轨道交通、公路、航空等运输方式的高效衔接,形成提供一体化服务的综合交通网络,可充分发挥各种运输方式的优势,为社会提供更加便捷、高效的综合交通运输服务。

第二章 铁路交通运输系统规划与设计

第一节 铁路交通运输系统规划的目的与任务

一、铁路交通运输系统规划的目的

铁路交通运输系统在现代综合交通运输体系中一直起着骨干作用,是国民经济的大动脉、国家重要的基础设施和重大的民生工程。随着国家经济快速发展、人民生活水平普遍提高和城镇化的快速推进,国家和区域的发展对铁路的建设和发展提出了更高的要求。

铁路交通运输系统规划的目的包括以下方面。

(一)支撑国家经济社会发展

铁路交通运输系统是促进国家经济发展的基础条件,承担了满足日益增长且多样化的客货运输需求、引领区域协调发展、统筹兼顾经济和社会效益的重要任务。铁路交通运输系统规划对接服务国家和地区重大发展战略,通过完善路网布局、提高运行效率、缓解结构性矛盾等,实现铁路对国家战略的基础性支撑作用和对经济社会发展的保障作用。

(二)促进各运输方式综合协调发展

铁路交通运输系统是综合交通运输体系的主要组成部分。铁路交通运输系统规划通过线网布局和枢纽建设使铁路与其他运输方式充分衔接和协调,构建以铁路为骨干的综合交通运输体系,形成各运输方式分工合理、衔接有序、运转高效、优势互补的大交通格局,促进旅客联程运输和货物多式联运,提高综合交通运输网络效率。

(三)维护国家安全和社会稳定

铁路交通运输系统作为国家各地区之间和区域内部联系的纽带,是国防力量中重要的组成部分,也是国家战略性保障基础。铁路交通运输系统规划通过加强各地区之间的联系和畅通,尤其是经济发达地区与欠发达地区之间的联系和畅通,维护国土完整,保障国防安全,促进区域协调发展。

(四)引领铁路建设科学有序发展

铁路交通运输系统规划结合社会发展阶段、人民群众需要、科技发展水平和行业政策,明确系统规划的方向和目标,通过对铁路建设的引导和约束来实现对路网发展规模、资金投向和铁路未来建设的把控,从而确保铁路建设发展的整体连续性、布局合理性和建设有序性,提高铁路核心竞争力,充分发挥铁路生产力,推动铁路建设可持续、高质量发展。

二、铁路交通运输系统规划的任务

铁路交通运输系统规划是一个庞大的系统工程,具有环境复杂、目标复杂和构成复杂等特点,这就要求铁路交通运输系统规划从系统视角出发,既要考虑系统性和整体性,又要兼顾对不同环境的适应性和协调性,注重系统内部各要素和系统外部要素间的相互协调。

铁路交通运输系统规划的任务主要体现在以下方面:

(1)在规划基础方面,研究路网适应性和新要求,分析铁路交通运输系统现状和不足,对运输需求、发展形势进行研究。

(2)在总体思路方面,以国家和地区发展战略为导向,明确规划方向,结合铁路发展趋势和社会经济发展形势,提出基本原则和规划目标。

(3)在规划方案方面,根据层次划分原则,对铁路网逐层进行设计,在统筹运输网络格局的基础上,提出路网性站点的优化布局方案。

(4)在方案评价方面,从技术、经济、社会、环境等方面对规划方案进行测算和评价,并提出相应对策。

第二节　铁路交通运输系统规划的需求分析

一、影响铁路交通运输系统规划的主要因素

铁路交通运输系统规划涉及面广,影响因素众多。总体来看,主要影响因素可以归纳为政治、经济、社会、地理、环境、科技六个方面。

(一)政治因素

从国内环境看,铁路交通运输系统规划服务于国家战略,受国家相关政策、法规的指导和约束。从国际环境看,沿线国家间的利益关系、国际政治关系变化对国际通道线路和口岸后方通路布局具有影响。因此,要从国家利益出发,分析国际影响和运输需求。

(二)经济因素

经济发展与铁路发展呈正相关,经济规模扩张带来人员流动频繁和原材料、产成品运输需求增加,促使铁路运输需求不断增长。产业结构与运输需求也密切相关,其变化必然引起运输结构变化。产业布局则直接影响到客货运输的流量和流向,从而影响路网布局。

(三)社会因素

铁路交通运输系统规划以提升服务能力和服务水平为目标,具有较强的社会属性,人口数量、结构、城镇布局等直接影响铁路网络规划的形态、密度和铁路站点所承担的客货流质性和运量等。民族团结、社会公平等也对铁路线路开发产生一定影响。

(四)地理因素

地形地貌、气候条件和水文地质是确定线路走向和设置站点的约束条件,区位条件则决定不同地区铁路网络规划的类型和衔接方向。在国家层面的区位定位确定国际通道的布局,在地区层面的区位定位确定对外联系的通道。

(五)环境因素

铁路交通运输系统规划需要考虑资源环境承载力,要减少资源消耗,降低污染物排放,合理利用土地资源和保护生态环境,并与人口稠密区、自然保护区、历史文化区等相协调,承

担生态文明建设责任。

(六)科技因素

铁路技术进步有利于提升路网整体运输能力和提高服务质量。铁路交通运输系统规划要关注先进的装备和运输技术对铁路建设和运营的影响,体现一定的前瞻性;合理布局路网,控制路网规模;考虑运输技术进步对各运输方式分工衔接的影响。

二、铁路运输需求分析

(一)运输需求的产生

铁路运输需求包括旅客运输需求和货物运输需求。旅客运输需求按照出行目的一般可分为四类:公务、商务、探亲、旅游。其中,以公务和商务为目的的旅客运输需求来源于生产领域,是与人类生产、交换、分配等活动有关的需求,称为生产性运输需求;以探亲、旅游为目的的旅客运输需求来源于消费领域,称为消费性运输需求。

货物运输需求指在一定的时期内、一定的价格水平下,一个国家或地区产生的具有支付能力的铁路货物空间位移需要。货物运输需求主要来源于生产力布局与资源产地空间分离、生产力布局与消费群体空间分离和地区间商品品种、质量、性能、价格上的差异等。

(二)影响运输需求的主要因素

影响旅客运输需求和货物运输需求的因素主要包括以下方面。

1. 经济发展水平

大部分旅客运输需求和货物运输需求是派生需求,是由社会经济活动这一本源需求引起的。经济因素对运输需求的影响是直接的、多方面的,如经济快速发展带来了人员的大幅流动,旅客运输需求随之上升;工业化和城市化带来了基础设施建设的扩张,矿石、钢材、木材等货物的运输需求随之增加。

2. 政治、体制、政策因素

政治、体制、政策因素包括国与国之间的关系、国家内部的政治情况、国家的经济体制和经济立法等,其对国际交通运输的发展和空间布局具有不同的影响。例如,边境开放政策影响国际旅客出行需求;贸易政策影响国际货物运输需求。

3. 居民消费水平

随着居民消费水平的提高,旅客出行意愿增强,出行频次增加,探亲、访友、旅游等消费性运输需求随之增长,同时旅客对旅行的速度、舒适度、便捷度等的要求也有所提高;居民对商品等的需求也影响铁路货运需求。

4. 人口数量及结构

人口数量及结构是影响旅客运输需求和货物运输需求的重要因素,如在人口密集地区,旅客运输需求和货运需求较高;生产单一、集中的农村人口产生的旅客运输需求和货运需求相对城市要低。

5. 运输服务价格

运输服务价格的变动对旅客运输需求和货物运输需求的影响较大。一般来说,运价下降,运输需求上升;而运价上涨,运输需求短期内会受到一定抑制。如生产性出行的旅客,其运费计入企业生产成本,对企业经济活动效果产生影响。

6. 运输服务质量

运输能力提高和服务水平提升会增强铁路对旅客出行和货物运输的吸引。例如,安全、快捷、舒适、准时的运输服务网将刺激旅客旅行需求;成网水平、规模、密度、能力等因素直接影响铁路对货源的吸引范围和运输需求的适应程度。

(三)运输需求的特征

旅客运输需求和货物运输需求与其他商品需求相比具有其独有的特征,这些特征表现在以下方面。

1. 派生性

运输需求大体上是一种派生性需求。旅客运输需求既有消费性派生需求,也有生产性派生需求。货物运输需求本质上是为了实现某种生产目的而完成货物空间上的位移,是由社会生产活动派生出的需求。

2. 多样性

社会生产、交换以及经济生活的复杂性决定了运输需求的多样性。在旅客运输方面,由于每个旅客的收入水平、出行时间、出行目的不同,决定了他们在运输产品上具有多样化、差异性的要求;在货物运输方面,不同时期、不同货物、不同货主在运输时间、价格、频次上有不同运输需求,而不同运输技术、运输组织形式也会带来运输需求的多样性。

3. 时空不平衡性

从时间上看,运输需求不平衡主要受生产活动的季节性、节假日、旅游季节等影响,呈现忙闲不均的特点,如在旅游旺季,旅客出行需求显著增加;从空间上看,全国各地资源禀赋不同、生产能力不同,加之各地经济发展水平不同,运输需求目的地不均衡,如经济发达地区对煤炭、石油等能源的需求高于经济欠发达地区。

4. 部分可替代性

当铁路运输的运力、价格、便捷性等因素发生变化时,部分运输需求可被公路运输和水路运输替代。

第三节 铁路交通运输系统规划的总体设计

铁路交通运输系统建设工程量大、投资大、周期长,必须遵循"规划先行"原则。而铁路交通运输系统规划编制工作是一个相当复杂的系统工程问题,在规划编制工作开始前,需要对整个规划过程进行总体设计,包括基本思路、基本原则和基本内容等。

一、铁路交通运输系统规划的基本思路

铁路交通运输系统规划是在铁路客运交通系统和铁路货运交通系统现状分析的基础上,结合国家战略要求、综合交通运输体系建设要求、铁路市场定位,研究铁路交通运输系统所存在的问题和未来发展面临的机遇与挑战,制定规划目标,并进行运输需求分析和系统规划,然后对方案进行评价和优化,以寻求最优的规划方案。规划思路如图 4-2-1 所示。

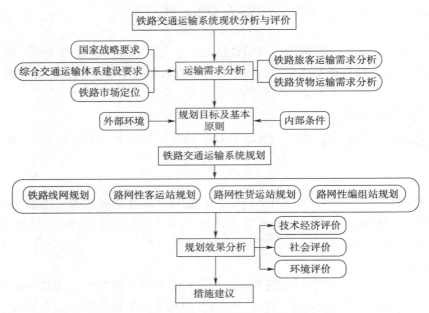

图 4-2-1 铁路交通运输系统规划思路

二、铁路交通运输系统规划的基本原则

铁路交通运输系统规划应紧扣经济社会发展新形势、新要求,借鉴其他交通运输方式的规划理念和方法,体现规划的战略性、前瞻性、系统性、科学性、可操作性原则。

1. 战略性原则

铁路交通运输系统规划应贯彻落实国家发展战略和聚焦重大工程建设需求,与运输需求趋向、铁路网运输能力及运输质量相适应。

2. 前瞻性原则

铁路交通运输系统规划应充分考虑社会经济和运输业发展情况,依据未来运输需求和科技发展,立足长远、适度超前、着眼未来、重在当前。

3. 系统性原则

铁路交通运输系统规划应按照现代化综合交通运输体系建设要求,统筹规划客货运输网络和站点,协调铁路与其他交通运输方式的衔接和协同,充分发挥各运输方式的优势。

4. 科学性原则

铁路交通运输系统规划应结合铁路交通运输系统主要影响因素,积极应用先进适用的理论方法,分层规划、系统优选。

5. 可操作性原则

铁路交通运输系统规划应按照目标要求和问题导向,分析需求与可能,力求提出高兑现率、可实现的规划方案。

三、铁路交通运输系统规划的基本内容

铁路交通运输系统规划包括系统调查及概况分析、运输需求分析、路网规划方案设计、路网性车站规划方案设计(客运站、货运站、编组站)和规划方案评价等内容。

(一)系统调查及概况分析

通过对基础资料、客货运设施、客货运需求、客货运现状进行深入的调查、必要的勘测和科学的定量分析,从铁路交通运输系统现状和适应未来的双重视角,对站点布局、路网规模、路网密度等现状分析指标进行剖析和评价,揭示铁路交通运输系统存在的主要问题。

(二)运输需求分析

根据地区经济社会特征,对影响客货运输需求的因素进行分析,挖掘客货流分布特点、结构特征和运输量变化特征,进而分析铁路客货运输需求的发展趋势,为路网规划和路网性站点规划提供依据。

(三)路网规划方案设计

结合影响铁路网布局因素,划分节点层次和重要度,分层布局,形成基本骨干网,在此基础上补充概念网,进行铁路线网布局优化,并以路网整体效能提升为目标进行路网优化。

(四)路网性车站规划方案设计

在路网规划基础上,根据近远期运输需求,重点对路网性客运站、货运站、编组站以及相关连接线进行布局和选址。

(五)规划方案评价

从技术、经济、社会、环境等方面对规划方案进行评价。其中,技术评价从技术性能方面分析内部结构和功能;经济评价主要分析铁路运输的外部效益;社会评价主要评价铁路交通运输系统规划带来的社会效益;环境评价的重点是资源承载力和节能减排。

第四节 铁路交通运输系统规划的基本方法

为了完善铁路网布局和提升运输能力,铁路交通运输系统规划应采用科学合理的规划方法,合理规划铁路线网,布局客运站、货运站及编组站等,一方面要保证为旅客提供充足的运力和优质的服务,另一方面要提升货运能力和运输效率,实现点线能力匹配、协调。

一、铁路线网规划与设计的方法

铁路线网规划与设计一般将实际的铁路网络抽象为由点和点之间连线所组成的图形,遵循"点-线-面"的系统思路,主要包括节点选择、线网布局、网络优化。

(一)节点选择方法

由于网络规模约束,铁路线网规划中的节点通常为具有一定规模的人口、经济、产业聚集地。全国性和区域性路网规划的网络节点以各级行政区划的中心城镇为主,其他节点包括主要港口、边境口岸等物资集散地,主要旅游景区等人员集散地以及服务于国防安全等特定目标的地点。应优先选择重要节点纳入铁路线网规划,重点解决这些节点的连通。

1. 节点层次划分

网络节点的层次划分可采用聚类分析方法,即定量描述区域内各节点功能属性,通过聚类将节点划分为若干层次和类别,通常选取能反映节点经济发展水平的属性。

2. 节点重要度计算

节点对应的区域人口、国内生产总值(GPD)等相关经济社会发展指标是计算铁路网络节点重要度的依据,由于这些指标数量较多且具有一定的相关性,可以采用主成分分析方法将各节点包含的信息最大限度地体现在一个新的指标中。铁路网络节点的重要度不完全取决于节点指标值,如有重要特殊功能,其重要度可参照具有类似功能或相当功能的节点适当调整。

(二)线网布局方法

铁路线网布局节点种类多样,影响因素众多,通常采用分层叠图的方法,依次形成基本骨干网和多个单因素概念网,与既有铁路网叠加后,生成铁路基础网。

1. 基本骨干网的生成方法

全国性铁路线网布局的城市节点可分为国家中心城市、省会城市、大中城市等层级。基于此层级,在国家中心城市、省会城市之间建立通路连接,生成骨干网。

(1)基于交通区位线理论,在国家中心城市间建立通路。在此基础上,根据省会城市的地域和经济特点,采用聚类分析等方法将省会城市(不含国家中心城市)的空间分布划分多个片区,每个片区关联一个国家中心城市。

(2)在国家中心城市与省会城市之间、相邻省会城市之间构建通路连接,并对通路重要度进行计算和排序。根据排序按网络最优树理论分片区确定省会城市与国家中心城市之间的通路,保留相邻省会城市之间重要度排序靠前的通路,以保证省会城市之间的便捷联通。

(3)考虑规划实施条件等制约因素,调整部分节点间的通路走向,形成基本骨干网。

2. 单因素概念网的生成方法

国家最重要的城市节点纳入基本骨干网后,还应考虑大中城市、主要港口、主要边境城市等多类型节点,通过对这些节点进行单因素分析,生成若干概念网。

(1)城市连接概念网。基于网络最优树理论,按照低等级城市就近连接高等级城市的原则,将基本骨干网未覆盖的大中城市节点就近连接到基本骨干网,并适当增加联络线,形成中大城市连接概念网。

(2)港口连接概念网。基于港口后方通道联通内陆腹地、相邻港口之间的便捷连通原则,将沿海主要港口纳入网络,形成主要港口连接概念网。

(3)边境口岸连接概念网。基于陆路边境口岸分布及既有铁路网布局,按照就近连通的原则,将边境口岸节点纳入网络,形成边境口岸连接概念网。

(4)旅游地连接概念网。基于旅游城市和景区分布,在全国主要旅游地节点与周边大中城市节点之间建立便捷连接,形成主要旅游地连接概念网。

(5)资源集散点连接概念网。基于煤炭等主要资源产地、消费地的分布情况和国家相关规划,构建必要运输通道,连通主要资源产销节点,形成资源集散点连接概念网。

(6)其他特殊要素概念网。基于国防等需求,形成其他必要的特殊要素概念网。

(三)网络优化方法

分层叠图生成的铁路基础网络布局可能会超出可行线网规划规模,在有限的时间和资金下,需要综合考虑网络效率、经济效益、政治需要等,对铁路网络进行优化。铁路网络优化方法一般是以总投资最小化为目标函数,考虑供需、流量、能力、投资等约束条件。通过构造优化方案的数据模型、求解模型,可得到铁路网络优化方案。

二、路网性车站规划与设计的方法

路网性车站承担了大量的客货运作业和车流组织任务,与区域经济发展、产业布局、城镇人口等方面紧密相关,既要与上位规划协调一致,满足线路引入需要,又要适应城市空间发展需要,与城市规划相协调。本节所述路网性车站包括路网性客运站、货运站和编组站。

(一)路网性车站布局

1. 引入线路

路网性车站布局与引入线路的数量、方向和性质紧密相关。在客运站布局方面,有多方向引入线路会合且各方向间有较大的客流量时,在主要线路上布局客运站;在货运站方面上,可从编组站、中间站上引出线路伸向工业区及服务地区,在尽端设置货运站,有条件时可以在环线、迂回线或联络线上设置货运站;在编组站布局方面,在主要车流顺直通行的路径上以及各引入线的会合处,满足主要车流流向需要布局编组站,总体上需要符合枢纽总图布局和货运通道布局要求。

2. 城市特征

路网性车站布局与所在城市规模、空间结构有关。在客运站布局方面,为满足各中心城区旅客出行需求,必要时需设置两个及以上客运站,可在据城市中心 3~4km 处设置一个为各衔接方向共用的客运站,在与城市中心相对距离较远处设置其他客运站;在货运站布局方面,宜靠近城市主要工业区和集装箱、行包及商品集散地,尽量靠近交通主干道、高速公路等设置,以便与其他运输方式衔接;在编组站布局方面,在城市外围合理布置编组站,与主要物流中心、集装箱中心站等联系便捷通畅,尽量满足取送车辆快速集散需求。

3. 车站分工

路网性车站布局与车站分工相关,通过调整分工可以改善车站可达性、最大限度吸引客流。客运站可按服务方向分工,如指定一个客运站办理某一个或几个方向的旅客运输服务,另一个客运站办理其他方向的客运业务;货运站可按办理货物种类分工;编组站可按主要编组站和辅助编组站分工。

(二)路网性车站选址

站址选择方案要与城市规划有机衔接,在满足引入线路技术标准的同时,适应运量需求和线路所经地区的地理环境,在综合考虑工程造价、城市未来发展、环境影响等主客观约束条件下,追求最优的经济、社会、环境效益。

1. 基础资料收集

收集城市总体规划、城市国土空间规划以及交通、产业、旅游、商贸、物流等各类专项规划和各类统计年鉴、枢纽总图规划、所在枢纽规划年度衔接的路网规划等;确定客货运站的服务范围、功能、等级和规模,分析客货流量、客货流结构、客货流方向、客货流时段和未来增长趋势,测算客货运占地面积并计算编组站解编作业量,根据作业量以及在路网上担负的功能初步确定编组站的最终规模。

2. 备选站址的产生

(1) 路网性客运站。

路网性客运站选址应保障线路引入顺畅,并基于城市发展规划要求,最大程度深入或靠近人口集聚区域。如果既有路网性客运站能力能够满足新线引入条件,就不需要增加客运站;如果客运站能力难以满足,但经过分析,可通过改扩建方式满足引入需求,则考虑优先引入既有站。当既有客运站能力不足且无扩建条件时,需要综合考虑城市总体规划、引入线路方向、城市交通路网等因素,择址新建客运站。择址新建客运站对既有铁路运营干扰少、工程相对简单,但要求城市配套建设多,为更好地与既有客站衔接,必要时需修建联络线。

(2) 路网性货运站。

与路网性客运站相似,若测算改建或扩建后的货运站能力可以满足需求,则在原位改建或扩建货运站。若新建货运站,则根据布局和站址选择影响因素和基本原则,参考土地、基础设施、环境等相关规划,通过比较找出服务区域内所有满足要求且可能作为路网性货运站站址的场所作为货运站备选站址。

(3) 路网性编组站。

依据编组站解编作业量测算结果,根据枢纽总体布置下大尺度的编组站宏观站位,拟出所有可行的站位方案并根据站位方案连通货运通道,设置完善的相关联络线。若是原位扩建编组站,则对原货运通道能力进行检算,对原通道进行补强或新建货运通道,并根据需求对配置的疏解线、联络线进行组合比选。若是新建编组站,需考虑货运通道衔接、车流组织、货场通路顺畅、减少折角车流以及城市规划、地形地质条件、工程投资等方面,将服务区域内所有满足要求并可能作为路网性编组站站址的场所作为编组站备选站址。

3. 路网性车站站址的确定

从与城市功能融合(车站功能实现、城市交通换乘衔接、商业服务功能的综合一体化)、铁路连接情况(运输组织、技术标准、运输能力匹配程度)、技术经济(工程难度、工程量、工程投资)等方面对备选站址进行综合评价,以获得最大综合效益(最小综合费用)为目标,通过理论计算,在满足基本要求的所有备选站址中确定路网性车站的最佳个数和站址方案。

第三章　铁路交通基础设施

第一节　铁路线路工程设施

一、概述

铁路线路是支撑机车车辆和列车运行的基础,提供稳定的轨道和路基,确保列车平稳行驶。轨道是铁路线路的基础,由钢轨、轨枕、连接扣件、道床等组成。路基在铁路线路中,既承受轨道等上部结构的静荷载,又承受列车行驶时通过轨道传递的动荷载。排水系统避免了地表水和地下水对路基的不良影响。桥梁、隧道、涵洞和挡土墙等建筑物在铁路线路中发挥着关键作用,保障列车在复杂地形中安全、高效地行驶。铁路供电设施设备,如牵引变电所、接触网等,为列车提供了可靠的动力。

二、轨道工程

轨道是铁路线路的重要组成部分,直接承受列车重力的同时,将荷载传递给下部路基或桥隧建筑物。轨道的准确布局和稳固敷设对于铁路运输至关重要。

(一)轨道结构

轨道结构按种类分为有砟轨道和无砟轨道。有砟轨道具有弹性好、造价低廉、更换与养护维修方便、吸收噪声能力好等优点。无砟轨道是以混凝土或沥青砂浆取代散粒碎石道床的轨道结构,具有轨道稳定性高、结构耐久性强、维修少等特点。

(二)钢轨

钢轨是轨道结构中最重要的组成部分,为车轮提供连续、平顺和阻力小的滚动表面,引导列车运行。钢轨通常由钢材制成,铺设在轨道道床和轨枕之上。

(三)轨枕

轨枕是支承钢轨的重要组件,位于钢轨下方,起到分散荷载和减振的作用。轨枕按照材料分为木枕、钢枕、混凝土枕及合成材料枕。在实际运用中,混凝土枕的耐久、稳定、强度高等优点,使得混凝土枕逐渐在世界范围内普遍使用。混凝土枕按照配筋方式分为普通钢筋混凝土枕和预应力混凝土枕。普通混凝土枕抗弯能力差,易开裂失效,已被淘汰。预应力混凝土枕在制作时给混凝土施加一定的预压应力,具有抗裂性好和用钢量少的优点。

(四)扣件

扣件是连接钢轨与轨枕的重要部件,用于将钢轨固定在轨枕等轨下基础上的正确位置。扣件具有阻止钢轨的纵横向移动、为轨道结构提供一定的弹性、减小振动、延缓轨道残余变形累积等作用。按轨枕区分,扣件可分为木枕扣件和混凝土枕扣件两种。

(五)道砟

道砟是铺设在轨道道床上的一种粒状材料,通常由碎石、中粗砂、天然级配卵石等组成。道砟应具有质地坚韧、有弹性、不易压碎和捣碎、排水性好、吸水性差、不易风化等性能。道砟在轨道工程中为钢轨提供支撑,促进排水,提供了防腐和绝缘层,还可以稳定轨道位置。

(六)无砟轨道

无砟轨道通常采用混凝土板或预制混凝土块作为轨道底座,钢轨直接固定在其上方。无砟轨道结构上分为两大类:预制板式无砟轨道和现浇混凝土式无砟轨道。

(七)无缝线路

无缝线路是把标准长度的钢轨焊连而成的长钢轨线路,又称焊接长钢轨线路。无缝线路是轨道结构的一项重要技术,是与重载铁路、高速铁路相适应的新型轨道结构。由于无缝线路取消了大量接头,因而具有行车平稳、旅客舒适、机车车辆和轨道的维修费用少、使用寿命长等优点,逐渐取代了普通有缝线路。

三、路基工程与排水

路基工程主要由路基面、路肩、基床、边坡、地基等部分组成。路基工程与排水密切相关,路基工程旨在创建稳定的基础,承载铁路线路及列车荷载,而排水系统的设计和实施则确保雨水和地下水不会影响路基稳定。

(一)路基结构形式

1. 路基断面

路基断面设计决定了路基的高度、宽度等参数,影响着铁路线路的稳定性和承载能力。合理的路基断面设计有助于保持路基的坚固性,防止变形和下沉。按地形条件及线路平面和纵断面设计要求,路基横断面可以修成路堤、路堑和半堤半堑等形式。

2. 填方路基

填方路基是铁路线路建设中的一种常见工程形式。材料应具有适当的颗粒分布、密实性和承载能力。压实需确保每一层填方材料均匀分布、适度压实。在坡度控制上,填方路基的横向和纵向坡度均要符合设计要求。施工完成后,需检查填方路基的平整度、坡度、密实度等是否符合设计要求和标准。

3. 挖方路基

挖方路基的路基面高程低于天然地面。在山岭重丘地区,挖方路基工程进度控制常常成为总体工程进度控制的关键。路堑边坡高度应根据地层岩性、岩体破碎程度、水文条件等综合确定,不宜超过30m。土质、软质岩及强风化的硬质岩路堑应设置侧沟平台,宽度不宜小于0.5m;路堑边坡在土石分界、透水和不透水层交界面处宜设置边坡平台,宽度不宜小于2m。较高土质边坡和软弱松散岩石路堑,应根据工程地质条件、岩层风化及节理发育程度,结合施工工艺,采用分层开挖、分层稳定和坡脚预加固技术。

4. 特殊土路基

在铁路线路建设中,由于特殊的地质、地貌、水文等条件所形成的路基是特殊土路基。这些特殊土路基需要采取额外的工程措施来保证铁路线路的稳定性和安全性;在软土地区通过灌浆、加固网等加固措施提升路基稳定性;高地水位区需设置排水系统,确保路基稳定;

弱胶结土区需压实与加固,提升土壤胶结力;岩溶地区要填补溶洞和裂隙,确保地基稳定;高边坡地区需采用支护结构、护坡网等加固,防止滑坡和崩坍。

5. 过渡段路基

铁路路基的设计,要求在线路纵向方向上实现沉降变形及刚度的均匀性和缓慢变化,严禁出现急剧的变化或突变。对于路基与桥隧等其他线下结构物、不同路基结构、不同地基处理形式的连接处,在可能导致轨道基础沉降变形及刚度差异时,应设置过渡段。

(二)结构化路基与路基防护

针对不同的地质条件,需要设置加固斜坡、防洪墙等防护措施,以保障路基的稳定性。结构化路基设计则将路基分层,采用适当材料,提高路基的稳定性和耐久性。路基防护包含路基边坡防护、风沙及雪害地段平面防护和路基保温防护等。

(三)排水设施

铁路路基排水设施是为了有效排除雨水和地下水,防止水分对路基稳定性和铁路运行的影响而设置的一系列工程设备和结构。良好的排水系统可以确保路基的稳定性,减少土壤侵蚀和液化的风险,提高铁路线路的安全性和可靠性。地面排水设施包括路基面排水槽、侧沟、排水沟、天沟、平台截水沟、吊沟、边坡骨架截水等。地下水排水设施包括明沟、暗槽、暗沟、暗管等。

四、结构物与构筑物

铁路线路中的结构物与构筑物是为了适应复杂地形和交通需求而设计建造的重要设施,如桥梁、隧道、涵洞等。

(一)桥梁和涵洞

桥梁是客运专线土建工程中的重要组成部分。铁路桥梁可分为高架桥、谷架桥和跨越河流的一般桥梁。客运专线铁路桥梁主要有结构动力效应大、桥上无缝线路与桥梁共同作用、乘坐舒适度要求高、维修养护时间少等特点。

涵洞是一种用于应对地下水流、自然障碍物以及其他交通路线的构造物。涵洞为铁路线路提供了通行通道,使列车能够平稳穿越障碍物,保持运行的连续性。涵洞不仅能容纳地下水流,保护线路稳定,其内部稳定的气温和湿度还有助于列车稳定运行,为铁路运输提供了重要支持。

(二)隧道

隧道由洞身、衬砌、洞门和附属建筑物组成。隧道是铁路线路用来克服山岭高程障碍或遇江河、海峡不适宜修建桥梁时,在山岭、河底、海底修建的人工建筑物。

(三)挡土墙

挡土墙是用于支撑高边坡地区土方的关键结构,可以预防滑坡、崩坍和坡面塌方对铁路线路和周边的影响。挡土墙有多样设计,如重力挡土墙、悬臂挡土墙、钢筋混凝土挡土墙等,以适应不同地质和工程需求。

五、铁路电气化基础设施

铁路电气化基础设施是现代铁路运输系统的重要组成部分,实现列车牵引和运行过程中的电力供应。

1. 牵引变电所

牵引变电所把区域电力系统送来的电能,根据电力牵引对电流和电压的不同要求,将电能送至沿铁路线上空架设的接触网,为电力机车牵引列车提供电能。变电所还需要具备电能监测、保护和控制等功能,确保电力供应的稳定性和安全性。牵引变电所由变压器、开闭电路的开关设备、汇集电流的母线、计量和控制用互感器、继电保护装置和防雷保护装置、调度通信装置等组成。

2. 接触网

接触网通常由架空电缆和支撑结构组成,为列车提供电能。它需要具备稳定的供电性能,以满足牵引需求。接触网的设计和维护涉及导线、悬挂系统、绝缘子等要素。电气化铁路接触网的架设会对站场内相邻道岔的间距、线路间距以及跨线桥的高度等产生影响。电气化铁路采用的架空式接触网主要由支柱和基础、支持装置、定位装置、接触悬挂等组成。

第二节 铁路车站及枢纽

一、概述

车站是铁路运输的基层生产单位,集中了与运输有关的各项技术设备,对保证运输工作质量起着决定性的作用。合理地布置和有效地运用车站和枢纽的各项设备,是保证列车安全、正点,加速机车车辆周转,降低运输成本的关键。铁路车站及枢纽的运输能力是铁路运输能力的重要组成部分。

二、铁路车站线路布置

(一)车站线路

铁路线路分为正线、站线、段管线、岔线及特别用途线(图4-3-1)。正线是连接区间并贯穿或直股伸入车站的线路;站线是车站内除正线以外的线路,主要包括到发线、牵出线、调车线、货物线等;段管线是机务、车辆、工务、电务等段专用并由其管理的线路;岔线是在区间内或站内接轨,出岔后通向路内外单位的专用线路,如支线、专用线、工业企业线等;特别用途线是保证行车安全而设置的安全线和避难线。

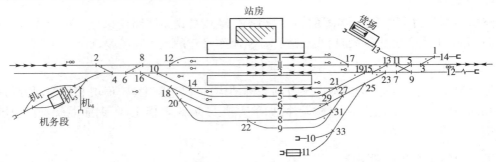

图4-3-1 某铁路车站线路图

Ⅱ-正线;1、3、4、5-到发线;6、7、8-调车线;9、10、11-站修线;12、14-牵出线;13-货物线;机$_1$-机车走行线;机$_2$、机$_3$-整备线;机$_4$-卸油线

(二)道岔

为了保证列车能够由一条线路进入或跨过另一条线路,在铁路车站需铺设线路连接设备。在线路连接设备中,使用最广泛的是道岔。道岔按几何形状分为单开道岔、对称道岔、三开道岔、复式交分道岔等。

(三)线路连接与交叉

1. 线路连接

在铁路车站,为了保证机车车辆能够由一条线路进入或越过另一条线路,需铺设线路连接设备,如道岔。常用的车站线路连接形式有线路终端连接、渡线及线路平行错移等。

2. 线路交叉

铁路与铁路或铁路与道路(公路、城乡道路)的交叉,按其交叉方式可分为平面交叉和立体交叉。平面交叉铁路交叉在同一平面内,可分为铁路与铁路平面交叉和铁路与道路平面交叉。铁路与铁路平面交叉,一般在站场及其两端。铁路与道路平面交叉通常称为铁路平交道口,简称道口。

(四)梯线及车场

1. 梯线

将几条平行线连接在一条公共线上,这条公共线叫梯线。梯线应与牵出线(或正线、连接线)直接连通,以保证停在某一线路上的机车车辆能够转线到其他任一线路上去。梯线按各道岔布置可分为直线梯线、缩短梯线及复式梯线三种。

2. 车场

车场将办理同一种作业的线路两端用梯线连接起来。车场按其用途可分为到发场、到达场、出发场及调车场等。按其形状可分为梯形车场、异腰梯形车场、平行四边形车场及梭形车场等。

(五)站坪和站线的布置

1. 站坪

在铁路正线的平、纵断面上设置车站配线的地段叫做站坪。站坪长度包含到发线有效长、咽喉区长度和为避免区间平面或竖曲线与车站咽喉区最外方道岔叠加而需要的直线段长度。站坪长度应根据远期到发线有效长度、正线数目、车站种类和车站布置形式等条件决定。

2. 站线

站线是车站内除正线以外的线路,包括供接发旅客列车或货物列车用的到发线、供解体或编组货物列车用的调车线和牵出线、办理装卸作业的货物线以及办理其他各种作业的线路和保证行车安全而设置的安全线、避难线。

三、铁路车站

铁路车站按其技术作业性质不同,可分为中间站、区段站和编组站,编组站和区段站总称为技术站。按其业务性质不同,可分为客运站、货运站和客货运站。

(一)中间站

中间站是办理列车的通过、交会、越行和客运或货运业务的铁路车辆。

(二)区段站

区段站是为货物列车的本务机车牵引交路和办理区段列车解编作业而设置的车站。

(三)编组站

编组站是为办理大量货物列车编、解作业而设置的车站。

(四)客运站

客运站设在客流较大的大、中等城市,为旅客办理客运业务,设有旅客乘降设施。客运站是铁路旅客运输的基本生产单位,其主要任务是组织旅客安全、迅速、准确、方便地上下车;办理行包、邮件的装卸搬运;组织旅客列车安全、正点到发和客车车底取送;为旅客提供高质量的服务。有的客运站还兼办少量货运作业。

(五)货运站

货运站是专门办理货物装卸作业以及货物联运或换装的车站,也办理少量的客运或货车中转作业。按其服务对象的不同,可分为城市企业、居民和仓库区服务的公共货运站,为不同铁路轨距之间货物换装服务的换装站,为某一工矿企业或工业区生产服务的工业站,为港口服务的港湾站等。

(六)客货运站

同时办理客货运业务的车站。

四、铁路枢纽

(一)铁路枢纽总体布置

铁路枢纽设置在铁路网点或铁路网端,由各种铁路线路、专业车站以及其他为运输服务的设施设备组成。

铁路枢纽是客货流从一条铁路线转运到另一条铁路线的中转地区,也是城市、工业区客货到发和联运的地区。它除办理枢纽内各种车站有关作业外,在货物运输方面还办理各方向间的无调中转和改编以及枢纽地区车流交换的列车作业。在旅客运输方面办理直通、管内和市郊旅客列车有关的运转作业。此外,还提供列车动力,进行机车车辆的检修等。

(二)铁路枢纽中的专业车站

枢纽内专业车站的配置应考虑枢纽的客货流性质、线路引入方式、城市及其他运输系统的规划等因素进行总体布置。枢纽内编组站一般设置在主要干线汇合处,规划市区边缘之外,以保证主要车流方向有顺直的径路,使折角车流少,并减少对城市的污染。中、小规模的枢纽一般设置一个综合性货运站。大型枢纽内可设置两个及以上货运站。货运站位置的选择要与编组站衔接方便。枢纽内的客运站应配合城市规划,设在市区便利的旅客运输地段。客运站应与引入铁路方向有便捷的进路,并与市中心、市区主要干道以及其他办理客运业务的铁路车站、长途和市内汽车站、客运码头、机场等有方便的交通联系。

(三)铁路枢纽与综合交通枢纽

铁路客运综合枢纽由大型铁路客运站发展而来,主要承担铁路交通与城市其他交通方式的快速转换,同时具有交通枢纽节点特征并在其中融入了其他相关功能。铁路客运综合枢纽在城市综合客运交通体系中具有对外交通客运的集散和市内交通的换乘两个不同层次的作用。

1. 换乘站

换乘站主要指同一种交通方式中两条及以上线路的结合点处能实现换乘的车站。换乘站的站场布置要考虑线路的连接和乘客换乘。换乘方式有同站台换乘、节点换乘、站厅换乘、通道换乘等类型。其换乘方式直接影响车站的布置方式。

2. 多种交通方式的换乘

在铁路车站,有时需要考虑与某种或多种其他交通方式的换乘,包括:与城市轨道交通车站的换乘(站前广场换乘、车站站厅换乘、通道直接换乘、轨道交通与铁路客运联合设站)、与常规公交的换乘、与小汽车的换乘、与长途客运站的换乘、与航空港的衔接、与自行车的衔接、与步行系统的衔接等。

第三节　铁路信号与通信系统

一、铁路信号系统概述

在铁路运输工作中,即使铁路线路、机车和车辆等设备在良好的情况下,也会发生列车冲突和颠覆事故。发生列车冲突的原因可能是两列或多列列车同时占用一个空间或是由于道岔位置不正确而导致列车驶入错误线路而造成的冲撞。另外,列车速度超过了线路限制速度,也会引起颠覆事故。

为保证安全,把铁路线路划分成若干段,每一段为一个空间,在划定的空间入口处设置信号机以指挥列车在一个空间内只允许一列列车按规定速度运行。信号机的开放,必须检查线路的空闲、道岔位置的正确和敌对信号的关闭情况,防止人为错误操作等。这种将安全与信号控制技术等相结合构成的系统,逐渐发展为铁路信号系统。

现在,铁路信号系统可为保证行车安全,提高区间和车站通过能力以及编组站编解能力的自动控制及远程控制技术提供支持。铁路信号系统的作用主要包括:

(1)集中统一调度指挥列车,提高行车组织管理能力与水平;

(2)通过进路控制、间隔控制及速度控制等技术,保障列车安全运行;

(3)提高列车运行速度和运输能力,提高铁路服务质量;

(4)缩短列车追踪间隔,提高线路通过能力;

(5)提供铁路编组与解体的自动化手段,提高列车编组、解体作业效率;

(6)用自动化、智能化技术减轻现场作业人员及司机的工作,改善劳动强度。

二、车站联锁系统

车站是列车交会和避让的场所,在车站内有许多线路,这些线路都由道岔连接。根据道岔的不同位置而组成不同的列车站内行车路径——进路,进路用信号机来防护。为了保证站内行车安全,就必须使信号机、进路和道岔三者之间有着一定相互制约关系,这种关系称为联锁关系。车站联锁系统的主要功能是通过技术手段来对车站内信号机、道岔按照规定的要求进行控制,以保证列车或调车车列在站内的作业安全。

(一)进路控制过程

进路控制过程可分为进路建立和进路解锁两个过程。

1. 进路建立过程

进路建立过程包括:操作阶段、选路阶段、道岔转换阶段、进路锁闭阶段及开放信号阶段。

2. 进路解锁过程

进路解锁过程指将已被锁闭的道岔和进路予以解锁。

(二)电气集中联锁系统

电气集中联锁系统设备室内部分主要有控制台、区段人工解锁按钮盘、继电器组合及组合架、分线盘等;室外部分主要有信号机、转辙机和轨道电路等。图4-3-2是某电气集中联锁设备组成图。

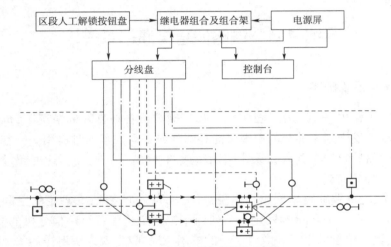

图4-3-2 某电气集中联锁设备组成

(三)计算机联锁系统

计算机联锁是通过计算机技术来实现车站联锁控制功能的系统。计算机联锁系统结构如图4-3-3所示。室内设备由人机交互层、联锁控制层和I/O接口层设备所构成。室外设备主要由信号机、转辙机和轨道电路等组成。

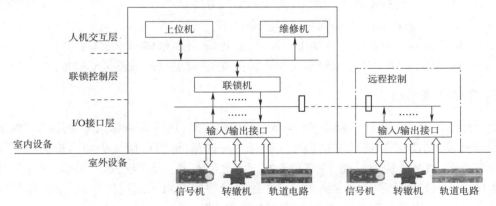

图4-3-3 计算机联锁系统结构

人机交互层接收车站操作人员下达的各种操作命令,并将其下发给联锁机。

联锁机实时接收联锁命令,根据从 I/O 接口层接收到的室外信号机、道岔和轨道电路的状态,进行联锁逻辑运算,并根据运算结果下达控制命令,如道岔的操纵、信号的开放/关闭等。

输入/输出接口实现与室外信号机、转辙机、轨道电路等信号设备的连接。驱动板根据信号开放/关闭、道岔操纵等命令,驱动继电器控制电路。采集板采集信号设备的当前状态,并提供给联锁机。

三、区间闭塞系统

所谓区间,是指两个车站(或线路所)之间的铁路线路。列车在区间内运行的特点是速度快、制动距离长、不能避让。列车由车站向区间发车时,必须确认区间(闭塞分区)内没有列车,并需遵循一定的规律组织行车,以免发生列车正面冲突或追尾事故。这种按照一定规律组织列车在区间内行车的方法,叫做行车闭塞法,简称闭塞。实现闭塞方式的设备叫做闭塞设备。以闭塞设备为基础构建的信号系统,称为闭塞系统。

(一)半自动闭塞

半自动闭塞的站间或所间只准走行一列列车,区间两端车站各装设一台具有相互锁闭关系的半自动闭塞机,以出站信号机开放显示为行车凭证。出站信号机受半自动闭塞机控制,只有区间空闲时,双方办理闭塞手续后才能开放。列车出发离开车站时,出站信号机自动关闭,并使双方闭塞机处于"区间闭塞"状态,直到列车到达接车站办理到达复原时止。半自动闭塞法办理手续简便,但到达列车是否完整,仍须通过人工检查才能确定,故称"半自动闭塞"。

(二)自动闭塞

自动闭塞的每个闭塞分区设有占用检查设备,可以凭通过信号机的显示行车,也可凭车载信号行车,能实现列车追踪,无需办理闭塞手续,能自动变换信号显示。

1. 固定自动闭塞

固定自动闭塞是将一个站间划分为若干个闭塞分区,运行列车间的空间间隔为几个闭塞分区,每个闭塞分区能够自动检测轨道占用/出清情况,并根据列车运行前方闭塞分区状态,自动发送与接收具有速差意义的信息码,信号机自动变换信号显示,给出"行车凭证"。信号机的显示具有速差意义,司机凭地面信号显示行车,如图 4-3-4 所示。

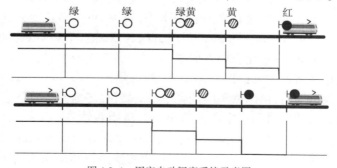

图 4-3-4　固定自动闭塞系统示意图

2. 准移动闭塞

准移动闭塞是在装备车载防护设备的前提下采用的一种闭塞方法。准移动闭塞的列控系统采取目标—距离控制模式，根据目标距离及列车本身的性能确定列车制动曲线，采用一次制动方式。后行列车制动的起始点是随线路参数和列车本身性能不同而变化的。目标点为前行列车所占用闭塞分区的始端，相对固定，如图 4-3-5 所示。

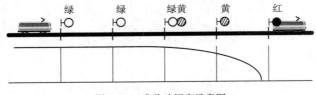

图 4-3-5　准移动闭塞示意图

3. 移动闭塞

移动闭塞是在配备列控系统的前提下采用的一种闭塞技术，也采取目标—距离控制模式。移动闭塞的追踪目标点是前行列车的尾部并留有一定的安全距离，后行列车开始制动的起点是根据目标距离、目标速度及列车本身的性能计算决定的。移动闭塞的追踪运行间隔要比准移动闭塞更小，空间间隔的长度是不固定的，所以称为移动闭塞，如图 4-3-6 所示。

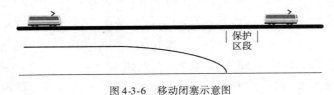

图 4-3-6　移动闭塞示意图

四、列车调度指挥系统

为了实现高效的调度指挥，调度员需要实时掌握所辖区段的列车运行状况、信号设备状态等信息，最好能够直接指挥行车。1927 年，美国铁路首先采用了调度集中（Centralized Traffic Control，CTC）控制装置，使调度中心（调度员）能够及时掌握管辖区段范围内的列车动态，并能够对信号设备进行集中控制，对列车运行直接指挥。现代调度指挥系统已经集成了计算机、通信、自动控制等先进信息技术，成为铁路现代化运输组织和运营管理的核心系统。

（一）列车调度指挥系统（TDCS）

为了适应信息化发展需要，提高铁路管理水平，我国 1996 年开始建设列车调度指挥系统（Train Dispatch Control System，TDCS）。目前，TDCS 系统已覆盖国铁集团调度台。带动整个铁路信号系统向网络化、智能化方向发展，从根本上改变了调度指挥落后的局面。

我国铁路调度指挥体系主要由国铁集团、铁路局集团公司、运输站段组成。TDCS 是一个覆盖全国铁路的大型网络，由国铁集团调度中心局域网、各铁路局集团公司调度中心局域网以及基层网组成。国铁集团调度中心能获得国铁集团各铁路局集团公司分界口、重要铁路枢纽、主要干线、关键港口口岸、煤炭装卸点及大企业站等的运输状况和调度监督的实时信息。铁路局集团公司调度中心运输调度管理系统主要为铁路局集团公司调度服务。它通过局域网实现铁路局集团公司内各运营管理部门间的调度信息管理，并与国铁集团调度中心、相邻铁路局集团公司调度中心远程连接。基层网是 TDCS 的最下层,主要是分界口、枢纽、区段 TDCS 以及其他基层网络(港口、口岸和大企业站),负责信息的采集并向铁路局集团公司调度中心提供实时信息,是整个 TDCS 的信息来源。

TDCS 通过广域网实现上、下层的信息交换,接收下层发送的有关列车运行位置、列车车次、现场设备运行状态、计划运行图和实际运行图等信息;并在上层统计、整理,通过接口实现信息传递与共享。从应用的角度,TDCS 的功能可归纳为两大部分:实时信息处理和管理信息处理。

1. 实时信息处理

实时信息处理,主要是完成对现场列车运行情况和设备状态的动态数据采集、传送和处理,并向各调度员及有关领导及时提供国铁集团运输状态宏观显示、列车运行情况和现场动态显示、作业情况和实时动态统计报表等,为调度中心协调运输、科学决策、提高效率、实现现代化管理提供重要手段。

2. 管理信息处理

管理信息处理子系统主要自动完成信息收集,各种报表编制、信息传送或输出以及系统内各工作调度间互相传送的信息,方便、快捷地查询所需的各种资料,如站场资料、线路图资料、列车运行图资料等,从而提高调度工作的质量和效率,改善调度工作环境,提高整体调度水平。

(二)分散自律调度集中系统

分散自律调度集中系统采用分散自律(Distributed Autonomic System)的理论,将调车控制纳入调度集中系统功能中来,系统无须切换控制模式即可实现行车作业和调车作业的协调办理,并且能够进行无人值守车站的调车作业。

分散自律调度集中系统具有分散自律控制和非常站控两种控制模式。

1. 分散自律控制模式

分散自律控制的基本模式是用列车运行调整计划自动控制列车运行进路。同时在分散自律条件下,调度中心、车站具备人工办理列车、调车进路的条件。

2. 非常站控模式

当分散自律调度集中系统故障或其他紧急情况时,在计算机联锁系统的操作界面上,进入非常站控,此时计算机联锁系统不再执行任何 CTC 的控制指令,由车站值班员操作按钮进行控制。

五、编组站自动化

编组站是在铁路网中用于办理大量货物列车解体和编组作业的车站。由于货车的解体、编组和改编通常在编组站进行,所以人们称编组站为货物列车的制造工厂。

(一)编组站作业

到达编组站的改编货物列车,通常都要按照每辆车或几辆车组成的车组的不同去向先解体,然后将同一去向的车辆集结重新编组成新的列车,发往各自的目的地。

编组站按作业需要设置若干作业各异的车场,主要有到达场、调车场、出发场、到发场,此外还有车辆段、机务段等。按车场数量和配置编组站一般可分为单向横列式配置、单向纵列式配置、单向混合式配置、双向横列式配置、双向纵列式配置、双向混合式配置等多种站型。

编组站作业程序包括从待改编的列车到达开始,经一系列技术作业后,到编组成新列车从编组站出发为止的整个过程。编组站作业分为货车信息管理和作业过程控制两大部分。货物信息管理主要有:列车到达前的列车预报的接收;列车到达确报和现车确认核对;编制解体作业计划;编制编组作业计划;编组后的现车确认;向邻站发送列车确报,以及货报和编制统计报表等。作业过程控制主要有:到达场办理接车进路、接车、到达列车的技术及商务检查、摘风管、本务机车入库、调车机车牵挂待改编车列准备进行解体作业、推送车列至驼峰调车场进行解体;到达场也办理直通列车的发车作业;驼峰调车场要进行提钩作业、开放驼峰信号、办理溜放进路和进行速度控制、进行编组调车作业等;出发场作发车前的技术及商务检查、接风管、摘调车机车、挂本务机车、办理发车进路并发车。其中,解编作业自动化是实现编组站自动化的核心。

(二)自动化驼峰

自动化驼峰主要包括驼峰进路自动控制系统、驼峰溜放速度自动控制系统和驼峰推峰机车速度控制系统。

1. 驼峰进路自动控制系统

驼峰进路自动控制系统是驼峰自动化系统中的一个子系统。驼峰进路包括推送进路、溜放进路和调车进路。自动化驼峰进路控制系统除了满足进路控制的一般原则外,还必须结合驼峰调车作业的特殊需求,兼顾安全和效率,确定其特定的控制原则。

2. 驼峰溜放速度控制

驼峰调车场头部的解体能力,在很大程度上取决于平均推送速度和溜放速度。平均推送速度控制是通过对推送机车的速度控制来实现的;溜放速度控制主要是通过控制调速工具对车组的溜放速度进行调整的。

间隔调速,通过调速工具对溜放车组的速度进行调整,保持相邻车组之间的间隔,使道岔来得及转换,避免中途追钩和撞车事故的发生。目的调速,是通过设置在编组线内的调速工具,保证进入编组线的车组以安全连挂速度与停留车连挂或溜行至预定停车点。

按调速工具的类型和配置的不同,对溜放速度的调整大致分为点式、连续式和点连式三种方案。

3. 驼峰推峰机车速度控制系统

推峰机车速度自动控制设备可以根据影响推送速度的各有关因素控制推送机车以期望的速度推送车列。该子系统在无线机车信号的基础上,对驼峰推峰机车进行无线遥控,实现驼峰作业的变速推送。该系统可独立使用,也可与溜放速度控制及进路控制进行联网,构成驼峰自动化控制系统。

(三)编组站综合自动化

编组站综合自动化系统综合采用驼峰解体作业过程控制系统、峰尾调车联锁系统、编组站车辆信息管理系统等先进技术和设备,实现编组站调度、管理、作业的全盘自动化。

目前,我国编组站综合自动化系统有编组站综合集成自动化系统(Computer Integrated Porcess System, CIPS)和编组站综合自动化系统(Synthetic Automation of Marshalling Yard,

SAM）两种形式。

1. 编组站 CIPS

编组站 CIPS 的功能可采用结构轮图表示，如图 4-3-7 所示。

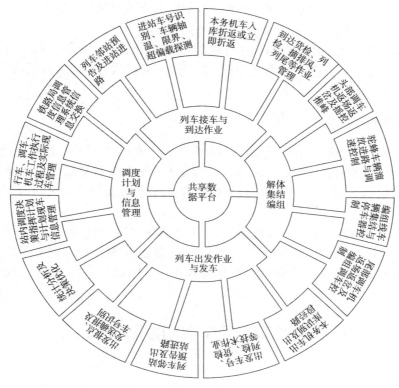

图 4-3-7　编组站 CIPS 的结构轮图

编组站 CIPS 由编组站综合管理系统和编组站综合控制系统两大部分构成，是在综合控制系统的基础上，以编组站综合管理系统为核心组建的一个完整系统。

2. 编组站 SAM 系统

编组站 SAM 系统组成及层次结构如图 4-3-8 所示。

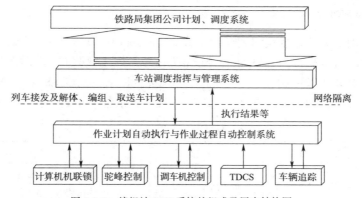

图 4-3-8　编组站 SAM 系统的组成及层次结构图

该系统上层是铁路局集团公司计划、调度系统，负责协调编组站所需要的信息；从路网

(铁路局集团公司)角度规划列车运营方案、列车编组计划,下达临时调整的调度命令。

中间层是车站调度指挥与管理系统,负责接收与执行铁路局集团公司下达的日班/阶段计划、列车编组计划和调度命令;编制车站作业计划;将调车作业钩计划(解体、编组、取送车)等作业计划,分解到车站各个工作岗位;将站场、列车及车辆的动态信息实时反馈给铁路局集团公司计划、调度系统。

基础层是作业计划自动执行与作业过程自动控制系统,实现进路自动控制、驼峰溜放控制、计算机联锁控制、尾部停车器控制、调车机车遥控,并将执行结果实时反馈给调度指挥与管理系统。

六、铁路通信系统概述

铁道通信系统是指利用有线通信、无线通信等技术和设备,传输、交换、处理铁路运输生产过程中各种信息的通信系统。铁路通信按传输方式分为有线通信和无线通信;按服务区域分为长途通信、地区通信、区段通信及站内通信;按业务性质分为公用通信、专用通信及数据传输等。

铁路通信系统包括14个子系统,分别为传输系统、数据通信系统、电话交换机接入系统、调度通信系统、移动通信系统、会议电视系统、应急通信系统、综合网管系统、综合视频监控系统、电源系统、时钟及时间同步系统、电源及机房环境监控系统、综合布线系统、通信线路系统。

第四节 列车自动控制系统

一、背景

随着列车运行速度提高,列车制动距离增长,完全依靠人工瞭望、人工驾驶列车已不能保证行车安全。按照国际铁路联盟的标准,当列车运行速度大于160km/h时,就应当装备列车运行控制系统(以下简称"列控系统"),实现对列车追踪间隔的自动控制以及列车运行的超速防护。

二、CTCS系统技术体系

2003年10月,我国借鉴欧洲列车控制系统(European Train Control System,ETCS)建设经验,结合我国铁路运输特点和既有信号设备制式,考虑未来发展,遵循国铁集团统一规划的原则,制定了中国列车控制系统(China Train Control System,CTCS)技术标准(表4-3-1),分为CTCS-0、CTCS-1、CTCS-2、CTCS-3、CTCS-4级,以满足不同线路速度需求。

CTCS应用等级表　　　　　　　　　　表4-3-1

列控等级	适应线路	车载设备	工作原理
CTCS-0	120km/h以下的区段	机车信号+LKJ	行车许可证由轨道电路提供; 线路数据由车载存储

续上表

列控等级	适应线路	车载设备	工作原理
CTCS-1	160km/h 以下的区段	机车信号 + LKJ + BTM	行车许可证由轨道电路提供； 无源应答器提供线路数据、进路数据
CTCS-2	既有干线提速区段、 200~250km/h 线路	ATP 车载设备 + LKJ	行车许可由轨道电路提供； 无源应答器提供线路数据； 列控中心控制有源应答器提供进路数据和临时限速
CTCS-3	250km/h 及以上的区段	冗余的 ATP 车载设备	行车许可和线路数据等信息均由 RBC 通过 GSMR 提供； C2 为后备模式
CTCS-4	面向未来的列控系统		无需轨道电路

三、CTCS-2 级系统

CTCS-2 级系统是基于轨道电路和点式信息设备传输列车运行许可信息并采用目标—距离模式监控列车安全运行的点连式列车运行控制系统。该系统面向既有干线提速区段和 200~250km/h 线路。

CTCS-2 级系统中轨道电路实现列车占用检查及完整性检查，并连续向车载设备传送空闲闭塞分区数量等信息。应答器向车载设备传输定位信息、线路参数、进路参数、临时限速等信息。列控中心具有轨道电路编码、应答器报文储存和调用、区间信号机点灯控制、站间安全信息传输等功能。

车载设备根据地面设备提供的信号动态信息、线路参数、临时限速等信息和动车组参数，按照目标—距离模式生成控制速度，监控列车安全运行。

CTCS-2 级系统地面设备由临时限速服务器、列控中心、ZPW-2000 系列轨道电路、应答器设备等组成。车载设备由车载安全计算机（VC）、轨道电路信息接收单元（TCR）、应答器信息接收模块（BTM）、测速测距设备、记录单元（DRU）、人机接口（DMI）等组成。CTCS-2 级系统结构如图 4-3-9 所示。

四、CTCS-3 级系统

CTCS-3 级系统是基于 GSM-R 无线通信实现车—地信息双向传输，无线闭塞中心（RBC）生成行车许可，轨道电路实现列车占用检查，应答器实现列车定位，并具备 CTCS-2 级功能的列车运行控制系统。

CTCS-3 级系统地面设备由无线闭塞中心（RBC）、列控中心（TCC）、ZPW-2000 系列轨道电路、应答器（含 LEU）、GSM-R 通信接口设备等组成。车载设备由车载安全计算机（VC）、GSM-R 无线通信单元（RTU）、轨道电路信息接收单元（TCR）、应答器信息接收模块（BTM）、记录单元（JRU/DRU）、人机界面（DMI）、列车接口单元（TIU）等组成。

RBC 根据轨道电路、联锁进路等信息生成行车许可，并通过 GSM-R 无线通信系统将行车许可、线路参数、临时限速传输给 CTCS-3 级系统车载设备；同时通过 GSM-R 无线通信系统接收车载设备发送的位置和列车数据等信息。

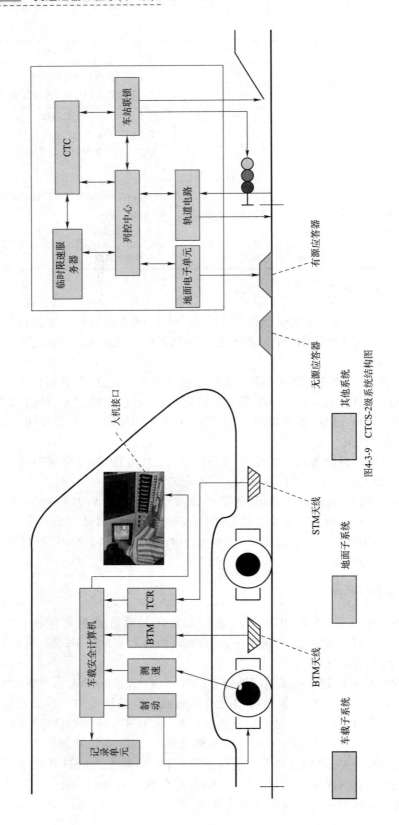

图4-3-9 CTCS-2级系统结构图

车载安全计算机根据地面设备提供的行车许可、线路参数、临时限速等信息和动车组参数,按照目标距离连续速度控制模式生成动态速度曲线,监控列车安全运行。

五、列车自动驾驶系统(Automatic Train Operation,ATO)

列车自动驾驶系统是在 CTCS-2/CTCS-3 级系统的基础上,车载设置 ATO 单元实现自动驾驶控制,地面设置专用精确定位应答器实现精确定位,地面设备通过 GPRS 通信实现站台门控制、站间数据发送和列车运行调整计划处理。高速铁路 ATO 系统结构如图 4-3-10 所示。

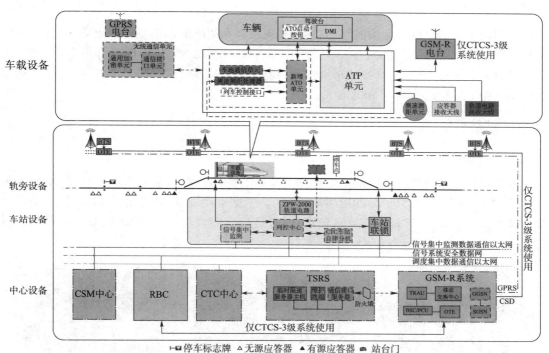

图 4-3-10　高速铁路 ATO 系统结构示意图

注:图中虚线┈┈为新增内容;图中点划线———为既有设备修改;图中实线———为既有。

列车自动防护(Automatic Train Protection,ATP)系统车载设备在既有功能的基础上,增加列车开门防护功能,并根据 ATO 自动驾驶的需要可适当调整。ATO 车载设备在 ATP 的行车许可下,通过 GPRS 无线通信接收到的运行计划、站间数据(含线路基础数据和临时限速)等信息实现列车速度自动控制、自动开车门和车门/站台门联动控制等功能。

高速铁路 ATO 系统主要功能包括:车站自动发车、区间自动运行、车站自动停车、车门自动开门(防护)、车门/站台门联动控制等。

第四章 铁路交通移动装备

第一节 铁路机车车辆

铁路机车车辆是铁路运输的移动装备,实现旅客和货物的运送,高速、重载、安全和平稳是机车车辆设计的目标。世界上第一条具有现代意义的铁路起源于1825年的英国,最初的车速只有4.2km/h。目前,高速动车组的最高商业运营速度已经达到了350km/h,磁浮列车的线路试验速度更是突破了600km/h。

一、铁路机车

(一)发展历程

列车由机车、车辆编组而成,机车提供列车运行的动力。根据动力源形式,机车分为蒸汽机车、内燃机车和电力机车,如图4-4-1所示。根据运用场景,机车分为客运机车、货运机车和调车机车。其中,客运机车要求速度快,货运机车需要功率大,调车机车要有机动灵活的特点。

a)蒸汽机车　　　　　　　　b)内燃机车　　　　　　　　c)电力机车

图4-4-1　蒸汽机车、内燃机车和电力机车

蒸汽机车主要由锅炉、蒸汽机、走行部、车架、煤水车、车钩缓冲装置以及制动装置等组成。锅炉通过燃烧煤产生蒸汽,蒸汽机则把蒸汽的热能转化成机械功以驱动机车运行。蒸汽机车的热效率低,一般为9%,煤、水消耗量很大。因此,在现代铁路运输中,蒸汽机车已逐渐被内燃机车和电力机车取代,我国已于1988年末停止生产蒸汽机车。

内燃机车以内燃机作为原动力,由动力装置(柴油机)、传动装置、车体与车架、走行部、辅助设备、制动装置和车钩缓冲装置等组成,热效率可达30%左右,起动加速较快,单位功率质量轻,可实现多机联挂牵引。我国于1958年跨入内燃机车时代,截至2022年底,全国铁路有内燃机车0.78万台,占机车总数的35.5%。

电力机车靠其顶部升起的受电弓从接触网上取得电流,并转换成机械能牵引列车运行,主要由电气设备、车体、走行部、车钩缓冲装置和制动装置等部分组成。电力机车功率大,能高速行驶,牵引较重列车,起动加速快,爬坡性能强,容易实现多机牵引,适用于坡度大、隧道多的山区铁路和繁忙干线。截至 2022 年底,全国铁路有电力机车 1.42 万台,占机车总数的 64.5%。

(二)快速客运与重载货运机车

快速客运机车和重载货运机车是机车发展的主要方向,它们可实现更高运行速度和更大牵引功率。具有代表性的是动力集中型动车组机车和神华铁路专用"神 24 型"机车,如图 4-4-2 所示。

a)动力集中型动车组机车　　　　　　b)神华铁路专用"神24型"机车

图 4-4-2　动力集中型动车组机车和神华铁路专用"神 24 型"机车

2019 年初,"复兴号"动力集中型动车组 CR200J 投入运行,商业运营速度为 160km/h,采用快速机车牵引,机车主要型号有 FXD1-J 和 FXD3-J 型。2020 年,由中车株洲电力机车研究所有限公司和国家能源投资集团有限责任公司联合研制的全球最大功率电力机车"神 24"下线,采用 6 节编组,共 24 轴,总长 106m,具有单机功率 28800kW、牵引力 2280kN 的超强性能,最高运行速度 120km/h,具备在 12‰的坡道上牵引万吨货物列车的能力,刷新了轨道交通装备动力的世界纪录,填补了世界 20 轴和 24 轴大功率交流传动电力机车产品的空白。

铁路运输的发展趋势是客运的更高速和货运的更大载重量。客运机车的动力集中牵引向动车组的动力分散牵引发展,即可根据需要使列车中的数节载客车辆具有动力;而货运机车则向多机编组和大功率牵引发展。

二、铁路车辆

(一)铁路客车

广义上,铁路客车可以包括地铁车辆、轻轨、市域快轨列车、动车组以及磁浮车辆等载客车辆。干线铁路普速客车主要为 25 型客车,运行速度为 120~160km/h,以及 CR200J 动力集中动车组,最高运行速度为 160km/h,如图 4-4-3 所示。

根据使用场景不同,客车可以分为硬座车、软座车、硬卧车、软卧车、餐车、行李车和邮政车等。铁路客车主要由车体和转向架组成,车体两端支承在转向架上。转向架是车辆的承载和走行机构,是实现高速、安全和平稳运行的关键,主要由构架、轮对、一系悬挂、二系悬挂、牵引传动和基础制动装置等组成。

高速、安全和平稳是铁路客车的发展方向,目前主要通过新材料、新拓扑等技术实现车体等关键零部件的轻量化设计,通过结构创新设计、轮轨关系和悬挂参数优化等技术来提高整车动力学性能以及结构疲劳强度。

a) 25型客车

b) CR200J动力集中动车组客车

c) 转向架

图 4-4-3　25 型客车、CR200J 动力集中动车组客车及转向架

(二) 铁路货车

铁路货车根据用途可以分为敞车、棚车、平车、集装箱车、罐车、冷藏车和特种车辆等，其中，敞车、平车和罐车是主要的车型，图 4-4-4 所示为 C_{70} 敞车、NX_{17} 平车和 G_{50} 罐车。目前，铁路货车朝着重载和快速两个方向发展，如重载货车轴重达到 25t 以上，而快捷货车运行速度要达到 160km/h。货车转向架普遍采用三大件式转向架，如转 8 型系列和转 K6 型等。

a) C_{70} 敞车

b) NX_{17} 平车

c) G_{50} 罐车

图 4-4-4　C_{70} 敞车、NX_{17} 平车和 G_{50} 罐车

三、机车车辆走行原理

(一) 轮轨黏着利用

铁路机车车辆沿轨道运行是通过车轮在钢轨上滚动实现的，轮轨黏着牵引力的形成原理如图 4-4-5 所示，轮重 P 经过轮轨接触点 C（实际上是个接触斑）作用于钢轨上，牵引传动装置施加扭矩 M 作用在车轮上，车轮以速度 v 前进。根据轮轨之间作用力和反作用力关系，F_T 是钢轨对车轮反作用力，也叫做轮周牵引力，轮轨接触斑状态与轮轴牵引力相关。忽略车轮惯性，车轮的转动力矩平衡方程为 $M - F_T \cdot r = 0$，其中 r 是车轮滚动圆半径，则轮周牵引力 $F_T = M/r$，F_T 将使车轮以接触点 C 为连续瞬时转动中心向右滚动。

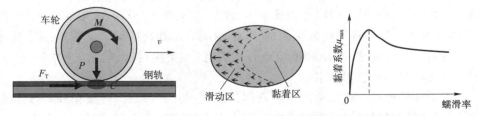

图 4-4-5　轮轨黏着牵引力形成、轮轨接触斑及黏着系数变化示意图

在轴重和牵引等载荷作用下,车轮滚动伴随着轻微的相对滑动(蠕滑),接触斑法向和切向均发生弹性变形。在赫兹接触假设下,接触斑法向力分布为椭球形。从微观上来看,接触斑内某个位置的切向力如果达到库仑摩擦力,该位置就发生相对滑动,这些位置就构成了接触斑的滑动区;如果切向力小于库仑摩擦力,该位置的轮轨接触点之间没有相对滑动,这些位置构成了接触斑的黏着区。随着轮轨蠕滑的增加,接触斑的黏着区不断减小、滑动区不断增大,蠕滑力也不断增大,直到接触斑全部变成滑动区之后,蠕滑力会随着相对滑动速度的提高而降低。

轮周牵引力 F_T 极限值是最大静摩擦力 $F_{\mu,\max} = \mu_{\max} \cdot p$,即轮重 P 与黏着系数 $\mu_{\max}$ 乘积, $F_{\mu,\max}$ 也称为轮轨黏着力极限值。当 $F_T > F_{\mu,\max}$,即轮周力大于黏着力极限值时,轮轨间的黏着被破坏,轮轨接触斑全滑动,黏着力极限值由静摩擦力变为动摩擦力而急剧下降;随着车轮滑动速度的增加,动摩擦系数越来越小,黏着力极限下降更严重,车轮转速迅速提高而车速不增加,发生车轮空转。相反,在制动工况下(驱动扭矩 M 和 F_T 改变方向),当制动力大于黏着力极限时,车轮转速急剧减小而车速不降低,发生车轮滑行。

车轮空转和滑行都将导致车轮和钢轨擦伤,造成车辆—轨道系统振动加剧和零部件损伤,显著增加运营维护成本。轮轨黏着利用就是寻找蠕滑力的最大利用区间,提供足够的牵引力和制动力,避免车轮空转和打滑。如图 4-4-6 所示的 HXD_3 型电力机车,不同车速下的最大牵引力和制动力都不应该超出牵引和制动特性控制曲线的限定范围。增大轴重、增大轮轨摩擦系数、引入防滑控制和防空转控制技术等均可以提高黏着利用率。

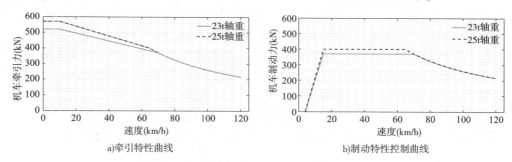

图 4-4-6　HXD_3 型电力机车牵引特性和制动特性控制曲线

纯滚条件下,黏着系数 $\mu_{\max}$ 接近于静摩擦系数。$\mu_{\max}$ 与轮重、线路刚度、牵引传动装置、走行部结构、钢轨材质及表面状态、车速等因素相关,具有随机性、变化范围大,一般都是根据大量试验拟合出经验公式。由经验公式表示的黏着系数称为计算黏着系数,只与车速相关。例如,我国电力机车的计算黏着系数公式为 $\mu_{\max} = 0.24 + 12/(100 + 8v)$,即车速越高,黏着系数越小。

(二)走行原理

铁路机车车辆能够自动导向运行的原因在于特殊的轮轨关系。两个具有踏面锥度的车轮通过车轴组成一个整体,即轮对,如图 4-4-7 所示。列车正常运行时仅车轮踏面与钢轨顶面接触,而轮缘(踏面内末端)仅在通过小半径曲线或运行异常时与钢轨侧面接触,防止车轮脱轨。

当轮对相对轨道产生横移时,由于踏面锥度原因,一侧车轮的实际滚动半径和滚动距离大于另外一侧,这将导致轮对摇头和横移。由于此时的轮对摇头和横移速度不为零,将继续向轨道另外一侧运动,迫使另一侧车轮的滚动半径和滚动距离增大,轮对将周而复始持续上述过程,不断地发生横移和摇头,始终趋向于轨道中心位置,这就是轮对的自动对中原理,其运动轨迹像蛇一样向前爬行,称为蛇行运动。通常在低速时机车车辆系统蛇行运动是稳定的,即其运动始终往平衡位置即轨道中心线收敛。当超过某一临界速度时,其运动不再收敛,而是处于周期运动。这时出现蛇行运动失稳,从而使机车车辆的振动加剧,影响其平稳和安全运行。因此,如何保证机车车辆长期服役过程的蛇行运动稳定性是其安全运行的关键。

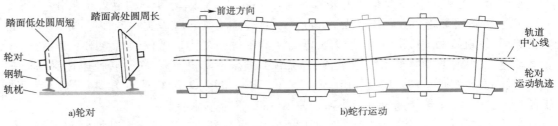

图 4-4-7 轮对与蛇行运动

(三)动力学性能

机车车辆动力学性能主要包括蛇行运动稳定性、曲线通过安全性和运行平稳性等。

蛇行运动稳定性决定了列车的最高运行速度,列车在正常运行时不允许发生蛇行运动失稳,否则会显著影响列车运行品质,引起结构疲劳甚至结构失效,严重时将引发列车脱轨。实际运行中可以采用构架或轮对横向振动加速度、轮轨横向力等来评价蛇行失稳程度。

运行安全性是指脱轨安全性和倾覆安全性,可通过轮轨横向力、轮轨垂向力及其衍生指标,如脱轨系数、轮重减载率和轮轴横向力等评价运行安全性。当列车通过小半径曲线线路或者发生严重蛇行失稳时,上述指标会非常大。

运行平稳性衡量旅客乘坐舒适性和货车运行品质。可通过测量车体地板面得到的振动加速度以及由此计算出来的平稳性指标、舒适度指标、运行品质指标等评价运行平稳性。

第二节 动 车 组

动车组是由动车(带动力)和拖车(不带动力)组成的头尾两端均可操纵驾驶的、整列一体化设计的一组列车,具有速度高和安全舒适的显著特点。动车组技术是代表一个国家高速客运装备技术成熟度的重要标志。世界各国研发了具有不同技术特征的动车组,主要体现在车体、转向架、牵引制动和受流等方面。

一、发展概况

动车组在不同国家、不同时代的定义不同,一般是指最高运营速度达到或超过200km/h的铁路列车。日本、法国和德国先后修建了高速铁路,形成了有各自技术特征的高速列车体系。其中,日本率先开行动力分散式动车组,并沿用至今。而欧洲早期开发的动车组仍采用传统的动力集中方式即机车牵引,由于速度的提升后来发展的动车组也主要采用动力分散方式。

（一）国外动车组发展

1964年10月1日，日本东海道新干线（东京至大阪）开通运营，0系"光号"列车最高运行速度达到210km/h。1981年，法国在巴黎东南线了开行TGV-PSE高速列车，最高商业运行速度260km/h；2007年，TGV-V150高速试验列车创造了最高运行速度574.8km/h的世界纪录。1991年，德国开行了ICE1高速列车，最高运行速度280km/h。1992年，意大利罗马至佛罗伦萨高铁开通，采用摆式列车ERT450，通过车体主动倾摆技术以抵消通过曲线时离心力的影响，最高运行速度250km/h。此外，瑞典的X2000型以及西班牙的TALGO也是摆式列车。目前，国外铁路发达国家都在研制新一代高速列车，如日本新干线N700系、AlFA-X及德国ICE NGT等。轻量化、智能化、更高速和节能环保是动车组主要发展趋势。

（二）我国动车组发展

我国已经修建和规划了庞大的高速铁路网络，截至2023年底，高速铁路运营总里程达到了4.5万km，超过世界高铁里程总和的2/3。高速铁路是我国装备制造的一张亮丽的名片，更是"一带一路"倡议下的国家重大工程，造就了非凡的经济效益和国际影响。《中国制造2025》《交通强国建设纲要》提出了高速铁路的"绿色""智能""400公里级"等发展目标。

我国从20世纪末开始自主研制高速列车，早期主要是试验列车和少量载客运营列车，如先锋号、蓝箭号、长白山号和中华之星等。2004年以来，通过"引进、消化、吸收、再创新"，研制了速度等级200~300km/h的"和谐号"CRH1、CRH2、CRH3、CRH4、CRH5系列动车组，以及CRH380系列动车组、城际动车组、高寒抗风沙动车组等多个系列。2017年，拥有完成自主知识产权的"复兴号"系列中国标准动车组正式服役（图4-4-8），形成了350km/h、250km/h和160km/h速度级动车组研发、制造和运营维护技术体系。目前，正在研制新一代CR450动车组，目标运营速度设定为400km/h。

a)CR400AF　　　　　　　　　　　b)CR400BF

图4-4-8　"复兴号"CR400AF和CR400BF动车组

二、动车组车体

车体是为司机和乘客提供乘坐空间，又为牵引、制动、受流等系统提供基础安装载体，应具有质量轻、足够的强度和刚度、良好的空气动力学性能以及乘坐舒适性等。

（一）车体材料

车体重量在列车中所占比例最大，其轻量化最为关键。目前世界上绝大多数动车组车体选用的材料都是铝合金，我国的动车组除和谐号CRH1之外，其他和谐号以及所有复兴号车型都是铝合金车体,铝合金车体较钢制车体质量可减轻30%～40%。

随着列车速度的提高,振动和噪声问题突出,轻量化是实现减振降噪的关键技术之一。轻量化的主要优点有:牵引和制动消耗的能量少、节能;减小对轨道的破坏;降低因振动引起的噪声。

(二)车体结构

列车运行过程中,车体需要承载旅客和各种设备的重量,还要承受纵向、横向、垂向和扭转等各种复杂载荷。因此,车体必须具有足够的强度和刚度,保证结构不破坏和失效。动车组车体分为头车和中间车车体,一般设计为筒形整体承载结构,如图4-4-9所示,将底架、侧墙、车顶和端墙组成为一个整体,这样可以增强承载能力和减重。采用大型、中空、薄壁的铝合金挤压型材,实现了纵向大幅度自动焊接工艺,提高了生产效率和制造质量。

图4-4-9　大型中空挤压铝合金型材焊接结构(头车和中间车)

(三)车体气密性

动车组进出隧道时,由于空气动力作用,引起车内气压发生急剧变化,使乘客感觉不适,因此,必须将车内气压变化严格控制在允许范围内,将车体完全密封起来,这种结构叫做气密结构。车体气密性是指在安装卫生间、供水系统、车窗、车门等设施之后,关闭列车与外界的所有开口,阻止车内气压波动的能力。

气密性试验通常采用车厢内部充气或抽真空方式,使车内外压差达到4000Pa以上,然后测试降压时间来确定气密性能,保压时间越长,说明车体气密性越好。对于速度等级为250～350km/h的动车组,车内外压力差由4000Pa降至1000Pa的时间应不小于50s。

三、动车组转向架

转向架是车辆的走行部,其主要功能是:保证车辆灵活、安全平顺地沿钢轨运行和通过曲线;支撑车体和使轴重均匀分配,承受作用于车辆及轮轨之间各种载荷和作用力;减小车辆振动,保证运行平稳;充分利用轮轨之间的黏着,传递牵引力或制动力,以保证在规定的距离之内完成加速或停车。

(一)结构设计

动车组转向架主要由构架、轮对、弹簧减振装置(悬挂系统)、牵引传动机构和制动机构等几大部分组成,实现承载、减振、牵引和制动等基本功能。其结构如图4-4-10所示,普遍为两轴转向架,采用了适用于高速运行的轮对定位方式和抑制蛇行运动装置,以及保证高舒适度的空气弹簧悬挂系统。

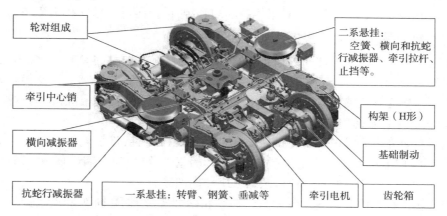

图 4-4-10　动车组转向架结构示意图

构架由侧梁和横梁焊接为一个整体,形状似"H"形。侧梁是板焊而成的向下弯曲的箱型结构,以降低车体重心,横梁为无缝钢管。侧梁和横梁上焊有各种吊座,如弹簧座、减振器座、电机和齿轮箱安装吊座、制动钳安装吊座等。

弹簧减振装置包括弹簧、减振器和定位装置,用于连接轮对、构架和车体,起到定位和减振的作用。根据安装位置,弹簧减振装置分为一系悬挂(也叫轴箱悬挂,位于轮对与构架之间)和二系悬挂(也叫中央悬挂,位于构架与车体之间)。

一系悬挂约束轮对和构架之间的相对运动,并衰减轮轨振动向构架的传递,要求其纵向和横向具有适当的连接刚度,既要避免发生蛇行运动失稳,又要有良好的曲线导向性能。目前,高速转向架的一系悬挂主要采用转臂式定位、钢弹簧支撑和垂向油压减振器的组合。

二系悬挂主要用于约束车体和转向架的相对运动,能提供小刚度支撑和适当的回转阻力矩,既具有良好的减振性能,又能抑制蛇行运动失稳,兼顾车辆运行平稳和行车安全性。高速转向架的二系悬挂主要包括空气弹簧组成、横/垂向减振器、抗蛇行减振器、抗侧滚扭杆装置、牵引拉杆组成以及限位止挡等。

牵引传动装置主要由牵引电机、减速齿轮箱和联轴器组成,电机的输出扭矩通过联轴器传递给齿轮箱,齿轮箱再驱动轮对旋转,实现列车牵引和加速。

(二)悬挂技术

动车组转向架的悬挂技术主要涉及轮对定位刚度、二系空气弹簧的横垂向刚度、一系垂向减振器、二系横垂向减振器和抗蛇行减振器等参数优选,针对具有不同车轮踏面廓形、最高运行速度和线路不平顺状态等实际运用需求,会形成多种悬挂参数匹配方案。例如,分别采用 LMA 和 LMB10 车轮踏面的 CR400AF 和 CR400BF 高速列车转向架,其优化的悬挂参数就有很大不同。

一般来说,垂向悬挂参数主要影响车辆的垂向振动性能,横向悬挂参数主要影响横向振动特性,即可将车辆的垂向和横向振动视为弱耦合。例如,二系空气弹簧的垂向刚度仅影响垂向平稳性而对横向平稳性影响很小,反之亦然。又如,轮对的纵横向定位刚度仅影响蛇行稳定性和曲线通过性能,而对垂向平稳性的影响可以忽略不计。

目前,高速列车转向架倾向于采用大刚度的轮对定位与大节点刚度和大阻尼的抗蛇行减振器匹配,保障高速行车时的蛇行稳定性,采用空气弹簧并匹配适当的一二系减振器阻尼,以尽可能地隔离轮轨宽频激励对车体振动的影响,保证运行平稳性和旅客乘坐舒适度。

(三)轮轨关系

轮轨关系是车辆与轨道之间的纽带,负责车辆沿轨道前进时的导向,并为车辆加、减速提供必要的黏着,对机车车辆动力学性能与轮轨磨耗有决定性的影响。轮轨相互动力作用是引起车辆与轨道系统的振动、冲击、疲劳伤损和破坏失效的直接根源,车速越高、轴重越大,轮轨动力作用越显著。

轮轨关系研究主要考虑车轮与钢轨之间的动态匹配特性,涉及轮轨接触几何关系和滚动接触力。而轮轨接触几何关系是轮轨关系设计的基础,影响到车辆最高运行速度、轮轨动力作用、脱轨安全性、轮轨磨耗规律以及运营维护周期等。

影响轮轨接触几何关系的主要参数包括车轮踏面廓形、钢轨轨头廓形、轮对内侧距、轨距和轨底坡等,所计算出的接触参数包括接触点处的左右轮半径及轮径差、轮轨接触角差、等效锥度、接触点分布等,如图4-4-11所示,这些参数都表示为轮对横移量的函数曲线。其中,等效锥度可作为一个重要指标来评价不同轮轨型面匹配的接触几何关系差异。例如,我国 LMA 车轮踏面的等效锥度建议使用范围是 $0.04 \sim 0.25$,而 LMB10 踏面则为 $0.10 \sim 0.35$,当轮轨磨耗加剧并引起实际等效锥度超出上限时,会采取车轮镟修或钢轨打磨等措施,将实际等效锥度控制在允许范围。

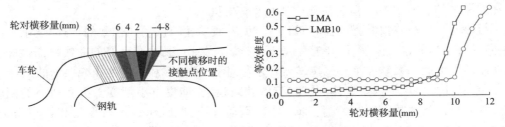

图 4-4-11 轮轨接触点分布和等效锥度曲线

目前,对应不同动车组车型我国有多种车轮踏面廓形,如 LMA、LMB、LMB10、LMC 和 LMD 等,与钢轨匹配时的接触点位置、接触带宽、等效锥度等均不同。因此,在设计阶段需要进行轮轨关系和悬挂参数的优化匹配,以保障动车组具有良好的动力学性能。

四、牵引制动系统

(一)牵引传动系统

牵引传动系统是动车组的关键子系统,通过机电耦合一体化控制驱动列车行走和制动,决定了列车运行速度、动力品质和舒适性。牵引传动系统主要由高压电气设备、牵引变压器、牵引变流器、牵引电机、联轴器和齿轮箱等组成,如图4-4-12所示。

牵引电机的转速和转矩受变流器输出的变频变幅交流电调控,电机输出端通过联轴器与减速齿轮箱相连接。齿轮箱内部的小齿轮为扭矩输入端,通过齿轮啮合将扭矩传递给轮对上的大齿轮,实现牵引电机输出的高转速、小扭矩转换为低转速、大扭矩,进而驱动转向架行走;控制器根据列车速度、扭矩需求控制牵引电机输出,实现列车的加减速调控。

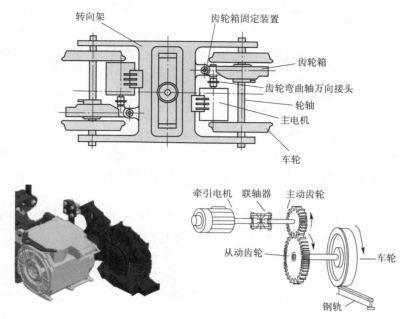

图 4-4-12　动车组牵引传动系统

(二)制动系统

制动系统负责列车进站停车、停车后防止自然溜车、运行过程中减速、下坡时抑制列车加速以及紧急情况时的紧急停车,是高速动车组的正点和安全运行的绝对保障。

首先,制动系统必须能使列车在规定的距离内停下来,由于轮轨之间的摩擦系数小,会造成列车制动距离长。如列车从速度 300km/h 开始制动减速至完全停车,常用制动距离约 5km/h。列车速度越高,需要的制动能力越强。制动能力的衡量指标主要是紧急制动距离,取决于轮轨间黏着的利用、基础制动装置的热容量以及制动控制性能等。

列车可采用的制动方式主要有:踏面制动、盘形制动、再生制动、电阻制动、磁轨制动、盘形涡流制动和轨道涡流制动等。部分制动方式原理如图 4-4-13 所示。其中,踏面制动和盘形制动依靠压缩空气作用实现制动,又称为空气制动。踏面制动、盘形制动和磁轨制动属于机械制动,存在机械接触与磨损;再生制动、电阻制动、涡流制动都是电制动,没有机械接触或磨损,会产生热量或电磁干扰。我国高速动车组主要采用再生制动和盘形制动相结合的制动方式,制动时先使用再生制动(将牵引电机切换成发电机,将列车的动能转化为电能回馈到供电网),车速低于 50km/h 时配合使用盘形制动直至停车。

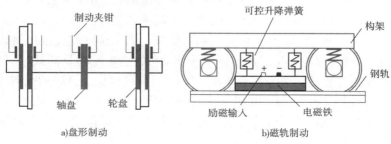

a)盘形制动　　　　　　　　b)磁轨制动

图 4-4-13　动车组的盘形制动和磁轨制动方式示意图

五、外型流线化技术

当车速达到 200km/h 以上时,空气阻力占列车总运行阻力的 70% 以上。列车外形流线化技术涉及车头头型优化、车下设备及转向架包裹、受电弓导流罩设计等,是为了减小空气阻力和气动噪声,以保证高速列车的安全平稳运行和舒适性。

列车头型优化的目标是减小头尾车的压差阻力(车头迎风受到正面压力,车尾尾流产生负面压力),流线型的优化设计需要综合考虑列车持续运行速度、气动作用载荷、隧道微气压波、气动噪声等因素,还要兼顾美观大方。除了车头和车体侧壁需设计得特别平滑之外,车体底部的各种装置也需用光滑平整的"车裙"罩住,车体与车体之间空隙处也需加装光滑过渡的"风挡"。

为进一步降低转向架的空气阻力和气动噪声,新一代复兴号动车组 CR450 还采用转向架包覆技术,即用导流板、底板和侧包板等将转向架整个包裹起来。

六、高速受流技术

动车组是通过车顶上的受电弓与接触线网的滑动接触来获取电能,如图 4-4-14 所示。这一过程称为"受流",高速受流是制约着动车组运行速度提升的关键技术之一。世界各国高速铁路接触网都采用较高电压的单相交流电供电,这样可以降低输电损耗,但不同国家的供电电压和频率不尽相同。例如,我国和法国供电电压、频率分别为 25kV、50Hz,日本为 25kV、50Hz(或 60Hz),德国为 15kV、16.7Hz。

a)   b)

图 4-4-14 动车组受电弓

受电弓是依靠一定的抬升力让其滑板与接触线保持接触的,脱离失去接触的现象称作离线,离线时将产生电弧,会加快受电弓滑板和接触线的磨耗,引起电磁干扰,并伴随噪声污染。离线发生的次数越多,时间越长,表明受流质量越差。

如何才能保障和提升受流质量?需要控制离线率。列车速度越接近接触线的波动传播速度就越容易发生离线,可以设法提高接触线的波动传播速度来降低离线率。研究表明,当列车速度与波动传播速度的比值为 0.6:1~0.7:1 时,就可以保证良好的受流质量。为提高波动传播速度,可以通过增大接触线的张力和选用轻质材料方式实现。此外,增大受电弓的抬升力和减小受电弓质量也可以提高受流质量,但需要综合考虑受电弓滑板和接触线的磨耗、疲劳损伤和使用寿命等。

第三节 重载列车

一、发展现状

铁路重载运输始于 20 世纪 20 年代,至今已经在世界各国广泛采用。我国《重载铁路设计规范》(TB 10625—2017)定义重载铁路需至少满足下述要求中的两项:①满足列车牵引质量 8000t 及以上;②轴重 27t 及以上;③在至少 150km 线路区段上年运量大于 40Mt。20 世纪 90 年代,我国大秦线上进行了 10 次万吨列车试验。

二、运输模式

通过多年的摸索实践,我国的重载列车也在逐步发展,2014 年由中国铁路总公司在大秦线组织实施的 3 万 t 重载列车运行试验取得成功,实现了中国铁路重载列车牵引质量从 2 万 t 到 3 万 t 的跨越,使中国成为世界上仅有几个掌握 3 万 t 重载铁路技术的国家之一。

重载列车的轴重从 25t 逐渐提升至 30t 甚至更大,其运输模式可以分为如下 3 种:

(1)单元式重载列车。列车采用固定编组、货物品种单一、运量大而集中,列车在装载地和卸车地之间往返运行,如我国的大秦线、神朔线。

(2)整列式重载列车。由单机或多机重联牵引,列车由不同形式和不同载重的货车混合编组,在运输途中也可以根据需要进行改编,是我国繁忙干线上重载列车的主要运行模式。

(3)组合式重载列车。在运输能力紧张路段,将两列或多列普通货物列车连挂牵引,使几个普通列车的运行间隔时间压缩为一个,从而达到加速列车周转、提高运输能力的目的。

三、大轴重转向架

我国重载货车转向架主要采用三大件式转向架结构,如 DZ1、DZ2、DZ5、DZ6、DZ7,如图 4-4-15 所示。

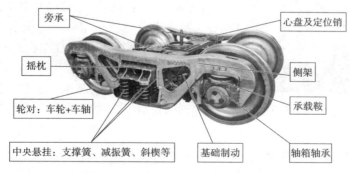

图 4-4-15 重载货车 DZ2 型转向架

主要由侧架、摇枕、轮对、中央悬挂装置、轴箱悬挂装置、交叉支撑装置和基础制动机构等组成,构造速度 120km/h,轴重有 25t、27t 和 30t,而出口货车轴重达 42.5t。重载货车转向架具有以下技术特点:

(1)采用侧架交叉支撑装置提高转向架抗菱刚度,能够显著提升货车的蛇行运动稳定性。

（2）增设轴箱弹性橡胶垫，合理设置垂向、纵向和横向刚度，有效降低轮轨动作用力。

四、重载列车纵向冲动

为了适应日益增长的铁路货物运输需求，通过增加列车编组长度来提高重载列车牵引总重成为重载铁路运输的主要发展方向之一。随着牵引总重和编组长度的增加、运行速度的提高，再加上车钩间隙、复杂的线路条件等多重因素影响，重载列车在运行过程中不可避免地产生剧烈的纵向冲动，这将显著影响其运行安全性和可靠性。因此，应深入开展重载列车纵向动力学研究，掌握纵向冲动机理，提出改进措施。

（一）重载列车纵向冲动

相邻机车车辆间运行速度的差异和存在的车钩间隙是产生纵向冲动的根源。由于运行线路条件复杂、长大起伏坡道众多，使重载列车频繁地进行牵引与制动切换，致使机车车辆间运行速度的不一致成为常态，造成纵向冲动普遍存在；在长大下坡道上更容易发生纵向冲动，因为列车需频繁地进行制动和缓解（循环制动）来控制车速。由于机车是控制信号源，靠近机车的车辆先制动或缓解，远端车辆后制动或缓解，不同位置车辆的操纵不一致性导致了车辆间运行速度差异，极易诱发剧烈的纵向冲动。

（二）纵向冲动导致的典型行车安全问题

纵向冲动导致的重载列车运行安全问题主要分为两类：一类是纵向冲击过大或长期循环作用诱发的车钩、缓冲器等结构部件疲劳失效（如钩舌断裂、渡板变形等）；另一类是纵向冲击产生的横向/垂向效应及其诱发的车钩横向/垂向失稳，其中，车钩横向失稳是车体错位甚至脱轨掉道的重要诱因，如图4-4-16所示。

图4-4-16 车钩横向失稳诱发的运行安全事故

车钩横向失稳在头部相邻机车和中部从控机车的连挂车钩之间都有发生，会使车体发生横向偏转和错位，严重时会造成列车脱轨。通过改进摩擦式车钩结构参数及增大钩尾弧面摩擦系数，以及优化转向架悬挂刚度和止挡间隙，能够提升车钩的横向稳定性。

车钩垂向失稳是指车钩垂向分离，即脱钩，主要发生在中部从控机车的连挂车钩之间，在制动缓解和牵引操纵工况下都有发生。其主要控制措施有：限制连挂车钩之间的初始高度差，减小中部机车的制动力/牵引力，增大车钩钩舌摩擦系数和减小车钩垂向自由偏转角。

（三）重载列车纵向动力学

重载列车纵向动力学主要研究列车编组、操纵方式、制动系统特性、车钩缓冲装置特性、线路断面等对列车纵向冲动的影响，关注相邻货车之间的车钩作用力特性或相互影响，研究货车在长大编组条件下的动力学性能和运行安全性，掌握纵向冲动机理，为列车的安全平稳运行提供理论依据。列车纵向动力学模型可以是仅考虑车辆纵向自由度的一维动力学模型，也可以是考虑纵横垂耦合的三维动力学模型，需要考虑车钩力非线性和缓冲器迟滞效应，以及实际的牵引特性和制动特性曲线，掌握车钩力、车钩摆角、运行姿态和振动等与列车牵引、制动和线路等之间的关联，实现列车操纵与防滑控制优化等。现场试验时，通过在车钩上布置应变计和位移计测量车钩力和摆角，实现列车纵向冲动与服役性能评估。

五、重载列车牵引制动技术

（一）多机牵引与列车编组

我国重载专线上开行的长大列车牵引质量普遍在1万~2万t之间，重载列车典型编组如图4-4-17所示。

1. 万t重载列车编组模式

单元式万t列车主要的编组形式为牵引机车+万吨货车+普通列尾。例如，根据机车配属的变化，牵引机车类型包括双DJ1型机车、双SS4机车和单HXD型机车等，根据货车配属的变化开设了由120辆C63、108辆C70或102辆C80等车辆编组的单元式万吨列车。

随着重载铁路运输技术和装备水平的提高、车站作业组织和站场设备条件的不断改善，以及机车无线同步操纵技术的应用，自2004年起组合式万吨重载列车逐步开行，其常见编组方式为：单SS4机车+60辆货车+单SS4机车+60辆货车+普通列尾。

2. 2万t重载列车编组模式

2万吨重载组合列车的常见编组方式主要有两种方式，其一是"1+2+1"编组方式，即单SS4机车+108辆货车+双SS4机车+108辆货车+单SS4机车，另一种是"1+1"编组方式，主控机车+108辆货车+从控机车+108辆货车+可控列尾。其中，主控机车和从控机车有2(Bo+Bo)（八轴）和3(Bo+Bo)（十二轴）两种不同功率等级的大功率交流传动机车；可控列尾是列车尾部一种基于无线通信实现与主控机车同步排风的装置，利于整列车同步制动，如图4-4-17所示。

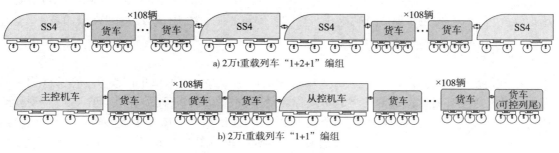

a) 2万t重载列车"1+2+1"编组

b) 2万t重载列车"1+1"编组

图4-4-17　2万t重载列车典型编组示意

2014年，中国第一列牵引质量超过3万t、全长397m的重载列车在大秦线路上试验运行成功，成为中国重载运输上的一个重要里程碑。

（二）长大编组重载列车制动技术

重载列车采用空气制动，由头部机车控制连挂车辆的充风与排风，以列车管压力变化为控制信号触发各节车辆的制动机动作，最终实现列车的制动与缓解。针对长大编组重载列车，列车长度的增加导致了制动控制信号的延时增长，进而造成严重的列车纵向冲动。为降低重载列车纵向冲动效应，主要采取机车无线同步操纵技术和电控空气制动技术。

1. 机车无线同步操纵技术

机车无线同步操纵系统(Locotrol)主要提供机车遥控功能，由主控机车遥控分布在列中的其他机车,使它们置于同步牵引、制动或缓解操纵,实现整列车的动力分配和制动控制优化,同时加快制动波速和缓解波速。

2. 电控空气制动技术

电控空气制动系统(ECP)由机车和每节车辆上的控制单元及列车网络组成,是一种电子控制的直通式空气制动系统。它取消了传统的空气制动阀系统,通过列车网络传递控制信息,使每节车辆同步制动或缓解,大幅降低车辆间的纵向冲动。电控空气制动系统按信号传递方式可分为两种:一种为有线方式,即通过列车上贯通全长的电缆(列车总线)来传递制动控制信号及后面车辆向机车的反馈信息;另一种为无线方式,即利用每节车辆两端的无线电装置在相邻的两节车辆之间接收和发送制动控制信号及反馈信息。

第四节 城市轨道交通车辆

一、发展现状

城市轨道交通为采用轨道导向运行的城市公共客运交通系统,设置全封闭或部分封闭的专用轨道线路,以列车或单车形式运送相当规模客流。

1969年10月,北京地铁建成通车,标志着我国现代城市轨道交通的开端。2013年以后,我国城市轨道交通进入高速发展期。截至2022年底,我国内地共有55个城市建有城市轨道交通,运营总里程10292km,其中地铁8012.85km,还有市域铁路、有轨电车、轻轨、跨座式单轨以及磁浮、导轨式胶轮等新制式交通。由此可见,城市轨道交通是多种制式共同承担的多元化综合交通,地铁与轻轨属于共性技术,市域铁路是干线铁路向城市轨道交通的延伸(最高运行速度120~160km/h),新制式城轨车辆还处于发展探索阶段。因此,本节重点介绍地铁车辆、单轨车辆和现代有轨电车,这三种车辆分别是大、中、小运量的典型代表。

二、地铁车辆

地铁列车最高运行速度一般为80~120km/h,适用于大中型城市单向高峰小时2.5万~7万人次的大规模客流运输。带动力的车辆称为动车,不带动力的车辆称为拖车。动车和拖车通过牵引杆或密接式车钩固定编成一个动力单元,一列地铁列车由一个或数个动力单元固定编组而成,由第三轨或接触网供电。6辆编组的地铁列车如图4-4-18所示。图4-4-18中,"M"表示动车,"T"表示拖车,"c"表示车辆上设有司机室,"p"表示车辆上设有受流器或受电弓。

图4-4-18 地铁列车6辆编组示例

地铁列车的运量取决于车辆尺寸规格、编组辆数和发车密度3个因素,也决定了地铁系统工程造价。根据车辆宽度,将采用旋转电机驱动的地铁车辆划分为A型、B型和C型三种,车体宽度分别为3m、2.8m和2.6m,而将采用直线电机驱动的地铁车辆称为L型。

地铁车辆的结构特征普遍为两台转向架支承一节车厢,每台转向架有两根车轴。车上主要安装有高低压电气设备、制动相关设备、风源系统及车门车窗座椅等。转向架是保证车辆的走行部,其结构与高速列车转向架相近(图4-4-10)。动车和拖车的转向架基本结构相同,动车转向架上额外增加了牵引传动装置,如牵引电机和驱动齿轮箱等。

三、单轨车辆

单轨车辆的转向架采用走行胶轮和导向胶轮分别实现车辆的支撑和导向,如图4-4-19所示,这在原理上与铁路轮轨车辆有本质不同。轮轨车辆具有自主对中和导向能力,而单轨车辆则不具备,受干扰偏离线路中心线后,不能重新回复到中心线位置。因而,需要在转向架两侧增设导向轮,以此约束转向架相对轨道的侧向偏离以实现导向。由于走行轮左右间距很小,不能提供足够的抗侧滚力矩,因而需要在转向架两侧下面足够远处增设一对稳定轮。

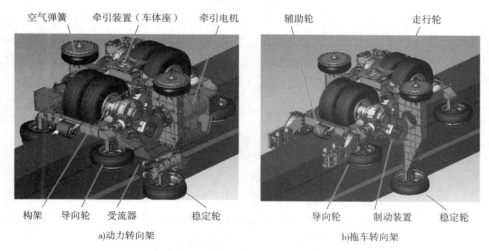

图4-4-19 跨座式单轨车辆的动力转向架(左)和拖车转向架(右)

单轨车辆多采用胶轮,其承载能力、抗磨损能力远不如铁路轮轨,滚动阻力也大。但单轨车辆也有优点:

(1)轮胎与轨道间附着系数大,爬坡能力强(可达60‰);

(2)轮胎有一定的减振能力,振动噪声小;

(3)可运用于贴近建筑环境的高架线路;

(4)可通过较小曲线半径。这些特点使其选线灵活,建设成本较低,是满足单向小时1万~3万人中等客运量较为理想的交通方式。

悬挂式单轨也属于单轨车辆,运量小,列车由2~6节车辆编成,最高运行速度80km/h,轴重2.7~3.2t。悬挂式单轨转向架在底部开口的钢结构箱形轨道梁内部净空运行,车体通过摆臂与转向架连接,除了转向架之外的车辆其他部分位于轨道梁下方。由于悬挂式单轨列车吊挂于空中,具有占地少、成本低、运营组织方便等优点,特别是不影响城市地面道路既有交通格局。

四、现代有轨电车

现代有轨电车指20世纪80年代以来,将交流传动、独立旋转车轮、各种新型转向架等技术,以及现代工业设计元素综合应用于传统有轨电车所实现的技术升级。现代有轨电车采用独立旋转车轮实现车厢低地板,数个短车厢铰接成一辆完整列车。列车沿铺设在城市路面的槽形钢轨运行,与其他车辆共用路权,也可部分区段采用普通钢轨和专用路权。有轨电车为降低地板高度,采用小轮径车轮(580~660mm),并将传统轮对的车轴改为不旋转的异形"轴桥",左右车轮可独立旋转,如图4-4-20所示。

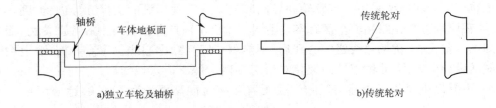

图 4-4-20　独立车轮及轴桥与传统轮对

有轨电车的运能受路权影响,会略低于悬挂式单轨,单车最大长度不超过45m,轴重最大11t,单向小时客流量0.6万~1.2万人次。列车典型编组形式如图4-4-21所示。车厢间下部均为球铰,上部采用球铰和横向约束杆,以适应竖曲线和水平小曲线通过要求,不设转向架的车厢称为"浮车",重力由两端的球铰分担。

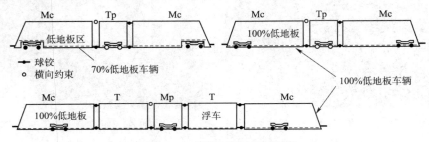

图 4-4-21　有轨电车车辆组成示例

由于独立车轮丧失了传统轮对的自主导向功能,运行过程中容易发生轮缘贴靠,影响运行安全和轮缘磨耗。解决措施有:

①70%低地板列车的两端车厢采用传统转向架,中间车为独立车轮转向架;

②左右独立车轮通过机械方式(如齿轮)重新耦合起来后降低旋转车轴的高度;

③转向架同侧前后车轮通过机械方式耦合起来,形成一定的导向能力;

④采用小直径车轮,车厢内地板虽然仍有一定高度,但可通过缓坡实现车门区域的低地板。

第五章　铁路交通运输组织与管理

第一节　铁路客运组织

一、概述

铁路客运组织是铁路运输生产活动的重要组成部分。为了保证把旅客及其携带的行李包裹安全、快速的运送至目的地，利用各项技术装备、运输资源，科学合理、高效率地对参与运输的各部门、各工种进行协调组织，提高客运服务质量，在追求企业最大经济效益的同时，努力做到与社会效益的统一。这种对外为旅客服务，对内进行企业经营管理，在二者相互结合的过程中所进行的铁路运输生产经营活动，为铁路客运组织。

（一）铁路客运组织的特点

（1）旅客运输的主要服务对象是旅客，其次是行李、包裹，通过售票工作把旅客组织起来实施高效运输，并最大限度满足旅客在旅行途中的物质文化生活需求。

（2）旅客运输生产提供的是无形产品——旅客的空间位移。它在产生的同时也被消耗，其创造的社会经济效益远大于自身的经济效益。

（3）旅客运输需求在时间上有较大的波动性。对客运技术设备、客运能力等必须留有一定的后备，在不同的客运量峰值期采取不同的客运组织方法。

（4）旅客在旅行途中有不同的物质文化生活与需求，旅客运输企业不仅要满足这些需求，还应创造良好的旅行环境并提供优质服务。

（二）铁路客运组织内容

1. 客运企业内部的组织与管理

主要包括铁路旅客运输设备和服务设施的管理和运用、铁路客运市场调查预测、目标市场的选择及制定营销策略、铁路客流预测方法及客流计划的编制、铁路客运管理、铁路旅客和行李包裹运价确定、旅客列车事故处理和预防等。

2. 面向旅客的客运组织与管理

主要包括客运站工作组织、旅客列车运行组织和客车车底整备、旅客列车乘务工作组织、行李包裹运输工作组织、市郊和城际铁路旅客运输组织、豪华旅游列车的开行组织、不定期各种应时旅客列车开行组织、铁路节假日新老兵及团体旅客运输组织等。

二、铁路客运站设备

客运站是铁路客运的基本生产单位，其主要任务是安全迅速、有秩序地组织旅客上下车，便利旅客办理一切旅行手续、提供旅客舒适的候车条件，保证铁路与市内交通联系便捷，使旅客迅速疏散。客运站主要由站房、站场、站前广场三部分组成。

旅客站房是办理客运业务及管理的用房，由客运用房、驻站单位用房、车站技术作业和办公用房等组成。客运用房是旅客站房的主体，包括候车、营业管理（售票、行包、问询等）用房及交通联系空间。

站场是进行客运技术作业的场所，包括线路（到发线、机走线、机待线、车辆停留线）、站台、雨棚、跨线设备等。

站前广场是客运站前供旅客活动、车辆停留以及设置旅客公共服务设施的场地，是客运站与城市联系的纽带。为保证旅客和车辆安全、便利、迅速集散，站前广场上各种车辆的行驶路线、停车场地应妥善安排，避免旅客流线、车辆流线与行包流线之间的交叉干扰，并应尽量缩短进出站旅客的走行距离。

三、铁路客运站工作组织

客运站工作组织包括旅客及行包运输工作、技术管理和财务管理等。客运站按其日均上下车及中转人数、到发及中转行包件数核定等级，根据车站等级配备建立组织管理机构。

（一）客运站的生产管理

客运站的生产管理主要是售票、行包运送、旅客乘降、客运服务等工作组织。

售票是客运站重点工作部门，通过售票将众多的旅客按日期、车次、方向有计划的组织起来，纳入车站旅客运送计划。

为维护车站秩序，保证旅客安全，防止旅客误乘，应组织旅客有秩序的检票进、出站，站台服务应按路线最短、交叉最少的进站流线组织旅客乘降，以迅速集散与疏导旅客。

客运服务工作主要包括问询处服务工作、候车室服务工作等。

（二）客运站的技术管理

客运站技术管理包括标准化技术作业过程、车场及线路专门化、旅客列车的技术作业等，保证安全而无阻碍接发列车，并严格按列车运行图正确、及时办理各项作业。

1. 客运站技术作业内容

主要包括：①车站的技术生产特征，包括车站位置、工作性质、用途、所有技术设备及建筑物数量、使用情况；客流性质及各种旅客列车到发、通过数量；办理邮件和行包运输数量等。②车场、线路及站台的专门化。③客车车底及车辆的技术作业、调车工作组织。④客运站行车工作计划。⑤客运站行车工作指标。

2. 客运站车场及线路的专门化

为保证客运站的作业安全和更有效地使用车站技术设备，必须对车场及线路进行专门化。由于旅客列车运行到发时刻比较固定，因此可将一定种类和一定方向的列车到发作业固定于某一车场或某一线路，便于员工熟悉各次列车的到发线路，以提高工作效率。

3. 旅客列车的技术作业

旅客列车的技术作业包括通过旅客列车的技术作业、始发旅客列车的技术作业和终到旅客列车的技术作业。

4. 客运站工作日计划图

客运站工作日计划图是将客运站行车技术作业过程中列车占用线路的顺序和时间、调车作业、客车整备所的作业等内容绘制在一张图上,作为组织日班作业的依据。日计划图是客运站安全迅速完成列车车辆作业、合理使用技术设备、正确配置人员和实现列车运行图的重要保证。

四、旅客运输计划

编制旅客运输计划是铁路组织旅客运输不可缺少的前提,它不仅是确定旅客列车对数和客运机车车辆需要数的基础,同时也是确定客运设备、客运机车车辆修造计划以及客运运营支出计划的重要依据。

(一)旅客运输计划的分类

旅客运输计划一般是年度计划,但根据执行期间的不同,也可以分为以下几种:

(1)长远计划。一般为五年计划或更长时期的规划,根据国民经济与社会发展规划的期间进行编制,主要是规定旅客运输的发展方向、特点、速度及有关的主要指标。

(2)年度计划。根据长远计划和年度的具体情况编制,是旅客运输的任务计划。

(3)日常计划。根据年度计划任务,考虑到旅客运输节假日、季节及日常波动情况进行编制,它是指导日常旅客运输工作,保证合理运用技术设备,及时输送客流的重要依据。

(二)旅客运输计划的主要内容

(1)旅客发送人数。一定时期内一个车站、铁路局或国铁集团始发的全部旅客人数,其中包括由国际联运铁路和新建铁路接运的旅客人数。

(2)旅客运送量。就国铁集团而言,旅客发送人数即旅客运输量。对每个铁路局来说,旅客运输量则包括发送旅客人数、接运到达旅客人数和接运通过旅客人数之和。

(3)旅客周转量。是指在一定时期内,一个铁路局或国铁集团所完成的旅客人公里数。

(4)旅客平均行程。是指铁路运送的每一位旅客的平均运输距离。

(5)旅客运输的数量及其行程方向构成的客流。客流主要是基于个人旅行需要自然形成,但又受社会因素影响。深入掌握客流变化规律,是正确编制旅客运输计划的重要前提。

第二节 铁路货运组织

一、货物运输基本条件

铁路货物运输按"批"办理。"一批"是指使用一张货物运单和一份货票,按照同一运输条件运送的货物,它是承运货物、计算运费和交付货物的一个基本单位。按"一批"托运的货物,托运人、收货人、发站、到站和装卸地点必须相同(整车分卸货物除外)。

根据货物运输组织方法,铁路货物运输可分为整车运输、零担运输和集装箱运输。整车货物以每车为一批;跨装、爬装及使用游车的货物,每一车组为一批。大宗货物循环列车可每一列车为一批。零担货物或使用集装箱运输的货物,以每张货物运单为一批。使用集装箱运输的货物每批必须为同一箱型,至少一箱,最多不得超过一辆货车所能装运箱数。

(一)整车货物运输

一批货物的质量、体积、形状或性质需要以一辆及其以上货车运输的,应按整车运输。

但有些货物,由于性质特殊,或需特殊照料,或受铁路现有设备条件的限制,尽管不够整车运输条件,也必须按整车托运。

(二)零担货物运输

一批货物的质量、体积、形状和性质不需要单独使用一辆货车装运的货物,可按零担方式办理运输。按零担托运的货物,一件体积最小不得小于 $0.02m^3$ (一件质量在 10kg 以上的除外),每批不得超过 300 件。

(三)集装箱运输

符合集装箱运输条件的适箱货物,可装入集装箱,按集装箱托运。易腐蚀、损坏箱体的货物不得使用集装箱运输。性质互抵的货物不得混装于同一箱内。

二、货物运输基本作业

铁路货物运输的基本作业包括发送作业、途中作业和到达作业。

(一)发送作业

货物在发站所进行的各项货运作业,统称为货物的发送作业。主要包括托运、受理、进货、验收、制票、承运、装车等环节。

(二)途中作业

货物在运输途中需要进行的各项货运作业,统称货物的途中作业。主要包括货物的交接、检查、整理换装、运输变更、整车分卸及运输障碍处理等。

(三)到达作业

货物在到站所进行的各项货运作业,统称货物的到达作业。主要包括重车和货运票据的交接、货物的卸车、保管、交付以及运杂费的最后结算等。

三、货物运输基本设备与设施

货场是办理货物承运、装卸、交付的场所及延伸服务的场所。堆货场是主要用来装卸和短期存放不怕湿的散堆装货物、粗杂品、集装箱和阔大货物的场地。堆货场可以修建成平货位或低货位两种基本类型。货物站台是指为了便于装卸车作业而修建的高于轨顶 1.0m 以上的平台建筑物,主要用来存放不怕风、雨、雪及阳光等自然条件影响的货物,按其结构形式有普通货物站台和高站台之分。仓库是用于存放怕受自然条件影响的货物、危险货物和贵重货物而在普通货物站台上修建的封闭式建筑物。雨棚,也称货棚,是带有顶棚的普通货物站台,用以存放怕湿、怕晒的货物。

货物线,也称装卸线,是办理货物装卸作业时车辆停留的线路。存车线是临时存放车辆或选分车组用的线路。大中型货场的牵出线是为向各装卸地点挑选车辆、牵出转线等调车作业而设置的,小型货场的牵出线是为摘挂列车甩挂作业和货场取送车作业而设置的。轨道衡线是指装有轨道衡器设备,专门用来衡量铁路重车、空车重量的线路。轨道衡线一般应设在通往装卸地点的咽喉区,以保证车辆进入轨道衡及从轨道衡到装卸地点作业的流水性,避免货车为了检斤而产生折返走行。

装卸机械是铁路运输生产的重要设备,主要包括起重机、叉车、装载机等机械设备。

四、货物运输组织形式

我国铁路货运组织形式经过多年的优化和演变形成了以快捷货物运输、重载货物运输、直达运输等为主要形式的货运组织体系。

(一)重载货物运输

重载列车组织形式主要有单元式、组合式和整列式三种。单元式重载列车是以固定的机车车辆组合成为一个运输单元,并以此作为运营计费单位,在装卸车站间循环直达运行的货物列车。整列式重载列车是采用普通列车的组织方法,由挂于列车头部的大功率单机或多机牵引,由不同类型和载重的货车混合编组,达到规定载重标准的列车。组合式重载列车将两列或两列以上列车首尾相接、连挂合并,使列车的运行时间间隔压缩为零。适用于列车数量多、行车密度大,运能与运量的矛盾比较突出的线路。

(二)快捷货物运输

在传统的普货列车到、解、集、编、发的作业流程上进行精简和优化,按照客车化进行运输组织,途中不进行解编作业,可说是一种特殊的直达列车,如"五定"班列。

(三)路企直通运输

2008年铁道部决定推行路企直通运输,通过适应性技术改造和运输组织优化措施、实现本务机车在铁路与"三厂"(电厂、钢厂、石化及炼油厂)、"两矿"(煤矿金属及金属矿)、"一港"(主要港口)、"一路"(合资及地方铁路)间的直入直出、运输作业全过程贯通和接合部的无缝衔接。

(四)国际货物联运

在两个或两个以上国家铁路货物的运输中,使用一份运送票据,并以连带责任办理的运送,称国际铁路货物联运。典型的有"中欧班列""中亚班列"等国际联运专列。

第三节　车站工作组织

一、车站的作业及分类

(一)车站作业

车站办理客运作业、货运作业和行车技术作业。车站行车技术作业的具体内容随车站的类型而不同。此外,车站还办理列车的交会、越行(待避)。

(二)车站的分类

1. 按技术作业性质可分为中间站、区段站和编组站

中间站一般设在技术站之间区段内或在支线上,主要办理列车的接发、会让和越行、摘挂列车的调车作业以及客货运业务。部分中间站还办理市郊列车的折返和列车的始发和终到作业。

区段站设在机车牵引区段分界处,主要工作是办理货物列车中转作业,进行机车更换、乘务组换班,以及解体、编组区段列车和摘挂列车。

编组站通常设在大量车流集中或消失的地点,或几条铁路线交叉点,主要工作是改编车流,即大量解体和编组各种货物列车。

由于区段站和编组站拥有较多的技术设备,并主要办理货物列车和车辆的技术作业,故又统称为技术站。铁路线路以技术站划分为区段。

2. 按业务性质可分为营业站和非营业站

营业站是办理客货运输业务的车站,分为货运站、客运站和客货运站。货运站是专门办理货物运输的车站。客运站是专门办理旅客运输的车站。客货运站是兼办旅客运输和货物运输业务的车站。

非营业站是指不办理客货运作业,只办理行车技术作业以及列车的交会、越行(待避)的车站。

二、中间站工作组织

(一)车站接发列车工作

为了保证列车运行安全,列车接入车站和由车站出发都必须按照一定的程序办理接发列车的必要作业,包括办理区间闭塞、准备接车或发车进路、开放和关闭进站信号或出站信号、交接行车凭证(不使用自动闭塞和半自动闭塞时)和迎送列车及指示发车。

(二)中间站技术作业过程

中间站办理的作业主要是接发列车作业和摘挂列车的调车作业,少数中间站也办理始发直达列车和终到列车的技术作业。中间站办理的各种技术作业,除接发列车作业外,还有始发和终到列车的技术作业(可参照技术站的作业过程办理)、摘挂列车的车辆摘挂技术作业,有列检作业的中间站增加一项列检作业。

三、车站调车工作

(一)调车的概念

在铁路运输生产过程中,除列车在车站的到达、出发、通过以及在区间内运行外,凡机车车辆进行的一切有目的的移动统称为调车。调车工作属于车站行车组织工作。

(二)调车工作分类

(1)解体调车:将待解车列,按重车的去向(到站)及空车车种分解到指定的线路上。

(2)编组调车:按《铁路技术管理规程》和列车编组计划的要求,将相应的车组(车辆)选编成车列。

(3)取送调车:为货物装卸及车辆检修,向相应作业地点送车或取车。

(4)摘挂调车:对列车摘减车组(减轴)、加挂车组(加轴)、换挂车组或摘挂车组。

(5)其他调车:如车列或车组转场、重车检斤、整理车场存车及在站线上放行机车等。

(三)驼峰调车的作业方案

(1)"单推单溜"是在只配备一台驼峰机车且改编工作量不大时采用的驼峰作业方案。

(2)"双推单溜"是在具有两条推送线、一条溜放线、配备两台及以上机车且改编作业量较大时采用的一种驼峰作业方案。

(3)"双推双溜"是在具有两条推送线、两条溜放线、配备两台及以上机车时采用的一种作业方案。

(四)牵出线调车的作业方式

一般有推送调车和溜放调车两种。推送调车是用机车将车辆调移至适当地点,停稳后再摘车的调车方式。溜放调车是利用机车通常以推送车列的方式行进,在达到一定速度后使计划摘解的车组(车辆)脱离车列自行溜出的调车方式。

四、技术站工作组织

(一)技术站办理的货物列车和货车

1. 技术站办理的货物列车

(1)无改编中转列车:在该技术站不进行改编作业,而只在到发场进行到发技术作业后继续运行的列车。

(2)部分改编中转列车:在该技术站需要变更列车质量、变更运行方向和换挂车组的列车。

(3)到达解体列车:在该技术站进行解体的列车。

(4)自编始发列车:由该技术站编成的列车。

无改编中转列车和部分改编中转列车合称为中转列车。到达解体列车和自编始发列车合称为改编列车。

2. 技术站办理的货车

(1)无调中转车:随无改编中转列车或部分改编中转列车到达,在该站进行到发技术作业后,又随原列车继续运行的货车。

(2)有调中转车:随到达解体列车或部分改编中转列车到达,在该技术站经过一系列改编作业后,再随自编始发列车或另一列部分改编中转列车继续运行的货车。

(3)货物作业车(或称本站作业车):随到达解体列车或部分改编中转列车到达、需在车站进行货物作业(卸车或装车)的货车。

(二)技术站的技术作业

列车到达技术站或列车编组完了后,须在技术站的到达场、出发场或到发场上对列车办理一系列的技术作业。虽然各种列车所需办理的作业内容和要求不完全相同,但通常需要办理以下技术作业。

(1)车辆的技术检查和修理:车辆经过一段长距离运行后,需要进行技术检查和修理。

(2)车辆的货运检查及整理:车辆经过一段长距离运行后,货物装载状态可能发生变化,需要进行装载整理。

(3)车号员核对现车:车号员将列车编组顺序表中的内容与车列中的机车、车辆实际状况进行逐项对照、修改和补充列车编组顺序表中的记载,使之与实际状况相符的工作,称为核对现车。

(4)车列及票据交接:为避免车辆错挂,列车编组顺序表的记载内容必须与车列及货运票据相符。因此,到达司机和车站,车站和出发司机间必须办理票据交接,并按票据核对现车。

(5)摘挂机车或机车乘务组换班：由于机车是分段牵引列车，所在列车到达技术站后，一般要更换机车，如采用循环运转制，在基本段不更换机车时，则机车乘务组需换班。

(三)技术站的技术作业过程

车站对各种列车和车辆办理技术作业的程序及其时间标准称为车站技术作业过程。

1. 有调中转车的技术作业过程

有调中转车的技术作业过程包括到达、解体、集结、编组和出发作业。到达作业是指在到达场或到发场对到达解体列车所进行的技术作业。解体作业是指在驼峰或牵出线上，将到达解体列车或车组按车辆目的地分解到调车场各固定线路内的调车作业。集结过程是指被分解到调车线上的货车，按列车到达站聚集成列的过程。编组作业是指在牵出线上将集结的货车按列车编组计划和《铁路技术管理规程》要求，选编成车列或车组所进行的调车作业。出发作业是指在出发场或到发场对自编始发列车所进行的技术作业。

2. 无调中转车的技术作业过程

无调中转车随中转列车到达车站，并随原列车出发，其技术作业过程也就是中转列车的技术作业过程。无调中转车技术作业通常在到发场或出发场(或直通场)办理。

3. 货物作业车的技术作业过程

货物作业车按其在车站完成装卸作业次数的不同，可以分为一次货物作业车(只卸不装或只装不卸)和双重货物作业车(卸后又装)。

货物作业车随到达解体或部分改编中转列车到达车站后，除要办理与有调中转车相同的技术作业外，还要完成待送及送车、装卸、取车等作业。

(四)货车集结

列车中的车辆是陆续到达技术站的，所以必然产生先到车辆等待后到车辆的现象，这就是集结。货车集结过程是指车站的有调中转车和货物作业车先到等待后到凑集满轴的过程。货车在集结过程中消耗的时间称为货车集结时间。

按照计算集结开始时刻的不同，货车集结过程分为两种：按调车场的集结过程和按车流的集结过程。相比较而言，按调车场的集结过程更加真实地反映了车流集结情况，因而在车站日常调度指挥中以此种集结过程作为推算车流的依据。

五、车站作业计划

车站作业计划包括班计划、阶段计划和调车作业计划。班计划是车站最基本的计划，它体现路局调度指挥中心对车站规定的任务和要求，由站长或主管运输的副站长按照调度指挥中心的要求编制；阶段计划是一个班各阶段工作的具体安排，是完成班计划的保证，由车站调度员根据该阶段工作开始前的具体情况编制；调车作业计划是列车解体、编组和车辆取送作业的具体行动计划，由调车区长或助理调度员编制。

(一)班计划

车站班计划的内容通常包括：①列车到达计划。各方向到达列车的车次、到达时分及编组内容。②列车出发计划。各方向出发列车的车次、出发时分、编组内容及车流来源等。③装车、卸车和排空计划。本班应完成的装车数、卸车数、按方向和分车种的排空车数，以及取送调车的轮廓安排等。④班工作指标。中转车平均停留时间(中时)、一次货物作业平均停留时间(停时)和货物列车出发正点率等。⑤重点任务和上级指示。

(二)阶段计划

阶段计划是班计划分阶段的具体安排。一般情况下,每班编制 3~4 个阶段计划,即每个阶段计划为 3~4h 的工作安排。

阶段计划的主要内容:①到达列车的车次、到达时分、占用股道、编组内容和解体起讫时间。②出发列车的车次、出发时分、占用股道、编组内容及车流来源、编组起讫时间。③各货物作业地点装卸车的取送时间、取送辆数及挂运车次。④检修车、加冰车等的取送时间和车数。⑤其他有关事项。

(三)调车作业计划

调车作业计划是面向调车班组规定其作业程序的具体行动计划,应在车站阶段计划的框架约束下编制。其计划编制过程就是对调车作业效果的推断思考过程,即钩计划是调车决策意图的体现。

六、车站统计工作

车站统计工作主要有装卸车统计、现在车统计、货车停留时间统计和货物列车出发正点率统计四项。

货车停留时间是指货车由到达车站或加入运用时起,至由车站发出或从运用车转入非运用车时止在车站的全部停留时间。货车停留时间按作业性质分为货物作业停留时间和中转停留时间。货物作业停留时间为站线、区间、岔线、专用线内进行装卸的货车从到达车站时起至由车站发出时止的全部在站停留时间。中转停留时间为货车在车站进行改编及其他中转作业所停留的时间。中转停留时间按中转作业性质分为无调中转车停留时间和有调中转车停留时间两种。车站统计一次货物作业平均停留时间和中转车平均停留时间。中转车平均停留时间为无调中转车平均停留时间和有调中转平均停留时间的加权平均值。

第四节 列车工作组织

一、旅客列车工作组织概述

(一)铁路客流的定义及分类

1. 定义

铁路旅客根据出行需要,选择一定的铁路出行方式(高速铁路、动车、普速铁路、市域铁路等),在一定的时间和空间范围内进行有目的的移动便形成了铁路客流。客流一般由流量、流向、流时和流程四个要素构成。

2. 分类

按照乘车距离和铁路局管辖范围,可分为直通客流和管内客流。按照旅客出行目的,可分为公务出行客流和私人出行客流。按照客流输送方式,可分为直达客流和换乘客流。

(二)铁路旅客列车分类

根据铁路线路设备技术条件及客流需求的不同,铁路上开行了不同种类的旅客列车。不同种类的旅客列车,其运输设备、运行速度、提供的服务和运输价格也不相同。根据列车运行速度、运行范围、设备配置、列车等级等基本条件的不同,主要分为高速动车组旅客列车、城际动车组旅客列车、动车组旅客列车、直达特快旅客列车、特别旅客快车、快速旅客列车、普通旅客列车、通勤车、临时旅客列车和旅游列车等。

(三)铁路旅客列车编组

铁路旅客列车编组是指旅客列车根据车辆的编组辆数、编组结构及车辆编挂次序的要求,有目的地编排车辆的前后秩序,并将其连挂成组。旅客列车编组在每次运行图实行期间都是相对固定的,因此又称为固定车底。

二、旅客列车开行方案

铁路旅客列车开行方案是指以客运量为基础,以客流性质、特点和规律为依据,以运输市场为导向,科学合理地安排旅客列车运行区段、开行种类、开行对数及停站方案等内容,实现从客流到列车流的组织方案。

(一)目的与意义

铁路旅客列车开行方案以客流需求为基础,以运输市场为导向,科学合理地安排旅客列车的开行等级、数量、起讫点、经由线路、停站方案等内容,涉及车务、机务、车辆、客运站技术设备和能力等各个方面,充分利用铁路基础设施的能力,满足旅客出行数量和质量方面的需求,提高运输企业经济效益。

铁路旅客列车开行方案是整个铁路运输计划的关键,也是编制列车运行图的基础,更是铁路部门编制其他运营计划的前提条件。它反映着旅客运输的服务质量和经营策略,决定着旅客运输组织的水平,其编制质量对于提升铁路社会和经济效益具有决定性作用。

(二)影响因素

影响旅客列车开行编制方案的因素众多,主要包括客流量及客流性质、车站能力及区间通过能力、列车编组及定员、列车客座利用率、铁路企业收益、旅客出行成本、地区经济发展水平、政治及地理位置等。只有充分考虑各方面的影响因素,才能编制科学合理的铁路旅客列车开行方案。

(三)编制流程

旅客列车开行方案编制不仅是铁路运输组织的核心问题,也是客流到列车流组织方案的实施过程。首先,通过客流预测方法预测OD间客流量,统计出客流数据,并对客流特征进行综合分析总结出客流变化规律,同时对客流进行合理推断,进而下达客流计划,完成"按流开车"。其次,根据预测的客流量,结合实际情况对客流进行调整,结合列车编组、速度、客座利用率及区间能力等因素,得出列车具体的开行区段、开行种类、开行数量及停站方案等。最后,开行方案实施。

旅客列车开行方案的编制可归为确定旅客列车运行区段、确定列车开行种类及对数、设置合理的停站方案三个阶段。

三、车流组织概述

（一）车流组织的任务

车流组织是铁路行车组织的一项重要内容，它规定车流由发生地向目的地运送的组织制度，货物列车编组计划是车流组织的具体体现。

在铁路网上，装车站把装车的重车向卸车地点输送就构成了重车流；卸车站把卸后的空车运送装车地点又形成了空车流。在一定的路网运输能力和车流结构的条件下，车流组织要解决的主要问题包括货物列车开行方案、列车去向车流吸引范围、列车运行径路、各去向列车开行频率、线路和技术站负荷水平等。

目前，我国铁路车流组织，一般在装车量较大的车站（或地区）组织始发直达列车；在卸车量较大、产生空车较多的车站（或地区）尽量组织空车直达列车；对于未纳入始发直达列车和空车直达列车的重空车流向就近的技术站集中，按车流去向、流量大小和流程远近分别编入各种适当的列车，主要是技术直达列车、直通列车和区段列车，逐步输送至终到站；在中间站到发的零星车流一般用摘挂列车或区段小运转列车输送；在枢纽地区到发的零星车流一般用枢纽小运转列车输送。

（二）车流径路的选择

车流径路是编制列车编组计划最重要的依据之一。车流由始发站被输送至终到站所经由的路线，简称为车流径路，通常分为以下三种：

(1) 最短径路。指里程最短、运输成本最少、或运输时间最短的径路。

(2) 特定径路。若所有车流都按最短径路输送导致某些线路或区段能力不足，或者由于某些特殊需要，如保温车的加冰等，需对部分车流指定特定径路运输。

(3) 迂回径路。指在日常运输生产中，由于某些临时性的情况，如水害塌方、行车事故等，引起中断行车，短期内不能按正常径路运行，采取绕道运输的办法输送车流。

（三）列车编组计划的编制程序

(1) 审定编组计划实行期间的计划运量，确定计划重、空车流。

(2) 检查各方向的运输负荷，确定车流径路或制定分流办法。

(3) 审定各线的列车质量标准和换算长度。

(4) 审定各主要站的装卸、改编能力及各项技术标准。

(5) 编制快运货物列车编组计划。

(6) 编制装车地直达列车编组计划。

(7) 编制空车直达列车编组计划。

(8) 编制技术站间的列车编组计划。

(9) 编制摘挂列车、小运转列车编组计划。

(10) 检查并最后确定列车编组计划，整理文本，总结编制工作，拟定保证措施。

四、货物列车编组计划

（一）装车地直达列车编组计划

装车地直达列车编组计划按"先远后近，能高勿低"原则编制，具体如下：

(1) 根据市场需求,先组织"五定班列"、鲜活快运货物列车、集装箱直达列车、重载单元列车等高级别和有特定要求的直达列车,再组织一般的装车地直达列车。

(2) 先组织一个发站一个发货单位的直达列车,再组织一个发站几个发货单位的直达列车,最后组织几个车站联合配开的阶梯直达列车,或在装车区(直达基地)集零成整的基地直达列车。

(3) 先组织到达同一车站或同一专用线卸车的直达列车,再组织到达同一区段或枢纽内车站卸车的直达列车,最后组织到达技术站解体的直达列车。

(4) 在一定条件下组织固定车底循环直达列车。

(二)技术站列车编组计划

技术站列车编组计划的编制方法,可归纳为以下三类:

(1) 穷举法。是对所有的编组方案逐一计算其车小时总消耗,其中总消耗最小的方案即为最优方案。

(2) 筛选法。其要点是通过一定的判别条件来删除或排除部分不利的方案,精简方案数,缩小搜索范围,而对未删除的方案进行分析比较,逐步选出经济有利的方案。属于这一类方法的有分析计算法、表格计算法等。

(3) 数学规划法。就是把原问题化为一类数学规划问题来建模求解。属于这一类的有整数规划法、二次0—1规划法等。

第五节 列车运行图与铁路通过能力

一、列车运行图概述

列车运行图是用以表示列车在铁路区间运行以及在车站到发或通过时刻的技术文件,它规定各次列车占用区间的程序,列车在每个车站的到达和出发(或通过)时刻,列车在区间的运行时间,列车在车站的停站时间以及机车交路、列车重量和长度等,是铁路部门组织列车运行的基础。

(一)作用

一方面,列车运行图是铁路运输企业实现列车安全、正点运行和经济有效地组织铁路运输工作的列车运行生产计划。另一方面,它又是铁路组织运输生产和产品供应销售的综合计划,是铁路运输生产联结厂矿企业生产和社会生活的纽带。供社会使用的铁路旅客列车时刻表、中欧班列时刻表、多式联运班列时刻表等,实际上就是铁路运输服务能力目录。

(二)图形表示方法

列车运行图按区段编制,是运用坐标原理对列车运行时间、空间关系的图解表示。我国铁路列车运行图采用以横坐标表示时间,纵坐标表示距离,水平线表示分界点的中心线,水平线间的间距表示分界点间的距离,垂直线表示时间的图形表示形式。

为了适应不同需要,列车运行图按时间划分方法的不同,有三种格式:

(1) 二分格运行图,如图4-5-1所示。横轴以2min为单位用细竖线加以划分,十分格和小时格用较粗的竖线表示。主要在编制新运行图时使用。

(2)十分格运行图,如图 4-5-2 所示。横轴以 10min 为单位用细竖线加以划分,半小时格用虚线表示,小时格用较粗的竖线表示。主要供列车调度员在日常调度指挥工作中编制调度调整计划和绘制实绩运行图时使用。

(3)小时格运行图,如图 4-5-3 所示。横轴以 1h 为单位用竖线加以划分。主要在编制旅客列车方案图和机车周转图时使用。

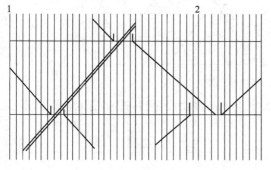

图 4-5-1　二分格运行图

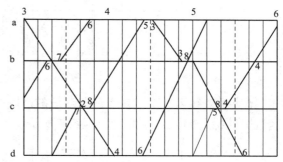

图 4-5-2　十分格运行图

(三)分类

按使用范围以及铁路线路的技术设备和列车运行速度、上下行方向的列车数量、列车的运行方式等条件,列车运行图可以分为多种不同类型的列车运行图。

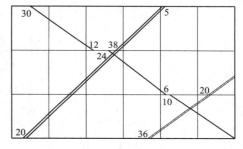

图 4-5-3　小时格运行图

1. 按使用范围分类

分为铁路内部使用的列车运行图和社会使用的列车运行图,前者通常以图形化的形式提供。后者则主要包括铁路旅客列车时刻表、中欧班列时刻表、多式联运班列时刻表等。

2. 按照区间正线数分类

(1)单线运行图。在单线区段,上下行方向列车都在同一正线上运行,因此,两个方向列车必须在车站上进行交会,如图 4-5-4 所示。

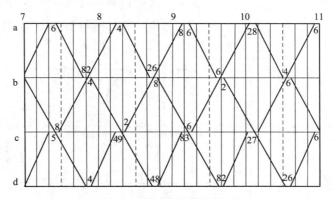

图 4-5-4　单线成对平行运行图

(2)双线运行图。在双线区段,上下行方向列车在各自正线上运行,上下行方向列车运行互不干扰,可在区间或车站上交会。但列车越行必须在车站进行,如图 4-5-5 所示。

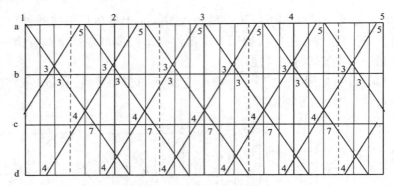

图 4-5-5 双线成对平行运行图

(3) 单双线运行图。在有部分双线的区段,单线区间和双线区间各按单线运行图和双线运行图的特点铺画运行线,如图 4-5-6 所示。

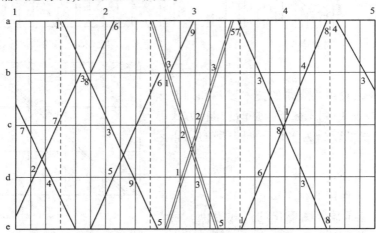

图 4-5-6 单双线运行图

3. 按照列车运行速度分类

(1) 平行运行图。在同一区间内,同一方向列车的运行速度相同,且列车在区间两端站的到、发或通过的运行方式也相同,因而列车运行线相互平行,如图 4-5-4 和图 4-5-5 所示。

(2) 非平行运行图。在运行图上铺有各种不同速度的列车,且列车在区间两端站的到、发或通过的运行方式不同,因而列车运行线不相平行,如图 4-5-7 所示。

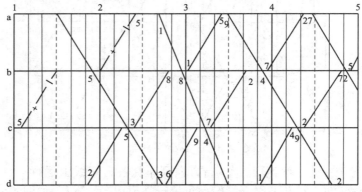

图 4-5-7 单线非平行运行图

4.按照上下行方向列车数分类

(1)成对运行图。上下行方向列车数相等的列车运行图,如图4-5-4和图4-5-5所示。

(2)不成对运行图。上下行方向列车数不相等的列车运行图,如图4-5-8所示。

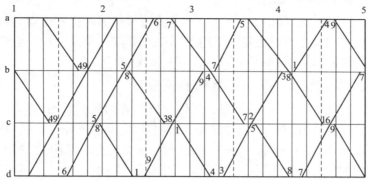

图4-5-8 单线不成对运行图

5.按照同方向列车运行方式分类

(1)连发运行图。在这种运行图上,同方向列车的运行以站间区间为间隔。单线区段采取这种运行图时,在连发的一组列车之间不能铺画对向列车,如图4-5-8所示。

(2)追踪运行图。在这种运行图上,同方向列车的运行以闭塞分区为间隔,在装有自动闭塞的单线或双线区段上采用,如图4-5-9所示。

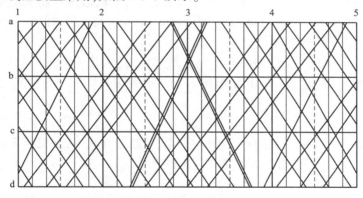

图4-5-9 双线追踪非平行运行图

实际上,每张列车运行图都具有多方面的特点,更多的运行图可能既是双线的、非平行的,又是追踪的。

二、列车运行图要素

列车运行图虽有各种不同的类型,但总是由一些基本要素所组成,主要包括:列车区间运行时分,列车在中间站的停站时间,机车在基本段和折返段所在站的停留时间标准,列车在技术站、客运站和货运站的技术作业过程及其主要作业时间标准,车站间隔时间以及追踪列车间隔时间。

(一)列车区间运行时分

列车区间运行时分是指列车在两相邻车站或线路所之间的运行时间标准,由机务部门采用牵引计算和实际试验相结合的方法进行查定。具体按车站中心线或线路所通过信号机之间的距离计算。

(二) 列车在中间站的停站时间

列车在中间站的停站时间由下列原因产生:①进行必要的技术作业,如摘挂机车,试风和列车技术检查,机车乘务组换班等;②客货运作业,如旅客乘降、行李、包裹、邮件的装卸,车辆摘挂,货物的装卸等;③列车在中间站的会车和越行。

(三) 机车在基本段和折返段所在站停留时间标准

机车在基本段和折返段所在站办理必要作业所需要的最小时间,称为机车在基本段和折返段所在站的停留时间标准。机车在折返段所在站应办理的作业包括:在到发线上的到达作业,如到达试风、摘机车、准备机车入段进路等;机车入段走行;机车在段内作业;机车出段走行;在到发线上的出发作业,包括挂机车、出发试风等。

(四) 列车在技术站和客货运站的技术作业时间标准

列车在技术站和客货运站的技术作业时间标准包括:①在到发车场内办理各种列车作业的时间标准;②在驼峰或牵出线上解体和编组列车的时间标准;③旅客列车车列在配属段、折返段所在站的停留时间标准;④货物站办理整列或成组装卸作业时间标准。

(五) 车站间隔时间

车站间隔时间是指在车站上办理两列车的到达、出发或通过作业所需要的最小间隔时间。一般包括不同时到达间隔时间、会车间隔时间、同方向列车连发间隔时间等。

1. 不同时到达间隔时间($\tau_{不}$)

在单线区段,来自相对方向的两列车在车站交会时,从某一方向列车到达车站时起,至相对方向列车到达或通过该站止的最小间隔时间,称为不同时到达间隔时间,如图 4-5-10 所示。

2. 会车间隔时间($\tau_{会}$)

在单线区段,自列车到达或通过车站时起,至由该站向同一区间发出另一对向列车时止的最小间隔时间,称为会车间隔时间,如图 4-5-11 所示。

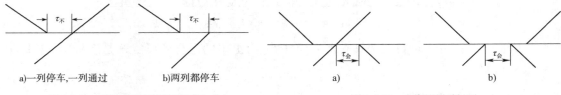

图 4-5-10 不同时到达间隔时间图　　　图 4-5-11 会车间隔时间图

3. 同方向列车连发间隔时间($\tau_{连}$)

在半自动闭塞区段,从列车到达或通过前方邻接车站时起,至由车站向该区间再发出另一同方向列车时止的最小间隔时间,称为同方向列车连发间隔时间。根据列车在前后两站停车或通过的不同情况,有四种形式:①两列车通过前后两车站,如图 4-5-12a)所示;②第一列车在前方站停车,第二列车在后方站通过,如图 4-5-12b)所示;③第一列车在前方站通过,第二列车在后方站停车,如图 4-5-12c)所示;④两列车在前后两站均停车,如图 4-5-12d)所示。

(六)追踪列车间隔时间

在自动闭塞区段,一个站间区间内同方向可有两列或两列以上列车,以闭塞分区间隔运行,称为追踪运行。追踪运行列车之间的最小间隔时间,称为追踪列车间隔时间 I,如图 4-5-13 所示。

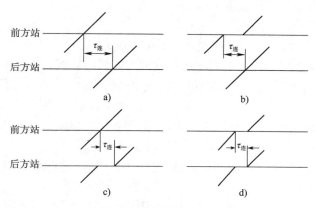

图 4-5-12 连发间隔时间图

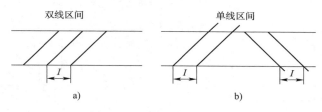

图 4-5-13 追踪列车间隔时间图

三、区间通过能力

在采用一定类型的机车车辆和一定的行车组织方法条件下,铁路区段的各种固定设备,在单位时间内(通常指一昼夜)所能通过普通货物列车的最多列数或对数称为通过能力。

(一)平行运行图通过能力

在平行运行图上,同一区间内同方向列车的运行速度都是相同的,并且上下行方向列车在同一车站上都采取相同的交会方式。在这种运行图中一组列车占用区间的时间,称为运行图周期 $T_{周}$。运行图周期系由列车区间纯运行时分 $\sum t_{运}$、起停车附加时分 $\sum t_{起停}$ 以及车站间隔时间 $\sum \tau_{站}$ 组成,即:

$$T_{周} = \sum t_{运} + \sum t_{起停} + \sum \tau_{站} \qquad (4\text{-}5\text{-}1)$$

不考虑固定作业占用时间和有效度系数时,区间通过能力 n 为:

$$n = \frac{1440 n_{周}}{T_{周}} \qquad (4\text{-}5\text{-}2)$$

一般情况下列车在各区间的运行时分不相同,各车站的间隔时间也可能不同,所以每一区间的 $T_{周}$ 常常是不等的。从上述公式可看出,通过能力大小与 $T_{周}$ 成反比,$T_{周}$ 越大,通过能力越小。在整个区段里,$T_{周}$ 最大的区间也就是通过能力最小的区间,称为该区段的限制区间。限制区间的通过能力即为该区段的区间通过能力。在不同类型的运行图里,$T_{周}$ 的组

成及 $T_周$ 的数值是不同的。因此,必须对不同类型的运行图分别计算其通过能力,以单线成对非追踪平行运行图为例介绍平行运行图通过能力计算。

在单线区段,通常采用成对非追踪运行图(图 4-5-14),其周期可用下式表示:

$$T_周 = t' + t'' + \tau_站^a + \tau_站^b + \sum t_{起停} \quad (4\text{-}5\text{-}3)$$

式中:$\tau_站^a$、$\tau_站^b$——a、b 站的车站间隔时间,min;

$\sum t_{起停}$——列车起停附加时分,min;

t'、t''——下、上行列车的区间纯运行时分,min。

单线成对非追踪平行运行图上列车运行线的可能铺画方案有以下 4 种:

(1)上下行列车不停车通过车站而进入区间,见图 4-5-14a),运行图周期为:

$$T_周 = t' + t'' + \tau_不^a + \tau_不^b + 2t_停 \quad (4\text{-}5\text{-}4)$$

(2)上下行列车不停车通过车站而开出区间,见图 4-5-14b),运行图周期为:

$$T_周 = t' + t'' + \tau_会^a + \tau_会^b + 2t_起 \quad (4\text{-}5\text{-}5)$$

(3)下行列车不停车通过区间两端车站,见图 4-5-14c),运行图周期为:

$$T_周 = t' + t'' + \tau_不^a + \tau_会^b + t_起 + t_停 \quad (4\text{-}5\text{-}6)$$

(4)上行列车不停车通过区间两端车站,见图 4-5-14d),运行图周期为:

$$T_周 = t' + t'' + \tau_会^a + \tau_不^b + t_起 + t_停 \quad (4\text{-}5\text{-}7)$$

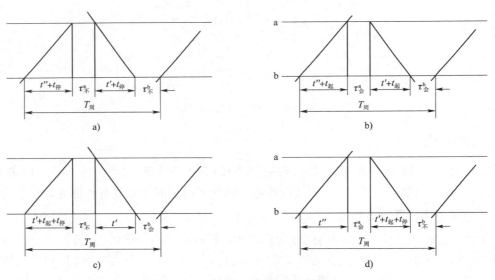

图 4-5-14 列车运行线铺画方案示意图

(二)非平行运行图通过能力

采用平行运行图可达到最大通过能力,但平行图只在能力特别紧张的特殊情况下采用。在通常情况下采用的是非平行运行图。非平行运行图通过能力,指在旅客列车数量及铺画位置既定的条件下,该区段一昼夜内所能通过的货物列车和旅客列车对数(或列数)。

计算非平行运行图通过能力的方法有两种:

(1)图解法。在运行图上首先铺画旅客列车,然后在旅客列车间隔内,铺画其他货物列车(包括摘挂列车)。在运行图上所能最大限度铺画的客货列车总数即为该区段的非平行运行图的通过能力。图解法精确但烦琐,只在特殊需要时采用。

(2) 分析法。根据旅客列车和摘挂列车的扣除系数，可近似计算非平行图的通过能力 $n_{\text{非}}$：

$$n_{\text{货}}^{\text{非}} = n - \varepsilon_{\text{客}} \cdot n_{\text{客}} - (\varepsilon_{\text{快货}} - 1) \cdot n_{\text{快货}} - (\varepsilon_{\text{摘挂}} - 1) \cdot n_{\text{摘挂}} \tag{4-5-8}$$

$$n_{\text{非}} = n_{\text{货}}^{\text{非}} + n_{\text{客}} \tag{4-5-9}$$

式中：$n_{\text{货}}^{\text{非}}$——非平行运行图的货物列车通过能力（包括快运货物列车和摘挂列车在内）；

$n_{\text{客}}$、$n_{\text{快货}}$、$n_{\text{摘挂}}$——在运行图上铺画的旅客列车对数或列数、快运货物列车的对数或列数、摘挂列车的对数或列数；

$\varepsilon_{\text{客}}$、$\varepsilon_{\text{快货}}$、$\varepsilon_{\text{摘挂}}$——旅客列车的扣除系数、快运货物列车的扣除系数、摘挂列车的扣除系数。

所谓扣除系数，是指因铺画一对或一列旅客列车、快运货物列车或摘挂列车，须从平行运行图上扣除的货物列车对数或列数。

第六节　铁路运输调度

一、铁路运输调度概述

（一）铁路运输调度的作用

铁路运输生产过程由于受各种因素的影响，经常偏离规定标准。为使运输生产控制在正常状态，必须经常分析运输生产指标完成情况，进行车流分布预测，并根据具体运输条件，调整车辆分布及列车运行。通过制定日、班计划贯彻运输调整措施，以预防或消除运输生产过程可能或已经发生的困难，保证车流正常分布，经济合理使用运输设备，完成运输生产计划。调度系统就是为完成这一任务而设置的日常指挥机构。

（二）铁路运输调度系统的组织结构

我国国家铁路运输调度工作实行分级管理、集中统一指挥的原则，通过设置三级调度机构进行统一指挥，即国铁集团设调度指挥中心，铁路局集团公司设调度所，技术站设调度室的三级调度指挥机构。国铁集团、铁路局集团公司、技术站调度分别代表国铁集团董事长、铁路局董事长、车站站长，根据分级管理、逐级负责、统一指挥的原则，分别负责全国铁路、铁路局集团公司和车站的日常运输组织指挥工作。

国铁集团设值班处长、调度员；铁路局集团公司设值班主任、主任调度员、调度员；技术站设值班站长、车站调度员。铁路局集团公司调度统一指挥协调车站和各单位完成班工作任务；车站值班站长统一指挥技术站运输工作，车站调度员统一指挥完成阶段计划任务。下级调度必须服从上级调度的指挥。

（三）铁路局（集团公司）调度所调度组织系统

为了对复杂的运输生产活动进行全面的指挥和监督，在各级调度机构中又必须实行合理分工的管理原则，将整个运输生产活动按业务性质划分为若干部分，设置不同职名的调度员分别管理一定的工作。

铁路运输调度指挥工作的核心部门是铁路局集团公司调度所，其一般设有：①计划调度员，负责编制和调整管辖区域的列车工作计划，协助值班主任组织实现日班计划；②列车调度员,又称行车调度员,负责管辖区段内所有与列车运行有关的工作;③机车调度员,负责机车运用的调度工作;④客运调度员,负责旅客计划运输及客车的运用;⑤货运调度员,负责管辖区段内装卸作业及管内重车的输送工作。

此外,根据各铁路地区的具体货流和设备情况还可设置篷布调度员、零担货物调度员、车辆检修调度员、特种运输调度员、预确报调度员、军事运输调度员、电力调度员等。另外,一般还设有统计室和分析室负责日常的统计和分析工作。

值班主任负责领导全班各工种调度员实现运输工作日计划,协调各工种调度员的工作。规模较大的路局往往划定不同的调度区,设调度区主任,负责本调度区的调度工作,并相应地配备有关工种的调度人员,形成分级、分工管理的铁路运输调度工作系统。

某铁路局集团公司调度所的调度组织机构系统如图4-5-15所示。

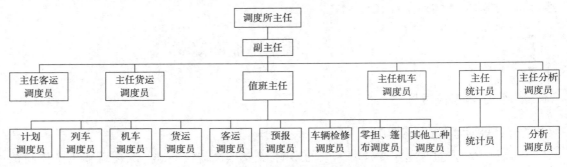

图4-5-15 某铁路局集团公司调度所组织系统图

铁路局集团公司各工种调度员工作之间有着不同的联系。与行车组织关系最为密切的是计划、列车和机车调度员。在三者之中计划调度员处于核心的位置,一天运输任务能否很好地实现,关键在于日班计划安排是否合理。列车调度员负责全天列车的具体指挥,机车调度员负责提供设备良好的机车,保证日班计划的完成。

二、车流预测与调整

(一)车流预测

车流预测是进行车流调整的重要条件。只有准确预测车流的分布,才能有预见地采取有效运输调整。目前,我国铁路的车流预测是根据装车统计和车流统计进行的。在制定运输工作日班计划中,对于车流预测期限有不同需求,因此车流预测按日期分为远期车流预测(推算)和近期车流预测(推算)两种。远期车流预测一般推算3~7d到达局管内的车流,近期车流预测一般推算2d到达的车流,其推算方式有所不同。

(二)车流调整

车流调整是调度工作的一项重要内容。车流结构及车辆分布偏离标准是进行日常调整的主要原因。车流的日常调整措施主要有:按到站和货物品类调整装车;改变部分车流运行径路;组织重空车辆向某局加速运送;指定额外的空车调整任务以及调整备用车辆等。

按照调整的对象分类,调整方法可分为重车调整、空车调整及备用车调整。

(1)重车调整是车流调整工作的重点。重车调整措施有方向别装车调整,限制装车和停止装车,密集装车,以及变更车流运行径路等。在日常运输工作中,根据车流预测资料,运用车分布情况,各方向、各区段的列车运行情况,主要技术站、枢纽、卸车地区的作业情况,卸车站的卸车能力和搬运能力等因素等来确定调整措施。

(2)空车调整是为了合理分布运用车和保证装车需要而进行的车流调整方法,包括正常调整、综合调整和紧急调整。空车调整对车辆分布有重大影响,且往往是为了其他铁路局装车的需要。因此,必须从整体利益出发,严肃排空纪律,坚决完成规定的排空任务。

(3)备用车是为了保证完成临时紧急运输任务和适应日常运输变化的需要而储备的技术状态良好的货车。因此,备用车必须按规定办法严格管理,不能随意动用。

三、调度日常计划

由于日常工作中,运输情况不断变化,每日的装车数量和车流量与所规定的任务也不可能完全相同。因此,为了均衡地完成月度货物运输计划和技术计划,实现列车编组计划、列车运行图及运输方案,必须根据每日的具体情况,编制运输工作日常计划。

运输工作日常计划包括日班计划和车站作业计划。国铁集团、铁路局集团公司要分别制定日计划,铁路局集团公司还要编制班计划。

运输工作日班计划是运输生产的作业组织计划,其目的是保证均衡地完成月或旬货物运输生产计划。日计划的前半日计划(18:00～6:00)为第一班计划,早6:00的修正计划(6:00～18:00)为第二班计划。

国铁集团调度指挥中心在每日早9:00前应向铁路局下达轮廓计划任务。铁路局集团公司按照局轮廓计划,在每日14:00即着手收集编制日班计划的资料。调度所主任负责编制次日全局的卸车数、装车数和各分界站移交的重空车数与列车数的轮廓计划,确定次日计划指标;主任货运调度员负责编制详细的货运工作计划,计划调度员负责编制列车工作计划,主任机车调度员和机车调度员负责编制机车工作计划。各项详细的计划应保证日间轮廓计划的实现。局日间轮廓计划经董事长批准后,于17:30前下达站段。

四、列车运行调整

(一)列车调度员工作

日常运输组织工作中,由于货流车流发生变化、线路施工、气候影响、自然灾害以及行车事故等影响,经常发生列车停运、加开、早点、晚点的情况。因此各级调度机构都设立专门的列车调度员负责列车的运行调整工作。

列车调度员在进行列车调整时,要贯彻"先客后货""先快后慢"的原则,按照规定的列车等级,组织合理会让和越行,积极主动采取措施恢复晚点列车的正点运行。值班过程中,列车调度员应该根据列车运行的实际情况制定3～4h运行调整计划,并根据各站的报告,填画实绩运行图,借以监督列车运行,进行调度指挥。

(二)列车运行调整计划

在编制列车运行调整计划时,一定要从全局的角度出发认真贯彻国家运输政策和运输调整原则,既要保证重点,又要做好全面安排,一般应优先保证旅客列车正点,对直达、直通列车应尽量加速放行。

晚点列车的运行调整应在保证安全前提下,用最大的旅行速度运行,尽快使晚点列车恢复正点运行,确定合理的会让站和越行站,最大限度地使用区间通过能力,并保证必要的车站间隔时间及区间运行时分。

本篇参考文献

[1] 王慧英.我国铁路发展与改革研究[M].北京:清华大学出版社,2015.

[2] 张玉.铁路客运组织[M].北京:北京交通大学出版社,2020.

[3] 左瑛,李延岭,刘丽.铁路货运组织[M].成都:西南交通大学出版社,2023.

[4] 闫海峰,王利华,唐巧梅.铁路行车组织[M].2版.成都:西南交通大学出版社,2021.

[5] 刘澜,甘灵.铁路运输自动化理论与技术[M].2版.成都:西南交通大学出版社,2015.

[6] 李海军.铁路运输设备[M].2版.成都:西南交通大学出版社,2017.

[7] 贾俊芳.铁路旅客运营管理[M].北京:北京交通大学出版社,2020.

[8] 《中长期铁路网规划研究》编委会.中长期铁路网规划研究.北京:中国铁道出版社,2018.

[9] 黄民.铁路网规划理论与实践[M].北京:中国铁道出版社有限公司,2021.

[10] 许佑顶,高丰农,吴学全.现代铁路枢纽规划设计[M].北京:中国铁道出版社有限公司,2022.

[11] 许佑顶,敖云碧,杨健.现代铁路站场规划设计[M].北京:中国铁道出版社,2017.

[12] 石小法.货运交通系统[M].上海:同济大学出版社,2013.

[13] 杨浩.运输组织学[M].北京:中国铁道出版社有限公司,2022.

[14] 张嘉敏.交通枢纽场站设计与运营[M].成都:西南交通大学出版社,2020.

[15] 邢开功.铁路机车技术装备运用管理[M].北京:中国铁道出版社有限公司,2019.

[16] 铁路货车转向架编委会.铁路货车转向架[M].北京:中国铁道出版社有限公司,2020.

[17] 严隽耄,傅茂海.车辆工程[M].3版.北京:中国铁道出版社,2012.

[18] 鲍维千.内燃机车总体及走行部[M].4版.北京:中国铁道出版社,2004.

[19] 王福天.车辆系统动力学[M].北京:中国铁道出版社,1993.

[20] 罗仁,石怀龙.高速列车系统动力学[M].成都:西南交通大学出版社,2019.

[21] 翟婉明.车辆—轨道耦合动力学[M].4版.北京:科学出版社,2015.

第五篇

航空交通运输系统

第一章　航空交通运输系统概述

第一节　航空交通运输系统的特点与作用

一、航空交通运输系统特点

航空运输是指使用飞机、直升机及其他航空器将人员、货物、邮件等按照既定目标实现位移的一种运输方式,具有机动、快速的特点,对于时效性强的中远程客货运输不可或缺。航空交通运输系统是国民经济重要战略产业,也是当今全球化的基石,每年承担了约 40 亿人次乘客和 6100 万吨货物的运输,为 3.5 万亿美元的世界经济活动提供支持。

航空交通运输系统是建立在基础设施、航空载运工具和运行程序之上,是综合交通运输体系最重要的组成部分之一。航空交通运输系统是一类典型的复杂社会技术系统,具有商品性、服务性、国际性、准军事性、资金、技术及风险密集性和自然垄断性六大特点。其基本要素、运行环境和影响因素如图 5-1-1 所示。所有航空活动,包括公共运输、通用航空、军事飞行等主要受国家发展和社会期待的影响。政治属性一般体现在国家军民航管理部门(以下简称"局方")制定相关法律法规体系对航空运输活动进行授权和许可。经济作为体现人民财富和福祉的关键维度,对航空运输发展具有重要影响。可以说,航空运输业是国民经济的晴雨表。其他运输系统,如道路、铁路、船舶等,在多式联运中与航空运输互为补充与竞合。最后,航空交通运输系统所承担的环境责任主要包括气候、噪声等,已经成为影响航空交通发展、促进体系和技术升级的重要因素。

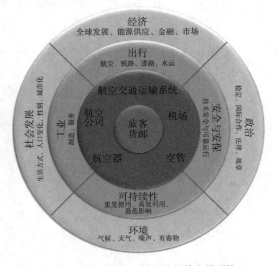

图 5-1-1　航空交通运输系统及其发展环境

航空运输之所以能在短短半个多世纪内得到快速发展,与其自身的特点分不开。与其他运输方式相比,航空运输的主要优点如下:

(1)速度快。这是航空运输的最大特点和优势。现代喷气式客机巡航速度为 800～900km/h,比汽车、普通火车快 5～10 倍,比轮船快 20～30 倍,比高铁快 2～3 倍。距离越长,航空运输在时间成本上的优势越显著,如图 5-1-2 所示。

速度	距离 10　100　1000　10000	活动空间	距离北京
 步行 约5km/h	54km	道路	廊坊
 马车 约12km/h	70km	车行道	涿州
 自行车 约20km/h	151km	车行道	天津
 船舶 约40km/h	400km	水	临清
 汽车 约100km/h	800km	城市/高速路	徐州
 高速铁路 约300km/h	2500km	高速轨道	昆明
 飞机 约850km/h	7700km	机场/空域	法兰克福

图 5-1-2　航空运输快速性优势

(2)机动性大。飞机在空中飞行受地域、地形条件限制的程度比汽车、火车、轮船小得多,它可以将地面上任何距离的两个地方连接起来,可以定期或不定期飞行,尤其对灾区的救援、供应、边远地区的急救等紧急任务,航空运输已成为必不可少的手段。

(3)舒适与安全。喷气式客机的巡航高度一般在 10000m,飞行不受低空气流的影响,平稳舒适。现代民航客机的客舱宽敞,噪声小,机内有供膳、视听等设施,旅客乘坐的舒适程度较高。由于科学技术的进步和对民航客机适航性严格的要求,航空运输事故的亿客公里死亡率小于 0.1。

(4)基本建设周期短、投资少。要发展航空运输,从设备条件上讲,只需添置飞机和修建机场,这与修建铁路和公路相比,其建设周期短、占地少、投资省、收效快。据统计分析,在相距 1000km 的两个城市间建立交通线,若载客能力相同,修筑铁路的投资是开辟航线的 1.6 倍,铁路修筑周期为 5～7 年,而开辟航线只需 1～2 年。

航空运输的主要缺点是飞机机舱容积和载质量都比较小,运输成本比其他运输方式高。由于飞行在一定程度上受气象条件和其他空域用户的限制,航班延误时有发生。因此,航空运输比较适宜于 500km 以上的长途客运,以及时间性强的鲜活易腐和高价值货物的中长途运输。

二、航空交通运输系统作用

航空运输是随着社会、经济发展和技术进步发展起来的。它在现代社会的政治、经济生活中占据着重要的地位,发挥着不可低估的作用,它对经济所起的作用主要表现为:

(1) 航空运输是综合立体交通体系的一个重要组成部分。在陆水空多种运输方式相互协同、深度融合中提供高质量运输服务,是民航作为一种交通方式的基本使命和根本作用。特别发挥航空运输在远程和偏远地区的快捷可达优势,构建"干支通、全网联"、基本航空服务、"空中丝绸之路"等航空运输网络,形成以机场为核心的现代化综合交通枢纽,满足社会对运输的要求。

(2) 航空运输是全球政治、经济、文化交流发展的纽带。航空运输本身是国家经济领域的一个重要行业,它使国际的经济、文化、科技的交流往来十分方便,有利于国家或地区间的相互协作、共同发展,有利于经济发达国家或地区向经济不发达国家或地区投资开发。在我国,航空运输发展已成为一个地区经济发达水平和对外开放程度的重要标志。

(3) 航空运输带动了航空工业及其技术的发展。航空制造是航空运输产业发展的前提和基础,航空运输的发展,促使更安全、更舒适的民航飞机和先进的航空动力不断出现,促使通信、导航、监控等设备与技术不断更新完善,进而促进航空制造业结构优化、技术提升和生产社会化等方面全面发展。

第二节　航空交通运输系统的组成

一、航空运输系统组成架构

航空运输系统主要包括航空器(Aircraft)、机场(Airport)、航空公司(Airlines)、空中交通管理部门(Air Traffic Management)、通信(Communication)、导航(Navigation)、监视(Surveillance)等要素,简称为"4A + CNS",如图5-1-3所示。

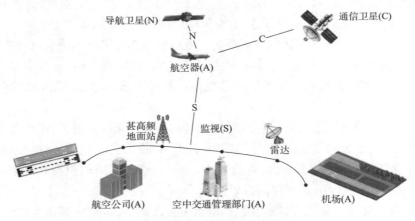

图 5-1-3　航空运输系统组成架构

从运行主体的角度来看,当代的航空运输体系主要由航空器(A)、机场(A)、航空公司(A)和空中交通管理部门(A)4个基本部分有机组成,这4个部分协同完成航空运输系统的各类业务活动。航空运输系统在运行过程中涉及支撑业务运行的各类设备,根据用途的不同大致可以分为通信设备、导航设备、监视设备三类。另外,除了上述基本组成部分外,还包括许多其他运行保障部分,如航空气象服务、商务运行、机务维护、航材供应、油料供应和其他地面辅助保障系统等。

二、航空运输体系组成要素

1. 航空器

航空器是进行航空运输活动的主要载体。航空器定义范围广泛,包含飞机与无人机等用于不同运营目的的实体。其中飞机是进行航空运输最为常见的一种载体,出现于20世纪初,并随着航空运输的需求而不断发展。按照执行运输任务类型的不同,民用航空飞机可具体分为运输航空与通用航空两种用途。运输航空中使用最为常见的一种飞机类型为由航空公司定期或不定期航班使用的各种运输机,如A320、B747等。通用航空则主要包括为工农业生产作业飞行、抢险救灾、教学训练等服务的通用航空飞机。此外,按飞机最大起飞全重分类,民用飞机可分为大型、中型、小型飞机。按照航程远近可分为远程、中程、短程飞机。同时,随着近年来无人机技术的发展,无人机也逐渐成为完成低空航空运输等任务的一种主要手段。

2. 机场

机场是供飞机起飞、着陆、停驻、维护、补充给养及组织飞行保障活动的场所,也是旅客和货物运输的起点、终点或中转点。机场通常由供飞机使用的部分(包括航空器用于起飞降落的机动区和用于进离港航班停靠的停机坪)和供旅客、货物使用的部分(包括供旅客办理登机手续、等待航班起飞以及上客下客的航站楼、机场范围内的地面运输部分及各种附属设施)组成。

3. 航空公司

航空公司是指以各种航空飞行器为运输工具,为乘客和货物提供民用航空服务的企业。航空公司的规模包含从只有一架运输邮件或货物的飞机到拥有数百架飞机提供各类全球性服务的国际航空公司。航空公司与使用的航空器间的关系既可以是拥有的,又可以是租借的。航空公司间可以是独立提供服务,也可以与其他航空公司合伙或者组成联盟。而按运输的种类,可以划分为客运航空公司和货运航空公司。按飞行范围,可以分为运营跨国范围的国际航空、与仅在国内运营的国内航空公司。

4. 空中交通管理系统

空中交通管理系统是为了保证航空器飞行安全,提高空域和机场飞行区的利用效率而设置的各种助航设备和空中交通管理机构及规则。空中交通管理的任务是:有效的维护和促进空中交通安全,维护空中交通秩序,保障空中交通畅通。从整体上讲,空中交通管理包括空中交通服务(ATS)、空中交通流量管理(ATFM)和空域管理(ASM)三大部分。其中,空中交通服务包括空中交通管制服务(ATC)、飞行情报服务(FIS)和告警服务(ALRS)。其中,空中交通管制服务是由空中交通管制员指挥航空器在机场场面和管制空域内进行活动的行为,其主要目的是防止航空器与航空器相撞、航空器与障碍物相撞。飞行情报服务为航空器提供与飞行安全和效率有关的情报,包括空中交通的情报、气象情况、机场条件和航路设施等。告警服务则旨在当民用航空器需要搜寻援救时,通知有关部门,并根据要求协助该有关部门进行搜寻援救。空中交通流量管理是为了保证空中交通安全、有序和快捷地流通,同时确保最大限度地利用空中交通管制服务的容量并符合有关空中交通服务当局公布的标准和容量,而设置的服务。空域管理是指为维护国家安全,兼顾民用、军用航空的需要和公众利益,统一规划,合理、充分、有效地利用空域的管理工作。在我国航空运输活动进行过程中涉及的民用空域主要包括以下几类：在中国领空内，6600m 及以上空间划分的若干高空管制区（A 类），根据实际情况，6600m 以下划分的若干中低空管制区（B 类），进近管制区（C 类）是塔台管制区与中低空管制区的连接部分，垂直范围通常在 6000m 及以下，最低高度层以上。塔台管制区（D 类）一般包括起落航线、仪表进近程序、第一等待高度层及其以下的空间和机场机动区。同时，根据空域状况的不同还可进一步分为危险区、限制区和禁止区。如何有效地对空域进行划分并进行管理是充分发挥空域潜能，提高航空运输系统效能的关键。

5. 通信设备

通信设备是为了实现无线通信功能，且达到了规定的性能指标要求，并经过使用验证的一种机载或地面设备。航空通信设备担负着让航空器在运行过程中与外部通信的功能。航空通信在通信对象上可以分为陆空通讯和平面通信。陆空通信泛指所有用于航空器运营中的一切信息在空中和地面/海面中的传递交换，因此通信双方主要涉及航空器与地面的空地通信、航空器与水面舰船/水中潜艇的空海通信。平面通信则是航空器或者地面场站间的通信，包括航空器之间的空空通信、也涵盖地面场站之间的地地通信。由于在航空运输过程中通信的双方往往具有相对高速的运动状态，其产生的影响远甚于普通地面个人移动通信，同时其应用环境的气候/电磁状况相当恶劣，因此对航空通信过程中采用的通信技术、通信设备都有极高要求。目前常规的航空通信主要使用高频—甚高频射频无线信道。除此之外，其他通信设备主要包括自动转报系统、话音交换系统（内话系统）、记录仪、航行情报系统、通播系统等。每一种设备在航空器运行过程中，都发挥着不可替代的作用。

6. 导航设备

导航设备用于引导空中航行实现包括规划、记录和控制飞行器从一个地方到另一个地方的运动过程的设备。航空导航设备主要包括三个组成部分，即航路导航设备、着陆导航设备以及地面导航设备。航路导航设备主要包括：用于给空中航空器定位的全向信标和测距仪合装台（VOR/DME）。其中，全向信标给飞机提供方位信息；测距仪则给飞机显示出飞机距测距仪台的直线距离。其他航路导航可用设备包括全球卫星导航系统（如北斗卫星导航系统、GPS、GLONASS）、惯性导航系统（INS）、机载雷达高度表（RA）、机载导航设备（如全向信标接收机、无线电导航台接收机）等。而在着陆导航设备中，前文中所提到的全向信标/测距仪合装台也可用于引导航空器着陆，同时为了应对航空运输系统所处的不同环境，现代的机场跑道上还会额外安装仪表着陆系统（ILS），它由航向台（LOC）、下滑台（G/P）、外指点标台（OM）、中指点标台（MM）和内指点标台（IM）组成。可以对着陆航空器进行水平与垂直引导并最终在恶劣天气环境下完成进近着陆。地面导航设备则主要包括近些年采用的高级场面活动引导与控制系统（A-SMGCS）设备，通过灯光的方式引导航空器在机场场面滑行，目前已经在国内部分机场投入使用。

7. 监视设备

监视设备指在现有的监视技术条件下用于掌握航空器的飞行动态所使用的设备，并最终达到提高运行效率、空域容量并同时保证飞行安全的目的。监视设备主要可以分为主动式设备和被动式设备。主动式设备以传统的一次监视雷达（PSR）为代表，采用"发射—反射"机制确定航空器与雷达的相对位置关系，实现对航空器的实时监视。被动式设备以二次雷达为代表，采用"发射—应答机"机制确定飞机位置。除此之外，以自动相关监视（ADS）、多点相关定位为代表的新监视技术在民航监视服务中有着越来越广泛的应用,为空中交通监视服务提供了更好的保障。其他类型的监视设备还包括地面雷达和航空器上的空中防撞系统(TCAS)等。

第三节　航空交通运输系统的现状与发展趋势

一、航空交通运输系统发展现状

近年来随着全球新一轮产业变革的加速演进,颠覆性技术不断涌现,新一代信息技术与航空交通管理技术融合发展,以国际民航组织航空系统组块升级计划(ASBU)、美国下一代航空运输系统(NextGen)、欧洲单一天空计划(SESAR)为代表,全球航空交通运输系统正在进行新一轮的技术变革。

美国 NextGen 旨在通过建立更为灵活、智能的空管系统,提升空管系统的容量和安全水平,同时保持美国在全球航空界的领导地位。NextGen 计划的主要任务包括:

(1) 发展以全球定位系统 GPS 为主的卫星导航系统,可独立于陆基无线电导航设施,全面推广基于性能的导航(PBN)技术。

(2) 基于雷达、广播式自动相关监视技术和数据链的多源协同监视系统。

(3) 发展以网络为中心的基础设施,支持定位导航授时、空中交通监视、航空气象信息、飞行计划与流量管理等。

欧洲 SESAR 是欧洲空管现代化进程中的里程碑计划,旨在实现对欧洲高空空域的统一协调和指挥,构筑高效、统一的欧洲空中交通管理体系,最大限度地提高欧洲空域使用的灵活性和空域运行的效率。SESAR 计划的主要任务包括:

(1) 基于欧洲现有基础设施,为用户提供无缝雷达数据的雷达联网技术。

(2) 可实现欧洲范围内实时航空信息共享的通用数据交换网络技术。

(3) 连续、实时、高精度、高效和高安全性的伽利略卫星导航技术。

(4) 以先进地空、空空数据链为通信手段,先进导航系统及其他机载设备信息为数据源,实现飞机相互感知的广播式自动相关监视技术。

为推进航行新技术的全球应用,国际民航组织 2013 年发布了 ASBU,明确了包含机场运行、全球互用的系统和数据、优化容量和灵活飞行、高效飞行航迹 4 个性能领域的技术发展路线。2019 年,国际民用航空组织又进一步明确了信息类、运行类和技术类三类 ASBU 的技术引线,突出了协同信息环境在未来空中航行系统建设中的重要性。特别是随着大数据、云存储、云计算、移动互联新一代信息技术的快速发展,航空交通运输系统的信息技术变革受到前所未有的关注。以通信导航监视设施与服务、空管运行能力以及协同信息环境为核心组成要素的未来航空交通运输技术体系框架已逐步形成。

我国在民航强国战略引领下,"1+10+N"深化民航改革工作总体框架有力推进,在空域组织与管理、协同流量管理、繁忙机场运行、基于航迹的运行、军民航联合运行、空事系统与信息服务等方面取得了持续性突破,在保证飞行安全的前提下,实现规模质量双提升,服务人民美好生活需要和支撑国家战略的能力显著增强,较好地满足了经济社会发展需要,基本实现了由航空运输大国向航空运输强国的跨越。

二、航空交通运输系统发展趋势

以新一代信息技术融合应用为主要特征的智慧航空交通运输系统建设正全方位重塑民航业的形态、模式和格局，实现更高水平的数字化、网络化、智能化已成为全球航空业新一轮发展的重点领域。

新型航空运载器将重点围绕新一代环保型跨、超声速客机、新概念先进无人机、高超声速飞行器、新能源飞行器、空天飞行器等体系化突破"设计→制造→验证→适航→运维"关键技术与装备，是推动航空交通运输系统向更高、更远、更快、更经济发展的关键要素。

通信导航监视朝着高性能、高精度、空天地一体化方向发展。在通信领域，随着地面空管系统与航空器之间信息共享与交互日益增加，飞行全阶段地空通信的宽带化已是大势所趋。在导航领域，卫星导航将逐步发展成为主用导航系统，双频多星座卫星导航和星基、空基、陆基等多基增强技术将是未来发展的重要方向。在监视领域，高精度无缝监视是各类空管监视系统发展的共同目标，利用星基系统的广域无缝覆盖能力和陆基系统的稳定可靠保障能力。卫星、航空器、陆基系统之间"空天地一体化"的通信、导航、监视应用将成为主要趋势。

航空交通管理与运输服务朝着协同化、精细化、灵活化方向发展。在 ASBU 模块和引线矩阵中，基于航迹的运行(TBO)是各类引线的总集成和最终实现目标，并计划在 2035 年后全球推广应用。TBO 的核心理念是以有人或无人航空器全生命周期的四维航迹为中心的协同化和精细化运行。"协同化"既包括进场、场面运行、离场等不同运行阶段，也将体现在机载航电系统与地面空管的协同，更是空管、航空公司、机场等不同航空运行主体之间决策的广泛协同。"精细化"主要体现在对空管系统运行服务能力和水平的要求，通过四维时空间资源精细利用与控制，实现整个系统的高效运行。"灵活化"则是指随着无人机与有人机在空域内的融合运行，以及城市上空、城市间空中交通的加快发展，空中交通运行将呈现集中式管控、分布式自主管控以及混合式等多模式运行的态势，空中交通多模式灵活化运行将成为未来发展的重要方向。

航空安全与应急管理朝着全流程、立体化和防御型方向发展。随着信息化、智能化等新技术的快速发展，人工智能、大数据、5G、物联网、无人机等新技术将逐步全面赋能航空安全领域。天、空、地一体化的现代通信网络和交互融合型感知网络体系正逐步形成，将推动民航安全管理体系从被动应对型向着主动防御保障型发展。

第二章　航空交通运输系统规划与设计

第一节　机场规划与设计

一、机场概述

机场是指在陆上或水上的一个划定区域,全部或部分用于航空器起飞、降落、滑行、停放和地面活动,包括其中的任何建筑物、设施及设备。它是航空运输系统中运输网络的节点(航线的交会点),是地面交通与空中交通相互转换的接口(交接面)。

(一)机场分类

1. 按服务领域与对象分类

机场按服务对象可分为民用机场、军用机场和军民合用机场。民用机场包括运输机场和通用机场。运输机场是指为从事旅客、货物运输等公共航空运输活动的民用航空器提供起飞、降落等服务的机场。通用机场是指为从事工业、农业、林业、渔业和建筑行业的作业飞行,以及医疗卫生、抢险救灾、气象探测、海洋监测、科学实验、教育训练等提供服务的机场。

2. 按航线布局分类

民用机场按航线布局可分为枢纽机场、干线机场和支线机场。枢纽机场指全国航经运输网络和国际航线的枢纽,运输业务特别繁忙的机场。干线机场指以国内航线为主,可开辟少量国际航线,可以全方位建立跨省跨地区的国内航线,运输业务量较为集中的机场。支线机场指分布在各省、自治区内及至邻近省区的短途航线机场,且运输业务量较少。

3. 按航线性质分类

民用机场按航线性质还可分为国际机场和国内机场。国际机场指供国际航线定期航班飞行使用的机场,设有出入境和过境设施以及固定的联检机构,如海关、边防检查、卫生检疫、动植物检疫、商品检验等。国际机场一般也同时可供国内航线定期航班飞行使用。国内机场指供国内航线定期航班飞行使用的机场,不提供国际航线定期航班。

(二)机场的组成及功能分区

机场系统包括空侧和陆侧两部分,铰接点设置在廊桥附近。在陆侧部分,航空旅客及其迎送者、货物等运用地面交通系统的各种交通方式,由城市各区域汇集至机场,或由机场分散至城市各区域;在空侧部分,航空旅客及货物等以航空器作为载体,在机场地面区域及部分航站空域运行。

机场的功能分区主要由飞行区、航站区和进出机场的地面交通系统三部分构成。飞行区是指供航空器起飞、着陆、滑行和停放使用的场地,包括跑道、升降带、跑道端安全区、滑行道、机坪以及机场周边对障碍物有限制要求的区域。航站区是飞行区与机场其他部分的交接部。航站区包括航站楼及站坪、服务车道、停机设施、公共交通设施等。地面交通系统包括了公共交通站台、停车场、供车辆和行人使用的道路交通设施等,其目的在于将旅客、货物和邮件及时地运进或运出航站楼。

(三)机场等级

机场飞行区等级按飞行区指标Ⅰ(代码)和飞行区指标Ⅱ(代码)来划分,以使该机场飞行区各种设施的技术标准能与在这个机场上运行的航空器性能相适应。飞行区指标Ⅰ按拟使用跑道的各类航空器中最长的基准飞行场地长度,分为1、2、3、4四个等级。航空器基准飞行场地长度(Aeroplane Reference Field Length)是航空器以核定的最大起飞质量,在海平面、标准大气条件、无风和跑道纵坡为零的条件下起飞所需的最小场地长度。飞行区指标Ⅱ按拟使用该机场的各类航空器中的最大翼展或最大主起落架外轮外侧边的间距(简称外轮距),分为A、B、C、D、E、F六个等级,两者中取其较高等级,见表5-2-1。

机场飞行区等级(单位:m)　　　　　表5-2-1

指标Ⅰ		指标Ⅱ		
数字	基准场地长度 RFL	字母	翼展 WS	主起落架外轮缘之间的距离 OMG
1	RFL < 800	A	WS < 15	OMG < 4.5
2	800 ≤ RFL < 1200	B	15 ≤ WS < 24	4.5 ≤ OMG < 6
3	1200 ≤ RFL < 1800	C	24 ≤ WS < 36	6 ≤ OMG < 9
4	1800 ≤ RFL	D	36 ≤ WS < 52	9 ≤ OMG < 14
		E	52 ≤ WS < 65	9 ≤ OMG < 14
		F	65 ≤ WS < 80	14 ≤ OMG < 16

二、机场选址与机场系统规划设计

机场规划与设计是指通过统筹兼顾、科学布局、完善结构、合理定位来指导机场的建设和发展,解决民用机场空间布局及功能结构问题,实现资源的优化配置和有效利用,主要包括机场选址、飞行区规划设计、航站楼规划设计和陆侧交通设计等。

(一)机场选址

机场选址,即在项目前期工作阶段,从地理位置、空域、净空、环保、土地利用等角度,对新建或者迁建机场的可能选址进行初步分析和研究,并组织现场踏勘,选择并确定新建机场或迁建机场具体场址的过程。

1. 机场选址基本要求

(1)机场选址应满足机场在使用上的要求。保证机场跑道两端两侧净空良好,避免相邻机场飞机的互相干扰;机场选址位置应保证航空器在起飞和着陆时不穿越国境线和禁区;机场位置应离开重要军事基地、交通枢纽、大型油库等有足够的安全距离;机场场址应便于设置引导飞机着陆的导航设施;场址应保障航空器起飞着陆受气象条件影响很少;机场远离候鸟群习惯迁徙的路线和吸引鸟类聚集的地方。

(2)机场选址应满足环保上的要求。为防止机场对周围环境造成明显的飞机噪声污染,机场跑道应远离附近居民区。为了防止机场对社会环境产生不良影响,机场选址应该节约用地,尽量少占用耕地和不占良田,避开有开采价值的矿藏、省市级以上的历史文物保护区和风景区。

(3)机场选址应满足经济上的要求。为了保证机场选址的经济性,机场选址应尽量少拆房屋,尽量少拆公路、灌溉渠道等。机场尽量设置在地势平坦和便于排水的地方,避开强烈地震区,避开地质条件恶劣地区。

2. 机场选址流程

机场选址的流程可以分为初选、预选、比选三个阶段。

(1)初选阶段:在拟选场地区周围的较大地域范围内,通过图上作业、现场初勘,寻找具有可能建设民用机场的初选场址。初选场址的数量一般不少于5个。

(2)预选阶段:对初选场址逐个调查有关技术资料,并进行技术经济分析比较,选择场址条件相对较好的预选场址,预选场址一般不少于3个。对预选场址的地面建设和空中运行条件进一步研究论证,提出初步建设规划方案,估算工程量和投资;预选场址应进行航行服务研究,并编写预选场址航行服务研究报告;预选场址应取得所属空域军方主管部门、当地政府、城市规划等部门的书面意见。

(3)比选阶段:对预选场址的各方面有利条件和不利条件进行全面综合分析论证后,从中推荐1个首选场址。应对影响场址比选的关键因素进行重点分析。

(二)飞行区规划设计

跑道是保障航空器在机场安全运行的重要场所,是飞行区的核心组成部分。跑道规划设计主要可分为以下三个部分。

(1)跑道构型。跑道构型取决于跑道的数量和方位。跑道数量主要取决于航空交通量的大小,跑道的方位主要取决于风向、场地及周围环境条件。机场占地多少主要取决于跑道构型及其他设施(主要是航站区)的规模。跑道构型主要分为单条跑道、平行跑道、交叉形跑道和开口V形跑道,如图5-2-1所示。跑道的构型需满足机场容量需求,其次保证飞机起降、滑跑安全,即满足适航要求,且必须在几何特征和物理特性两个方面满足机场技术标准。

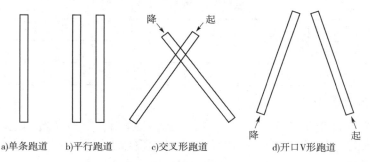

图5-2-1 跑道的主要构型

(2)跑道的长度与宽度。跑道直接供航空器起飞着陆用,是机场最重要的组成部分。如果设计偏长,就会造成浪费,而且多占土地。如果设计偏短,就会影响航空器的起飞着陆安全,或使得航空器不能满载起飞,影响经济效益。跑道长度的影响因素主要包括航空器、机场和大气三类。航空器的机型、发动机推力、飞机襟翼偏度、航空器空调和防冰系统以及航空器的起飞质量是决定跑道长度的重要因素。机场内的停止道、净空道以及跑道纵坡也是影响跑道长度的重要因素。而机场所处地理位置的风、气温以及气压也是决定跑道长度的重要因素。不同飞行区等级的最小跑道宽度见表 5-2-2。

跑道最小宽度(单位:m)　　　　　　　　　　表 5-2-2

飞行区指标Ⅰ	飞行区指标Ⅱ					
	A	B	C	D	E	F
1	18	18	23	—	—	—
2	23	23	30	—	—	—
3	30	30	30	45	—	—
4	—	—	45	45	45	60

(3)跑道纵坡与横坡。

①跑道纵坡限值。为了使航空器平顺、舒适和安全地起飞和降落,对跑道的纵坡有一定限制,见表 5-2-3。

跑道各部分的最大纵坡限制值　　　　　　　表 5-2-3

飞行区指标Ⅰ	1	2	3	4
跑道中线上最高、最低点高差与跑道长度的比值	2%	2%	1%	1%
跑道两端各1/4长度	2%	2%	0.80%	0.80%
跑道其他部分	2%	2%	1.5%	1.25%
相邻两个纵向坡度的变化	2%	2%	1.5%	1.5%
变坡曲线的最小曲率半径(m)	7500	7500	15000	30000
曲面变率	0.4%	0.4%	0.2%	0.1%

②跑道横坡限值。排水不良会使航空器产生飘滑,为加速排水,应在跑道表面中线两侧设置坡度对称的双面坡。整条跑道长度的横坡坡度应基本上保持一致,见表 5-2-4。

跑道横坡限值(单位:%)　　　　　　　　　表 5-2-4

飞行区等级指标Ⅲ	A	B	C	D	E	F
最大横坡限制	2	2	1.5	1.5	1.5	1.5
最小横坡限制	1	1	1	1	1	1

(三)滑行道规划设计

滑行道主要功能是提供从跑道与航站区、维修机库出发的航空器相互联系的通道。滑行道应当安排使刚着陆的航空器不与滑行起飞的航空器干扰。

1. 滑行道分类

滑行道系统由主滑行道、入口和出口滑行道、快速出口滑行道、机坪滑行道、机位滑行道等组成。主滑行道又称平行滑行道,是航空器由站坪通向跑道两端的主要通道,一般与跑道平行。入口和出口滑行道,又称联络滑行道(联络道),主要位于平行滑行道与跑道之间。快速出口滑行道是一条与跑道连接成一锐角的滑行道。在设计上,着陆航空器在快速出口滑行道上滑行时,允许其使用高于其他类型滑行道的速度转弯并脱离跑道,从而尽可能降低着陆航空器的跑道占用时间。机坪滑行道是滑行道系统中位于机坪上的部分,主要供航空器穿越机坪使用,大多设在机坪边缘。机位滑行通道指由机坪滑行道分出,是机坪的一部分,指定仅作为供航空器进出机位用的滑行道。

2. 滑行道设置要求

不同高峰小时交通量对滑行道的需求不同。交通量较小时,需要一条联络滑行道和跑道两端的掉头坪。随着交通量增加,需要增设平行滑行道、进口滑行道和中部出口滑行道。当达到25~30架次/h时,需在跑道中部设置多条快速出口滑行道,并考虑增设旁通滑行道或等待坪。

3. 滑行道有关间距要求

滑行道中心线同平行跑道或滑行道中心线之间,或者同物体之间要保持一定间隔距离。这一间隔距离取决于飞机翼展、飞机对滑行道中心线的最大允许误差和安全间距。

4. 滑行道的宽度、坡度

滑行道直线段的道面宽度依据飞机主起落架外轮缘间距,以及主起落架外轮缘与滑行道面边缘之间的最小净距(飞机轮迹的最大允许横向偏离)决定。

(四) 停机坪规划设计

停机坪是指在陆地机场上划定的,供航空器上下旅客、装卸货物或邮件、加油、维修中停放之用的一块场地。停机坪按保障服务可分为客机坪、货机坪、维修机坪、机库机坪等。在停机坪/位的规划设计上应考虑以下三方面:

(1) 机坪布局应根据机坪的类别、飞机的类型和数量、飞机停放方式、飞机间的净距、飞机进出机位方式等各项因素确定。

(2) 机坪道面的强度应能承受使用该机坪的各种机型的荷载,机坪表面应平整。

(3) 机坪和机位的数量和尺寸设计应考虑典型高峰小时飞机起降架次、机型及其组合、飞机占用时间、飞机停放运行形式、平均每架所需面积、安全净距等因素。

(五) 航站楼规划设计

1. 航站楼流程设计

旅客航站楼是提供飞机与地面交通之间衔接的一栋或者一组建筑,可为乘机旅客提供上、下飞机所需的流程和服务。航站楼为旅客和行李转换运输方式提供了场所,它包括办理各种手续、汇集、疏散旅客及行李和机场维护、运转及行政管理活动的各项设施。不同类型旅客所经历的流程存在一定差异。旅客流程应该短而直接,尽量少转换楼层,以减少旅客在航站楼内的步行距离。主要功能区之间(如停车场与办票/行李提取大厅、办票/行李提取大厅与候机厅)的最大步行距离宜为300m。最大步行距离超过300m时,应为旅客提供便利的机械辅助设施。空侧安检边界与远端卫星厅或者指廊末端的距离超过750m时,宜考虑设置旅客捷运系统(APM)。

2. 航站楼构型和布局设计

(1) 航站楼水平布局形式。

旅客航站楼水平布局有前列式、指廊型、卫星型和转运型4种基本构型,也可以将其中两种或多种不同基本构型结合,形成组合构型。

前列式布局是一种狭长的构型,由于楼内为共用的办票大厅和候机厅,减少旅客在办票大厅和候机厅的步行距离,缩短滞留时间,适用于交通量较少的机场,如图5-2-2所示。

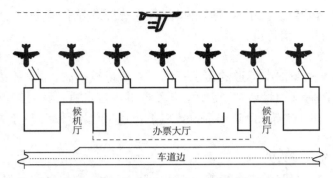

图 5-2-2 前列式布局的航站楼及机坪布局示意图

指廊型布局是从航站楼的空侧边向外伸出的指形廊道,设计时应避免航站楼的办票大厅或行李提取区规模过小,造成指廊内的拥堵。设计时还需要注意指廊末端对于登机旅客步行距离的影响。多条指廊还需考虑相邻指廊之间的净距,避免航空器运行的相互干扰,如图 5-2-3 所示。

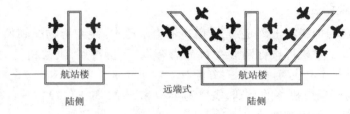

图 5-2-3 指廊型布局的航站楼示意图

卫星型布局是指廊为一个或者多个卫星式的建筑结构。卫星型使得航站楼的总体规模得以扩大。此构型下,地面交通和航空器机位间的步行距离较长,因此需要在主航站楼与卫星厅间设置载运系统,如图 5-2-4 所示。

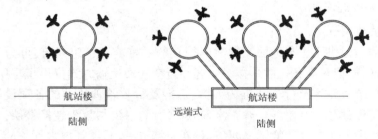

图 5-2-4 卫星型布局的航站楼示意图

转运型布局是指航空器停放在远离航站楼的停机坪上,旅客在航站楼内办理相关手续,利用客梯车上下航空器,由地面车辆载运出入航站楼。在相同的条件下,由于旅客相对集中,转运型比其他构型所占用的航站楼空间更小,如图 5-2-5 所示。

(2)航站楼竖向布局形式。

航站楼竖向布局可分为一层式、一层半式、两层式、两层半式、多层式,部分航站楼竖向布局。一层式布局是指所有旅客和行李的进程都在机坪层进

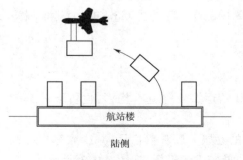

图 5-2-5 转运型布局的航站楼示意图

行,到达旅客和出发旅客以水平分布分隔,适用于旅客量较小的机场。一层半式布局是指旅客出入航站楼、航空公司的航务和行李处理活动在机坪层进行,而上下航空器则在车道边层进行,到达和出发的旅客在平面上分隔开来。两层式布局是将到达旅客和出发旅客立面分离。出发旅客进程在上层进行,而到达旅客进程在机坪高度进行。

(六)机场陆侧交通规划设计

机场陆侧交通系统是联系城市交通的纽带,合理规划机场陆侧交通系统有利于机场高效运行,依托城市现有交通条件,实现旅客快速流通。陆侧地面交通系统包括陆侧地面交通流、进出机场交通系统和机场内地面交通系统。

1. 陆侧地面交通流

陆侧交通系统分为与旅客相关的主要交通系统和与航空公司或机场及在机场各类经营者活动相关的次要交通系统。陆侧地面交通客流主要由出发和到达旅客、工作人员和参观者三部分构成。在规划机场和城市之间的交通衔接方式时,应考虑不同性质旅客的不同出行需求。每种客流在数量上没有固定划分,随着机场的不同而不同,并取决于机场大小、机场的地理位置以及机场所提供的航空服务种类等。实际上机场旅客交通量只是机场交通量中的一部分,由部分机场调查所得的旅客、迎送人员、工作人员和参观者的比例决定。

2. 进出机场交通系统

进出机场交通系统是机场与其所服务城市或地区进出机场的通道,其主要功能是通过各种交通方式实现机场交通流量快捷高效流通。在对进出机场交通系统进行规划时,除考虑机场与母城交通运输系统的衔接外,还必须考虑其与周边城市交通运输系统的衔接问题。

3. 机场内地面交通系统

机场内地面交通系统主要是用来满足机场各功能区地面流程及车流量的需要,是机场航站楼与机场外部交通的衔接系统。机场内地面交通系统从功能上分为机场内道路交通系统、航站楼车道边、停车设施三部分。

(1)机场内道路交通系统,主要是用来满足机场各功能区地面流程及车流量的需要,包括航站区进出道路、重复循环道路、航站楼前正面道路、机场内部的工作道路等。

(2)航站楼车道边,是航站楼建筑外供旅客上下车的地方,一般由航站楼前边或航站楼旁边的一条或多条车道组成,分为出发车道边和到达车道边。

(3)停车设施,包括公共停车设施、出租车停车设施、员工停车设施和货运停车设施。机场停车需求主要来源于两个方面:一是机场旅客和迎送人员,二是机场职工。根据需求及旅客特性将停车场分为短时间停车场、长时间停车场和远处停车场。机场停车场规划时需要考虑的两个主要因素:一是可供停车的面积;二是停车场与航站楼的距离。

第二节　空域规划与设计

空域是宝贵的国家资源,多种用户都对空域资源有使用需求。随着空中交通流量的急剧增长,空域拥挤问题变得越来越突出,从而导致延误的频繁发生以及管制员工作负荷的增加,甚至影响飞行安全。因此,空域规划与设计对于民用航空事业的发展尤为重要。

一、航路网络规划

(一)航路网络规划原则

航路网络作为实现空中交通的物理空间,其结构是科学分配和使用空域资源、提高空中交通运输效能的有效手段。合理的航路网络能够降低航空公司运营成本,指导合理布局地面通信、导航和监视设施,并为机场改扩建提供参考。我国已经建立了辐射日韩、东南亚、北美和欧洲等主要地区的国际航路,贯通枢纽机场的国内航路和连通地区的国内支线航路,初步形成了国际航路、国内干线航路和地方航线三个层次的航路网,如图5-2-6所示。

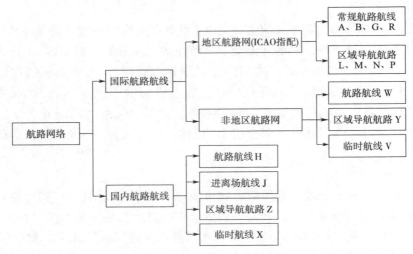

图 5-2-6　我国航路网络层次构成

航路网络规划是一个复杂的系统工程,其规划与设计需要统筹考虑机场布局、已有空域结构,兼顾多方空域用户需求,应当有利于提高航路和航线网的整体运行效率,保证可靠的运行安全和合理的运行裕度,充分利用空域资源。具体原则包括:规划通常由核心向外围扩展;规划早期阶段应该整合航路网和相应的扇区划分;规划兼顾军民航空域需求,考虑军民航机场布局、通信导航监视设施性能和空域结构影响;规划应该在初始规划阶段就整合航路网络、往返终端空域之间的过渡航路;航路规划目标应是使大多数航班沿着或尽可能接近起讫点之间的直连路线运行;航路规划应按照有关 ICAO 标准及建议措施进行。

(二)航路网络规划方法

航路网络是由节点和航段构成的,航路节点包括两类节点:机场、国境节点和交叉点。机场、国境节点是空中交通发生量和吸引量的节点,空间位置固定不变,交叉点即连接航路网络中起讫机场的中间节点,是飞行流量的传输点,既不产生流量也不吸收流量,交叉点空间位置可设计。航路网络规划方法分为两类:一类是依据交通规划理论和方法,对航路网络进行分层规划的节点分层规划方法;另一类是依据网络优化理论,从全局对航路网络节点进行布局设计的网络规划方法。

(三)航路网络评价指标

航路网络评价指标是规划目标和具体规划规则的数学描述,是规划者对航路网的属性与需求之间价值关系的反映,是进行航路网规划的依据和综合评价的基础。为了对航路网络的技术水平即航路网的内部配置、布局及其技术服务水平综合描述,主要将航路网络的性能指标分为两大类:①航路网络布局质量指标,主要指航路网络空间布局的合理性、有效性。网络布局质量指标包括:航路网长度、网络连接度、非直线系数。②航路网络运行指标,主要指航路网络运行的安全性、经济性。航路网络运行指标包括:航路利用率、航路网络运行成本、航路网络可达性、航路网络交叉点冲突。

(四)新型"高速航路"

(1)美国动态多轨航路。美国联邦航空局20世纪末提出了"新一代国家空域系统",其中建立的自由飞行空域和"高速航路"网是空域构型理念的主旨。"高速航路"研究包括:动态空域超级扇区(DASS)、大容量管状扇区(HTS)以及动态多轨航路(DMA)。

(2)欧洲高速航路。欧洲核心空域结构不同于美国,枢纽节点之间的距离较短,运行相对独立。欧洲航行安全组织实验中心(EEC)提出"自由飞行"(Free-Flight)理念,在交通稀疏区域采用自由航路,以降低运行的复杂性;之后,研究了管状航路(TALC)和模式转移的概念;在此基础上,欧洲航行安全组织(EUROCONTROL)提出了"高速航路"(Freeways)理念,希望借此实现"欧洲天空一体化"。

二、终端区规划

以大型机场为中心的终端区往往具有以下特点:进离场航线分布密集,航线交叉点多,航空器在终端区内执行的动作较多。若终端区出现交通拥挤的情况,容易造成管制员的工作负荷过重、飞行冲突增加和运行的效率低下等诸多问题,于是终端区成了限制容量增加的瓶颈,终端区规划是整个空域规划与设计的重点内容。

(一)终端区设计原则

空域是可利用的资源,应当得到合理、充分、有效的利用,在进行终端区设计时应遵从下列基本原则:

(1)安全性,要有利于防止航空器与航空器之间以及航空器与障碍之间相撞,有利于航空器处置遇险等紧急情况。

(2)加速流量,要有利于加速并保持空中交通的有序运行。

(3)灵活性,要满足不同型号的航空器的运行和航空器的不同运行要求。

(4)国家安全性,要达到国家安全系统的要求。

(5)经济性,要充分考虑对经济的影响和作用。

(6)标准与可操作性,终端区设计要尽可能符合国际民航组织的技术标准和建议做法,便于国际、国内飞行和空中交通服务的实施。

(二)终端区设计方法

终端区设计方法如下:

(1)第1阶段——问题评估。在开始进行终端空域设计之前应当明确目的和范围,具体评估有以下几个方面:空域范围;标准仪表进场/离场航路;环境问题;空域分类;空域管理;机场基础设施和架构;导航设施要求;地形。

(2)第2阶段——项目组织。各个项目的组织需求各异,但是所有利益相关方都应当尽

(3)第3阶段——形成提案。形成提案应当建立在合格的评估基础上,当建立终端空域的改进提案时,下列因素应当予以考虑:空域设计;交通流;程序;空域管理;流量控制;设备;空域用户;环境和其他限制。

(4)第4阶段——提案审定。提案通常在实施前要进行审定。提案可以通过模拟(快速或者实时)或者分析实验情况或者其他地区的实施情况进行审定。

三、扇区规划

空中交通管制系统必须能够适应暂时的或较为长久的空中交通量及其组成的变化。通常空中交通的增加导致管制员工作负荷的增加,因此,可以把空域划分为几个扇区,其中空中交通管制服务可能由一个或几个工作席位提供。其目的在于充分合理地利用空域资源,有效地减轻管制人员的工作负荷,降低地空无线电通话密度,提高空中交通服务能力。

1. 扇区划设因素

管制扇区的划设应当考虑以下因素:空域结构;空中交通服务航路网,包括航路和航线数量、交叉点数量及位置、航空器飞行状态的分布情况(如平飞/上升/下降百分比);空中交通流量分布情况;管制员工作能力;空中交通管制设备的保障能力;机场及跑道情况;飞行剖面;空中交通服务方式;与相关单位之间的协调;管制扇区之间的移交条件等。此外,地空通信中的限制和雷达信号覆盖,也将影响扇区的形态。

2. 扇区划设原则

划设雷达管制扇区应当保证管制扇区范围内的雷达信号与地空通信信号覆盖;划设管制扇区时应当考虑管制扇区内的导航设施布局;划设管制扇区应当考虑管制扇区内航空器的飞行性能和运行类型;划设管制扇区时应当考虑管制员注意力的分配和工作负荷;划设管制扇区应当考虑空中交通管制的需要,避免不必要的管制通报和协调;管制扇区的最低飞行高度和最低雷达引导高度。

3. 扇区划设方法

(1)平面几何象限划分。以主要机场或者主要导航设施为中心,根据空中交通流量分布特点,将整个区域采用几何划分的办法划设管制扇区,合理分配工作量。

(2)按照高度划分管制扇区。根据上升、下降和飞越的高度,选定区域内的高度界定值,在该值附近确定管制扇区的高度范围。

(3)按照航路、航线的繁忙程度、使用性质和飞行特点划分管制扇区。根据进离场航线的单向进出特点和航路飞行交叉冲突矛盾点的分布,选定繁忙的航路、航线,并合理地分配至相应管制扇区,使得管制员注意力集中,达到工作负荷平均的目的。

此外,管制扇区通常应当明确开放使用的时间。各区域应当根据本区域空中交通流量随时间变化的特点,确定各管制扇区开放使用的起止时间,确保管制扇区的灵活使用。

第三节 航空公司运营规划

本节聚焦于航空公司运营规划,涵盖了航线网络规划、机队规划、航班计划、机组排班和收益管理五个优化子问题,阐述航空公司从战略规划到战术规划的主要内涵和基本研究方法。

一、航线网络规划

航线网络是航空公司制定航班计划与提供运输服务的基础骨架,其规划目标是优化配置航线容量、市场需求和预算资源,从而使得运输成本最小或收益最大,隶属于战略规划问题。根据航线结构形式的不同,航线网络可分为枢纽轮辐式航线网络(Hub-and-spoke Network)和点到点网络(Point-to-point Network)以及两者相结合的混合式网络,如图5-2-7所示。

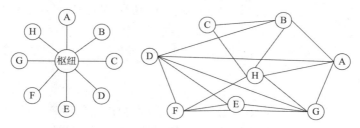

图 5-2-7 枢纽轮辐式网络与点到点网络结构示意图

二、机队规划

机队是航空公司所拥有的飞机总称。机队规模在很大程度上体现了航空公司的运力资源,需要和市场需求相匹配,涉及航空公司数十亿乃至数百亿资产。考虑到不同型号飞机在航程、座位数和飞行性能上的差异性(图5-2-8),需要合理规划机队规模和结构以降低运营成本,提高航空公司的效益。

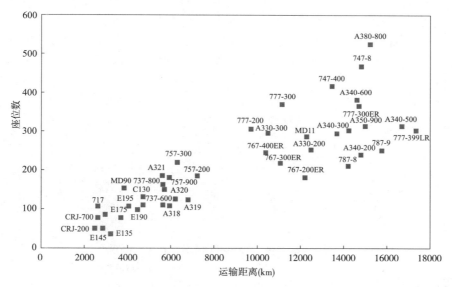

图 5-2-8 机型运输距离与座位数分布图

机队规划问题按长期与中短期规划周期,可细分为宏观机队规划问题与微观机队规划问题。其中,宏观机队规划问题根据需求和载运率的预测值确定机队总运力,并基于机型具体的航速、最大业载与飞机日利用率等数据确定所需飞机架次数,其突出优点是预估方案易于搭建和计算,但其考虑因素往往不够全面;而微观机队规划问题方法从O-D流需求预测出发,并计算出各航线所需各座级飞机数量的数量,进而得到飞机总数。微观机队规划问题的优点是可以直接给出机队结构与各航线机队分布情况,但由于所需预测参数较多,规划结构可能受参数变动的影响,且模型相对复杂。

三、航班计划

在确定航线网络与机队构成后,航空公司需要安排生产活动,保证客货销售计划,制定对应的航班计划。航班计划包括航线、航班、班次、班期以及执行对应航班的机型信息,并以航班时刻表的形式公布。航班计划设计问题通常分为航班频率优化和时刻优化。考虑到航班计划设计问题与机队资源的关联性,其也经常与机型指派问题联合求解。目前,我国航空公司根据市场需求,每年制定两次航班计划,即冬春航季航班计划与夏秋航季航班计划。

四、机组排班

在确定各航班的执飞机型后,航空公司需解决飞机和机组的排班问题,其主要目的是在满足局方机组适航条例的前提下,通过合理制定工作计划,保障航班安全与运行效率,并尽可能地降低机组人力资源成本(图5-2-9)。作为航空公司人力资源的核心,机组相关的人力成本占据了超过23%的航空公司运营成本。同时,民用航空局CCAR-61部和CCAR-121部对机组成员的飞行时间、执勤时间和机组搭配等做了明确规定。在实际制定机组计划时,航空公司通常每个月排班一次,首先解决机组组环问题(Crew Pairing Problem),即设计从基地出发经过数日飞行任务(包括对应的单日值勤计划)最终回到原基地的航班环。另外,将生成的航班环和一系列训练、休假任务分配给具体的机组成员,从而解决个人排班问题(Crew Rostering Problem)。

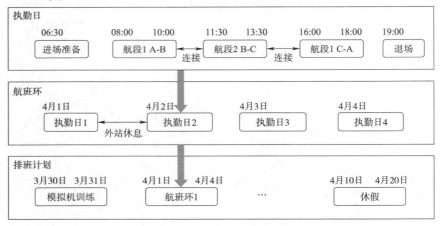

图 5-2-9 机组排班问题示意图

五、收益管理

20世纪70年代末,美国航空公司为应对激烈的市场,开发了航空收益管理系统,通过细分市场、差异化服务等,把正确的产品在正确的时间以合适的价格销售给合适的旅客,从而获得更高的收益。随着相关理论和实践的发展,收益管理逐渐成为航空公司提高航线中短期收入的主要手段。收益管理需解决的核心问题包括:需求还原预测、运价管理和航班舱位控制等。

第三章 航空运输系统设备与设施

第一节 航空器系统

航空器是指在大气层内活动的飞行器。根据飞行原理,航空器可以分为轻于空气的航空器和重于空气的航空器。重于空气的航空器又称空气动力飞行器,其依靠自身与空气相对运动产生的空气动力升空飞行,包括固定翼飞机、直升机等。本章后续讨论的航空器皆指空气动力飞行器中的固定翼飞机。在介绍航空载运工具——航空器之前,首先讨论升力是如何产生的。

一、升力的产生

首先说明空气动力飞行器升力产生的原因,对于固定翼飞机而言,升力主要由机翼和空气的相对运动而产生的。要解释升力的产生,需要首先掌握空气流动的两条基本原理。

1. 流体流动的连续性定理

若单位时间内流过截面 F_1 处的流体质量(流量)是 m_1,通过截面 F_2 处的流体质量是 m_2,通过截面 F_3 处的流体质量是 m_3,根据质量守恒定律,流体在每一个截面上同一段时间内流过的总质量是相同的,即 $m_1 = m_2 = m_3 = \text{const}$;进一步,根据流量的定义 $m = \rho vS$,其中 ρ 为流体的密度,v 为流体的流速,S 为管道的截面积。继而可得 $\rho v_1 S_1 = \rho v_2 S_2 = \rho v_3 S_3$。考虑到流体密度 ρ 在低速时是不变的,进一步可得 $v_1 S_1 = v_2 S_2 = v_3 S_3 = \text{const}$。该式即为流体流动的连续性定理,它说明了流速与管道的截面积成反比。

2. 伯努利定理

在流体流动中,它的能量包括动能和势能两个方面,根据能量守恒定理,流体在各个截面上的能量总和是不变的。流体在截面上的动能用动压表示为:$Q = 1/2\rho v^2$,同一截面上的势能用静压 P(流体作用在容器壁上的压强)表示。由于能量总和在各个截面上不变,则:

$$P_t = P_1 + \frac{1}{2}\rho v_1^2 = P_2 + \frac{1}{2}\rho v_2^2 = P_3 + \frac{1}{2}\rho v_3^2 = \text{const} \qquad (5\text{-}3\text{-}1)$$

式中:P_1、P_2、P_3——分别是流管内3个不同截面的静压;

v_1、v_2、v_3——分别对应于上述3个截面的流体流速;

const——表示一个定常值。

式(5-3-1)就是伯努利定理的表达式,P_t 是总压,是单位时间内流体内动能和势能的总和。伯努利定理表明,流体在流动时,其总能量是不变的,表现为其总压是一个常数,当流体的流动速度增大时,动能就增大,而这部分增加的动能来自于流体势能的减少,也就是流体静压强的减少;反之,如果流速减少,则静压加大。

在上述两个定理的基础上,为了说明升力产生的原理,需要定义以下4个概念(图5-3-1):

(1)流场:一团团气体微粒流动时各自有它的速度和方向,充满着这种分子团的空间称为流场。

(2) 流线：在流场中把微粒的流动方向按运动路线连接起来就形成了一条条的线。如图 5-3-1 所示，流体流动慢的地方流线疏，流动快的地方流线密。

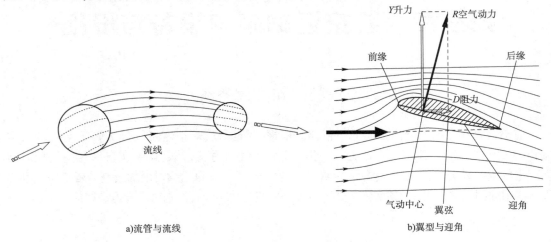

a) 流管与流线　　　　　　　　　b) 翼型与迎角

图 5-3-1　流场、流线、翼型与迎角

(3) 流管：取一定的截面，把截面边缘上每一点的流线表示出来就形成一个管状曲面。

(4) 翼型：把机翼沿平行机身纵轴方向切下的剖面，该剖面是流线型的，上表面弯曲大，下表面弯曲小或是直线。翼型的最前一点叫做前缘点，最后的点叫做后缘点。它们代表整个机翼的前缘和后缘，前缘点和后缘点的连线叫做翼弦。

如果机翼抬起它的前缘，翼弦和气流的方向形成一个角度，即飞机整体运动的方向和翼弦形成的角度，这个角度叫做迎角。翼弦向上形成正迎角，向下为负迎角。有了向上的迎角，气流流过上表面所需的路径比没有迎角时要更长，相当于管道变狭，速度增加，静压进一步降低；而在下表面气流受到阻隔，流速变小，压力增高，随着迎角的增大，升力增大，同时阻力也在增大。

总体上，飞机的升力与飞行速度、大气密度、迎角、机翼面积以及飞机的构型等因素有关，升力公式如下：

$$L = C_L \frac{1}{2} \rho v^2 S_w \tag{5-3-2}$$

式中：C_L——升力系数，与飞机的构型有关；

$\frac{1}{2}\rho v^2$——动压；

S_w——机翼的平面投影面积。

有了升力，就可以克服地球的引力使飞机飞起来。

二、民用飞机的分类

目前，用于民航运输的飞机按照座位级大致可分为：干线机、支线机、公务机；按照用途可分为全客机、客货混装机和全货机。

1. 干线运输机

干线运输机一般是指客座数大于 100、满载航程大于 3000km 以上的大型客货运输机。

按航程分,现在常把满载航程大于6000km的干线运输机称为中/远程干线运输机,把满载航程在5000km以下的干线运输机称为中/近程干线运输机。

2. 支线飞机

支线飞机一般是指客座数在100以下、航段距离在1000km以下的运输机。支线飞机有各种不同的座级:10~30座的小型支线飞机;40~60座的中型支线飞机;70~100座的大型支线飞机。

3. 公务飞机

公务飞机是按某一旅客/团体的特殊旅行需求,以专为他/他们设计的航线班期,提供专门服务的飞机。公务飞机更加舒适豪华,大小与小型支线飞机相仿,但舱内多做一些更加人性化且符合公务要求的变化。

4. 货机

货机是指以包机或定期航班的形式专门运输货物的飞机。很多干线飞机都有专门的货机型号。例如,B747-400F、B757-200F、A300-600F、A330-200F等,都是全货机。

三、飞机的机体结构

如图5-3-2a)所示,常规布局飞机的机体结构由机身、机翼、尾翼、操纵面等部件组成。飞机的尾翼包括:垂直尾翼和水平尾翼。飞机的主要操纵面包括:升降舵、方向舵、副翼、襟翼、缝翼、扰流板。

1. 机身

机身把机翼、尾翼和起落架连在一起。机身包括机头、前机身、中部机身和尾部机身。如图5-3-2b)所示,现代民航飞机的绝大部分机身是筒状的,机身的外形是一个两头小、中间大的流线体。机身通常由大梁、桁条、隔框和蒙皮等组成。

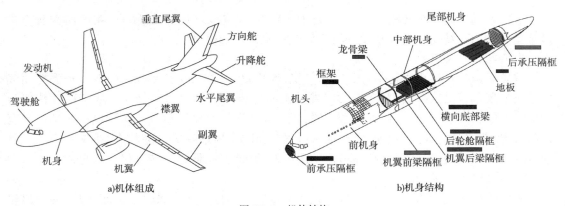

图 5-3-2 机体结构

2. 机翼

机翼的主要作用是产生升力,还可以使飞机具有横侧稳定性和操纵性,安装发动机、起落架、油箱及其他设备。此外,在机翼的前缘和后缘加装很多控制或改善飞机气动力性能的装置,包括副翼、襟翼、缝翼、扰流板。

3. 尾翼

尾翼是飞机尾部的水平尾翼和垂直尾翼的统称。水平尾翼简称平尾,由固定的水平安定面和可偏转的升降舵组成,安装在机身后部。水平安定面的作用是保持飞机在飞行纵向的稳定;升降舵的作用是控制飞机向上抬头运动或向下低头运动。垂直尾翼由固定的垂直安定面和可偏转的方向舵组成。方向舵可以左右转动,以控制飞行的方向;垂直安定面的作用是当飞机受到干扰偏离航向时,垂直安定面就会受到迎面气流的力,使飞机恢复到原来的航向,保证飞机的侧向及横向稳定性。

4. 副翼

副翼装在机翼翼尖后缘外侧或翼根后缘内侧,可以上下旋转,用来操纵飞机的滚转。飞机的左、右副翼一侧向下,另一侧向上偏转,产生滚转力矩,从而使飞机向左或向右做滚转运动。

5. 襟翼与缝翼

襟翼安装在机翼后缘的内侧(副翼的内侧),可以向外、向下伸出,以改变机翼的形状和大小。向后伸出的襟翼同时增加了机翼的面积,提高了机翼的升力系数。前缘缝翼是安装在基本机翼前缘的一段或者几段狭长小翼,当它向前移动时在机翼前部出现一道缝隙,将使气流由翼下流到机翼的上表面,以此通过增大翼型弯度来增加升力。

6. 扰流板

扰流板是铰接在翼面上表面的可活动的板,只能向上打开,其主要作用包括:使飞机在空中迅速降低速度;在地面打开时提高制动效率;当一侧打开时,与副翼作用类似。

7. 起落架

起落架是指飞机在地面停放、滑行、起飞及着陆滑跑时用于支撑飞机的重力,承受相应载荷的装置。其主要作用包括:承受飞机在地面停放、滑行、起飞着陆滑跑时的重力;承受、消耗和吸收飞机在着陆与地面运动时的撞击和颠簸能量;滑跑与滑行时的制动;滑跑与滑行时操纵飞机。

四、航空发动机

航空发动机是指为飞机飞行提供动力的系统。航空发动机种类较多,在运输类航空中最常见的动力系统是涡轮风扇发动机与涡轮螺旋桨发动机(图5-3-3)。

1. 涡轮风扇发动机

涡轮风扇发动机由进气道、风扇、压气机、燃烧室、涡轮、和喷管组成,由双转子涡轮喷气发动机发展起来的,将双转子涡轮喷气发动机的低压压气机中的部分叶片或全部叶片加长构成风扇组,并在风扇组外面加一个外罩,就构成了涡轮风扇发动机。涡轮风扇发动机具有以下特点:起飞推力大、推重比高、耗油率低、加力比高、风扇叶尖马赫数小、排期噪声小。目前,民航干线运输机广泛采用高涵道比的涡扇发动机,保证足够的推力和良好的经济性。

2. 涡轮螺旋桨发动机

涡轮螺旋桨发动机带有动力涡轮,燃气能量绝大部分在动力涡轮中膨胀做功,动力涡轮通过减速装置降低转速后再驱动螺旋桨旋转产生拉力,燃气中剩下的很少部分能量在尾喷管中膨胀,产生一小部分推力。涡轮螺旋桨发动机具有以下特点:在低、中速飞行时,经济性好,起飞功率大,油耗低,续航能力强,还可以利用螺旋桨产生反推力,使着陆滑跑距离大大缩短。目前,小型支线运输机广泛采用涡轮螺旋桨发动机。

五、典型机载系统

机载系统是为了完成飞行任务而安装的各种设备与系统的总称,主要包括航空器状态参数的测量与显示设备(飞行仪表系统)、通信系统、导航系统、燃油系统、电气系统等。

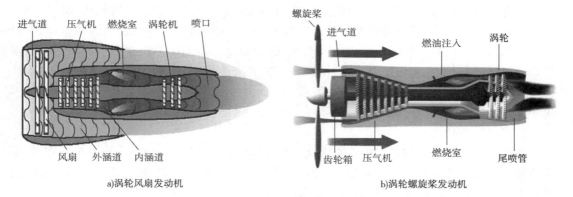

a)涡轮风扇发动机　　　　　　　b)涡轮螺旋桨发动机

图 5-3-3　常用飞机发动机

1. 飞行仪表系统

飞行仪表系统用于航空器状态参数的测量与显示,提供飞机的各种信息和数据,包括飞行高度测量仪表(气压式高度表、无线电高度表)、飞行速度的测量仪表(空速表、升降速度表)、大气数据计算机、飞行姿态仪表。

2. 通信系统

飞机上通信系统主要包括:高频通信系统、甚高频通信系统、飞机寻址通信与报告系统、选择呼叫系统、内话系统(飞行内话系统、勤务内话系统、旅客广播及娱乐系统)以及飞行数据记录系统(驾驶舱话音记录器和飞行数据记录器)。

3. 导航系统

导航系统广义上包括所有为飞机确定位置、方向的设备,狭义上只包括在航路上使用的设备。民航飞机常用的导航方法:无线电导航、惯性导航、卫星导航等。

4. 燃油系统

燃油系统是飞机上用来储存和向发动机及辅助动力装置连续供给燃油的整套装置。大型喷气飞机耗油量大,燃油系统比较复杂,主要由燃油箱、压力加油系统、通气增压系统、紧急放油系统、输油控制系统。

5. 电气系统

民航飞机上的电气系统主要包括:电源系统、配电线路系统、用电系统。飞机上的电源系统由主电源、辅助电源和应急电源组成。配电线路系统包括导线组成的电网、各种配电器具和接头以及检查仪器。机上的用电设备主要有电动机、电子仪器设备、照明系统、电加热设备等。

第二节　机场设施与装备

一、机场航站楼设施

机场航站楼设施是指供乘客和航空公司使用的建筑和设备,用于处理乘客的登机、安检、行李处理和其他与航空旅行相关的活动。根据航站楼的功能分区划分,可分为以下设备。

1. 旅客服务设施

旅客服务设施是旅客在航站楼内最主要的功能设施,通常会根据国内航班和国际航班有所差异。国内航班,机场设有专用的国内值机柜台、安检检查站、登机口、候机区、行李托运与提取区和国内航空公司柜台。国际航班,除配备专门的国际值机柜台、安检检查站、登机口、候机区和行李托运与提取区之外,还专门配备安全检查、出入境管理、海关检查、卫生检疫等柜台,以保障国际旅行相关的一关三检。此外,还包括航空公司售票、问讯柜台、旅客集中休息厅、自动客梯等通用设施。

2. 商业服务设施

商业服务设施一般相对集中。通常,航站楼隔离区的商业服务设施沿旅客流线布置,航站楼隔离区内的商业服务设施通常大规模、集中设置于安检区后方,包括商店、国际免税店、餐饮店、旅客休息室、娱乐室、自动售卖设备等。

3. 公共服务设备

公共服务设备旨在为乘客、访客和机场工作人员提供各种便捷和支持,一般会设置洗手间、吸烟室、母婴室、充电站、公共电话、充电设备、互联网接入点以及邮局等,还提供包括信息显示屏幕与标志、残疾人服务、医疗诊所和急救设备、失物招领处、银行货币兑换柜台、自动取款机、酒店以及汽车预订等各项服务。

4. 行李处理设备

行李处理设备一般位于航站楼靠站坪一侧地面层,是机场内最重要的运行系统。通常靠近值机大厅和站坪,方便将旅客行李从值机柜台送到飞机,主要包括行李分拣装置、行李车、传送带、行李提取柜台等。

二、机场助航设施

机场助航设施是为了确保航班的安全和有效运营而不可或缺的系统,核心功能包括导航协助、通信支持、视觉引导、气象监测和飞行数据记录。通过提供准确的位置和导航信息、维护通信联系、提供可视化导航、监测气象条件以及记录飞行数据,协助飞行员在各种条件下安全地操作飞机。常见的机场助航设施可分为以下两大类。

1. 精密导航和着陆设备

(1)仪表着陆系统(ILS),一种精密着陆辅助系统,通过无线电信标和导航设备,为飞行员提供准确的水平和垂直导航引导,确保在恶劣天气条件下安全着陆。

(2)方位台(VOR),一种无线电导航设备,通过发射方向性信号,帮助飞行员确定飞机相对于特定无线电信标的方向,从而确定航线和导航。

(3)距离测量仪(DME),用于测量飞机与地面站之间的距离。

(4)全球定位系统(GPS),一种卫星导航系统,通过接收卫星信号,为飞行员提供准确的位置信息。

2. 交通管制和导航辅助设备

(1)空中交通管制雷达,用于监测和引导飞行器在机场周围的活动,提供实时飞行器位置和运动信息。

(2)导航信标,通常位于机场附近,发出无线电信号,帮助飞行员确定位置和方向,包括非方向性无线电信标(NDB)和方向性无线电信标(ADF)。

（3）航标灯光系统，包括跑道灯光、端部灯、进近灯和滑行道指示灯等，用于提供夜间和低能见度条件下的可视化导航引导。

（4）通信设备，包括雷达通信、导航通信设备等，用于飞行员与地面控制塔和空中交通管制员之间的通信，确保飞行员能够接收重要的航行和运营指令。

（5）气象监测设备，包括气象雷达、风速仪、温度传感器等，用于实时监测和报告机场周边的气象条件。

（6）飞行数据记录系统，用于记录飞行过程中的数据，如飞行轨迹、高度、速度和引擎性能等，对于飞行事故调查、飞行性能分析和改进飞行操作流程非常重要。

三、场面监视系统

场面监视系统是一组高度复杂的技术系统，旨在监视和管理场面各区域，在检测飞行器、监测天气、预警异常情况、协助紧急响应中，发挥着不可或缺的作用，确保地面和空中交通的安全协调，提供避免碰撞和紧急响应服务，构成了一个综合的监视和安全体系。常见设备包括：

1. 场面监视雷达（SMR）

SMR 是一种专门用于机场场地监视的雷达系统，属于一次雷达系统。通过发射无线电波并检测其反射来跟踪飞行器的位置和运动，无须飞行器携带二次雷达。通常安装在机场附近，用于监测和跟踪地面运动的飞机、地勤车辆和行李运输车辆。SMR 系统通过发射雷达波束，接收并分析反射回来的信号，以确定飞行器位置、速度和方向。这些数据对于机场运营至关重要，有助于确保地面上的飞行器安全协调和避免碰撞。

2. 二次监视雷达（SSR）与应答机

SSR 是地面上的二次雷达系统，可识别飞机身份和高度等信息，用于与应答机通信并跟踪飞行器。应答机是飞机上的设备，可以响应地面的二次雷达发出的信号，发送飞机的身份、高度、速度和其他关键信息，以便地面控制员更准确地监视和引导飞行器。

3. 广播式自动相关监视系统（ADS-B）

ADS-B 是一种现代的飞行器监视技术，飞行器通过自身设备广播其位置、速度、高度等信息。这些信息被接收并传输给地面控制站和其他飞行器，以提供实时空中交通情况。与传统雷达系统相比，其精度和更新频率更高，飞行器监视更可靠。有助于减少飞行器之间距离，提高安全性和航空交通管理效率。

4. 多点定位系统（MLAT）

MLAT 是一种用于监测飞行器位置的技术，通过同时接收多个地面站的信号并计算到达时间，以确定飞行器的准确位置。MLAT 通常用于提供 ADS-B 系统的辅助监视，特别是在某些地区或高度不适合安装 ADS-B 设备的情况下，它可以弥补监视覆盖范围的不足，确保更广泛的空中交通监视。

5. 视频监视系统

机场通常配备了大量的监控摄像头，用于监视机场场地的各个区域，包括跑道、停机坪、登机口、安全检查区域等。这些摄像头提供实时视频流，用于监测地面活动和飞行器的位置，以及记录重要事件。

6. 声音监测系统

声音监测系统用于捕捉机场周围的声音信号，包括发动机噪声、通信对话、紧急情况警报等,可帮助监控噪声水平,确保符合环境法规,并提供紧急事件的早期警报。

7. 障碍物检测系统

机场的跑道和进近路径需要保持无障碍,以确保飞行器的安全起降。障碍物检测系统使用雷达和激光技术来检测跑道上的任何障碍物,如飞鸟、车辆或杂物,并向空中交通管制员提供警报。

四、机坪指挥系统

机坪指挥系统旨在防止机场成为交通瓶颈,提高机场和空中交通管理的效率,需要机场、空管和其他相关单位的合作。机坪指挥系统是未来智能机场的核心,具有信息采集、融合、共享和预测功能。通过促进机场和空中交通管理的协同合作,机坪指挥系统提高了整个航空运输系统的效率和安全性,其成功应用将改善机场运营和旅客服务,提升航空行业的竞争力。机坪指挥系统具体功能包括:

(1)信息交换平台:用于在所有参与单位间共享及时、准确的信息,达到共同情景意识,并提升交通流可预测性,旨在建立信息共享平台及标准。

(2)关键事件跟踪:用以描述航班从计划到起飞的过程。通过定义关键节点来实现对航班运行重要事件更加精确的跟踪。

(3)可控滑行时间:包括计算并向各参与方发布精确的滑入、滑出时间,用来提高对上轮挡及起飞时刻的预测精度,提升交通流的可预测性。

(4)起飞预排序:在考虑各参与单位意愿的条件下航空器从机位推出的顺序,也可以通过建设离场排序系统来获得。离场排序系统计算目标起飞时间,并根据跑道序列推出目标许可推出时间。

(5)突发事件下的协同决策:主要是指机场遭遇预计或突发的容量下降时,各参与单位协同管理、共同使用容量的工作机制及手段,包括对旅客提供更及时准确的信息、面对突发状况的机制,以及从突发状况中快速恢复的机制。

(6)航班数据协同管理:各参与单位与空管部门交换航班更新信息及离港计划信息,用以预测到港航班,并提升空管部门起飞时隙分配的管理水平。

五、机场管制系统

机场管制系统用于监控和协调机场内外的航空活动,确保航空安全管理、航班协调和导航、气象监测、空中交通管理以及紧急情况响应。

(1)空中交通管制系统(ATC):用于监控和管理飞行器在机场周围和空中的活动,包括航班授权、飞行高度分派、航线规划、与飞行员的通信以及紧急情况处理。

(2)地面运营控制系统(GCS):用于管理机场内的地面活动,确保航班能够安全地进出港,包括飞机的牵引、停机坪的协调、行李处理、燃油供应以及飞行员的地面支持。

(3)航空安全和紧急响应系统:通常包括紧急呼叫设备、飞机追踪系统和紧急情况协调中心,用于协助应对紧急情况,如引导飞行器进行紧急着陆、提供紧急救援和灭火等。

六、机场特种车辆及场务设备

用于支持机场运营、维护航班和提供服务的各种专业设备和工具。常见设备包括:

(1)燃油设施:设有燃油储存和分配设施,用于为飞机加注燃料,必须具备高度安全性和精确计量系统,以确保燃料准确供应,同时遵循严格的安全标准。

(2)防冰设备:通常配备除冰车辆和设备,包括喷雪器和洒雪车,用于冬季或寒冷天气条件下,防止飞机表面结冰或积雪。

(3)消防设备:需要专业消防车辆和设备,以应对紧急情况,特别是火灾。消防车辆通常装备有高压水枪和泡沫喷射系统。

(4)环境控制设备:用于维护机场设施、道路和环境的设备,如草坪刈割机、雪地清扫设备和垃圾处理设备等。

(5)地面特种车辆:配有专门设计和配置用于机场地面操作和维护的车辆,可分为:①有动力场务车,是指配备发动机或电动机等动力系统,用于在机场地面上进行各种操作和任务的专用车辆。这些车辆通常设计用于支持航空业务,包括航班地面服务、航空货运、燃料供应、清洁维护等。常见的有动力场务车包括行李处理车、货物装卸车、燃油车辆、清洁车、登机桥车和飞机牵引车等。②无动力设备,机场地面运营还依赖于一些无动力设备,它们虽然没有发动机,但在确保机场运行顺畅方面发挥着重要的作用。登机桥是最常见的一种无动力设备,通过机场设备操作员的控制,可以精确地移动并连接到飞机门口,为旅客提供便捷的登机和下机通道。无动力设备虽然无法自行移动,但其在机场场面监视和运营中发挥着重要的辅助作用。

第三节　航行系统设施设备

一、空中航行系统的发展

空中航行系统以空管通信、导航和监视系统为基础,确保飞机在所有飞行阶段安全和效率的空基与地基功能的综合,主要包括空域管理(Airspace Management,ASM)、空中交通服务(Air Traffic Service,ATS)和空中交通流量管理(Air Traffic Flow Management,ATFM)。空中航行系统的组成如图5-3-4所示。

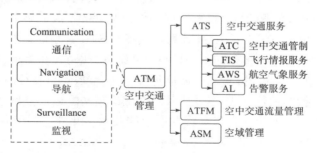

图5-3-4　空中航行系统的组成

20世纪80年代起,世界航空运输业进入快速发展期。在传统陆基空中航行系统中,飞机飞行与管制指挥所需的通信、导航与监视能力都是由地面上部署的无线电台站等基础设施提供,飞机的飞行航路必须沿着这些陆基设施划设。对于飞机而言,飞行航路、航线选择的灵活性较差,飞机处于被动、受管制的地位。此外,陆基设施的布设受地形影响较大,覆盖范围有限,信号质量难以保证,在大洋、沙漠、高山、极地等地区使用陆基导航与监视设施成本较高,且难以维护。随着航空运输量的持续增长,传统陆基空管系统逐渐暴露出运行安全、容量和效率不足的问题,难以适应航空运输业的发展需求,难以保障未来空中交通的安全、有序和高效的运行。为了应对传统空管系统面临的挑战,国际民航组织(International Civil Aviation Organization,ICAO)开始积极研究和规划基于卫星、数据链、计算机、网络和自动化等新技术的新航行系统(Future Air Navigation System,FANS)。

　　1983年,ICAO成立新航行系统委员会,又称为新航行系统第一阶段委员会(FANS-Ⅰ)。FANS-Ⅰ委员会通过全面分析和评估传统陆基空管系统,提出了基于卫星导航的新航行系统概念,制定了新航行系统发展建议,并建议在全球范围内逐步实施传统陆基空管系统向新航行系统的过渡。为了监督和落实新航行系统的全球过渡计划的执行,ICAO于1989年7月成立了新航行系统第二阶段委员会(FANS-Ⅱ)。FANS-Ⅱ委员会通过进行通信、导航、监视和空中交通管理等技术的实验和演示,以确保技术之间的整体性和兼容性,保障新航行系统逐步有序发展。1993年9月,ICAO将新航行系统更名为CNS/ATM(Communication Navigation Surveillance/Air Traffic Management)。此后,ICAO一直致力于协调和推动CNS/ATM计划在全球范围内的发展,并于2003年提出了全球空中交通管理运行概念(Global ATM Operational Concept),描述了未来空中交通管理系统应具备的运行能力,并指出其核心是通过相关部门协同提供的设施和无缝隙的服务。为了在全球范围内推进全球一体化空中航行系统的实施,ICAO于2013年10月批准通过了第4版《全球空中航行计划》(Doc 9750,Global Air Navigation Plan,GANP),首次提出"航空系统组块升级计划"(Aviation System Block Upgrades,ASBU)。ASBU给出了一整套系统工程化的方法,旨在为未来全球空中航行系统的发展提供指导,为各国航行技术革新提供指南,促进全球空中交通持续、稳定、快速发展。2016年、2019年,国际民航组织又陆续发布了第5版、第6版《全球空中航行计划》,对ASBU进行持续完善。

　　ICAO提出的新航行系统发展框架,注重于通信、导航、监视的技术革新以及全球一体化的空管运行概念。各个国家及地区在具体实施新航行系统技术过程中,结合各自的发展实际和特点,对新航行系统技术的运用各有侧重,对新航行系统技术框架下空管运行方式和运行理念的发展也各具特色。美国的"下一代航空运输系统计划"(Next Generation Air Transportation System,NextGen)和欧洲的"单一欧洲天空空管研究计划"(Single European Sky ATM Research,SESAR),就是在新航行系统和全球一体化空管的发展框架之下提出的两个典型的未来空管系统发展计划。美国NextGen计划与欧洲SESAR计划的目的均是完成向新航行系统过渡,最终实现全球协同一体化的新一代空管系统,因此两者在需求、目标、基础设施要求和性能方面基本一致。但由于欧美空管发展进程不同、空域运行特征各具特点,二者各有侧重:美国主要改变现行的运行模式,以适应其所面临的高密度运行空域;欧洲空管系统分割、独立,因此灵活使用空域成为其未来空管发展中的关键。此外,空管新技术发展(如卫星导航的应用)还涉及国防安全问题,因此NextGen计划与SESAR计划在实施过程中使用的卫星导航手段、运行模式和发展阶段均有所不同。

　　我国在20世纪90年代启动了中国民航新航行系统(CNS/ATM)这项跨世纪的民航现代化工程。为指导我国民航新航行系统的实施工作,制定并公布《中国民航新航行系统(CNS/ATM)实施政策》,确立了我国民航发展以卫星导航和数据链通信为基础的新航行系统(CNS/ATM)的指导方针。在《中国民航新航行系统(CNS/ATM)实施政策》的框架下,结合我国民航空管系统设施的情况,确定了一系列的技术发展方向:在通信方面,确立了发展平面和地空数据通信网络(包括卫星数据通信、甚高频和高频数据链通信)的技术政策,推动基于地空数据链通信的飞机通信寻址报告系统(Aircraft Communications Addressing and Reporting System,ACARS),并积极进行航空电信网(Aeronautical Telecommunication Network,ATN)的技术研究和设备开发工作;在导航方面,确立了发展全球导航卫星系统(Global Navigation Satellite System,GNSS)的技术政策,包括逐步发展空中和地面的增强系统满足航路导航和进近着陆的导航需求,设计更灵活的航路系统和区域导航环境;在监视方面,确立了在境内偏远航路和洋区航路上应用自动相关监视(Automatic Dependent Surveillance,ADS)的技术政策;在空中交通管理方面,确立自动化和系统集成的研究方向,制定空中交通服务的新程序。在中国民航新航行系统(CNS/ATM)实施过渡计划和技术政策的指导下,中国民航新航行系统(CNS/ATM)的建设在过去20多年里取得了长足的进展。随着ICAO《全球空中航行计划》和ASBU计划的全球实施,结合航空航天技术、卫星技术、新一代信息技术的在民航领域的应用,我国于2016年提出了"中国民航空管现代化战略"(Civil Aviation ATM Modernization Strategy,CAAMS),推动空中航行系统的新一轮现代化。

二、新航行系统的特征

不同于传统陆基航行系统只简单强调通信、导航、监视功能的实现,新航行系统更加强调CNS/ATM性能的提升,主要表现在:利用数据链技术,实现可靠的空—地、地—地数据交换,进一步实现空—空数据交换;利用卫星技术,从陆基通信、导航、监视系统向星基通信、导航、监视系统过渡;提高系统计算机处理能力和网络化水平。其中,星基系统是保证空中交通形成空地一体化、全球连续无隙通信、导航、监视的重要手段,数据链、计算机和网络是空中交通管理高度自动化、智能化的前提,也是提高空管运行效率、减轻管制员和飞行员工作负荷的有效手段。新航行系统与传统陆基空管系统的比较见表5-3-1。

新航行系统与传统陆基航行系统的比较　　　　　　　　　　表5-3-1

	传统陆基航行系统	新航行系统	新航行系统特征
通信	VHF 话音 HF 话音	所需通信性能(RCP) VHF 话音/数据 SATCOM 话音/数据 SSR S 模式数据链 ATN HF 话音/数据	以数据通信、网络化为主
导航	无向信标(NDB) 伏尔系统/测距仪(VOR/DME) 仪表着陆系统(ILS) 惯性导航系统/惯性参考系统(INS/IRS) 气压高度	所需导航性能(RNP/RNAV) 全球导航卫星系统(GNSS) 差分全球导航卫星系统(DGNSS) 惯性导航系统/惯性参考系统(INS/IRS) 微波着陆系统(MLS) 气压高度	以全球导航卫星系统(GNSS)为核心
监视	一次雷达(PSR) 二次雷达(SSR)A/C 模式 话音位置报告	所需监视性能(RMP) 自动相关监视(ADS) SSR A/C 模式 SSR S 模式	以广播式自动相关监视(ADS-B)技术为主

续上表

	传统陆基航行系统	新航行系统	新航行系统特征
空中交通管理	空中交通管制(ATC) 飞行情报系统(FIS)	所需ATM性能(RATMP) 空域管理(ASM) 空中交通服务(ATS) 空中交通流量管理(ATFM)	一体化、协同化
航空电子系统	话音电台 陆基导航机载设备 A/C模式应答机	卫星通信/数据链机载设备 多模式接收机(MMR) S模式应答机 集成监视系统(ISS)	综合化模块化、网络化、智能化

三、新航行系统的关键设施设备及核心功能

依据ARINC 660A标准,新航行系统航空电子系统按照通信、导航、监视进行了顶层功能组成划分,形成了机载通信系统、机载导航系统和机载监视系统。该顶层功能划分中,通信、导航、监视功能是建立在接收各种传感器信息(如大气传感器的气象信息、惯导传感器的导航信息、通信信息以及飞行员控制信息等)的基础上实现的,并且通信、导航、监视功能相互间也存着紧密的联系,突出表现在不同功能间的数据交互上,最终通信、导航、监视功能的输出结果将通过驾驶舱显示系统显示。

1. 航空通信系统

新航行系统中将逐渐减少话音通信,取而代之的是数据链通信,包括高频数据链通信(High Frequency, HF)、甚高频数据链通信(Very High Frequency, VHF)、S模式二次监视雷达(Secondary Surveillance Radar, SSR)数据链通信以及航空移动卫星业务(Aeronautical Mobile-Satellite Service, AMSS)等,允许机载系统与地面设施直接通信,飞行员与管制员的通信采用数据链传输。航空通信将向航空电信网(Aeronautical Telecommunication Network, ATN)过渡,为空管用户提供进行空—地、地—地数据交换所需的通信能力,实现全球化的航空通信。与话音通信相比,数据链通信在通信带宽利用率、数据互操作性、提升管制工作效率等方面具有明显优势。

2. 航空导航系统

航空导航系统将引入GNSS,提供全球范围内航路导航、终端区导航、非精密进近和精密进近引导的能力。GNSS将提供高完好性、高精度、全天候的导航服务,飞机在世界上任何地方、任何类型的空域,均可通过机载电子设备接收卫星导航信号,获取导航服务信息。与传统陆基导航设施相比,卫星导航在导航精度、服务范围、提高飞行灵活性和效率等方面具有显著特征。

3. 航空监视系统

航空监视系统引入增强的二次监视雷达(SSR),即S模式SSR,为终端区和其他高密度空域的航班飞行提供监视服务,引入基于卫星导航的自动相关监视技术,将监视服务扩展到无雷达覆盖区。利用广播式自动相关监视(Automatic Dependent Surveillance-Broadcast, ADS-B)技术和空中交通告警与防撞系统(Traffic Alert and Collision Avoidance System, TCAS),使得飞机可以收到相邻飞机的位置报告,从而具备空空态势监视能力。与传统的雷达监视相比,新

的监视技术在监视范围、监视精度、建设成本、机载态势知晓等方面具有明显优势。

4. 空中交通管理系统

新航行系统中 ATM 的内涵包括空中交通服务(Air Traffic Service, ATS)、空中交通流量管理(Air Traffic Flow Management, ATFM)、空域管理(Airspace Management, ASM)以及飞行运行等。上述 CNS 的先进技术将服务于 ATM，同时利用自动化技术可实现全球一体化、协同化的空中交通管理，增强各地区各部门系统的一致性和互操作性。CNS 系统性能的提升效果将最终直接反映在空中交通管理中，包括缩小飞行安全间隔、增强空域使用灵活性、提高空域容量和飞行效率、降低管制工作负荷等。

5. 机载空管航电系统

以陆基导航系统为核心的传统空管系统中，所有飞机执行相同的飞行规则，运行标准以性能最低的航电系统为基础，航电系统较为简单，主要包括陆基导航和话音通信设备，监视功能则由一次雷达(Primary Surveillance Radar, PSR)、SSR A/C 模式、话音通信报告位置完成。

新航行系统环境中，为了实现"自由飞行"的最终目标，许多空管功能必须从"地面"转移至"空中"，以提高飞机的空地协同能力和飞行员的态势感知能力。在通信方面，话音通信已不能满足日益繁忙的空—地通信需求，新航行系统中高频/甚高频话音通信被逐步淘汰，取而代之的是数字式的通信方式，包括高频数据链、多种模式的甚高频数据链和卫星数据链等数字技术被广泛采用。在导航和监视方面，传统航电设备已无法满足综合模块化、网络化的要求，新航行系统中将更多地采用综合式的技术和设备，如基于多模式导航接收机和飞行管理系统的综合了陆基导航、卫星导航的综合导航系统，以及以自动相关监视为基础结合其他监视手段的集成监视系统等。

第四章 航空交通管理与运输服务

第一节 航空客货运组织与管理

20世纪70年代末,美国《航空放松管制法案》的实施翻开了航空运输史上的新篇章,美国航空运输业从此引入了自由竞争,改变了航空公司的经营管理行为。1992年,美国发生了"票价大战",美利坚航空公司凭借其雄厚的实力,首先挑起票价战,试图靠降低票价争取旅客。在参与"价格战"的航空公司中,大陆航空公司依靠客运收益优化系统取得了可观的利润。由此,许多航空公司认识到航空客货运组织与收益管理的重要性。航空客货运组织与管理是应用计算机技术、收益管理理论和方法开展的客货运管理决策支持体系,涵盖供需关系分析、需求预测和特征分析、航空客货运组织流程及航班运行控制,充分利用大数据处理方法来优化资源配置,动态定价,制定座位销售计划和舱位控制策略,进而提高收益水平。

一、航空客货运供需关系

航空客运(Air Passenger Transport)是使用飞机、直升机及其他航空器运送旅客的一种运输方式,具有快速、灵活的特点,是现代旅客运输,尤其是远程旅客运输的重要方式。航空货运(Air Cargo),也叫空运,是现代物流中的重要组成部分,提供安全、快捷、方便和优质的货物运输服务。

航空客货运供需关系是指航空公司实际提供的航班产品数量与旅客/企业对于航司的客/货运需求的相互匹配。航空运输生产能力的安排应当与运输需求相适应,或两者应当尽可能保持平衡。如果生产能力大于运输需求,由于运输产品不能存储,多余的生产能力将浪费掉(Spoilage);如果生产能力小于运输需求,那么将会有部分需求得不到满足,导致需求溢出(Spilled-Demand),降低航空运输系统的服务质量。被溢出的旅客将转向其他交通模式,影响航空运输系统的竞争能力。因此,必须对航空运输的需求做出预测和评估,进而对生产能力做出科学的安排,这就是航空运输供需关系必须解决的问题。航空运输需求的影响因素复杂,需求波动大,难以准确预测。通常,影响航空运输市场需求的主要因素有:需求源的人口、人均可支配收入;经济结构和发展程度;需求发生地周围的陆路交通的便利程度(与其他运输模式存在替代和互补作用);国际恐怖主义的活动;经济、金融危机;大范围流行疾病和影响广泛的严重自然灾害。

除了受需求发生地的社会、经济因素的影响外,需求还受到系统提供的生产能力的影响。若生产能力不足,产生需求将溢出。若生产能力偏大,则可能吸引其他运输模式的运输需求。因此,需求不完全是外生变量。由于它的国际性,国际航空运输市场还受着双边/多边航空运输协议、航空运输联盟或合作协议的制约。

二、旅客货物需求预测和特征分析

根据经济学的定义,航空运输市场需求是消费者愿意且能够购买的航空运输服务量,包括两个方面内涵:一是消费者对航空运输服务的需要,二是消费者对这种需要拥有一定的支付能力。其中,消费者对航空运输服务的需要具体表现为从某个始发地(Original)到某个目的地(Destination)的空间位移,因此航空运输市场需求从本质上讲是一种OD需求。航空运输市场需求主要包括:旅客运输需求和货物运输需求两种。

(一)旅客运输需求和货物运输需求基础概念

旅客运输需求是在一定时期内以及一定的价格水平之下,愿意并有能力实现空间位移的数量。旅客运输需求一般可分为两类:生产性旅行需求和消费性旅行需求。生产性旅行需求是与人类生产、交换、分配等活动有关的需求,包括机关和企事业单位以政务、公务、商务为目的各种运输需求;消费性旅行需求包括非生产性旅行的各种运输需求,如探亲、旅游、购物和各类休闲旅行。

货物运输需求是一个广义的概念,泛指社会经济活动提出的货物空间位移需要。货物运输需求产生于人类生活和社会生产的各个环节,个人、企业、部门、区域或国家都有可能提出空间位移的需要。货物运输量可以反映为所运送货物的货运量或是货运周转量。

(二)旅客货物需求变化特征

旅客货物需求量实质上是一种基于时间的变化量,是时间序列。现实中时间序列的变化受到许多因素的影响,主要有规律性变化、季节性变化和随机性变化三种特征:

(1)规律性变化,是受各个时期普遍和长期起作用的基本因素影响而发生的变化,表现为持续上升或下降的变化趋势,是对未来状况进行判断和预测的主要依据。航线客流量一般会随着国民生产总值、人均收入、城镇人口的数量等因素影响呈现规律性变化。

(2)季节性变化,是指时间序列受自然季节变换和社会习俗等影响而发生的有规律的周期性波动。航线客流量一般在旅游旺季呈现高峰等。季节变动的周期通常在一个年度之内。

(3)随机性变化,是各种偶然因素,如自然灾害、经济危机、战争等无法预解和具体解释的随机性因素影响的结果,根据中心极限定理,通常认为不规则变动近似服从正态分布。

(三)旅客货物需求预测方法

航空旅客货物需求预测研究主要是基于当时社会经济状况、交通市场结构、航空票价、航空公司竞争能力以及各航空公司的经营业绩等因素进行分析研究。有关运输需求预测的主要方法按其性质可以归纳为定量预测方法和定性预测方法两大类。

1.定量预测方法

航空运输需求的定量预测一般采取两种思路来进行:一是间接的研究思路,即从顶向下的分解法,首先预测宏观层面上的旅客运输需求,然后按照微观需求占宏观需求的份额逐步进行分解,最终得到航空公司在航线上需求的预测结果;二是直接的研究思路,即不考虑航线运量发生变化的原因而直接通过航线运量的数据变化趋势进行预测。航空需求的间接预测涉及宏观需求总量的预测和份额预测两方面内容。有关地区内或航线上的宏观需求总量的预测,一般都是运用计量经济模型或者用重力模型来回归预测。有关份额的预测又包括运输需求在地区总需求的份额(或比例)和航空公司的市场份额;前者最典型的是波音公司的份额预测模型,后者主要有市场份额模型、多项式 Logit 模型和服务质量指数模型。

2. 定性预测方法

由于上述定量方法进行预测时,所使用的都是历史数据,只有各种考虑到的影响因素在预测期内的变化规律与以前基本一致,预测结果才有一定的可靠性与合理性。而由于影响航线市场变化的因素错综复杂,如果市场环境突然发生重大变化,这些变化原因又难以数量化,或者基本研究数据难以获得。这时,在没有可靠的定量方法出现之前,一般只能采用定性的预测方法。有关旅客货物需求的常用定性预测方法主要有:经验判断法和德尔菲法。

3. 其他常用预测方法

上述需求预测方法,如时间序列法、相关回归分析法及组合预测法等传统的预测方法大都集中在对其因果关系回归模型和时间序列模型进行分析的基础上,能较好地处理线性关系,但是在处理大规模、高维度、含有非线性关系、非正态分布的时间序列数据时,效果不理想且不能保证所建模型的泛化能力。灰色模型用来处理高散程度较大的数据时,预测精度较差,而且它比较适合于具有指数增长趋势的运量指标,当运量指标具有其他趋势时,则误差较大。神经网络算法在一定程度上克服了传统方法面临的问题,不仅具有非线性映像能力和泛化能力,而且具有较强的鲁棒性和较高的预测精度。

三、航空客货运组织流程及关键技术

(一)航空客运组织流程及关键技术

航空客运组织流程是指从航班计划制定到旅客登机的全过程,其中包括航班准备、地面服务、机上服务以及航后处理等环节。主要包括以下过程:①航班计划制定。航空公司根据市场需求、航线网络和资源可用性等因素,制定航班计划,确定航班的起降时间、航线和机型等信息。②地面服务准备。航空公司与地面服务提供商协调,确保机场设施、登机桥、行李处理、燃油供应等地面服务准备就绪。③旅客登机。旅客按照登机顺序和航空公司的登机流程进行登机,包括验票、安全检查、登机手续等。④机上服务。机组人员提供旅客的安全服务和舒适体验,包括安全示范、餐食服务、旅途中的乘务员关怀等。⑤航班到达。航班安全降落后,旅客下机,行李再度经过处理并交还给旅客。⑥航后处理。航空公司进行航后数据记录、机组人员的休息安排、飞机的维护和清洁等工作,为下一航班做好准备。

航空客运组织的整体流程是一个复杂系统,需要各部门协调合作完成,并且需要多种技术支持。在航班计划制定阶段,需要航班管理系统提供科学有效的方案;在地面服务准备阶段,需要机场运营管理系统进行资源调配优化;在旅客登机阶段,电子客票和自助值机的技术可以减少人工操作和排队时间;航空公司利用大数据分析和预测技术,对航班运行数据、旅客需求等进行实时监测和分析,以帮助做出合理的决策,优化航班安排和资源利用。除此之外,航空客运组织中的一些重复性任务和操作可以通过自动化设备和机器人技术来执行,如自动行李传送系统、自动登机门等,可以提高效率和准确性。

(二)航空货运组织流程及关键技术

航空货运流程是指在航空货物运输过程中,有效组织和管理货物运输的一系列步骤,涵盖了从货物接收到交付的整个过程,包括需求分析、订单确认、货物收集、运输安排、物流跟踪、清关手续以及最终的货物交付和结算等环节:①需求分析与接单。货主或货代提供货物的基本信息,包括货物种类、数量、质量、目的地和交货时间等。航空货运公司根据需求进行接单,并进行初步的货物评估和运输计划。②订单确认与安排。航空货运公司与货主或货代确认订单细节,包括航班选择、舱位预订、货物包装和标记要求等。③货物收集与运输准备。货物从货主处收集,并进行必要的包装、标记和文件准备工作,同时进行相关的安全检查和合规性审查,确保货物符合航空运输的规定和要求。④货物运输与跟踪。货物通过航空运输工具(如货机或航空公司合作的客机货舱)进行运输。航空货运公司进行货物的实时跟踪和监控,并提供货物物流信息给货主或货代。⑤清关与交付。货物到达目的地机场后,航空货运公司协助进行清关手续,包括海关申报、支付关税和税费等,之后将货物交付给目的地的货运代理公司或货主。

航空货运的组织流程需要航空货运公司与货主、货代和机场等各方进行紧密的合作和协调,同时借助关键技术来提高运输效率。主要包括:利用物流信息系统,通过条码、RFID等技术对货物进行追踪和监控,提供货物的实时位置和状态信息;采用安全检查技术,如X光扫描仪、爆炸物检测设备等对货物进行安全检查和风险管理,确保货物的安全运输;利用清关和合规性技术,包括电子数据交换、电子海关申报等,加快货物的清关速度,确保货物符合相关法规和标准。

四、航班运行控制

航班运行控制是根据航班运行环境、民航规章、公司运行政策等把控航班运行过程中的风险与隐患,确保航班运行安全、正常、高效,满足旅客的出行需求。这种综合性管理和协调系统,涵盖了航班计划与调度、航班监控和调整、应急管理、航班数据分析等多方面。机场及航空公司通过有效的航班运行控制,可以保证航班的安全、准时和顺利进行,提高航班运营效率和服务质量。

(1)航班计划和调度。航班计划是在考虑航空公司的资源、需求和运力的基础上,制定包括航班的起飞时间、降落时间、航线安排、飞行高度、机型选择以及机组人员等信息。航班计划是否合理直接关系到航空公司整个的运行效率和经济效益。航班调度则指调度飞机与安排机组人员的生产资源配置工作,以落实航班计划的具体实施,根据实际情况调整计划,应对各种变化,确保航班正常运行。

(2)航班监控和调整。航班监控是通过航空公司的运行控制中心或航班调度系统对航班的实际执行情况进行实时监控。监控包括航班位置、飞行状态、预计到达时间等信息的获取和分析。当航班出现延误、取消、改变航线或其他问题时,航班运行控制需要及时做出调整和安排。例如,调度人员可能需要重新安排机组人员的工作计划,调整航班的起降顺序,或与地面服务人员和空中交通管制进行沟通,以确保航班的安全和准时运行。

(3)航班应急管理。航班运行控制中还需要做好应急管理和风险管理。在航班运行过程中,可能会面临各种风险和挑战,如恶劣天气、机械故障、空域限制等。调度人员需要评估风险的严重程度,并制定相应的决策和行动计划。例如,在恶劣天气条件下,可能需要改变航班航线或降低飞行高度以确保安全。决策支持系统和实时信息的获取对于航班运行控制至关重要,能够提供必要的数据和情报,帮助调度人员做出科学的决策。

(4)航班数据分析。在航班运行控制过程中,航空公司还可以利用大数据、人工智能等技术对航班数据进行分析和优化,以提高航班资源的利用效率。通过分析航班的准时性、航班延误原因、机组人员的工作时间等数据,找出潜在问题和改进空间,并根据分析结果进行优化调整,提高资源的利用效率和航班运行的质量。

目前,国内外航空公司都成立了相关的运行控制部门,专门用于航班运行控制。随着国内航空公司规模不断扩大,航线网络结构不断扩展,航空公司原有由运行人员进行运行控制的模式需要向信息化系统、智能系统辅助控制模式转变,采用基于专业的运行控制系统软件进行航班计划调整、航班签派放行和航班运行监控等。

第二节 机场运行管理与保障

机场运行管理是指对机场内部和外部的运行活动进行规划、组织、协调和监控的一系列管理措施和操作,涵盖了机场业务流程优化、机场运行资源调度、机坪航班保障及机场协同运行几个方面。机场运行管理的目标是通过科学的调度和管理,最大限度地利用机场资源,提高飞机起降效率,减少航班延误和交通拥堵,为旅客提供良好的体验等,从而提高机场运行的安全与效率。

一、机场业务分类

机场业务主要分为航空性业务和非航空性业务。航空性业务指与飞机、旅客及货物服务直接关联的基础性业务,具有较强的民航行业特征和专业技术特征;非航空性业务一般指机场为在机场范围内为旅客提供的航空性业务以外的服务业务。

(1)航空性业务:主要包括航班业务、旅客业务、货运业务、紧急救援业务等。①航班业务。航班在机场区域内的起降、停靠、滑行、维修、配餐、加油、加清排污等一系列服务。②旅客业务。包括登机手续办理、安全检查、行李托运、候机室服务、航班信息查询、旅客引导等业务。③货运业务。包括货运航班的运营、货物的装卸、仓储管理、快递服务等业务。④紧急救援业务。包括安全检查、防火防爆、紧急救援等服务。

(2)非航空性业务:主要包括机场商业零售、停车、餐饮、物业、货邮代理、租赁、广告、医疗、航空配餐等服务。

二、机场业务流程优化

机场业务流程具有以下特点:①高度复杂性,涉及众多环节和参与者,包括航空公司、机场管理部门、安全检查、航空货运、地面服务等,各个环节之间存在复杂的协调和配合关系;②高度时序性,任何环节的延误都可能对整个流程产生连锁反应,影响航班正常运行;③高度安全性,机场业务流程中的各个环节,如安检、行李处理、飞行操作等,都需要严格遵守安全规定和程序。可见,机场业务流程优化工作非常重要,且富有挑战性,必须借助科学的方法和先进的技术手段制定安全高效的业务流程。

机场业务流程优化就是为提高机场运行的安全与效率而制定的一套具有明确逻辑关系的业务流程,优化后流程需符合民用航空局下发的《航班安全运行保障标准》要求,并满足在规定的时间内完成保障。主流方法有 IDEF3 方法、企业流程重组(Business Process Reengineering,

BPR)、UML活动图、事件驱动链与佩氏网(Petri网)等方法。IDEF3方法能够描述业务流程活动的先后和因果关系,着重系统行为描述。BPR方法针对组织业务流程的基本问题进行反思,并对流程进行彻底的重新设计,即流程再造。UML活动图对系统动态行为进行建模,描述业务的顺序,展现从一个业务到另一个业务的控制流,是内部处理驱动的流程;事件驱动链利用逻辑符号扩展的条件事件网变种,支持隐式、循环终止,控制表达能力强。Petri网具有严格的数学定义,用于描述系统结构和动态行为,具有同步优化、串行优化和并行优化的功能。

三、机场运行资源调度

机场运行资源调度旨在对机场运行资源进行科学配置,优化资源使用策略,充分发挥资源的最大效益,实现空中交通需求与机场运行资源供给之间的平衡。机场运行资源主要包括飞行区、航站区、进出机场的地面交通等资源。其中,飞行区是航空器进离场的主要活动区域,包括跑道、滑行道和停机坪。由于航空器是机场运行服务的首要对象,因此飞行区跑道、滑行道和停机坪资源的优化配置,成为机场运行资源调度的主要内容。

飞行区运行资源调度的主要思路:首先,对飞行区运行资源供给状况和空中交通需求进行量化分析,明确运行资源供需匹配关系。然后,基于供需量化数据,建立各类飞行区资源优化调度模型及算法,制定调度方案。

(一)飞行区交通供需量化分析

飞行区交通供给分析:通常以容量进行表征,主要包括理论容量和运行容量。理论容量是指在一定时间间隔内,在持续服务请求情况下,运行资源所能提供服务的最大航班数量。运行容量是指在一定时间间隔内,航班平均延误时间在可接受范围之内时,运行资源所能提供服务的最大航班数量。飞行区交通容量有跑道容量、滑行道容量和停机位容量。

飞行区交通需求分析:通常指未来一定时间间隔内,预计使用运行资源的航班数量。主要是根据航班时刻表,飞行计划中的航班进离场时间,以及各种动态和随机因素,对资源的航班需求进行预测。交通需求具有一定的周期性、高峰性、非线性、不确定性、可预测性等特点。飞行区交通需求有跑道交通需求、滑行道交通需求和停机位交通需求。

(二)飞行区资源优化调度

飞行区资源优化调度的实质在于为进离场航班对于跑道、滑行道和停机位等资源在时间、空间上的优化分配,实现资源使用效率的最大化。

1.跑道优化调度(主要包括跑道分配和跑道运行模式配置)

(1)跑道分配:主要解决进离场航班何时使用哪条跑道的问题。该问题的优化目标有最小化航班延误、最大化跑道容量、最小化环境污染、最小化管制负荷、跑道间流量平衡、起降流量平衡等。约束条件有跑道唯一性、尾流间隔限制、放行间隔限制、跑道穿越间隔限制、调度位置约束等。

(2)跑道运行模式配置:主要解决在特定时间段内,使用哪些跑道以及如何组合使用这些跑道的问题。跑道使用方式可分为独立平行仪表进近、相关平行仪表进近、独立平行离场、隔离平行运行4种模式。该问题的优化目标一般为最小化航班延误成本。约束条件有航班流约束、跑道配置转换时间约束、跑道配置唯一性约束、跑道容量包络线约束、航班进离场时间唯一性约束等。

2. 滑行道优化调度

主要解决每架进离场航班何时进入滑行道系统,使用哪条滑行路径以及何时到达路径上各滑行节点的问题。该问题的优化目标一般为最小化延误时间、滑行距离、滑行时间、停机坪拥堵程度、场面滑行冲突等。约束条件有航空器间隔约束、避让优先级约束、滑行速度约束等。

3. 停机位优化调度

主要解决每架进离场航班停靠在哪个停机位及其停靠时间问题。该问题的优化目标为最小化旅客平均行走距离、场面冲突、航空器滑行时间、航空器燃油消耗等。约束条件有停机位唯一性、缓冲时间约束、等待时间限制、航班机型与停机位类型匹配、停机位的航空公司属性约束等。

4. 资源一体化调度

飞行区资源一体化调度,综合考虑跑道、滑行道、停机位等各类资源的调度需求,侧重飞行区内两种及两种以上资源的集成调度问题,对整个飞行区系统的时空资源进行联合配置,如场面资源联合调度、跑道与场面资源联合调度等。

上述飞行区资源调度问题属于典型的 NP-Hard 问题,通常采用遗传算法、蚁群算法、A^* 算法、模拟退火算法、禁忌搜索算法等智能算法对上述问题的调度结果进行求解。另外,伴随着空中交通数据的便利获取,以及信息技术、大数据、人工智能等技术的快速发展,采用深度强化学习技术,从数据驱动的角度涉及调度算法成为一种趋势。

四、机坪航班保障

机坪航班保障服务是航空器自降落到机场至再次起飞的一段时间内,在停机位上进行的各种保障作业的总称。在航空运输中,航空器每完成一次航班任务后,需要进入机场完成上一个航段收尾保障作业以及下一个航段的开始准备工作,然后才能继续执飞下一航段。

(一)机坪航班保障作业流程

根据有无前序和后序航班,不同类型航班具有不同的机坪保障作业:①出港航班机坪保障作业:由于无前序航班,主要包括客梯或廊桥的对接作业、机务保障作业、加油、配餐、装货、上客、客梯或廊桥撤离、放行推出等作业。②进港航班机坪保障作业:由于无后序航班,主要包括引导入位、上轮档、客梯或廊桥对接作业、机务维护、卸邮货、下客、清洁作业、排污水作业等。③过站航班机坪保障作业:由于有前序和后序航班,主要包括引导入位、上轮档、客梯或廊桥对接作业、机务维护、卸邮货、下客、加油、清洁、排污、配餐、装货、上客、客梯或廊桥撤离、撤轮档、放行推出等保障工作。

在进行上述作业时,各种保障设备需要按照规定的流程完成服务任务,这些服务之间有一定的逻辑次序,从而构成一个作业流程。图 5-4-1 给出了过站航班的机坪保障作业流程。

(二)机坪航班保障服务特点

(1)保障资源受限:机坪航班保障所涉及的保障资源成本较高,保障资源的过度配置会导致资源闲置,增加保障成本。因此,机坪保障设备、保障人员等资源的数量是有限的。

(2)保障时间受限:根据民用航空局文件《航班安全运行保障标准》相关规定,每项作业保障时间及串联作业之间的间隔时间均具有标准的时间限制。

（3）保障作业具有时序性：机坪航班保障的部分作业之间存在先后关系，形成串联作业，如客舱清洁作业必须在上客作业之后进行等。串联作业的时序性保证了航班保障服务的安全有序。

（4）保障作业具有并行性：机坪航班保障的部分作业可同时进行服务，形成并联作业，如卸行李和下旅客可同时进行等。并联作业的并行性保证了航班保障服务的高效开展。

（5）保障资源的差异化：不同机型航班所需保障设备的数量和保障时间有所差别，如加油作业中 A380 航班需要加油车两辆，最长作业时间 50min，而 B737 航班需要加油车一辆，最长作业时间 25min。

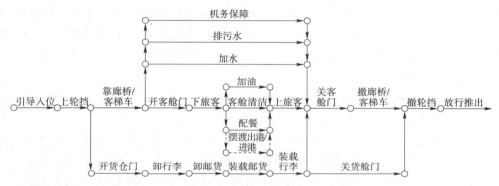

图 5-4-1　过站航班的机坪保障作业流程

（三）机坪航班保障作业调度优化

机坪航班保障作业项目较多且各作业间的联系复杂，高效的作业调度对减少航班延误和作业事故，降低运营成本，提高服务质量，减少环境污染等方面具有重要作用。机坪航班保障作业调度的内容就是为机坪上各航班分配各项保障作业的设备资源、人员资源和时间资源，实现各种资源的高效利用。

在战略层面，由于保障资源的差异化，可对不同类型航空器保障作业流程中的关键作业进行识别，通过提高关键路径上保障作业的保障速度，缩短整个保障作业的时间，提高保障效率。具体方法可将保障作业流程转化为网络图形式，而后采用关键路径法寻找关键路径，关键路径上的保障作业即关键作业。

在战术层面，机坪航班保障作业调度的本质是个多目标决策问题。调度目标可归结为两类：基于时间的目标，如最小化保障作业时间、航班延误等；基于成本的目标，如最小化作业车辆行驶距离、作业成本等。决策过程中，需满足机坪保障作业特点中的时间约束、数量约束、次序约束等。通过对作业调度问题构建数学优化模型，并采用智能算法等进行求解，从而获得最佳调度方案。该方法可应用于单航班多种保障车辆作业优化、多航班单种保障车辆作业优化、多航班多类保障车辆作业优化等问题。

五、机场协同决策

机场协同决策（Airport Collaborative Decision Making，A-CDM）由机场、航空公司、空中交通管制单位等共同参与，通过优化地面资源配置、管控运行保障节点、完善协同放行排序，实现机场运行效率和旅客出行满意度的提升。

(一)机场协同决策机制

A-CDM 主要包含 6 个核心元素:信息共享、关键事件触发、可控滑行时间、起飞预排序、不利情况下的协同决策、航行数据协同管理。①信息共享:A-CDM 系统的基础,各参与方将各自相关信息共享,达到共同情景意识,并提升空中交通的可预测性。②关键事件触发:地面保障流程节点是指从航班落地到起飞期间涉及的地面保障作业时间节点,通过定义关键节点实现对航班运行重要事件进行精确跟踪。③可控滑行时间:精确计算进港航班和离港航班的滑入时间、滑出时间,并向各参与方发布,从而更好地预测航空器挡轮档和实际起飞时刻。④起飞预排序:空管通过共享平台及时获知航班运行保障信息,根据保障进程对离港航空器进行起飞预排序。⑤不利情况下的协同决策:机场遭遇特殊情况导致容量下降时,各参与方协作交流,制定解决方案,缓解特殊情况带来的不良后果。⑥航行数据协同管理:各参与方及时交换航班更新信息,以方便预测到港航班,提升航班起飞时隙的分配水平。

(二)机场协同决策系统

A-CDM 系统的基本功能从感知、思考、执行三个维度来构建,为机场运行各参与方开展协同决策和联合指挥提供智力支持。

(1)感知系统:提供各参与方数据共享平台,并可对航空器、车辆、旅客、货物数据进行实时采集,实现对地面保障资源、地面保障里程碑、航空器、飞行区、气象等的实时监控。

(2)思考系统:主要进行预计落地时间的计算,地面保障里程碑管控,目标撤轮挡时间的计算,保障流程评价,航班延误原因分析等工作。

(3)执行系统:执行航班协同放行,大面积航班延误处置,航班计划动态调整等工作。A-CDM 系统的目标为:实现运行数据共享,实现地面资源调度和站坪管理智慧化,提升旅客服务水平,实现地空协同运行 A-CDM 系统与飞行流量管理系统数据深度融合,促进节能减排。

另外,具有协同决策理念的系统,还有先进场面活动引导控制系统(Advanced Surface Movement Guidance Control System,A-SMGCS)。A-SMGCS 用于解决机场安全、效率和容量问题的机场场面活动引导和控制,它能够在全天候、高密度航班流量和复杂机场环境条件下,实现对机场场面运动的航空器和车辆的实时监控和引导,有效地避免场面活动目标冲突的发生,显著地增强机场安全保障能力,特别是在低能见度条件下,A-SMGCS 能大幅提高机场场面运行的安全与效率。

第三节 空域运行管理

国际民航组织(ICAO)在《空中交通服务计划手册》(Doc 9426)中明确,空域管理的目的是在给定空域结构内,根据不同用户的需要,通过时间和空间的划分,以最大程度地利用空域资源。欧洲航行安全组织《应用空域灵活使用概念的空域管理手册》规定:空域管理是指根据实际需要且在可能避免永久性空域隔离条件下,为实现最有效使用空域而提供的任何管理活动。中国民用航空局《中国民用航空空中交通管理规则》定义:空域管理是指依据既定空域结构条件,实现对空域的充分利用,尽量满足经营人对空域的需求。

一、空域管理的目标与原则

空域管理的目标首先是在给定的空域结构内,通过"实时性",有时根据不同空域使用者的短时要求,将空域分隔开,以求实现对可用空域的最大利用。其次,空域的各使用方在地位上是平等的,大家都有平等的参与权、要求权,即建立的空域要有灵活性,绝非一成不变。再次,由于空中交通所具有的国际性特点,各国在建立航线网络时应立足于国际或地区范围份额高度,进行通盘考虑,建立起能与周边国家航线网络相衔接的航路布局。

空域是国家资源,应当得到合理、充分和有效的利用。空域的建设和使用应当遵循下列基本原则:①保证飞行安全。空域的建设和使用应当有利于防止航空器与航空器、航空器与障碍物之间相撞,有利于航空器驾驶员处置遇险等紧急情况。②保证国家安全。空域的建设和使用应当适应国土防空和国家安全的要求。③提高经济效益。空域的建设和使用应当对国家经济建设产生有利的影响和作用,应当有利于航空企业降低运营成本。④便于提供空中交通服务。空域的建设和使用应当便于空中交通服务部门向运行中的航空器提供空中交通服务,满足空中交通服务对空域使用的需要。⑤加速飞行活动流量。空域的建设和使用应当有利于维护并加速空中交通的有序活动。⑥具备良好的适应性。空域的建设和使用应当适应不同类型的航空器不同时间和不同运行方式的要求。⑦与国际通用规范接轨。空域的建设和使用应当尽可能符合《国际民用航空公约》及其附件和文件的技术标准和建议措施,便于国际、国内飞行的实施。

二、空域使用程序

为了规范民用航空相关空域的建设和使用,明确空域建设和使用工作的职责和程序,根据《民用航空使用空域办法》以及有关规定,制定民航使用空域程序,用于根据国家规定建设和使用相关空域的活动。民用航空空中交通管理机构和从事民用航空活动的单位和个人,应当遵守相关规定。中国民用航空局空中交通管理局(简称"民航局空管局")负责提出民用航空对空域的需求、建设和使用意见,按照国家规定组织相关空域的建设和使用,监督和检查民用航空活动使用空域的情况。民航地区空中交通管理局负责监督本地区民用航空活动使用空域的情况,协调民用航空活动在空域内的日常运行,提出民用航空活动对空域的需求、建设和使用意见和建议,报民航局空管局或者根据相关规定协商解决。

空域管理部门在采集空域需求时,应当遵循客观、公正的原则。空域管理部门应当与空域用户、空中交通服务和其他相关部门全面地协调空域的建设和使用方案,兼顾各方的需要;不同部门的需要存在矛盾时,应当优先满足对提高飞行安全和顺畅贡献最大的需要。空域管理部门在处理空域事务时,现有国内规章和标准中有规定的,从其规定;无规定的,应当参照《国际民用航空公约》及其附件、文件的有关标准和建议措施执行。

空域使用基本工作程序包括采集需求、制订方案、评估方案、上报审批、开展准备、组织实施、反馈控制七个阶段。采集需求是指掌握空域运行情况,采集空域的使用意见和建议;制订方案是指制定总体目标或阶段性目标,确定处理原则和工作计划,确定初步的空域建设方案;评估方案是指利用辅助评估系统进行评估,组织专家进行评估,征求有关部门的意见;上报审批是指上报有关部门并协调批准,将批准后的方案通报有关部门;开展准备是指制定实施计划,修改有关规定,组织人员培训,建设空中交通服务设施,发布航行情报资料;组织实施是指按照职责组织实施空域建设方案;反馈控制是指实施情况反馈和控制,安排值班,掌握实施情况和处理异常现象,查询问题原因,落实整改措施,实施情况总结报告。

三、空域容量评估与管理

(一)扇区管理

将区域管制区或者终端(进近)管制区划分为两个或者两个以上的部分,每个部分称为一个管制扇区。管制扇区划设的目的是充分合理地利用空域资源,有效地减轻管制人员的工作负荷,降低地空无线电话密度,提高空中交通服务能力。管制扇区划设方法包括:

(1)平面几何象限划分管制扇区。以主要机场或主要导航设施(如 VOR/DME)为中心,根据空中交通流量分布特点,将整个区域采用几何划分的办法划设管制扇区,合理分配工作量。

(2)按照高度划分管制扇区。根据上升、下降和飞越的高度,选定区域内的高度界定值,在该值附近确定管制扇区的高度范围。

(3)按照航路/航线的繁忙程度、使用性质和飞行特点划分管制扇区。根据进离场航线的单向进出特点和航路飞行交叉冲突矛盾点的分布,选定几条比较繁忙的航路、航线,将这些航路、航线合理地分配至相应的管制扇区,使管制员的注意力能够集中在这些主要的航路、航线上,做到工作负荷比较平均。

管制扇区通常应当明确开放使用的时间。各区域应当根据本区域空中交通流量随着时间变化的特点,确定各个管制扇区的开放使用的起止时间,做到管制扇区的动态管理。

(二)空域容量基本概念

空域容量的基本测量单元为管制扇区,以管制扇区容量为基础,拓展至多扇区空域单元(如终端区、区域管制中心)等的容量。管制扇区容量的定义为单位时间内管制员在指定扇区可处理的航班总数。管制扇区的容量界定为进入计数(某一给定时间内进入某一空域扇区的最大航空器数)或特定时间(如 15min)内的最大占用计数。

(三)空域容量评估目的

作为空中交通管理中的关键技术,空域容量评估已成为空域规划、流量管理的基础和前提。空域容量评估具有以下两个目的:评估不同空域规划或运行方案,对比空域规划或运行方案对空域容量的提升程度及是否可以满足未来交通需求,并推荐最佳方案;研究不同空中交通需求造成的航班延误程度,确定空域单元单位时间内所能接收的交通需求数量,并将评估结果作为流量管理的主要依据。

(四)空域容量提升目的

容量与空中交通需求是一个动态协调发展的过程,空中交通需求的发展和增长是动态变化的,容量的提升应当持续满足不断增长的空中交通需求。ICAO 建议定期审查空域容量与交通需求的关系,并通过未来交通需求预测、灵活使用空域等方法研究空域结构、空管服务设备、空管规则、交通流配置和管制员能力等关键因素对空域容量的影响,分析运行瓶颈,提出改进方案,尽可能地提供充足的空域容量以满足正常和高峰时段的空中交通需求,为缓解空域资源使用紧张提供有效途径。

(五)空域容量的管理过程

空域容量管理是空中交通需求与容量平衡管理的重要组成部分,空域容量管理按执行顺序可以划分为规划、战略、预战术、战术和运行后分析五个阶段,并形成运行后分析反馈至规划/战略阶段的闭环管理。

(六)空域容量评估方法

1. 基于计算机仿真的评估方法

此方法适用空域容量的评估,其优点为结果准确性高,缺点为仿真模型构造和使用需要投入的技术支持和资金较大,评估周期较长。目前,国际上较为流行的仿真软件有仿真模型(Simulation Model,SIMMOD)、全空域和机场建模软件(Total Airspace and Airport Modeler,TAAM)、空中交通优化仿真系统(Air Traffic Optimization,AirTOP)、反向计算机辅助时隙算法(Reverse Computer Assisted Slot Algorithm,Reverse CASA)等,在机场和空域的仿真以及容量评估方面有较多的应用。

2. 基于管制模拟机的容量评估方法

此方法简单易行,可操作性强,结果较为准确,但管制员的个体差异和模拟环境对结果的准确性影响较大。由于管制扇区容量与管制员的工作负荷紧密相关,因此目前的评估方法主要为基于 DORATASK 的管制员工作负荷评估方法,是一种对管制员工作负荷总量进行定量评估的方法。

(七)空域灵活使用

空域灵活使用(FUA)是欧洲航行安全组织(EUROCONTROL)成员国为了满足民航的需求提高空中交通管理能力,同时也为满足军事同盟在执行军事演习、训练任务的空域需求而采用的一种解决方案。1996 年以来,空域灵活使用在欧洲广泛应用。

1. 空域灵活使用概念

EUROCONTROL 提出空域灵活使用的方案不再单纯地把空域指定为军用或民用空域,在更大程度上把它看作一种航空服务的统一体,并且根据用户的需要进行日常航务安排。在指定的时间段内可以实时使用空域,但任何必要的空域划分都是临时的。随着 1996 年 3 月空域灵活使用方案的推出,对于完善空域计划和管理以及提高欧洲空中交通管理系统能力有着直接的影响。与此同时,通过促进军用和民用航空领域之间的协作,为军事飞行和民用飞行保持安全间隔提供更有效的方法。只有重组军用/民用航空作业、建立新的空域结构和空域管理程序,并且引入新的技术后,才能应用空域灵活使用方案。空域灵活使用方案包括以下三个空域管理层面。

(1)战略空域管理层:负责国家空域政策的制定、组织与实施。国家高层军用/民用空域政策研究机构负责建立预定的空域结构(包括航路和训练空域),制定国家空域管理政策,考虑国内和国际的有关协议的基础上,依据欧洲各国的相互协作划设空中交通服务航路网架构,公布已建立的国家空中交通服务航路结构。此外,国家空域政策研究机构为日常空域分配建立了灵活的空域结构和使用程序。

(2)预战术空域管理层:根据用户需求进行日常空域分配。国家军民航联合空域管理小组对空域的日常分配负责。空域管理小组对所有空域和航路的需求情况进行收集和分析,并公布国家日常空域使用计划,该计划对统一的空域分配情况进行了详细说明。所有日常空域使用计划均收集在中央流量管理部门的中央空域数据库里,而中央空域数据库编辑了一个日常性航路的有效信息,它为空域用户提供国际航路的日常状态信息。

(3) 战术空域管理层:保持军事飞行/民用飞行的安全间隔的情况下实时应用空域。空域管理涉及对空域使用计划中所公布的空域情况进行实时补充、删除和/或重组,还涉及解决特殊空域问题和/或个别军事飞行/民事飞行现状的问题。这些问题都是由于军民航空中交通服务单位通过实时共享军民航飞行数据而导致的,包括在系统支持下或无系统支持下的管制员的意图。

在空域灵活使用实施过程中,军民航双方是否能够安全、有效地使用空域直接取决于军民航在以上三个空域管理层面的协作能力。

2. 空域灵活使用方案实施情况

1996—1998 年期间,大多数欧洲国家开始实行空域灵活使用方案,在该方案执行中也考虑了各国空域的复杂性及特殊国家的需求。在 EUROCONTROL 绩效评定委员会的推荐下,2000 年 7 月 EUROCONTROL 临时理事会总干事对空域灵活使用方案在欧洲国家的执行情况做了调查,为确保更好地落实和促进军民航空中交通服务之间的融合,把该方案摆到了重要位置。于是,军民航当局凭借有效的实时信息,实现了空域和现有空中交通容量的充分利用。

欧洲空中航行安全组织(以下简称"欧控")针对 2019 年、2020 年制定了短期计划。具体来说,欧控针对 2019 年、2020 年制定了一个短期行动计划,以缓解空管能力不足的问题,同时寻求提升空管能力的可能性。各航企和空中导航服务提供商则与欧控合作启动了这项计划。欧控针对 2019 年的行动计划具体包括:变更航线;推出全新的应对空中天气变化的程序;协调空域灵活使用方案;改进决策,优化空中交通流量管理规定;解决结构性空域瓶颈(2019 年/2020 年);编制《网络运营规划(2019—2024 年)》。

第四节 空中交通流量管理

空中交通流量管理是为有助于空中交通安全、有序和快捷地运行,确保最大限度地利用空中交通管制服务,并符合有关当局公布的标准和容量而设置的一种运行服务。

一、空中交通流量管理组织架构

空中交通流量管理组织架构应能满足未来航空业的发展需求,具有良好的组织体系和运行体系,可有效制定、执行流量管理策略和任务,并能有效促使空中交通流量管理不断完善,包括空中交通流量管理指挥中心、空中交通流量管理单元和空中交通流量管理席位。目前,在中国民航空管系统内部形成了以全国级流量管理单位为中枢、以地区级流量管理单位为支撑、以执行级流量管理单位为延伸的垂直流量管理运行体系;同时,在空管与航空公司、机场之间,形成了横向流量管理协同联动体系。流量管理的主要参与方涵盖流量管理单位、空中交通管制运行单位、航空公司、机场、军方、气象部门和设备保障部门等。

1. 全国级流量管理单位

由民航局空管局运行管理中心担任,是全国流量的管理、监督、指导单位,主要承担全国范围内流量和容量的统筹管理。主要负责监视全国空中交通流量态势、关键机场和关键空域单元的流量和容量,及时发现容流不平衡问题;指导、协调流量管理措施的制定,审批和发布地区级流量管理单位申报的流量管理措施,监控流量管理措施的合理性、有效性和执行情况;组织实施或授权地区级流量管理单位启动跨区流量管理措施;组织召开空管运行协商视频会议;组织协调解决运行中的难点问题;组织开展跨国界流量管理;组织开展相关事后分析工作等。

2. 地区级流量管理单位

地区级流量管理室,主要承担本地区内及相关国际地区流量管理工作。主要负责监视和预测管辖范围内各机场和空域单元的航班流量;组织会商,对可能影响容量变化的天气趋势、军事活动、设备设施保障等因素提前分析,协同执行级流量管理单位和相关管制部门共同确定辖区内空域单元的运行容量,提前识别容流不平衡问题;根据容流不平衡情况,协同执行级流量管理单位制定流量管理措施;发布和记录有关流量管理措施,指导、协调和监督所辖范围内所有流量管理措施的实施,持续跟踪其有效性、执行情况和实施效果;组织辖区内相关单位参加空管协同决策视频会议;组织或参与相关事后分析工作;决策制定区内流量管理;向全国级流量管理单位申请跨区流量管理措施。

3. 执行级流量管理单位

由塔台、进近、区域管制单位流量管理席位或具有流量管理职能的席位承担。主要负责监视辖区内交通流量态势;协同相关部门,对可能影响容量变化的天气趋势、军事活动、设备设施保障等因素进行持续关注,分析确定机场、繁忙航路(点)、扇区等空域单元的运行容量,至少提前 6h 上报地区级流量管理单位,并滚动更新;预判本区可能出现的容流不平衡问题,提出流量管理措施建议;执行最终确定的流量管理措施,持续跟踪流量管理措施的实施,对实施偏差进行主动协调,并协同有关单位予以修正;按要求参加协同决策视频会议;按照职责分工协同地区级流量管理部门、管制运行部门维护全国流量管理系统动态运行环境数据,如临时航路开关、扇区开合等;组织或参与相关运行事后分析工作;对本管制单位内实施的但不对其他单位产生影响的流量管理措施可以由执行级流量管理单位决策;其他流量管理措施需要向地区级流量管理单位申请,经批准后方可实施。

4. 航空公司(或责任代理方)

负责将本公司的次日飞行计划,通过数据传递、系统填报等方式及时传递到全国流量管理系统,并实时更新,确保流量管理系统计划数据的及时、准确、完整;负责航班动态的追踪和预测,通过全国流量管理系统等途径提供运行所需关键信息;加强与空管、机场的协同,关注流量管理措施以及复杂天气等影响航班运行的环境变化,结合自身运营情况主动决策,及时调整保障工作;协同机场完成地面相关服务,按照所分配的航班时隙保障航班,否则应及时向相关流量管理部门反馈;预计或出现大面积航班延误时,应积极协同相关单位做好航班计划调整工作,及时向相关单位通报航班计划调整情况等。

5. 机场

负责跟踪航空器运行动态和航空公司地面保障动态,掌握地面运行保障时间节点,按照相应的工作流程进行机位资源调整,并对相应的地面服务和保障进行合理调配;汇总、整合及维护进出机场航班的运行相关数据及信息,与空管、航空公司等单位共享,改善各参与方共同情景意识,提高地面运行各保障节点和离港时间的可预测性;接收并查看与本机场有关的航班时隙分配安排;协同航空公司,按照措施分配的航班 COBT/TSAT 保障航班,否则及时向相关流量管理部门反馈;当机场出现或预计出现大面积航班延误时,负责统筹评估本场地面保障能力;根据地面运行情况和可用时隙,合理调配停机位、拖车等资源使用,协同航空公司做好航班上客安排等。

6. 气象服务部门

负责向空管部门提供各种气象服务,输出与流量管理工作相关的气象数据及信息,包括覆盖全国、各地区以及周边国家的各类气象数据及信息;设计和开发相关气象产品供流量管理系统使用;参加相关运行视频协调会议;组织或参与相关运行事后分析工作等。

二、空中交通流量管理阶段

空中交通流量管理可分成战略、预战术、战术三个阶段,以及事后分析阶段。各阶段循环往复、一体化运行。

1. 战略流量管理阶段

通常涵盖运行前1周(不含)以上的运行情况,空中交通管理方与军民航等空域用户、机场以及局方一起协作,开展空中交通流量需求预测,并基于空中交通管理部门评估的空域单元容量,实现流量需求与容量的平衡。主要工作包括静态通行能力管理、战略流量需求管理、战略容流平衡的预演和分析评估、信息发布等。

2. 预战术流量管理阶段

通常涵盖运行前1天至1周的运行情况,以及运行日对预战术流量管理的更新(通常为6h)。预战术阶段各级流量管理单位协同管制运行部门以及空域用户对运行日运行态势进行提前分析和预演。主要工作包括运行容量的管理、预战术流量需求管理、预战术容流平衡的预演和分析评估、流量管理预案拟定、信息发布等。

3. 战术流量管理阶段

时间范围为执行当日至管理过程结束。战术阶段流量管理措施的制定应当以流量管理日计划为基础,以翔实的数据分析为依据,包括对容量的判断、对流量的预测以及对容流不平衡的精准分析。战术阶段流量管理主要按照监视、分析、决策、实施、评估的步骤推进。

4. 事后分析阶段

空中交通流量管理工作的最后一个阶段,也是流量管理下一个循环周期的开始,主要包括效能管理指标体系构建、基于指标的效能评价、目标偏离原因分析、基于效能评价的优化改进等。

三、空中交通流量管理方法

1. 地面延误程序

地面延误程序是指当预测某机场的进场流量明显超出机场进场接收率,且持续时间较长时,对某个时段范围内计划在该机场进港的航班统一安排其起飞时刻的流量管理措施。地面延误程序对飞往该机场的航班通过统一分配安排降落时隙,推算航班起飞时间,控制航班在起飞机场延迟起飞,把预计的空中延误转移到地面上来。

2. 空域流量程序

空域流量程序是因天气、军航活动等原因造成某空域运行容量下降后,对计划途径该空域的航班采取地面延迟起飞措施,是基于空域的地面延迟程序。

3. 尾随间隔

尾随间隔是指机场或空域单元预计或即将流量超出容量,为实现容流平衡,要求通过某一航路点前往机场或进入空域单元的航班保持指定的距离或时间间隔。

4. 协同改航

协同改航是一种预战术或战术流量管理方法。协同改航作为一种空间调整手段,可使航空器按照调整后的飞行计划或空管部门指定的路径飞行,有效规避受限空域单元的影响。

5. 地面停止

地面停止是指当机场或空域单元容量因突发情况急剧下降而导致流量已经或短时间内将要显著超出容量时,为争取足够时间疏散空中航班,而让还未起飞的航班在地面保持等待。

第五节　空中交通服务

空中交通服务是空中交通管理的组成部分。空中交通管理(Air Traffic Management,ATM)的任务是:有效地维护和促进空中交通安全,维护空中交通秩序,保障空中交通畅通。空中交通管理包括空中交通服务、空中交通流量管理和空域管理三部分。

一、空中交通服务概念

空中交通服务(Air Traffic Service,ATS)是指对航空器的空中活动进行管理和控制的业务,包括空中交通管制服务、飞行情报服务、告警服务三个方面。空中交通服务的组成结构如图5-4-2所示。

1. 空中交通管制服务

空中交通管制服务(Air Traffic Control service,ATC)的任务是:

(1)防止航空器与航空器相撞及在机动区内航空器与障碍物相撞。

(2)维护和加快空中交通的有序流动。

空中交通管制服务包含区域管制服务、进近管制服务和机场管制服务三部分。其中,区域管制服务包含高空区域管制和中低空区域管制服务。在有些地区,这两项服务由同一部门承担。在空中交通流量较小的地区,进近管制服务和机场管制服务是合并的。

图5-4-2　空中交通服务的组成结构

2. 飞行情报服务

飞行情报服务(Flight Information Service,FIS)的任务是向飞行中的航空器提供有助于安全和有效地实施飞行的建议和情报。飞行情报服务不改变航空器驾驶员的责任。飞行情报服务由民用航空局指定的管制单位提供,并按照规定程序予以公布。管制单位应当向接受其空中交通管制服务的航空器提供飞行情报服务。管制单位可以向了解情况的但未接受其空中交通管制服务的航空器提供飞行情报服务。管制单位同时提供飞行情报服务和空中交通管制服务时,空中交通管制服务应优先于飞行情报服务。

3. 告警服务

告警服务(Alerting Service,AS)的任务是向有关组织发出需要搜寻援救航空器的通知,并根据需要协助该组织或者协调告警服务的进行。告警服务由民用航空局指定的管制单位提供，并按照规定程序予以公布。管制单位应当向下列航空器提供告警服务：

(1) 已接受其空中交通管制服务的航空器。

(2) 如可行，已申报飞行计划或者其了解情况的其他航空器。

(3) 已知或者相信受到非法干扰的航空器。

二、空中交通服务规章

1. 国际民航组织

(1)《Air Traffic Services》(ICAO Annex 11)是国际民航组织制定的一份关于空中交通服务标准和建议的文件，涉及空域的划设，为促进空中交通的安全、有秩序和迅速流通所需的单位与服务。在空中交通管制、飞行情报服务和告警服务之间，做了明确的区别。其目的是保证在国际空中航路上的飞行是在一致的条件下进行的。这些条件的设计是为了改进航行的安全和效率。

(2)《Procedures for Air Navigation Services：Air Traffic Management》(ICAO Doc 4444)是国际民航组织发布的一份关于空中交通管理的文件，描述了空中交通管理的程序、标准和建议。

2. 美国

2023年4月，美国联邦航空管理局(FAA)发布了以空中交通管制为主题的命令文件《Air Traffic Control》(JO 7110.65AA)。规定了空中交通管制服务人员在面临各类情况时必须遵守的程序和措施，熟悉与其业务职责有关的规定，在遇到该规定未涵盖的情况时做出最佳判断。

3. 欧洲

欧洲航空安全局(EASA)发布的《空中交通服务要求意见》，其主要目的是维持欧盟空中导航系统的安全，特别是在提供空中交通服务方面。

4. 中国

《交通运输部关于修改〈民用航空空中交通管理规则〉的决定》于2022年10月25日通过并公布，自2023年1月1日起施行。该规则主要规范了民用航空空中交通管理及运行工作，对保障民用航空飞行活动安全、有序和高效地进行起到了重要的作用。

三、空中交通服务技术方法

(1) 机场协同决策(Airport Collaborative Decision Making，A-CDM)是一种空中交通管理的概念，旨在通过促进机场内外各方之间的合作，以提高机场运作的效率和准确性。A-CDM系统涉及飞行航班、地面运营、航空公司、空中交通管制、机场运营等多个参与方，旨在更好地协调、决策共享和信息交流。它的目标是减少延误、提高资源利用率，以及优化整个机场生态系统的运作。

(2) 空中交通排队辅助决策系统包括航班进港辅助决策系统(Arrival Management，AMAN)和航班离港辅助决策系统(Departure Management，DMAN)。该系统旨在优化航班的进港和离港排序，提高跑道利用效率，并减少进离场延误的发生。AMAN系统从空中交通管理(ATM)系统获取飞行计划、雷达数据和气象数据，利用这些信息计算出航班的预计降落时间。DMAN 系统则是 AMAN 系统的补充,二者都对同一条跑道产生影响,因此二者之间存在密切的协作。DMAN 系统协助空中交通管制员进行航班排序的优化,从而减少起飞延误、燃料消耗和排放量,提高机场的容量利用率。通过实时的数据交换和分析,DMAN 系统能够支持管制员做出更加明智的决策,以适应不断变化的航班运营环境。

(3)点融合系统。点融合(Point Merge,PM)是利用预先设计的排序边到一点距离相等的原理来延长或缩短进场航迹,实现对多方向进场交通流排序和间隔管理的技术。点融合系统(Point Merge System,PMS)通常由融合点和两条(含)以上的排序边组成,在具备 PBN 和雷达管制能力的空域结构内,通过将航空器飞行管理系统和水平导航技术及雷达引导技术相结合,简化并实现多向进场交通流的空中交通管理工作。

(4)自动相关监视。自动相关监视(Automatic Dependent Surveillance,ADS)是通过数据链,在不需要人工操作或者询问的情况下,能自动从相关机载设备获取参数并向其他飞机或地面站广播飞机的位置、高度、速度、航向、识别号等信息,以供地面管制员对飞机状态进行监控,也为航空器周边其他机组提供了航空器准确的位置信息,增强了机组的位置感知和空中交通情景意识,提高了飞行安全水平,提升了航班运行效率,优化了航路结构。

(5)基于航迹运行。基于航迹运行(Trajectory Based Operations,TBO)概念是国际民航组织提出,在 TBO 模式下的空中交通管理系统,由 7 个功能模块组成,分别为空域组织和管理(Airspace Organization and Management,AOM)、需求与容量平衡(Demand and Capacity Balancing,DCB)、机场运行(Airport Operations,AO)、交通同步(Traffic Synchronization,TS)、冲突管理(Conflict Management,CM)、空域用户运行(Airspace User Operations,AUO)和空管服务管理(ATM Service Delivery Management,ATM-SDM)。2020 年,民航局空管局正式下发《中国民航空管基于航迹运行概念》,将 TBO 定义为:空管、航空公司、机场等相关参与方建立统一的以四维航迹信息为基础的空中交通态势,通过协同决策对航班全运行周期的四维航迹进行管理,实现航班的精细化运行,提高空管系统运行保障能力和空中交通运行效率。

第五章 航空交通安全与应急管理

第一节 航空安全管理体系

航空安全管理体系(Safety Management System, SMS)是一种对航空安全进行管理的系统,包括航空运营人为实施航空安全措施所建立的组织机构、职责、程序、处理办法以及规定,对航空运输过程提供安全监控并确保航空安全。

一、航空安全管理基础体系

航空安全管理基础体系是通过对航空运行的所有领域进行全面和有组织的安全管理,包括从系统安全的角度识别、评估和记录系统的危险,在危险成为事故之前对其进行预判断,并找出症结所在,从而不断改进和完善整个系统的安全。我国民用航空安全管理组织体系由不同层次的管理主体和管理对象组成,不同的层次具有不同的职能,各层次之间有相应的责任权利关系,如图5-5-1所示。

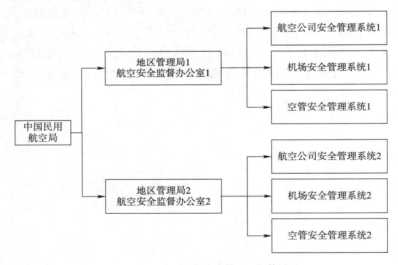

图 5-5-1 中国民航安全管理组织体系

二、航空安全管理基础体系结构模型

民航安全管理基础体系ROSE模型,其结构如图5-5-2所示。整个球体表示安全管理体系的外部环境,球内的三棱柱表示安全管理体系的核心主体,系统主体和环境之间存在广泛的能量和信息交换。三棱柱的两个底面表示政府和企业两个层次的安全管理体系,包括法规标准、组织和监督检查三个子系统。三棱柱的侧面表示两个层面之间通过三个子系统有

机联系。其中,O 为组织体系,R 为法规标准体系,S 为监督检查体系,E 为环境因素。

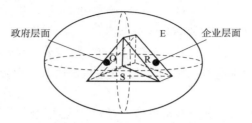

图 5-5-2 ROSE 模型

三、民航安全管理基础体系的各要素及其关系

1. 组织体系

安全管理组织体系是依法管理航空安全的管理主体,是我国民航安全管理基础体系的基础。民航安全管理的组织机构分为两个基本层次——政府层和企事业单位(国际民航组织称为服务提供者)。政府层包括民用航空局、地区管理局和航空安全监督局。服务提供者包括航空公司、机场、空管、维修单位、制造商等。

2. 法规标准体系

安全管理法规体系中国民用航空局依法管理民航安全的法律保障,是企业安全生产和安全管理的行为准则,主要包括《中华人民共和国宪法》、《中华人民共和国民用航空法》及有关法律、行政法规、规章、规范性文件、工作制度。民航安全标准体系分三个层次:《中华人民共和国标准法》;《中国民用航空法标准化管理规定》(中国民用航空局颁布);国家标准(国家标准化管理委员会颁布)、行业标准(中国民用航空局颁布)。

3. 监督检查体系

完善的监督检查体系应符合体系完整,责任落实;使用科学的监督检查方法手段;充分发挥安全信息在监督检查中的作用。

4. 各要素之间的关系

健全的组织体系为法规标准体系建设和监督检查体系运行奠定基础。法规标准体系为安全管理组织体系建设和监督检查工作提供了法律和标准依据,规范了从业人员的行为准则,使安全管理处于可控和有序状态。监督检查是落实依法管理航空安全的重要环节,通过有效的监督检查,发现系统中存在的问题,减少和消除存在的风险,不断改进和完善现有组织体系和法规标准体系。

四、安全管理体系的建立过程

用系统的方法将有助于确保建立一个有效系统所必需的各种要素的完备。建立 SMS 的 10 个步骤如下:

步骤 1:策划。策划包括评审、安全评估、安全指标及目标、实施方案、策划。

步骤 2:高级管理者的安全承诺。安全的最终责任由组织的董事和高层管理者承担。

步骤 3:组织。组织如何协调其商业运营与安全管理之间的关系,将影响其针对意外情况的恢复能力及降低风险的能力。

步骤 4:隐患识别。隐患识别过程包括安全评估、趋势监控、事故征候报告、安全调查和评审、主动危险识别程序。

步骤5：风险管理。风险管理主要是针对不确定性而进行的谋略规划过程，由于考虑了风险因素的制约和影响，管理过程相对来说较复杂。

步骤6：调查能力。要彻底弄清不安全事件的起因，需要查清隐藏在表面原因背后的深层面原因，并将重点放在识别所有致因因素上，有些致因因素可能涉及系统内预防措施的缺陷或其他组织结构问题。

步骤7：安全分析能力。安全分析是对事实进行客观地组织及评价的过程。

步骤8：安全宣贯及培训。对所有员工进行适当的安全培训，体现了管理者对有效实施安全管理体系的承诺。

步骤9：安全管理文件及信息管理。组织的安全管理手册应为组织将安全管理活动融入组织的生产运营活动中，并建立完整、一致的安全系统提供必要的指导。安全管理手册应该包括安全管理体系各方面的内容。

步骤10：安全监察及安全水平监控。安全管理体系的方法需要形成"闭环"，安全监察可以通过检查、调查及审核来完成安全水平监控证实SMS的有效性，不仅证实员工正在执行自己的工作，而且还证实在大家的共同努力下已实现了组织的安全目标。

第二节　航空器适航与维修

一、适航性与适航规章

适航是指航空器达到型号设计标准，同时处于安全运行状态的一种品质。适航性是指在全寿命周期内，航空器（包括其部件和子系统）的整体性能与操作特性在预期运行环境和使用限制下的安全性和物理完整性。适航性是航空器的安全底线，是最低的安全标准。适航规章是依据大量科学分析和多年实践经验教训（设计、制造、生产、运营、维修），以及实际运行中的各种情况而制定的，它是一个科学性和实践性相结合的文件体系。

（一）运输类飞机的适航性

运输类飞机通常是指座位设置（不包括飞行员）为9座或以上，最大审定起飞重量为5700kg（12500lb）以上的飞机。运输类飞机的适航性直接关系到行业发展和公众利益，它需要设计方（通常指主制造商）、政府职能部门（通常指局方）和运营人（通常指航空公司）的共同努力。设计方通过分析、计算、试验、试飞，表明其所研制的航空产品符合适航标准；局方代表公众通过审核工程资料、目击试验、审定试飞，确认航空产品符合适航标准；运营人通过维护、维修保持航空器始终符合适航标准。

对于运输类飞机的适航审定，中国民用航空局（CAAC）按照中国民用航空规章第25部《运输类飞机适航标准》（CCAR-25）对运输类飞机进行型号合格审定。这一标准与欧美适航标准的安全水平基本一致，对应的是FAA的FAR-25和EASA的CS-25。

（二）适航审定法规体系

适航审定是指民用航空管理部门依据适航法规标准，对民用航空器（包括其部件和系统）的设计与制造进行的审查、监督和管理，确保其具有适航规章规定的最低安全水平。适航审定包括型号合格审定、生产许可审定和单机适航批准。航空器的适航审定不仅仅局限于设计制造阶段,在航空器投入使用后发生的零部件加改装、结构修理等,也属于适航审定的范畴。完备的适航审定规章体系和精细的程序标准是航空交通运输的优势,是生命安全的重要保障,也是航空交通运输工作的基本方法。国际上主要的民用航空管理机构及其适航审定法规如图5-5-3所示。中国民用航空局发布的《中国民用航空规章》(CCAR)中关于适航的各个部分是我国有关适航的基本法规。CCAR中有关适航的主要部分包括:

图 5-5-3　主要民用航空管理机构及其适航审定法规

(1)关于各类航空器的适航技术标准:CCAR-25是关于运输类飞机,CCAR-33是关于航空发动机,CCAR-36是关于航空器噪声,CCAR-37是关于航空材料、零部件和机载设备,CCAR-39是关于适航指令;其中,由于CCAR-37项目繁多,民用航空局特别制定了民用航空的技术标准规定(CTSO)。

(2)关于民用航空器国籍的CCAR-45。

(3)关于维修人员合格审定的CCAR-66。

(4)关于航空器维修许可审定的CCAR-145。

在适航法规的具体实施中,还需要由适航司制定出具体细则和管理程序,它们包括适航管理程序(AP)、咨询通告(AC)和适航管理文件(AMD)。

二、适航性验证技术

航空器适航性是由设计赋予的,为了表明航空器设计符合适航标准的要求,申请人需要运用各种技术进行符合性验证。符合性验证是指在型号合格审查过程中,申请人(通常是设计方)采用不同验证方法,以获取的验证结果证明所验证对象是否满足适航标准的要求,评估验证对象与适用适航标准条款的符合程度。

适航验证技术是指符合性方法所应用的技术,即设计部门在航空器型号合格审定过程中,用于表明型号设计符合适用适航标准条款所用的技术。航空器适航验证技术涉及运载系统结构、机电系统、机载设备、可靠性与安全性等多学科知识,既具有很强的基础理论性,又具有明确的工程应用性。适航性验证技术已经成为航空工业界关注的重要课题,为了使研制的航空器最终取得适航认证,必须具备下面的三种能力:一是按适用的适航要求设计产品;二是表明对适航要求的符合性;三是向适航部门演示这种符合性。以航空器系统中的发动机为例,这就需要以《航空发动机适航规定》(CCAR-33)中适航条款为研究对象,作为航空发动机研发的需求输入,形成航空发动机的适航符合性设计与验证流程、设计准则、设计方法及试验技术,构建航空发动机适用的符合性验证方法,形成航空发动机适航符合性要求、设计与验证技术指南以及试验项目的符合性技术规范。适航验证的思路是采用双"V"(Validation 需求确认,Verification 符合性验证)的指导思想,从需求定义到设计贯彻的确认,从设计贯彻到适航性审查的验证,保证最终状态符合适航要求。

1. 飞机系统验证技术

飞机系统验证技术主要包括计算模拟、物理试验和理论分析三个层面,涉及性能计算、载荷计算、强度计算、疲劳分析,试验室试验、地面试验、飞行试验、模拟器试验和安全性分析方法等内容。例如,飞机系统常用的薄壁结构容易受到各类失效模式的影响:静态或动态过载、屈曲、疲劳、冲击等导致的损伤或断裂。飞机结构验证的目的:研究在任何临界载荷条件下,这些模式是否会导致结构失效。飞机的结构验证有严格的适航认证要求,为确保结构满足适航要求,一般需要对不同层级的结构(从全尺寸结构系统到试件级别)开展物理验证和仿真验证。

2. 安全性评估技术

安全性是指在规定的条件下和规定的时间内,系统以可接受的风险执行规定功能的能力。飞机系统承担了飞行操纵控制、仪表与电源、导航与通信、液压与燃油等诸多关键功能,对保障飞行安全至关重要。安全性是通过设计赋予的一种产品特性,是航空器设计必须满足的首要特性。航空器安全性评估技术可分为以下 3 类:①定性评估方法主要包括故障模式与影响分析(FMEA)方法、故障树分析(FTA)方法和共因分析(CCA)方法;②定量评估方法主要包括定量概率评估(QRA)方法、系统模拟仿真分析(SSA)方法、排队论(QT)方法和马尔科夫分析(MA)方法;③综合评估方法主要包括风险评估复验技术(VERT)和概率风险评估(PRA)方法。

3. 试验验证技术

试验验证技术是用于满足试验室试验、地面试验、飞行试验、模拟器试验的需要,如起落架减振试验、风洞试验、全机静力试验、全机疲劳试验、性能试飞、操纵性与稳定性试飞、飞机系统试飞等。

三、维修管理与持续适航

航空器作为高技术集成度的产品,其全寿命周期内涉及设计、制造、使用和维修 4 个重要环节,有效的维修对于保持航空器持续、安全和可靠运行具有举足轻重的作用。

1. 航空器维修理论

在航空维修历史上,早期占据核心地位的是"以预防为主"的维修思想,人们称之为传统维修理论。所谓以"预防为主"的维修其实就是"单一定时"的维修,它的理论基础是"浴盆曲线"可靠性模型。在新一代飞机研制中,人们进一步发展以可靠性为中心的维修(RCM)理论。它从航空器的整体可靠性出发,根据故障后果来确定预防性维修工作,因而能辩证地对待定时维修,科学地规定安全寿命。

2. 维修与持续适航文件体系

从适航管理的阶段来划分,一般可分为初始适航管理和持续适航管理。初始适航管理是对航空器设计与制造的控制;而持续适航管理是指在航空器投入使用以后,民用航空管理部门依据航空器使用、维修等方面的标准程序而进行的管理,使得航空器保持规章要求的安全水平,保证航空器能始终处于安全运行状态。因此,持续适航管理是对航空器使用与维修的控制。持续适航体系的输入包括:

(1) 运行中反映的信息,如事故报告、维修信息、飞行员报告等。

(2)设计制造中反映的信息,如设计分析复查、飞行试验、质量问题等。

(3)适航部门发布的信息,如事故/事件通告、适航指令等。

由此可见,维修信息是持续适航体系的输入之一。持续适航体系的输出主要是解决两个问题:一是是否需要通过采取适航行动来控制飞机的适航风险水平;二是何时采取适航行动。

3. 维修新技术

在20世纪60年代以后,随着RCM理论的出现和发展,维修技术的范围逐步扩展到对整个航空器的性能和系统进行监测和检查,维修技术的重点也转移到检查和监测技术上,如无损检测技术(NDT)、机载维护和监测系统、发动机监测技术与系统。无损检测、飞行参数监控和发动机参数监控技术是实现"绿色维修"的重要手段。随着新技术、新材料和新设备日益广泛应用于现代各类航空器,有诸多新的维修问题有待深入研究,如先进技术系统与人员素质、航空维修质量管理体系、复合材料结构的检查和修理、多重损伤和飞机系统安全性等。

第三节 机场与空域运行安全

机场和空域运行安全是保障航空交通安全的重要方面。国际民航组织(ICAO)在《全球航空安全计划》(GASP)提出了持续改进航空安全的全球战略,其愿景是到2030年及以后实现并保持商业运行零死亡的理想安全目标。ICAO附件19《安全管理》要求各国制定国家安全方案(SSP)并实施基于风险的安全管理,以衡量和监测一个国家的民航系统的安全绩效和实现国家安全目标的进展。在这种情况下,国家的作用演变为建立和实现安全绩效目标,以及有效监督其服务提供者的安全管理体系。

安全风险管理(SRM)是安全管理的重要组成部分,它包括危险识别、安全风险评估、安全风险缓解和风险接受。安全风险管理是一个持续的活动,因为航空系统不断发生变化,可能引入新的危险,并且一些危险和相关的安全风险可能会随着时间而改变。此外,必须对所实施的安全风险缓解策略的有效性进行监测,以确定是否需要采取进一步行动。

《中国民航航空安全方案》依据ICAO附件19《安全管理》的要求,以及ICAO《安全管理手册》(Doc 9859,第3版)的编写指南,充分考虑了中国民航实际情况,制定了较为全面的中国民航国家安全方案四大框架(安全政策和目标、安全风险管理、安全保证、安全促进)及各个要素的现状和需要完善的内容。

一、危险识别

ICAO在《全球航空安全计划》(2023—2025年)(Doc 10004)中定义了以下全球高风险事件类别,包括:有控飞行撞地、飞行中失控、空中相撞、跑道偏冲和跑道侵入。同时,在ICAO《全球航空安全路线图》(Doc 10161)中明确了针对每一类风险事件的特定安全提升举措。每项安全提升举措都包括利害关系方可用来制定和实施具体行动计划的一组行动,并作为地区航空安全计划和国家航空安全计划的基础,加强各国之间的协调。

中国民航规定安全管理部门和安全相关部门建立并实施了多种危险源识别的程序及方法,针对本部门运行实际,定期开展危险源识别工作,识别对安全有影响的危险或隐患,同时每年至少进行一次全面的危险源识别,并进行记录。

危险源识别应当从人、机、环、管理等方面入手,以"部门、科室、班组、岗位"为单元,运用各种方法和工具,分析各种可能影响安全的因素,层层识别危险源,并填写危险源控制单。安全管理部门和安全相关部门应当采取以下方法识别危险源:①系统和工作分析。定期对影响安全运行的程序、工作、环境等进行分析,发现系统中存在的安全隐患,分析的内容包括:人的因素、设备设施、工作环境、工作程序、空中交通流量等。②员工安全信息报告。建立内部员工安全信息报告系统,制定鼓励员工报告安全问题的政策和制度。同时,建立安全信息定期分析、发布的方法和渠道,发现安全隐患、沟通安全信息。③在日常运行中发现安全隐患和问题。通过日常的监察、检查等方式,发现运行中存在的安全隐患。④问卷调查、访谈、会议讨论。定期通过发放调查问卷、员工访谈、专家讨论等形式查找运行中存在的安全隐患。⑤内部检查和单位检查。定期实施内部检查和单位检查,系统查找运行中存在的安全隐患。⑥内外部不安全信息的分析和挖掘。对本单位以及单位外部发生的不安全事件进行收集和分析,查找本单位存在的安全隐患。⑦通过安全信息综合分析发现危险源。

安全管理部门和安全相关部门应当在风险评价前详细分析危险源产生的原因或作用机理。主要分析模型包括初始危险源分析、运行安全评估、故障危险分析、假设分析、情景分析、变更分析、因果分析、接口分析、事故/事故征候分析、工作安全分析、能量跟踪与屏障分析、故障树分析等。

二、风险评价

风险评价是指在危险源识别与分析结果的基础上,通过定量或定性方法从风险的后果严重程度和发生可能性两方面入手综合评价风险大小及可接受性。主要分析方法包括专家评估法、统计分析法、评价矩阵法、模糊综合评价法、安全系统工程方法、模拟仿真法等。

风险评价是民航空管部门运行安全评估的重要组成部分。民航空管运行单位应当通过多种手段和途径收集安全信息,第一时间识别影响安全运行的各种变更,并在遇到下列重大变更时,启动安全评估工作:①降低最低飞行间隔;②变更管制方式;③新技术首次应用;④实施新的飞行程序或管制程序;⑤调整空域范围或空域结构;⑥新建、改建、扩建民航空管运行设施设备等建设项目;⑦其他可能影响安全风险水平的情况。

安全评估分为事前评估和跟踪评估两个阶段。事前评估是对预期变更的可行性、安全性和可靠性以及实施后是否会满足预定安全水平的评估,一般包括以下几个步骤:①评估准备;②系统及运行环境描述;③危险辨识;④风险分析;⑤制定风险控制措施;⑥形成安全评估结论与建议;⑦编写安全评估报告。跟踪评估是对预期变更实施后是否满足预定安全水平以及未来安全发展态势所进行的验证和评估。

机场方面,机场管理机构和各驻场单位应当按照相关规定和要求,如实按时报告各类机场运行安全事件信息及其他相关情况,并积极配合民航管理部门做好评估工作。机场分为ABCD四类实施运行安全保障能力综合评估。具体划分如下:A类机场,上一年度年旅客吞吐量大于或等于4000万人次的机场;B类机场,上一年度年旅客吞吐量大于或等于1000万人次,且低于4000万人次的机场;C类机场,上一年度年旅客吞吐量大于或等于200万人次,且低于1000万人次的机场;D类机场,上一年度年旅客吞吐量低于200万人次的机场。

目前,机场运行安全保障能力评估指标体系包括4个严格管理类指标、15个安全管理类指标和6个综合管理类指标,指标权重分配综合考虑该指标对机场运行安全的影响程度等因素。机场运行安全保障能力综合评估结果以机场运行安全保障能力指数为体现形式,满分100分。机场运行安全保障能力指数高于90分(不含)的机场列入绿色区间,低于70分(含)的机场列入红色区间,其余列入黄色区间。

三、风险缓解

机场和空管运行部门,应根据风险评价结果,对不可接受风险制定详细的风险控制计划,明确责任以及所需的各种资源。风险控制计划应当包括以下内容:①风险控制措施及实施步骤;②责任部门及人员;③人员、资金等方面的资源需求;④实施时限;⑤阶段性评估及最终评估的标准;⑥过程监管及最终验收的责任人;⑦相关信息沟通、协调机制。

在制定风险控制计划时应当考虑以下因素:

(1)风险控制措施的分类。风险规避,当没有适当的风险管理措施来降低风险时(无有效措施、措施投入较大或可行性差等原因),可采取限制运行或其他运行方案的方式,防止风险的产生;风险转移,通过合同、协议、规定等形式,将风险的管理职责转移给有能力进行风险管理的组织;风险承担,当风险水平较低,在可接受范围时,可以接受风险发生的可能性和后果,不采取风险控制措施;风险控制,从政策、程序、人员、硬件等方面采取措施,对风险进行管理,将其降低到可接受的范围内。

(2)风险控制措施的效果。风险控制措施包括:工程措施,通过修改设计或加装硬件来消除安全风险;控制措施,通过改进岗位设置来消除安全风险。

(3)成本/效益。风险控制措施所需要的投入及其可能带来的安全收益。

(4)可行性。风险控制措施在现有的人员、技术、经费、管理、法律和规章等方面是否可行。

(5)持久性。风险控制措施能否产生长久的效用。

(6)剩余风险。在实施了风险控制措施后,是否存在未能完全消除的风险。

(7)衍生风险。是否由于实施风险控制措施而产生了新的问题或新的安全风险。

第四节 突发事件应急管理与救援

应急处置能力是民航持续安全运行的重要保障。航空突发事件通常具有突发性、复杂性、多样性、不确定性和次生衍生性等特征。航空突发事件应急管理与救援主要涉及航空器、空管、机场、航空公司、航空旅客及其运行环境等多主体耦合作用下民航突发事件应对机制与处置技术。

一、应急管理体系概述

我国现有民航应急管理体系主要由突发事件应急预案、应急管理体制、应急管理机制和应急管理法制构成,简称"一案三制"。应急预案是应对突发事件的原则性方案,它提供了处置突发事件的基本规则,是突发事件应急响应的操作指南。应急管理体制是开展应急管理工作的组织体系。应急管理机制是对突发事件应对工作运行程序的规定,主要包括:预防与应急准备、监测与预警、应急救援与处置、善后恢复重建等。应急管理法制是应急管理工作所依据的各项法律、法规、制度等的总和。

二、民航应急管理体制

我国民航系统建立了"统一领导、综合协调、分类管理、分级负责、属地管理"的应急管理体制。民航应急管理工作部门包括中国民用航空局、民航地区管理局和企事业单位。民航应急管理工作主要涉及三种情形：①自然灾害、事故灾难、公共卫生事件和社会安全事件都有可能对民航运行安全与正常造成严重威胁或危害。②民航运行过程中出现的不安全、不正常事件可能形成或引发突发事件（航空器突发事件和非航空器突发事件）。③应对突发事件可能需要民航的参与和协助（如航空救援）。民航应急管理职责包括以下三个方面：①防范突发事件对民用航空活动的威胁，控制、减轻和消除其对民用航空活动的危害。②防止民用航空活动发生、引发突发事件，控制、减轻和消除其危害。③协助和配合国家、地方人民政府及相关部门的应急处置工作。

三、民航应急管理机制

根据《中国民用航空应急管理规定》(CCAR-397)，民航应急管理运行机制包括预防与应急准备、监测与预警、应急处置和善后处理4部分，如图5-5-4所示。

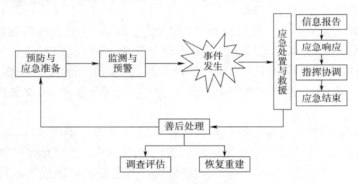

图 5-5-4 民航应急管理运行机制

1. 预防与应急准备

民航应急管理的首要任务是预防突发事件的发生，减少突发事件发生概率和危害程度；其次做好突发事件应对工作准备，一旦突发事件发生能够及时响应和有效应对。主要工作包括制定应急预案，建立健全应急预案体系，建立健全民航应急工作培训制度，定期组织预案演练，开展民航应急工作知识宣传普及活动，成立专职或者兼职应急救援队伍等。

2. 监测与预警

监测与预警工作应当根据突发事件的类别，制定监测计划，科学分析、综合评价监测数据。对早期发现的潜在隐患以及可能发生的突发事件，应当依照相关法律规定的报告程序和时限及时报告。

3. 应急处置与救援

民航应急管理部门应该根据突发事件的性质、严重程度与影响范围，立即启动相关等级应急响应，并根据应急预案组织、指挥或协调应急处置。应急处置措施如下：①组织、协调有关单位、部门、应急救援队伍和专业技术人员实施民航应急处置;②搜寻、援救受到突发事件危害的航空器与人员,开展必要的医疗救护和卫生防疫,妥善安置受到突发事件威胁或影响的人员;③控制危险源,划定并有效控制民航应急处置区域;④启用备份设备、设施或工作方案;⑤抢修被损坏的民航关键设备与重要设施;⑥禁止或者限制使用民航有关设备、设施,关闭或者限制使用民航有关工作、服务场所,中止或者限制民用航空活动;⑦制定并采取必要的次生、衍生灾害应对措施;⑧调集应急处置所需的民航专业人员、物资、设备、工具及其他资源。

4. 善后处理

应急处置结束后,应当按照国家有关规定尽快开展恢复重建工作。具体内容和措施包括:①停止应急处置措施;②进行损失评估;③制定恢复重建计划,支援恢复重建工作,恢复正常社会秩序和公共设施,制定优惠政策;④开展救助、补偿、抚慰、抚恤、安置、心理干预等工作;⑤进行事后调查与总结报告等。

四、民航应急法制

民航应急管理法制体系主要包括国际民航应急管理相关法规和中国民航应急管理相关法规、规章等规范性文件。国际民航应急管理法规主要指《国际民用航空公约》等;中国民航应急管理相关法规、规章主要包括《中华人民共和国民用航空法》《中华人民共和国搜寻援救民用航空器规定》《国家处置民用航空器飞行事故应急预案》《民用运输机场突发事件应急救援管理规则》《中国民用航空应急管理规定》等。

五、民航应急预案体系

应急预案又称应急计划,是针对可能发生的重大事故(件)或灾害,为保证迅速、有序、有效地开展应急救援行动、降低事故损失,而预先制定的有关计划或方案。民航应急预案体系主要包括民航总体应急预案、民航专项应急预案、民航地区应急预案、民航企事业单位应急预案。

六、民航应急救援保障

民航应急救援保障工作就是围绕应急救援各阶段,从民航基础设施、通信系统、应急救援设备及人员队伍、应急救援人员专业素质、新技术应用等方面保障应急救援处置顺利开展。本节重点从应急培训与演练、应急保障新技术介绍。

1. 应急培训与演练

(1)应急培训:应急救援主体机构应使所有相关人员接受应急救援知识培训,掌握灾害的预防和应急反应所需的知识,以减少事故带来的损失。培训内容包括应急救援基础理论、法规规章、技术标准、岗位职责、突发事件应急救援预案、医疗急救常识、消防知识、旅客疏散引导及其他相关技能。培训方式包括课堂授课和虚拟仿真平台等方式开展。

(2)应急演练:机场管理机构及其他驻场单位应当根据应急救援预案的要求定期组织应急救援演练。应急救援演练分为综合演练、单项演练和桌面演练三种类型。综合演练是机场管理机构及其各驻机场参加应急救援的单位、协议支援单位参加,至少每三年举行一次;机场各参加应急救援的单位每年至少应当举行一次单项演练。

2. 应急保障新技术

应急管理综合信息平台是应急管理的一项基础性工作，它是以公共安全科技为核心，以信息技术为支撑，以应急管理流程为主线，软硬件相结合的突发公共事件应急保障技术系统。应急平台建设主要内容包括：①应急指挥场所，包括应急指挥厅、值班室、会议室（会商室）、专家工作室、设备间等。②基础支撑系统，包括通信系统、计算网络系统、图像接入系统、视频会议系统、移动应急平台、安全支撑系统等。③综合应用系统，包括综合业务管理系统、风险隐患监测防控系统、预测预警系统、智能方案系统、指挥调度、应急保障系统、应急评估系统、应急演练培训系统、数据库系统等。

本篇参考文献

[1] 中国民用航空局.民用机场飞行区技术标准：MH5001—2021[S].北京：中国民航出版社有限公司，2021.

[2] 李明捷.机场规划与设计[M].中国民航出版社，2015.

[3] 李文权，杜文.技术站调机运用的图论模型和算法[J].系统工程学报，2000.15(1)：38-43.

[4] 吴家豪.铁路编组站系统设计优化[M].北京：中国铁道出版社，1994.

[5] 曾广位.珠江三角洲经济区铁路发展规划探讨[J].铁道工程学报，1996.49(1)：14-19.

[6] 张务栋，张绍飞，冯春萍，等.中国和外国铁路网发展模式的比较研究[J].世界地理研究，1994.2：1-90.

[7] 钱炳华，张玉芬.机场规划设计与环境保护[M].北京：中国建筑工业出版社，2000.

[8] 朱金福.航空运输规划[M].西安：西北工业大学社出版社，2010.

[9] Sebastian Wandelt, Weibin Dai, Jun Zhang, et al. Towards a Reference Experimental Benchmark for Solving Hub Location Problems[J]. Transportation Science, 2022, 56:543-564.

[10] Yifan Xu, Sebastian Wandelt, et al. Airline Integrated Robust Scheduling with a Variable Neighborhood Search based Heuristic[J]. Transportation Research Part B-Methodological, 2021, 149:181-203.

[11] Yifan Xu, Sebastian Wandelt, et al. A Distributionally Robust Optimization Approach for Airline Integrated Recovery under in-flight Pandemic Transmission Risks[J]. Transportation Research Part C-Emerging Technologies, 2023, 152:104188.

[12] Sebastian Wandelt, Weibin Dai, Jun Zhang, et al. An Efficient and Scalable Approach to Hub Location Problems based on Contraction[J]. Computers & Industrial Engineering, 2021, 151:106955.

[13] Weibin Dai, Sebastian Wandelt, Jun Zhang, et al. Capacitated Air/Rail Hub Location Problem with Uncertainty: A Model, Efficient Solution Algorithm, and Case Study[J]. IEEE Transactions on Intelligent Transportation Systems, 2022, 23(7):8451-8466.

[14] Weibin Dai, Jun Zhang, Xiaoqian Sun, et al. HUBBI: Iterative network design for incomplete hub location problems[J]. Computers & Operations Research, 2019, 104:394-414.

[15] Vaze V, Barnhart C. Modeling airline frequency competition for airport congestion mitigation

[J]. Transportation Science,2012,46(4):512-535.

[16] Zhou L,Liang Z,Chou C A,et al. Airline planning and scheduling:Models and solution methodologies[J]. Frontiers of Engineering Management,2020,7(1):1-26.

[17] Saddoune M,Desaulniers G,Elhallaoui I,et al. Integrated airline crew scheduling:A bi-dynamic constraint aggregation method using neighborhoods[J]. European Journal of Operational Research,2011,212(3):445-454.

[18] Xiaoqian Sun,Sebastian Wandelt,Anming Zhang. Technological and Educational Challenges Towards Pandemic-Resilient Aviation[J]. Transport Policy,2021,114:104-115.

[19] Peter Belobaba,Amedeo Odoni,Cynthia Barnhart. The Global Airline Industry[M]. John Wiley & Sons,2015.

[20] Ian Moir,Allan Seabridge. Aircraft Systems:Mechanical,Electrical,and Avionics Subsystems Integration[M]. Wiley,2008.

[21] 昂海松,童明波,余雄庆.航空航天概论[M].北京:科学出版社,2007.

[22] 宫淑丽.民航飞机电子系统[M].北京:科学出版社,2015.

[22] 李航,叶宝玉.典型民航飞机通信系统[M].西安:西北工业大学出版社,2016.

[24] 周洁敏.飞机电气系统[M].北京:科学出版社,2023.

[25] 刘永学.飞机飞行力学[M].北京:航空工业出版社,2020.

[26] 刘大响,陈光.航空发动机[M].北京:航空工业出版社,2015.

[27] 工业和信息化部装备工业发展中心.中国民用航空工业年鉴2022[M].北京:航空工业出版社,2023.

[28] 刘得一.民航概论[M].4版.北京:中国民航出版社,2021.

[29] 王炜,陈峻,过秀成,等.交通工程学[M].3版.南京:东南大学出版社,2019.

[30] 顾保南,赵鸿铎.交通运输工程导论[M].3版.北京:人民交通出版社,2014.

[31] 于德新.交通工程学[M].北京:北京理工大学出版社,2019.

[32] 任福田,刘小明,孙立山,等.交通工程学[M].3版.北京:人民交通出版社股份有限公司,2017.

[33] 高俊启,徐皓.机场工程概论[M].北京:国防工业出版社,2014.

[34] 中国建筑西南设计研究院有限公司.民用机场航站区规划与航站楼设计[M].北京:中国建筑工业出版社,2019.

[35] 刘武君.航站楼规划[M].上海:上海科学技术出版社,2017.

[36] 上海民航新时代机场设计研究院有限公司.民用机场目视助航设施工程质量验收规范[M].北京:中国民航出版社有限公司,2022.

[37] 张召悦.空管监视技术[M].北京:国防工业出版社,2017.

[38] 杨太东,张积洪.机场运行指挥[M].北京:中国民航出版社,2008.

[39] 吴薇薇,朱金福,白杨,等.民航运输概论[M].北京:科学出版社,2022.

[40] 俞桂杰.航空公司航线决策中的旅客需求研究[D].北京:中国民航大学,2007.

[41] 耿淑香,李桂进,黄为.航空公司运营管理方略[M].北京:中国民航出版社,2000.8.

[42] 都业富.航空运输管理预测[M].北京:中国民航出版社,2001.2.

[43] 吴薇薇.航空运输经济学[M].北京:科学出版社,2014.

[44] 朱金福.航空运输组织[M].北京:科学出版社,2018.

[45] 荣朝和.西方运输经济学[M].北京:经济科学出版社,2002.

[46] 刘之光.民用航空基础经济学[M].北京:中国民航出版社,1995.

[47] 中国民用航空局.基于机场运行效率分析的 A-CDM 经济效益评估报告[R].2021.

[48] 曾小舟.机场运行管理[M].北京:科学出版社,2017.

[49] 尹嘉男,马园园,胡明华.机场飞行区资源调度问题研究(一):基本概念与框架[J].航空工程进展,2019.10(3):289-300.

[50] 张兆宁.动态容流调配及跑道配置决策模型[J].中国科技论文,2018,13(19):2208-2213.

[51] 潘怡凡.基于STN的航班机坪地面保障作业优化调度研究[D].南京:南京航空航天大学,2021.

[52] 胡明华.空中交通流量管理理论与方法[M].北京:科学出版社,2010.

[53] 胡明华,张洪海.世界空管发展概况及趋势[M].北京:科学出版社,2017.

[54] Order JO 7110.65AA, Air Traffic Control[S]. Federal Aviation Administration,2023.

[55] Annex 11, The Convention on International Civil Aviation: Air Traffic Services[S]. International Civil Aviation Organization,2001.

[56] ICAO Doc 4444 ATM/501, Procedures for Air Navigation Services: Air Traffic Management[S]. International Civil Aviation Organization,2016.

[57] Opinion No 03/2018, Requirements for air traffic services[S]. European Aviation Safety Agency,2018.

[58] EU2017/373, Requirements for air traffic services[S]. European Commission,2017.

[59] 董襄宁,赵征,张洪海.空中交通管理基础[M].北京:中国民航出版社,2022.

[60] 邵荃.机场安全管理[M].北京:科学出版社,2018.

[61] 钟科,温宝琴,吴巧洋,等.民航安全管理[M].北京:清华大学出版社,2017.

[62] [美]Alan J. Stolzer, Carl D. Halford, John J. Goglia.民航安全管理体系[M].李继承.北京:中国民航出版社,2012.

[63] 吴海桥,王华伟.民用运输类飞机适航性验证技术[M].北京:科学出版社,2017.

[64] 蔡景,许娟,刘明,等.民用航空器适航管理[M].北京:北京航空航天大学出版社,2018.

[65] 李昂,降邵华,杨新湜.民航概论[M].4版.北京:中国民航出版社,2020.

[66] 范维澄,闪淳昌.公共安全与应急管理[M].北京:科学出版社,2017.

[67] 孙佳.民航安全管理与应急处置[M].北京:中国民航出版社,2012.

第六篇

水路交通运输系统

第一章 水路交通运输系统概述

第一节 水路交通运输系统的内涵及特征

一、水路交通运输的内涵

水路交通运输是以船舶、排筏和其他浮运工具,以港口或港站为运输基地,以海洋、江、河、湖泊以及其他人工水道为运输活动范围,运送旅客与货物的一种运输方式。

水路运输可分为内河运输和海洋运输两大类,海洋运输又可分为沿海运输和远洋运输。

水路运输具有点多、面广、线长等特点。通过内河运输和海洋运输将内陆经济腹地与世界连通,使处于运输交汇口的港口城市产生了内陆经济腹地和国际港口城市两个宽阔的辐射面。联江通海的水路运输线路长,沿线站点多,是水路运输为腹地的经济建设提供运输服务的有利条件,水路运输对国民经济发展具有重要作用。

水路运输可充分利用江、河、湖、海的天然水资源,与其他运输方式相比,具有运距跨度大、运输量大、水运价格低廉、对运输货物适应性强的优点。因此,在各种货物运输方式中,特别是国际货物运输中,水路运输是最主要的一种运输方式。

二、水路交通运输的特征

1. 运输工具的装载能力及线路的通过能力大

水路运输的载重量之大是其他运输方式所无法比拟的。在海洋运输中,超巨型油船的载重量达50万t,矿石船载重量达40万t,集装箱船载重量达22万t。

水路运输线路的通过能力大。海上运输利用天然航道,海运航道的通过能力几乎不受限制。运输条件良好的内河航道通过能力也非常可观,中国的内河航道,特别是如长江、珠江等主要的内河航道,经过多年的建设和改造,运输条件得到了极大的改善和提升。以长江为例,长江航道是中国内河航道中最繁忙、运输量最大的航道之一,2023年长江干线港口完成货物吞吐量38.8亿t。

2. 运输成本低

虽然港口建设项目多、费用大,水运的站场费用较高,然而水路运输成本明显低于其他运输方式,主要是因为船舶的运载量大,运输里程远、路途运行费用低。运输成本水平受诸多因素影响,以运输距离为例,终端作业成本的比重随着运输距离的增加而下降,对水运的影响最大,铁路次之,公路最小。

3. 土地占用少,线路投资省

水路运输主要利用天然航道,投资省。海上运输航道的开发几乎不需要支付费用。内河虽然要花费一定的开支对航道进行整治、维护、设置航标等,但比修铁路的费用小得多。

据初步测算,开发内河航道每公里投资仅为铁路旧线改造的1/5,或新线建设的1/8。

4. 能源等资源消耗少

在各种运输工具中船舶主机功率的热效率是最高的。中低速柴油机是船舶主要采用的主机,其中低速机热效率最高,一般可达40%~50%,而汽油机热效率仅为30%,因此,船舶单位能耗低于火车,更低于汽车。

5. 环境影响小

与铁路、公路运输相比,水运对环境的影响较小。相关研究分析表明,公路运输对环境的污染最为严重,船舶除在PM10的污染方面占约10%外,其他方面如铅污染、有机化合物污染、氮氧化物、一氧化碳等很小,几乎可以忽略不计。

6. 运送速度慢

船舶体积较大,水流阻力高,所以航速较低。一般一艘船只的行驶速度只能达到40km/h,比火车和汽车运输慢得多。

7. 机动性差

从运输的经常性看,铁路是唯一几乎不受季节和气候的影响的运输方式,其他运输方式均受影响。水路的外界营运条件复杂,受自然条件和地理位置限制大,且往往需要公路予以接应,运输的机动性较差。

三、水路运输在国民经济发展中的地位和作用

(一)水路运输在国民经济中的地位

水路运输在国民经济中具有重要的地位。水路运输以其低成本、大运量和长距离等优势,在物流领域中占据着重要的地位。

同其他运输方式一样,水路运输本身具有的基础设施并不生产有形的产品,而是为产品在商业流通中提供运输服务。这个特殊性使水上运输业不仅是服务部门,而且又是国民经济的基础产业,如水路运输中的航道,水中建筑物如堤坝、港池、锚地及港口设施等都表明了水路运输是国民经济的基础产业部门,这个基础产业具有资本密集、技术密集、劳动密集、信息密集的特征。

水路运输是国际贸易的重要支撑。在全球化和国际贸易不断发展的背景下,水路运输作为国际贸易的主要运输方式之一,承担着大量的进出口货物运输任务。水路运输的发展不仅促进了商品和货物的流通,也推动了国际贸易的增长,为国家经济的发展做出了重要贡献。

(二)水路运输在国民经济发展中的作用

水路运输是增进人类全球性经济联系的纽带。水上运输通过越洋通海联河的运输,将世界各地连成了一片。进入21世纪,在航空仍不能解决大批量货物运输的现实情况下,量大价廉便捷的海上运输仍是联系全球性经济贸易的主要方式,承担着全球性、区域间的货物运输,成为世界经济全球一体化和区域化服务的运输纽带。

1. 水路运输对国民经济发展的促进作用

水路运输不仅与造船业、建筑业、制造业及其他产业部门密切相关,更与金融业、保险业密切相连,它的发展为经济贸易起服务保障作用,促进了国民经济的发展。海运承担了我国

约95%的外贸货物运输量,为保障国民经济和对外贸易发展发挥了重要的"压舱石"作用。世界上航运发达的航运中心常常也是当地经济、贸易、金融中心的实例雄辩地证明了水路运输对国民经济发展的重大促进作用。

水路运输通过国际航运对发展国家外向型经济发挥了基础性作用。水路运输系统中良好的港口基础设施和航运服务质量是吸引国际资本的重要条件,对国家经济的发展具有重要的门户作用。由此可见,水路运输在国民经济中具有极为重要的战略地位。

2. 港口和航运业提供现代物流服务成为港口城市经济发展的新的增长点

国际经济一体化趋势的发展促进了国际贸易发展,国际生产分工协作使作为海运转为其他运输方式(陆运、空运或内河航运)的必要过渡点的港口,逐步发展成为区域经济和产业发展的支柱乃至国家贸易的后勤总站。港口作为国际物流链中的技术节点,是货主、货运代理、船东、船舶代理、商品批发零售、包装公司、陆上运输公司、海关商品检查机构等的聚集地。港口发展现代物流具有许多得天独厚的优势,在区域经济发展中举足轻重,尤其是发展外向型经济、临港工业经济的纽带和支撑。反过来临港工业的发展又能够优化港口中转运输产业,促使港口中转运输业的升级,不断为港口发展现代物流注入新的活力。

第二节 水路交通运输系统的构成

水路运输系统由港口、航道、船舶、运输组织、港航服务业、支持保障等组成。

一、港口

港口是水路运输的重要环节,是货物和旅客由陆路进入水路运输系统或者由水路运输转向陆路运输的接口。随着现代物流的发展,现代港口不但是具有仓储运输、商业贸易、工业生产和社会服务功能的现代化、综合性的工商业中心和海陆空联运立体交通运输枢纽,而且也是集物流、商流、信息流和资金流为一体的现代物流中心。

港口水工建筑物和港口水域及陆域设施是水路运输不可缺少的基础设施。港口水工建筑物主要有码头建筑物、防护建筑物、通航建筑物和修造船建筑物四类。港口水域是供船舶航行、运转、锚泊和停泊所用的水面,主要包括港池、回旋水域、进出港航道和锚地等。港口陆域基础设施主要有仓库、堆场、港内铁路与道路、客运站、装卸机械及其他给排水系统、配输电系统、通信、燃料供应等辅助生产设施。

二、航道

航道指具有一定水深和宽度,可供船队行驶的水道。现代的水上航道已不仅是指天然航道,而且包括人工航道,进出港航道,以及保证航行安全的航行导标系统和现代通信导航系统在内的工程综合体。

航道可分为天然航道和人工航道两类。海上航道属天然航道,其通过能力几乎不受限制。但是,随着船舶吨位的增加,有些海峡或狭窄水道会对通航船舶产生一定的限制。内河航道大部分是由天然航道加引航的航标设施构成。内河航道的通行条件有很大差别,反映在不同的通航水深、通航时间和通行方式等。人工航道又称运河,由人工开凿,主要用于船舶通航的河流。人工航道一般都开凿在几个水系或海洋的交界处,以便使船舶缩短航行里程,降低运输费用,扩大船舶通航范围,进而形成一定规模的水运网络。

三、船舶

船舶是水路运输的主要运输工具。各类船舶根据运输对象的不同,在船舶结构和性能方面各具特色。随着船舶技术的提高和水路运输业的发展,船舶正向大型化、自动化、高速化、专业化、智能化的方向发展。

四、运输组织

水路运输组织按船舶的经营方式不同,可分为班轮运输组织和不定期船运输组织。班轮运输是指固定船舶按预先公布的船期表,在固定航线上的挂靠港口之间进行的有规则运输,又称为定期船运输。从事班轮运输的船舶,称为班轮。不定期船运输,又称为租船运输,是相对于定期船而言的另一种航运经营方式,由于这种经营方式需在市场上寻求时机,没有固定的航线和挂靠港口,也没有预先制定的船期表,船舶经营人与需要船舶运力的租船人是通过洽谈运输条件、签订租船合同来安排运输的,故称之为"租船运输"。

五、船舶经营人和港航服务业

船舶经营人是指以自有或租赁船舶从事客货运输的企业或个人。船舶租赁是指船舶所有人不经营船舶的营运业务,而将船舶出租给承租人,由承租人作为船舶经营者经营船舶营运业务。

对于对外贸易货物的国际航运业务来说,还需要货运代理、船舶代理等各种运输服务机构。国际货运代理业是指接受进出口货物收货人、发货人的委托,以委托人的名义或者以自己的名义,为委托人办理国际货物运输及相关业务并收取服务报酬的行业。船舶代理业是指接受船舶经营人或船舶所有人的委托,为其在港的船舶代办在港一切业务的行业。

六、支持保障

水路运输支持保障是为船舶在水上航行、作业等活动提供各种服务和管理,通过基础设施的建设和提升、机制改革、产业服务、国际合作等方面的同步推进等,确保水上交通安全、畅通,保护水域环境清洁,保护船员权益,有效处理应急突发事件,维护国家海洋权益,包括水路运输安全监管保障、航行保障、水上应急保障、船舶引航等。

第三节 水路交通运输系统的发展沿革及趋势

一、水路交通运输系统的发展历程

人类发展水运的历史源远流长,几乎和人类的文明史一样悠久。从石器时代的独木舟到现代的运输船舶,大体经历了舟筏、帆船、蒸汽机船、柴油机船的发展阶段,正在进入新能源船舶时代。人类在古代就已利用天然水道从事运输,最早的运输工具是独木舟、排筏、木船。帆船出现于公元前4000年,15~19世纪是帆船的鼎盛时期。1807年,美国人富尔顿把蒸汽机装在"克莱蒙特号"船上,航行在纽约至奥尔巴尼之间,航速达6.4km/h,成为第一艘机动船。19世纪,蒸汽机驱动的船舶出现后,水路运输工具产生了飞跃。20世纪初,柴油机船问世后,发展很快,到20世纪50年代逐渐取代了蒸汽机船。第二次世界大战结束后,工业化国家经济的迅速恢复和发展,国际贸易的空前兴旺,中东等地石油的大量开发,促使运输船舶迅速发展。

  我国发展水运的自然条件十分优越,大陆海岸线18000多公里,岛屿海岸线14000多公里,天然河流5800多条,总长430000多公里。我们的祖先在很早以前,就在这块兼有大陆和海洋特征的广袤国土上,利用优良的自然条件发展水运。据记载,商代即已出现帆船。春秋吴国阖闾九年(公元前506年),开凿了世界上第一条运河——胥溪,全长约100km。举世闻名的京杭大运河,始于春秋吴国,后经历代特别是隋、元两代大规模开凿,沟通了钱塘江、长江、淮河、黄河、海河五大水系,长达1794km。8~9世纪,唐代对外运输丝绸及其他货物的船舶,直达波斯湾和红海之滨,所经航路被誉为海上丝绸之路。12世纪初,我国首先将指南针应用于航海导航。15世纪初至30年代,明朝航海家郑和率领巨大船队七次下西洋,经历亚洲、非洲30多个国家和地区,成为世界航海史上的壮举。但是明、清时期,由于实行海禁和闭关锁国政策,尤其是1840年鸦片战争后,我国水运事业的发展受到了阻碍。1949年中华人民共和国成立以后,我国水运事业获得了很大的发展。目前,我国商船已航行于世界100多个国家和地区的400多个港口,形成了一个具有相当规模的水运体系,并正以较高的速度向现代化迈进。

二、我国水路运输现状

(一)船舶运输现状

  改革开放以来,我国水运业得到了迅速发展。截至2023年底,全国拥有水上运输船舶11.83万艘,净载重量3.01亿t,载客量81.25万客位,集装箱箱位304.24万TEU。2023年全年完成营业性货运量93.67亿t,完成货物周转量129951.5亿吨公里,完成营业性客运量2.58亿人次,完成旅客周转量53.77亿人公里,完成港口货物吞吐量169.73亿t,完成集装箱吞吐量31034万TEU。

  随着我国市场经济制度的确立和航运市场的发展,我国水运发展呈现出如下特点。

1. 我国港口规模居世界第一

2022年我国港口货物吞吐量和集装箱吞吐量都居世界第一位。在全球港口货物吞吐量前10名的港口中,中国港口有8席;集装箱吞吐量排名前10名的港口中,中国占有7席。

2. 海运船队规模持续壮大

截至2023年底,我国海运船队运力规模达到载重量3.7亿t,居世界第二位。

3. 内河货运量连续多年居世界第一位

2022年全国内河货运量完成47.91亿t,截至2023年底,全国内河航道通航里程12.82万km,居世界第一。长江干线连续多年都成为全球内河运输最繁忙、运输量最大的黄金水道。

4. 科技创新达到世界先进水平

截至2022年,我国累计建成全自动化的集装箱码头14个,还有10余个码头在建。自动化集装箱码头的设计建造技术、港口机械装备制造技术已经达到世界领先水平。截至

2023年底,数字航道已覆盖长江干线2628km。长江数字航道已和汉江、京杭大运河打通,形成干支联通的电子航道网。近年来,我国航运业加快了对绿色清洁能源和绿色技术应用的探索,推动运输工具装备低碳转型和内河航运业节能减排进程。目前,液化天然气(LNG)动力船舶、纯电动船舶、混合动力船舶等在中国内河已开始应用。

(二)港口发展现状

截至2023年底,我国拥有港口生产用码头泊位22023个。其中,沿海港口生产用码头泊位5590个,内河港口生产用码头泊位16433个。

港口作为基础设施行业,经过多年的发展已高度成熟。现阶段,根据地缘地理和区域经济的特征,已形成了五大港口群的格局,自北向南依次是环渤海地区港口群、长江三角洲地区港口群、东南沿海地区港口群、珠江三角洲地区港口群和西南沿海地区港口群。

三、水路交通运输的发展趋势

1. 船舶发展趋势

在经济贸易全球化的今天,运输全球化是必然的趋势,长距离的海上运输促进了船舶大型化、专业化,近年来,铁矿石、煤炭的好望角型船舶的载运量越来越大。

未来船舶将趋向自动化、智能化发展。船舶智能技术将得到更广泛的应用,以提高船舶航行的安全性和效率。船舶制造企业将加大对无人船、自动导航系统、无线通信技术、人工智能、大数据技术的研发和应用力度。

随着人工智能的发展和智能船舶的应用,货运船舶将会逐渐出现少人化趋势,逐步实现深远海、近海、内河船舶谱系化。

随着全球环保意识的增强,对低碳、清洁航运的需求将不断增长。为了减少污染和排放,船舶制造企业将不断探索和采用环保型船舶的设计和制造技术,发展绿色船舶。

2. 港口发展趋势

港口呈现泊位深水化、码头专用化、装卸机械自动化的发展趋势。船舶大型化的趋势对港口航道、水域和泊位前沿的水深提出了新的要求。对流量大而稳定的货物,如散货、石油及其成品油类和集装箱运输,专用码头泊位的产生,以及专用装卸机械自动化程度高,大大地提高了港口通过能力,同时也提高了港口的装卸效益。

3. 航道发展趋势

随着我国经济由高速增长阶段转向高质量发展阶段,航道基础设施建设发展到一定阶段后,航道将由等级提高转向管理服务提升,向智能、绿色、安全、高效的现代化服务方向发展。数字航道、生态航道、智慧航道建设将成为航道建设发展的趋势。

4. 港航服务业态的发展趋势

现代信息技术、人工智能等技术的应用改变了传统的运输经营方式。随着国际互联网和电子商务的发展,一些大型船公司已开展了网上租船、定舱、货物跟踪和港口货物托运、仓储、查询等业务。电子商务的实现,提高了运输商务谈判、信息管理和服务的效率,使客户得到增值服务。

航运公司经营观念从单纯追求利润转变为追求低运输成本和努力为客户提供增值服务,以使自己获得新的生存和发展机会。船方和港方用"顾客至上"的态度争取为货主服务,用运输低成本和高质量吸引货源,由此引起了航运经营观念的大变革。这也是市场经济促使航运经营观念变革的结果。

5. 运输组织发展趋势

多式联运通过一次托运、一次计费、一张单证,由各运输区段的承运人共同完成货物的全程运输。相对传统单一化运输方式,其充分利用不同运输方式的优势以实现合理运输,具有不可比拟的优越性。我国多式联运的模式呈多样化发展,已出现公铁水联运、公水联运、江海联运等组织形式。

6. 支持保障发展趋势

随着总体国家安全观的全面深化,保障水上交通安全已从传统的安全生产层面,拓展到国家经济安全、战略安全层面。利用北斗卫星导航系统、卫星通信与遥感等技术,构建一体化水上交通运输安全保障体系,由事故发生响应向事先预测防控转变是发展趋势。

第四节　水路交通运输系统规制

一、航运政策和法规

航运业是国家产业结构中的重要组成部分,关系到国家政治、经济、国防、外贸和交通建设发展的重要行业,且具有国际竞争的特性,因此,各国政府都非常重视对航运政策的制订,以鼓励本国的航运发展。

航运政策主要包括航运建设政策、航运经营政策、航运管制政策以及航运保护政策。

(一)航运政策的发展沿革

1. 航运保护政策的发展沿革

从航运保护政策发展历史进程看,可以分为保护主义阶段、自由放任阶段和新保护主义阶段三个阶段。

(1)保护主义阶段。早在英国之前,西班牙和葡萄牙曾垄断了海洋航线上的世界贸易,长达100年之久。英国海上力量真正的快速成长始于1651年克伦威尔颁布的航海条例《Navigation Acts》及很多补充法令。英国的航海条例起到了对内保护、对外扩张和打击竞争对手的作用,是当时促进英国商船队增长,确立英国船舶在对外贸易中的垄断地位的重要因素。1660年英国王政复辟以后(查理二世复辟时期),偏袒英国船舶和运输的法律被进一步强化。17世纪和18世纪是冲突多发的时期,其间发生了许多战争,特别是英法之间的战争。这些战争大多是为了获得新殖民地而发起,因此海上力量十分重要。18世纪初,英国只是世界海上力量之一。到18世纪末,它已成为海上力量最强大的国家。这种状况至少一直保持到第一次世界大战(1914—1918年)。

(2)自由放任阶段。从18世纪末到19世纪初,英国保护主义的政策开始发生转变,英国海上力量的持续强盛已不是贸易保护主义政策的结果,而是自由贸易扩张主义政策的结果。航海条例在1841年部分撤销,1853年最终全部撤销。

(3)新保护主义阶段。19世纪后半期,在航运方面各国开始了新的保护主义,主要是政府采取了一些财政补贴的做法,如美国1936年商船法采用的造船补贴和营运补贴。这些保护主义做法在第一次世界大战后最为盛行,至1930—1936年达到高峰。

从航运史实来看,航运政策形态主要有法规约束和财政资助两类,法规约束是政府通过立法和制定规章等方法来实施管理和控制,政府与企业之间无资金流动,仅有立法关系,财政资助是政府向经营者给予直接的或间接的财政补贴。

2. 国际上的航运保护政策

目前,各国都对本国航运业以各种不同方式进行保护。在航运发展初期,为保护本国航运业,一般采取排外政策给外国以特别限制,或者以武力侵略方式侵占他国航运权。进入20世纪,在国际平等原则的压力下,不能设特殊限制,于是各国都对本国航运业另设其他保护政策。这些保护政策可分为两大类:第一类是制定有利于本国航运业的各种法规,其主要目的是保证本国船队的货运优先权,使其获得充足的货运;第二类是采取经济上扶持的做法,即采取各种补贴政策,如造船补贴、航运补贴等。

(二)国际航运有关法规

由国际航运机构和国际海事组织制定并颁布生效的公约是从事国际航运的航运公司必须遵守的法规。除此之外,各个国家均制定了自己的航运法规,约束和规范航运活动。

1. 国际海事公约

国际海事公约是为了统一海事法律规范、保障国际航运的顺利进行而制定的,包括国际海事组织公约、联合国海洋法公约、国际海上集装箱公约、国际航行规则等,这些公约具有广泛的适用范围,为国际航运提供了统一的法律依据。

(1)国际海事组织公约。

国际海事组织公约原称"政府间海事协商组织公约",于1948年3月在日内瓦召开的联合国海事会议上通过。1959年1月,政府间海事协商组织(IMCO)成立,其宗旨和任务是促进各国间的航运技术合作,鼓励各国在促进海上安全、提高船舶航行效率、防止和控制船舶对海洋污染等方面采用统一标准,处理与上述事项有关的法律问题。1982年5月,该组织更名为国际海事组织(IMO)。

(2)联合国海洋法公约。

联合国海洋法公约(United Nations Convention on the Law of the Sea,UNCLOS)内容涉及海洋法的各个主要方面,对内水、领海、临接海域、大陆架、专属经济区、公海等重要概念做了界定,对当前全球各处的领海主权争端、海上天然资源管理、污染处理等具有重要的指导和裁决作用。

(3)国际海上人命安全公约。

国际海上人命安全公约(International Convention for Safety of Life at Sea,SOLAS)是各缔约国政府共同制订的统一原则和有关规则,旨在增进海上人命安全。1914年制定的《国际海上人命安全公约》,标志着航运界有了第一个国际上接受的海上安全标准。

(4)国际防止船舶造成污染公约。

国际防止船舶造成污染公约(International Convention for the Prevention of Pollution From Ships,MARPOL),是为保护海洋环境,由国际海事组织制定的有关防止和限制船舶排放油类和其他有害物质污染海洋方面的安全规定的国际公约。

(5)海员培训、发证和值班标准国际公约。

海员培训、发证和值班标准国际公约(International Convention on Standards of Training,Certification and Watchkeeping for Seafarers,STCW),是为了提高海员素质,保障海上人命和财产的安全以及保护海洋环境而制定的国际公约。

(6)海事劳工公约。

海事劳工公约(Maritime Labour Convention,MLC)的制定是为海员争取更好的工作环境,被称为全球海员的"权利法案",并与SOLAS公约、MARPOL公约和STCW公约共同构成了国际海事组织的四大支柱性公约。

2. 海商法

各国为了规范航运各方的行为,维护当事各方的合法权益,促进航运业发展,都制定了各自的海商法。主要内容包括:

(1)国内港口之间航运活动,只能由本国船队经营,外国籍船舶不得经营(除非由政府交通主管部门批准)。

(2)都声明缔结或者参加的国际条约同该法有不同规定之处,适用于国际条约的规定。特殊声明条款除外。

(3)参照国际公约和国际惯例,对船舶,船员,货运,客运,租船,海上拖航,海难救助,船舶碰撞,共同海损,海上保险,海事赔偿,涉外关系等做了具体规定。

3. 海上交通安全法

为了保障船舶航行、停泊的安全,各国基本上都制定了一部关于航行安全的法规,主要包括:

(1)船舶登记和检验。从事国际航运的船舶必须持有船舶国际证书,或船舶登记证书,并在船舶登记簿中写明下列各项:

①船舶名称,呼号;

②船籍港和登记号码、登记标志;

③船舶所有人名称、建造日期和地点;

④船舶所有权的取得方式和取得日期;

⑤船舶所有权登记日期、船舶建造厂名;

⑥船舶价值、船体材料和船舶主要技术数据;

⑦船舶曾用名、原船籍港、原船注销和中止日期;

⑧船舶共有人的共有情况;

⑨注明光租承租人或船舶经营人的名称、地址、法人代表;

⑩船舶抵押权的设定情况。

检验是指船舶或船上有关航行安全的重要设备必须具有船舶检验部门签发的有效技术证书。

(2)船舶设施上的人员。船舶应当按标准定额配备足以保证船舶安全的合格船员。高级船员必须持有合格职务证书。其他船员必须经过相应的专业技术训练,并配备掌握避碰、信号、通信、消防、救生等专业技术的人员。

(3)对航行、停泊和作业安全保障的规定;对危险货物运输的规定,对海难救助、打捞清除、事故调查、法律责任的具体规定。

《中华人民共和国海上交通安全法》(以下简称《海安法》)是为加强海上交通管理,保障船舶、设施和人命财产的安全,维护国家权益而制定的,于1983年9月2日第六届全国人民代表大会常务委员会第二次会议通过,自1984年1月1日起施行。2021年4月29日,中华人民共和国第十三届全国人民代表大会常务委员会第二十八次会议修订通过《中华人民共和国海上交通安全法》,自2021年9月1日起施行。

4．其他航运法规

（1）对外国籍船舶管理规则。对外国籍船舶的进出港和航行、停泊、信号和通信、危险货物、航道保护、防止污染、消防和救助、海难事故、违章处罚等做了规定。

（2）安全检查规则。船舶安全检查和内容包括：船舶文书、船员证书和配员、船体机电设备、消防救生设备、航行操纵设备、无线电设备、应急设备、防污染设备、安全制度等。

（3）防止船舶污染海域管理条例。各国都规定所有船舶不得在所管辖海域、海港内排放油类、油性混合物、废弃物和其他有害物质。所有船舶都应具备防污文书和防污设备。对油类作业和油污水排放做了严格规定，同时对船舶装运危险货物、排放其他污水、垃圾和废弃物做了明确规定，提出了船舶污染事故的损害赔偿要求。

二、水路运输规制方式

（一）水路运输行政管理

水路运输行政管理包括水路运政、航道行政、港口行政、海事船舶监督、船舶检验、消防、治安、通信导航等管理。

水路运政管理是指各级交通行政管理机关依据国家有关水路运输管理法律法规，培育和规范水运市场，对水运市场秩序实施监督管理的行政行为。包括水路运输市场准入管理、水路运输服务业市场准入管理、水路运输船舶准入管理、国际航运及其辅助业市场准入管理、水路运输市场监督管理等。

航道行政管理是指航道行政管理机关依法对航道进行保护和管理的活动。航道行政管理的内容主要是航道和航道设施的规划、建设、维护、保护以及其他与航道通航条件有关的活动。

港口行政管理主要包括港口规划与建设、港口经营市场管理、港口安全与保护等。

海事船舶监督是指对航海领域中的船舶和航行活动进行管理和监督的行为。其目的是确保船舶和航行活动的安全性、合法性和有效性，以保护海洋环境和维护航行秩序。海事船舶监督通常由政府机构负责，如海事管理部门或海事局，其职责包括执法、监测、培训和协调等方面。

船舶检验是为了船舶的安全航行，有关部门根据船舶安全法的规定，对船体、机器、设备、附属工具及通信设备进行官方检查，以及对持有船级的船舶进行船级检查。

（二）港口国监督

1．港口国监督的含义

港口国监督(Port State Control, PSC)，也称港口国管理。从主管机关与被管理对象的角度，对船舶的管理一般可分为三种：船旗国(Flag State)管理、沿岸国(Coastal State)管理和港口国(Port State)管理。港口国监督是指港口所在国根据有关国际公约规定的标准、本国的规定及区域性协定，对抵港的外国籍船舶所实施的一种监督与控制。实际上也是港口国政府对船旗国政府、船级社、船东在执行国际公约，维护海上人身和财产安全，保护海洋环境方面工作质量的检查与监督，所以被认为是海上安全的最后防线。港口国监督具体是指世界各港口国家主管当局依照国际公约对外国籍船舶实施实际上以确保船舶和人员安全、防止海洋污染为目的，以船员适任、船舶技术状况符合国际公约最低标准为对象的专项检查。最初,PSC检查只是发达国家在严格执行,但近几年随着国际上对低标准船舶退出市场的呼声日益高涨,PSC检查已逐步形成了全球网络。一般都是由各国的海事主管机关来执行港口国监督检查。

2. 港口国监督的目的和意义

港口国监督一方面是限制和消除低标准船舶,保证船舶安全航行和防止船舶对海洋环境污染,另一方面是对船旗国海事当局的制约和补充。

港口国监督对船旗国船舶进行有效管理是必不可少的,在改善国际航运船舶状况、促进航运安全、保护海洋环境等方面越来越发挥出其重要的作用。

三、航运治理体系

我国航运管理机构分为四级:交通运输部、省(自治区、直辖市)、市(自治州)、县(自治县)。2008年,在经历大部制改革、组建交通运输部之后,各地方交通主管部门也纷纷进行调整。就水运管理机构而言,多数省(区、市)维持原状,也有部分变化较大。

(一)交通运输部航运管理机构

交通运输部实行航运管理职能的执行机构主要有海事局、水运局、长江航务管理局、珠江航务管理局和中国船级社。

海事局实行垂直管理体制,履行水上交通安全监督管理、船舶及相关水上设施检验和登记、防止船舶污染和航海保障等行政管理和执法职责。

水运局主要负责拟订水路工程建设、维护、运营和水路运输、水路运政、港口行政、航道行政管理相关政策、制度和标准,起草相关法律、行政法规和规章草案,并监督实施。

长江航务管理局是在原长江航运管理局的基础上于1984年组建的,对长江干线航运行使政府行业管理职能,受交通运输部委托或法规授权行使长江干线航运行政主管部门职责。

珠江航务管理局是中华人民共和国交通运输部在珠江水系的派出机构,对珠江内河行使行政主管部门职责。主要职责为规划、协调、监督、服务。

中国船级社为船舶、海上设施及相关工业产品提供技术规范和标准,并承担入级检验、鉴证检验、公证检验、认证认可和经船旗国或地区政府主管机关授权执行法定检验等业务。

(二)省级水运管理机构

省(自治区、直辖市)级交通主管部门分管辖区内的水路运输行政管理,主要有两种模式。模式一为省交通(运输)厅全面负责省内的航运管理,如广东省交通厅设水运管理处,负责水路运输的行业管理;模式二为省级人民政府交通主管部门直属的行政事业单位具体实施水运管理,这些直属机构名称各异,具体设置也不相同。

(三)市、县级水运管理机构

市、县级的水运管理通常与省级的机构设置相对应,即省级交通主管部门设立相关事业单位进行水运管理的,市、县级也由其交通主管部门下设的运政、航道、地方海事和地方船检"四牌一门"或者"三牌一门"的独立事业单位来进行水运管理。也有与省级机构设置不对应的情况,比如广东省交通厅直接负责省内的水运管理,广州市则成立航务局,对其辖区内的水运行业进行管理。

第二章 水路交通运输系统规划

第一节 水路交通运输系统分析

一、水路交通运输系统分析的流程

水路交通运输系统分析是分析内河水路交通运输或海上交通运输系统的构成要素与要素间的相互关系。其首要任务是确定要素构成、分析范围与目的；其次，需获取有关港口、航道、码头、船舶、货物、设备、运营、安全、环境、管理的数据；然后，构建包括港口水域、内河航道、码头作业区、航线网络、集疏运体系、行政管理机构、航运企业及相关设施设备和关联主体的属性和空间数据的可视化分析平台；接下来，要评估系统的现状、性能、绩效指标，并通过比较性能与基准、行业标准或历史状况，确定系统的优劣和需改进的方向；进一步，分析水路运输需求，预测需求潜力，考虑货物类型、贸易流量、市场趋势和客户诉求等识别运量高峰值、设施瓶颈点和潜在容量约束；再之，评估基础设施（内河航道、港口空间、码头作业区、船闸和航道等）的充分性和效率，评估船舶周转时间、等待时间、拥堵水平和安全措施等，确定水路交通运输基础设施发展建设方案、规划容量和安全性；最后，提出改进水路交通运输系统的建议，制订行动计划，根据可行性、潜在影响和交通运输的整体目标，确定改造升级项目的优先级别。供需分析、通道分析和枢纽分析是水路交通运输系统分析的主要内容。

二、水路交通运输系统供需分析

水路交通运输系统供需分析涉及运输需求和运输供给两个要素，一般程序是：供需现状描述→市场前景分析→需求预测→供给方案评估。

供需现状描述是分析当前的水路客货运输量、客货运输周转量、港口吞吐量、航道客货通过量、航道船舶流量、航道规模与能力等级、港口规模、码头作业能力、码头作业效率、船舶保有量、运输企业规模、行政管理体系、政策法规等。其目的在于揭示水路运输需求的变化，评估航道、港口和码头的服务水平，分析航运企业的规模、船队容量、水路运输基础设施的容量与利用率及适应性，明确供需关系均衡-非均衡的演化及其背后的经济现象与政策体系，分析水路运输系统供需失衡的原因，识别供给短板、容量约束或未充分利用的资源。

市场前景分析是分析市场动态、竞争格局和供应商的市场份额，分析经济社会发展对水路交通运输的需求，评估定价策略、服务差异化和客户偏好，评估监管政策、政府倡议和国际贸易协议对水路交通运输市场的影响。基于人口增长、经济趋势、行业发展和基础设施投资等因素，预测未来的需求与供给。

需求预测是基于经济社会中长期发展指标、国际关系与国际形势、节能环保要求，采用宏观与微观相结合的方式预测水路交通运输的生成量、发生吸引量、客货运输需求的空间分布以及客货的水运通道选择。

供给方案评估阶段，需了解水路交通运输需求的模式与动态，评估经济增长、贸易量、商品流量、人口趋势和客户偏好等，分析特定行业对水路交通运输的依赖度与需求特征，制订改善供需平衡的建议，确定优化资源配置，提高基础设施容量和改善运营效率的策略，制定长期规划方案，吸纳政府机构、港航管理部门、航运公司和行业协会等参与分析，征求他们的意见，验证分析结果。

三、水路交通运输系统通道分析

首先，需获取水路交通运输系统通道的地理数据、航行数据、船舶和港口设施的技术规范等，包括内河水路或海上水路的港口和航道基础设施数据（如：航道长度、等级、通航能力、港口规模、码头水域面积、码头陆域面积、沿线水路运输服务设施数据）、数据主体的空间分布与船舶运动数据、客货流量数据、行业管理条例等。

其次，实施水路交通运输系统通道结构分析与通行能力评估，评估对象包括河流、运河、海上水道与港口的连接方式与连通性、通道长度、宽度、深度以及航道标志和导航设施；评估内容包括船舶的限制、通道容量和瓶颈点、通道能力与通过量、船舶尺寸和运行时间等因素之间的关系以及码头、泊位、装卸设备、储存设施等的能力、效率与瓶颈点。

再次，实施航行安全、环境影响与风险和应急管理分析。评估水路交通运输系统通道的航行安全，分析水深、航道标志、船舶交通管制和安全措施等，分析水路通道中的潜在危险点、航道狭窄或曲折区域以及需采取的改进措施；评估水路通道对水质、生态系统和沿岸地区的生态环境的影响，分析水路通道的环境敏感点，提出减轻环境影响的措施；分析水路通道面临的潜在风险和安全问题，包括船舶碰撞、环境污染、天气灾害等，制定应急管理措施和规划，以应对突发事件，保障通道的安全性和可靠性。

最后，实施绩效评估与规划分析。评估水路交通运输系统通道的绩效指标包括：通行时间、运输效率、容量利用率等。有针对性地制定水路通道的规划与发展策略，包括航道改善、港口设施扩建、通道运行效率优化、船舶技术改进等。

四、水路交通运输系统枢纽分析

水路交通运输系统枢纽分析即全面了解、评估和优化系统的各维度，提供对系统运行和发展的深入分析，推动系统的持续改进和优化，具体任务和目标包括以下几个方面：

（1）分析水路交通运输系统的结构、组成和相关要素，包括水道、港口、船舶、设施和相关基础设施，了解各部分之间的关系、连接和相互作用。

（2）分析水路交通运输需求、趋势和驱动因素，包括货物流量、客运需求、贸易模式和市场需求，评估系统的供给能力和资源利用率，包括船舶能力、港口设施能力、水道通行能力和相关基础设施的状况。

（3）评估水路交通运输系统的绩效，如：效率、可靠性、安全性、环境影响和经济效益等，明确问题、瓶颈和改进潜力所在，提出优化的措施和建议。

（4）评估水路交通运输系统对环境的影响，包括水质、生态系统、空气质量和噪声等，分析环境敏感区域、潜在风险和环境保护措施。

(5)分析水路交通运输系统的基础设施需求,包括对水道、港口、码头、航道设施等的需求,制定基础设施规划和发展策略。

(6)评估水路交通运输系统的安全风险,包括碰撞、沉船、天气灾害等,提出风险管理策略和应急响应计划。

(7)提出政策和法规建议、合理化政策框架、标准和规范。

第二节　航道网规划

一、航道分类、航道等级与通航尺度

1. 航道分类

航道是指为船舶航行所规定或设置(包括建设),能满足一定水深、宽度,具有合适水流条件、不受构筑物限制的三维水体通道,具体可分类如下:

(1)按其形成原因不同,可分为天然航道和人工航道;

(2)按其归属不同,可分为国家航道、地方航道和专用航道;

(3)按其所处地域不同,可分为内河航道和沿海航道;

(4)按其通航条件不同,可划分为常年通航航道和季节通航航道、单向航道、双向航道和限制性航道;

(5)按其经济效益不同,可分为经济航道和非经济航道;

(6)按其通航船舶尺度不同,可分为主航道和副航道。

2. 航道等级

航道等级按其规划、设计的可满载通过的最大代表船型的吨级表示。

3. 通航尺度

通航尺度是航道尺度、航道断面系数、通航净空尺度、船闸有效尺度等的总称,具体定义如下。

(1)航道尺度。

航道尺度即一定水位下航道水深、航道宽度和航道弯曲半径的总称,其随水位涨落而变化。

航道水深是指航道范围内从水面到底部的垂直距离,通常指航道内最浅处从水面到底部的垂直距离,它是航行船舶合理配载、控制吃水、安全航行所不能缺少的指标,分为航道维护水深和航道标准水深。航道维护水深是根据水位、航道变迁和维护能力确定的水深维护指标,而航道标准水深又称最小保证水深,是在设计最低通航水位时,为满足代表船型或船队通航安全须保证的航道最小水深,其标准值不小于代表船型或船队的最大吃水加上富裕水深。

航道宽度是指垂直于航道中心线的航道两边线之间的水平距离,通常指航道最窄处的水平距离,分为航道标准宽度和实际维护宽度。航道标准宽度是指在设计最低通航水位时,代表船型或船队满载吃水航行所需的航道最小宽度,即整个通航期内航道中应保证的最小宽度。在制定航道标准宽度时须综合考虑代表船型或船队的尺度、代表船队的队形、船舶(队)的航行和操纵性能、航道条件、水文、气象等。

航道弯曲半径是指航道中心线的曲率半径,通常指航道中心线上曲率最大处的圆弧半径,而航道最小弯曲半径是指在设计最低通航水位时,应保证航区代表船型或船队安全通过弯曲航段所必需的航道弯曲半径。

在一定保证率的设计最低通航水位下,为保证标准船舶安全通航,航道所必须维护的最小航道尺度称为航道标准尺度,包括航道标准深度、标准宽度和最小曲率半径。同一航道,根据各航段船舶流量、密度等条件,可分段制定航道标准尺度。

(2)航道断面系数。

航道断面系数指最低通航水位时的航道过水断面与标准船舶(队)标准吃水时的船中浸水横断面的面积比,取7最为经济合理。

(3)通航净空尺度。

航道上有水上建筑物、构筑物,如:桥梁、架空电缆和架空管道等,为保证安全航行,须使这些建筑物、构筑物下有一定的安全航行空间,即具有一定的通航净高度和通航净空宽度(简称为通航净高和通航净宽)。通航净高是指适应船舶安全通过的最低高度,通常把跨越航道建筑物、构筑物下缘最低点到设计最高通航水位面的垂直距离,称为通航净高(即设计净空高度),但在实际工作中最高设计通航水位是看不见的,因此在实践中通常把跨越航道建筑物、构筑物下缘最低点至当地零水位面的垂直距离称为通航净高(净空高度)。通航净宽是指在跨越航道建筑物的通航孔两侧墩柱的内空范围内,是船舶或船队安全航行的有效宽度。

(4)船闸有效尺度。

船闸有效尺度指船闸闸室内能满足设计通航标准的有效尺度,包括船闸有效长度、船闸有效宽度、门槛最小水深。船闸有效长度是指闸室内允许船舶(队)安全停泊的长度。船闸有效长度需根据设计船队或其他船舶、船队合理组合的长度并考虑富裕长度确定。船闸有效宽度是指闸室或闸首边墩墙迎水面最突出部分之间的最小距离。门槛最小水深是指设计最低通航水位至门槛顶部的垂直距离。

二、航道网规划

1. 规划目标

从战略角度出发,针对广阔的地域和较长时期,统筹规划,提出未来航道网建设方针及总体航道网层次及结构配置,制定航道网规划方案,并通过系统工程理论及交通规划方法进行论证。根据流域经济社会的发展,结合水资源开发利用,扩展覆盖面,提高通达度,延伸水运服务范围,使规划后的航道能够得到最经济有效的使用。

2. 规划原则

航道网规划的原则包括:有利于优化内河航运网络;有利于完善综合运输体系;有利于水资源的综合利用;有利于产生最佳的社会经济效益。

3. 规划任务

航道网规划任务包括:调研和资料收集,分析主要问题,评价发展现状;根据国民经济发展,尤其是区域经济发展以及区域综合运输发展态势,预测航运需求;针对主要影响因素,探讨解决关键问题的可能性,确定规划原则与目标,制定规划方案和实施步骤,提出为保证规划实施的政策、措施与建议。

4. 规划类型

航道网规划类型,从主体上可分为政府规划和企业规划;从性质上可分为发展规划和建设规划;从规划层次上可分为战略规划、布局规划、总体规划、五年计划和年度计划;从规划空间上可分为全国性规划、区域性规划和单一性规划;从规划时间上可分为短期规划、中期规划和长期规划。

5. 一般程序

(1)确定目标与原则。

符合现有政策法规,与国民经济、社会发展、现有相关规划保持一致,尽量与陆运、空运等其他运输方式协调,发挥综合运输的优势。

(2)预测分析。

①数据调查。收集规划区域内的自然环境、社会经济环境、政策环境、航运网基础设施及运量等信息与数据,进行整理、分析和处理,供各规划阶段的模型调用和分析。

②运量预测。构建预测航道需求模型,实施航道需求预测,具体包括航运生成量预测、航道网 OD 分布量预测、航道网航线流量预测。

(3)方案拟定。

基于预测的航道交通流、航道网布局和航道等级、区域航道现状、规划目标、要点、标准和特殊问题等,初步拟定备选方案,包括新建航道和船闸、扩建航道和船闸以及配套设施方案。此阶段力求充分分析各条航道的承载能力,提出满足未来需求的航道等级方案组合。

(4)方案评价。

基于航道的经济指标、社会指标、技术指标、环境指标等建立综合评价指标体系,开发简便可行的综合评价方法,综合评估上述候选方案的投资额与产出效益。

(5)方案决策。

依据对规划方案的评价结论,基于区域特点和投资规模限制,确定最优或最合适的方案,并进行补充完善,得到能满足未来需求的最终方案,并制定相关的保障对策。

第三节　港口规划与布置

一、任务与目标

全面系统地调查分析港口的发展规模和建设布局,主要任务包括以下几个方面:

(1)通过调查、勘测与定量分析,预测国民经济发展水平和内外贸运输需求,基于综合运输体系发展规划和资源禀赋与生产力布局,合理安排港口的建设数量和选址;

(2)根据客货吞吐量、货物种类及流量流向,确定未来一个时期港口的发展目标、技术路线,提出分区、分期、分阶段的港口建设内容;

(3)根据自然环境条件和港口营运需求,确定港区的平面布置方案。

二、主要内容

(一)港口布局规划

港口布局规划分为全国沿海港口布局规划和区域性港口布局规划。其中,前者又可分为全国沿海港口分层次布局规划、全国沿海主要货类运输系统布局规划、港口资源整合规划。港口布局规划主要目的是：确定港口总体发展方向；明确港口的地位、作用、主要功能与布局；合理规划港口岸线资源；实现区域内港口健康、有序、协调发展；指导区域内港口总体规划的编制。相应的流程是：确定与规划相关的国民经济目标和经济发展政策；明确有关港口建设资金的政策及资金渠道；明确规划责任，确定国家或区域的港口发展总体方针和港口网络结构；进行全国或区域范围的市场调查，预测中长期运输需求；明确运输需求与港口的关系；制定初步的建设投资计划；协调并审核各港口规划；编制港口布局规划文件。

(二)港口总体规划

根据远期、近期客货吞吐量、货物种类及其流量流向的发展，提出港口发展建设的分区、分期、分阶段的具体安排，主要明确未来一个时期内港口的发展方向。如：岸线合理利用、水/陆域等港区内部的合理布局、港口与城市的有机结合等。港口总体规划是城市总体规划的组成部分，可减少港口发展中各方面纠纷，避免不合理和重复建设。

根据交通部1990年颁布的《港口总体布局规划编制方法》，港口总体规划包括：分析和评价港口现状；确定港口经济腹地，预测港口中、长期吞吐量，分析船型发展趋势；对港口所在地区的自然条件进行工程调查；制定岸线利用规划；制定港口水、陆域布局规划，划定港区界限；制定港口配套设施规划；进行环境影响评价，制定港口环境保护规划；提出分期实施安排；发展可能出现的重大技术问题及需要采取的重大技术措施；绘制总体规划布局图；编写总体规划文件，报送国家主管部门和地方政府审查。

(三)港址选择

根据港口的运输任务、挂靠船型、运输特点与地形、地质、水文、气象等自然条件，以及全国港口发展战略、海河岸线资源综合开发利用的要求，从政治、经济、技术等方面综合分析，全面比较，慎重研究，以确定港址选择。好的港址应满足：符合国民经济发展和沿海经济带发展需求，满足全国港口合理布局的要求；经济腹地广阔，与腹地交通联系便利；满足船舶航行与停泊要求；满足岸线及陆域使用要求；满足集疏运要求；满足施工条件要求，有良好的施工场地和施工船舶避风的水域。

(四)港口总平面布置

港口总平面布置包括港口水域布置、港口防波堤及口门布置、港口水深及码头前沿高程确定、码头岸线布置、港区陆域布置及作业区的划分和布置等，应遵循以下原则：应符合国家有关法规和政策；应考虑该水域的风、浪、流、地质等自然条件的影响，满足船舶靠泊、离岸的作业要求；合理利用海岸资源，充分考虑近期和远期建设统筹考虑，留有发展余地；应注意与港区规划协调；应采用较先进装卸工艺、装卸机械的通用性，采用效率高的机械，尽量减少船舶滞港时间，提高码头利用率；应根据装卸工艺，港区自然条件、安全、卫生、环保、防洪、拆迁、土石方工程量和合理利用土地等因素合理确定港区陆域平面布置和竖向设计，并与城市规划和建港外部条件相协调。

(五)港口专业区布置

1. 港区陆域布置

港口陆域布置即合理确定各部分建筑物设施的平面尺度和相互位置，包括生产区(装卸作业地带)、辅助区和生活区三部分。其中,装卸作业地带包括装卸运输机械及码头前沿作业地带、堆场及仓库,如图 6-2-1 所示。另外,合理布设港口铁路、道路、给排水系统、港口供电及通信系统,保证港区正常有序地运营。

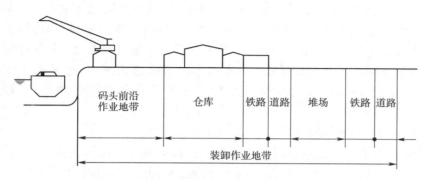

图 6-2-1　装卸作业地带

2. 港口作业区的划分和布置

港口作业区划分和布置的一般要求包括:应考虑风向及水流流向;内部应根据装卸工艺流程和库场、道路等其他构筑物的数量和要求,并适当考虑发展的可能性进行布置;建筑物、构筑物的布置力求紧凑,但应符合规范要求;散货作业区(如煤、矿等)应设在离城市较远处,且为当地常风向的下风向位置;件杂货作业区设在城市沿岸,中转货物作业区设在离城市较远的岸线上;石油作业区应布置在其他作业区的最下游,且为当地常风向的下风向位置。

(六)港口水域与外堤布置

1. 港池布置

港池的形式包括顺岸式港池、突堤式港池、挖入式港池三种。

(1)顺岸式港池是顺岸码头前供船舶靠、离作业的水域,其前沿岸线与自然岸线大体平行,在河港及部分中小型海港中较为常用。其优点是船舶靠离岸比较方便,港区后方易获得所需的陆域面积,便于布置库场、铁路、道路及有关建筑,装卸作业方便,与后方联系配合密切;其缺点是占用较长的自然岸线,作业区分散,港口高度管理不便。在海港也可采用顺岸式,但岸线较顺直时,必须修筑较长的防波堤。

(2)突堤式港池是突堤码头自岸边伸入水域中。突堤式码头之间的水域称为港池。其优点是占用自然岸线较短,布置紧凑,作业区集中,便于管理;其缺点是码头后方的陆域窄狭,疏运系统布置不便,用防波堤作掩护的海港多用突堤式布置。

(3)挖入式港池是在沿岸陆域内开挖与河道(或海湖)相通的人工水域。其优点是港区集中,管理调度方便,还可获得一定的陆域面积,水域掩护条件好,自然岸线得到充分利用;其缺点是开挖土方工程量大。

2. 防波堤及口门布置

防波堤及口门布置应满足:防波堤轴线和口门布置必须满足船舶出入港口方便且安全;布置防波堤应尽量防止或减少港口淤积及海岸冲刷,防止流冰堵塞港口;防波堤所掩护的水域应有足够和适当的面积;防波堤的布置要因地制宜,避免在水深过大的位置布设;防波堤的布置形式因海岸天然形势而异;口门方向应与进港航道相协调,航道中心线与强浪方向之间的夹角宜为30°~60°;口门应尽可能放在天然水深能满足进港船舶吃水要求的地方,在泥沙运动激烈的地区应放在常见大浪破碎带以外,以减少港口淤积,口门一般位于防波堤突出海中最远、水深最大的地方;口门应有足够宽度,以保证船舶安全进出港口,但也不能过大,一般要求口门宽度为1.0~1.5倍船长;口门数目与航行密度、港口性质等因素有关,一般设1个,有条件时设2个或2个以上;布置堤头及堤轴线时,应注意波浪受防波堤反射的情况,既要防止反射波进入港内,也要防止反射波与原始波在口门外相交,防波堤轴线尽可能取直线,向海方向的平顺凸曲线,不宜过多采用折线。

3. 港内船舶制动水域、船舶回旋水域及锚地布置

船舶制动水域的布置,应在口门内布置3~5倍设计船长的制动距离,制动段一般应布置在口门轴线的直线段上,对于直线段布置有困难的地方,布置在半径不小于3~4倍设计船长的曲线上。

船舶回转水域应设置在方便船舶靠离码头或进出港的地点。其水域可以和航行水域共用。船舶回旋水域的尺度应考虑当地的风、浪、流等条件和港作拖船配备、定位标志等因素。

在港外设置供船舶候潮、待泊、联检及避风使用的为港外锚地;在港池内设置供船舶待泊或水上装卸作业使用的为港内锚地。选择锚地位置时应注意:港外锚地边缘距航道边线不小于2~3倍船长;单锚或单浮筒系泊的港内锚地距航道边缘不应小于1倍船长,而双浮筒系泊时不应小于2倍船宽;港外锚地水深不应小于船舶满载吃水的1.2倍,当波高超过2m时,尚应增加波浪富裕深度。港内锚地水深一般可与码头前沿水深一样;锚地底质以软硬适度的亚砂土和亚黏土较好,其次是淤泥质砂土;应尽量避免在横流较大地区设置双浮筒锚地。

4. 进港航道布置

航道轴线设置以提高船舶进出港安全性和方便性为原则,满足良好的操船作业条件,航道选线时应尽量选择直线,避免"S"形转向;当必须转弯时,转向角控制在30°以内,转弯半径为3~5倍设计船长,另外,还应满足转弯前调整船位的直线段为2~4倍设计船长。若航道转弯超过30°,可加大转弯半径或减小航速或拖轮助航。为防止船舶进入防波堤口门前发生事故,防波堤口门外的航道应在航道中心线的延长线上至少有4倍设计船长的直线段长度。

航道宽度 W 根据航迹带宽度 A、船舶间错船富裕间距 b 和克服岸吸作用的船舶与航道侧壁间富裕间距 C 确定,如图6-2-2所示。

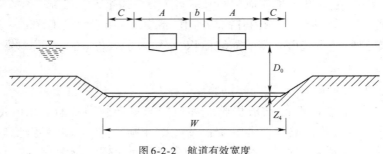

图6-2-2 航道有效宽度

第四节 船队与航线规划

一、船队规划

1. 基本概念

船队规划是依据一定的原则和方法对规划期内的船舶购置、使用、更新和处理做出的系统、动态安排,核心内容是确定船队的规模和结构,包括不同年份的船队船型与数量、应淘汰和增加的船型与数量等,以解决航运企业的中、长期发展问题,目的是指导航运企业调整和改善船队结构,使其适应航运市场的变化,规避风险,最大化营业利润。

2. 影响因素

(1)航运市场需求。航运市场需求是决定性的影响因素,规划的准确性在很大程度上取决于对市场需求的准确判断,主要取决于宏观经济预测、运量和流向分析、航线发展预测、市场对船舶技术要求等分析的准确性。

(2)企业经营环境。企业经营环境包括航运的宏观环境、微观环境。其中,宏观环境也称作总体环境,包括政治法律、经济技术、自然地理等;微观环境又称作行业环境,包括航运政策、法规、港口和航道条件及设施装备、企业之间的竞争和市场占有率因素等。

(3)企业发展条件和发展目标。企业发展条件包括人员素质,船舶数量和水平,资金供应状况,经营管理的理念、方法与水平。企业发展目标包括市场定位、增强竞争实力、提高市场份额、树立企业的良好形象、可持续发展、数字化转型战略等。

(4)船舶的技术经济性能。在确定船队规模后,需对船舶技术经济性能进行评估,以便确定船队最佳的候选船型,主要影响因素包括船舶的技术先进性、航线的适应性、船舶的安全性和可靠性以及船舶的经济性。

(5)航运管理者的风险偏好。船舶具有价格昂贵、投资回收期长等特点,在船队规划过程中,航运管理决策者对未来风险的保守或者激进的态度以及对各方案后果的偏好会在很大程度上影响船队规划决策结果。

3. 规划内容

船队规划的核心是确定船队的规模和船队的结构,具体如下。

(1)确定船队规模。船队规模通常指运输船舶总吨位,主要由船队中船舶的数量以及单艘运输船舶的吨位决定。航运企业多采取谨慎发展的经营战略,船队规模一般不会很大,一些航运集团或跨国公司也是分阶段逐步扩大船队规模。扩大船队规模的途径主要有:租船方式、购置旧船方式以及订造新船方式。

(2)确定船队结构。船队结构指航运企业所拥有的营运船舶在船类、船型、吨级、船龄及技术状况等方面的基本特征和组成状况。合理的船队结构应满足:船舶类型、数量和吨级要适应国际航运市场的需要;船舶技术性能应达到世界先进水平;船舶的单位运输成本水平应有利于市场竞争。

4. 规划过程与方法

典型的船队规划是一个包括多环节反复循环的过程,船队发展规划既是循环的起点,又是循环的终点,每一次循环都力求更符合船队规划的原则和目标。

船队规划需要综合考虑宏观政策和微观环境,对未来航运市场需求做出精准预测,结合企业自身的条件和未来的发展目标,对备选船型进行技术经济评价,还要综合考虑新造船市场和船舶租赁市场的行情进行财务评价和盈亏平衡分析,且需要考虑多种因素变化对于船队规划结果的影响,最后确定合理的船队规模和结构。

二、航线规划

1. 班轮航线系统定义、特征及构成

(1) 定义。

集装箱班轮航线是一种定期、定线、定点的海上运输线路,班轮沿着航线在港口之间运输集装箱。

(2) 特征。

班轮航线运营特征包括以下几个方面。

①规律性。班轮按固定的时间表和航线运行,规律性强。

②稳定性。航线系统运营稳定,为客户提供可靠、持续的海运服务。

③高效性。航线系统注重运营效率,通过优化船只调度、港口作业和客户服务等环节,提高运输速度,降低成本。

(3) 构成。

班轮航线系统主要由以下几个部分构成。

①班轮船舶。班轮船舶是系统的核心部分,其大小、类型和设计都影响系统的运输能力和效率。

②港口码头。港口码头是集装箱装卸地点,也是船舶停靠点,其设施和管理能力极大地影响系统的运行效率。

③班轮航线。班轮航线是船舶的行驶路线,通常根据经济效益、安全性和其他因素来确定。

④班轮船期表。班轮船期表是船舶行驶的时间安排,包括出发时间、到达时间和停靠时间。

2. 班轮航线系统设计问题

班轮航线系统设计问题的本质是以运营成本最低或收益最大为目标,优化决策系统内的各关键要素,确定最佳的系统运营方案。具体涉及如下几个问题。

(1) 航线设计,即确定靠泊港口选择、靠泊顺序。需要考虑各港口货物需求、港口设施、距离、时间等,以及海洋和大气状况等因素。

(2) 船队设计与调度,即确定所需的船型与数量。需要考虑货物需求、成本与可用性等因素,同时需要考虑天气变化、港口拥堵等不确定性,需要考虑扩容与淘汰问题。

(3) 服务频率与访问时点选择,即确定发货频率。需要考虑货物需求、市场竞争、客户满意度等因素,以及考虑到港时点对贸易活动周期的影响。

(4) 舱位分配,即合理地分配集装箱在货舱内的位置。需要考虑集装箱尺寸、重量、类型、目的地等因素,同时需要考虑货物稳定性、装卸效率、安全等因素,以及考虑如何将有限的舱位划分给不同的运输需求。

3. 班轮航线系统设计模型

班轮航线系统设计模型要同步优化航线网络、船队设计、船舶调度与舱位分配。为此，需把"环"作为航线网络的基本单元。例如，航线网络"A-B-C-B-E-A"由 A-B-E-A 和 B-C-B 两个环形子航线构成。环还与船舶选型有关，例如，可以仅用 V1 型船舶运营 A-B-E-A 和 B-C-B 两个环，也可以可使用 V1 型船舶和 V2 型船舶分别运行环 A-B-E-A 和环 B-C-B。下文中的环，均为此类"考虑船型差异环"的环。令 $G=(N,A)$，N 为备选港口集、$(i,j) \in A$ 为港口间的航段集。航线设计问题便是在 $G=(N,A)$ 中筛选若干环 $s \in S$ 构造航线网络，S 为所有环构成的集合，令 0-1 决策变量 y_s 表示是否采用环 s 来构造航线网络。此外，令 $v \in V$ 表示船舶类型、u_s 表示环 s 所配置的船舶的载货量（单位：TEU）、m_v^s 表示环 s 所配置的 v 型船舶的数量。假定船舶的访问频率为每周 1 班，则可基于 v 型船舶的经济航速确定 m_v^s。另外，航线网络中各航段 $(i,j) \in A$ 的运力约束为式(6-2-2)，其中 δ_{ij}^s 表示环 s 是否包含航段 (i,j)，u_{ij}^s 表示在环 s 中航段的运输能力。

$$u_s y_s \delta_{ij}^s = u_{ij}^s \quad s \in S, (i,j) \in A \tag{6-2-1}$$

$$\sum_{k \in K} x_{ij}^{ks} \leq u_{ij}^s \quad s \in S, (i,j) \in A \tag{6-2-2}$$

$$\sum_{s \in S} \sum_{j:(i,j) \in A} x_{ij}^{ks} - \sum_{s \in S} \sum_{j:(j,i) \in A} x_{ji}^{ks} = \xi_i^k \quad i \in N, k \in K \tag{6-2-3}$$

$$\xi_i^k = \begin{cases} q_k & \text{如果港口 } i \text{ 是需求 } k \text{ 的始发港} \\ -q_k & \text{如果港口 } i \text{ 是需求 } k \text{ 的目的港} \\ 0 & \text{其他} \end{cases} \tag{6-2-4}$$

$$x_{ij}^{ks} \geq 0 \quad (i,j) \in A, k \in K, s \in S \tag{6-2-5}$$

设 K 为运输需求集合，$k \in K$ 为始发港 o_k 到目的港 d_k、运输量为 q_k 的运输需求。决策变量 x_{ij}^{ks} 表示在航段 $(i,j) \in A$ 上经环 s 的运输需求 k（单位：TEU）。网络中货物流量的约束为：式(6-2-1)表示若采用环 s，且航段 $(i,j) \in A$ 在环 s 中，则其上的航段容量为 u_s，否则为 0。式(6-2-2)为环 s 上航段 $(i,j) \in A$ 的总运输量不超过运输能力 u_{ij}^s；式(6-2-3)为港口 i 各类需求流量应守恒，其中 ξ_i^k 如式(6-2-4)所示。ξ_i^k 表示港口 i 对运输需求 k 的运出量与运入量之差，若 i 为始发港则为 q_k，若 i 为目的港则为 $-q_k$，若 i 为途径港则为 0。基于上述约束，可建立航线系统优化问题的数学模型。模型目标为最小化系统总成本[式(6-2-6)]，在满足所有运输需求的前提下，确定航线网络、舱位分配方案与船舶配置方案。系统总成本中，c_s 为 s 的运营成本，c_{ij}^k 为需求 k 通过航段 $(i,j) \in A$ 的单位成本。这是一类混合整数规划问题，但给定"环"的选择方案后，模型等价于一个多商品流问题。此外，这里假定系统中所采用的船型的运力足够满足要求，加之在 S 中我们总是可以找到一个串联所有港口满足式(6-2-1)~式(6-2-5)，因此，该模型至少存在一个可行解。

$$Min: \sum_{s \in S} c_s y_s + \sum_{k \in K} \sum_{(i,j) \in A} c_{ij}^k \sum_{s \in S} x_{ij}^{ks} \tag{6-2-6}$$

$$S.T.: 式(6-2-1) \sim 式(6-2-5)$$

4. 班轮航线系统的效益分析与综合评价

班轮航线系统的效益分析与综合评价可以从以下几个方面展开。

（1）经济评估。经济评估是指收入来源、成本、市场需求和供应链效率分析，基于历史数据分析、趋势预测、成本-效益分析、回归分析、灰色预测、关键绩效指标等方法。收入来源包括运费、燃油附加费、集装箱使用费和其他附属费用；成本分析包括船舶成本、港口和码头成本和间接成本;市场需求包括全球和地区的航运需求趋势,供应链包括港口周转时间、多式联运连接的可靠性和潜在中断的影响。

(2)收入评估。收入评估是指评估运费、辅助收入和收益管理策略,采用市场调查、数据分析、相关性分析、定价模型等方法。运费是航线的主要收入来源;辅助收入包括集装箱使用费或增值服务;收益管理策略包括动态定价策略或差别定价策略。

(3)成本评估。成本评估是指提供船舶成本、港口和码头成本和间接成本的明细,采用成本分析法、敏感性分析、博弈论、流程再造等方法。船舶成本包括燃料成本、维修成本和折旧成本;港口和码头成本包括港口费用、码头装卸费用和港口集装箱运输成本;间接成本包括行政、销售和营销成本。

(4)供需分析。供需分析是指评估市场趋势和竞争分析,采用市场调查、数据分析、相关性分析、SWOT分析等方法。市场趋势包括全球制造活动或消费模式的变化对航运需求的影响;竞争分析包括潜在的竞争威胁和机遇以及竞争对手的优势和劣势。

(5)运营效率。运营效率是指评估船队管理、集装箱周转时间和技术整合,采用运营管理理论、信息管理理论、线性规划、6-Sigma、成本—效益分析等方法。船队管理包括有效利用和部署船只的战略;集装箱周转时间包括港口集装箱运输的效率和库存资金的释放;技术整合包括数字化转型措施对运营效率的影响,如人工智能和物联网等技术。

(6)风险评估。风险评估是指评估经济风险、环境和监管风险和供应链风险,采用风险管理理论、法律分析法、情景分析、压力测试、蒙特卡洛模拟等方法。经济风险包括燃料价格和汇率波动等因素;环境和监管风险包括新环境法规或合规要求变化带来的潜在风险;供应链风险包括自然灾害、政治动荡或供应商不可靠造成的风险。

第五节　水路交通运输系统战略规划

水路交通运输系统战略规划从宏观、全局的角度出发,系统性地制定水路交通运输系统长期发展的方向和目标,制定未来一定时期内水路交通运输基础设施建设、船舶船队、航运服务、管理体制、技术创新等方面的重点任务和措施。

一、规划的时间维度与空间尺度

水路交通运输系统战略规划分为短期规划和长期规划。其中,短期规划涵盖未来3~5年,规划方案具体、可操作,注重推动重点项目实施和业务提升;长期规划是涵盖未来10年甚至更长的时间,更具战略性和前瞻性,注重对水路交通运输系统发展宏观指导,需考虑社会经济发展、技术进步和产业趋势等。

在两个时间维度上,根据空间尺度不同又可分为全国性、区域性、港口水运、内河水运和水运企业等战略规划。根据范围和层次的不同,它们可以有不同的重点和侧重方向,但目的都是推动水路交通运输系统的高效、安全和可持续发展,提升水路交通运输的综合效益和服务水平。其中,全国性战略规划由国家交通运输主管部门制定,涵盖全国,是对国家水路交通运输系统发展的宏观指导,内容包括基础设施建设、港口发展、航运服务、水运管理等;区域性战略规划针对特定地区(如省、自治区、直辖市)的水路交通运输发展,由地方政府或交通运输主管部门制定,旨在推动地区水路交通系统的协调发展;港口水运系统战略规划侧重特定港口发展,包括港口基础设施、港口物流体系、港口航运服务等方面的规划;内河水运系统战略规划针对特定河流水域的交通运输,内容包括内河航道改善、船舶通行条件提升的规划等;水运企业战略规划由具体水运企业自己制定,包括航线规划、船队结构优化、服务水平提升等方面的规划,旨在指导企业的发展方向和战略决策。

二、规划的要素与内容

在上述分类体系下,水路交通运输系统战略规划包括:发展环境分析、战略定位与战略目标确定、实施路径分析与评估、编制战略规划报告等。其中,发展环境分析是全面分析水路交通运输系统所处的外部环境,包括政策法规、经济发展、社会需求、技术进步、市场竞争等分析以及对未来发展趋势的预测;战略定位与战略目标确定即明确水路交通运输系统的目标市场、服务对象、核心竞争力等,战略定位要与国家、地区的发展战略相协调,符合水路交通运输系统的特点和优势,根据战略定位和发展环境分析的结果,明确水路交通运输系统的长期目标和短期目标;实施路径分析与评估包括水路交通基础设施建设规划、航运服务改进方案、管理体制优化措施、技术创新计划等,同时,要明确资源投入、时间节点和责任主体,形成可行的实施计划。然后,再考虑规划的可行性、可持续性和风险性,综合评估规划方案,发现并解决潜在问题,确保战略规划能够实现预期目标;编制战略规划报告即将上述分析和规划结果整理,形成战略规划报告,作为水路交通运输系统未来发展的蓝图,供相关部门和企业参考和执行。

三、理论基础与方法

PESTEL 分析法也称大环境分析方法,即分析政治(Political)、经济(Economic)、社会文化(Sociocultural)、技术(Technological)、环境(Environmental)和法律(Legal)6 个外部要素。在水路交通运输系统战略规划的过程中,SWOT 分析法主要用于评估宏观环境和系统内外部因素,描绘出系统面临的优势(Strengths)、劣势(Weaknesses)、机会(Opportunities)和威胁(Threats)。STP 分析法主要分析水路交通运输系统的服务对象、目标市场和定位,目的在于确定目标市场和服务定位,包括市场细分(Segmenting)、目标市场选择(Targeting)和市场定位(Positioning)三个关键部分。另外,很多时候还要采用战略管理理论设定系统的战略目标、战略定位、资源配置等明确水路交通运输系统的发展方向和路径,以及基于制度建设理论制定规章制度和管理体;同时,还需要使用技术评估方法评估新技术在水路交通运输系统中的应用潜力,包括数字化、智能化、绿色化等方面,推动系统的科技创新。最后,还需要采用成本效益分析方法评估战略的成本和效益,确保战略的经济可行性。

第三章　港口航道基础设施

第一节　港口水工建筑物

一、港口水域构成

港口水域通常是指港界线以内,供船舶在港口进行锚泊、航行、靠泊、装卸等活动的专用区域,主要包括锚地、航道、回旋水域和码头前水域(港池),如图 6-3-1 所示。

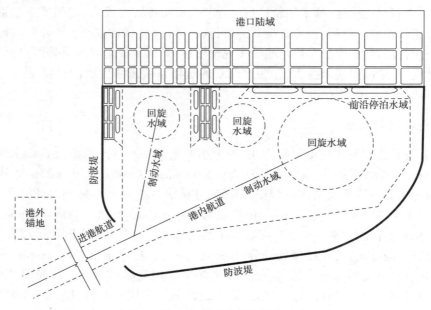

图 6-3-1　港口水域布置图

锚地是供船舶等待靠泊码头、接受检疫、进行水上装卸作业以及避风的指定水域,分为港外锚地和港内锚地,按功能不同可分为候潮、待泊、应急、检验、检疫、避风等锚地。港口通常为装载危险品的油轮等设有单独的锚地。

航道是为船舶进出港口提供特定的安全航行通道。航道是沿海、江河、湖泊、水库、渠道和运河内供各类船舶在适当水位期可安全通航的水域。天然水深不能满足船舶吃水要求时,需要人工开挖。基于航道形态划分,可以分为单向航道、双向航道、复式航道等。

回旋水域是船舶靠离码头、进出港口需要转头或改换航向时使用的水域,其大小与船舶尺度、转头方式、水流和风速风向有关。回旋水域设置在便于船舶进出港和靠离码头的水域,回旋水域的尺度应综合风、浪、流等条件和船舶自身性能以及港作拖轮配备等因素。

码头前水域也称为港池,是供船舶靠离码头和装卸货物用的毗邻码头的水域。港池要有足够的面积和水深,需要风浪较小、水流平稳,常利用天然掩护或修建防波堤等水工建筑物。

二、港口水工建筑物的构成

港口水工建筑物主要分为码头建筑物、防护建筑物、通航建筑物和修造船建筑物四种类型。

1. 码头建筑物

码头通常指形成码头岸线的水工建筑物,包括码头前沿线及陆侧装卸作业地带。码头的主要功能是停靠船舶、上下旅客、装卸货物、船舶补给。码头可分为服务于集装箱、干散货、液体散货等大型专业化码头,以及服务于多货类的件杂货码头、多用途码头、通用码头等。按结构形式不同,其可分为重力式码头、板桩式码头、高桩式码头、斜坡式码头、墩柱式码头和浮码头等,码头的基本形式如图6-3-2所示。

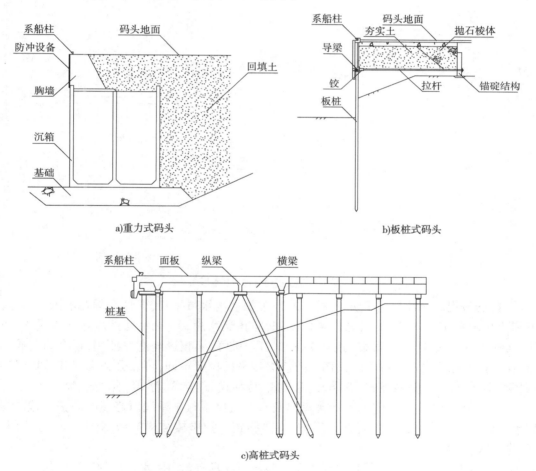

图6-3-2 码头的基本形式

重力式码头主要由墙身、胸墙、基础、墙后回填和码头设备组成。按照墙身结构不同,重力式码头结构可以分为沉箱结构、块体结构、扶壁结构、坐床式圆筒结构和现浇混凝土或浆砌块石结构。

板桩式码头主要由前墙、拉杆、锚定结构、导梁、帽梁和码头设备组成。按照锚定结构形式不同,板桩式码头可以分为无锚码头、单锚码头、多锚码头、遮帘式码头、卸荷式码头等。

高桩式码头主要由上部结构、基桩、接岸结构、岸坡和码头设备组成。按照上部结构的不同,高桩式码头可以分为梁板式码头、多层式码头、无梁板式码头、承台式码头等。

码头建筑物由主体结构和码头设备两部分组成。主体结构包括上部结构、下部结构和基础。

2. 防护建筑物

防护建筑物主要包括防波堤、护岸、潜堤、丁坝等。防护建筑物的基本形式如图6-3-3所示。

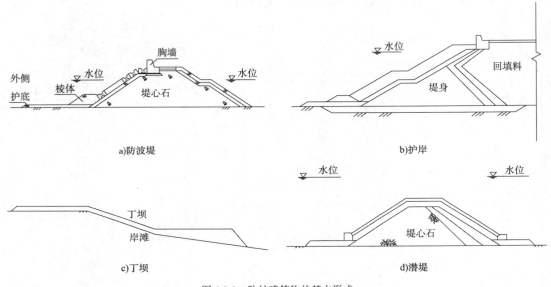

图6-3-3　防护建筑物的基本形式

（1）防波堤。防波堤用于防御波浪侵袭,维护港内水域平稳,保证船舶在港内安全地停泊和装卸作业;还可拦阻泥沙,减轻港内淤积,防止流冰涌入港内。防波堤直接承受波浪作用,建在水深浪大处,施工艰难、造价较高,一旦被破坏,不仅影响港口使用,还会引起码头、修造船、护岸建筑物乃至船舶的损伤。防波堤按平面位置不同,可以分为突堤和岛堤;按结构特点不同,可以分为斜坡式、直立式、混合式、特种式(透空式、浮式、喷气式、喷水式)。

（2）护岸。护岸是在海岸、河岸和湖岸及水库边岸平行于岸线所修建的防护工程,主要用于保护岸上建筑物、设备等,维护岸坡、岸滩稳定。护岸按结构类型不同,可以分为斜坡式、直立式、混合式。

（3）丁坝。丁坝是用于保护岸滩免遭泥沙侵蚀的具有横向阻水作用的整治建筑物,主要用于沙质海岸及河口整治工程,通常用多条丁坝组成丁坝群,结构分为透水和不透水两类。潜堤是淹没在水中具有防浪、防沙和导流作用的防护建筑物,分为斜坡形、矩形、削角形等。

3. 通航建筑物

通航建筑物主要包括船闸和升船机,详见本章第四节。

4. 修造船建筑物

修造船建筑物是船舶建造和修理时所使用的建筑物,是船厂的重要组成部分,主要有船台、滑道、码头、船坞。修造船建筑物的基本形式如图 6-3-4 所示。

a)船台滑道　　　　　　　　　　　　b)船坞

图 6-3-4　修造船建筑物的基本形式

船台是修造船设备与建筑物的专用场地。滑道是一种常用的供中小型船舶上墩与下水的建筑物,可分为纵向滑道和横向滑道。船舶安放在小车上,借助机械设备,使小车沿滑道移动。一条滑道可为若干个船台服务,占用岸线短,工程量少。修造船建筑物中的码头用于舾装、下水、搬运材料时停靠船舶。船坞利用灌排水系统使船舶水下部分露出水面,分为干船坞和浮船坞。干船坞由坞口、坞首、坞墙及底板四个部分组成;浮船坞是特制的带墙平底船,利用灌排水系统向浮坞内灌水,使其下沉到一定深度,待修的船舶进坞,抽出压载水,浮船坞起浮使船舶水下部分露出水面,反之,船舶即可下水。

第二节　港口陆域设施与装卸设备

一、港口陆域设施的构成

港口陆域包括码头前沿线以内的港口生产区、辅助生产区、管理服务区以及预留发展用地。码头是港口必不可少的基础设施,广义上是码头建筑物和装卸作业地带的总和。港口生产区由码头前沿作业区、码头存储作业区和集疏运通道组成,主要布置仓库和堆场等码头生产性建筑物;辅助生产区主要布置变电站、机修车间和加油站等生产辅助建筑物;管理服务区主要由办公楼和候工楼等生活辅助建筑物。港口陆域布置图如图 6-3-5 所示。

1. 码头前沿作业区

码头前沿作业区是港口进行船舶装卸活动的主要区域,主要作用是为装卸设备和水平运输设备以及临时存放等提供生产活动空间。其宽度根据码头类型综合考虑确定,如件杂货码头为 40～50m,如果采用流动机械装卸船或使用船机,则控制在 30m 以内。

2. 码头存储作业区

码头存储作业区主要由堆场、仓库、罐区和港内道路(铁路)组成。该区域的布置根据存储货物的种类和装卸工艺的不同,采用相应的平面形式。堆场布置主要取决于货种,如干散货的坑道堆场以及筒仓。以集装箱堆场为例,专业集装箱码头的堆场一般采用横向布置,而最初的自动化集装箱码头堆场多采用垂直于码头布置,如图6-3-6所示。

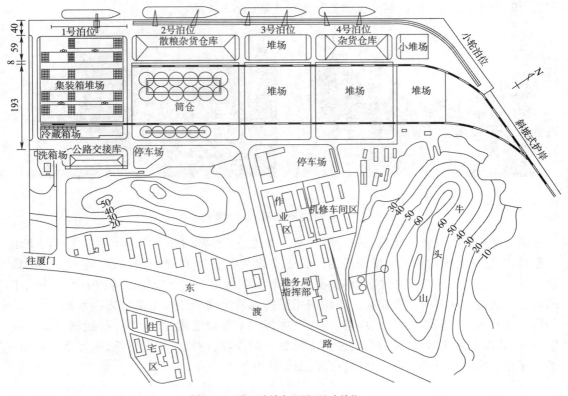

图6-3-5　港口陆域布置图(尺寸单位:m)

3. 集疏运通道和辅助生产区

港口的集疏运通道主要包括港外道路、港口铁路、管道以及内河水道等。

辅助生产区主要有给排水、供电照明、通信等配套设施。港口给水分为生产给水和生活给水,管道一般敷设在地下。港口排水分为生产排水、生活排水和雨水排水,采用合流制或分流制,多为自流管道。港口用电为二级负荷,港口在码头、堆场等设置室外照明设施。供电系统的铁塔、照明灯塔、室外装卸设备及油罐、粮仓等考虑防雷接地设施。

二、港口主要装卸设备

港口的主要设备有装卸设备、水平搬运设备、缓冲设备以及辅助作业设备。装卸设备主要按照件杂货、集装箱、干散货、液体散货以及滚装等货物进行分类。典型装卸设备如图6-3-7所示。件杂货、集装箱和干散货码头的水平运输设备如图6-3-8所示。

1. 件杂货装卸设备

件杂货的装卸设备通常采用门座式起重机等岸机、船舶起重机以及轮胎吊,内河斜坡式码头和浮码头多根据实际需求采用皮带车系统、缆车系统以及汽车下河等。大件码头的装卸根据运量、尺寸等因素选择采用吊装或滚装等设备。件杂货的水平运输设备主要有叉车、牵引平板车和汽车等。

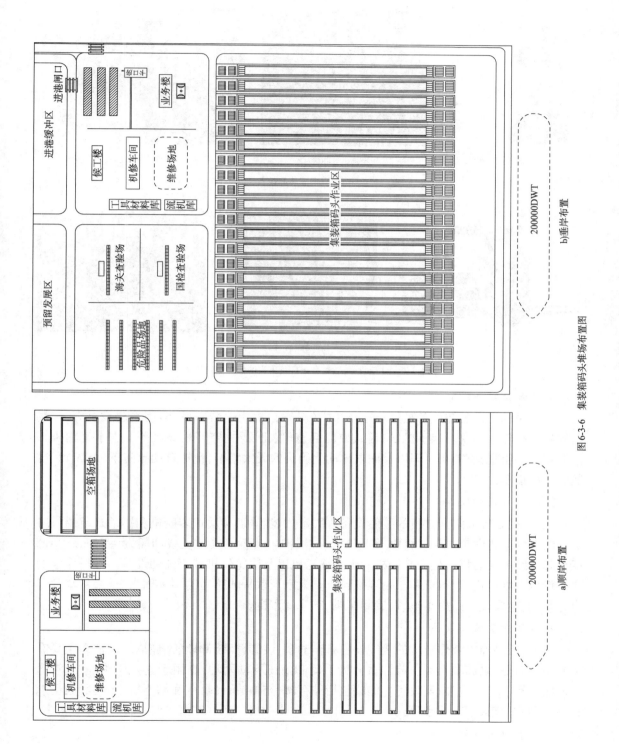

图 6-3-6 集装箱码头堆场布置图

a)门座式起重机

b)集装箱装卸桥

c)移动式装船机

图 6-3-7 典型装卸设备

a)叉车

b)自动导向车

c)皮带机

图 6-3-8 件杂货、集装箱和干散货码头的水平运输设备

2. 集装箱装卸设备

集装箱的岸边装卸设备是集装箱装卸桥(岸桥)、多用途装卸桥、多用途起重机等,堆场装卸主要有轮胎式龙门起重机、轨道式龙门起重机、正面吊、空箱堆高机等。水平运输机械主要有集装箱拖挂车、跨运车以及面向自动化码头的无人集卡,包括自动导向车(AGV)和智能引导运输车(IGV)。

3. 干散货装卸设备

煤炭、矿石等大宗干散货的装船设备有固定式装船机、移动式装船机和摆动式装船机三类。配合装船机的带式输送机以及平舱机、湿法抑尘装置等辅助设备卸船设备有间歇型卸船机和连续型装船机。配合卸船机的带式输送机以及清舱舱机械等辅助设备。堆场作业的主要设备有堆料机、取料机和斗轮堆取料机。大宗干散货陆路运输多采用火车,卸货车除了自卸车辆,主要设备是翻车机、螺旋卸车机、链斗卸车机。

4. 液体散货装卸设备

石油、成品油等液体散货的装卸设备有输油泵、装卸臂、装卸软管、储罐。输油泵主要有离心泵、容积式泵和漩涡泵。装卸臂分为手动和液压驱动两种,是用于连接码头油/气管道与船舶歧管的专用输油/气设备。储罐包括储存罐、转输罐、计量罐和卸空罐,主要的结构形式为拱顶式、浮顶式和呼吸顶式。

5. 滚装码头装卸设备

滚装码头的装卸设备主要有连接桥、趸船和固定坡道。铁路滚装的主要设备是由桥墩、钢梁、跳板梁和升降机械等组成的铁路栈桥。

6. 码头设备

码头设备是指供船舶系靠和装卸作业时所需要的设备,包括系船设备(如系船柱、系船环)、缓冲设备(如橡胶护舷)、安全设备(如系网环、护轮槛)、工艺设备(如工艺管沟、起重机轨道与铁路轨道)和路面等。码头缓冲设备和系船设备如图6-3-9所示。轨道、车挡、锚碇、顶升等设施是各种装卸作业的需要;管沟主要是给船舶供水、电、气等;爬梯是检查维修码头的需要。

a)系船柱　　　　　　　　b)护舷　　　　　　　　c)护轮槛

图6-3-9　码头缓冲设备和系船设备

随着大数据、物联网、云计算、区块链等技术的发展,港口装卸和运输设备智能管控和智能调度技术持续发展,提高了港口的生产效率和安全性。鉴于集装箱货物的高标准化程度,自动化集装箱码头技术发展迅速,并出现多种技术方案。码头前沿的集装箱装卸作业采用全自动化岸桥远控系统,集装箱水平搬运作业可采用AGV、IGV、全自动跨运车、5G+集卡、立体分配系统等,堆场作业可采用自动化轨道吊(ARTG)、高架桥式起重机等,实现港区操作完全无人化。相比于集装箱码头,干散货码头装卸货物形态多样、运输船舶类型不同,其机械设备自动化难度较大。但是,由于干散货具有装卸作业环境恶劣、劳动强度大、劳动成本高、装卸效率要求高等特点,其自动化需求更大。利用物联网激光扫描、点云成像、可编程逻辑控制器(PLC)控制高精度定位等技术对传统装卸设备进行改造,可以实现码头卸船、水平运输、堆取料、装车、混配、装船等全过程的作业自动化。图6-3-10所示为汉堡港CTA自动化集装箱码头。

图6-3-10　汉堡港CTA自动化集装箱码头

第三节 航道设施

航道设施主要包括航道的助航、导航、测量、通信设施,整治建筑物,通航建筑物,航道站房和基地,航道工作船艇以及其他与航道有关设施。

一、助导航设施

助导航设施是为帮助船舶安全航行而设置的助航标志、交通安全标志以及有关的通信、导航等设施。

(一)助航标志

1. 助航标志分类

助航标志又称航标,是为帮助船舶安全、经济和便利航行而设置的供船舶定位、导航或者用于其他专用目的的助航设施。按照设置区域不同,航标可分为内河航标与沿海航标;按照工作原理不同,航标可分为视觉航标、音响航标、无线电航标、虚拟航标等。

(1)视觉航标是以形状、颜色、灯质、图案、文字等为特征,可直观识别的固定式或浮动式助航标志。

(2)音响航标是以音响传送信息的助航标志,可在有雾、雪等能见度不良时或有大风浪时向附近船舶发出信号。随着内河航标的发展,音响航标在各内河已不再使用。

(3)无线电航标是以无线电波传送信息供船舶测定船位的助航标志,包括无线电指向标、无线电导航台、雷达应答器、雷达指向标、雷达反射器等。无线电航标可与视觉航标同时设置,也可单独设置。

(4)虚拟航标是能在导助航系统中显示的没有实物的数字化信息标志,包括船舶自动识别系统(AIS)虚拟航标和电子航道图虚拟航标。虚拟航标综合应用了计算机技术、电子海图技术、自动识别技术和全球卫星导航技术[包括中国北斗卫星导航系统(BDS)、美国全球卫星定位系统(GPS)、俄罗斯全球导航卫星系统(GLONASS)和欧盟伽利略卫星导航系统(GALILEO)]等高新技术,其设置种类和功能应与所替代的视觉航标相同。

2. 内河航标

内河航标是设置在江、河、湖泊、水库航道以及通航建筑物上的助航标志,用以准确标示航道的方向、界限、航道内及其附近的水上或水下障碍物和建筑物,表示航道的最小水深,预告风讯、洪讯,指挥狭窄和急弯水道的水路交通,指出和引导船舶在安全、经济航道内航行。

按功能不同,内河视觉航标分为航行标志、信号标志、专用标志、警示标志四类共23种,分别包括11种航行标志:过河标、沿岸标、导标、过渡导标、首尾导标、间接导标、侧面标、左右通航标、示位标、桥涵标、泛滥标;8种信号标志:通行信号标、鸣笛标、界限标、水深信号标、横流标、节制闸标、航道信息标、航道整治建筑物提示标;2种专用标志:管线标、专用标;2种警示标志:禁止抛锚标、危险水域标。

按设置方式不同,内河视觉航标分为岸标、浮标和桥涵标、标牌、水中灯桩等其他形式航标。岸标常用杆形、塔形结构,浮标常用杆形、柱形、锥形、罐形、灯船等形式。有的内河航标必须区分左右岸,左岸航标标身为白、黑色相间横纹,标灯夜间发白光或绿光;右岸航标标身为白、红色相间横纹,标灯夜间发红光。

内河通航水域应根据航行需要和航道条件,科学、合理、可靠、经济地设置视觉航标系统,必要时设置无线电航标和虚拟航标。在夜航河段上应配布发光航标,保证船舶能从一盏标灯看到同侧下一盏标灯;航行困难的河段和重要地点应配布航标,根据需要配布发光或不发光航标。

3. 沿海航标

海区水上助航标志具有国际性。《中国海区水上助航标志》(GB 4696—2016)等规范规定了中国海区及其港口、通海河口以及可航行水域桥梁、水中建(构)筑物的助航标志的相关要求。

(二)内河交通安全标志

内河交通安全标志是用图形、符号、颜色和文字,向船舶传递与交通有关的信息,用于管理交通的设施。内河交通安全标志按设立位置不同,分为岸基标志、桥梁标志和临水标志;按显示方式不同,分为静态标志和可变信息标志。

岸基标志按功能不同分为主标志和辅助标志,主标志按显示内容不同分为图形标志和告示性标志,97 种静态主标志按作用不同分为 25 种警告标志、36 种禁令标志(包括 18 种禁止标志、8 种解除禁止标志和 10 种限制标志)、15 种指令标志和 21 种提示标志。5 种桥梁静态标志按作用不同分为 2 种警示标志和 3 种提示标志。3 种临水静态标志按作用不同分为 2 种警示标志和 1 种提示标志。内河交通安全标志共有 105 种静态标志、4 种可变信息标志。

内河交通安全标志是助航标志警告、交通指示、特殊区域提示功能的补充,两者应相互协调,不应出现信息矛盾、重复、不足或过载现象。

二、内河水上服务区

内河水上服务区是为了保障高效、便捷和安全的水上运输需求,布置在内河航道沿线,为船舶、船员和航运管理提供服务的重要设施。

(一)水上服务区分类

根据功能和规模大小,水上服务区分为综合服务区和一般服务区。综合服务区应具备完善的服务设施和基本功能、拓展功能;一般服务区应具备必要的服务设施和基本功能。

1. 基本功能

(1)船舶系靠泊、岸电、加油、加气、供水等船舶基本服务;
(2)船员生活供给;
(3)垃圾、污水接收和转运等环保服务;
(4)报港、报闸、年审等管理服务。

2. 拓展功能

(1)航道应急保障;
(2)运输信息、维修保养等船舶拓展服务;
(3)医疗、休闲等船员服务;
(4)物流、住宿等其他服务。

(二)水上服务区规模

水上服务区一般由水域和陆域组成。水域包括前沿停泊水域、回旋水域和航道连接水域。

综合服务区泊位数不宜少于5个,一般服务区泊位数不宜少于3个;采用丁靠系泊时,泊位数宜适当增加。综合服务区陆域用地不宜大于30000m²,一般服务区陆域用地不宜大于20000m²。

(三)水上服务区布局

Ⅳ级以上高等级航道沿线宜设水上服务区,布置在航道沿线城镇、邻近港口、通航建筑物的待泊锚地等船舶集中地或附近位置。综合服务区和一般服务区宜间隔布置。截至2022年,我国已建成运行69个内河水上服务区,覆盖了长江干线、京杭运河、长三角高等级航道网等内河重要航道,为提升内河航运服务水平发挥了重要作用。

三、航道整治建筑物

1. 整治建筑物分类

为改善航行条件、提高航道尺度、延长通航里程所采取的构筑航道整治建筑物、清礁、疏浚等工程措施称为航道整治。整治建筑物断面设计和布置应满足整治水位、整治宽度和整治线位置、走向、形态要求,以确保航道治理效果,如图6-3-11所示。

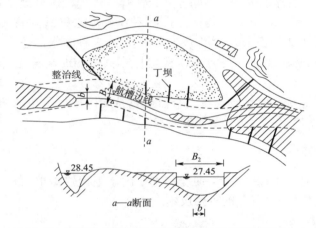

图 6-3-11　整治线、航槽边线与整治建筑物示意图(尺寸单位:m)
b-航槽宽度;B_2-整治线宽度

整治建筑物可分为筑坝与导堤、护滩与护底、护岸三类。丁坝、顺坝、锁坝(堵坝)、潜坝、洲头分流坝、洲尾导流坝、格坝等是筑坝修建的具有束水、导流、限流、导沙、限沙等作用的坝体建筑物。导堤又称导流堤,是在潮沙河口或海港进港航道的一侧或两侧修建的、能约束水流或具有防浪拦沙作用的纵向建筑物。

以长江口深水航道治理工程为例,分三期实施历时13年,共兴建导堤、潜堤、堵堤、丁坝等整治建筑物169.2km,疏浚3.2亿m³,建成总长92.9km、水深12.5m、底宽350～400m的双向深水航道,第五代集装箱船及10万吨级散货船可乘潮进港。

2. 整治建筑物结构形式

堤坝常用梯形断面,在水深较浅、地基较差、石料来源丰富的地区,可选用散体性结构,如抛石坝、石笼、砂枕、充填袋等填芯坝、桩芯土石坝、人工块体混合坝;在水深较深、地基较好、石料稀缺的地区,可选用整体性结构,如桩板式坝、沉箱式坝、半圆体坝。

河床地形较平缓且抗冲性较差的部位,护滩和护底应选用软体排,河床地形起伏大的部位可采用散抛体。护岸应优先采用斜坡式,由护底、水下护坡及护脚和水上护坡等组成。两岸占地受限或用地紧张地区,多做成直立式护岸、混合式护岸。

第四节 通航建筑物

一、渠化枢纽

在天然河流上,以航运开发为主要目的,修建拦河闸坝和通航建筑物,壅高上游水位,改善航行条件,帮助船舶克服闸坝上下游水位集中落差的工程措施称为渠化工程。渠化枢纽必须包括挡水、泄水、通航、接岸及护岸等建筑物,为了水资源综合利用和生态保护,还可能包括水电站、取水、过鱼等建筑物。

通航建筑物有船闸和升船机两类,船闸用水量大,但通过能力大,应用广;升船机几乎不耗水,通过能力小,但过闸速度快。船闸的输水系统及阀门、升船机的机电设备是安全高效运行的技术核心。

二、船闸

1. 船闸组成

船闸是一种通过阀门控制输水系统向闸室充泄水,使得闸室水面升降,利用"水涨船高"原理,帮助船舶顺利过坝的通航建筑物。船闸主要由闸首及闸门、闸室、输水系统及阀门、引航道(及导航建筑物、靠船建筑物、隔流建筑物)、口门区、连接段、待闸锚地和其他设施组成,如图 6-3-12 所示。

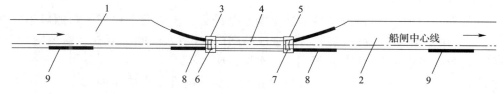

图 6-3-12 船闸主要组成示意图

1-上游引航道;2-下游引航道;3-上闸首;4-闸室;5-下闸首;6-上闸门;7-下闸门;8-导航建筑物;9-靠船建筑物

上闸首、闸室和下闸首是船闸主体。闸室是位于上、下闸首及两侧闸墙间供过闸船舶停泊的区域。闸首及闸门是将闸室与上、下游引航道隔开的挡水建筑物。输水系统及阀门是供闸室完成充水和泄水的设施。闸室充(泄)水时开启上(下)阀门,水流从闸室上(下)游端集中或闸室底分散流入(出)闸室,闸室水位和船舶随之升(降)。

在闸室与下游水位齐平,下闸门开启,上、下阀门关闭状态下,①上行船舶在下游引航道停泊段启动,驶入闸室停靠;②关闭下闸门;③打开上阀门,输水系统向闸室内充水,船舶随着闸室水面一起上升到与上游水位齐平,关闭上阀门;④开启上闸门;⑤船舶在闸室内启动上行,驶离上游引航道停泊段;⑥下行船舶过闸,与上行船舶过闸程序相反,如此完成一次双向过闸作业,依次循序形成双向过闸运行方式。

2. 船闸类型

按纵向排列闸室数量不同,船闸分为单级船闸和多级船闸,多级船闸又分为连续多级船闸和设中间渠道的不连续多级船闸。总水头小于50m时,应优先采用单级船闸;总水头不小于50m时,应结合省水措施确定船闸级数。我国西江大藤峡船闸(2020年)是世界上规模最大、水头最高的单级船闸,设计船舶3000吨级,设计水头40.25m,输水时间12min。

按横向并列船闸数量不同,船闸分为单线船闸和多线船闸。单线船闸不能满足过闸运量要求,船闸检修、故障等原因短期断航后果较严重的,需要修建多线船闸;三级及以上的连续船闸应双线布置。世界上线数最多的是五线单级船闸,我国最多的是西江长洲三、四线单级船闸。长江三峡双线连续五级船闸(2003年,图6-3-13)是世界上规模最大、总水头最高的船闸,总水头113m,中间级水头45.2m,最大船舶吨位8000t,平均船舶吨位5000t,2022年货运量1.56亿t。

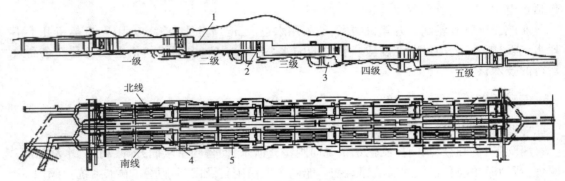

图6-3-13　长江三峡双线五级船闸布置图
1-闸墙顶;2-闸门;3-输水系统;4-闸首;5-闸室

3. 船闸省水措施

在水资源短缺地区、穿越分水岭沟通不同水系的运河上以及下穿或上跨的航道立交工程中,可以采用低坝渠化、多级船闸、带省水池船闸(简称省水船闸)、互充互泄船闸(简称互通船闸)以及带中间闸门或带泵站船闸等省水形式或措施。

省水船闸是在闸外侧建有省水池,可储存船闸泄放的部分水体作为补充下一闸次充水之用的船闸,可达到省水的目的,同时也可削减船闸阀门工作水头。省水船闸工作原理如图6-3-14所示。

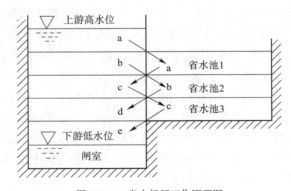

图6-3-14　省水船闸工作原理图

图6-3-14中,a～e分别为带3级省水池船闸闸室内高～低5级水体,闸室泄水时a～c

级水体依次泄到省水池 1~3 存储,d~e 级多余水体泄到下游,闸室灌水时省水池 3~1 存储的水体 c~a 依次泄到闸室补充为 e~c 水体,不足部分再由上游补水。省水池级数为 $n=3$ 时,船闸省水率为:$n/(n+2)=60\%$。省水池有台阶状的分散式、楼层状的集中式以及混合式三种布置形式。互通船闸是一种利用连通廊道将双线闸室互为省水池的特殊省水船闸,省水率约为 50%,输水过程包括互充互泄和独立输水两个阶段。

德国是已建单级省水船闸、互通船闸最多的国家,巴拿马运河第三线梯级船闸在两端河口各建有一座连续三级省水船闸。我国现有通航的金家堰、王道两座省水船闸和长洲、飞来峡两座大型互通船闸,随着内河航道建设快速发展,省水船闸、互通船闸将会有广阔的应用前景。

三、升船机

1. 升船机组成

升船机是一种利用电力或水力驱动机械装置来升降船舶,以克服枢纽集中水位落差的通航建筑物。升船机主体由上闸首、躯体、下闸首组成(图 6-3-15),与船闸主体功能类似。

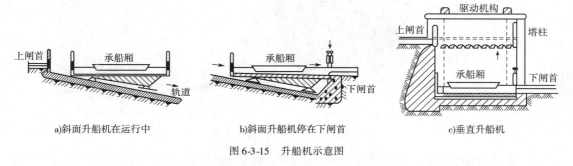

图 6-3-15 升船机示意图

躯体,由运动部分和固定部分组成,包括两侧塔柱及顶部机房(或斜坡道)、承船厢(车)、驱动机构、安全机构、平衡重系统、对接机构、导向机构、电气控制系统等。闸首,设有工作闸门及其与承船厢(车)连接设备,闸首只受上游或下游水位影响,下水式升船机下闸首不设工作闸门。

2. 升船机选型

升船机按不同的划分方式可分为:湿运升船机、干运升船机;垂直升船机、斜面升船机、其他类型升船机;平衡重式升船机、无平衡重(系统)升船机;钢丝绳卷扬式升船机、齿轮齿条爬升式升船机、水力式(驱动)升船机;(承船厢)下水式升船机、不下水式升船机;单级升船机、多级升船机。

大中型升船机应采用湿运形式,干运形式仅可用于 100 吨级小型升船机。现代升船机已不再选用水坡式斜面升船机、浮筒式升船机和水压式垂直升船机。有平衡重的钢丝绳卷扬式升船机、齿轮齿条爬升式升船机、水力式升船机已成为现代大中型垂直升船机的主流。特殊情况下,可考虑采用移动式垂直升船机(无平衡重下水)、钢丝绳卷扬式斜面升船机。

当通航水位变率较小时,可采用不下水全平衡钢丝绳卷扬式升船机、齿轮齿条爬升式垂直升船机;当通航水位变率较大时,宜采用下水部分平衡钢丝绳卷扬式垂直升船机或下水自适应全平衡水力式升船机。

升船机宜优先采用单级,当受地形、地质条件限制或提升高度过大时,可采用多级方案。长江三峡单级齿轮齿条爬升式升船机提升高度为113m;乌江构皮滩三级钢丝绳卷扬式升船机提升高度分别为-52m、127m、79m,总提升高度199m,实现了200m级高坝通航技术跨越。

3. 水力式升船机

澜沧江景洪升船机是一座世界首创、中国原创的水力式升船机(2004年),设计船舶500吨级,上、下游通航水位变幅11m、9.76m,最大提升高度66.86m。

水力式升船机主要由与船闸类似的输水系统、充泄水阀门、浮筒式平衡重(简称浮筒)与竖井等组成的水力驱动系统、承船厢、机械同步系统及塔楼构成,如图6-3-16所示。它利用水能作为提升动力和安全保障措施,通过输水管道对竖井充(泄)水,驱动浮筒升(降)从而带动承船厢(升)降运行;在承船厢荷载发生变化时,利用浮筒淹没水深的相应变化,使得承船厢与浮筒之间达到新的平衡状态,平衡系统具有自平衡的特点。

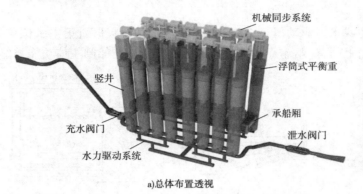

a)总体布置透视   b)水力驱动原理

图6-3-16 水力式升船机示意图

水力式升船机平衡重兼有平衡、提升、同步、安全多种功能,具有运行安全性高、更适应船厢出入水、结构简单、更适用超大提升重量等优势,具有广阔的应用前景。

第四章 船舶及航行系统

第一节 船舶种类及特点

一、船舶定义及其分类

船舶是水路交通工具,它包括客轮、货轮、渔船以及其他形式的船舶。

一般按船舶的性质、用途和法律地位对其进行分类。根据不同的标准,船舶可以划分为许多种类,主要有以下几种:

(1)以载客情况分,船舶可以分为客船与非客船;

(2)从海商法角度、兼顾国际海上运输的特点,船舶可以分为公务船和非公务船、商船与非商船以及海船与内河船,海船进一步分为远洋船和沿海船,并为远洋船制定有区别于沿海船的专门规定;

(3)多数船舶是按其用途分类来称谓的。按用途的不同,船舶可分为:客货船;杂货船、集装箱船、滚装船、载驳船、散粮船、煤船、兼用船(矿/油兼用船、矿/散/油兼用船)、多用途船,以及特种货船(运木船、冷藏船、汽车运输船等)等干货船;油船、液化气体船、液体化学品船等液货船。

另外,船舶还有按推进动力、建造材料以及航行方式等来进行分类的。

二、海洋运输船舶的种类

(一)客船

客船是用于运送旅客及其携带行李的船舶。由于客船多为定期定线航行,故又称客班轮。国际海上人命安全公约(International Conuention for Safety of Life at Sea,SOLAS)(1974年)中规定,凡载客超过12人的船舶均视为客船。

客船的特点主要有:

(1)具有多层甲板的上层建筑;

(2)设有较完善的生活设施;

(3)具有较好的抗沉性(一般为"二舱不沉制"或"三舱不沉制");

(4)船速较高(一般为16~20kn,大型高速客船可达24kn左右)。短途运送旅客的气垫船和水翼船,其速度多在30kn以上。

另外,对兼运少量货物的客船称客货船,而具有滚装装货处所或特种处所的客船则称为客滚船。

(二)干货船

1.杂货船

杂货船(又称普通干货船)是最早出现的并在目前仍在沿用的一种干货船,它以载运干货为主,也可装运成桶液货,但它不包括散货船、集装箱船、滚装货船、冷藏货船、水泥运输船、牲畜运输船、坞式甲板船、从事木材制品运输的和从事碎木运输的船舶。

杂货船的特点是:多层甲板(通常2~3层),舱口尺寸较大以便于装卸,并配有吊杆或起重机,其抗沉性一般满足"一舱不沉制"。

2. 散装货船

散装货船(也称作散货船、通用型散货船)是指专门装运谷物、煤炭等大宗散货的船舶。其中,专运散装谷物的称为散粮船,专运煤炭的称为运煤船。其共同特点有:货舱均为单层甲板,舱口也较宽大,且大多不配起货设备。为适应航运市场的需要,目前有的散装货船上配有克令吊。

散装货船的特点还有:

(1) 主要用于运输散装干货,在装货处所通常具有顶边舱和底边舱,货舱边界为单舷侧船壳板或双舷侧船壳板;

(2) 舱口围板高而大,货舱横剖面呈棱形,这样既可减少平舱工作,又可防止航行中因横摇过大而危及船舶的稳性;

(3) 货舱四角的三角形水柜(顶边舱和底边舱)可作为压载水舱,用于调节吃水和稳性高度。

3. 矿砂船

矿砂船是指在装货处所具有单甲板、两道纵舱壁、双层底,仅仅中心舱用于运输矿砂的船舶。

矿砂船的特点有:

(1) 由于矿石比重大,所占舱容小,这样航行中会使船舶产生剧烈摇摆,为提高重心高度,双层底设置较高(一般可达型深的1/5),同时,货舱两侧的压载舱(边水柜)比散装货船的压载舱大得多(其压载舱容较所在的货舱舱容要大);

(2) 为便于卸货,货舱横剖面成漏斗形;

(3) 矿砂船都是重结构船,为了减轻船体重量,其船体普遍采用高强度钢;

(4) 矿砂船甲板上没有货物装卸设备。

第二节 船体结构

一、船底结构

船底结构是船体的基础,它参与总纵弯曲,承受水的压力、机器设备和货物的重力,进坞时又承受坞墩的反力等。因此,船底结构是保证船体总纵强度、横向强度和船底局部强度的重要结构。

船底结构有双层底结构和单层底结构两种类型。

1. 双层底结构

双层底是指由船底板、内底板及其内部骨架所围成的水密空间结构,一般设置在防撞舱壁与船尾尖舱舱壁之间。它的作用是:增加船体的总纵强度和船底的局部强度;可作为燃油舱、滑油舱和淡水舱;提高船舶的抗沉性,一旦船底外板破损,内底板仍能阻止海水进入舱内;对液货船,它还提高了船体抗泄漏能力;作为压载水舱,能调节船舶的吃水和纵倾、横倾,改善船舶的航行性能。另外,在矿砂船上,空间较高的双层底还有提高货物重心高度的作用。

2. 单底结构

根据骨架排列形式的不同,单底结构也分为横骨架式和纵骨架式两种。

横骨架式单底结构的特点是结构简单、建造方便,但抗沉性差,目前主要用于小型船舶上。其主要构件有中内龙骨、旁内龙骨和肋板。

纵骨架式单底结构的特点也是结构较为简单,但防泄漏能力差,目前仅见于老式油船上。其主要构件有中龙骨、旁内龙骨、船底纵骨和肋板。

二、船侧结构

船侧结构主要承受水的压力、波浪冲击力及甲板货物、设备的重力等,是保证船舶横向强度和侧壁水密的重要结构。

(一)船侧结构中的构件

1. 横向构件

船侧结构中的横向构件统称为肋骨。

(1)肋骨按其所在位置不同的分类。

①主肋骨。主肋骨也称为船舱肋骨,它是位于防撞壁与船尾尖舱壁之间,在最下层甲板以下船舱内的肋骨,由不等边角钢做成。

②甲板间肋骨。甲板间肋骨又称间舱肋骨,它是位于两层甲板之间的肋骨,由不等边角钢做成。由于跨距和受力较小,因此,其尺寸也比船舱肋骨小。

③尖舱肋骨。尖舱肋骨是指位于首尾尖舱内的肋骨。

④中间肋骨。中间肋骨是在具有冰区加强的船舶上位于水线附近两肋位中间设置的短肋骨。

(2)肋骨按受力不同的分类。

①普通肋骨。普通肋骨尺寸较强肋骨小,一般由不等边角钢或球扁钢做成,是横骨架式船侧结构中最常见的横向构件。

②强肋骨。强肋骨又称宽板肋骨,由尺寸较大的T型组合材或折边钢板做成。在横骨架式船侧结构中,每隔几个肋位设一强肋骨。其作用是局部加强,如机炉舱、舱口端梁处等。在纵骨架式船侧结构中,强肋骨是唯一的横向构件。其作用是支持船侧纵骨,保证横向强度。

(3)肋骨编号。

在修造船中为了指示肋骨的位置以及在海损事故报告中用以注明船体受损部位,必须对肋骨进行编号。肋骨的编号一般以尾垂线为0号,但习惯上多以舵杆中心线处的肋骨为0号,向船首依次为1,2,3,…,向船尾依次为-1,-2,…。

2. 纵向构件

(1)船侧纵桁。船侧纵桁是在横骨架式船侧结构中设置的纵向构件,通常由T型组合材做成,其腹板高度与强肋骨腹板的高度相同。除了增加船舶的总纵强度外,它主要用来支持肋骨。

(2)船侧纵骨。船侧纵骨是在纵骨架式船侧结构中采用的纵向构件,由尺寸较小的不等边角钢或球扁钢做成。其主要作用是保证船舶的总纵强度。

(二)舷边

舷边是指甲板边板与舷顶列板的连接部位。因为它位于拐角处,所以内应力很大。根据外观不同,常用的舷边形式有直角形和圆弧形两种。直角舷边的特点是建造方便,但应力较大,目前多用于中小型船舶和一些有加强措施的船舶,如集装箱船(双层船侧)、散货船(顶边水舱)等。圆弧形舷边特点是应力分布均匀,结构刚性较大,但甲板有效面积减小,甲板排水易弄脏船侧板,目前多见于大型船舶的船中部位。

(三)舷墙和栏杆

根据《钢质海船入级规范》(以下简称《规范》)规定,在露天干舷甲板以及在上层建筑和甲板室甲板的露天部分均应装设舷墙或栏杆。舷墙主要由舷墙板、支撑肘板和扶手等组成,如图6-4-1所示。

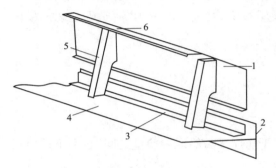

图6-4-1 舷墙结构示意图
1-舷墙板;2-舷顶列板;3-舷边角钢;4-甲板边板;5-支撑肘板;6-扶手

舷墙的主要作用是保障人员安全,减少甲板上浪,防止甲板物品滚落海中。《规范》要求,如在舷墙上开有通道口或其他开口,则应在开口的两旁设置加强的支撑肘板;在上层建筑端部加强区域的舷墙上,不应开有通道口或其他开口。另外,舷墙不参与总纵弯曲,故尽可能不与船侧焊牢,尤其是在船中部。舷墙在甲板上的高度应不小于1m。

油船的干舷低,上甲板易上浪,因此,在干舷较低的货油舱区域采用栏杆代替舷墙。《规范》规定,栏杆的最低一根横杆距甲板应不超过230mm,其他横杆的间距则应不超过380mm。

三、甲板结构

甲板结构受总纵弯曲的拉、压作用,受货物、设备重力和波浪冲击力等外力作用,是保证船体总纵强度和船体上部水密的重要结构。甲板结构有纵骨架式和横骨架式两种,如图6-4-2、图6-4-3所示。

(一)甲板结构中的构件

1. 纵向构件

(1)甲板纵桁。甲板纵桁是甲板结构中沿舱口两边中心线布置的纵向构件,由尺寸较大的T型组合材做成。其作用是承受总纵弯矩作用,增加舱口处的强度。

(2)甲板纵骨。甲板纵骨是仅在纵骨架式甲板结构中采用的纵向构件,由尺寸较小的不等边角钢做成。其主要作用是保证船舶总纵强度和甲板的稳定性。

2. 横向构件

甲板结构中的横向构件统称为横梁。按其位置和尺寸大小不同有以下几种。

(1)普通横梁。普通横梁是仅在横骨架式甲板结构中采用的横向构件,由尺寸较小的不等角钢或球扁钢构成。它的两舷端用梁肘板与舷侧横向构件(肋骨)相连,并与船底肋板一起组成横向框架,保证船体横向强度。

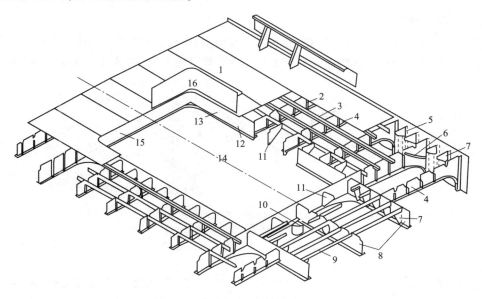

图 6-4-2　纵骨架式甲板结构(上甲板)

1-甲板板;2-加强筋;3-甲板纵骨;4-强横梁;5-肋骨;6-斜置加强筋;7-梁肘板;8-甲板纵桁;9-横梁;10-支柱;11-防倾肘板;12-圆钢;13-舱口纵桁;14-甲板纵中线;15-舱口端梁;16-舱口围板

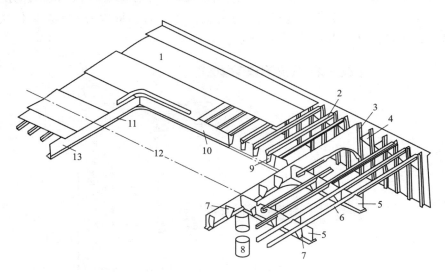

图 6-4-3　横骨架式甲板结构(下甲板)

1-甲板板;2-半梁;3-舱口端梁;4-肋骨;5-甲板纵桁;6-普通横梁;7-防倾肘板;8-支柱;9-肘板;10-舱口纵桁;11-圆钢;12-甲板纵中线;13-舱口端梁

(2)半梁。半梁是横骨架式甲板结构中被舱口截断的横梁。其舷端以梁肘板与肋骨相连,另一端焊在舱口围板上。

(3)舱口端梁。舱口端梁是位于舱口前后两端的横梁,由尺寸较大的 T 型组合材做成。其主要作用是增加舱口处的强度。

(4)强横梁。强横梁是仅在纵骨架式甲板结构中采用的横向构件,由尺寸较大的T型组合材或折边钢板做成。其作用是支持甲板纵骨,保证横向强度。

(二)舱口围板

舱口围板是设置在舱口四周与甲板垂直的围板,如图 6-4-4 所示。其作用是增加舱口处的强度,防止海水灌入舱内,保障作业人员安全。在干舷甲板上,舱口围板的高度不小于 600mm。

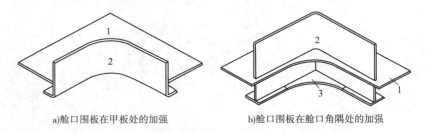

图 6-4-4　舱口围板示意图
1-甲板;2-舱口围板;3-菱形面板

(三)支柱与悬臂梁

支柱是船舱内的竖向构件,由钢管或工字钢等做成。其作用是支撑甲板骨架,保持船体的竖向形状。

货舱内支柱的数目应尽可能少,以免妨碍装卸货物。通常用四根支柱设置在舱口的四角或用两根支柱设置在舱口端梁的中点,支柱的下端应支在船底纵桁与肋板的交叉点上。如果有下层甲板,则上、上支柱应处于同一条垂直线上。有的货舱为了装运大件货,采用悬臂梁代替支柱。悬臂梁结构如图 6-4-5 所示。

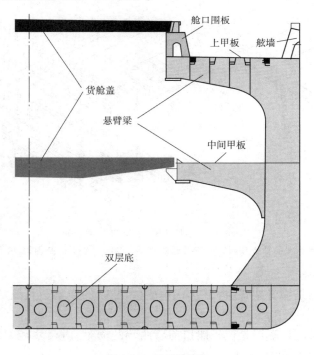

图 6-4-5　悬臂梁结构

第三节　船舶设备与动力系统

一、舵设备

(一)舵设备的组成

舵设备是船舶的主要操纵设备,其作用是使在航船舶保持或改变船艏向或运动方向。舵设备主要由以下几个部分组成。

(1)舵装置。运输船舶一般利用舵叶上产生侧向水平升力来操纵船舶。舵装置包括舵、舵杆和舵承三部分。为产生较大的转船力矩,舵装置宜远离船的回转中心。舵叶通常安置在船尾螺旋桨后,以承受水流的作用,产生转船力矩使船回转。

(2)操舵装置。操舵装置是舵机及其转舵机构的统称,安置在尾尖舱甲板平台上的舵机舱内。舵机为转舵的动力设备,通过转舵机构产生并向舵杆施加转舵的力矩,以转动舵叶或转动导管等。

(3)操舵装置控制系统。其主要部分设于驾驶室内,将舵令通过电力或液压控制系统由驾驶室传递给舵机,以控制其动作。

图6-4-6所示为设有自动操舵装置控制系统的舵设备组成示框图。主操舵台设在驾驶台,有自动、随动和应急三种操舵方式。在舵机舱设有简易操舵台,用于必要时机旁操舵。

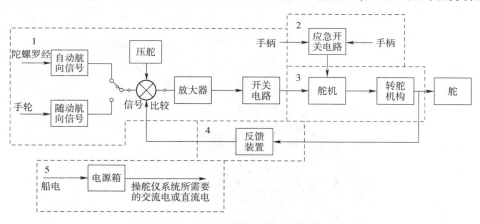

图6-4-6　设有自动操舵装置控制系统的舵设备组成
1-主操舵台;2-简易操舵台;3-操舵装置;4-反馈装置;5-电源箱

(二)舵的种类

舵是舵设备中承受水动力以产生转船力矩的构件,一般安装在船尾螺旋桨后面。舵的种类较多,一般按下列几种方法分类。

1.按舵叶的剖面形状分

(1)平板舵。平板舵又称单板舵,舵叶为一块平板,在舵叶两侧交替设水平舵筋,以起加强作用。这种舵结构简单,但阻力较大,失速现象发生得早。所以仅用于非自航船、帆船或小艇上。

(2)流线型舵。流线型舵又称复板舵,是沿其骨架的线型覆盖舵板焊制而成,舵叶水平剖面呈流线型。其特点是:舵的升力系数大,阻力系数小,因而水动力性能好,舵效高。因舵板水密且舵叶内部空心,从而产生一定浮力,减少了舵承上的压力。舵的强度高,但构造比较复杂。

2. 按舵杆轴线位置分

(1)不平衡舵。不平衡舵又称普通舵,其舵叶全部位于舵杆轴线之后,舵钮支点较多,舵杆强度容易得到保证。但这种舵的水压力中心离转动轴较远,转舵时需要较大的转舵力矩,只适用于小船。

(2)平衡舵。平衡舵舵叶在舵杆轴线前后均有分布。舵杆轴线之前的舵叶面积(平衡部分面积)与舵叶全部面积之比称为平衡比度或平衡系数,一般为 0.2~0.3。这种舵的舵力中心距转动轴线近,所需转舵力矩小,因而可以减小所需舵机功率。流线型平衡舵是目前海船上广泛应用的一种舵。

(3)半平衡舵。半平衡舵的下半部为平衡舵,上半部为不平衡舵,平衡比度通常小于 0.2。它适用于尾柱形状比较复杂的船舶。

(三)舵装置的结构

目前运输船舶上广泛使用的流线型平衡舵装置由舵叶、舵杆和舵承三部分组成。

(1)舵叶。流线型舵的舵叶如图 6-4-7 所示,它由水平隔板和垂直隔板按线型组成骨架,再在骨架外面沿其线型焊接水密的舵旁板、顶板和底板,从而保证舵的线型、强度和水密。流线型舵的下舵杆常以箱形结构代替,由设在舵杆下方的两连续的垂直隔板和其间的有效舵旁板构成。

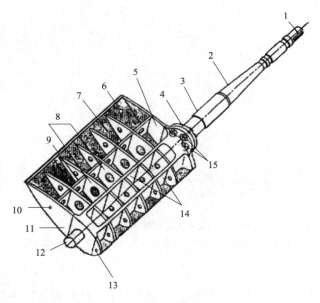

图 6-4-7 流线型舵的舵叶结构

1-键槽;2-舵杆;3-衬套;4-连接法兰;5-顶板;6-吊舵眼板;7-舵板;8-水平隔板;9-垂直隔板;10、13-底塞;11-底板;12-底舵销;14-舵芯材;15-连接螺栓

(2)舵杆。舵杆是舵叶转动的轴,并用以承受和传递转舵扭矩和作用在舵叶上的水动力、重力。舵杆一般为锻造件,其下部与舵叶连接,上部与转舵装置相连。舵杆与舵叶常用的连接方法有法兰连接(包括水平法兰和垂直法兰,普遍采用前者)和锥体连接(包括有键

连接和无键连接两种方式)。

（3）舵承。舵承用来支承舵和舵杆的重量及保证船体水密。按其装设的位置不同，一般分为上舵承及下舵承两种；按其密性不同，可分为水密舵承和非水密舵承。

二、锚设备

锚设备是船舶必须配备的重要甲板设备之一。现代大、中型船舶一般都在船首部设有左右两套首锚设备，根据需要可选择抛单锚或双锚。有些船舶(例如经常航行于狭水道、内河J级航段的船舶)还配有尾锚或称流锚设备。

（一）锚设备的组成和用途

1. 锚设备的组成

锚设备由锚、锚链、锚机、制链器、锚链筒、导链滚轮、锚链管、锚链舱和弃锚器等部分。运输船舶的尾锚设备一般用锚索(钢丝绳)代替锚链，用船尾绞缆机作为绞收动力，并另配吊锚杆。锚设备布置图如图6-4-8所示。

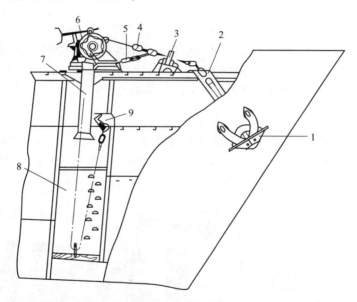

图6-4-8 锚设备布置图
1-锚；2-锚链筒；3-制链器；4-锚链；5-链式制链器；6-起锚机；7-锚链管；8-锚链舱；9-弃锚器

2. 锚设备的用途

锚设备既可作为船舶泊用设备，又可作为辅助操纵设备，其主要用途有以下几个方面。

（1）停泊用锚。船舶在锚地装卸货物、添加油水、避风、等待码头泊位、检疫和候潮等情况下，均需要在锚地抛锚停泊。锚泊时，要求锚能抓牢，松出适当长度锚链后，锚和锚链产生的抓驻力能抵抗水流、风和波浪等对船舶的作用力；船舶系浮筒停泊时，也可用船上锚链代替缆索将船舶系留于浮筒附近。

（2）正常操纵用锚。船舶靠泊时，在距码头一定距离抛锚，以便在靠、离码头的过程中辅助船舶操纵，例如控制冲程和靠拢速度，与车、舵配合控制船艏向和偏转速度，拖锚倒航以从狭窄的港池内离泊等；船舶在狭水道掉头时，可抛锚帮助船舶回转掉头。抛锚掉头一般出链不长,锚起阻滞作用,不要求抓牢。

(3)应急操纵用锚。船舶为避免碰撞、搁浅,或为减小碰撞或搁浅的损失,可抛拖锚以控制船舶前进速度或紧急制动;船舶搁浅时,可沿合适方向将运锚抛下,以固定船位或拉船脱浅。在船舶遇到大风浪、顶风滞航时,可以将锚和锚链松出适当长度来增加船舶漂移阻力并有利于控制船艏向,以辅助船舶抵抗大风浪。

(二)船用锚

锚是具有特殊形状和结构的金属结构物,将锚抛入水底后,其锚爪能抓住泥土产生抓力。它是船舶抛锚后在水底产生抓驻或阻滞力的关键设备。船用锚的种类很多,例如按有无横杆可分为有杆锚和无杆锚;按锚爪可否转动可分为固定爪锚和转爪锚。考虑结构、抓力大小和用途等因素,目前大致将锚分为有杆锚、无杆锚、大抓力锚及特种锚四大类型,共几十种。在商船上,船首锚普遍采用无杆锚,而尾锚可采用有杆锚、无杆锚或大抓力锚等。

(三)锚链

锚链是连接船体与锚的钢质链条。锚链的作用主要是:连接锚与船,向船体传递锚的抓驻力;在锚泊时,因抛出的锚链有一定的重量,可在水中对船舶所受到的风流等外力起一定的缓冲作用;平卧水底部分的锚链对锚的作用力保持水平,有利于锚的可靠抓底。同时,这部分锚链因受到泥土的阻滞作用,还能提供一部分锚泊力。

(四)锚机

锚机是抛锚、起锚和绞收缆绳的机械装置,如图6-4-9所示。锚机设在船的首部,其链轮两侧的滚筒可作绞收缆绳之用。锚机按动力不同,可分人力起锚机、电动锚机、电动液压锚机和蒸汽锚机。

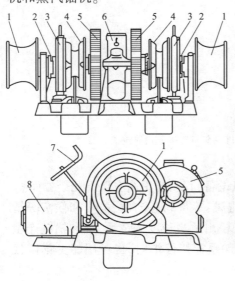
a)双链轮卧式锚机结构示意图

b)单侧式锚-系泊组合机

图6-4-9 锚机(windlass)

1-绞缆滚筒;2-离合器;3-带式刹车;4-链轮;5-减速齿轮;6-蜗轮;7-刹车操纵柄;8-电动机

三、系泊设备

系泊设备是船舶用于系泊于码头、浮筒、他船和进行拖带等作业的专门设备,包括各种船用缆绳、系缆装置、导缆装置、系缆机械和其他系泊用具。

(一)船用系泊缆绳

船用系泊缆绳是在船舶系泊或拖带时所用的柔韧绳索,也称系船缆。系船缆应该满足的一般要求是:强度大、耐腐蚀、耐磨损、密度小、弹性适中、质地柔软、使用方便等。系船缆应由船级社认可的生产商制造,其材料和结构形式应符合船级社接受的有关标准。

1. 系船缆的种类和特点

系船缆的种类较多,可用钢丝绳、化学合成纤维绳和植物纤维绳。常用的依次是化学合成(人造)纤维缆绳和钢丝缆绳两大类。

(1)纤维系船缆。目前海船上最常用系船缆是化学合成纤维缆绳,一般为八股编绞绳结构。植物纤维绳作为系船缆一般只用在小型船舶。用于化纤缆绳的纤维主要有聚酰胺、聚酯、聚丙烯和聚乙烯等。

(2)钢丝绳。传统的分类方法是将钢丝绳按绳芯和股芯的类型分为硬钢丝绳(绳芯和股芯均为钢丝)、半硬钢丝绳(绳芯为纤维,股芯为钢丝)和软钢丝绳(绳芯和股芯均为纤维)。随着钢丝绳的制造技术和工艺的发展,钢丝绳的品种很多,形式各异。从钢丝的断面形状和数量、股的内外层丝之间的接触形式及股和绳的捻制方法、股的断面形状和数量、芯的种类和数量乃至成绳的结构类型等都有多种,从而满足了不同用途的需要。

(3)复合缆。复合缆是用金属钢丝与纤维复合而成的缆绳。这种复合绳每股均有金属丝核心,外覆纤维护套,有3、4或6股,可用于系船缆或拖缆。这种缆绳强度较大,一根周长8.5in粗的复合缆的强度相当于同样粗细的2.5根丙纶缆的强度。

2. 系船缆和拖缆的配备

系船缆的配备是根据船舶舾装数 N,在《钢质海船入级规范》的相应列表中查得应配置的系缆和拖缆的长度、规格、数量和破断力。

(二)系泊装置与系泊机械

除系船缆外,系泊设备还包括系缆装置、导缆装置、系泊机械和缆车及附属用具等。图6-4-10所示为22000LPG船系泊设备布置图。

(1)系(挽)缆装置。在船舶首、尾部和船中部甲板部位设有系带缆绳用的缆桩,如图6-4-11所示。其作用是在靠泊和拖带作业时系带缆绳,以承受拉力。缆桩的受力很大,因此,要求基座必须十分牢固,缆桩附近的甲板均需加强。缆桩为铸造或钢板焊接件,其类型很多,有单柱系缆桩、双柱系缆桩、单十字系缆桩、双十字系缆桩、斜式双柱系缆桩和羊角桩等。大、中型船舶多采用双柱系缆桩。

(2)导缆装置。为了使缆绳按一定方向从舷内通向舷外引至码头或其他系缆地点,限制其导出位置,减少缆绳与舷边的磨损,避免因急剧弯折而增大所受应力,在船首、船尾及两舷都设有导缆装置。当船舷可能低于码头而使缆绳受到向上的拉力时,应使用闭式导缆装置。

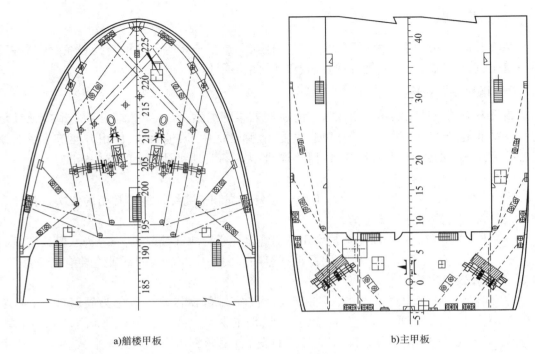

a) 艏楼甲板　　　　　　　　　　　　b) 主甲板

图 6-4-10　22000LPG 船系泊设备布置图（尺寸单位：m）

a) 单十字缆桩　　　b) 羊角桩　　　c) 单柱系缆桩

d) 双柱系缆桩　　e) 斜式双柱系缆桩　　f) 双十字缆桩

图 6-4-11　缆桩

（3）系泊机械。系泊机械是用于收放缆绳（有的还兼储存缆绳）的机械，又称绞缆机。船首系泊机械一般与锚机组合为一体；船中部的系泊机械则一般由起货机副卷筒兼，有些大型船舶的中部也专设系泊机械；在船尾甲板则设独立的系泊绞车或绞盘。

（4）系缆卷车。系缆卷车是卷存缆绳的装置，简称缆车。凡是用钢丝绳作系缆的船舶都配有专用的缆车（图 6-4-12），用来卷存钢丝绳。化纤绳用毕后，以前多收藏在舱内或专用箱子内，或盘好在木格板上并绑扎好。现代大型船舶一般将甲板上常用的系缆直接卷存在与绞缆机或锚机的主轴相连的系泊绞车上。部分系缆卷存在纤维缆卷车上，这部分缆绳依靠主轴端部的卷筒绞收，并通过制缆绳移系到带缆桩上。

图 6-4-12　钢丝绳缆车

四、船舶主推进动力装置

船舶动力装置的形式按主推进装置发动机的类型不同,可分为柴油机动力装置、蒸汽轮机动力装置、燃气轮机动力装置和核动力装置等。目前,大多数商船都是采用柴油机作为其主推进动力装置,其作用是将进入柴油机的柴油燃烧后,将柴油的化学能转换成机械能和热能,机械能通过曲轴和传动轴系统传递给螺旋桨。当螺旋桨转动时,桨叶推动水并受到水的反作用力而产生推力,推力使船舶前进(或后退)。

柴油机的主要部件是指燃烧室部件(活塞、气缸、气缸盖)、曲柄连杆机构(十字头、连杆、曲轴和轴承)、机架、机座和贯穿螺栓等。此外,喷油设备和换气机构也是保持柴油机正常运行所必不可少的。图6-4-13所示为目前应用广泛的Win GD(RT-flex50DF)型船用低速二冲程双燃料电喷柴油机主要部件位置示意图。

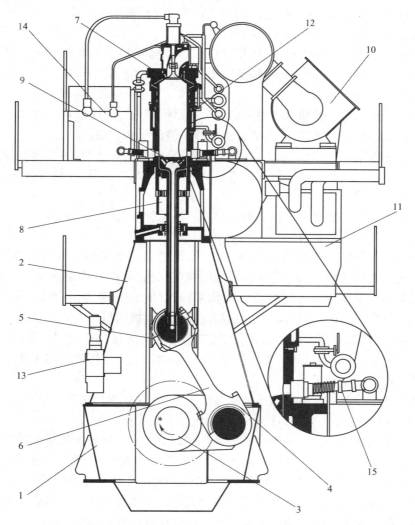

图6-4-13 Win GD(RT-flex50DF)型柴油机主要部件位置示意图
1-机座;2-机架;3-曲轴;4-大端轴承;5-十字头;6-连杆;7-气缸盖;8-气缸套;9-活塞;10-涡轮增压系统;11-扫气系统;12-脉冲润滑系统;13-供给单元;14-共轨单元;15-燃气共轨

1. 燃烧室部件的组成和功用

燃烧室部件是柴油机中最重要的部件之一，包括活塞组件、气缸盖组件和气缸组件。当活塞处在上止点时，由气缸盖底面、气缸套内表面及活塞顶共同组成的燃料与空气混合并燃烧的这一空间称为燃烧室。

2. 曲柄连杆机构的组成和功用

曲柄连杆机构是柴油机的主要运动件，主要包括曲轴和连杆，对于十字头式柴油机还包括十字头组件。曲柄连杆机构的主要作用是将活塞的往复运动转换成回转运动，并输出动力。

3. 曲轴的组成和功用

曲轴的主要作用是把活塞的往复运动通过连杆变成回转运动，把各缸所做的功汇集起来向外输出和带动柴油机的附属设备。

曲轴主要由若干个单位曲柄、自由端和飞轮端以及平衡块等组成。

4. 柴油机的主要固定件的组成和功用

柴油机的主要固定件包括机座、机架、气缸、贯穿螺栓和主轴承等。它们组成柴油机的骨架，用来支撑柴油机的运动机构和辅助设备，并形成柴油机的工作和运动空间。

5. 喷油设备的组成和功用

喷油设备的作用是将燃油加压喷入柴油机的燃烧室内。船舶柴油机使用的喷射系统大多属于柱塞泵式直接喷射系统，其主要组成部件是喷油泵和喷油器。

喷油泵为柱塞泵，它是喷射系统的核心部件。它的作用除了产生喷射高压外，还有对供油量的定时与定量。柱塞式喷油泵的基本组成部分有柱塞与套筒、凸轮与滚轮、进油阀与出油阀以及调节机构等。

喷油器的作用是把喷油泵排出的高压燃油以雾状喷入气缸，以利于形成可燃混合气。

6. 换气机构的组成和功用

保证柴油机按规定顺序和时刻完成进气、排气过程的机构称为换气机构，又叫配气机构。二冲程气口换气的柴油机不需要设专门的换气机构，而四冲程柴油机和二冲程气口-气阀直流扫气柴油机则是通过专门的换气机构来换气，它是这类柴油机的重要组成部分。通常它由气阀机构、气阀传动机构、凸轮轴和凸轮轴传动机构组成。它的任务是保证柴油机在工作过程中按规定的时间开启或关闭各气缸的进气阀和排气阀，使尽可能多的新鲜空气进入气缸，并使膨胀终了的废气从气缸排净，保证柴油机工作过程连续和完善。

7. 增压器的组成和功用

柴油机增压是用提高气缸进气压力的方法，使进入气缸的空气密度增加，从而可以增加喷入气缸的燃油量，以提高柴油机的平均指示压力和平均有效压力。

废气涡轮增压器是由废气涡轮和压气机两部分组成的。依据所采用的涡轮机类型把废气涡轮增压器分为两大类：轴流式涡轮增压器和径流式涡轮增压器。目前，船用大、中型柴油机均采用轴流式涡轮增压器，径流式涡轮增压器仅用于中、小型柴油机。如典型的 VTR 型增压器由单级轴流式废气涡轮和左侧的单级离心式压气机组成。废气涡轮的叶轮和压气机的叶轮装在同一根轴上组成废气涡轮增压器的转子，由两端的轴承支承。

传统柴油机除以上各部件以外，船舶柴油机工作还需要若干系统的联合作用，如燃油系统、滑油系统、分油系统、冷却系统、压缩空气系统、操纵系统等，不再细述。

五、传动轴系和推进器

传动轴系和推进器(即螺旋桨)的主要功用是将主机发出的功率传递给船体,使船舶前进或者后退。

(一)传动轴系的组成和功用

从曲轴动力输出端法兰到螺旋桨间的轴及其轴承称为传动轴系,简称轴系。

1. 轴系的组成

(1)传动轴。传动轴包括推力轴(有的柴油机把推力轴和曲轴造为一体)、中间轴和尾轴。

(2)轴承。轴承包括推力轴承(有的柴油机推力轴承设在柴油机机座内)、中间轴承和尾轴承。

(3)传递设备。传递设备主要有联轴器、减速器、离合器等。

(4)轴系附件。轴系附件主要有润滑、冷却、密封设备等。

2. 轴系的作用

轴系的作用是把柴油机曲轴的动力矩传给螺旋桨,以克服螺旋桨在水中转动的阻力矩,同时,又把螺旋桨产生的推力传给推力轴承,以克服船舶航行中的阻力。轴系所传递的扭矩可从它传递的功率和轴的转速算出。轴上的扭矩 M

$$M = 9.55 \frac{P}{n} \times 10^3 \quad (\text{N} \cdot \text{m}) \quad (6\text{-}4\text{-}1)$$

式中:p——轴传递的功率,kW;

n——轴的转速,r/min。

轴系所传递的推力,可以根据螺旋桨所吸收的功率、螺旋桨的效率和船舶航速算出,轴系所传递的推力 T

$$T = 1.94 \frac{P_p}{v} \eta_p \quad (\text{kN}) \quad (6\text{-}4\text{-}2)$$

式中:P_p——螺旋桨吸收的功率,kW;

v——船舶航速,kn;

η_p——螺旋桨的效率。

(二)推进器的结构和功用

船舶推进器即螺旋桨,是一种反作用式推进器。当螺旋桨转动时,桨叶推水向后(或向前)并受到水的反作用力而产生向前(或向后)的推力,使船舶前进(或后退)。

螺旋桨是由数片桨叶连接在共同桨毂上组成。若桨叶和桨毂相对位置固定不变,铸成一个整体,则称为定距螺旋桨。从船后方向前看时,所见到的桨叶的一面称为叶面,也称压力面(即推水面),另一面称为叶背,也称吸力面(即吸水面)。桨叶与桨毂连接处称为叶根。桨叶的最外端称为叶梢。螺旋桨正车旋转时先入水的叶边称为导边,后入水的叶边称为随边。螺旋桨旋转时叶梢所画的圆称为叶梢圆,叶梢圆直径称为螺旋桨的直径,用 D 表示。

第四节 船舶驾控与航行辅助系统

一、船舶驾控系统

(一)船舶自动化电站

船舶电站自动控制系统能收集来自各台柴油发电机组、断路器、汇流排以及各主要负载的必要信息及参数,并加以分析、判断,在一定的条件下,自动地采取符合逻辑的措施,处理电站运行中可能出现的各种情况,确保电力系统安全可靠、经济地运行。系统控制功能框图如图 6-4-14 所示。

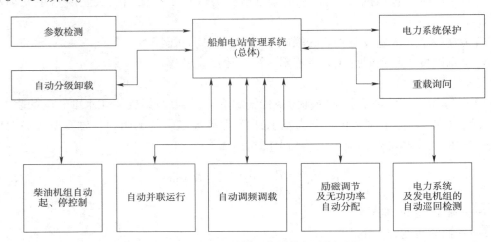

图 6-4-14 船舶自动化电站系统控制功能框图

船舶自动化电站的功能包括:
(1)操作方式的选择;
(2)自动起动;
(3)自动准同步并车;
(4)自动恒频及有功功率自动分配;
(5)自动恒压及无功功率自动分配;
(6)自动分级卸载;
(7)重载询问;
(8)重要负载分级起动;
(9)自动解列;
(10)巡回检测及保护。

(二)柴油机控制系统

目前,大型船舶的推进装置主要有柴油机推进和电力推进两类。采用柴油机推进时,直接驱动螺旋桨的柴油机称为主柴油机。主柴油机一般可以在机旁、集控室和驾驶台三个操作部位进行操作和控制。当离开机旁,在集控室或驾驶台操作时,无法通过机旁操纵机构直接操纵主机,这就需要在操纵部位与主机之间设置一套能够对其进行远距离操纵的控制系统,称为主机遥控系统。

1. 主机遥控系统概述

对于大型低速柴油主机,主机遥控可分为自动遥控和手动遥控两种方式。在驾驶台操作时通常采用自动遥控方式,此时,遥控系统能根据驾驶员发出的车令信号按照主机要求的操作步骤和要求自动地进行起动、停车、换向和加减速控制,直至主机运行状态达到车令要求为止。而在集中控制室操作时,考虑到操纵主机的是轮机员,通常采用手动遥控方式。此时,轮机员根据驾驶台车令,按照操作步骤和要求通过集控台上的操纵手柄对主机进行手动操作。

2. 主机遥控系统的组成及主要功能

主机遥控系统的组成主要包括遥控操纵台、车钟系统、逻辑控制单元、转速与负荷控制单元、安全保护装置以及包括遥控执行机构在内的主机气动操纵系统六大部分组成,其系统结构如图6-4-15所示。

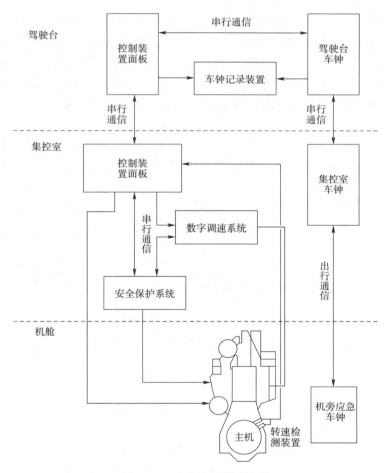

图6-4-15 主机遥控系统的组成

总体上讲,主机自动遥控系统的主要功能应包括四个方面,即逻辑程序控制功能、转速与负荷控制功能、安全保护与应急操作功能以及模拟试验功能。通过主机遥控系统,应能对主机进行起动、停车、换向等逻辑控制和对主机的转速进行闭环控制,同时,还应能对主机的转速和负荷进行必要的限制,并具有必要的安全保护功能。主机遥控系统不仅能改善轮机人员的工作条件,改善船舶的操纵性能,而且还能提高船舶航行的安全性,以及主机工作的可靠性和经济性,是轮机自动化的重要组成部分,也是现代化船舶实现无人机舱必不可少的条件之一。

(三)舵机控制系统

现代船舶的舵机,一般都同时装有可由驾驶台遥控的随动操舵系统和自动操舵系统。所谓随动操舵系统,是指在操舵者发出舵角指令后,不仅可使舵按指定方向转动,而且在舵转到指令舵角后还能自动停止操舵的系统。而自动操舵系统则是在船舶长时间沿指定航向航行时使用,它能在船因风、流及螺旋桨的不对称作用等造成偏航时,靠罗经测知并自动发出信号,使操舵装置改变舵角,以使船舶能够自动地保持既定的航向。此外,一般还同时设有非随动操舵系统,它只能控制舵机的起停和转舵方向,当舵转至所需要的舵角时,操舵者必须再次发出停止转舵的信号,才能使舵停转。非随动操舵系统通常既可在驾驶台,也可在舵机室操纵,以备应急操舵或检修、调试舵机之用。

根据从驾驶台舵机室传递操舵信号方法的不同,舵机的遥控系统可分为机械式、液压式和电气式。现代船舶大多采用电气遥控系统。下面就伺服油缸式舵机遥控系统加以介绍。如图 6-4-16 所示,伺服油缸式舵机遥控系统是由电气遥控和液压伺服两部分组成。前者将驾驶台发出的操舵信号传递到舵机室;而后者则将信号转换成伺服油缸活塞杆的位移,然后再通过浮动杆式追随机构控制主油泵的变量机构,以实现远距离操舵。

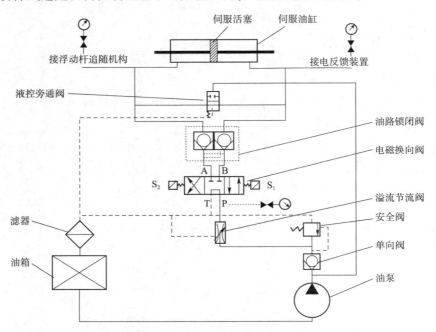

图 6-4-16 伺服油缸式舵机遥控系统

二、船舶航行辅助系统

(一)船舶航行辅助系统的构成

船舶航行辅助系统由电子海图显示与信息系统(ECDIS)、雷达、综合信息控制台、导航传感器(包括陀螺罗经、计程仪、测深仪、GPS、AIS 等)、VHF 无线电话等组成,如图 6-4-17 所示。该系统能够提供船舶位置、航向、对地航速、对水航速、船艏向、水深等信息,实现自动对运动的船舶进行跟踪和标绘,在船舶处于危险状态下(浅水、障碍物、偏离航线)能够发出声光警报,并且指示预警类型,提供避碰导航信息。通过该系统,可以实现对本船航行动态、周围船舶动态及环境的监控,进而做出预警和避让,能够实现航线设计和航路监控,对本船航行信息进行管理,并可以通过 VHF 无线电话与周边船舶、岸台进行通信。最后,各种经采集和处理后的数据在综合信息控制台进行综合显示。

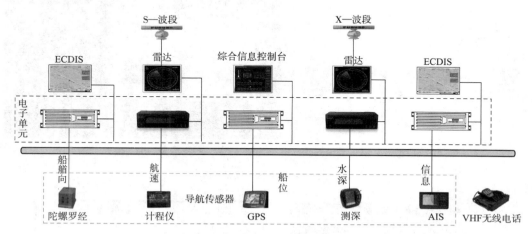

图 6-4-17　船舶航行辅助系统架构图

(二)船舶航行辅助系统设备功能

1. 全球定位系统

全球定位系统(Global Positioning System,GPS)是美国从 1973 年年底开始研究并于 1995 年 10 月建成的一种基于高轨道卫星网单向测距的卫星导航系统,能向全球提供全天候、高精度、连续、近于实时的定位与导航,而且具有抗干扰性强、保密性好和自动化程度高的特点。目前,GPS 已成为用户最多的卫星导航系统。

GPS 由空间导航卫星、地面站及用户三大部分组成,如图 6-4-18a)所示。GPS 空间卫星网是由分布在离地面高度约为 20200km、倾角为 55°、近似圆形的 6 条轨道上 24 颗工作卫星组成。地面站由主控站、注入站和监控站三部分组成,是负责向卫星提供一系列数据描述卫星运动及其轨道参数,监控卫星沿着预订轨道运行,保证各颗卫星与 GPS 系统时间同步以及监控卫星上各设备的工作状况。用户即 GPS 接收机,如图 6-4-18b)所示,其任务是接收导航卫星的信号,经自动处理、计算后,提供经纬度、航速、航向、航迹速、航迹向、偏航警报、锚更警报、到达警报、故障警报及卫星工作状态等相关信息。

GPS 也不可避免地存在伪测距误差、几何误差、速度误差、海图标绘等系统误差。此外,为了保障美国的利益,GPS 还差异化地提供了精确定位服务(PPS)和标准定位服务(SPS)两种定位服务;PPS 主要供军方及高端用户使用,定位精度可达 1m;SPS 免费供民用,定位精度为 20 ~ 30m。

2. 自动识别系统

自动识别系统(Automatic Identification System,AIS)是在甚高频(VHF)海上移动频段采

用时分多址接入技术,自动广播和接收船舶静态信息、动态信息、航次信息和安全消息,实现船舶识别、监视和通信的系统,如图 6-4-19 所示。海上人命安全公约(SOLAS)第 V 章第 19 条第 2.4 款规定:所有 300 总吨及以上的国际航行船舶、500 总吨及以上的非国际航行船舶,以及不论尺度大小的客船,应按要求配备 1 台 AIS,装有 AIS 的船舶应使 AIS 始终保持运行状态,但国际协定、规则或标准规定要保护航行信息的情况除外。

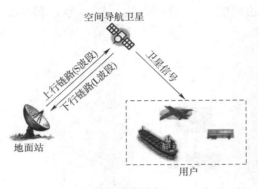

a)GPS系统组成　　　　　　　　　b)GPS接收机

图 6-4-18　GPS 导航系统

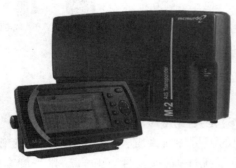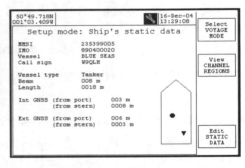

a)AIS船载设备　　　　　　　　　b)AIS信息

图 6-4-19　自动识别系统

AIS 由船载移动站、基站(岸站)及其设施、航标站和机载及搜救移动站等共同组成,是多个国际组织共同倡导研究开发的,以信息技术为主导,集卫星定位技术、数字通信技术、信息处理技术和计算机网络技术等多门类高科技为支柱的数字助航系统。在通常情况下,AIS 船载设备的工作不需要人工干预,就能自动连续地与其他台站进行 AIS 信息交换,实现船对船、船对岸和岸对船的识别,辅助驾驶员、船务公司、港航企事业管理和海事主管部门决策,完成船舶识别与避碰、狭水道导航、引航调度、海上交通管理和海上搜救等任务。

AIS 的应用对保护海洋环境,保障海上人命安全,提高航行安全,高效地发展航运事业,有着潜在的巨大推动作用。但 AIS 也有受射频干扰敏感、受 VHF 电波传播限制、非自主性设备等局限性。因此,应理性使用 AIS,避免盲目信任 AIS 信息。

3. 陀螺罗经

陀螺罗经又称电罗经,是利用陀螺仪的特性,在地球自转运动的影响下,借助于力矩器使陀螺仪主轴自动地找北并精确地跟踪地理子午面的指向仪器。陀螺罗经可用来指示船舶的航向和测定物标的方位。随着现代电子技术和计算机技术的发展,现代陀螺罗经设备正向自动化、数字化、小型化和多功能化方向发展,还可作为自动舵、雷达、ECDIS、AIS 和 VDR 等船用设备的航向传感器。

船用陀螺罗经按其结构特征和工作原理不同,可分为安许茨系列、斯伯利系列和阿玛-勃朗系列三种系列罗经。任何一种系列的陀螺罗经,均由主罗经及其附属装置组成,如图 6-4-20a)所示。主罗经是陀螺罗经的主要部分,具有指示船舶航向的性能,在结构上可分为灵敏部分、随动部分和固定部分,如图 6-4-20b)所示。附属装置则是确保主罗经正常工作的必需设备;附属装置包括分罗经和航向记录器等。分罗经和航向记录器是复示主罗经航向的装置,必须保持主罗经的航向与分罗经航向匹配一致。

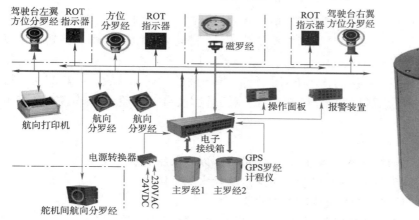

图 6-4-20 陀螺罗经

陀螺罗经是海上人命安全公约(SOLAS)要求配备的助航仪器,虽具有操作简单和数据准确的优点,但其系统固有的一系列误差也不容忽视,用户应注意对这些系统误差进行消除或补偿,以提高精度。

4. 船用计程仪

船用计程仪是一种测量船舶航速和累计航程的水声导航仪器,如图 6-4-21a)所示。其主要作用有:计程仪测量的航速信息结合陀螺罗经或磁罗经提供的航向信息,可进行船舶船位推算;向 GPS、AIS、ECDIS、雷达等导航仪器提供航速信息,可辅助船舶导航和利于船舶操纵及自动避让;向现代化大型或超大型船舶提供纵向和横向速度信息,保证这些船舶在狭水道航行、靠离码头和锚泊时的安全。

船用计程仪按其测量参考坐标系的不同,可分为相对计程仪和绝对计程仪两类。相对计程仪只能测量船舶相对于水的速度并累计其航程,如水压式、电磁式等计程仪。绝对计程仪可以测量船舶对地的速度并累计其航程,如多普勒计程仪和声相关计程仪。但是,当测量水深超过其跟踪深度范围时,绝对计程仪便转换成为跟踪水层的相对计程仪。

5. 测深仪

回声测深仪是一种测量水深的水声导航仪器,如图 6-4-21b)所示,通常用于海洋、湖泊、河流和其他水体的水深测量。它利用超声波在水中传播的物理特性而制成,通过测量超声波自发射至被反射接收的时间间隔来确定水深。

 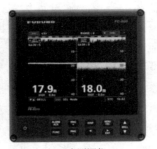

a)船用计程仪　　　　　　　　b)回声测深仪

图 6-4-21　水声导航仪器

回声测深仪通常由显示器、发射系统、发射换能器、接收系统、接收换能器等部分组成。其中,显示器是整机的中枢,其作用是控制协调整机工作;测量声波往返时间并将其换算成水深加以显示,具有记录式和数字式显示方式。换能器可以实现电振荡信号和机械振动信号的转换,在发射系统和接收系统的作用下,用于实现超声波的发射和接收。回声测深仪可以实现 2～400m 之间的任意深度的测量,具有自动量程设置、自动增益调节、抗杂波、抗干扰,报警深度设置等功能。

回声测深仪具有以下用途:
(1)在情况不明的海域或浅水航区航行时,测量水深以确保船舶航行安全;
(2)在其他导航仪器失效的特殊情况下,可通过测量水深来辨认船位;
(3)用于航道及港口测量方面,提供精确的水文资料;
(4)现代化多功能的船用测深仪还可实现水下勘测、鱼群探测跟踪等功能。

回声测深仪的精度和可靠性使其成为水文学、海洋学、地质学和环境监测等领域的不可或缺的工具。它为人们提供了深入了解水体底部地形和水深变化的能力,对于许多领域的研究和应用都具有重要价值。

6. 雷达

雷达是一种通过发射电磁波和接收回波,对目标进行探测和测定目标信息的设备。航海导航雷达是装在船上用于船舶定位、导航和航行避让的雷达,又叫船用雷达。

现代导航雷达通常为两单元雷达,也称为桅上型,即收发机与天线系统一起安装在罗经甲板,通过电缆与驾驶台的显示单元相连。天线通常采用波导隙缝天线,以水平线性极化为主,收发共用,由双工器(收发开关)转换。天线由马达驱动,作 360° 连续环扫。发射机采用脉冲体制。工作波段以 X 波段和 S 波段为主。现代航海雷达除磁控管和阴极射线管以外,其他有源电路元件基本上已全部使用晶体管和集成电路。接收机采用直接混频超外差式,设有海浪干扰抑制电路和雨雪干扰抑制电路。为防止相同波段的雷达干扰,有的雷达设有抗同频异步干扰电路。发射机和接收机组装在同一机柜内,合称收发机。显示器早期采用距离方位极坐标的平面位置显示,扫描线和天线同步旋转,有若干挡量程可供选用。测距可用活动距标或固定距标;测方位可用电子方位线或机械方位圈。20 世纪 70 年代出现的高亮度显示器,可不用遮光罩,白天在驾驶台正常光线下供数人同时观察。有的采用彩色显示器,用不同颜色表示不同内容,使屏幕画面更醒目。

现代雷达通常还集成配置了卫星导航系统、AIS、罗经、速度传感器等外部传感器,利用微型计算机算力可实现自动雷达目标跟踪和试操船等功能,能处理雷达视频信号,检测和跟踪目标,测量船舶与目标之间的相对运动,预测目标未来的运动和最小会遇距离,协助驾驶人员采取避碰动作。现代导航雷达是航海领域内的重要设备,是沿岸航行、进出港和狭水道导航的必要设备,在能见度不良时为航海人员提供了必需的观察手段。它的出现是航海技术发展的重大里程碑。

7. 电子海图显示与信息系统

电子海图显示和信息系统(ECDIS)是一种配置齐全、完全符合 IMO、IHO 和 IEC 有关国际标准制作的电子海图应用系统。具有足够备份布置的 ECDIS,能被视为符合经修正的 1974 年海上人命安全公约(SOLAS)第 V/19 条和第 V/27 条规则要求的现势性海图的规定,已成为一种新型的船舶导航系统和辅助决策系统。

ECDIS 系统由中央处理器、电子海图数据库及改正、输入传感器、输出终端设备四个基本部分组成。它以计算机为核心,连接定位、测深、雷达、计程等设备,以官方电子海图为基础,通过选择的信息显示和从外部传感器获得的各类信息帮助航海者进行海图作业、航线设计、航向航迹监测、自动存储本船航迹、历史航程重新演示、航行自动警报(如偏航、误入危险区等)、快速查询各种信息(如水文、港口、潮汐、海流等)、船舶动态实时显示(船位、航速、航向等)、雷达/ARPA 回波图像叠加显示等。通过提供和综合与航海有关的各种信息以及全面反映船舶行驶状态,船舶驾驶人员可以及时地做出操船决策,有效地防范各种险情。

ECDIS 虽然功能很强,但其只是一种助航仪器,其系统本身的局限性、显示误差和故障、使用者对系统设置和使用中的不适当或错误、传感器的误差、备用布置使用上的及时和有效等都要求使用者对其决不能过分依赖。使用者不仅要充分掌握其性能并充分、适当地利用其功能,而且在航行中充分利用适当的瞭望和独立于该系统的手段和方法检验系统的有效性和是否有误差,以保证船舶海上航行安全。

第五章 水路运输组织

第一节 船舶运输组织基础

一、船舶运输组织的目标和任务

船舶运输组织是航运企业根据一定时期内的水上客货运输需求、国家的运输政策，综合考虑水运生产各环节及与其他运输方式间的协调配合，对船舶生产活动所做出的全面计划与安排。船舶运输组织的任务是根据营运条件，用科学的方法衔接、协调生产过程中的船舶、港口、航线等生产环节，在保证安全的前提下，有效、合理地使用运输工具，迅速、经济地运送旅客和货物，取得最佳的经济效益。

二、船舶运输组织的基本要求

商船运输生产的基本单元是航次。按惯例，客船、货船或驳船"自上航次终点港卸完所载货物（或下完旅客）时起，至本航次终点港卸完所载货物（或下完旅客）时止，计为本航次的时间。"航次时间是由航行时间、停泊时间以及其他时间组成。在这三项时间里要完成基本作业和辅助作业两类作业：装卸货物、上下旅客、船舶航行属于基本作业；装卸货准备，办理船货进出港手续和燃物料、淡水供应等属于辅助作业。认真分析航次中各项作业的协调性、经济性和安全性，合理安排各个环节是提高运输效率，保证运输质量的关键。

第二节 水路货物运输组织

一、水路货运运输组织方式分类

水路货运运输组织按船舶的经营方式不同，可分为班轮运输组织和不定期船运输组织。班轮运输是指由班轮运输企业按照事先制定的船期表，在特定的航线上，以既定的挂靠港顺序开展的航线上各港口间的货物运输。从事班轮运输的船舶称为班轮。不定期船运输是根据货源情况，安排船舶航线、组织货物运输的船舶经营方式，理论及实践中更常称其为租船运输。甲将整艘船舶或船舶的一部分租给乙使用一个或多个航次或一段时间，此时，甲为出租人，而乙为承租人。

二、班轮运输

（一）班轮运输的特点

传统的件杂货班轮承运的货物都是以散件形式存在，在包装、重量、形状方面千差万别，给货物的装卸带来不便,延长了船舶的在港停泊时间,从而降低了船舶的营运效率,增加了船舶的经营成本。随着集装箱运输的开展,集装箱班轮有效地克服了传统件杂货班轮装卸效率低的缺点,现在的班轮运输服务对象以集装箱为主。另外,集装箱运输也便于开展多式联运。"固定"是班轮运输的基本特点。

(1)"固定"的船期、"固定"的航线、"固定"的挂靠港,相对"固定"的运营船舶,费率在一定时间内相对固定。因而,班轮运输也被称为"定期船运输"。"固定"的特点主要通过班轮运输企业定期公布的船期表体现出来。

(2)班轮运输的货运程序与习惯相对比较固定。班轮运输的运送效率较高,前提之一就是有了约定俗成的货运程序。托运人按照订舱、报关、备货、出运等程序可以完成货物的出口,而收货人按照换单、清关、提货等程序完成货物的进口。这些程序不仅可以提高交付时间,而且可以减少差错。

(3)承托双方的权利义务分担相对比较固定。在班轮运输中,提单是最为重要、最具代表性的业务单证,承托双方的权利与义务通常就是以提单条款的形式来体现的,因此,班轮运输有时也被称为"提单运输"。提单往往被视为海上货物运输合同的证明,特定条件下,其本身甚至可被视作合同。

(二)班轮运输航线设置

班轮航线的设置需要考虑的因素很多,主要包括自然条件、货源条件和其他条件。自然条件具体包括:航线途经运河的吃水限制及挂靠港口吃水限制;航线气候情况;航线潮汐情况等。货源条件是指能够使船公司在该航线经营中获利的一定数量的货物。除以上条件外,还需要考虑其他条件,例如,航线所及地区的政治是否稳定;航线的竞争状况及运价水平;船公司自身的实力等。

(三)班轮运输船期表的编制

班轮船期表是班轮运输营运组织工作中的一项重要内容,从事班轮运输的船舶通常都是按照预先公布的船期来营运的。班轮船期表的主要内容包括:航线、船名、航次编号、始发港、中途港、终点港的港名,到达和驶离各港的时间及其他有关的注意事项等。

1. 航线发船间隔

航线发船间隔时间是指一个班次的船舶驶离港口后,直至下一班次的船舶再次驶离该港的时间间隔。班轮的发船间隔必须具有一定的规律性,通常班轮企业会根据货方的生产作业习惯,将大部分班轮航线发船间隔设置为7天,即周班。也有小部分班轮的发船间隔会根据各航线的特点,设置为周双班、双周班、10天班,甚至月班等。发船间隔反映了航线上船舶连续均衡营运的节奏。

2. 船舶往返航次时间(班期)

对于在航线上运行的船舶,其运行班期按其生产周期计算。航线上船舶的往返航次时间,是船舶在空间上完成一个循环的总延续时间,包括:航线正向(去程)与反向(回程)的航行时间(包括进出港和过运河的时间)、航线上所有挂靠港口的停泊时间以及班期设计时事先考虑的缓冲时间。

3. 航线配船数

为了维持某一航线的发船间隔,需要投入多艘船舶到航线上编队运行。班轮航线通常

需要配置多艘船舶,除非航线里程极短。航线配船数、船舶往返航次时间和发船间隔时间存在以下关系:

$$m = \frac{t_{往返}}{t_{间}} \tag{6-5-1}$$

式中:m——航线配船数;

$t_{往返}$——船舶往返航次时间;

$t_{间}$——发船间隔时间。

计算出 m 后,如果不为整数,则应将其取为整数。

4. 船期表

根据船舶往返航次时间和各单向航次的时间,结合航线具体的挂港和在港作业的情况,可以分别计算出两港之间各航段的航行时间和在港停泊时间,并按航线起运港发船的具体日期,推算出船舶到、离各港口的具体日期。表 6-5-1 列出了一种形式的船期表(ETA 表示预期到港时间,ETD 表示预期离港时间)。

船期表 表 6-5-1

中国大连/青岛地区—韩国航线

中国大连/青岛地区			预计离港时间(ETD)		预计到港时间(ETA)			
			中国		韩国			
航线名称	船名	航次	大连	新港	仁川	光阳	釜山	蔚山
CKV	SITC HAINAN	2322S	08/04		08/05			
KXS1	PACIFIC CARRIER	2332E		08/06		08/10	08/08	08/09
CKV	SITC ZHEJIANG	2321N	08/11		0812			

注:资料来源《中国航务周刊》2023 年第 31 期。

三、不定期船运输

(一)不定期船运输的特点和组织形式

传统上租船分为三种基本类型,即航次租船、定期租船、光船租船。根据租船的类型不同,不定期船运输的功能也有所区别。

1. 航次租船的特征

航次租船在实践中也称为程租,是指出租人向承租人提供由特定船舶完成的从装货港或装货地点至卸货港或卸货地点的货物运输服务,而且由承租人支付运费的租船方式。航次租船主要具有以下特征:

(1)承租人不负责船舶的经营和管理及其费用;

(2)合同中约定货物的名称或者种类、数量和装卸港口;

(3)运费在多数情形下按照货物的数量和约定的运费率计算;

(4)出租人除对船舶负责外还应对货物负责;

(5)合同中约定货物装卸期限和装卸时间计算办法并计算滞期费和速遣费。

2. 定期租船的特征

定期租船在实践中也称为期租,是指出租人在约定期间内通过特定船舶向承租人提供货物运输服务或其他服务,而由承租人支付租金的租船方式。定期租船可以具体分为两种类型:一是限期定期租船,也是最为典型的定期租船,租期由出租人和承租人提前约定;二是航次期租合同,租期通常基于船舶完成约定航次实际使用的时间确定。定期租船主要具有以下特征:

(1)出租人负责配备船长和船员,船舶的航行和内部管理事务,并负担船舶固定费用和船员工资、伙食及其他相关费用;

(2)承租人负责船舶的营运和使用,并负担船舶营运费用;

(3)租金按租用船舶的时间和约定的租金率计算。

3.光船租船的特征

光船租船在实践中也称为光租,是指出租人将船舶在约定期间内交由承租人占有、使用和营运,而且由承租人支付租金的租船方式。光船租船的主要特征有:

(1)光船租船的出租人须将船舶的占有和控制转移给承租人,因而在约定的租期内,船舶在各个方面均将处于承租人的完全占有和控制之下;

(2)承租人应当自行雇佣船员并全权负责船舶的营运、维修和保养;

(3)承租人应当负责与船舶使用、营运相关的各种费用,如船员工资、船上伙食供应费、燃油费、港口使费等。

(4)租期较短的光船租赁,船舶保险费用一般由出租人承担,租期较长的光船租赁,船舶保险费用则由承租人承担,但不论租期长短,与船舶营运相关的责任风险,均由承租人负责投保并承担费用。

三种租船方式当事人的义务和费用划分可见表6-5-2。

三种租船方式比较　　　　　　　　　　　　　　　　表6-5-2

义务或费用项目	航次租船	定期租船	光船租船
船舶使用费用	运费	租金	租金
船舶使用费用计算基础	装运货物重量	船舶容积	船舶容积
保持船舶适航的义务	出租人	出租人	承租人
船舶占有	出租人	出租人	承租人
雇佣船员	出租人	出租人	承租人
船长的地位	出租人的雇员	出租人的雇员	承租人的雇员
燃油费	出租人	承租人	承租人
港口使费	出租人	承租人	承租人
货物装卸作业费用	双方协商	承租人	承租人
船壳险保险费	出租人	出租人	双方协商
保赔险保险费	出租人	出租人	承租人

(二)不定期船运输合同

不定期船运输的主要特征之一是交易的自由度较高,出租人和承租人的权利、义务、费用负担均是通过合同约定。国际租船市场已是颇为成熟的商业市场,出租人和承租人之间大多基于标准格式合同订立租船合同开展租船业务,而较少从头开始磋商租船合同的各个条款。因此,各种租船类型均有不少对应的标准合同格式,通常由三类主体牵头制定:一是国际航运组织,典型的是波罗的海国际航运公会即 BIMCO;二是具有国际影响力的航运或贸易协会,例如美国船舶经纪人和代理协会(Association of Ship Brokers & Agents,ASBA);三是国际知名的航运企业,例如荷兰皇家壳牌集团。

航次租船合同的标准格式常见的有用于杂货运输的 GENCON(金康)、用于油品运输的 ASBATANKVOY、用于液体化学品运输的 GASVOY 等,其中 GENCON 是使用最为普遍的杂货航次租船合同标准格式,可以广泛用于各类航线和各种货物。GENCON 格式自 1922 年由 BIMCO 制定以来,已经过 1939 年、1950 年、1966 年、1976 年、1994 年、2022 年 6 次修订,目前实践中使用较为广泛的是 1994 年版本。

定期租船合同的标准格式常见的有通用用途的 NYPE 和 BALTIME、用于油轮的 SHELL-TIME 4 等。其中,NYPE 是干散货领域使用最为普遍的定期租船合同标准格式,又称为"纽约土产交易所格式"(the New York Produce Exchange Form)。NYPE 格式已有 1913 年、1921 年、1931 年、1946 年、1981 年、1993 年和 2015 年 7 个版本,目前使用较为广泛的是 1946 年和 1993 年版本,且前者使用更为普遍。

光船租赁合同的标准格式主要是 BIMCO 制定的 BARECON(贝尔康),现有 1974 年、1989 年、2001 年和 2017 年 4 个版本,其中,2001 年版适用较为普遍。

除非租船合同明确禁止转租船舶,否则承租人有权将船舶转租。实践中船舶转租的情形颇为常见,甚至有时承租人租船目的本就是为了转租以赚取差价。如果出租人甲与承租人乙订立租船合同,而后乙又将船舶出租给丙,此时乙为转租出租人,实践中又称为"二船东",而丙则称为次承租人或转租承租人。船舶经过转租,可能同时用于履行多个租船合同,此时便会形成租船合同链或称租约链。

第三节　水路旅客运输组织

一、水路旅客运输组织方式的主要特点和类型

水路旅客运输是利用船舶或其他浮运工具,在江河、湖泊、水库、人工水道以及海洋上运送旅客及行李的一种运输方式。

1. 主要特点

水路旅客运输与其他运输方式相比较,具有以下特点:

(1)主要利用天然水道,投资少,见效快,能耗省,成本低;

(2)运输能力主要取决于客船运输能力及港口客运站的通过能力;

(3)受自然条件影响较大,特别是受气候条件影响较大,因而呈现较大的运输波动性和不平衡性;

(4)航行速度慢,一般服务航速为 12~20kn,相对安全、舒适。

2. 类型

水路旅客运输按其航行区域可划分为三种类型:远洋旅客运输、沿海旅客运输和内河旅客运输。远洋旅客运输通常是指除沿海运输以外所有的海上国际旅客运输。根据船舶航程的长短和周转的快慢又可分为"远洋"和"近洋"。沿海旅客运输是指沿海区域各地(港)之

间的旅客运输。内河旅客运输是指在江河、湖泊、水库及人工水道上从事的内陆旅客运输。

二、水路旅客运输计划制定

水路客运运输计划的制定,对满足社会需要、方便旅客、提高企业的经济效益有着非常重要的作用。制定计划时必须考虑如下因素:公司发展战略、港口条件、旅客需求、船舶利用率、市场竞争、经营收益。港航协调、运输衔接是航线开通前港航双方可解决的事项,也可列入成本考虑。布局合理方面,如果以上因素能够考虑周全航线分布合理性能够保证。

三、客船运行时刻编制

客运航线船舶运行时刻表是组织客流与安排航运计划的主要资料,因此,船舶运行时刻表的编制是客运航线经营管理的重要内容之一。时刻表要充分体现"安全正点,以客为主,便利旅客"的宗旨。船舶运行时刻表用表格的形式反映船舶在空间和时间上的运行程序。它是对船舶、港口、航道等各有关环节的工作进行协调配合的依据。船舶运行时刻表规定了船舶在航线始发港、中途港和终点港的到发船时间,在各港的停泊时间以及各航段的航行时间。在编制船舶运行时刻表时,应体现方便性、安全性、协调性和经济性。

四、客船运营管理的要点

为了确保水路客运计划完成,除了业务核算与分析人员每天发出生产日报,向各部门提供实际生产活动的信息外,还应研究运营管理的要点,并采取切实的保证措施。具体包括:加强气象和海事预确报;掌握修船计划,及时提供技术状态良好的船舶投入营运;建立应急抢修机制;重视港航协作,发挥港口作用;提高水路客运港站的客流组织和服务质量;要有强大的海事处理能力。

第四节 港口运营组织与智能调度

一、港口运营组织

港口是水路运输和水陆联运的枢纽,是全球运输链中的最大量货物的集结点。港口与国际海运构成了国际海运物流网络并发挥着运营组织作用。

1. 港口生产过程

港口生产过程是从接待车、船开始,到送走车、船为止的一个生产周期,如图6-5-1所示。生产准备过程,指在基本生产活动之前港口进行技术和组织准备阶段。基本生产过程,即货物在港口进行的装卸过程。辅助生产过程,是保证基本生产过程正常进行所需的各种辅助性生产活动。生产服务过程,指为保证基本和辅助生产过程顺利开展所需的各项服务性活动。

2. 港口生产原则

与一般企业相比,港口生产过程作业点多、线长、面广、货杂、人员分散。为使生产过程各环节相互衔接,保证人力、物力、空间时间得到充分合理利用,须遵循以下原则。

(1)连续性:生产过程的各个环节及工序在时间上紧密衔接。

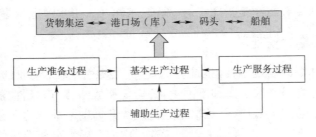

图 6-5-1　港口生产过程示意图

(2) 协调性：在各个环节及工序中，生产能力保持配套比例关系。

(3) 不均衡性：不均衡性是港口生产的显著特点，但可通过合理的计划安排降低不均衡性。

(4) 经济性：在组织生产过程中不仅考虑效率，且考虑经济效益。

(5) 绿色低碳：在组织生产过程中，考虑节能减排技术与港口绿色低碳目标。

3．港口运营组织

传统上，港口运营组织通常指在港口生产过程中，将港口的基础设施设备、装卸服务生产过程、商务经营等港口运营职能加以集成，满足港口生产原则，实现港口运营的安全、高效、经济和绿色低碳目标。港口运营组织及基本流程如图 6-5-2 所示。

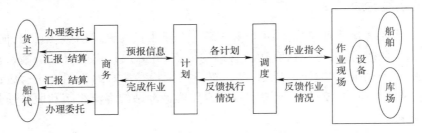

图 6-5-2　港口运营组织及基本流程

港口基础设施设备包括码头设施、航道、道路、水电设施以及监控等方面的设施设备。港口生产过程指货物从进港到出港全部作业总和，包括车船到达、在港装卸作业、换装作业、在港储存作业、车船离港等。港口商务经营包括为港口揽货以及为船舶、发货人和收货人提供服务、货物装卸、设施供应和管理等。

目前，按照港口码头设施设备和装卸工艺的发展程度，可以将码头分为传统码头、自动化码头、传统与自动化混合码头。传统码头是提供船舶停靠和装卸货物的岸边基础设施，包括码头内部场所（堆场、停车场、道口等）和机械设备（岸边装卸桥、水平运输机械设备、堆场装卸机械设备等）。自动化码头是将码头岸边与堆场之间的运输、堆场内的作业、道口（大门）的进出等全过程实现自动化运作的码头。传统与自动化混合码头是在传统码头自动化改造探索中出现的码头运营类型，主要特征为传统设备和自动化设备混合、人工作业和自动化作业区域混合、人工决策和智能决策混合。

近些年，港口运营组织发展强调与全球供应链的协同与集成。1999 年，联合国贸易与发展会议提出第四代港口概念：物理空间上分离但是通过公共经营者或管理部门衔接的组织。与第一代至第三代不同，第四代港口已从强调自己是一个中心，转变为更加强调自己是供应链中的一个环节。目前，一些大型港口营运商和大型航运企业独自建立或者合作建立全球港口网络，在此背景下的港口发展更加重视参与全球供应链体系。

二、港口生产作业计划

按照年度制定的港口生产计划是港口计划体系的主体和核心,是编制其他计划的依据和基础。港口生产作业计划是在相对较短时期内的作业执行计划,是为保证完成年度计划而制订。按照时间周期,港口生产作业计划可分为以下几类。

(1)月度生产计划:依据各班轮公司航线船舶的班期制订。

(2)旬度生产计划:月度生产计划的细化与分解。

(3)周滚动计划:在旬度生产计划基础上,对一周内预计抵达的船舶进行泊位和装卸设备预分配,会根据船舶和作业量的最新信息滚动更新。

(4)昼夜作业计划:是生产调度部门组织和指挥生产、协调码头内外各环节及作业单位的主要依据,是各部门的工作任务书。集装箱码头昼夜作业计划的核心是航运作业计划,堆场作业计划和集疏运作业计划围绕航运作业计划展开,包括作业计划执行情况评估;其他货种码头昼夜作业计划依据上一昼夜作业计划执行情况和下一昼夜作业计划综合情况制定,计划制定后,经调度会议讨论做最终调整,并平衡、调整计划和下达指令。

(5)工班计划:调度人员将昼夜计划进一步分解,编制出落实昼夜计划的工班计划。集装箱码头的工班计划已在昼夜计划中体现,而其他货种码头工班计划需根据作业进度及变化情况调整计划。

(6)单船作业计划:以上计划均以装卸为对象,而港口生产特点之一是围绕船舶展开,因此,以船舶为对象从进港靠岸至装卸结束离港编制的单船作业计划对港口生产有现实意义和重要作用。

三、港口智能调度

1. 港口智能调度的内涵

港口智能调度至今尚无统一定义,综合理论研究与实践发展可以将其界定为:港口智能调度旨在运用优化、仿真、数字孪生、大数据、人工智能等先进技术与方法,在不同的时空维度制定港口内设施(码头、泊位和堆场)、流动实体(船舶与货物)、机械设备(水平搬运、库和堆场装卸)的复杂决策,以实现安全、经济、高效、绿色等多个维度的港口整体系统效能最优的总目标。其中,港口基础信息化设施和作业设备的自动化是港口智能调度的前提和基础,智能算法是港口智能调度的内核。

港口调度的智能化表现在以下几个方面:

(1)事前预估、预警,并给出智能计划决策;

(2)全过程实时事中监控、实时优化与智能调整决策;

(3)事后进行回溯分析,并迭代升级港口调度的智能化水平;

(4)港口调度智能化的主要目的是提高港口装卸效率和港口运营能力,同时综合考虑港口安全、经济、高效和绿色低碳这四大目标的统一。

2. 港口泊位智能调度

港口泊位智能调度包括港口泊位资源智能配置与岸边装卸设备智能调度,需要解决船舶与泊位资源的配置优化、泊位资源与岸边装卸设备作业的协同优化、岸边装卸设备作业与水平运输设备作业衔接优化等问题。通常考虑航道、潮汐、靠泊优先权、船舶准班率、船舶靠泊泊位偏好以及泊位分配管理等因素的影响,主要目的是缩短到港船舶的在港时间、提高泊位利用率、提高港口装卸作业效率。

3. 港口堆场智能调度

港口堆场智能调度包括堆场空间资源智能配置与堆场机械设备智能调度,需要解决堆场空间资源优化、堆场空间资源与堆场机械设备协同配置优化、堆场机械设备调度优化等问题。对于集装箱港口来说,涉及码头堆场布局、堆场箱区箱位分配、堆场门式起重机调度、集装箱卡车与堆场门式起重机的集成调度等优化问题,主要目的是减少堆场拥堵和提高堆场资源利用率,并加强与泊位资源智能调度的衔接。

4. 港口水平运输系统智能调度

港口水平运输系统智能调度包括码头水平运输系统智能调度与港区间水平运输系统智能调度。码头水平运输系统连接泊位作业系统和堆场作业系统,其智能调度涉及水平搬运机械调度与路径规划,需要解决水平运输设备任务分配优化与运输路线优化问题。通常考虑水平运输作业与泊位、堆场的装卸作业之间协同以及道路容量与作业环境的影响,主要目的是实现水平运输设备与岸边装卸设备及堆场装卸设备这三者无缝衔接,缩短船舶在泊的总作业时间以及无效作业时间。

5. 先进装卸工艺系统智能协同调度

港口装卸工艺系统是指运用装卸设备及配套机械化系统,完成货物在不同运输方式之间的装卸作业,其智能调度主要表现在多设备系统的智能协同调度。随着港口自动化与智能化的发展,装卸设备管理模式向数据化与智能化转变,各种先进设备的使用对港口装卸工艺产生了新需求,先进装卸设备的人机交互、智能运维与远程控制等作业要求对港口运营能力有着重要影响,需要针对不同的先进装卸工艺系统展开多设备系统的智能协同调度研究。

第五节 港口装卸工艺

港口装卸工艺是指在港口实现货物从一种载运工具(或库场)转移到另一种载运工具(或库场)的空间位移的方法和程序。具体来说,港口装卸工艺是港口按照一定的劳动组织形式、运用装卸机械及其配套工具(或称机械化系统)等物质手段,遵照规定的技术标准和规范,完成货物在不同运输方式之间的换装作业过程。在当前互联网、区块链、物联网、大数据、人工智能等新兴技术以及绿色可持续性发展理念的推动下,港口装卸作业自动化是我国目前大型专业化码头的发展方向,港口装卸工艺的智慧化和绿色发展已经成为港口行业的发展趋势。

一、港口装卸工艺设计的原则

港口装卸工艺设计是港口工程设计的重要组成部分。它的基本任务是在港址选择、港口装卸任务确定的前提下,通过港口装卸机械化系统方案的设计、技术经济论证和方案比选,确定港口为完成既定的装卸任务所采用的装卸工艺和合理的装卸工作组织。港口装卸工艺设计的原则主要有:合理性与可靠性原则;系统性及多样性的原则;环境保护与可持续发展原则等。

二、主要货种的港口装卸工艺流程及特点

1. 集装箱装卸工艺

传统集装箱码头使用的机械有岸边集装箱装卸桥、跨运车、底盘车、叉式装卸车、轮

胎式龙门起重机等。根据集装箱装卸桥与堆场和水平运输作业机械不同组合,集装箱装卸工艺可以组合成多种装卸工艺方案。传统集装箱码头多采用集装箱装卸桥——轮胎式龙门起重机工艺方案:集装箱装卸船作业采用集装箱装卸桥;码头堆场的装卸和堆码作业采用轮胎式龙门起重机;从码头前沿至堆场、堆场内的水平运输由集装箱拖挂车完成。

随着港口技术水平的进步,越来越多的港口开始建设自动化集装箱码头。目前,典型的自动化集装箱码头工艺方案有以下几种:

(1)"自动化岸边集装箱装卸桥+集装箱拖挂车+自动化轨道式集装箱龙门起重机/自动化轮胎式集装箱龙门起重机"的半自动工艺模式。

(2)"自动化岸边集装箱装卸桥+人工跨运车+自动化轨道式集装箱龙门起重机"的半自动工艺模式。

(3)"自动化岸边集装箱装卸桥+自动跨运车"的全自动工艺模式。

(4)"自动化岸边集装箱装卸桥+自动跨运车+自动化轨道式集装箱龙门起重机"的全自动工艺模式。

(5)"自动化岸边集装箱装卸桥+集装箱自动导引车(Automated Guided Vehicle,AGV)/智能导引运输车(Intelligent Guided Vehicle,IGV)/智能集装箱拖挂车(Intelligent Container Truck,ICT:也称为无人集卡)+自动化轨道式集装箱龙门起重机"的全自动工艺模式(图6-5-3和图6-5-4)。

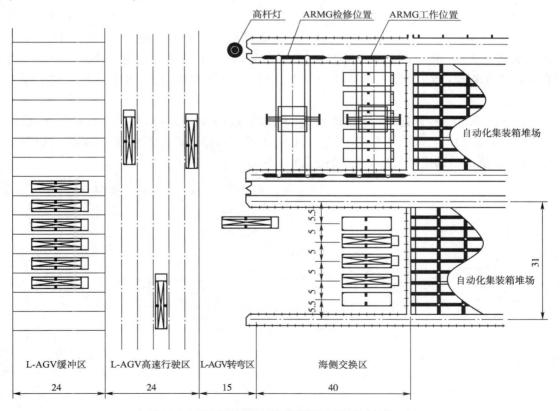

图6-5-3　AGV海侧交换区工艺平面布置图(尺寸单位:m)

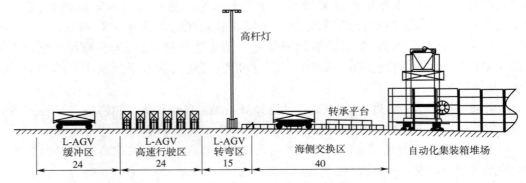

图 6-5-4 AGV 海侧交换区工艺断面布置图(尺寸单位:m)

(6)"自动化岸边集装箱装卸桥+高架式轨道穿梭系统+自动化轨道式集装箱龙门起重机"的全自动工艺模式。

2. 干散货装卸工艺

干散货是指不加包装而呈松散颗粒状态运输、装卸和保管的货物。在水上运输中,典型的干散货有铁矿石、煤炭、粮食、铝矾土、磷矿石以及散装运输的盐、糖、水泥和化肥等。干散货码头常用的装船机械为装船机,而常用的卸船机械有:船吊、门座抓斗卸船机、桥式抓斗卸船机、连续卸船机(如链斗卸船机、螺旋卸船机、斗轮卸船机)和吸粮机等。

干散货的堆场作业根据货物保存在露天场地或专用仓库而采用不同的作业方式。干散货露天堆场作业一般采用堆料机、取料机或者堆取料机进行作业。而专用仓库则通常设计成高架式,可用皮带运输机向仓库内装货,装车作业时货物通过漏斗从仓库中靠重力自行流到车箱里;卸车作业通常采用链斗卸车机、螺旋卸车机、翻车机系统及自卸车等方式进行。

由于干散货运输具有流向单一的特点,因此,通常可以根据干散货的进出口流向,将干散货的港口装卸工艺系统分为:陆运进港、水运出港的出口装卸工艺流程(图 6-5-5)以及水运进港、陆运出港的进口装卸工艺流程(图 6-5-6)。

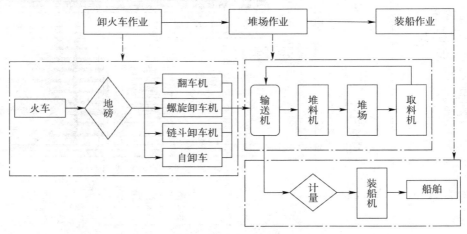

图 6-5-5 典型的干散货出口装卸工艺流程图

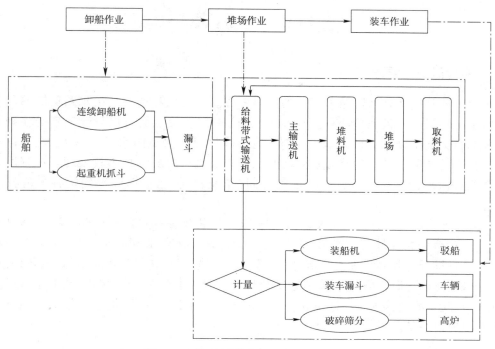

图 6-5-6 典型的干散货进口装卸工艺流程图

3. 件杂货装卸工艺

件杂货是指在运输、装卸和保管中散件装运的货物。由于件货种类多、包装形式各异，而且在同一泊位上既有进口，又有出口，因此，要求装卸机械设备应具有通用性并能适应货流的双向性。

件杂货装卸工艺系统的类型与码头结构形式较为密切，而码头的结构形式一般是根据航线和港口的特定条件，如货物的流量、流向、地形、水域以及载运工具的结构形式等因素综合确定的。海港及中小水位差河港的件杂货装卸常采用岸上装卸设备（或船舶起重机等）——流动机械工艺系统；大中水位差河港的件杂货装卸则采用起重船——缆车——流动机械工艺系统。件杂货码头使用的流动机械主要有：叉式装卸车、蓄电池搬运车、牵引车挂车、流动起重机等。

4. 液体散货装卸工艺

液体散货是指液体状进行运输、装卸和存储的货物，主要的液体散货有石油原油及成品油、液化气及液体化学品等。石油具有易燃烧、易爆炸、易挥发和易生静电等特性。石油的装卸设备主要包括输油泵、输油管、输油臂及附加设备等。输油泵多采用离心泵，当装卸黏度较大油品时，也可用往复泵。输油管是联系泵房、油罐、油码头及铁路装卸车台的主要设备。为了使黏度大的油品在输送过程中不冷凝和降温不要过大，油管常采用伴热和保温措施，常见的伴热保温措施有蒸气管伴热、电加热等。

油船的装卸通常是用橡胶管或输油臂将船上与岸上的管路接通。装货时，一般可同时接通 3～5 根输油管线。卸货时，由船上自有的货油泵向岸上排油。装船时，一般由岸上泵向船上注油。有条件的地方，装船也可以采用自流方式。

第六节 水运商务

一、水运商务与管理

水运商务是指水路运输服务相关的商业事务。水运商务活动是指水路运输参与各方围绕水上运输过程及港口货物作业的全部活动,遵照有关运输法规与政策享受权利与承担义务的行为与活动。也就是承运人与托运人或收货人、船舶出租人与承租人、港口经营人与委托人等之间围绕货物承揽、运输组织、港口装卸、费用计收、事故处理等过程所开展的各类商务活动,并依据水运法规、运输合同、作业合同、运输单证等确定各方的权利与义务。

水运商务管理的研究对象主要包括:船舶、港口、货物等各方当事人的权利、义务及其相互关系;运输市场的货源、货运组织与计划;水运法规与政策、运输合同与协议、业务流程与单证、运费标准与计收办法等的制定、执行、修改与调整;货运管理、货运质量、商务信息、货损货差、现场管理等商务管理的基本原则与规律;运输、装卸、仓储、理货、装拆箱、联运、保险、代理、危险货物及特种货物运输等商务工作的一般规则与特征;水运风险与保险;水运商务管理的现代化;等。

二、水运商务法规

构成我国水运商务法规体系的法律、规章主要有《中华人民共和国民法典》《中华人民共和国海商法》《中华人民共和国港口法》《中华人民共和国国际海运条例》《中华人民共和国水路运输管理条例》等。

《中华人民共和国民法典》(2020年5月28日颁布,2021年1月1日起施行)被称为"社会生活的百科全书",是新中国第一部以法典命名的法律,在法律体系中居于基础性地位,也是市场经济的基本法。《中华人民共和国民法典》共7编、1260条,各编依次为总则、物权、合同、人格权、婚姻家庭、继承、侵权责任以及附则。与水运商务有关的主要是"合同编"相关规定。

《中华人民共和国海商法》(1992年11月7日颁布,1993年7月1日起施行)详细规定了海上货物运输合同、海上旅客运输合同、船舶租用合同、海上拖航合同、海上保险合同的成立,双方当事人的权利义务,违约责任等。其适用范围为调整海上运输关系和船舶关系。海上运输是指海上货物运输和海上旅客运输,包括海江之间、江海之间的直达运输。但海上货物运输合同的规定,不适用于中华人民共和国港口之间的海上货物运输。

《中华人民共和国港口法》(2003年6月28日颁布,2004年1月1日起施行)是调整中国港口行政管理关系、加强政府对港口实施宏观管理的重要法规。其核心内容是确立了中国港口由地方政府直接管理并实行政企分开的行政管理体制;确立了政府通过对港口规划、岸线管理、合理布局,保证港口资源得到合理利用的制度;确立了多元化投资主体和经营主体建设和经营港口的制度;确立了港口业务经营人准入制度和公开公平的竞争制度;确立了港口的保护和安全制度。

《中华人民共和国国际海运条例》(国务院2001年12月11日颁布,2013年7月18日第一次修订,2016年2月6日第二次修订,2019年3月2日第三次修订,2023年7月20日国务院令第764号修改)在规范国际海上运输活动,维护国际海上运输市场秩序等方面发挥了重要作用,适用于进出中华人民共和国港口的国际海运经营活动以及与国际海运相关的辅助性经营活动。其中,国际海上运输经营活动,是指始发港、挂靠港或目的港位于国外的海上旅客运输和货物运输经营活动;国际海运相关的辅助性经营活动,包括国际船舶代理、国际船舶管理业务。

《中华人民共和国水路运输管理条例》(国务院2012年10月13日颁布,2016年2月6日第一次修订,2017年3月1日第二次修订,2023年7月20日国务院令第764号修改)是国家为规范水路运输服务行为,维护水路运输市场秩序,保障旅客、托运人、收货人、承运人及其代理人的合法权益,促进水运事业发展而制定的一部法规。其主要内容有:运输主体的资格和要求,水路运输的行为规范,水路运输的管理机构,规费的征收,违法经营的处罚等水路运输市场管理的各项规定。

三、水路货物运输合同

水路货物运输合同的表现形式依据水路货物运输组织方式不同而不同。

班轮运输业务下,主要以提单、运单的正面内容和背面条款确定承运人与托运人或收货人之间的权利义务关系。提单的内容主要有:货物的品名、标志、包数或者件数、重量或者体积,以及运输危险货物时对危险性质的说明;承运人的名称和主营业所;船舶名称;托运人的名称;收货人的名称;装货港和在装货港接收货物的日期;卸货港;多式联运提单增列接收货物地点和交付货物地点;提单的签发日期、地点和份数;运费的支付;承运人或者其代表的签字。

不定期船运输业务下,通常以航次租船合同或定期租船合同确定船舶出租人和承租人之间的权利义务关系。航次租船合同的主要内容有:出租人和承租人的名称、船名、船籍、载货重量、容积、货名、装货港和目的港、受载期与解约日、装卸时间、运费、滞期费、速遣费以及其他有关事项。

四、港口货物作业合同

港口货物作业合同是指港口经营人在港口对水路运输的货物进行船舶、车辆的装卸、驳运、储存、装拆箱等作业,作业委托人支付作业费用的合同。

港口货物作业合同大多为单次作业合同,作业委托人按每批次货物或者每船舶艘次与港口经营人订立作业合同,作业合同只规范该次货物和船舶作业。而长期作业合同则是指持续一段较长时期的合同,可以为一个季度、半年或一年,多服务于具有大批量长期性运输的货物经营人或者长期使用港口的船舶经营人、班轮公司等。

港口货物作业合同的主要内容有:合同当事人、作业项目、货物资料、作业费用、货物交接地点和时间、包装方式、识别标志、船名航次、起运港到达港、违约责任、争议解决等。

五、相关业务流程与单证

水运货物运输的业务流程依据水路货物运输组织方式、货物特性、特定航线、港口条件等的不同而不同。在集装箱班轮整箱货业务组织中,以到岸价(CIF)买卖、信用证交易、集装箱整箱货(FCL)、场到场(CY-CY)交接条款为例(图6-5-7),集装箱班轮整箱货业务组织、各基本步骤与主要单证的使用情况如下。

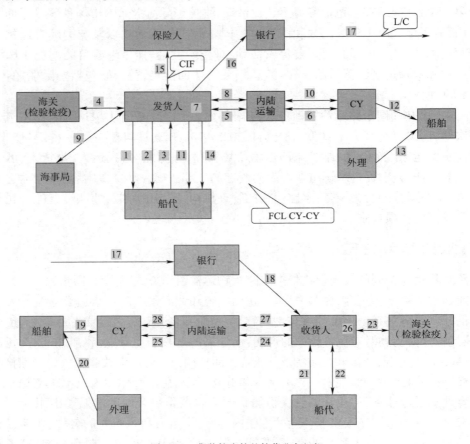

图 6-5-7　集装箱班轮整箱货业务组织

1-订舱托运;2-用箱申请;3-发放空箱;4-出口报关(报检);5-委托空箱拖运;6-空箱出 CY 交接;7-FCL 装箱;8-委托重箱拖运;9-危险货物申报;10-重箱进 CY 交接;11-VGM 申报;12-出口装船;13-装船理箱;14-以 D/R 换 B/L;15-CIF 投保;16-出口结汇;17-B/L 流转国外;18-付款赎单;19-进口卸船;20-卸船理箱;21-通知提货;22-以 B/L 换 D/O;23-进口报关(报检);24-委托重箱拖运;25-重箱出 CY 交接;26-FCL 拆箱;27-委托空箱回运;28-空箱回运交接

第六章　水路运输安全保障系统

第一节　安全保障主体及其职责

水路运输安全保障主体包括负责安全保障工作的主管机关、提供安全保障所需支持和服务的航行保障部门及承担水上险情救助任务的单位,以及船舶引航机构。

一、水路运输安全保障的主管机关

根据《中华人民共和国海上交通安全法》和《中华人民共和国内河交通安全管理条例》,我国的水路运输安全保障主管机关为负责中央管理水域的国家海事管理机构(即交通运输部直属海事机构)和负责中央管理水域以外其他水域的,由省(自治区、直辖市)人民政府设立的地方海事管理机构。

以交通运输部海事局为例,其主要职责如下。

(1)拟定和组织实施国家水上安全监督管理和防止船舶污染、船舶及海上设施检验、航海保障以及交通行业安全生产的方针、政策、法规和技术规范、标准。

(2)统一管理水上安全和防止船舶污染。监督管理船舶所有人安全生产条件和水运企业安全管理体系;调查、处理水上交通事故、船舶污染事故及水上交通违法案件;统一管理交通行业安全生产工作。

(3)负责船舶、海上设施检验行业管理以及船舶适航和船舶技术管理;管理船舶及海上设施法定检验、发证工作;审定船舶检验机构和验船师资质、审批外国验船组织在华设立代表机构并进行监督管理;负责中国籍船舶登记、发证、检查和实施进出港(境)报告制度;负责外国籍船舶入出境及在我国港口、水域的监督管理;负责船舶载运危险货物及其他货物的安全监督。

(4)负责船员、引航员适任资格培训、考试、发证管理;审核和监督管理船员、引航员培训机构资质及其质量体系;海员证件管理工作。

(5)管理通航秩序、通航环境。负责禁航区、航道(路)、交通管制区、港外锚地和安全作业区等水域的划定;负责禁航区、航道(路)、交通管制区、锚地和安全作业区等水域的监督管理,维护水上交通秩序;核定船舶靠泊安全条件;核准与通航安全有关的岸线使用和水上水下施工、作业;管理沉船沉物打捞和碍航物清除;管理和发布全国航行警(通)告,办理国际航行警报系统中国国家协调人的工作;审批外国籍船舶临时进入我国非开放水域;港口对外开放有关审批工作以及中国便利运输委员会日常工作。

(6)航海保障工作。管理沿海航标、无线电导航和水上安全通信;管理海区港口航道测绘并组织编印相关航海图书资料;统一管理交通行业测绘工作;组织、协调和指导水上搜寻救助并负责中国海上搜救中心日常工作。

(7)组织实施国际海事条约;履行"船旗国"及"港口国"监督管理义务,依法维护国家主权;负责有关海事业务国际组织事务和有关国际合作、交流事宜。

二、航行保障服务部门

航行保障是为船舶在水上航行、作业等活动提供各种服务和管理,确保水上交通安全、畅通的行为,在海上通常被称为"航海保障",在内河通常被称为"通航保障"。

(一)航海保障中心及其职责

我国沿海区域的航海保障由交通运输部北海、东海、南海航海保障中心负责,三个航海保障中心的职责相似,主要包括以下几个方面。

(1)参与拟定航标、港口航道测绘、水上安全通信等与航海保障有关的发展战略、法律法规、中长期规划,以及有关技术标准和规范工作。

(2)参与海事行政管理和执法监督相关的信息化等技术支持和服务保障工作;承担航海保障行政管理和执法监督相关的技术审查等事务性工作;参与海事事故调查、违章查处等相关技术支持和服务保障工作。

(3)承担辖区内公用航标、船舶自动识别系统、无线电和卫星导助航系统的建设、值守、运行、检测、维护、评估、调整和动态发布等工作;承担辖区内历史灯塔、航标文物的研究和保护工作。

(4)承担辖区沿海港口航道测绘工作;承担辖区水上测绘基础控制网、水文观测网的建设、运行和维护等工作;承担港口航道图、电子海图、航标表等相关航海图书资料的编绘、发布和更新工作。

(5)承担辖区水上遇险与安全通信工作;承担海岸电台、水上无线电通信系统的建设、运行和维护工作;承担航行通警告、气象预报等海上安全信息的播发工作。

(6)承担辖区航海保障信息系统的建设、运行和维护工作;承担通航水域水深、水文等航海保障信息的监测、采集、分析、整理工作,依据权限公布有关信息。

(7)承担辖区航标、测绘、通信等航海保障的应急处置工作;参与水上交通安全和海上污染事故应急处置有关工作。

(二)长江通航保障机构及职责

长江通航保障职责由长江航道局和长江海事局承担。

1. 长江航道局主要职责

编制航道养护计划、航道维护性疏浚,参与有关航道技术标准、规范的制定;航标养护计划的组织实施、航道航标配布的技术审核及航标技术状况的监督检查;编制和组织实施航道测绘计划;航道测绘基础设施、测绘成果和测绘资质管理;编制航道航行参考图、电子航道图等。

2. 长江海事局主要职责

负责长江水上安全通信网络、长江海事信息网络及其设施设备的运行维护和技术管理工作;负责长江干线航行通告等各类水上安全信息的发布工作;具体负责长江干线水上应急通信、危险水域及重点控制河段专项通信,以及专项任务通信的保障工作。

三、水上险情救助机构

水上险情救助体系分为海上险情救助体系和内河险情救助体系。

海上险情救助体系由海上搜救协调中心、遇险通信和海上救助力量组成。海上搜救协调中心的日常工作由国家海事管理机构承担,发生险情时启动各级应急预案和程序;遇险通信属于航海保障部门的职责;交通运输部救助打捞局作为我国唯一一支国家海上专业救助打捞力量,下设烟台打捞局、上海打捞局、广州打捞局、北海救助局、东海救助局、南海救助局及五个救助飞行队。其他海上搜救成员单位,如交通、海洋、气象、渔业等部门按照各自的职责参与海上险情救助行动。

内河救助体系则依据所在地方的有关法律规定设置。内河救助体系在功能上与海上相同,但在组织结构上与海上有所不同。国家的水路交通应急组织体系由水路交通突发事件应急工作领导小组、水路交通突发事件应急指挥中心及指挥中心办公室、应急工作组、咨询专家组构成。省级、市级、县级交通主管部门,根据当地的实际情况,建立相应的应急组织指挥体系,明确相应职责。

四、船舶引航机构

船舶引航是指由引航员引领船舶航行、靠泊、离泊、移泊的活动,是确保船舶安全顺利地进出港口和通过复杂水道的安全保障措施。引航机构是指专业提供引航服务的法人,其主要职责为:制订引航方案和引航调度计划;接受引航申请,提供引航服务;负责引航员的聘用、培训、晋升、奖惩等日常管理;参与涉及引航的港口、航道等工程项目研究工作。

第二节 安全监管保障

水路运输安全监管保障即海事安全监管保障的宗旨为保障水上交通安全,保护水域环境清洁,保护船员整体权益,维护国家海上主权和人民利益。其主要内容又可以分为静态管理、动态管理以及危防管理。

一、静态管理

水路运输安全监管中的静态管理内容包括:船舶航行许可、船员适任管理、船舶航行规则和水上交通条件管理。

(一)船舶航行许可

船舶航行许可的内容包括船舶(法定)检验、船舶登记、船舶安全配员、安全管理体系审核。

1. 船舶(法定)检验

船舶(法定)检验是船旗国政府或者其认可的专业检验机构按照法律、行政法规、规则、法定检验技术规范和加入的有关国际公约,为保障水上人命财产安全,防止水域污染,对船舶、水上设施、船运集装箱和船用产品的安全技术状况实施的强制性检验。

2. 船舶登记

船舶登记是指赋予船舶以国籍和权利与义务的行为,即对船舶享有某种权利的人,向国家授权的船舶登记机关提出申请并提交相应的文件,经船舶登记机关审查,对符合法定条件的船舶予以注册,并以国家的名义签发相应证书的法律事实。船舶在主管机关登记取得国籍证书和悬挂国旗后才具备航行权。

3. 船舶安全配员

船舶安全配员是指为保证船舶、船员、乘客、货物和财产安全以及保护海洋环境，船舶必须配备一定数量合格的或有经验的船员。国际公约要求船舶保持安全配员，船舶配员的具体标准由各国主管机关根据 IMO 的《安全配员原则》来确定。我国交通部于 1997 年发布了《中华人民共和国船舶最低安全配员规则》(经 2014 年、2018 年修订)，确定了我国船舶配员的具体标准。海事管理机构负责船舶最低安全配员证书的核发以及监督船舶最低安全配员。

4. 安全管理体系审核

《国际船舶安全营运和防止污染管理规则》(ISM 规划)要求船公司建立并运行有效的安全管理体系，交通部制定了《中华人民共和国船舶安全营运与防止污染管理规则》以及《中华人民共和国航运公司安全与防污染管理规定》，对船公司安全管理体系的建立、实施、保持及相关活动的监督管理提出了要求。

(二) 船员适任管理

船员适任证书是船员具备在船上各种岗位工作能力的证明。海船船员持有相应的适任证书、培训合格证和健康证明是《1978 年海员培训、发证和值班标准国际公约》(简称 STCW 规则)的强制性要求。根据《中华人民共和国海船船员适任考试发证规则》和《中华人民共和国内河船舶船员适任考试和发证规则》的规定，申请船员适任证书，应当向国家海事管理机构提出书面申请，并附送符合规定条件的证明材料。对符合规定条件并通过国家海事管理机构组织的船员任职考试的，国家海事管理机构应当颁发相应的船员适任证书。

(三) 航行规则制定和水上交通条件管理

海事管理机构静态管理的一个主要内容是制定和实施水上安全监督保障的各种规则，包括船舶航行规则。水上交通条件又称为通航环境，是指船舶运动所处的空间与条件，其静态管理的内容主要有：航区划分、交通资源规划和水上水下施工作业与活动许可。

二、动态管理

水路运输安全保障中的动态管理内容包括：船舶进出港(口岸)管理、船舶安全监督、船员履职与值班检查、通航(环境)管理等。

(一) 国际航行船舶进出港(口岸)管理

对进出港口的国际航行船舶执行口岸检查是国际上通行的做法，虽然各国在执行检查的机构和检查的方式等存在一定的差别，但检查的内容基本上是海关查验、移民检查、人员卫生检疫、动植物产品检疫和船舶适航性监督。

根据《国际航行船舶进出中华人民共和国口岸检查办法》，我国的海关、出入境边防检查机关(国家移民局)和国家海事管理机构是执行口岸检查的检查机关。

(二) 船舶安全监督

船舶安全监督是指海事管理机构依法对船舶及其从事的相关活动是否符合法律、法规、规章以及有关国际公约和港口国监督区域性合作组织的规定，而实施的安全监督管理活动。船舶安全监督分为船舶现场监督和船舶安全检查。

1. 船舶进出港报告

根据《中华人民共和国船舶安全监督规则》,中国籍船舶在我国管辖水域内航行应当按照规定实施船舶进出港报告。

船舶应当在预计离港或者抵港 4h 前向将要离泊或者抵达港口的海事管理机构报告进出港信息。航程不足 4h 的,在驶离上一港口时报告。船舶在固定航线航行且单次航程不超过 2h 的,可以每天至少报告一次进出港信息。

2. 现场监督

现场监督是指海事管理机构对船舶实施的日常安全监督抽查活动,现场监督的内容包括:

(1) 中国籍船舶自查情况;
(2) 法定证书文书配备及记录情况;
(3) 船员配备情况;
(4) 客货载运及货物系固绑扎情况;
(5) 船舶防污染措施落实情况;
(6) 船舶航行、停泊、作业情况;
(7) 船舶进出港报告或者办理进出港手续情况;
(8) 按照相关规定缴纳相关费税情况。

3. 船舶安全检查

船舶安全检查是指海事管理机构按照一定的时间间隔,对船舶的安全和防污染技术状况、船员配备及适任状况、海事劳工条件实施的安全监督检查活动,包括船旗国监督检查和港口国监督检查。船舶安全检查的内容包括:

(1) 船舶配员情况;
(2) 船舶、船员配备和持有有关法定证书文书及相关资料情况;
(3) 船舶结构、设施和设备情况;
(4) 客货载运及货物系固绑扎情况;
(5) 船舶保安相关情况;
(6) 船员履行其岗位职责的情况,包括对其岗位职责相关的设施、设备的维护保养和实际操作能力等;
(7) 海事劳工条件;
(8) 船舶安全管理体系运行情况;
(9) 法律、法规、规章以及我国缔结、加入的有关国际公约要求的其他检查内容。

(三) 船员履职与值班检查

船员履职和值班检查是指对船员履行职责过程的监督检查,不仅是对船员履职资格和能力、值班情况的监督检查和考核活动,也是对船员遵守《中华人民共和国船员条例》(以下简称《船员条例》)和《中华人民共和国海船船员值班规则》(以下简称《值班规则》)等相关法律、规章所规定的船舶管理制度和值班规定的检查。

(1)《船员条例》规定的主要检查内容包括:检查船员携带有效证件;检查船员掌握船舶的适航状况和航线的通航保障情况,包括航区气象和海况等必要信息;检查船员遵守船舶的管理制度和值班情况;检查船员按规定操纵、控制和管理船舶,并如实填写相关的法定文书的情况；检查船员参加船舶应急训练、演习，按照船舶应急部署的要求，落实各项应急预防措施等。

（2）《值班规则》规定的主要检查内容包括：检查航次计划的制定；检查船员的值班，明确值班船员职责；检查船员交接班制度；检查船员遵守驾驶值班规定；检查船员遵守轮机部航行值班规定；检查船员遵守无线电值班规定；检查船员遵守港内值班规定；检查船员遵守驾驶轮机联系制度等。

(四)通航（环境）管理

通航（环境）管理的主要内容包括船舶交通管理、海事巡航、水上水下施工作业现场监督等。

1. 船舶交通管理

船舶交通管理的具体方式是海事管理机构利用船舶交通管理系统（VTS）实现对船舶交通流的组织与控制，是微观、动态的管理。加入 VTS 的船舶按照要求在指定的时间和地点按照规定的报告格式向 VTS 中心进行报告，以便让 VTS 中心掌握水域内各船舶的动态和对船舶交通实施管理，船舶报告所提供的信息是 VTS 中心获取有关船舶信息的重要来源。

2. 海事巡航

海事巡航是指海事管理机构依照国际公约及国家有关法律、法规、规章、规定等对国家管辖水域进行航行安全和船舶防污染监视、通航秩序维护、抢险救助、海事行政执法的综合性海事行政活动。海事巡航的主要工作内容包括：监督船舶、设施航行、停泊和作业情况，维护通航秩序，保障通航安全环境，监视水域环境，事故应急和抢险搜救。

3. 水上水下施工作业现场监督

该项监督活动主要包括水工作业现场安全维护和水工作业现场安全检查。水工作业现场安全维护的形式包括：全过程维护、重点时段维护、一般性维护。维护方式一般通过巡航船到现场进行安全维护、VTS 监控、海事执法人员现场维护等手段。水工作业现场安全检查的内容有：施工单位、施工船舶、作业水域位置、施工内容、施工期限是否与核发的许可证内容一致；施工安全措施、应急预案、防污染措施是否落实、警示标志及警戒船舶是否到位、是否有专人 24h 值班收听指定频道，施工船、警戒船和过往船舶的通信是否畅通；施工现场组织管理是否规范，现场船舶、实施的航行、停泊、作业秩序是否有序；对过往船舶的航行安全是否产生影响，施工过程是否留有障碍物，是否有随意倾倒废弃物等现场。

三、危防管理

我国的海事危险货物与防污染（简称危防）管理工作范围分为两大类：船舶防污染管理和船载危险货物管理。

(一) 船舶防污染管理

为加强对船舶及船员防污染工作日常管理，IMO 通过相关国际公约授权各国政府部门指定的主管机关履行船舶防污染监督职责，我国法律授权海事管理机构对船舶污染的防治实施监督管理，海事管理机构是中国防治船舶污染的主要监管机构。

为履行上述职责，防范和减少船舶操作性和事故性污染事故的发生，海事管理机构采取了船舶法定检验、船舶日常检查、航运公司体系管理等多种措施，来确保船舶适航、规范船舶防污染作业、提高船员防污染操作技能。

(二)船载危险货物管理

船载危险货物管理作为是海事管理业务中重要的组成部分。按照职责范围,交通运输部海事局及各级海事机构主要是通过进出港前船舶审批、装卸过程现场监督、港口国及船旗国监督、重点水域实时跟踪监控、必要时海巡艇护航等手段对船载危险货物海上运输全链条进行监督,保障船舶运输安全,防范事故风险。具体监管内容包括以下几个方面。

1. 船舶和人员管理

实施对载运危险货物的船舶检验以及安全和防污染应急要求的监督检查;实施对从事危险货物运输的船舶所有人、经营人或者管理人、货物托运人、危险货物运输船舶的船员、危险货物申报或者报告手续的人员和集装箱装箱现场检查的人员的监督管理。

2. 包装和集装箱管理

实施对船载危险货物包装、集装箱检验、标志标记、积载、隔离及装箱的监督检查。

3. 申报和报告管理

实施载运危险货物进出港口船舶的申报审批制度和船载危险货物安全适运申报报告制度。

4. 作业安全管理

实施船舶在港口水域外从事内河危险货物过驳作业或者海上散装液体污染危害性货物过驳作业许可制度、液化气船作业前会商制度和试气实验安全风险论证制度,实施对船舶的危险货物水上过驳作业、载运危险货物的船舶洗(清)舱、驱气、置换作业、液化天然气及其他具有低闪点特性的气态燃料船舶加注作业等的监督检查。

四、中华人民共和国海事局海事一网通办

为全面贯彻落实国务院深化"放管服"改革,"互联网+政务服务""互联网+监管"等工作要求,实现与全国一体化在线政务服务平台的对接,中华人民共和国海事局建设了海事一网通办门户。海事一网通办门户作为海事一体化在线服务的总枢纽,全面梳理和展示了全国海事系统服务事项及相应办事指南。

海事一网通办包含政务服务、执法监督、信息公开和咨询投诉四个功能模块。其中政务服务模块已实现在线办理通航业务6项、船舶业务13项、船员业务6项、危防业务4项、安全业务1项、船检业务4项、航标业务1项,共35项;执法监督模块已实现在线办理通航业务2项、船舶业务2项、船员业务3项、危防业务23项、公司业务33项、船检业务1项,共66项;信息公开模块包含了查询服务、权责清单、政务信息公开、行政处罚结果公示、海事政务服务好差评以及信用信息公示6个栏目,其中便民查询栏目可查询29项便民服务。

第三节 航海保障

一、航海保障概述

航海保障是指为了确保船舶在水上安全及畅通地航行所组织的一系列全面性的技术保障,其主要包括助航标志、海事测绘、水上安全通信和航海图书资料等方面的相关内容。

助航标志是为帮助船舶安全、经济和便利航行而设置的供船舶定位、导航或者用于其他专用目的的助航设施。

海事测绘是通过对水体和水底进行全方位、多要素的综合测量,并绘制成不同目的和用途的专题图件,为航海、国防建设、海洋开发和海洋研究服务的基础性工作。

水上安全通信是指采用全球统一的通信业务和技术标准,在任何时间和任何海域实现船-岸、船-船间接收和发送海上遇险报警,组织与航运安全有关的各类通信业务,其目的是保障海上交通安全,提升海上交通效率,保护水域环境,包括水域内海上遇险与安全通信,海岸电台、海上无线电通信系统的建设、运行和维护,航海天文、气象、海况等其他安全信息的播发等。

航海图书资料是指航海专用的海图、表图、参考资料和书刊的总称。SOLAS 公约中要求所有船舶必须配备有足够的、且最新的海图、航路指南、航标表、航海通告、潮汐表以及为航次所需的所有其他航海出版物。

二、航标管理

(一)航标概述

1. 航标的定义及功能

航标(Aids to Navigation)即助航标志,是为帮助船舶安全、经济和便利航行而设置的视觉的、音响的和无线电的有信息服务作用的助航设施。

航标的作用是帮助船舶安全航行、经济航行和便利航行。为了实现航标的作用,航标一般具有四项功能,即定位功能、危险警告功能、确认功能和指示交通功能。

2. 航标的分类

航标按配布的水域分类,有海区航标和内河航标;按配布位置的可靠性分,分固定航标和浮动航标;按工作原理分,有视觉航标、音响航标和无线电航标。

(二)航标管理的主要内容

航标管理的主要内容包括航标配布、航标设置、航标维护与保护以及航标应急反应。

1. 航标配布

航标配布是根据布标水域的自然条件、航道(线)状况和船舶交通状况,依据国家有关的法规和技术标准,采用不同类型航标的最佳组合,标示出安全、经济和便利航道(线)的设计过程。航标配布包括确定所用航标的种类、地理坐标位置、标身基础、标身结构、作用距离、灯光高程、灯质、光源、能源、灯器及附属设施等内容,并在海图上或航道图上标注有关航标配布的内容。

2. 航标设置

航标设置是航标配布的具体实施,应按照国家航标设置的有关规定和依据及航标配布方案进行航标设置。航标的设置和撤除应由航标管理机关统一实施,经航标管理机关同意后专业单位可自行设置、撤除自用的专用航标。

3. 航标维护与保护

航标维护即航标设施维护保养,以确保航标航处于良好的使用状态。航标保护是指任何单位和个人具有依法保护航标的义务,禁止一切危害航标安全和损害航标工作效能的行为,对危害航标安全或者损害航标工作效能的行为,任何单位和个人都有权制止、检举和控告。

4. 航标应急反应

航标应急反应是指包括重要航标应急恢复、应急设标、应急任务的系列活动,是航标管理工作中的一项重要内容。航标应急恢复是指紧急情况下,航标管理机关按照有关规定所进行对于失常航标的修复和抢修行为。应急设标是指由于海上突发事件依照相关法律法规紧急设置航标的行为。应急任务是指当发生影响船舶航行安全的紧急情况时,需要航标管理队伍做出快速反应的行为。

三、海事测绘

海事测绘是通过对水体和水底进行全方位、多要素的综合测量,从而获取包括大气、水文以及海底地形、地貌、底质、重力、磁力等各种信息和数据,并绘制成不同目的和用途的专题图件,为航海、国防建设、海洋开发和海洋研究提供服务的基础性工作。海事测绘根据业务内容分类,包括水上测量、水文观测、海图编绘等。

四、全球海上遇险与安全系统

全球海上遇险与安全系统(Global Maritime Distress and Safety System,GMDSS)是 IMO 提出并实施的用于海上遇险、安全和日常通信的海上无线电通信系统。该系统以岸基为核心,不仅提供发生海难后的搜寻与救助,而且也提供紧急和安全通信,向航行船舶播发航行警告、气象警告、气象预报等海上安全信息,最大限度地避免海难事故的发生。此外,船舶能够依靠 GMDSS 要求配置的通信设备,可靠地完成日常所需的各类通信业务。

GMDSS 主要具有七大功能:遇险报警、搜救协调通信、救助现场通信、现场寻位、海上安全信息的播发、常规的公众业务通信和驾驶台对驾驶台的通信。

五、航海通(警)告

航海通(警)告是航海图书资料的一种,驾驶员通过航海通(警)告获得气象、冰况、航路等信息,是航线设计及船舶安全航行的重要依据,是海上航行安全的基本保障。

航行通告和航行警告都是水上安全信息公告形式,二者区别在于发布方式和时效的不同。航海通告将海图或图书上没有记载或标注的应修订与补充的资料,定期以书面形式通报船舶,这些资料可以是临时性的也可以是永久性的。航海警告是将有关海区和水域内发生的或将要发生的可能影响航行和作业安全的任何环境情况变化,用无线电形式及时准确地通知所有船舶,使之采取适当措施或保持戒备,以确保航行与作业安全,是航海通告的补充。

第四节 水上应急保障

一、水上搜寻与救助

水上搜救作为国家突发事件应急体系的重要组成部分,是我国履行国际公约的重要内容,对保障人民群众生命财产安全、保护海洋生态环境、服务国家发展战略、提升国际影响力具有重要作用。

(一)水上险情与水上应急搜救的意义

水上险情是指对水上人命安全、水域环境构成威胁,需要立即采取措施规避、控制、减轻和消除的各种情形。

水上险情通常具有的特点包括:不良的自然环境往往会引发水上险情、水上救助行动难以及时有效开展、水上险情损失巨大和一定的涉外性。

水上应急搜救的意义主要体现在:避免或减少人命伤亡、保护水上生态环境、避免或减少财产损失、为水上产业和相关活动提供安全环境、救助行动的良好表现可以产生良好的社会效益和有利于推动各领域合作。

(二)水上搜寻与救助系统

水上救助体系通常是一个国家突发事件应急体系的重要组成部分,对保障水上人命财产安全、保护水域生态环境具有重要作用。我国的水上救助体系由海上救助体系和内河水上救助体系组成。

1. 海上救助系统

海上救助系统是指实现海上搜寻救助功能的组织结构,由搜救协调机构、遇险通信和搜救力量三部分构成,如图 6-6-1 所示。三个子系统在搜救服务上承担不同的功能。

图 6-6-1 海上搜寻救助体系的组成

搜寻救助协调机构是一种运行机构,负责组织搜救行动,并对搜救行动的执行进行协调和指挥。在《1979 年国际海上搜寻救助公约》生效后,该机构统一称为海上救助协调中心(Maritime Rescue Co-ordination Centre,MRCC,简称 RCC)。

遇险通信实现遇险报警和搜救行动信息交流,包括所有有关遇险人员、海上遇险船舶或航空器要求的救援(包括医疗援助)信息传递、搜救通信和现场通信。

搜救力量是能够对海上遇险目标进行搜寻救助行动的单位,包括拥有专门设备和专业人员的搜寻救助单元,也包括可以执行搜寻救助行动的其他资源。

2. 我国海上搜救组织体系

国家海上搜救部际联席会议是我国海上搜救工作的领导机构,由国务院有关部门、单位和有关军事机关组成。在国务院领导下,部际联席会议统筹研究全国海上搜救工作。交通运输部为部际联席会议牵头单位,中国海上搜救中心是联席会议的办事机构,负责联席会议日常工作。

咨询机构包括海上搜救专家组和其他相关咨询机构。国家海上搜救专家组由航运、海事、航空、消防、医疗卫生、环保、石油化工、海洋工程、海洋地质、气象、安全管理等行业专家、专业技术人员组成,负责提供海上搜救技术咨询。

应急指挥机构包括中国海上搜救中心、沿海各省政府成立的省级海上搜救中心和由本省级海上搜救中心设立的本辖区内地市级海上搜救中心。搜救中心办公室设置在当地海事机构。搜救中心主任由本级政府首长担任,常务副主任由当地海事局长担任。根据需要,省级海上搜救机构可设立搜救分支机构。

我国海上搜救机构一般分为三级,即中国海上搜救中心、省级海上搜救中心和市(区)级海上搜救中心(海上搜救分支机构)。中国海上搜救组织体系结构如图6-6-2所示。

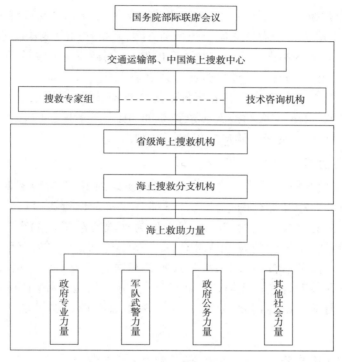

图6-6-2　中国海上搜救组织体系结构图

中国海上搜救中心及有关地方人民政府设立的海上搜救中心或者指定的机构,负责海上搜救的组织、协调、指挥等具体工作。目前,中国海上搜救中心管辖的海(水)上搜救中心有13个,分别为黑龙江省海上搜救中心、辽宁省海上搜救中心、河北省海上搜救中心、天津市海上搜救中心、山东省海上搜救中心、江苏省海上搜救中心、上海市海上搜救中心、浙江省海上搜救中心、福建省海上搜救中心、广东省海上搜救中心、广西壮族自治区海上搜救中心、海南省海上搜救中心以及长江干线水上搜救协调中心。

从搜救力量的组成和专业性来看,分为指定的搜救单元、专业搜救单元、其他搜救单元三类。交通运输部救助打捞局是我国唯一一支国家海上专业救助打捞力量,承担对中国水域发生的海上事故的应急反应、人命救助、船舶和财产救助、沉船沉物打捞、海上消防、清除溢油污染及其他对海上运输和海上资源开发提供安全保障等多项使命,同时,代表政府履行有关国际公约和双边海运协定的义务。

3. 我国内河搜救组织体系

内河险情救助一般归属于水路交通突发事件应急体系。在交通运输部统一领导和组织协调下,各省(区、市)人民政府和交通主管部门按照各自职责和权限,负责有关水路交通突发事件的应急管理和应急处置工作。其应急救援队伍主要由社会专业应急队伍和港航企业专职(兼职)应急队伍组成。

长江作为我国的黄金水道,为保障其水上人命、财产、环境安全,设立了长江干线水上搜救机构(长江水上搜救协调中心)。长江水上搜救协调中心设在长江海事局,主要负责协调搜救的水域包括江苏、安徽、江西、湖北、湖南、重庆和四川等长江沿线水域。

(三)海上搜救应急预案

海上搜救应急预案是海上搜救单位,针对可能发生的海上突发事件或海上事故,为迅速、有序地开展海上应急行动而预先制定的行动方案,是指导海上搜救应急工作的规范性文件和开展海上搜救行动的指南。海上搜救预案的制订主体(单位)包括海上搜救中心、海上专业救助单位、航运企业和有海上搜救职责的其他单位或组织。

为迅速、有序、高效地组织海上突发事件的应急反应行动,我国已建立多个层级的水上搜救应急预案。其中,国家层级的搜救应急预案如《国家海上搜救应急预案》《沿海客船遇险应急处置预案》和《内河客船遇险应急处置预案》等。

(四)搜救国际合作

海上搜救合作是指根据有关公约、国家法规或协议约定,有搜救资源的双方或多方之间,为海上搜救目的而相互配合的一种联合行动。搜救合作行为可以是直接参与的海上搜救行动,也可以是通过某种手段或工作间接地为搜救行动提供的支持。由于海上贸易及运输工作的国际性,国家间的海上搜救合作由来已久,而且范围广泛。1987年1月20日,中华人民共和国港务监督局(现为中华人民共和国海事局)和美国海岸警卫队在华盛顿就中、美海上搜寻救助合作达成协议。我国还与朝鲜、韩国、印度尼西亚签署此类协议。除此之外,黑龙江与俄罗斯界河水域、广西与越南相邻海域签署了地区间水上搜救合作协议。

二、船舶溢油污染应急

我国政府和海事主管部门,历来重视溢油应急反应工作。一方面,积极加入《1990年国际油污防备、反应和合作公约》(简称 OPRC 公约)和相关的国际公约,加大对溢油应急设施设备的投入,提高履约能力;另一方面,加快完善相应的法律法规,建立国家溢油应急反应体系,制定污染应急计划,提高溢油应急反应能力。

1. 溢油污染应急反应体系

交通运输部、中国海事局在海上船舶溢油应急反应方面,多方面地开展工作,初步形成了中国船舶溢油应急反应体系(图6-6-3),在海洋环境保护中开始发挥重要作用。

2. 国家溢油应急响应工作流程

2018年,《国家重大海上溢油应急处置预案》正式印发,预案对工作流程(图6-6-4)进行了明确的规定。

3. 国家溢油应急能力建设

为加强水上突发事件的应急处置能力,2007年4月,国家发展改革委员会和交通部印发了《国家水上交通安全监督和救助系统布局规划(2005—2020)》。该布局规划计划在2005年—2020年期间,在沿海和长江干线水域建设41个溢油应急设备库。截至2019年,已建设完成16座国家船舶溢油应急设备库。

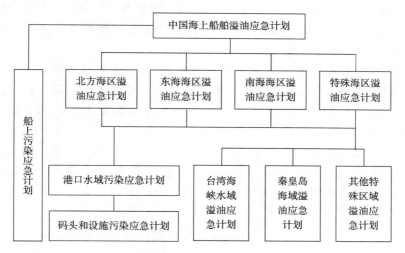

图 6-6-3 中国船舶溢油应急体系

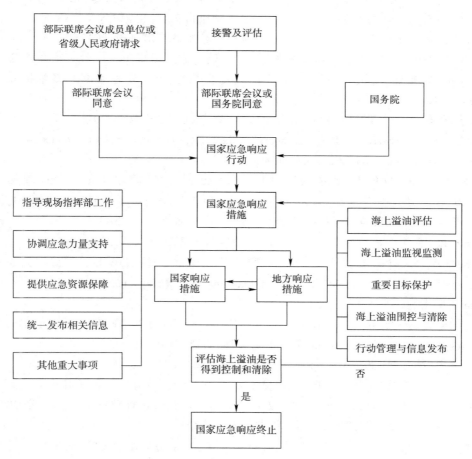

图 6-6-4 国家海上溢油应急响应工作流程图

为加快建设交通强国、海洋强国等国家重大战略实施,提供可靠的海上溢油应急支撑保障,在《国家重大海上溢油应急能力建设规划(2015—2020年)》实施期满后,经国家海上搜救和重大海上溢油应急处置部际联席会议审议通过,2022年3月29日,《国家重大海上溢油应急能力发展规划(2021—2035年)》(以下简称《规划》)发布实施。《规划》就2025年和2035年分别提出了发展目标,即:

到2025年,初步建成快速反应、高效处置的现代化海上溢油应急体系,组织指挥体系运行更加顺畅、高效,监视监测更加及时、准确,应急队伍专业化水平有效提升,应急物资装备配布更加科学,应急清除能力显著增强。其中,又明确了应急反应能力、海上清除能力、岸线清除能力、回收物陆上接收处置能力等具体指标。

到2035年,智能快速、科学高效的现代化海上溢油应急体系可以基本建成,实现组织指挥智能化、监视监测快速化、应急清除高效化、应急队伍专业化,关键技术装备自主可控,全面适应交通强国和海洋强国建设要求。

本篇参考文献

[1] 沈志云,邓学钧.交通运输工程学[M].2版.北京:人民交通出版社,2003.
[2] 严新平.水上交通安全导论[M].北京:人民交通出版社,2010.
[3] 胡思继.交通运输学[M].北京:人民交通出版社股份有限公司,2017.
[4] 顾保南,赵鸿铎.交通运输工程导论[M].北京:人民交通出版社股份有限公司,2014.
[5] 严新平,贺亚鹏,贺宜,等.水路交通技术发展趋势[J].交通运输工程学报,2022,22(04):1-9.
[6] 王学锋.航运公共管理与政策[M].上海:上海交通大学出版社,2011.
[7] GREGORY P. TSINKER. Port Engineering:Planning, Construction, Maintenance, and Security[M]. Canada:John Wiley & Sons,2004.
[8] SCHOONEES KOOS. Fundamentals of Port Engineering[M]. Boca Raton:CRC Press,2023.
[9] CARL A. THORESEN. Port Designer's Handbook[M]. London, UK:Thomas Telford,2010.
[10] 郭子坚.港口规划与布置[M].3版.北京:人民交通出版社,2011.
[11] 王元战.港口与海岸水工建筑物[M].北京:人民交通出版社,2013.
[12] 真虹.港口装卸工艺学[M].2版.北京:人民交通出版社股份有限公司,2015.
[13] WANG WENYUAN, PENG YUN. Port Planning and Management Simulation[M]. Amsterdam, Netherlands:Elsevier,2022.
[14] MARK VAN KONINGSVELD, HENK VERHEIJ, POONAM TANEJA, et al. Ports and Waterways:Navigating the Changing World[M]. Delft:TU Delft Open,2021.
[15] 王英志.航标学[M].大连:大连海事大学出版社,2021.
[16] 胡旭跃.航道整治[M].2版.北京:人民交通出版社股份有限公司,2017.
[17] 黄伦超,陶桂兰.渠化工程学[M].2版.北京:人民交通出版社股份有限公司,2016.
[18] 司玉琢.海商法[M].2版.北京:法律出版社,2007.
[19] 初北平,王欣.海上保险实务与法律[M].大连:大连海事大学出版社,2020.
[20] 赵刚,李玉如,顾伟红,等.国际航运管理[M].大连:大连海事大学出版社,2006.
[21] 镇璐.集装箱港口运作管理优化问题研究[M].北京:科学出版社,2017.

[22] 沙梅.集装箱码头物流运营系统通用性建模与仿真[M].上海:上海交通大学出版社,2009.
[23] 孙明.多式联运组织与管理[M].2版.上海:上海交通大学出版社,2022.
[24] 曾庆成.智慧港口运作优化方法[M].大连:大连海事大学出版社,2010.
[25] 曾庆成,杨忠振.21世纪海上丝绸之路港航物流系统研究[M].大连:大连海事大学出版社,2017.
[26] 计明军.集装箱船舶与堆场协调配载优化方法研究[M].北京:人民交通出版社股份有限公司,2019.
[27] 丁一.集装箱港口集成资源配置和成本控制[M].上海:上海浦江教育出版社,2015.
[28] 周鑫.不同情景下港口定价及投资策略研究[M].上海:上海交通大学出版社,2012.
[29] 中交第一航务工程勘察设计院有限公司.海港工程设计手册[M].2版.北京:人民交通出版社股份有限公司,2018.
[30] 中华人民共和国交通运输部.海港总体设计规范:JTS 165—2013[S].北京:人民交通出版社,2014.
[31] 武德春,武骁.港航商务管理[M].2版.北京:机械工业出版社,2016.
[32] 杜文.旅客运输组织[M].成都:西南交通大学出版社,2016.
[33] ZHEN L,XU Z,WANG K,et al. Multi-period Yard Template Planning in Container Terminals[J]. Transportation Research Part B:Methodological,2016,93:700-719.
[34] JIN J G,MENG,Q,WANG,H. Feeder Vessel Routing and Transshipment Coordination at A Congested Hub Port[J]. Transportation Research Part B:Methodological,2021,151:1-21.
[35] QIN T B,DU Y Q,SHA M. Evaluating the Solution Performance of IP and CP for Berth Allocation with Time-Varying Water Depth[J]. Transportation Research Part E:Logistics and Transportation Review,2016,87:167-185.
[36] Y H VENUS LUN,KEEHUNG LAI,T C EDWIN CHENG,et al. Shipping and Logistics Management[M]. 2nd ed. Springer Nature Switzerland AG,2023.
[37] 朱玉华,张华歆,周勇.港口装卸工艺与组织[M].上海:上海交通大学出版社,2024.
[38] 朱玉柱.海上搜寻与救助[M].大连:大连海事大学出版社,2023.
[39] 国际海事组织/国际民用航空组织.国际航空和海上搜寻救助手册[M].中华人民共和国海事局译.北京:人民交通出版社,2003.
[40] 李红喜.船舶交通管理系统[M].大连:大连海事大学出版社,2012.
[41] 张连丰.船舶防污染管理[M].大连:大连海事大学出版社,2021.
[42] 中华人民共和国海事局.船舶防污染管理[M].北京:人民交通出版社股份有限公司,2023.
[43] 中华人民共和国海事局.船载危险货物管理[M].北京:人民交通出版社股份有限公司,2023.
[44] 中华人民共和国海事局.海事管理概论[M].北京:人民交通出版社股份有限公司,2023.
[45] 中华人民共和国海事局.船舶检验管理[M].北京:人民交通出版社股份有限公司,2023.

［46］中华人民共和国海事局．水上交通安全管理概论［M］．北京：人民交通出版社股份有限公司，2023．

［47］中华人民共和国海事局．水上险情及救助［M］．北京：人民交通出版社股份有限公司，2023．

［48］IMO. Procedures for Port State Conttrol，2021［M］．London：IMO Press，2022．

［49］IMO & ICAO. IAMSAR（International Aeronautical and Maritime Search and Rescue）Manual，Volume 1：Organization and Management［M］．ICAO Publication，2022．

第七篇

管道交通运输系统

第一章 管道交通运输系统概述

第一节 管道运输系统的特点、地位和作用

一、管道运输系统概况

管道运输是现代交通运输体系的重要组成部分,与公路、水路、铁路、航空并称五大运输方式。管道运输是指以管道为载运工具实现货物运送的一种运输方式。适合管道运输的货物包括气体、液体以及固体的浆料。对于大宗流体货物,管道运输具有投资省、运量大、占地少、安全性高、污染小、能耗低、自动化程度高等一系列优势,被认为是最有效的运输方式之一。

长距离输送管道一般都由钢管焊接而成。陆上管道大多埋地敷设,在少数地区(如高寒永冻土区域)也采用架空敷设。在通过峡谷、河流等特殊地段时,管道常采用架空(跨越)或在水体以下穿越的敷设方式。在通过不太长的高山地段时,可采取隧道穿越的敷设方式。海底管道大都埋设于海床以下。

石油天然气工业应用管道运输方式最多。从石油、天然气开发到成品油气交付用户的整个产业链中,管道运输不仅是不可缺少的环节,而且是最主要的陆上运输方式。根据美国国家运输研究中心公布的数据,2020 年美国通过管道运输的石油(原油及成品油)占 87.9%,其余部分水路运输占 6.9%,公路运输占 2.2%,铁路运输占 3%。天然气通过管道运输的比例更高。除了石油与天然气,管道还用于液体化工产品和 CO_2、H_2 等气体的运输。此外,管道还用于运送固体物料的浆体,例如,煤浆和矿石浆体等。

按其在生产环节中的作用,油气管道又可划分为矿场集输管道,原油、成品油(包括其他液体化工产品)和天然气、CO_2 等气体的长距离输送干线管道,以及天然气、成品油的城市配送管道等。现代的油气管道运输系统大多以网络形式存在,称为管网。

矿场集输管道是从油(气)井到矿场原油库,或长距离输油(气)管道首站之间所有输送原油和天然气的管道的统称,包括油井出油管道、收集多口油井的产物并输送至油气处理站的集油管道,以及将商品原油输送至长距离输油管道首站或铁路转运站的输油管道等。气田集输管道包括从气井至集气站的采气管道,以及集气站至天然气净化厂及其至长距离输气管道首站的管道。出油管道、采气管道和集油(气)管道的长度和直径因处理站和油(气)井的布局、产量等而异,差别较大。油井出油管道的长度一般在几十米到几千米之间,直径一般在 50~100mm 之间。一个大型油田可拥有成千上万口油井,因此,油(气)田的矿场集输管道构成了一个庞大的油气管道运输网络。除了油气集输管道网络,在以二次、三次采油方式开发的油田,还有给地层补充压力及驱油用的注水、注聚合物溶液等驱油液体的管道网络系统。2021 年,中国石油天然气集团公司所属的各类管道约 $37×10^4$ km,主要为油气田地

面系统的上述管道系统。

长距离原油管道的起点一般是油田或油港,终点包括炼油厂、另一条长输管道的起点站、转运港口、铁路转运站等。例如,在我国东北输油管道网络系统中,大庆油田生产的一部分原油通过直径 720mm 的大庆—铁岭—大连输油管道输送至大连地区的炼油厂,另一部分在大连港通过油轮运往南方炼油厂加工或出口,还有一部分通过直径 720mm 的铁岭—秦皇岛输油管道输送至秦皇岛港装船,其余部分则进一步通过直径 529mm 的秦皇岛—北京输油管道输送至北京燕山石油化工厂(目前该管道已停运)。

长距离成品油管道的起点一般是炼油厂或大型成品油转运库,沿途常有若干支线分输或注入油品,其终点和分输点则是转运油库或分配油库,在该处用铁路油槽车或公路油罐车将各种牌号的油品运送到城镇的加油站或用户;或用支线管道将油品直接运往各大型用油企业,如将汽油、柴油送至地区销售公司,将燃料油送至发电厂,将航空煤油输送至机场等。也就是说,成品油管道与炼油厂和销售公司、用户构成了区域性的产、运、销网络。由于成品油的品种众多,长距离成品油管道都采用"顺序输送"方式,即在同一管道分批次但连续地输送不同种类的油品。

长距离输油管道的里程可达数千千米,直径可达 1422mm,工作压力可达 10MPa 以上。

长距离干线输气管道的任务是把经净化处理的天然气从气田输送到城市门站(即干线输气管道与城市输配气管网的连接点)或大型工业用户。此类管道是天然气长距离运输的主要工具,其主要特点是距离长(可达数千千米)、管径大(1000mm 以上)、输送压力高(可达 10MPa 以上)、输量大(年输量 $100 \times 10^8 m^3$ 以上)。例如,西气东输一线管道系统,全长 4380km,直径 1016mm,设计工作压力 10MPa,年输量 $170 \times 10^8 m^3$;与中亚输气管道相连的西气东输二线系统西起新疆霍尔果斯口岸,途经 14 个省(自治区、直辖市),南至香港,东达上海,全长 8819km,年输气量 $300 \times 10^8 m^3$;中俄东线天然气管道系统,起自俄罗斯东西伯利亚,止于上海,全长 8111km,管径 1422mm,设计压力 12MPa,设计年输量 $300 \times 10^8 m^3$。

到达各大中小城市的天然气,通过庞大的配气管网系统进入千家万户以及各种工业和商业用户(例如发电厂、化工厂等)。城市燃气管道的直径范围比较广,既有与长距离输气管道连接的大口径配气干线,也有直径小到 20mm 的居民室内管道。每一个地区(城市)根据其用气量的大小设有从高压到低压的多套管网,输气干线与城市高压配气管网之间,以及各级压力的管网之间都设有调压计量站。

与原油、成品油的运输不同,天然气从井口、矿场集输与净化、长距离输送到城市配气管网诸环节,构成一个密闭的一体化产、运、销系统。油气运输管道系统示意图如图 7-1-1 所示。

除了油气管道之外,输送固体物料(如煤炭、矿石、矿物废渣、混凝土等)浆体的管道是另一种类型的管道。固体物料的管道运输需要先将固体粉碎为细小颗粒,然后加入水或其他液体,制备成浆状流体后进入管道输送。浆体中的固体含量一般在 50%~70% 之间。因此,输送固体物料浆体的管道一般包括浆体制备、浆体输送(泵站和管道)系统,有些还包括脱水系统。

二、管道运输特点

管道运输具有以下特点。

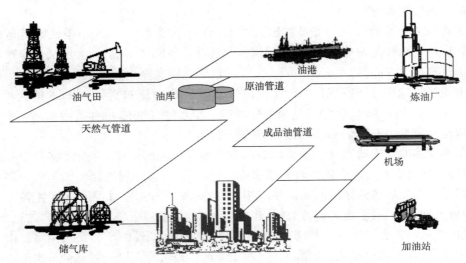

图 7-1-1　油气运输管道系统示意图

（1）运输量大。不同于车、船等其他运输方式，管道可以连续运行。一条直径 720mm 的管道每年可输送原油 2000×10^4 t 左右，直径 1220mm 的管道每年则可输送原油 1×10^8 t 以上。

（2）运费低，能耗少，且管道直径越大，单位运费越低。

（3）安全可靠，损耗率低。虽然油气管道运输的介质高度易燃易爆，但由于其密闭于管道内，且管道一般都埋于地下，故较其他运输方式安全。据美国运输部 2023 年发布的数据，2003～2022 年，美国全国危险液体管道和输气管道（包括干线与配气管道）年均发生各类事故 639 起，而同期运营的这两类管道共计 476.8×10^4 km，事故率为每万公里每年 1.3 起。我国每千公里油气管道失效率 2006 年为 0.87 次/年，目前已降至 0.30 次/年。此外，由于多数管道都是密闭输送，其运输油品的损耗率较铁路运输、公路运输、水路运输都低。

（4）建设投资相对较小，占地面积少，受地理条件限制少。管道建设的投资和施工周期均不到铁路的一半，例如，里程为 4380km 的西气东输管道可在 3 年多的时间里建成。管道埋在地下，投产后有 90% 的土地可以耕种，占地只有铁路的 1/9。管道可以从河流、湖泊乃至海洋的水下穿过，也可以翻山越岭；其允许敷设的坡度较铁路、公路大，故易于选择捷径，缩短运距。

（5）劳动生产率高。现代化的油气管道设备可靠性高，均可远程控制，场站可实现无人值守。据美国运输部和美国劳工部 2021 年发布的数据，2021 年美国输油管道平均每千米用 0.054 人，干线输气管道平均每千米用 0.053 人，配气管网平均每千米用 0.022 人。

（6）受气候环境的影响小，可长期稳定运行。

（7）对一定直径的管道，有一经济合理的输送量范围。输量高于或低于此数值都可使运输成本上升，输量变化超过一定范围甚至会影响到管道输送的经济合理性。因此，要求管道输量应尽可能接近设计输量。

（8）对于一定的输送量，有经济合理的最远输送距离。在同样的管径和输量下，输送距离越远，每吨油的运输费用也越高。因此，为使管道运输有较强的竞争力，当管道运输距离较远时，必须要有足够大的输量，才能使每吨油的运输费用不超过油价的某一比例。发达国家每吨油的运费一般都不超过原油价格的 5%，例如，1995—1996 年美国原油的平均售价约为130美元/t,管道的平均运费为3~4美元/t。同一期间,我国大庆—秦皇岛约1000km原油管道的运费约为原油售价的5%(输量$1000×10^4$t/a)。如取原油运价不超过原油售价的某一比例作为界限,则在某一输量及其相应的经济管径下,就有最远运距的限制。

(9)有极限输量的限制。对于已建成的管道,其最大输量受泵或压缩机的性能指标、管道强度的限制。此外,输油管道可能还存在最小临界输量:对于加热输送的易凝高黏原油管道和重燃料油管道,流速过低将造成油温下降过快,严重者可导致管道停流乃至堵塞;对于多种成品油顺序输送的管道,流速过低将导致混油量显著增大,影响经济性。

三、管道运输在国民经济中的地位和作用

管道运输在国民经济和民生保障中具有重要作用。作为五大运输方式之一,管道运输是现代综合交通运输体系的重要组成部分。习近平总书记在党的十九大报告中指出,要"加强水利、铁路、公路、水运、航空、管道、电网、信息、物流等基础设施网络建设",明确了管道作为国家基础设施的重要地位。表7-1-1为中国国家统计局发布的2022年中国各运输方式的货物运输周转量和占比。

2022年中国各运输方式的货物运输周转量和占比　　　　　表7-1-1

运输方式	周转量(10^8t·km)	占比(%)
铁路	35945.69	15.51
公路	68958.04	29.75
水运*	121003.14	52.20
管道	5621.73	2.43
民航	254.10	0.11
合计	231782.70	100

注:*其中远洋运输货物周转为$101977×10^8$t·km。

作为管道运输系统主体的油气管网,是国家重要基础设施和民生工程,是油气工业上下游衔接协调发展的关键环节,是现代能源体系的重要组成部分。《中共中央关于制定国民经济和社会发展第十四个五年规划和二〇三五年远景目标的建议》指出,要"加快全国干线油气管道建设"。国家《"十四五"现代综合交通运输体系发展规划》指出,要"加强油气管网高效互联。完善东北、西北、西南和海上四大油气进口通道。加快全国干线天然气管道建设,完善原油、成品油管网布局,推进东北、西北、西南等地区老旧管道隐患治理。推进油气管网互联互通和支线管道建设,扩大市县天然气管道覆盖范围并向具备条件的沿线乡镇辐射"。实际上,国家"十五"至"十三五"国民经济和社会发展五年规划纲要,都对油气管道设施的发展有明确论述和要求。

第二节　管道运输系统的组成

管道运输的原理是通过增压设备向管内流体加压,驱动其向前运移。管道运输系统的基本组成包括管道线路(主要由管段连接而成,包含若干控制与调节阀门以及管道腐蚀防护系统等)、站场(主要包含增压设备及其原动机、流量调节设备、流量计量设备、流体压力及温

度测量仪表、流体储罐/储库、消防系统等,输送易凝高黏油品的管道还有加热设备)、管道控制系统(包括中央控制系统和站控系统)。

一、线路

管道线路路由是指从管道起点到终点所途经的地理位置。管道线路路由原则上应该顺直,但是在实际工程中线路路由总是蜿蜒曲折的。线路路由的制约因素主要有4个方面:

(1)要满足管道输送自身的要求,如果管道中间需要分输,在确定干线位置时要考虑靠近分输用户;

(2)要避开相关法律法规明确规定的禁止通过区域,如饮用水源一级保护区、军事禁区、自然保护的核心区等;

(3)地形、地貌、地质条件等,例如,尽可能避开不良地质作用地段、特殊岩土地段等;

(4)受社会环境的制约,线路应有一定的社会依托,宜顺着公路主干线,以便施工和运行,但是尽量不要进入人口密集区、规划区等区域。

大口径、高压力管道均由一节节钢管在现场焊接而成。强度、焊接性能、韧性是线路用管的基本要求。线路用管需有足够的强度来承受流体压力和温度及其变化。管道沿途地形地貌等环境多变,为保证现场焊接质量,需有良好的焊接性能。在制管和焊接过程中会存在一定缺欠,为避免缺欠在服役环境下扩展引起断裂,以及避免因事故发生断裂时裂口大范围扩展,线路用管需具有良好韧性。目前,长输油气管道大多采用高强度钢管,如 L485,符合《石油天然气工业 管线输送系统用钢管》(GB/T 9711—2023)相当于美国 API Spec 5L 标准的 X70,其最小屈服强度485MPa,以及 L555(X80,最小屈服强度485MPa)。

线路附属设施主要包括截断阀室、固定墩等。为方便管道的维修和抢修,降低事故时泄漏损失和危害程度,需在沿线每隔一定距离和特殊地段(如河流大型穿跨越或特殊穿跨越管段两侧)设置线路截断阀。埋地长输管道在弯头、进出站、跨越两端、隧道两端等地方需设置固定墩,以控制管道位移。

当管道通过河流、水库、沼泽、湖泊、山谷、冲沟、公路、铁路等自然或人工障碍时,如不能绕行或绕行在经济上不合理时,管道常从障碍下部穿越通过,此种方式称为管道穿越。常用的穿越形式主要有开挖穿越、定向钻穿越、隧道穿越(盾构法、顶管法)等。若安全、环保等因素不允许采用穿越,或者采用穿越造价太高时,可采用跨越形式通过。大型跨越有悬索、悬缆、斜拉桥等结构形式。

二、站场

管道站场的基本任务是给输送介质提供能量(压力能、热能),有的还有接收、分输、减压、清管等功能。依据站场在管道中所处位置不同,站场分为首站、中间站和末站。

(1)首站是长输管道的起点。输油管道首站接收矿场、油轮、炼厂来油,经计量、加压后输入干线。由于接收来油与管道输油之间存在不平衡性,一般首站都建有大的油罐区,设有相应的计量、油品化验设施等。对于高凝点、高黏度油品,提高温度可以降低其黏度,为保证油品满足输送的技术和经济要求,往往采用加热输送,为此需要加热设施。兼具增压和加热功能的站称为热泵站。输气管道首站接收来自气田、经净化的商品气,经计量后进入干线输送。气田来气压力足够高时,首站可不需要加压。

（2）中间站的主要功能是给输送的流体补充能量。因摩擦损失以及液体的举升，管内流体的压力在输送过程中会逐渐下降，因此，长距离管道中途往往都需要设置增压站。对于加热输送的高凝点、高黏度油品，可能还需要设置中间加热站，且设计时中间泵站和中间加热站应尽可能合并布置，这就是中间热泵站。

（3）末站是油气管道的终点站。输油管道末站的主要任务有两个：一是接收管道来油，二是给用油企业转运油品或改换运输方式（如转海运、铁路和公路运输）。因此，从本质上讲，输油管道末站是一个大型转运油库。与首站类似，末站也建有较大的油罐区，以及相应的计量、化验、转运设施和油品处理设施等。

输油管道配套的储油罐一般都是建于地面的钢制油罐，但大型储气库都是地下储气库，目前主要的地下储气库类型包括枯竭油气藏型、盐穴型和含水层型。这些储气库的建设都需要特殊的地质条件。因此，天然气管道的储气库不一定建在管道末端，而是建在靠近大型用户（一般是大城市）、又具备建设库条件的地方，例如，保证北京供气的储气库位于天津的大港油田以及河北的华北油田。

增压设备是管道运输系统的"心脏"，其作用是为流体提供压能。泵是液体管道主要的增压设备，包括离心泵、往复泵、螺杆泵等，其中，大口径、大输量管道一般都用离心泵。气体管道的增压设备为压缩机。压缩机也有离心式压缩机、往复式压缩机等不同类型，其中，大口径、大输量输气管道的压缩机也都是离心式压缩机。驱动增压设备的原动机主要有电动机、燃气轮机、柴油机等。在供电方便的地方，一般优先使用电动机。其余地段处，离心式压缩机一般选用燃气轮机驱动，而离心泵则采用柴油机驱动。

管道输量（流量）的调节常用阀门或者对增压设备进行调节来实现，例如，通过调整离心泵、离心式压缩机的转速。

三、管道控制系统

如上所述，长输管道是由管线、增压设备、原动机、计量设备、阀门等主要设备，以及储油罐/储气库等重要附属设施组成的庞大系统。现代长输管道都通过数据采集与监视控制（Supervisory Control and Data Acquisition，SCADA）系统进行远程控制，它是整个管道输送系统的"神经系统"，而管网的调控中心则是系统的"神经中枢"。现在，国家石油天然气管网集团有限公司（简称国家管网集团）集中调控运行的长输油气管道总里程已超过 9×10^4 km。

SCADA 系统是以计算机为基础的，综合利用计算机技术、控制技术、通信与网络技术，实现生产过程实时和远程监测、调节、保护和控制的广域网自动化监控系统。SCADA 系统主要由硬件和软件组成。其硬件组成包括以下几部分。

（1）现场仪表层，主要包括检测、控制和分析等仪表。现场远控仪表接受 SCADA 系统的指令，实现设备的启停等功能。

（2）过程控制层，主要包括站控可编程序逻辑控制器 PLC 控制系统、远程终端单元 RTU 及其辅助设备等。

（3）管道运行监控层，包括站场监控层、调控中心监控层及区域化调度监控层等。监控层主要由 SCADA 服务器、操作员工作站、工程师站、网络交换设备及网络存储设备等构成。

SCADA 系统的软件一般包括计算机操作系统软件、SCADA 系统软件和应用软件。SCADA 系统为实时系统，需要专门的计算机操作系统才能在实时环境中工作，这些操作系统软件一般由计算机制造商提供。SCADA系统软件一般包括：远程终端查询软件、数据采集软件、指令传送软件、数据库软件、显示、记录报警、报告生成软件及运行调度决策指导软件等。系统软件一般由开发SCADA系统的专业公司提供。应用软件主要是管道生产运行所需的专业软件，包括动态模拟软件、泄漏检测定位软件、水击动态分析软件、运行工况预测软件、优化运行软件、批量/组分跟踪软件、培训模拟软件等。它们一般由管道公司或专门的软件公司开发。

第三节　管道运输与水路运输、铁路运输、道路运输的协同

在现代社会，交通运输是连接各个地区、促进经济发展的重要基础。水路运输、铁路运输和道路运输作为重要的运输方式，长期以来在货物和人员流动中发挥着关键作用。然而，随着工业化和城市化的快速发展，对交通运输系统的需求日益增加，单一的运输方式面临着诸多挑战。在此背景下，管道运输与水路运输、铁路运输、道路运输的协同发展具有重要的意义，通过将各种运输方式进行协同，可以实现资源的高效利用，例如，在石油、天然气等能源运输中，通过将管道运输与水路运输、铁路运输和道路运输相结合，可以实现资源的最优分配和利用，不仅可以优化物流体系，提高运输效率和降低成本，还能够推动经济社会的可持续发展。

在长距离运输方面，由于管道运输具有大容量和稳定性强的特点，适合承担流体介质长距离运输任务，而水路运输和铁路运输也能够提供较好的长距离运输能力。通过将这些运输方式结合起来，在长距离货物运输中实现互补，可以进一步提高整个物流系统的效率。

在末端配送方面，道路运输具有灵活性强、上下游接驳能力好等特点，适合进行末端配送任务，而水路运输和铁路运输则可以通过港口、火车站等节点与道路运输连接，实现多式联运。通过将这些运输方式进行协同，可以提高货物的准时性和灵活性，满足不同地区和不同客户的需求。

在供应链管理方面，管道运输具有稳定性强、成本相对较低等优势，而水路运输、铁路运输和道路运输则能够提供更加灵活的服务，通过将各种运输方式进行协同，可以根据货物的特性和市场优化供应链。

一、管道运输与水路运输的协同

水路运输是利用河流、湖泊和海洋进行货物和人员的运输，它具有承载能力大、成本低廉等优势，而且是相对减碳的运输方式。在一些地区，水路运输仍然是主要的交通方式。

水路运输和管道运输作为两种重要的货物和能源供应链管理方式，具有各自独特的特点和优势，它们在物流体系中扮演着重要角色，并且通过协同发展可以实现更高效、更可持续的货物和能源传输。

水路运输与管道运输之间存在明显的互补性。水路运输适合长距离、大批量货物的运输，而管道运输则适用于液体或气体等物质的长距离传送，二者结合使用可以提高货物供应链管理效率。

联合运输是实现管道运输与水路运输协同的一种重要方式。通过联合运输建立起始地至目的地无缝衔接的供应链系统，对于提高货物流动效率尤为重要。例如，在能源行业中，

通过建设油气管道网络将石油、天然气等资源从产地直接送至港口,然后利用水路航线进行国内或国际运输,这样可以减少中转环节和成本,提高能源资源的利用效率。

同时,在大宗商品贸易中,联合运输也发挥着重要作用。通过建设适应不同货物特性的管道系统,将矿石、粮食等大宗商品从产地输送至港口,再利用水路航线进行长距离运输,这种方式可以减少货物损耗和中转环节,并提高供应链的可靠性。

除了联合运输外,互补运输也是实现管道运输与水路运输协同的一种方式。根据货物特性和需求,在不同阶段选择最优的运输方式,可以提高整体物流效率。例如,在冷链物流领域,液态或气态冷藏品(如液化天然气、液体食品等)的运输需要保持恒定温度和优良品质。通过建设冷藏管道网络将冷藏品从产地送至港口,并利用水路航线进行海上运输,可以确保冷链环节的稳定和安全。

二、管道运输与铁路运输的协同

铁路运输作为一种快速、大容量的运输方式,可以承载大量货物和人员。在货物方面,铁路运输拥有大容量的列车组成,可以满足大批量货物的集装需求,并且可以实现多式联运,即通过与其他运输方式(如公路运输、水路运输)结合使用,从而形成完整的物流网络。

通过建立起始地至目的地无缝衔接的供应链系统,可实现管道运输与铁路运输的联合运输,对于提高货物流动效率尤为重要。在石油、天然气等能源行业中,建设油气管道网络将资源从产地输送至铁路货运站,然后利用铁路线路进行国内或国际运输,可以减少中转环节和成本,提高能源资源的利用效率。

也可根据货物特性和需求,在不同阶段选择最优的运输方式,以提高整体物流效率,实现互补运输。例如,在液态或气态化工品的运输过程中,由于其特殊性需要保持恒定温度和压力,通过建设专门的管道系统将化工品从产地送至铁路货运站,并利用铁路线路进行陆上运输,可以确保货物在整个过程中安全可控。

铁路运输与管道运输协同发展,可以提高资源利用效率和降低物流成本。在资源利用方面,铁路运输和管道运输可以实现资源整合和优化配置。例如,在能源领域,通过铁路将煤炭、石油、天然气等能源资源从产地运往消费地,可以有效解决能源供需不平衡的问题,并提高能源利用效率。同时,通过协同发展,可以减少物流环节和中转次数,缩短运输时间,提高货物和能源的运输效率。

在降低物流成本方面,铁路运输与管道运输的协同发展具有显著优势。首先,在货物运输方面,铁路运输具有大容量、长途承载等特点,在大宗货物的集装和长距离运输方面具备明显优势;而管道运输则以其封闭系统传送、无须人力操作等特点,在大规模、长距离的液体或气体传送方面更为实用。两者相互结合使用,可以充分发挥各自优势,并减少物流环节和中转损耗,从而降低整体物流成本。

三、管道运输与道路运输的协同

道路运输和管道运输是现代物流体系中两种重要的运输方式,它们在货物和能源的运输中发挥着不可替代的作用。道路运输作为一种灵活、便捷的运输方式,广泛应用于各类货物和人员的短途运输,可以实现"门到门"的快速配送服务。在货物方面,道路运输可以满足小批量、散装货物的即时配送需求,并且可以灵活调整线路和车辆规模,适应市场需求变化。

因此,道路运输与管道运输之间存在着紧密联系和互补性。

在石油和天然气运输方面,通过建设油气管道网络,将石油和天然气从产地输送至接近目的地。然后利用道路运输工具进行"最后一公里"配送,确保能源资源的高效利用和安全送达;在液态化学品运输方面,通过建设专门的管道系统将化学品从产地送至接近目的地,然后利用道路运输工具进行"最后一公里"配送,以确保货物在整个过程中的安全可控性;在化工原料配送方面,对于需要精确控制温度、压力等条件的化工原料,在管道运输阶段可以通过专门设计的管道网络进行快速、安全地运输,而在目的地附近则采用道路运输工具进行准确配送,以满足客户需求;在水资源供应方面,通过建设供水管网将水资源从水源地输送到城市或农村地区,而在城市或农村内部,则利用道路运输工具将水分发给用户,实现了管道与道路之间的协同。

在道路运输与管道运输协同发展的过程中,也面临着一些挑战。首先,道路运输和管道运输基础设施建设需要大量资金投入和技术支持,特别是在一些偏远地区或复杂地质条件下,建设成本较高,技术难度较大。

另外,安全风险也是协同发展中需要重视的问题。道路运输和管道运输都存在一定的安全隐患,如交通事故、泄漏等风险。为了保障安全,在设计和建设阶段应注重安全性能要求,并采取有效的监测和预警措施;同时,在运营过程中也需要加强管理与维护工作,确保运输环节的安全可靠。

四、协同带来的效益和挑战

管道运输与水路运输、铁路运输、道路运输的协同可以带来诸多效益,包括提高物流效率、降低成本、保障供应链可靠性和减少环境影响。然而,在实现协同过程中也面临建设投资大、技术要求高、安全风险、法律法规和政策限制以及运输效率与灵活性平衡等挑战。通过充分认识和解决这些挑战,可以进一步推动管道运输与其他运输方式的协同发展,实现物流领域的可持续发展。

1. 效益

(1)提高物流效率。通过管道运输与水路运输、铁路运输、道路运输的协同,可以实现多种运输方式之间的衔接和转换,充分发挥各自的优势。例如,在长距离货物运输中,可以利用水路运输或铁路运输进行快速大量的批量运输;而在短距离配送中,则可以利用道路运输进行灵活高效的"最后一公里"配送。通过合理规划和整合不同运输方式,提高了物流整体效率。

(2)降低成本。由于不同类型的运输方式具有不同的成本结构和特点,通过协同使用这些方式,可以降低物流成本。例如,在长距离货物运输中,由于水路运输和铁路运输具有较低的能耗和人工成本,在节约能源和人力资源方面具备明显优势。而在城市内部或偏远地区,则可以利用道路运输进行更加灵活经济的配送。

(3)保障供应链可靠性。管道运输通常具有较高的稳定性和可靠性,能够确保大量货物的安全送达。而水路运输、铁路运输和道路运输则更加灵活,可以适应不同地域和需求的变化。通过协同使用这些运输方式,可以提高供应链的可靠性,减少因单一运输方式故障而导致的物流中断风险。

(4)减少环境影响。相比其他运输方式,管道运输具有较低的能源消耗和碳排放水平。

通过优化管道网络布局,并与水路运输、铁路运输、道路运输等运输方式协同使用,可以有效减少对环境的负面影响,这有助于推动可持续发展理念在物流领域的实施。

2. 挑战

(1) 建设投资大。建设管道网络以及相关配套设施需要巨大的资金投入,特别是在山区、沙漠等复杂地形和环境条件下,管道建设面临更多挑战和困难。此外,由于管道建设周期长、回报周期较长,需要吸引投资者并保证项目的可持续运营。

(2) 技术要求高。管道运输涉及多学科领域的技术,包括工程设计、材料选择、施工管理等,不同管道类型还需要针对其特殊性质进行专门研究和技术改进。此外,为了实现与水路运输、铁路运输、道路运输的协同,还需要开发相应的信息技术和智能调度系统。

(3) 安全风险。由于管道运输涉及高压、易燃等危险物质,一旦发生泄漏等事故,可能对人员和环境造成严重伤害。因此,在管道建设和运营过程中必须高度重视安全问题,并采取有效的监测、预警和应急措施。

(4) 运输效率与灵活性平衡。虽然协同使用多种运输方式可以提高整体物流效率,但也需要权衡不同方式之间的利弊。例如,在长距离运输中,选择水路运输或铁路运输可能更加高效,但在"最后一公里"配送时,道路运输的灵活性更强,需要综合考虑货物特性、运输距离和成本等因素,平衡效率与灵活性之间的关系。

第四节 管道运输系统发展现状与趋势

一、管道运输系统发展历史和现状

1. 国外管道运输系统现状概述

现代管道运输业始于19世纪中叶,1865年美国建成世界第一条输油管道。截至2019年,全球在役油气长输管道总里程约 $201.02 \times 10^4 km$,其中,天然气管道约 $134.72 \times 10^4 km$,原油管道约 $39.15 \times 10^4 km$,成品油管道约 $27.15 \times 10^4 km$。全球油气长输管道主要集中于北美地区、苏联地区、亚太地区和欧洲,分别占全球总里程的 43.7%、18.7%、14.6%、11.6%,各地区里程分布详见表 7-1-2。2019年,美国、俄罗斯和中国分列油气长输管道总里程前三位,分别为 $70.96 \times 10^4 km$、$24.82 \times 10^4 km$ 和 $14.10 \times 10^4 km$。

全球在役油气长输管道里程分布(单位:$10^4 km$) 表 7-1-2

地区	原油管道	成品油管道	天然气管道	总里程
北美	18.24	9.89	55.39	83.52
苏联	6.27	2.34	27.14	35.75
亚太	4.55	5.97	17.46	27.98
欧洲	1.71	2.29	18.17	22.17
拉美	2.50	2.10	6.60	11.20
西亚	3.03	2.24	5.13	10.40
非洲	2.85	2.32	4.83	10.00
合计	39.15	27.15	134.72	201.02

2. 我国管道运输业发展历程与现状

中国现代油气管道工业始于20世纪中叶。1942年,在新疆独山子油矿铺设了长度为2.5km的管道,这是我国第一条原油管道。第二次世界大战期间,美国人于1945年建设了全长约3218km的中印输油管道,向世界反法西斯战争中国战场运送油料,这是我国境内第一条成品油管道,同时也是当时世界上最长的成品油管道。中华人民共和国成立前,我国仅在四川地区修建了少量钢质输气管道,全长约27.7km。中华人民共和国成立70多年来,我国管道工业伴随着石油天然气工业和国民经济发展而壮大,进入21世纪以来更得到迅猛发展。根据国家统计局发布的数据,我国长输管道里程发展迅速(图7-1-2)。目前,我国在管道运输系统规模和管道技术上已进入世界第一方阵。截至2022年4月,我国长输油气管道总里程达到18.1万km,其中天然气长输管道里程12.1万km,原油长输管道里程2.8万km,成品油长输管道里程3.2万km,成为全球第三管道大国。

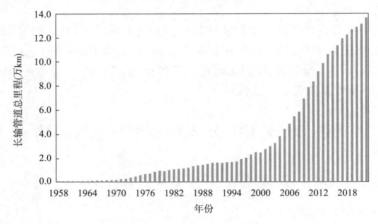

图7-1-2 我国长输管道里程发展

3. 典型管道系统

我国和国外典型的长输油气管道系统举例如下。

(1)西气东输管道系统。

西气东输工程以我国西部和中亚天然气为主气源、我国东南部地区为主要目标消费市场,以干线管道、支干线管道和储气库为主体,连接沿线用户,横贯我国大部。工程主要由西气东输一线、二线、三线、四线组成。全部建成后,管线总长度超过2×10^4km,年输气能力$770 \times 10^8 m^3$。西气东输一线、二线和三线通过中卫、靖边、枣阳、吉安等枢纽站实现互通互联和集中调控,并通过冀宁、中卫—靖边、淮武联络线,以及忠武、涩宁兰管道,实现了塔里木、长庆、川渝和青海四大气区的联网,为中国天然气管网的形成奠定了坚实的基础。

西气东输一线以塔里木气区为主力气源,西起新疆塔里木轮南油气田,东至上海白鹤镇,全长4380km,包括1条主干线和3条支干线及其配套支线,年输气能力为$170 \times 10^8 m^3$。自西向东横贯新疆、甘肃、宁夏、陕西、山西、河南、安徽、江苏、上海、浙江10个省(自治区、直辖市)。该工程于2002年7月4日正式开工建设,2004年10月1日全线建成投产,2004年12月30日实现全线商业运营。

西气东输二线以中亚天然气为主力气源,管线西起新疆霍尔果斯口岸,与中亚天然气管道相连,途经14个省(市、自治区),南至香港、东达上海,全长8819km,年输气量300×

$10^8 m^3$。该工程于 2008 年 2 月正式开工建设,2012 年 12 月全线建成投产。

西气东输三线主供气源为土库曼斯坦、乌兹别克斯坦、哈萨克斯坦三国气田,新疆煤制天然气为补充气源。管线西起新疆霍尔果斯,途经 10 个省(自治区、直辖市),止于福州,全长 6840km,包括 1 条干线、5 条支线,年输气能力为 $300×10^8 m^3$。该工程于 2012 年 10 月 16 日开工建设,2016 年 12 月 12 日东段工程建成通气,2018 年 11 月 30 日,西段正式投产。

西气东输四线起于新疆乌恰,经甘肃河西走廊,止于宁夏中卫,线路全长 3123km,管道口径为 1422mm,设计压力 12MPa,最大输气能力 $400×10^8 m^3/$年。

(2)中俄东线天然气管道。

中俄东线天然气管道全长 8111km,起自俄罗斯东西伯利亚,由布拉戈维申斯克(海兰泡)进入我国黑龙江省黑河,止于上海,设计输量 $380×10^8 m^3/$年。其中,俄罗斯境内"西伯利亚力量"管道全长约 3000km。我国境内段管道全长 5111km,北起黑龙江省黑河市,途经黑龙江、吉林、内蒙古、辽宁、河北、天津、山东、江苏、上海等 9 个省(自治区、直辖市)。中俄东线天然气管道是世界上首条采用 1422mm 超大口径、X80 高钢级管材、12MPa 高压力等级、单管输量最大的长输天然气管道工程,是继中亚管道、中缅管道后,向中国供气的第三条跨国天然气长输管道。2014 年 9 月,俄罗斯境内段"西伯利亚力量"天然气管道开工。2015 年 6 月,我国境内管道工程开工。北段于 2019 年 10 月 16 日全线贯通,并于 2019 年 12 月 2 日投产通气。中俄东线天然气管道全部建成后,将与西气东输、陕京管道互联互通,共同构成"纵贯南北、横跨东西、连接海外"的全国性天然气供应网络。届时,我国东北、西北、西南和海上四大能源战略通道将全面建成。

(3)中俄原油管道。

中俄原油管道起于俄罗斯斯科沃罗季诺分输站,从中国漠河入境中国,止于黑龙江省大庆市林源站。中国境内段由"漠大线"和"漠大二线"组成。2011 年 1 月 1 日投产运营的漠大线是我国第一条高寒地区、穿越永冻土、大口径、长距离原油管道,全长 927.19km,设计年输送能力 $1500×10^4 t$。2018 年 1 月 1 日投产的漠大二线基本与漠大线并行敷设,全长 941.8km,年设计输量 $1500×10^4 t$。

(4)中缅油气管道。

中缅油气管道是我国西南方向的油气进口战略通道。中缅原油管道起点为缅甸西海岸的马德岛,穿越缅甸全境,经云南省德宏州瑞丽市进入中国境内。缅甸境内管道全长 771km,管径 813mm,2017 年投产的一期工程止于云南省楚雄州禄丰市并向云南石化供油,输油量 $1300×10^4 t/$年;二期工程实施后,规模将达到 $2300×10^4 t/$年。

中缅天然气管道起点为甸皎漂,基本与原油管道并行敷设,经云南省瑞丽市进入中国境内,在云南禄丰与中缅原油管道分开,途经云南保山、大理、楚雄、昆明、曲靖和贵州贵阳、都匀等,最终到达广西贵港市。缅甸境内管道全长 793km,管径 1016mm。一期工程输气量为 $52×10^8 m^3/$年,二期工程将增加到 $120×10^8 m^3/$年。

(5)北溪天然气管道系统。

北溪天然气管道系统是全球最长的跨海天然气管道,从波罗的海下穿过,由俄罗斯不经第三国直达西欧,无中间压气站,最高压力 22MPa,管道壁厚 26.8~41.0mm,包括北溪管道和北溪管道-2 两项工程。每项工程又分别包含两条并行管道,即共计 4 条管道。北溪管道的两条并行管线起点位于俄罗斯的维堡,北溪管道-2 的两条并行管线起点位于俄乌斯季-

卢加地区,两项工程同在德国东北部的格莱夫斯瓦尔德登陆。北溪管道两条支线分别于 2011 年 11 月和 2012 年 10 月投入使用,两条管道的设计总供气能力为 $550 \times 10^8 m^3/$ 年。北溪管道-2 设计长度约 1200km,年设计输送能力 $550 \times 10^8 m^3/$ 年,设计理念及技术水平基本复制已成功运营的北溪管道。2018 年 9 月开工建设,到 2022 年俄乌冲突发生时已基本建成。

(6) 科罗尼尔成品油管网系统。

科罗尼尔成品油管道于 1963 年投产,几经扩建,目前已成为世界上最长(8852km)、管径最大(干线最大 1016mm)、输送量最大(每天总输油能力超过 $34.1 \times 10^4 t$)的成品油管道系统。管道起点在美国休斯敦,终点在新泽西州林登,连接着 100 多座城市,把美国南部墨西哥湾沿海地区炼油厂生产的成品油输往美国东南部和东部近 10 个州和纽约港,管输油品多达 118 种,目前干线泵站 87 座,支线泵站 63 座,总装机容量超过 $102 \times 10^4 kW$。该管网系统从输油计划编制,到中间各站油品的注入与分输,再到最后的油品交付,均通过计算机实现集中管理。无人机每周对管道干线进行空中巡检。

(7) 阿拉斯加原油管道。

阿拉斯加原油管道是世界上第一条进入北极圈的原油管道,于 1977 年建成。该管道起始于美国阿拉斯加北坡的普拉德霍湾,纵贯整个阿拉斯加地区,终止于南部阿拉斯加湾的不冻港瓦尔迪兹。管道全长 1277km,管径为 1220mm,其中,900km 管道采用架空保温铺设,所经地区冬季最低气温达 -57℃;通过永冻土地区的管道有 681km 采用架空敷设,保温层厚 100mm。保温管道架设在近 80000 个装有散热热管的管架上,以防止管道的热量传入永冻土。管道设计流速大于 3m/s,利用流体的摩擦热维持油温在 60℃左右输送。

二、我国管道运输系统建设与运维关键技术发展概况

1. 设计施工技术

在高钢级、大口径输气管道建设技术方面,我国在国际上处于领先地位,已建立较成熟的管道设计标准和技术体系,形成了强震断裂带、高山峡谷、江河湖海、多年冻土、沙漠戈壁等特殊地区的管道设计理论与方法。管道设计理念和技术全面提升,在传统的基于应力的管道强度设计方法之外,发展并应用了基于应变的设计和基于可靠性的设计方法,多专业协同、数字化建模、云平台服务等现代化手段大幅提升了管道设计效率和效果。

管道焊接从传统手工焊和完全依靠人工施工,发展到全自动焊机械化施工流水作业;建立了适应各种复杂地形的施工工法,形成了复杂地质条件定向钻、盾构、顶管等非开挖穿越技术。在国际上首次采用 1422mm 大口径、X80 高钢级、12MPa 高压力、$380 \times 10^8 m^3/$ 年大输量参数组合设计,建成了中俄东线天然气管道工程,实现了全自动焊接、全自动超声波检测、全机械化防腐补口等创新技术的全面应用。

2. 材料装备技术

管道企业与材料、设备厂商协同攻关,在油气管道关键材料及装备国产化领域实现了系列突破。建立了 X70/X80 钢管及管件从基础研究到工业应用的完整链条,国产 X80 钢管及管件已广泛应用。目前,我国 X80 管道建设里程达 $1.9 \times 10^4 km$,超过国外 X80 管道里程总和。实现了 20MW 电驱压缩机组、30MW 燃驱压缩机组、2500kW 级输油泵机组、1422mm 大口径全焊接球阀及管道控制系统等 6 大类 22 种关键装备的自主制造,并在中俄东线、西气东输三线、中俄原油管道等重点工程规模化应用。管道核心装备整机国产化率达 95%,采购

成本降低30%以上,为国家能源战略通道建设及能源安全自主可控提供了坚实保障。

3. 输送储存技术

我国所产原油80%以上为输送难度大的易凝高黏原油,同时,油气管网沿线地质环境复杂多变、线路高后果区占比多、多源多汇管道调控难度大。我国在原油长输管道流动保障及超大型复杂油气管网集中调控技术领域走在了世界前列。建立了易凝高黏原油流动保障技术体系,自主开发了减阻剂、降凝剂生产及应用技术,首创了基于极限状态的原油管道流动安全评价方法,实现了凝点、黏度差异性较大的多种原油长距离顺序输送和间歇输送。攻克了油气管网集中调控关键技术,研发了管网调控一体化平台和控制软件,建成世界上运行环境最复杂的长输油气管道调度控制中枢,实现"全国一张网"集中调控与优化调配。

4. 安全维护技术

针对油气管道安全可靠运行需求,建立了以风险预控为核心的管道完整性技术体系,实现了全生命周期管理,管道失效率从2006年的0.87次/(10^3km·年)降至目前的0.30次/(10^3km·年)。研发了三轴高清漏磁、电磁控阵、几何变形、中心线测绘、打孔盗油等系列专项内检测技术与装备,技术指标整体水平与国外相当,各尺寸管径全覆盖,满足了管道本体金属损失、变形、中心线测绘等工程检测要求。形成了负压波法、音波法、负压波结合流量平衡法三代输油管道泄漏监测技术,以及基于不同光纤传感原理的管道安全预警技术,建立了集调查识别、风险评价、监测预警、工程防治于一体的管道地质灾害防护技术体系。

三、管道运输业及管道技术发展展望

1. 管道运输关键技术持续升级

(1) 高钢级管道焊缝失效控制技术。

高钢级管道环焊缝开裂是高钢级、大口径管道安全运行面临的最大挑战。国内外对于环焊缝线性缺陷、应力及材料性能检测均缺乏成熟经验,需加快推进高钢级管道失效机理研究,建立管道失效数据库,开展高精度缺陷检测、应力应变检测传感器及检测装备研发,突破检测信号智能评判、逆向反演及缺陷适应性评价技术,攻克高钢级管道环焊缝失效控制难题,进一步提高管道的本质安全性。

(2) 输油管道安全、灵活输送技术。

原油来源多元化趋势以及"碳中和"愿景下以可再生能源为主体的电力峰谷电价,将使原油管道面临低输量或超高输量运行的全新技术挑战。为此,需加强原油管道流动保障技术研究与应用,突破易凝高黏原油改性、减阻增输理论和技术的瓶颈,建立原油流动安全性预警平台,实现原油管道全天候流动安全监测、评价及预警,确保原油管道安全经济运行。

随着石油逐步回归原料属性、成品油消费量下降,成品油管道输送量将降低,同时,化工中间产品的管道输送需求增大。由此,成品油管道将呈现小批量、多品种及间歇输送等特点,造成管输介质流动状态不同于传统设计下的流动状态,需开展以保证油品质量为前提、以混油量跟踪控制及管输系统仿真优化为核心技术的成品油管道输送新形态研究,以适应未来成品油管道运行要求。

(3) 大型管网仿真与优化技术。

随着管网大型化、输送任务多样化,亟须突破多源多汇大型复杂油气管网系统在线仿真及全局全时段运行优化技术,开发适应 10×10^4km 级规模的管网在线仿真与运行优化工业软件,开发基于我国油气管网综合调运数字平台的集介质流动、资产管理、应急服务、市场支持的综合性工业仿真平台,提升管网运行效益、物流服务质量及供应链效率。

(4) 关键装备自主可控。

全力推进关键核心装备国产化,如集成式电驱压缩机组、LNG 接收站低温 BOG 压缩机、低温阀门、储气库测腔声呐等。对单机已实现成套国产化但核心零部件仍然依赖进口的装备,需重点攻关实现突破,如航改型燃驱压缩机组燃气轮机涡轮转子、导向叶片、压气机叶片及燃烧室等高端零部件。针对与国外同类先进产品仍有差距的国产化产品,重点开展性能提升研究,如焊接材料、压缩机组及关键阀门的性能改进。

2. 管道数字化转型技术

(1) 泛在感知技术。

油气管道是没有厂界的环境开放系统,安全隐患具有时空随机性、分布广域性、发生隐蔽性、后果灾难性等特点,安全预警与风险防控是系统性技术难题。管道现有感知技术精度不足,油气微渗漏难以及时发现,线路环境风险识别相对滞后,时空随机威胁事件预警准确率尚有较大提升空间,管道传感用的高可靠性气体传感器、高精度色谱装置、高精度坐标测绘导航单元、材料性能检测传感器、电磁超声和高精度超声波检测传感器、贸易交接能量计量等高端传感器件仍依赖进口。为此,需针对赋存环境复杂多变、安全运行隐患多、多源和精准感知手段不足等问题,聚焦油气产品检测、线路环境状态、管道本体缺陷等场景需求,研发系列多参数、高精度、高可靠性专用传感器,形成管网全面感知、多源感知数据精准分析的传感系统,保障油气站场、线路环境、管道本体安全风险"可知、可防、可控",实现管网安全输送升级、高效运营优化、服务价值提升。

(2) 数字孪生技术。

围绕管道输送业务与技术需求,研究与管道资产管理数据模型、流动仿真模型持续同步的管道数字孪生体构建技术;攻克数字孪生体信息平台开发关键技术,开发具备仿真、评价、预测等功能的智能计算引擎;建立管道数字孪生体建设与应用规范体系,规范管网数字孪生体各类应用与管理流程,满足多尺度、多维度管网系统应用场景需求,推动实现油气管网全要素数字化和虚拟化、全状态实时化和可视化、运行管理协同化和智能化。

(3) 智慧管网技术。

围绕"智慧互联大管网"战略目标,开展智慧管网理论、线路及站场感知、大数据分析与应用、管网知识体系、智慧管网标准等技术攻关,突破管网全方位感知、数据挖掘利用及管网智能综合决策等关键技术,形成智慧管网建设运营核心技术和标准体系。统筹推进管道传统基建和数字基建,建成油气流、数据流、信息流互联互通的"全国一张网",形成具备泛在感知、自适应优化能力的管网基础设施;建成与实体管网精准映射、同生共长的数字管网,实现管网基础设施在物理和虚拟世界的数字信息协同、感知控制协同以及知识智能协同。逐步建立以数据和知识为核心的数字化、智能化、平台化管理体系,使管网安全水平和运行效率实现跨越式发展。

(4) 能源互联网技术。

围绕油气管网多源异构数据融合挖掘利用技术与安全运行知识体系,构建具有管网可靠性评价、动态风险评价、地质灾害预警预报、智能应急支持等功能且满足大型管网工业应用需求的数字化互联平台。协同电网等其他能源行业,开展能源转换、互联传输、能源储存、运行优化等技术研究,建设能源互联网智能管控系统;建立油气管网能源大数据平台,支持多种能源数据的统一接入;建立能源综合交易平台,实现能源多向流动、对等交换与共享。

3. 非传统介质管道输送技术

在继续发展传统油气管道技术基础上,我国还将持续推动非传统介质管道输送技术发展。针对氢能长距离管道输送技术,需尽快开展掺氢管道输送技术研发,掌握高比例随动掺氢等核心技术,开展高钢级管材氢致损伤监控、复合耐氢管材及非金属输氢管材研制、系列应用场景输氢工艺模拟等关键技术研究,实施中低压纯氢管道试点示范,推动重点氢能储运项目示范工程落地。针对二氧化碳管道输送技术,需突破密相/超临界二氧化碳管道输送工艺,攻克密相/超临界二氧化碳管道投运、泄放、止裂及风险评价等关键技术,研发可工程应用的技术体系和装备,提升长距离工业规模密相/超临界二氧化碳管道设计运行和安全防控水平,实现二氧化碳管道输送规模化工业应用。此外,利用管道输送固体矿物的浆体(矿浆、煤浆、矿渣等)已有数十年历史,其应用场景也在不断拓展,随着传统能源和新能源的交互发展,液态储氢介质(液氨、甲醇等)、轻烃(乙烷、天然气凝析液等)等非常规介质的输送需求也越来越多,为此,需在现有管道管材、连接件等适用性评价的基础上,开展工艺计算、管材设备选型、设计和施工、运营和维抢修技术及标准研究,形成配套技术。

4. 非常规管道输送技术

随着技术发展,非常规管道输送稳步发展。超导直流能源管道技术是设想在实现LNG、液氢等低温介质长距离管道输送的同时,为超导电缆提供稳定低温环境而实现电能高效输送的前沿性探索,在相同电压等级下,超导电缆输电、通流能力及传输容量可达常规输电线路的5~10倍,且电能损失几乎为零,若能合理利用液化气体蕴含的冷能,实现超导电缆在低温管道中的电能输送,则可为规模化西电东送、西气东输提供技术手段,使电力与油气运输综合效益最大化。非金属管道输氢技术尚处于早期研发阶段,需要在非金属管材与氢气相容性、非金属管道系统安全保障及相应标准体系等方面开展深入研究。管道胶囊输送则是将液态氢气、二氧化碳、氨气等装入高压囊体中,借助管道中流动气体或液体形成的推动力使囊体运移至资源需求地下载,未来还可将其他货物装入定制的囊体中,利用管道输送至下游。

第二章　管道运输系统规划与设计

第一节　管道线路与站场设计

一、管道线路设计

管道是长距离的线性构筑物,是连接上游资源与下游市场的重要纽带。管道线路设计内容主要包括管道线路规划、管道结构设计、管道腐蚀防护设计及管道施工技术等方面。

1. 管道线路规划

管道沿途通常会经过山地、湖泊等多种复杂地形地貌环境,穿跨越河流、公路、铁路、水网等多种障碍设施,同时还受到周边地区规划、环境保护、地质灾害等多因素影响。管道线路的合理规划是管道设计建设时的重要前期工作。通过合理规划管道线路,能够有效提高管道本质安全和运行效率,降低建设投资及施工难度,对于管道建成投产后的可靠稳定运行具有重要意义。

管道线路的规划需要遵守以下原则。

(1) 线路选择应满足管道施工、安全、维护和管理的要求,进行多方案的调查,通过综合分析和技术经济比较,优选确定最佳线路的走向。

(2) 通过山谷、公路、铁路、江河、湖泊、沼泽地的大型穿(跨)越工程要尽可能少。

(3) 尽可能避开滑坡、崩塌、沉陷、泥石流等不良地质条件地段,避开强地震区和影响其他矿藏开采的地区;必须通过时,要设法缩短通过距离并采取防护措施。

(4) 线路不得通过军事禁区、国家重点文物保护区、自然保护区、城市水源地及飞机场、火车站、海港码头等区域。若条件限制不能绕避时,必须经国家有关部门批准并采取保护措施。

(5) 线路与铁路干线、城镇、工矿企业等建(构)筑物应保持一定距离,与架空输电线、通信电缆平行时应保持一定距离。其安全间距应符合有关规范的规定。

(6) 为便于施工、物资供应、动力供应和投产后管道的维修与巡线等,管道应尽量靠近和利用现有道路和电网,以少建专用道路和电力线路。

(7) 综合考虑通过地区的规划和开发需要,考虑与相关工程和后续工程的关系,注重管道建设项目与沿线和下游地区的经济发展相结合的科学规划方法。

2. 管道结构设计

在管道系统结构设计方面,通常将力学和材料学等学科相结合,综合考虑外部及内部因素对管道结构的影响,通过管道受载能力分析、疲劳寿命分析、管道壁厚设计、管道破裂分析等,对管道结构进行设计和安全评估。例如,进行水下管道结构设计时,通常考虑深度、温度、压力等因素对管道结构的影响,有针对性地进行管道壁厚设计及极限状态分析等。管道结构设计应在对管道拟建区域的环境条件、地质条件等信息分析的基础上,基于设计规范及仿真软件进行管道强度设计分析,包括管道壁厚设计、稳定性分析等,再将设计分析结果根据实际施工要求进行校核,确保管道本质结构安全。

3. 管道腐蚀防护设计

管道腐蚀防护方法主要包括涂层防护法(管道外部涂层防护法和内涂层防护法)、添加缓蚀剂防护法、电化学防护法等。其中,管道外部涂层防护法是控制管道外部腐蚀的主要方法,涂层能够防止管道表面直接接触外部环境,减轻外部环境对管道的物理、化学损害。内涂层防护法是指在管道内壁敷设涂层,将管内腐蚀物与内壁有效隔绝,既能起到保护管道的作用,又能减少输送介质对管内壁的流动摩擦,降低管道内腐蚀发生概率,提升管道运输安全性。目前,常用的管道内涂层有聚氨酯、环氧树脂及环氧粉末涂层等。缓蚀剂主要用于降低输送介质腐蚀性,加入缓蚀剂能够使得管道内表面形成一层保护膜,起到保护管道内壁的作用。缓蚀剂分为无机缓蚀剂和有机缓蚀剂两类,在实际应用中通常根据环境和腐蚀因子,有针对性地选择不同的缓蚀剂,减轻输送介质中杂质对管道造成的腐蚀。电化学防护法是利用电化学腐蚀原理保护管道的一类方法,利用电化学反应对金属外露面进行保护。电化学防护法主要指阴极保护技术,包括外加电流阴极保护法和牺牲阳极阴极保护法。对于长输管道而言,外加电流阴极保护法防护范围广,且能人为精准地控制保护电流强度,因此,外加电流阴极保护法应用更为广泛。

虽然目前涌现出了优化管道材料、管道表面敷设保护层和电化学保护等多种防腐手段,但均有自身优缺点。在进行管道腐蚀防护设计时,需综合考虑管道工程实际特点、管道周遭环境、技术成本和防腐效果等,采用环保、防腐效能高的技术,或将多种防腐技术配合使用。同时,需开展管道智能监测工作,实时掌握管道腐蚀动态,验证防腐措施的有效性,为腐蚀防治措施的制定提供依据,确保管道建成投产后的稳定可靠运行。

4. 管道施工技术

管道施工主要包括线路工程施工、焊接工艺、穿跨越工程施工等,通常利用施工设施选型与优化、焊接工艺、无损检测、腐蚀控制等创新技术与方法,保障管道本体与工艺设备、设施安全。

穿跨越工程是管道施工中的难点问题。在进行管道线路工程施工时,不可避免要穿越河流、道路、山区、湖泊等复杂地理地貌环境。在管道穿越技术方面,主要包括定向钻、隧道敷设、大开挖直埋3种方法。针对大型河流及特宽高等级铁路和公路的穿越工程,常采用定向钻技术完成管道在穿越处的施工。针对通航量大的中小型河流的管道穿越,一般采用隧道敷设法施工,主要施工技术包括钻爆法、盾构法和顶管法。大开挖直埋法主要应用于南方连续水网及沿海地区大中型河流的管道穿越,主要施工技术包括围堰导流法和水下成沟沉管法。在管道跨越技术方面,主要采用梁式管桥、斜拉索管桥、悬索管桥和索托管桥,进行管道跨越工程施工。

常用焊接工艺包括手工电弧焊、半自动焊及全位置自动焊三类。其中,自动焊是指借助设备完成焊接过程,焊接工程师只需对其进行控制引导。国内外使用的管道自动焊接方法有自动埋弧焊、电阻闪光焊、钨极氩弧焊和全位置熔化极气体保护自动焊。目前,全位置熔化极气体保护自动焊方法在长输管道焊接施工中使用最为广泛。此外,为确保焊接质量,须对管道进行焊接检查。针对管道环焊缝检测,主要技术包括射线检测法、超声波(相控阵)检测法、磁粉检测法、渗透检测法等。其中,磁粉检测法是利用焊缝缺欠处漏磁场与磁粉的相互作用,检测焊缝表面和近表面缺欠(如裂纹、夹渣等)的方法;渗透检测法是利用物理学中的毛细、渗透、吸附现象,通过显示剂呈现焊缝表面缺欠的方法,主要用于检验焊缝表面的细致缺欠,如裂纹、气孔、夹渣等,这两种方法仅作为管道环焊缝检测的辅助方法。目前,常规的管道环焊缝缺欠无损检测方法,以射线法和超声法为主。

以往的运输管道施工方式大多采用开挖船道、人工敷设管道等传统方法,这类方法存在安全风险高、时间长、造价高等问题。早在20世纪70年代,我国就开始引进先进的管道施工技术,不断推动运输管道的安全高效建设。目前,我国运输管道施工技术已取得显著成果,但复杂条件下的运输管道施工方法体系仍不完善。未来运输管道施工需面向复杂地理地貌环境,甚至需在极地海洋等复杂环境进行管道施工作业,管道施工面临着严峻挑战。

二、管道站场设计

1. 站场布局规划

管道站场布局规划是指根据不同的介质输送需求,综合考虑介质输送范围、介质输量、沿线环境、地质条件等因素,针对管道系统内的首站、加压站、加热站、计量站、清管站、分输站、末站等不同类型的站场,确定管道系统内各类站场的站址、规模以及站内各分区域的空间布局,例如,站内管线走向及加压、加热等设施、设备的空间位置,以保证管道系统的正常运行和介质的稳定供应。管道站场布局规划的优劣,直接影响管道系统的运行效率和安全性,也关系着管道系统的经济和社会效益。

站场布局规划设计,首先需解决管道系统中各类站场的选址问题。通过充分考虑管输介质输送要求、沿线市场资源需求等因素,确定各类站场在整个管道系统中的空间位置,保证介质的稳定输送与供应。选择的站址地貌应稳定,具有较好的工程地质和水文地质条件;站址应充分考虑当地道路交通、电力能源供应条件,方便站场施工。确定管道站场站址后,站场内区域平面布局成为站场设计的重要环节。根据站场生产流程、交通运输、环境保护及防火安全等要求,合理协调及确定建(构)筑物、设施设备、站内管线的相对位置,确保各区域布局合理,使得站场功能完整、空间位置协调、建设费用经济。例如,原油管道站场的布局规划设计主要包括确定储罐区、装卸区、辅助生产区、行政管理区及站场内管线等的空间布局;天然气管道站场的布局规划设计主要包括确定压气工艺区、清管区、辅助生产区、行政管理区以及站内管线的空间布局。平面布局在满足工艺流程、单体布局、防火间距等要求的同时,还应兼顾安全环保、节约占地、节省投资等要求,根据站场工程特点及生产管理需求进行站场平面布局,方便生产操作、管理、施工和维抢修,确保站场平面布局先进合理、安全经济。

2. 站场工艺设计

管道站场工艺设计主要指站内工艺流程的设计。工艺流程是指为达到某种生产目标,将各种设备、仪器以及相应管线等按不同方案进行布置,这种布置方案就是工艺流程。

针对输气干线,一般有首站、增压站、分输站、清管站和末站等不同类型的工艺站场。根据天然气站场功能的不同,通常将站场分为3类,即首站、分输站和末站。其中,首站主要任务是接收及计量上游来气,对天然气中所含的杂质和水进行分离,并将天然气输往下游。首站的工艺流程主要包括正常输气流程、越站流程,首站工艺区主要包括分离区、计量区、增压区、发球区等。分输站主要进行天然气的分离、过滤、调压和计量,以及给各用户进行供气。

分输站主要工艺流程包括正常输气流程和越站流程。末站主要进行天然气分离、除尘及接收清管装置,并按压力、流量要求给用户供气。天然气站场工艺流程基本均涵盖过滤、调压、计量等工艺。

输油管道通常包含输油首站、泵站、加热站、热泵站、注入站、分输站、下载站、清管站、末站等。依据输油站在管道所处位置不同,输油站分为首站、中间站和末站。首站是长距离输油管道的起点,它接收矿场、炼厂或转运站来油,经计量后输入干线。首站的工艺流程复杂,包含接收来油、站内循环或倒罐、正反输等多种工艺流程。中间站包括泵站、加热站或热泵站,都是给油流补充能量。工艺流程主要包括正反输、越站输送、清管器收发等。末站是输油管道的终点站,用于接收管道的来油以及转运油品或改换运输方式。末站流程包括接收来油、进罐储存、接收清管器、反输等。

第二节 复杂管网物流规划

一、基础设施规划

管道运输基础设施规划主要表现在管线走向和站场选址两方面。管网基础设施的合理规划能够优化站场、管线走向通道及相关设施组合,提升运行效率、效益和抗风险能力,主要表现在以下三方面:

(1) 提供一定水平的仓储(如油库、储气库等)调峰能力,保障供应链上下游整体运行顺畅;

(2) 提高市场供给效率,最大化满足市场的及时性需求;

(3) 有效降低整体成本费用,包括仓储设施设备建设、维护和使用成本、人工费用、库存资金占压等。

二、资源配置优化

管网是连接资源和市场的纽带与桥梁。油气或其他产品销售公司支付给管输公司的管道运输环节成本是影响管网资源配置整体效益的关键环节。由于管网结构复杂、管网实际运行相关数据庞大、管道上下载节点多,当前还未建立相关管输数据库。在管网资源配置优化时,可采用经验平衡法对管网建设情况进行简化,在满足质量守恒的条件下,对管网内每条管道的输量进行分配,从而得到测算范围内每条管道的"实际输量"。优化模型通常以资源点、需求点以及二者间运输路径为研究对象,以资源点位置、需求点位置、管道运输能力等为静态参数,以供应量、需求量、运输价格等为动态参数,以运输能力、存储能力等作为限制条件,以整体运行成本最小为目标函数,实现大规模线性规划测算,给出一套物流优化方案。

仓储布局是构建复杂管网物流网络的重要先决条件,包含了诸多要素,如仓储选址以及仓储库容等。在确定仓储布局时,不仅需要考虑建设成本和运营成本,更重要的是要综合考虑上游补货与库存成本以及下游配送成本。仓储的选址决定了其在管网网络中的位置,直接影响着运输的效率和成本。譬如在成品油配送中,油库应与加油站之间建立良好的联系,确保加油站及时补货,提高物流配送的灵活性和效率。合理规划配送联系还能提升运输的可靠性和准确性,减少配送过程中的延误。同时,合理规划油库库容,能够确保在需求高峰期有足够的储存空间,从而提高供应灵活性和抵御市场波动的能力。

三、库存管理

库存是指企业为满足未来生产和销售需求而储备的物料、原材料、半成品或成品等,用于满足市场需求、应对生产和运营的不确定性。油品和天然气在储存方式、容量等方面存在差异。油品储存通常采用地下储罐、地面储罐、储罐车等方式,主要依靠储罐等设备来进行储存。天然气储存则通常采用地下储气库、高压储气库和 LNG 储存等方式,主要依靠将其转化为高压气体或液态的形式进行储存。

在油气行业,库存管理对行业可持续发展和企业经营至关重要。油气市场价格波动较为剧烈,库存管理可以帮助企业应对价格的波动。同时,油气需求具有季节性和波动性特征,库存管理可以平衡生产和消费之间的差异。在天气灾害或供应中断等不可预见的情况下,库存管理还能够确保油气供应的稳定性。然而,过高的库存水平会占用大量资金,并增加库存管理和仓储成本。科学的需求预测和库存优化策略,可以最大限度地降低库存成本,提高经济效益。

需求预测是库存管理的基础,是指通过分析历史销售数据、市场趋势和季节性、节日性等因素,预测未来的销售需求。合理的需求预测可以帮助企业有效地控制库存水平。常用的需求预测方法包括时间序列分析法、回归分析法、机器学习算法等。近年来,机器学习算法在需求预测领域取得了显著的成果。通过大量历史销售数据的训练,机器学习算法能够识别和学习不同因素对需求的影响关系,提高预测准确性。常用的机器学习算法包括决策树、随机森林、神经网络和支持向量机等。油气需求预测相对于其他行业的需求预测更加复杂,需要综合考虑国际市场因素、宏观经济形势、季节性需求变化以及可持续发展要求等特殊因素,以提高预测的准确性和可靠性。

在油气库存管理中,常采用 ABC 分类法来进行库存管理。ABC 分类法可以将油气库存按照其价值进行分类,确保对高价值油气的重点管理和监控,有效降低资金风险。具体来说,ABC 分类法将库存介质按照其资金占比进行划分,其中,A 类库存介质占总资金价值的前 15%,B 类库存介质占 15%~35%,C 类库存介质占最后的 50%。ABC 分类法的优点在于能够明确库存介质的主次,可根据其资金占比合理安排订货模式。然而,该方法忽略了需求波动特性,分类标准过于单一。ABC-XYZ 矩阵分析法可以较好地解决这一问题,它将库存介质分为需求波动稳定的 X 类、需求波动中等的 Y 类和需求波动剧烈的 Z 类,更全面地考虑库存介质的需求特性。随着管理工作的科学化,库存管理的理论有了很大的发展,形成许多库存管理模型。按订货方式不同,可以分为定期定量模型、定期不定量模型、定量不定期模型、不定量不定期模型和有限进货率定期定量模型;按供需情况不同,可以分为确定型和概率型两类;按库存管理的目的不同,可以分为经济型和安全型两类。不同模型适用于不同的场景和需求,在实际应用中需要根据具体情况进行选择和调整。

第三节 管道运输系统可靠性

针对实现功能的不同,管道系统可靠性主要分为两个方面:基于管道安全运行的结构可靠性和基于市场资源保障的供应可靠性。结构可靠性是指管道系统在介质输运过程中,能够保证其结构完整和连通,正常运行时不出现失效的能力;供应可靠性是基于资源供应保障而言的,用来表征管道满足市场资源需求的能力。

一、管输系统结构可靠性

管输系统结构可靠性是保障管道安全可靠运行的重要条件。管道设计技术、制造工艺、施工技术和运行环境等均会影响管输系统的结构可靠性,管输系统结构可靠性主要包括设计、制造、施工、环境等方面。其中,设计可靠性指管道选材及壁厚强度设计要合理;制造可靠性指管道制造应严格按照国家相关标准和行业规范进行;施工可靠性指管道施工过程要科学以保证建设质量;环境可靠性指管道系统应适应各种环境条件,包括极端气候、复杂地理地貌、地震等。因此,管道运输系统结构可靠性涉及管道全生命周期,确保管输系统能够长期安全可靠运行,避免停运故障和安全事故发生。

管道结构可靠性的研究大多是基于经典可靠性理论来研究管道系统主要单元的各项可靠性指标。管道是由管段、存储(运)单位、供能单位、控制单元、执行单元等若干关键单元组成的复杂系统,避免或减少管道系统中单元失效及管道运行安全事故是单元可靠性研究的目标。例如,天然气管道系统的单元可靠性主要关注管段、压气站等关键供气单元的结构可靠性,通常根据经典可靠性理论研究上述关键单元的各项可靠性指标。由于不同单元及设备失效形式及失效机理往往不同,因此,单元可靠性计算方法的选取也因研究对象而异。常用的单元可靠性计算方法主要包括概率统计法、经验推理法以及机理建模法。

二、管输系统供应可靠性

管网系统供应可靠性定义为系统在给定条件下和给定时间内满足用户需求的概率,系统供应可靠性由系统的输送能力和目标市场需求共同决定。输送能力是指系统在任务时间和给定条件下完成规定输送任务的能力,输送能力的计算需考虑管网系统因单元失效和维修导致的系统运行状态不确定性以及管输工艺特征。

以天然气管网为例,供气可靠性指标可分为全局供气可靠性和用户供气可靠性两个方面。全局供气可靠性的分析依赖于对整个天然气管网供气能力的统计分析,如累积概率分布函数、均值、极值等。依据统计分析结果能够观察出目标天然气管网持续、稳定地为全体用户供气的能力。然而,由于用户规模相差大、空间分布范围广,各用户间供气可靠性往往存在较大差异,一般通过供气满意度、供气保障度、供气充裕度、供气有效度、供气短缺频率等指标体现管网对每个用户可靠供气的能力。此外,供气可靠性会受到诸多不确定因素影响,包括管网系统内各单元运行状态的不确定性以及供需侧的不确定性。例如,当输气管道气源为 LNG 的气化气时,海况和天气状况的不确定性会导致气源供气量的不确定性;当气源为进口气时,海外管道运行状态的不确定性及进口国和出口国之间的利益关系会造成供应侧不确定性;用气需求量难以准确预测,具有随机性。

第三章 管道运输设备与设施

第一节 管道供能设备

在管道运输系统中,泵与压缩机是最常用的关键供能设备,分别为液体和气体流动提供动力,可喻为管道输送系统的心脏。此外,输运介质储运设施的辅助系统也离不开泵和压缩机,例如,站场压缩空气系统、仪表和控制装置用风系统、冷却系统、润滑油系统等。

一、离心泵

1. 离心泵的基本结构

单级单吸离心泵的结构如图 7-3-1 所示。离心泵主要由吸入室、叶轮、排出室(又称蜗壳)、轴、密封环、密封填料、轴向力平衡装置和支座等构成。原动机带动固定在轴上的叶轮旋转,使叶轮中的液体获得能量(包括压力能和速度能)。为防止液体从泵壳等处泄漏,在各密封点上分别装有密封环和密封填料。轴和叶轮等旋转部件由轴承支承。

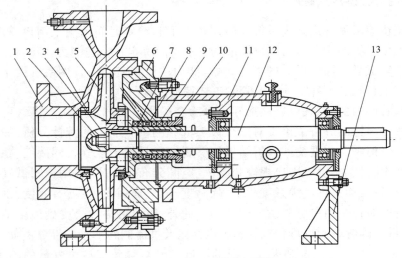

图 7-3-1 离心泵的基本构件

1-泵体;2-叶轮螺母;3-止动垫圈;4-密封环;5-叶轮;6-泵盖;7-泵轴;8-填料环;9-填料;10-填料压盖;11-轴承悬架;12-泵轴;13-支座

离心泵的过流部件包括吸入室、叶轮及排出室。吸入室位于叶轮进口前,其作用是把液体从吸入管引入叶轮,要求液体流过吸入室时流动损失较小,并使液体流入叶轮时速度分布较均匀。叶轮是离心泵的唯一做功部件,液体从叶轮中获得能量。对叶轮的要求是在流动损失最小的情况下使单位质量的液体获得较高的能头。排出室常用的结构是由螺旋室加扩压管所组成的蜗壳,位于叶轮出口之后,其作用是把从叶轮内流出来的液体收集起来,并送入下一级叶轮入口或送入排出管。更重要的作用是由于液体流出叶轮时速度很大,为了减小后面管路或泵中的流动损失,利用排出室的扩压管或多级泵常用的导叶将速度能转换为压力能,提高泵的效率。

2. 离心泵的工作原理

由于离心泵本身不能排除气体,离心泵在启动之前,泵内应灌满液体,这个过程称为灌泵。启泵时,驱动机通过泵轴带动叶轮旋转,叶轮中的叶片驱使液体一起旋转,因而产生离心力。在离心力作用下,液体沿叶片流道被甩向叶轮出口,并流经蜗壳送入排出管。

在液体被甩向叶轮出口的同时,叶轮入口中心处形成了低压区,与吸液罐之间就产生了压差,在此作用下,吸液罐中的液体便不断地经吸入管路和泵吸入室进入叶轮中。离心泵便产生了连续不断地工作的条件:叶轮在旋转过程中,一面不断地吸入液体,一面又不断地给吸入的液体以一定的能头将液体排出。

3. 离心泵的分类

离心泵的类型很多,通常可按下列方法分类。

(1) 按液体吸入叶轮的方式不同,分为单吸叶轮和双吸叶轮。前者仅一侧有吸入口;后者的叶轮两侧都有吸入口或装入2个单吸叶轮(背靠背)的结构,常用于流量较大的情况。

(2) 按叶轮级数不同,分为单级泵、双级泵和多级泵。单级泵体中装有1个叶轮;两级泵体中则装有2个叶轮;多级泵的同一根泵轴上串联安装3个及以上叶轮,以产生较高的能头。

(3) 按壳体剖分方式不同,分为中开式泵和分段式泵。中开式泵的壳体按通过泵轴中心线的水平面剖分;分段式泵的壳体按与轴垂直的径向平面剖分。

此外,还可按泵轴在空间的方位不同,分为卧式泵和立式泵;按输送介质不同,又可分为水泵、油泵、杂质泵及耐腐蚀泵等。

二、离心压缩机

1. 离心压缩机的基本结构

离心压缩机由转子及定子两大部分组成。转子包括轴、固定在轴上的叶轮、轴套、平衡盘、推力盘及联轴器等零部件;定子则包括气缸、弯道、回流器、轴承和蜗壳以及定位于缸体上的各种隔板等零部件。在转子与定子之间需要密封气体的部位还设有密封元件。为了使压缩机持续安全、高效率地运转,还必须有一些辅助设备和系统,如润滑系统、自动控制及故障诊断系统。

离心压缩机主要过流部件包括吸气室、叶轮、扩压器、弯道及排出室(蜗壳)。吸气室的作用是将气体从进气管(或中间冷却器出口)均匀地引入叶轮进行增压。叶轮是离心压缩机中唯一对气体做功的部件。气体进入叶轮后,在叶片推动下高速旋转,叶轮对气体做功,增加了气体的能量,使得气体流出叶轮时的压力和速度都得到明显提高。扩压器是离心压缩机中的转能部件。气体从叶轮流出时速度很高,为此,在叶轮出口后设置流通截面逐渐扩大的扩压器,以将这部分速度能有效地转变为压力能。弯道位于扩压器后的气流通道,其作用是将经过扩压器后的气体由离心方向改为向心方向,以便引入下一级叶轮继续压缩。回流器的作用是使气流以一定方向均匀地进入下一级叶轮入口。回流器中一般装有导向叶片。排出室的主要作用是把从扩压器或直接从叶轮出来的气体收集起来,并引出机外。在排出室收集气体的过程中,由于排出室外径及通流截面的逐渐扩大,因此,它也起着减速扩压作用。

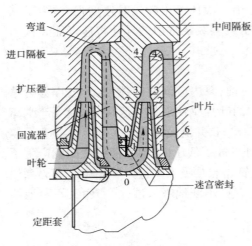

图 7-3-2 中间级关键截面位置

2. 离心压缩机的工作原理

离心压缩机是由一级或多级所组成的,所谓"级"就是由一个叶轮和与之相配合的固定元件所构成,"级"是离心压缩机升压的基本单元。"级"分为首级、中间级和末级。以中间级为例说明离心压缩机的工作原理。压缩机中间级的关键截面位置如图 7-3-2 所示。气体由吸气室进入,通过叶轮对气体做功后,使气体的压力、速度、温度都得到提高,然后再进入扩压器,将气体的部分速度能继续转变为压力能。当通过一级叶轮对气体做功、扩压后不能满足输送要求时,就必须把气体再引入下一级继续进行压缩。为此,在扩压器后设置了弯道和回流器,使气体先由离心方向变为向心方向,然后再按一定方向均匀地进入下一级叶轮。至此,气体流过了一个"级",再继续进入第二级、第三级压缩后,经排出室排出管被引出。气体在离心压缩机中是沿着与压缩机轴线垂直的半径方向流动的。

3. 离心压缩机的分类

(1) 按轴的形式不同,分为单轴多级式和双轴四级式。

(2) 按气缸形式不同,分为水平剖分式和垂直剖分式(筒形缸)。

(3) 按照压力等级不同,分为:低压压缩机,末级排气压力为 0.2~1.0MPa;中压压缩机,末级排气压力为 1~10MPa;高压压缩机,末级排气压力为 10~100MPa。

4. 离心压缩机的主要优缺点

1) 优点

离心压缩机之所以能获得越来越广泛的应用,主要因其具有以下优点:

(1) 单级流量大,目前气体压缩机的进气流量达 6000m^3/min 以上;

(2) 重量轻、体积小,机组占地面积与重量都比同一气量的活塞式压缩机小得多;

(3) 运转可靠,机组连续运转时间在 1~3 年不需停机检修,运转平稳,操作可靠,因此,它的运转率高,而且易损件少,维修方便;

(4) 气缸内无润滑,气体介质不会受到润滑油的污染,满足工艺要求;

(5) 转速较高,适宜由工业汽轮机或燃气轮机直接驱动,可以合理而充分地利用能源。

2) 缺点

目前,离心压缩机还存在一些缺点:

(1) 不适用于气量太小及压力比过高的场合;

(2) 离心压缩机的效率一般仍低于活塞式压缩机;

(3) 离心压缩机的稳定工况区较窄。

三、往复活塞式压缩机

1. 往复活塞式压缩机的基本结构

一台完整的往复活塞式压缩机包括两大部分:主机和辅机。主机有工作机构、运动机构和机身;辅机包括润滑系统、冷却系统、气路系统和仪表控制系统。运动机构是一种曲柄连杆机构,它把曲轴的旋转运动转换为十字头的往复直线运动,主要由曲轴、连杆和十字头等组成。工作机构是压缩机工作的主要部件,主要由气缸、活塞杆及活塞、气阀等构成。气缸呈圆筒形,两端装有若干吸气阀与排气阀,活塞在气缸中作往复运动,通过活塞与气缸组成的密闭容积变化提高气体压力。机身是压缩机外壳,用来支承和安装整个运动机构和工作机构,又兼作润滑油箱用,曲轴依靠轴承支承在机身上,机身上的两个滑道又支撑着十字头,两个气缸分别位于机身两侧。压缩机除主机外,还必须配以润滑系统、冷却系统、流量调节系统、安全防护系统以及气体管道等必不可少的附属装置才能稳定、可靠地工作。

2. 往复活塞式压缩机的工作原理

往复活塞式压缩机的机构工作原理如图 7-3-3 所示。曲柄连杆机构将动力传递给曲柄,曲柄通过连杆、十字头将旋转运动转变为直线往复运动,带动活塞杆及活塞在气缸内往复循环,实现缸内气体增压。当所要求的排气压力较高时,可采用多级压缩的方法,在多级气缸中将气体分两次或多次压缩升压。不论有多少级气缸,在每个气缸内都经历膨胀、吸气、压缩、排气四个过程,从而将低压气体升压并不断输出。

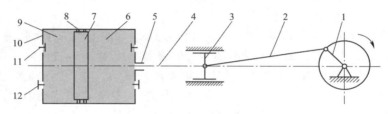

图 7-3-3 往复活塞式压缩机的工作原理
1-曲柄;2-连杆;3-十字头;4-活塞杆;5-填料;6-工作腔;7-活塞;8-活塞环;9-工作腔;10-气缸;11-进气阀;12-排气阀

3. 往复活塞式压缩机的分类

(1)按级数不同,分为单级压缩机、两级压缩机和多级压缩机。

(2)按布置方式不同,分为卧式压缩机,气缸中心线均在同一水平内;立式压缩机,气缸中心均与水平面垂直的;角度式压缩机,气缸中心线的夹角不等于 0°或 180°的压缩机。

(3)按照冷却方式不同,分为冷式压缩机,气缸、冷却器均由水进行冷却的压缩机;风冷式压缩机,气缸、冷却器均有空气进行冷却的压缩机;混冷式压缩机,气缸及各冷却器分别以不同方式冷却的压缩机。

(4)按气缸数不同,分为单缸压缩机、双缸压缩机、多缸压缩机。

(5)按活塞在气缸内所实现的气体循环不同,分为单作用气缸,气体仅在活塞一侧进行压缩;双作用气缸,气体在活塞两侧均能进行压缩;级差式气缸,不同直径的活塞组合在一起,并构成不同级次的气体压缩。

第二节 低温管道运输设备

一、低温管道输送特点

1. LNG 管道输送特点

由于低温管道输送技术在经济性、可靠性方面的制约,世界上天然气管道仍采用常温高压输送方式。到目前为止，我国没有出现LNG长距离管道运输的应用实例，在文莱有一条LNG海底低温管道，有效输送距离为32km。此外，日本已经着手建造一条从新岛至仙台的LNG输送管道，输送管道直径为24in❶，全线长约358km，建成后将成为全球最长的LNG管道输送线。在低温材料和技术不断发展以及LNG贸易量逐年增加的前提下，虽然目前LNG长距离管道运输发展仍然十分缓慢，但未来建设长距离LNG输送管线从技术和经济角度看仍具可能性。

  LNG管道一般分为非绝热管、普通堆积型绝热管和高真空绝热管三种，主要用于LNG液化工厂内、调峰站、大型终端接收站和气化站等短距离输送。LNG作为液体产品进行长距离管道输送，其输送技术与原油加热输送工艺类似，管道沿线需要建设液化天然气加压泵站和冷却站。进入管道的是饱和液化天然气液体，由于管道沿线温度的影响，液化天然气易受热，其中一部分会被气化，使管道内形成两相流动，这不仅增大了沿线阻力，而且还会产生气体段塞流动现象，严重影响管道的输送能力和安全运行。防止LNG气化的方法需要采用密相输送工艺，即将管道的操作压力控制在临界冷凝压力之上，管道内流体温度控制在临界冷凝温度之下，使得管道运行工况位于液相密相区。

  LNG管道输送具有以下特点。

  (1) 绝热管道设计。为了保持LNG的低温状态，必须采取适当的保冷措施，例如采用高效的保冷材料、使用具有保冷效果的涂料覆盖管道表面等，以减少冷量损失。

  (2) 泵站。在短距离LNG管道中，通常不需要设置泵站。在长距离LNG管道设计中，需要在管道系统中设置一个或多个泵站，以提升液体压力，从而克服流动阻力。在管道系统的终点站可以将LNG转化为气态天然气，以满足终端用户的需求。

  (3) LNG存储设施。与气态管输不同，LNG管道输送可以在中间位置通过设置LNG储罐进行存储，以便灵活地调整供应和需求之间的平衡。储罐必须是密封且设计合理，以确保LNG的安全存储。

  (4) LNG管道预冷。LNG管道系统正式投入运行前，先用液氮对低温系统中的设备和工艺管道进行预冷，使管系惰化、钝化，之后才能用LNG与液氮进行置换灌入。预冷速度如果过快或者不预冷直接充灌LNG，管路系统会发生剧烈的热胀冷缩，甚至管道系统变脆、断裂，从而引发事故或者埋下事故隐患。

  (5) 安全性和监测。LNG管道系统的安全技术和监测系统，除了考虑气态管道所需要考虑的泄漏和易燃易爆问题外，还需要考虑低温带来的压力异常以及其他安全问题。LNG管道的安全系统通常包括泄漏探测器、传感器、阀门和紧急关停装置。

  2. 液氢管道输送特点

  氢能储运连接上游制氢和下游用氢，是氢能产业链中不可或缺的关键环节。根据目前的技术水平测算，氢能储运成本约占最终用氢成本的30%以上，成为制约氢能产业发展的瓶颈之一。

  液氢管道输送具有以下特点。

  (1) 超低温材料要求。由于液氢在常压下的沸点为 -252.87℃，是一种极低温介质，液氢管道需要使用能够承受低温的特殊材料，如低温合金、高强度钢等。这些材料要具备低温

---

❶ 注：1in = 25.4mm。

下的韧性和耐蚀性,以保证管道的强度和耐久性。

(2)安全性要求。液氢与空气接触时可以极易燃烧,甚至爆炸。液氢管道在设计、制造和操作过程中需要严格符合相关的安全标准和规范。管道的阀门、连接件等关键部件也需要具备良好的密封性和安全性能。

(3)特殊泄漏检测需求。液氢具有很低的密度,相对于传统燃料,液氢具有更高的能量密度。液氢泄漏的风险较高,需要采取特殊的泄漏检测措施,如氢气传感器、泄漏报警系统等,以及定期的泄漏检查和维护工作。

(4)系统复杂性。液氢管道输送系统包括液氢的生产、储存、输送和使用等环节,需要综合考虑各个环节的设计和协调,以确保整个系统的高效运行。

二、低温输送管道选材

铝合金、不锈钢和9%镍钢是低温领域中广泛应用的3类低温金属材料。其中,铝合金因线膨胀系数偏高、强度偏低导致管道热应力偏大、壁厚太厚,应用越来越少;不锈钢具有成熟的生产技术和优良的耐腐蚀性能,目前应用最为普遍;9%镍钢以其优良的综合性能在国外低温工业中的应用呈增长趋势。近几年国内太钢和鞍钢两家大型钢铁公司已经攻克了9%镍钢的生产技术难关,但是规模化程度不高导致该材料的国内市场价格相对较高。

三、低温储罐结构

1. 小型低温储气罐

$1 \sim 5 m^3$ 低温储罐作为一种低温绝热压力容器,主要用于运输和存储低温液态气体,并能够自动提供连续的气体。低温液体要保证其在储罐内不被汽化,需要从物理学的热传导、热辐射、热对流三方面进行考虑,与低温绝热气瓶相同,小型低温储罐需设双层结构。其一,夹套内被抽成高真空有效防止热对流;其二,内容器外壁缠有多层绝热材料有效防止热辐射;其三,内容器与外壳之间相连的支撑部分设置有环氧玻璃钢衬套有效阻止热传导。

该类储罐外部设有自增压系统与汽化系统,可直接安装于水平面、置于用气设备旁,输气距离短,供气压力稳定,用户可根据实际使用情况进行用气压力的调节,广泛应用于切割、焊接、低温实验、医疗等领域。该类产品存储量是普通钢瓶(210L)的5~24倍,可有效避免频繁更换钢瓶产生的时间耗费、液体损耗及操作风险。

2. 大型立式低温介质储罐的结构设计

低温 LNG 储罐的结构设计、强度、绝热能力都会影响到储罐的整体性能,尤其是考虑到 LNG 的易燃易爆等特点,更要重视低温 LNG 储罐的结构设计和强度分析,在设计储罐结构时要考虑得更加全面。

大型立式低温 LNG 储罐结构设计要求如下。

(1)LNG 在存储、运输时必须始终保持低温状态,LNG 的沸点为 -160℃,而室温最高在60℃左右,因此,储罐能承受的温度范围要满足 -170~60℃。

(2)在低温状态下经过压缩液化的天然气体积只有原有体积的1/625,具有较大的蒸发压力。储罐必须能够承受较大的压力,通常压力范围为 1.5~30kPa。

(3)我国很多天然气产地都在沿海或新疆,多位于地球板块连接处,是地震、海啸、雪灾的多发区。储罐应具有较强的自然灾害抵御能力以及足够大的载荷能力。

（4）储罐需考虑其绝热性能和渗透性，以最大限度地减少蒸发损耗。
（5）稳定的罐顶结构是保证 LNG 储罐整体稳定的关键结构，优先采用球面罐顶结构。

第三节　管道储存设备与设施

一、地下储气库及油库作用

1. 地下储气库作用

地下储气库是指将天然气注入至地下枯竭油气藏、含水层或盐穴等地下空间形成的储气场所。地下储气库储存天然气具有储量大、经济性好、安全性高、占地面积小以及受气候影响小等优点。地下储气库的主要作用包括：

（1）解决调峰问题；
（2）解决应急安全供气问题；
（3）优化管道的运行；
（4）用于战略储备；
（5）提高经济效益。

2. 油库的作用

油库指的是收发和储存原油、汽油、煤油、柴油等液体燃料的独立或企业附属仓库或设施。它是协调原油生产、原油加工、成品油和化工原材料供应的纽带，是国家石油储存和供应的基地。油库作为石油物流链中一个中心环节，其主要作用表现在五个方面：

（1）对石油再生产和流通过程的调节作用；
（2）对石油产品的价值保护作用；
（3）对油品数、质量的监督和检查作用；
（4）备战备荒作用；
（5）生产性和服务性。

二、设计原则

1. 地下储气库

在规划建设地下储气库时，首先应根据用户性质、数量等因素，考虑气源输出能力和输配系统的容量，确定输配系统所需的调峰量，保证储气库的有效储气容积必须大于城市调峰量。设计地下储气库，必须确定地下储气库的一些基本参数，如总容积和有效容积、垫层气量和有效气量、最大和最小允许压力、最大昼夜抽气量、平均昼夜注气量、压缩机功率、气井数量等。除确定几种基本参数外，还应确定地下储气库的经济指标体系。常用的地下储气库常分为枯竭油气藏、含水层储气库和盐穴储气库。枯竭油气藏储气库是利用枯竭的气藏或油藏建成的，而含水层储气库和盐穴储气库需要在满足地质条件的地段建设。

（1）含水层地下储气库。

根据含水层地下储气库地质条件要求，进行地质勘察，寻找含水结构。在对预选地区的原有地质资料进行分析研究的基础上，进行详细的原有地质勘察，查明该地区存在可能储存气体的地层圈闭、圈闭性质、地层盖层和沉积岩整个剖面的特性。其次，进行勘察工业性注气,将气体注入背斜构造区,借助层系弹性将水挤到地层径流区,有时还需通过自喷井进行抽水。勘察工业性注气的主要目的是确定地层的气液动力学参数和地层非均质性程度、气井生产能力、盖层气密性、气体泄漏程度等,对第一阶段所获取的数据的可靠性通过注气实践进行验证或修正。最后,含水层地下储气库经上述第二阶段工作验证合格后,便可进行工业注气,投入生产。

(2)盐穴地下储气库。

建造这种人工洞穴的工艺流程是建立在水循环作用的原理上。建造盐穴储气库采用三种工艺:复合工艺、逐层冲刷工艺和漕流能量法工艺。先钻一口注水井,通过该注水井从地面注入淡水对盐层进行冲蚀,使岩盐溶解,并同时不断地将溶化的盐水抽出到地面,使盐层形成人工洞穴。对抽出到地面的盐水,应设置专门的收集与储存设施,然后送到附近的工厂电解后作化工原料,避免对周围环境造成破坏。

2.油库中储罐设计原则

油库储罐的设计需要遵循一些基本原则,例如材料的选择、安全措施的考虑、环境因素的综合分析等。在设计储罐时,需要考虑储存的介质、目标容积、环境因素以及使用寿命等诸多因素,以确保储罐能够长期稳定运行。

(1)材料的选择。应符合生产需要、环境因素和经济因素的综合分析。通常情况下,常用的材料包括碳钢、不锈钢、玻璃钢等。对于储存较为危险的介质,应该使用高质量的耐腐蚀材料,如铅、钛、锆等。

(2)安全措施考虑。在设计储罐时,必须充分考虑运行、维护和检修的安全措施,例如采用双层罐体、设置液位报警器、配备泄压阀和安全阀等。

(3)环境因素综合分析。应充分考虑温度、湿度、风级、地震等因素,并遵循相应的标准。例如,在区域范围内设置气象塔,进行环境监测,以便制定相应的安全措施。

(4)技术要点。对于储存易燃易爆、毒性较大、腐蚀性较强物质的储罐,应采取特殊的设计措施,比如双层隔离罐体、减少缝隙、防静电等;为提高储存效率,可采用多级填充板,以增加储存容积;采用内衬材料、壁面涂料、电泳等方式进行防腐处理。

(5)储罐类型的选择。

①拱顶储罐。通常情况下多用于闪点大于60℃的石油化工产品,既可以储存常温状态下的介质,还可以储存温度较高(200℃)的介质。

②浮顶储罐。罐顶覆盖在储存介质的液面上,并随液面升降,浮顶与液面之间基本没有气体空间,从而降低气体蒸发损耗、减少了气体对周围环境的污染程度。由于罐顶的侧面与罐壁之间存在着一定间隙,少量的雨雪及风沙可能会渗入罐内,所以仅适于储存一些对防水及防尘要求不是十分严格的轻质(闪点小于60℃)的液态石油化工产品。对于需选用大容积储罐的轻柴油,当拱顶储罐的容积不能满足要求时,应选用浮顶罐。受密封系统结构的限制,介质的操作温度一般不高于70℃。

③内浮顶储罐。内浮顶储罐是在拱顶罐的基础上增加一个浮顶,与浮顶罐相比较,内浮顶罐的防水防尘性能比较好,因而更适合于储存对产品质量要求较为严格的石油化工产品。当物料的闪点低于60℃时,宜选用内浮顶结构的储罐。

④球形及卧式圆筒形储罐。常用于储存液化石油气类轻汽油、液氨以及惰性气体等。

第四节　管道计量装置

一、原油管道站场计量

1. 计量方式

（1）原油容器静态计量。通过对原油存在于容器里的密度与体积计算出原油的质量。原油容器静态计量的各项操作都有国家相应的规范与标准，现阶段是一种较为传统且成熟的计量方式，但是其相关的实际应用还存在着一些问题与缺陷。

（2）密度计量。容器内的原油经过温度测量及取样之后，在测得的温度下进行组合样的化验工作，从而获得原油的视密度。然后，按照测得的温度及视密度查询相应的"石油计量表"，从而获得标准密度。温度的测量有比较严格的操作步骤，应遵循规范进行。

（3）体积计量。原油在容器内部的体积测量，需要通过测量液位后，对静压力表与容积表进行查找，然后进行相关参数的计算。可以运用量油尺的测空尺法对容器内的液面高度进行计算，这种方法拥有计量准确、操作简便、辅助的器具比较少等优势。

2. 常用的流量计

按照计量原理分类，流量计大致可以分为两类：速度型（如环式、单集束、大涡轮、靶式、螺旋单转子）和容积型（如腰轮、齿轮、双转子、刮板式、旋浮单转子）。

（1）腰轮流量计。作为容积式流量计量中的典型，常用于计量管线中连续通过的液体流量。腰轮流量计具有制造成本廉价、结构原理设计简单、安装使用维修方便、使用寿命长等特点，广泛用于油田开发初期低含水的原油产量计量。

（2）金属刮板流量计。它不仅体积小，而且具备防沙结构，计量工作时，工作元件只为两个窄小的刮板，与其他计量方式相比，元件的工作接触面积大幅降低，有效避免发生卡堵概率。此外，传动部件采用了不锈钢高性能材质，轴承元件采用密封式的滚珠轴承，具有高效的耐水、耐磨性能。

（3）双螺旋容积式流量计。它采用高级不锈钢材质，具有强大的耐腐蚀性和防沙功能，允许测量液体中含有微细固体颗粒。其独特的螺旋转子设计使得流量范围比刮板和腰轮流量计提高约30%，并具有最小误差和最好的重复性。相较于刮板和腰轮流量计，双螺旋容积式流量计只使用1对转子，体积和重量减少了60%～70%。此外，它的底座设计带有4个万向轮，便于搬运、拆卸和安装。该流量计适用于转油站计量，螺旋转子等速旋转，确保排量均衡，无脉动、噪声和震动极低。它的结构简单、精巧，易于维护，转子接触部分采用直接啮合设计，减少了机械磨损，材质为高级不锈钢，使用寿命长。

（4）旋浮单转子流量计。它是针对旧式容积式流量计在实际使用中客观存在的体积大、结构复杂、易磨损、故障率高、维护难等问题而推出的新一代容积式流量计，继承了容积式流量计适用于多种介质、耐高温、耐高压、精度高、运行可靠等优点。

目前常用的腰轮流量计、齿轮流量计、双转子流量计和金属刮板流量计属于容积型，运行噪声小、重复性好、精度高，适用于净化后的原油或成品油的计量。然而，将这些流量计应用于含泥沙杂质的油水混输原油计量中，会给现场运行带来巨大工作量，增加维修成本。旋浮单转子腔体内没有啮合齿轮、没有互相咬合的转子，所以，不会被泥沙杂质卡住，起到了防泥沙作用。

二、成品油管道站场计量

1. 计量方式

成品油管道站场的计量方式通常涉及以下几个方面。

(1)体积计量法(容积计量法):通过测量液体油品的体积来进行计量。常见的容积计量仪表包括容积流量计、容积储罐和容积表。

(2)质量计量法:通过测量油品质量进行计量,通常需考虑温度和密度等因素,以便将质量转换为体积。

(3)质量流量计量法:对于管道站场中的油品流量计量,可以使用质量流量计量仪表。这种方法基于测量单位时间内流过的油品质量来计量。

(4)计算机辅助计量系统:现代成品油管道站场通常配备计算机辅助计量系统,通过传感器、仪表和计算机软件来实现自动化的计量过程,可准确记录油品体积、质量、流速等,并生成计量报告。无论使用哪种计量方式,都需要严格的监控、校准和验证,以确保成品油管道站场的计量过程准确可靠。这有助于避免计量误差,确保油品交易的公平性和透明性。具体的计量方式和方法可能因国家法规、技术标准以及站场设备而有所不同。

2. 常用的流量计

成品油管道站场计量中常用的流量计有多种类型,根据具体应用和需求,选择不同类型的流量计可以实现不同的计量目标。选择适合的流量计要考虑流速范围、精度要求、流体性质、环境条件等因素。

(1)涡轮流量计:通过测量油流通过旋转涡轮的转速来计算流量,适用于中高流速的流量测量,通常精度较高,但可能对流体中的颗粒和杂质敏感。

(2)涡街流量计:基于涡街效应,通过测量流体中形成的涡街频率来计算流量,适用于多种液体和气体的流量测量,具有较高的精度和可靠性。

(3)电磁流量计:利用流体通过磁场时产生的感应电势来测量流量,适用于导电性液体,精度高且不受温度和密度变化的影响。

(4)超声波流量计:通过发送和接收超声波信号来测量流速,适用于液体和气体流量测量,非侵入性,尤其适用于高黏度液体。

(5)质量流量计:直接测量流体的质量流量,不受温度和压力变化的影响,适用于计量要求较高的场景。

(6)压差流量计:基于流体通过管道时形成的压差进行测量,适用于多种流体。

(7)螺旋桨流量计:利用旋转的螺旋桨来测量流量,适用于低流速液体。

(8)直管式流量计:通过测量流体通过弯曲管道时产生的振动来测量质量流量,适用于高精度计量和多种流体。

(9)容积式流量计:通过测量流体通过管道的体积来计算流量。

三、天然气管道站场计量

1. 计量方式

天然气计量包括体积计量、质量计量和能量计量三种形式。

(1) 体积计量。

天然气体积计量法所用到的流量计主要有孔板流量计、气体涡轮流量计、旋进漩涡流量计、超声波流量计、涡街流量计、腰轮流量计等。

(2) 质量计量。

天然气质量计量仪表一般指科氏质量流量计,是一种直接式质量流量仪表。其工作原理是通过检测流体通过振动管时产生的与质量流量成正比的"科里奥利力",从而直接测得质量流量。该流量计的测量范围广,可达 50∶1,无须上下游直管段要求,能够直接测量流体质量,具有高测量精度和良好的稳定性。此外,它还具有广泛的介质适应性,可用于湿气或脏气的计量,同时适用于气体组分和密度变化较大的气体。另一方面,该流量计价格昂贵、不能测量低压气体、压力损失较大、对安装固定要求较高,不能用于较大口径(DN200 以上)的天然气管道。目前,科氏质量流量计在小口径计量、脏污天然气计量、燃驱压气站自耗气计量、天然气生产井以及城市车用 CNG 加气机计量等相关领域有所应用。

(3) 能量计量。

天然气能量计量是体积计量或质量计量的延伸,其通过体积计量、质量计量与单位流量天然气的发热值乘积计算获得。与体积计量、质量计量方式相比,能量计量更能科学体现天然气作为燃料的商品价值。天然气的发热值可通过直接燃烧法测量,也可通过分析气体组分计算而得。对于规模较大的计量站,需配套安装在线气相色谱仪实时测量天然气发热值;对于规模较小的计量站,可采用离线气相色谱分析方法计算热值,再根据对应气源的种类以及气源热值的稳定性,选择固定赋值或可变赋值的方法确定对应计量站天然气的发热值。

2. 常用的流量计

(1) 孔板流量计。

孔板流量计自 20 世纪初期就开始被广泛应用于天然气流量的计量工作之中,目前已经形成了较为完善的标准化体系。其结构比较简单且性能可靠、价格低廉。一般常规性的差压式孔板计量计就可以实现基本的计量要求,而且比较实惠,性价比较高。同时,每只孔板上都有最小的雷诺数,实际应用中,应确保在最小流量以上,从而尽可能地减少误差。除了不可以测量流量较小的气体之外,在测量较大流量气体的过程中也会产生一定误差。

(2) 超声波流量计。

超声波流量计是由流量计量部分、电子组件、超声波换能系统和微处理器等组成的。由于常规流量计在高压、大流量方面存在很多难以突破的限制,其对使用条件、周围环境以及管道要求等方面的条件比较苛刻,所测量出的数据精度降低且压损较大,检定过程十分不方便。对于上述问题,很多气田开始在外贸计量装置中使用超声波流量计,运行较为平稳,且计量比较准确,相较其他常规的计量设备而言,其具备更高的使用与推广价值。

(3) 罗茨式流量计。

在常规天然气矿场的处理过程中,一般较为常用的容积式天然气流量计主要有罗茨式流量计。由于其受流体密度、黏度的影响较小,因此对流体的状态与速度并无明显的特殊要求,可被用于测量湿气藏,在大庆、塔里木等油田中得到了广泛应用。

(4) 涡轮流量计。

涡轮流量计是当前天然气流量计中较为常见的一种计量仪表。其主要采用的是体积计量的方式,在我国西气东输一线与二线的管线上得到了广泛使用。同时,受各种因素的影响,涡轮流量计在实际应用过程中依然存在很多亟待解决的问题,比如,无信号、运转速度忽慢忽快、涡轮流量计不计数以及负偏差增大等问题。

(5)涡街流量计。

涡街流量计在使用过程中比较容易受到介质中杂质、二氧化碳以及无机盐等物质的腐蚀、磨损,因此在使用时不建议与介质直接接触。该流量计具有供气平稳且准确度较高的优势,是当前最为理想的流量计。

(6)旋进漩涡流量计。

旋进漩涡流量计一般比较适用于气质干净且流量较为稳定的气田。此外,中原油田等输、配气站也使用了这种流量计,但是在加速过程中,会产生压力的损失,因此使用过程中应注意保持测量介质单一。

第四章　管道运输系统运行与控制

第一节　管道运输工艺概述

一、加热输送

加热输送也称为"保温输送",是一种石油的管道运输工艺,区别于等温输送。加热输送过程中,管道需要进行加热保温,以防止所输送的油品因温度下降而发生运输困难,一般应用于高凝点、高黏度的油品输送作业中。热油输送不同于等温输送的特点在于输送过程中存在两方面的能量损失(摩阻损失和散热损失),由加热站供应热能,由泵站供应压力能。两种能量损失相互影响,其中散热损失往往起到决定性因素。因为摩擦损失的大小决定于油品的黏度,而黏度的大小则决定于输送温度的高低。

二、顺序输送

顺序输送是一种油品的管道输送方式,具体定义为:在一条管道内,按照一定批次和顺序,连续地输送不同种类的油品的输送方法,亦称为"交替输送"或者"混油输送"。一般而言,顺序输送工艺多用于石油产品的输送,原因在于贸易市场的油品需求是多样的,若对每一种油品均独立铺设管道,不仅工程投资大,而且输送成本也很高,所以经济适用的方法就是把输送方向一致的多种油品沿同一条较大直径的管道进行顺序输送。对于未经提炼的原油,由于其产地不同而使得技术参数差异也较大,为满足炼油厂对不同品质油品的需求,亦较多采用顺序输送。顺序输送可以最大限度地利用管道的运能,以节约成本增加效益,并降低其他运油方式的运输压力,其运行具有以下特点:

(1)顺序输送管道对于输送的油品质量和沿线分输油品质量具有严格要求;
(2)顺序输送油品种类多,管道需依托市场生存,要适应市场的变化;
(3)顺序输送管道大多是多分支、多出口,以方便向管道沿线及附近的城市供油;
(4)顺序输送管道的混油段的跟踪和混油量的控制是顺序输送管道的关键技术;
(5)与原油管道相比,其首站、末站、分输站、注入站所需要的罐容大、数量多;
(6)当多种油品在管内运移时,管道的工艺运行参数随着时间而不断变化。

三、低温输送

管道输送低温介质称为低温输送,因其独特的输送特性和对管道的要求而越来越受到重视。按着介质温度划分,低温管道其输送介质温度一般在 $-40℃$ 以下,常温管道一般为 $-40℃ < t ≤ 120℃$,中温管道一般为 $120℃ < t ≤ 450℃$,高温管道运行温度一般大于 $450℃$。低温管道广泛应用于液化天然气、制冷剂、液氧、液氮等工业领域。与其他管道相比,低温管

道具有以下特点:

(1)管材具有低温韧性、抗裂性和抗疲劳性,以确保在低温条件下不会发生断裂;

(2)低温介质通常是一种高压、挥发性的介质,在运输过程中需要保持密封状态,以避免物质泄漏和能量浪费;

(3)低温管道输送的介质温度较低,需要使用保温材料进行保温处理,以减少能量损失,常用的保温材料有聚氨酯、硅酸盐、玻璃棉等。

四、掺混输送

目前,工程上常用的掺混输送技术主要分为两种:稠油掺混稀油管道输送和天然气掺混氢气管道输送。

掺油输送是一种国内外普遍采用的稠油降黏集输工艺技术,其利用相似相容原理,在输送前向稠油中掺入稀油(包括天然气凝析液、原油的馏分油、含蜡原油等)并混合均匀,在一定条件下降低混合原油的黏度,减少输送过程中的动力损失,确保稠油在管道内正常输送的同时降低稠油的输送成本。其主要优点是可以利用常规的原油输送系统来输送稠油,并且在停输期间不会发生稠油的凝固现象;缺点是需要充足的稀油保障且改变了稠油及稀油原有品质。此外,掺油输送要求轻质油持续供应,且需求量较大,这种方法不适用于轻质油稀缺区域。随着输送量的增加,泵机组费用和轻质油分离费用也导致运营成本的显著增加。

掺氢天然气技术广泛地运用在管道输送方面。利用现役天然气输配管网与基础设施掺氢输送,可实现低成本、规模化的氢能供应。天然气掺氢输送系统主要包括在役天然气管道系统、掺氢装置、压缩装置、降压装置、输送装置以及终端装置。天然气掺氢输送的工作流程为:通过新型的可再生能源电解水制氢;将氢气压缩后,存储于储氢装置中;经过降压装置的氢气与稳压后的天然气,氢气流量依据天然气输送量的随动注入掺混装置中混合;利用天然气管道及配套设施进行输送,流经输送装置时需考虑氢气对管道、阀门及焊缝的影响;最后,经终端装置分输给用户。

五、油气混输

用一条管路输送一口或多口油井所产的原油及其伴生气的管路称为油气混输管路。在处理油气混输研究时,常做某些假设使问题简化。采用的方法大致可归纳为三类,即均相流模型、分相流模型、流型模型。与单相管路输送相比,油气混输有如下流动特点:

(1)流型变化多,流动不稳定。根据气液两相的分布情况和结构特征,两相管路的流型分为气泡流、气团流、分层流、波浪流、冲击流(段塞流)、不完全环状流、环状流和弥散流。

(2)存在相间能量损失,管线存在液相积聚。气液相间传质需消耗能量,气液两相速度不同会增大损失能量。液面的起伏使流道变化,气体流动方向随液面起伏而变化,相间能量损失增加。当管内流速较低时,积液现象较为突出。

(3)流动规律复杂,流动阻力大。由于液相的急剧扰动,液相被气相拖带,气液相间的相对运动,以及液相的积聚等原因,其压降比单相流动大得多,有时混输压降比同条件下的单相流动压降高出10倍以上,流速小时差异更大。

六、气力输送

气力输送是利用气流的能量,在密闭管道内沿气流方向输送颗粒状物料,是流态化技术的一种具体应用。气力输送装置的结构简单,操作方便,可做水平的、垂直的或倾斜方向的输送,在输送过程中还可同时进行物料的加热、冷却、干燥和气流分级等物理操作或某些化学操作,与其他机械输送系统相比,设计良好的气力输送系统通常是一种更实用、更经济的粉粒体物料的运输方法。气力输送具有稀相、密相输送两种形式。稀相气力输送是通过保持足够的气流速度,将悬浮在空气中的物料从一个位置推或拉到另一个位置的过程,其本质是一个连续的过程,具有速度快、压力低、料气比低等特点;浓相气力输送依靠空气脉冲迫使一段材料从一个位置到另一个位置,其本质是一种间歇过程,具有低速、高压、料气比高的特点。

第二节 管道运行仿真方法

一、管道仿真数学方程

管道仿真的数学模型包括描述流体在管道内部流动的连续性方程、动量方程和能量方程,其中连续性方程、动量方程主要求解流速、流量及压力等表征水力性质的参数,称为水力方程;能量方程主要求解温度和焓等表征热力性质的参数,称为热力方程。随着多气源供应与天然气管道掺氢输送的发展,气体组分追踪逐渐成为研究热点,组分输运方程也成为气体管道仿真数学模型的重要组成部分。

根据是否具有压缩性,管道介质可分为可压缩流体和不可压缩流体;根据是否符合牛顿内摩擦定律可分为牛顿流体和非牛顿流体;根据是否为单一介质,可分为单相流体和多相流体。针对不同输送介质流变特性,需要采用不同的水力和热力计算公式。如果温度对流体物性存在较大影响,还应考虑流体与管道、管道与环境间的传热计算。

二、管道流动分类和仿真方法

管道流动可分为稳定流和瞬变流两大类。管道中任一点的流速和压力仅仅与该点的位置有关,而与时间无关的流动称为稳定流。稳定流所分析的工况恒定,各影响因素可准确定量描述,数值解法有直接解法和迭代解法多种。不同输送介质下,管段压降特性差异较大,多相管道则更为复杂,往往需要反复迭代求解,故收敛难度较高。随着管网结构的增大,可采用分块并行和全局梯度算法提高计算速度。相反,管道中任一点的流速和压力不仅与该点的位置有关,而且与时间有关的流动称为瞬变流(或不稳定流)。瞬变流是从一种稳定流态过渡到另一种稳定流态时的过渡状态。管道瞬态流动数值解法常采用有限差分法。在管道运行中,不稳定流动现象是普遍存在的,而稳定流动仅是流动过程中的特殊状态。实际中,为了简化计算,人们通常把运动参数随时间变化不大的流动作为稳定流动处理,使用稳定流的方法进行计算。

受系统非线性与时滞性影响,管网仿真机理模型仍存在计算速度慢的问题。随着人工智能算法的发展,数据驱动模型广受关注。目前,基于机器学习算法进行管网仿真有以下两种思路:求解偏微分方程,内嵌物理知识;舍弃管流控制方程,利用输入输出数据直接训练神经网络模型。前者更具解释性但很难收敛,后者容易产生过拟合,泛化性能较差。

三、管道运行仿真技术应用现状

国内外形成了一系列成熟的商业仿真软件,如油气长输管道仿真软件 SPS、SIMONE、SynergiGas、ATMOS、VariSim、PNS 和 RealPipe 等,多相流仿真软件 Pipephase、OLGA 和 Pipesim 以及 CFD 模拟软件 Fluent 等。主要功能包括离线仿真和在线仿真。

离线仿真包含水击分析和保护、自救时间分析、机组优化、培训系统、批次输送计划与跟踪、清管器跟踪、蜡沉积模拟、水合物预测、操作方案评价、运行计划与决策、运力分析与调度、结算等多个功能模块。Fluent 为流体有限元分析软件,可实现管内流体和管外环境二维和三维建模,以及对湍流、多相流、管道传热和泄漏扩散等瞬变问题的分析。

在线仿真功能则包括在线水力计算、混油和批次跟踪、泄漏检测和定位、前景模拟、条件预测和自动控制等模块,实际应用中还包括数据滤波器、状态估计器和优化控制器等多个模块组件,以实现对管道状态的辨识、观测和预估。其中,在线仿真管道模型参数设置对计算结果存在较大影响,如粗糙度、管径、管长、壁厚等管道基础参数以及流体黏度等物性参数,通常选择利用多个稳态工况数据建立管道参数校准优化模型,对管道粗糙度进行离线或在线校准,以不断提高在线仿真计算精度。

第三节 管道运输调度方法

一、管道运输调度基本知识

1. 管道运输调度的重要性

管道运输调度是各类管道生产作业过程中不可或缺的一项活动,其目的是在一定周期内安全、经济、高效地完成介质的空间转移任务。为提高管道的使用效率,同一条管道可能运输多种流体。当有计划地调整输量以及管道运行过程中出现各种故障时(如泵/压缩机故障停运、阀门开关误操作、管道堵塞等),管道运行工况会发生较大变化,甚至导致安全事故发生。因此,需要对管道系统整体进行控制,以保证其安全、平稳、低耗运行。管道运输过程的调节是通过改变管道的能量供应或能量消耗,使之在给定的输量条件下达到新的能量供需平衡,保持管道系统安全、经济地运输流体。调度人员需要根据管道系统设备的操作要求及下游的需求特点制定管道调度运行模式。

2. 管道运输调度计划

按照计划时间长度的不同,管道运输调度计划被区分为长期计划和短期计划。长期计划的周期一般以年为单位,根据目前内部和外部信息,确定计划期内输运对象的种类、数量及其他指标等。考虑到计划中输运对象的总量、设备运行能力及生产计划的实现等问题,长期计划按时间顺序划分为多个短期计划,并给每一个短期计划分配一定的资源、生产任务和指标。调度人员将短期计划按照输运对象的总量、设备情况等进行具体安排,市场需求具有时效性,制定调度计划以满足市场需求为目标,在相应的时间范围内决定输运对象的数量、种类等。管道运输调度计划的科学化是管道运输企业生产和运行的核心部分,也是实现一定限度内柔性生产的依据和关键部分。

3. 管道运输调度的特点

（1）液体管道。

液体管道中，属原油管道与成品油管道运输调度最具特点。前者主要受下游炼厂所需油品种类、时间、数/质量以及库容能力影响，后者主要受沿线站场油库所需油品种类、时间、数/质量以及销售情况影响。在原油管道或成品油管道运行过程中，运行以管理和控制为核心，调度计划是沟通生产过程和管理的纽带，起着总揽全局的核心作用，调度计划是调度人员根据管道沿线地区市场的需求量和需求种类，结合管道的输送能力，进行优化安排、合理调配资源。相对于成品油管道，原油管道沿线需求点相对较少，一般为末站炼厂。同时，根据生产安全性、可行性等对生产情况进行评价校核，使得运行达到某种最优，其目的就是根据计划选择合适的运行管理方式，确定油品注入的批量和批次顺序、分输范围及流量大小和启停泵方案等。原油管道或成品油管道的运行过程具有一定的周期性，在实际执行过程中，调度计划要随着生产运行的变化做出调整。然而，尤其对于沿线有多个需求点的成品油管道而言，局部计划的改变将会引起此后计划的改变。如果计划时间周期较长，而在实际计划执行过程中有偏差，那么可能会导致后面的调度计划不能满足市场需求。因此，为了更为准确地描述生产运行过程，更好地指导现实生产，可以将短期调度的时间划分为一旬、一周及一日等更短的时间段。

其他液体管道，如水管道、化工品管道、液化石油气管道、液化天然气管道等，基本为单介质输送，其运输调度相对简单，通常是根据下游需求情况直接进行调度计划安排。

（2）气体管道。

目前，气体管道仍以输送天然气为主，通常认为是单介质（部分为多组分）管道。长输管道是天然气长距离连续运输所依附的系统，其已由单气源单管不加压的输送方式演变为多气源、多管、多个加压站输送，生产运行工艺更加复杂。天然气的产供销是由采气、净化、输气和供气等环节组成的，长输管道作为这个系统的中间环节，必须协调好上下游的关系。天然气管道常常担负整座城市的供气任务，涉及国计民生和千家万户，一旦发生事故将造成很大的经济损失和社会影响，需保证其安全平稳、连续可靠运行。天然气管道运输调度工作就是根据阶段性的生产特点，在组织实施过程中按照企业的销售计划，随时掌握上下游用户的动态变化，集中控制关键和主要环节，协调平衡上、中、下游资源，达到衔接一致，保证管道安全平稳运行，满足下游用户的用气需求。为了达到调度的组织、指挥、控制、协调作用，天然气管道运输调度必须全面地、动态地、及时地掌握生产运行各方面情况，系统地、合理地、动态地控制和协调生产运行的各环节，达到统一组织统一指挥的生产目的，确保安全、高效、低耗地完成各项生产目标和任务。

另外，少数地区也建有氢气管道、二氧化碳管道等，因其规模小且尚未成网，故而运输调度任务的复杂性相对较低。而且，气体管道多为单介质输送工艺，天然气管道运输调度亦可迁移至其他气体管道上。

二、管道运输调度计划编制

在管道运输调度中，针对调度计划编制有两种方法，其一是建立仿真模型，其二是建立优化模型。

1. 基于仿真模型的计划编制方法

管道运输调度仿真模型是一种数学模型,其是基于管道系统所涉及的物理、数学关系而构建的递推式(正向或逆向)计算模型。仿真模型在管道运输调度行业的表现形式多是人机交互式模拟软件。人机交互式是指计划编制人员借助管道运输调度计划模拟软件,凭借人工经验编制调度计划。在计划编制过程中,计划编制人员反复地与计算机进行信息交互,实时判断方案是否可行。采用这种方式更容易得到令人满意的可行方案。

2. 基于优化模型的计划编制方法

基于优化模型的计划编制方法是一种完全依靠计算机自动编制的方式,即采用运筹学理论建立与实际管道运行工艺相符合的数学模型,并利用算法进行问题求解。该模式能实现调度计划的快速自动编制,但当管道沿线站场数量增加到一定规模时,会使得所建立的运输调度优化模型规模急剧扩大,此时若采用传统数学规划法求解此类问题会造成求解效率低甚至无法求解的情况,若采用启发式算法求解此类问题,虽然可以减小模型规模、加快模型求解速度,但该方法不具备普适性。

3. 管道运输调度实施过程

编制初步月度调度计划步骤如下。

(1)提交需求通知单。

托运方根据资源供给情况及下游产品消耗情况提交需求通知单,需求单内容一般包括资源供给情况、沿线各站需求产品的种类(若是单一介质管道,则无此项)、数量和时间。

(2)确定管道系统的初始状态。

管道系统的初始状态为上一个计划期结束时管道状态,如成品油管道涉及各批次油品的顺序及大小信息,天然气管道涉及各管段的管存压力与温度信息。

(3)编制初步月度调度计划。

按照管道系统初始状态、需求单及管道维检修作业计划编制初步月度调度计划。针对不同管道的特性,选择合适的计划编制方法。

(4)制定月度批次计划。

将初步月度调度计划交给托运方,托运方根据需求,向管道方提出调整建议。管道方在收到调整建议后,综合实际情况修订初始月度调度计划,并最终确认当期的月度调度计划。

(5)月度批次计划滚动更新。

月度调度计划在制定后的执行精度仍会受到两方面因素影响:管道自身方面的因素,如托运方需求变化、流程切换、设备故障、控制系统调节等;外界的不确定因素,如天气、自然灾害等。这就要求计划编制人员适时对执行偏差进行后行计划的调整,如偏差较大,需要重新根据实际情况编制后行计划。为确保计划滚动调整的及时性与可执行性,通常要求计划编制人员每天编制管道运输调度日计划,缩短计划时间范围,提高计划编制精度。

第四节 管道运输控制方法

一、管道运输控制系统概述

管道从物理规律的角度看是一个统一的水力学系统,所以控制首先要从系统论的角度出发,这是管道运行工艺的要求。管道运输控制技术将多种工具相结合,通过信息变化来反映各设备或器件之间的状态,进而通过系统的自我调节功能控制管道运输状态变化。控制过程随着管道运输需求而变化,管道运行过程中相应的参数信息也会随之而改变,进而产生了多种性质,例如:分布性、多变量性、非线性和时变性,所以在控制中会出现多种控制方案。

对于长输管道来说,实现自动化控制的系统一般称为 SCADA 系统,它的核心计算机可以与现场站控的操作台和 PLC(Programmable Logic Controller)建立通信系统,实现相互传输信号的功能,不但可以将现场的重要数据通过通信系统读取出来,同时也可以通过核心计算机发出命令下达站场。调度员的作用是控制核心计算机实施操作,可根据 SCADA 系统来辨别现场数据是否正常传输,不但可以实时监测设备的运行状态,还可以得出传输数据的各种信息。调度员利用核心计算机可以发出相对应的操作信号,PLC 此时接收到信号,从而实现对管道远程控制的作用。

要应用此系统对管道进行控制,首先需对每个现场设备编排对应序号,按序号将现场设备联结组合,之后测试设备是否可以实现正常通信,这时可以开始构建 PLC。常见的管道站场需要具备多个可控制量:状态量、模拟量和累计量。状态量包括启动、终止、切换等信号,模拟量为实际观察记录的各项数据。对这些变量信息设置的过程中,要符合实际情况和理论逻辑,如果不按照逻辑顺序进行,设备是无法运行的。例如在开泵之前,要保证泵进口阀门以及泵出口阀门是否能循环闭合,而泵要确认是否已经通电,这样才具备开启泵的前提。当进行启泵操作之后,泵出口阀门先打开,当开启到 10% 的时候,泵会反馈开启状态,当完全开启出口阀门时观察没有发现错误,就可以判定启动成功。

二、管道运输控制系统组成

长输管道的 SCADA 系统通常分为三级,每一级都有其特定的功能和作用。

(1)中心监控级是整个 SCADA 系统的核心,负责整个管线的调度和监控,监视全线各站场的工艺参数和设备状态。中心监控级的设备通常包括大屏幕显示器、计算机系统和通信设备等。控制中心的工作人员可以通过这些设备获取管道的实时数据,并根据这些数据做出决策,以确保管道的安全和稳定运行。

(2)站控级是 SCADA 系统中的中间层,负责监控和控制系统中的各个站点。每个站点通常配备有 RTU/LED/PLC 控制器等设备,这些设备可以实现对站场的本地控制和监测。站控级的工作人员可以通过这些设备对站场的运行进行实时监控和控制,以确保站场的稳定运行。

(3)就地控制级是 SCADA 系统中的最底层,通过各类现场控制装置、动力机构或操作柱对现场设备进行手动操作。这些设备包括泵机组、加热炉、压缩机、阀门等。就地控制级一般当中控和站控失灵或发生紧急事故或设备检修时使用。

三、管道运输控制基本原理

1. PID 控制

在管道运输过程中,一般通过稳定执行基于 PID 控制原理制定管道运输自动化控制程序,来实现管道运输安全的监测与控制。从本质角度上看,PID 控制原理呈现为线性控制形式,且控制偏差由实际输出值与给定值差值计算获得,再利用比例、积分和微分运算获取控制器的最终控制输出量。由上述分析可知,PID控制原理表达式为:

$$u(t) = k_p \cdot \left[e(t) + \frac{1}{T_i} \int_0^t e(t) \mathrm{d}(t) + T_d \frac{\mathrm{d}e(t)}{\mathrm{d}t} \right] \tag{7-4-1}$$

式中:$u(t)$——PID控制器的控制输出值;

k_p——比例系数;

$e(t)$——PID控制器的控制偏差(给定目标值与实际测量值的偏差);

T_i——积分时间常数;

T_d——微分时间常数。

同时在PID控制原理中,每个校正控制偏差环节都承担着不同的作用,并且比例系数k_p、积分时间常数T_i与微分时间常数T_d的大小也会影响控制偏差的校正效果。

2. PLC控制

在我国推动新一代人工智能健康发展的趋势下,管道也由数字化管道向智慧管网发展。PLC作为管道安全操作的基础,具备数据接受与上传功能,能够通过采集全线站场、关键设备的实时数据并发送至调控中心,执行调控中心指令,对设备进行调节、控制。PLC控制逻辑作为管道运行大脑,通过其内部储存的控制逻辑程序来实现管道的自动化控制。因此,控制逻辑的科学、可靠、智能程度就成为管道控制智能化的核心。

PLC系统的结构相对较为简单,程序编写相对较为方便,分为电源、输入电路、输出电路、处理单元、储存单元、功能模块以及通信模块七个部分,但是该系统的功能较为强大,且适应性相对较高,可以对输入系统和输出系统的内容进行合理的模拟,最终达到能源运输设备功能控制的目的,有利于提高管道运输效率以及安全性。此外,在引入PLC技术以后,可以对管道运行参数进行实时采集,同时还可以通过使用计算机系统对设备进行合理的操作,进而降低操作误差,保障管道的运行安全。

第五节 管道运输市场运营

一、管道行业发展模式

以北美和欧盟为代表的发达经济体通过对一体化公司的所有制拆分重组,以及采取强制性"运销分离"等体制改革措施,率先开展了油气管道运输业务独立运营,构建了上下游市场参与主体多元开放、市场竞争有序、公平开放的油气供应格局。以美国天然气市场为例,上中下游开放竞争、市场分散,上游天然气生产商超过6300个,其中21个大公司为主要生产者;中游有160家州际天然气管道公司、88家州内天然气管道公司,还有部分公司同时运营州际管道和州内管道,提供中长距离天然气管道运输服务;下游有超过1300家天然气地区配送公司,为居民、商业、工业、发电用户配送天然气。

2017年,中共中央、国务院印发了《关于深化石油天然气体制改革的若干意见》(下称《意见》),明确了我国油气体制改革的思路和任务。《意见》强调,改革油气管网运营机制,提升集约输送和公平服务能力。2019年12月9日,国家管网集团正式成立,统一负责全国油气干线管网的建设和运行调度,推进"全国一张网"建设,在应急保供下可统一调度所有互联互通管网,以提高油气管网安全运行系数和管输保障能力。国家管网集团的成立可以推动形成上游油气资源多主体多渠道供应、中间统一管网高效集输、下游销售市场充分竞争的"X+1+X"油气市场体系,有利于统筹规划管网运营和发展,能更加精准地确定管输价格,同时有助于形成市场化油气价格机制。然而,在国家管网集团建立初期,受管网设施建设和互联互通不充分、油气管网运营机制不完善等多方面因素影响,我国油气管网设施开放数量仍然较少、开放层次相对较低。

二、管道运输收费方法

管输收费模式主要有一部制和两部制两种。

1. 一部制

一部制收费法是对所有用户按单一运价和实际管输量收取管输费用,即"使用收费,不使用不收费"。首先,一部制收费法不能体现用户的差异性,这对均衡利用管道容量的用户来说不公平,使用户之间存在交叉补贴。其次,一部制收费法不能体现管道公司和用户合理分担管道经营风险,这种模式下,管输业务的经营风险完全由管道公司承担,不能体现公平。

2. 两部制

两部制收费法有两种收费依据:

(1)将用户预定的管输能力作为收费依据,称为管输容量费,又称为容量费,主要用于弥补管输运营商的固定成本;

(2)将实际管输量作为收费依据,称为管输使用费,又称为商品费,主要用于弥补管输运营商的可变成本。

通过两部制收费形式,管道的固定服务支出可以全部或部分通过容量费回收,既能促使用户提高管道使用效率,又可降低管道公司的经营风险,确保管道公司持续收益。

三、管道运输容量分配

管道运输容量分配主要有先到先得、按比例分配和招标拍卖三种方式。

1. 先到先得

先到先得方式是系统运营商给定服务价格,即先申请使用者先获取服务。先到先得容量分配的好处是,可以方便快捷地分配管输服务,操作成本比较低;不足的地方在于当服务需求量高于系统能力时,分配机制不灵活,当管输需求高于系统最大输送能力时通常会采用按预定比例分配或拍卖的方式来分配服务容量。

2. 按比例分配

按比例分配方式是系统运营商给定服务价格,按照用户需求比例分配管输服务。

3. 招标拍卖

招标拍卖方式一般在管输需求高于系统最大输送能力时,采用招投标或者拍卖的方式对容量进行分配,以公平、公开的方式最大限度发挥管道系统服务能力。拍卖过程通常以低价开始,直到系统能力满足需求量为止。合同招标通常会在一个开放窗口期内申请投标,系统运营商根据用户竞标情况选择给予服务。

四、管道运输拥塞和平衡管理

1. 拥塞管理

管输拥塞是指管输需求超过系统最大输送能力的情况,包括物理拥塞和合同拥塞两个概念。物理拥塞是指系统输送能力已经达到峰值,不能满足需求量,缓解办法是新建储运设施。合同拥塞是指管网在物理上有剩余输送能力,但已有的合同能力已经达标,有需求的用户不能使用剩余能力。

监管机构和系统运营商需要设立相应管理程序避免管输拥塞的发生。为防止用户囤积管输能力,遏制拥塞问题发生,许多国家推出"非用即失"机制,即在合同规定的时间内,若用户实际使用量小于预订量,或预订了能力但没有按期使用,则该输送权利可以被剥夺,可通过在二级市场出售的方式放弃该部分预订量。

2. 平衡管理

平衡管理多用在天然气管网中。天然气在从卖家输送到买家过程中时间和空间维度的不均衡性造成管网中流量"波动"的自然属性,容易造成系统内进出量的差异,形成系统"失衡"。平衡准则规定,用户在一定时间段内要确保其向管网注入量与提取量相等,避免进出量不平衡影响到管网平稳运行,给管道公司带来经济损失。系统运营商为保持系统平衡,主要采取的平衡措施有两种:短期标准化合约和管输平衡服务。

(1)短期标准化合约:在交易平台上买入或卖出短期标准化合约,具体来说,即用户和系统运营商在交易中心通过买入、卖出系统内的管输产品,满足系统平衡需求。

(2)管输平衡服务:指短期标准化合约不能满足系统平衡需求或者缺乏流动性时所使用的管输平衡措施,包括管道运营商系统内调节或系统外调节。其中,系统内调节是指利用管存能力或系统内储存调峰设施的平衡措施;系统外调节通常是指几家管道公司成立一家提供平衡服务的公司,该公司会根据管网系统间进出量情况进行系统间调运协调,从而满足系统平衡需求。

五、管道运输容量交易市场及交易平台

1. 容量交易市场

容量交易市场是指将储运系统的工作容量作为交易物品进行买卖,使得托运方能购买储运服务。容量交易市场由两级市场组成。一级市场,指由系统运营商提供给用户的输送量和储运服务;二级市场,指有临时富余输送量的用户可以在市场上将这部分输送量转卖给输送量不足的用户,从而提高储运设施的使用效率。

2. 容量交易平台

储运系统运营商应通过网络预订平台提供服务,可自行运作,也可以通过一个合作方代表运营商来运作。网络预定平台应当根据相关规定分配系统能力,同时应当授予用户获得二级市场交易的功能。

2022年4月2日,国家管网开放服务交易平台上线,该平台专注于油气基础设施服务,是集客户、营销、交易、结算为一体的行业级交易平台,积极探索能源产业协作新模式,努力打造以数据为基础、服务为导向、资源整合为核心的国家级服务平台。平台以推动上游资源多主体多渠道供应、中间统一管网高效集输、下游销售市场充分竞争为目标,统筹管网、接收

站与储气库资源,公开服务信息,提供"一站式"服务体验,联通商业机会,降低企业间协作成本,为构建产业生态圈奠定基础。用户可在线提报准入材料,工作人员在线核对,实现全流程透明。平台引进电子签章、区块链等技术,支持合同在线签署,杜绝非透明交易信息。平台同时提供用户运营智能看板,协助资源平衡管理。通过数字化的穿透力,让管输交易更透明、更公平、更开放。

第五章　管道运输系统应急与维护

管道的输送介质通常为易燃易爆的油气，管道一旦发生失效，极易引发重大的安全事故，严重危及当地人民的生命财产安全，并可能对当地生态环境等造成灾难性后果。为确保管道运输安全，对管道进行科学检测和合理维护一直是世界各国高度关注的热点和难点。

第一节　运输管道检测方法

管道的失效主要由材料缺陷、腐蚀、外部干扰、人为误操作、自然灾害等原因造成，通常表现为管道断裂、管道变形、管道表面损伤3大类。为降低事故的发生率，需要定期对管道进行全面检测，在管道失效前及时发现管道缺陷并排除安全隐患。根据管道失效原因和检测的位置不同，可以将运输管道检测方法分为管道涂层检测、管材无损检测、管道智能内检测三类。

一、管道涂层检测技术

涂层检测技术是在对管道不开挖的前提下，采用专用设备在地面非接触性地对涂层的综合性能进行检测，科学、准确、经济地对涂层老化及破损缺陷定位，对缺陷大小进行分类统计，同时针对缺陷大小、数量进行综合评价并提出整改计划，进而指导管道业主对管道涂层状况的掌握并及时进行维护，保证涂层的完整性及完好性。检测方法主要包括标准管/地电位检测、皮尔逊检测、密间距电位测试技术、PCM(Pipeline Current Mapper)多频管中电流技术等。

1. 标准管/地电位检测技术

该技术主要用于监测阴极保护效果的有效性，采用万用表测试接地 Cu/CuSO 电极与管道金属表面某一点之间的电位，通过电位距离曲线了解电位分布情况，用以区别当前电位与以往电位的差别，还可通过测得的阴极保护电位判断涂层是否满足标准涂层状况。该法快速、简单，现仍广泛用于管道管理部门对管道涂层及阴极保护日常管理及监测中。

2. 皮尔逊检测技术

该技术用于检测涂层缺陷和缺陷区域，由于不需阴极保护电流，只需要将发射机的交流信号(1000Hz)加载在管道上，因而操作简单、快速，曾广泛使用于涂层检测中。但检测结果准确率较低，易受外界电流的干扰，不同的土壤和涂层电阻都能引起信号的改变，判断是否缺陷以及缺陷大小依赖于操作员的经验。

3. 密间距电位测试技术

密间距电位检测和密间距极化电位检测类似于标准管/地电位(P/S)测试法，其本质是管地电位加密测试和加密断电电位测试技术。通过测试阴极保护在管道上的密集电位和密集极化电位，确定阴极保护效果的有效性，并可间接找出缺陷位置、大小来反映涂层状况。

但该方法的准确率较低,依赖于操作者经验,易受外界干扰,有的读数误差达 200~300mV。

4. PCM 多频管中电流技术

多频管中电流法是检测涂层漏电状况的新技术,是以管中电流梯度测试法为基础的改进型涂层检测方法。它选用了目前较先进的 PCM 仪器,按已知检测间距测出电流量,测定电流梯度的分布,描绘出整个管道的概貌,可快速、经济地找出电流信号漏失比较严重的管段,并通过计算机分析评价涂层的状况。再使用 PCM 仪器的"A"字架检测地表电位梯度,精确定位涂层破损点。图 7-5-1 所示为 PCM 多频管中电流测试原理。该方法适于不同规格、材料的管道,可长距离地检测整条管道,受涂层材料、地面环境变化影响小,适合于复杂地形并可对涂层老化状况评级;可计算出管段涂层面电阻值 R_g,便于对管道涂层划分技术等级,评价管道涂层的状况,选择涂层维护方式。采用专用的耦合线圈,还可对水下管道进行涂层检测。

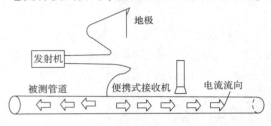

图 7-5-1　PCM 多频管中电流测试原理

二、管材无损检测技术

在无损检测方面,成熟的超声检测技术和射线检测技术向模块化、专业细分方向发展,新发展的检测技术包括相控阵超声检测技术、超声导波检测技术、微波点频检测技术等。

1. 相控阵超声检测技术

相控阵超声检测系统是通过电子技术来实现对声束的扫查方向和聚焦深度的控制,可以用同一个探头来实现对不同壁厚、不同管径、不同材质管道焊缝的检测。相控阵超声多维成像技术是目前无损检测行业的前沿技术之一,其原理是基于换能器在被检测材料或结构的物理位置坐标和超声信息,建立相应的数学模型,根据采集到的回波信息采用不同颜色或灰度图像的形式再现其内部缺陷或结构信息,可以准确判断材料中缺陷的位置、大小、分布、取向等特征。近年来,超声多维成像技术中的 C 扫描、D 扫描、P 扫描成像技术发展迅速,其中面阵相控阵扫查技术利用面阵相控阵探头的可编程控制特性可以完成不规则工件截面的完整扫查,且不需要移动探头,在检测空间受限或工件结构复杂时技术优势明显。

2. 超声导波检测技术

超声导波检测系统是近年快速发展起来的检测新技术,其检测原理是通过特殊激励模式产生纵波、扭转波和弯曲波,沿管壁向前传播,在遇到管壁缺陷后,一定比例的能量被反射回探头,从而对缺陷进行定位和定量分析。常用于快速检测内部和外部腐蚀以及轴向和周围的裂纹,在检测裂纹和金属损失(大于横断面的 3%)方面有很多应用,特别在对埋地管线进行长距离检测时具有其技术优势。

3. 微波点频检测技术

在微波点频检测技术中,根据微波的反射特性,将碳素钢材油气管道视为微波波导,波数与电磁波频率在波导中呈正比关系,根据微波传输波数与电磁波频率的关系,分析由油气管道材料表面(或内部)反射微波幅度、频率、相位随材料表面(或内部介质特性)变化规律。具体操作时,扫描管道金属表面缺陷的探测器为矩形波导探头,波导探头经反射电桥与微波矢量网络分析仪连接,微波矢量网络分析仪的收发器为一个单传感器,负责发射入射波、接收反射波。在微波矢量网络分析仪接收到微波后,传递到数据库内进行分析。一旦管道内部存在气孔、组织不均等问题,微波探头检测波导内驻波特性发生异变,经微波矢量网络分析仪分析信号后判定石油管道缺陷位置。微波检测具有准确、直观、可探测缺陷深度大的优良特点,但在检测期间会产生辐射,对操作者、管道周边环境造成负面影响。

三、管道智能内检测技术

管道内检测技术是在不影响油气管道输送条件下,通过使用智能检测设备完成对管道存在缺陷的检测。当前的智能检测器主要以漏磁检测技术和超声检测技术为典型代表,各种形式的漏磁技术相继涌现。其中,轴向漏磁检测技术发展最早且最为成熟,继之又出现了横向漏磁检测技术、三维探头漏磁检测技术和螺旋磁场检测技术。超声检测技术方面,除了传统的压电超声技术,应用于天然气管道的电磁超声检测技术也已开始推广。

1. 漏磁检测技术

漏磁检测技术是建立在如钢管、钢棒等铁磁性材料的高磁导率这一特性上的一种检测技术。钢管中因腐蚀而产生缺陷处的磁导率远小于钢管的磁导率;钢管在外加磁场作用下被磁化,当钢管中没有缺陷时,磁力线绝大部分通过钢管,此时磁力线均匀分布;当钢管内部有缺陷时,磁力线发生弯曲。该方法适用于中小型管道的细小缺陷检测,操作简单、检测速度快、检测费用较低,对管道输送的介质不敏感,可以进行油气水多相流管道的腐蚀检测,能够覆盖管道的整个圆周。此外,与常规检测方法相比,漏磁检测具有量化检测结果、高可靠性、高效、低污染等特点。漏磁检测方法以其在线检测能力强、自动化程度高等独特的优点而满足管道运营中的连续性、快速性和在线检测的要求,在管道内检测中使用极为广泛。

2. 超声波检测技术

超声波检测是用灵敏的仪器接收和处理采集到的声发射信号,通过对声发射源特征参数的分析和研究,推断出材料或结构内部活动缺陷的位置、状态变化程度和发展趋势的一种检测方法。该方法是利用超声波的脉冲反射原理来测量管壁腐蚀后的厚度,检测时将探头垂直向管道内壁发射超声脉冲,探头首先接收到由管壁内表面的反射脉冲,然后超声探头又会接受到来自管壁外表面的反射脉冲,这两个反射脉冲之间的间距反映了管壁的厚度。

超声检测是管道腐蚀缺陷深度和位置的直接检测方法,其测量精度高、被测对象范围广、检测数据简单,缺陷定位准确且无须校验,检测数据非常适合用于管道最大允许输送压力的计算,为检测后确定管道的使用期限和维修方案提供了极大的方便;适用于大直径、厚管壁管道的检测;能够准确检测出管道的应力腐蚀破裂和管壁内的缺陷。但是由于传感器晶体易脆、传感器元件在运行管道环境中易损坏且传感器晶体需通过液体与管壁保持连续的耦合、对耦合剂清洁度要求较高等限制,该技术仅限于液体输送管道。

3. 涡流检测技术

涡流检测是以电磁场理论为基础的电磁无损探伤方法。其原理是:在涡流式检测器的两个初级线圈内通以微弱的电流,使钢管表面因电磁感应而产生涡流,用次级线圈进行检测。若管壁没有缺陷,每个初级线圈上的磁通量均与次级线圈上的磁通量相等;由于反相连接,次级线圈上不产生电压。若被测管道表面存在缺陷,磁通发生紊乱,磁力线扭曲,使次级线圈的磁通失去平衡而产生电压。通过对该电压的分析获取被测管道的表面缺陷和腐蚀情况。

涡流检测具有可达性强、应用范围广、对表面缺陷检测灵敏度较高且易于实现自动检测等优点,但存在以下不足:

(1)检测对象必须是导电材料,只能检测管道表面或近表面缺陷;

(2)受检测器影响,采用单一频率检测时,探伤深度和检测灵敏度之间存在矛盾;

(3)检测信号易受磁导率、电导率、工件几何形状、探头与工件的位置及提离效应等因素的影响,信号分析存在一定难度;

(4)常规涡流检测频率较高,检测外部缺陷非常困难。

4. 基于光学原理的无损检测技术

基于光学原理的无损检测技术能够对管道内表面腐蚀、斑点、裂纹等进行快速定位与测量过程,具有较高的检测精度且易于实现自动化。相比其他检测方法,该方法在实际应用当中有很大的优势。目前,在管道内检测中采用较为普遍的光学检测技术包括闭路电视监控系统(CCTV)摄像技术、工业内窥镜检测技术和激光反射测量技术。

第二节 运输管道监测方法

一、管道应力应变光纤监测技术

分布式光纤就是普通光纤。光纤既作为传感元件,又作为传输元件,其利用光在光纤中的散射原理,对沿光纤轴向分布的外界参数进行连续分布式测量,获得被测物理量(温度、应变等)空间分布状态以及随时间变化的信息。由于光纤中含有各种杂质,当激光脉冲光在光纤中传播时,光纤分子和激光发生相互作用,产生瑞利散射、拉曼散射和布里渊散射三种散射现象。当外界被测物理量(温度、应变等)发生变化时,导致散射光的频率发生偏移,利用光时域反射技术分析频移信号,推导出被测物理量的数值、时间以及空间信息。

二、腐蚀监测技术

在待监测装置运行过程中,连续地测量试样腐蚀状态是为了在不影响待监测装置的正常运行的情况下发现腐蚀现象,进而揭示腐蚀过程,了解腐蚀控制效果,判断出腐蚀状态准确地预判存在的隐患,用以形成腐蚀问题的解决方案。

1. 电阻法

基于电阻探针的腐蚀监测技术以其技术成熟、稳定可靠和适应性强等优势,在管道内壁腐蚀监测技术中占据着重要的地位。但是,基于电阻法的腐蚀监测技术要求试样加工精度高,因为试样精度影响探针的灵敏度。如果腐蚀产物导电,会影响测量准确度,从而影响监测性能;如果腐蚀不均匀,测量误差较大。

2. 线性极化法

线性极化法是运用线性极化技术进行腐蚀监测的方法,也称极化阻抗法。该方法是通过测量金属在腐蚀电解质中极化电阻的变化来实时监测金属腐蚀速率。线性极化法的原理基于稳态腐蚀理论:当一个金属在腐蚀电解质中浸泡,会在金属表面形成一个稳定的腐蚀电位,此时金属正处在阳极溶解和阴极氢离子还原两个反应达到动态平衡的腐蚀稳态。如果在此基础上对金属施加一个小幅度的扰动电位,便会使金属从腐蚀稳态偏离产生腐蚀电流的变化。这种电流的变化(即金属的极化电阻)与金属的腐蚀速率有着直接联系。通过测量极化电阻的大小,便可实时监测和评估金属的腐蚀速率。该方法广泛应用于各种工业装备的腐蚀监测,此种测量技术简单迅速,可以有效地测量腐蚀瞬时速率。

3. 电化学噪声法

电化学噪声法是一种在没有人为控制电压或电流的情况下,测量由自然腐蚀过程引起的电位和电流噪声信号的方法。电化学噪声法的原理是基于自然腐蚀过程中发生的随机性事件。这些事件会在电化学反应的过程中导致电流和电位的随机变化,形成电化学噪声。通过分析这些噪声信号,可以获取到腐蚀过程的信息。该方法可以更真实地反映出管道的腐蚀状态和腐蚀速率。腐蚀发生造成电极表面的电位(电流)波动称为电化学电位(电流)噪声。

4. 恒电量技术

恒电量技术是一种腐蚀暂态检测方法。直流恒电量法可以提供管道在特定环境下的腐蚀速度和腐蚀性能的信息,具有良好的实用性和现实意义。该方法测定的是瞬时腐蚀速率,施加的扰动相对较小。在等量的扰动参数下,恒电量技术比直流稳态线性极化技术具有更快的测量速度、更少的响应时间和更准确的测量准确度。然而,这种方法需要较复杂的测量设备和一定的操作技能,还可能对测试材料产生副作用,例如可能引发局部过度腐蚀、腐蚀产物的附着等现象。这种技术主要用于监测金属在土壤中的腐蚀行为,目前在一些国家的管道制造和维护等领域得到了广泛应用。

5. 电化学阻抗法

电化学阻抗谱技术是一种电化学测试方法,利用对电极/电解质界面施加交变电压或电流信号,在一定频率范围内测量系统的响应,以考察材料的阻抗特性。该技术的基本原理是在测试电极表面施加一小幅度的交变电压,电极表面在交变电场的影响下产生交变电流,利用阻抗分析仪测量交变电压与交变电流之间的阻抗和相位角,得到阻抗谱数据。电化学阻抗谱方法对测试系统的干扰抗性极高,分辨力高,可以获取多种反应过程的信息,所得的结果更直接,能直观了解到电化学反应过程的动态信息。此外,由于在测量过程中施加的电势扰动相对较小,因此较少改变被测系统的自然状态,很适合于在线监测和研究电池、腐蚀、电催化、化学传感器等动态过程。目前,电化学阻抗法主要应用于腐蚀机理研究和涂层效果评估,而在实际的腐蚀监测中应用较少。

6. 腐蚀电位法

腐蚀电位法是通过测量局部腐蚀成长的极限电位来判断腐蚀是否发生。在管道中,金属和腐蚀介质会形成自然电池,其电池的开路电位就是金属的腐蚀电位。若是管道中的金属材料在腐蚀过程中,开路电位会发生变化,通过测量这种变化情况,就可以将其作为判断材料腐蚀的依据。该方法监测金属腐蚀状态,可以不改变任何试件表面的腐蚀状态,对待测体系不产生扰动,可以快速地响应腐蚀信息。该方法主要应用于阴极保护系统、阳极保护系统、金属探伤和测定局部腐蚀过程中,可以反映局部腐蚀状态,确定局部腐蚀发生条件,但不能反映腐蚀速率。该方法的缺陷和电化学测量技术类似,其腐蚀环境必须是电解质体系。

7. 电感探针

电感探针是基于测量金属损失的腐蚀监测技术,适用于任何腐蚀环境。该技术的原理是在特定的相对位置放置电感探针内部线圈和外部待测金属元件,对线圈施加恒定的交变电流,使电感探针内部线圈对外部待测金属元件的厚度变化敏感,从而能够测量出由腐蚀引起的试样厚度发生的微小变化。电感探针腐蚀测量速度极快,腐蚀监测分辨率极高,是近些年发展迅速的腐蚀监测技术。目前,国外的测量仪器技术研究领先于国内水平,在精度与可靠性上存在一定的差距,但其应用成本高,因此在部分常规化生产条件下不适于广泛使用。

8. 场指纹法

场指纹法是一种基于电磁学原理的管道腐蚀监测技术,通过测量管道壁厚变化引起的电磁场强度变化,进而监测和定位管道内的腐蚀。通过对电磁场强度的连续测量,可以实时监控管道腐蚀的进程,并定位腐蚀的位置。场指纹法的优点是能提供管道腐蚀的连续、实时以及精确位置信息,而且非侵入性,不需要暂停管道运行或清理管道内部。然而,传感器测量结果可能会受到环境电磁干扰,需要一定的电磁屏蔽和校准手段。同时它也存在无法检测非金属管道以及不适用于高阻值和低导电性土壤环境的局限。

9. 超声原理的腐蚀监测技术

利用超声对管道壁厚进行测量是一种常见的无损检测技术,其工作原理是利用波导进行双层超声波反射探测壁厚,通过发出超声波波导的探头来计算壁厚。该系统定点安装在油气设施上,其探头由压电传感器、波导信号路径组成,其波导结构如图7-5-2所示,一条波导一端的传感器激发超声波信号从波导传播,与下端测试材料耦合,第二条导波用于从测试试样中提取出信号,并将信号传回到接收传感器。监测时,反平面剪切源发射的剪切波在管道内壁传播,第一个被接收到的是沿着被测样板表面从发射端直接传播到接收端的信号。由于接收和发生波导相距约2mm,第一个到达的信号相对于回波脉冲模式只是略延迟,而后续被接收的信号在被测样板中传播了1次或多次,后续接收到超声信号的延迟与试样的厚度成比例,如果已知波传播的速度,则可以利用该原理来计算试样的壁厚,从而判断是否有金属损失。

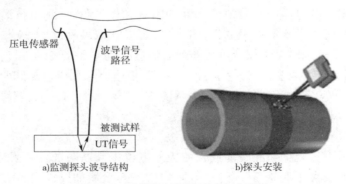

图 7-5-2 监测探头波导结构及探头安装

三、泄漏监测技术

根据泄漏信号的获取和处理方式不同,可分为基于硬件和基于软件的检测方法。基于硬件的检测方法主要有直接观察法、检漏电缆法、放射性示踪法、光纤检漏法;基于软件的检测方法有质量体积平衡法、实时瞬变模型法、压力点分析法、神经网络法、统计分析法等。泄漏监测方法的优劣通常通过灵敏度、定位精度、误报率/漏报率、检测时间、适应能力、费用等指标进行评价。

目前,国际上发展潜力最大、应用效果最好的泄漏监测方法为声波法。声波法的安装费用虽然较高,但其维护费用却很低,且最大安装距离为50km,满足国内输气管道阀室间距为30~50km的条件。若能实现国产化,其安装成本也会大大降低。因此声波法的综合评价结果较好,是一种具有发展潜力的监测方法。

第三节 运输管道安全评价

一、管道剩余强度评价

国外使用的主要评价方法有美国机械工程师学会制定的《腐蚀管道剩余强度评估手册》(ASMEB31G-2012)、《合于使用评价》(API579-1/ASMEFFS-1—2016)等标准。我国制定的相应标准有《油气输送管道完整性管理规范》(GB 32167—2015)和《含缺陷油气输送管道剩余强度评价方法》(SY/T 6477—2017)等。

《含缺陷油气输送管道剩余强度评价方法》(SY/T 6477—2017)是按照国家相关标准规定,参照《合于使用评价》(API579-1/ASME FFS-1—2016)而编撰的。该标准在对含体积型缺陷管道进行剩余强度评价时,同样也是按照一级评价、二级评价进行,在技术方面与国外的API579方法相等效。按照《含缺陷油气输送管道剩余强度评价方法》(SY/T 6477—2017),对含金属损失管道进行剩余强度评价时,首先需收集管道设计、建造及相关施工资料(包括管道几何尺寸、设计压力和温度、管材性能参数等),以及管道运行和维护记录。然后可以首先选择一级评价,也可直接选二级评价对含缺陷管道进行计算。对于存在压力波动较大的管段,虽然评价结果可接受,但仍需进行周期性复检,确保含缺陷管道在疲劳载荷下能够安全运行。对于存在局部金属损失缺陷的管道进行评价时,可采用一级评价,评价过程只考虑内压作用,而不考虑附加载荷作用。

国外的《腐蚀管道剩余强度评估手册》(ASME B31G—2012)、《合于使用评价》(API 579-1/ASME FFS-1—2016)、《腐蚀管道强度评估标准》(DNV-RP-F101)和我国的《含缺陷油气管道剩余强度评价方法》(SY/T 6477—2017)等评价方法或标准,在适用范围、假设条件、评价过程和保守程度上均有所不同,虽在各自的适用领域具有一定的可行性,但其评价结果与实际情况还有较大的偏差,评价结果比较保守,故国内外较多专家学者选择用有限元模拟的方法对管道的剩余强度进行计算。

二、运输管道剩余寿命预测

1. 管道剩余寿命预测方法

管道的剩余寿命预测方法主要包括腐蚀寿命、裂纹扩展寿命、损伤寿命等。假设所有金属损失为均匀腐蚀缺陷,通常采用全寿命预测方法和半寿命预测方法,计算缺陷的增长速率。

(1)全寿命法腐蚀生长速率计算公式为:

$$GR = \frac{d_i - d_0}{T_i - T_0} \tag{7-5-1}$$

(2)半寿命法腐蚀生长速率计算公式为:

$$GR = \frac{d_i - d_0}{(T_i - T_0)/2} \qquad (7\text{-}5\text{-}2)$$

式中：GR——腐蚀速率，mm/年；

　　　d_i——检测时腐蚀缺陷深度，mm；

　　　d_0——初始制造缺陷深度，mm，通常取 0，表示管道初始无缺陷；

　　　T_i——检测时间；

　　　T_0——管道投产时间。

由于预测管道的剩余寿命所需考虑的因素较为复杂，管道发生腐蚀的因素较多。在工程评估中，考虑到管道发生腐蚀的保守性，一般会采用全寿命法预测腐蚀生长速率。

2. 管道剩余寿命预测步骤

寿命预测方法可按如下步骤进行预测。

(1) 根据《压力管道定期检验规则—工业管道》(TSG D7005—2018)规定，管道腐蚀寿命计算公式为：

$$RL = C \cdot SM \frac{t}{GR} \qquad (7\text{-}5\text{-}3)$$

$$SM = \frac{P_f - MAOP}{屈服压力} \qquad (7\text{-}5\text{-}4)$$

式中：RL——管道腐蚀寿命，年；

　　　C——校正系数，取 0.85；

　　　SM——安全裕量；

　　$MAOP$——管段的最大运行压力，MPa。

(2)《基于风险的埋地钢质管道外损伤检验与评价》(GB/T 30582—2014)方法。

该方法也称壁厚法，主要是基于管道实测平均壁厚，考虑到管道发生腐蚀后，估计计算管道安全运行所允许的最小壁厚。通过对缺陷处管道剩余强度评价，得到管道的剩余壁厚比，进而计算管道的剩余寿命，计算公式为：

$$RL = \frac{t_c - Rt_{min}}{GR} \qquad (7\text{-}5\text{-}5)$$

式中：t_{min}——管道所允许的最小壁厚，mm。

对于管道局部腐蚀时，R_t 可由上节中 SY/T 6477 方法计算出，与缺陷长度有关，当管道缺陷为均匀腐蚀时，取 R_t 等于许用剩余强度因子 0.9；该方法通过计算管道缺陷深度较大的位置，预测整条管道的剩余寿命。

(3) 临界深度法。

根据《腐蚀管道剩余强度评估手册》(ASME B31G—2012)中公式，可计算出在当前运行压力下金属损失缺陷的临界深度 d_1，由于假设所检测的金属损失缺陷只发生均匀腐蚀，故管道剩余寿命计算公式为：

$$RL = \frac{d_1 - d_i}{GR} \qquad (7\text{-}5\text{-}6)$$

式中：d_1——管道当前运行压力下临界深度，与缺陷的长度有关，mm；

　　　d_i——管道缺陷深度，mm。

第四节　运输管道事故后果与应急管理

一、运输管道事故后果

1. 输送气体管道泄漏

天然气是以气态形式在输气管道内流动,一旦泄漏,该气体则可与空气混合形成天然气—空气预混气云,当该气云达到燃爆极限时,如遇火源就会发生燃爆。

(1)气体泄漏模型。

天然气管道泄漏按泄漏孔径大小可分为小孔泄漏、大孔泄漏及管道断裂。一般来说,随失效孔径增大,失效事故的发生概率随之降低。当管道失效孔径与管径之比小于 0.2 时,可将泄漏孔看作一个足够小的孔,可采用小孔泄漏模型来计算分析。由于泄漏孔径很小,管内压力几乎不受泄漏影响,气体膨胀过程看作等熵过程,气体泄漏速率保持恒定。

(2)气体扩散模型。

危险气体的泄漏扩散模型主要分为高斯模型、BM 模型、Sutton 模型、板模型和三维有限元模型。各模型的使用对象及特点见表 7-5-1。

各模型特性比较　　　表 7-5-1

项目名称	适用对象	适用范围	难易程度	计算量	精度
高斯烟羽模型	中性气体	大范围、长时间	较易	少	较差
高斯烟团模型	中性气体	大范围、短时间	较易	少	较差
BM 模型	中性或重气体	大规模、长时间	较易	少	较差
SUTTON 模型	中性气体	大规模、长时间	较易	少	一般
FEM3 模型	重气体	不受限制	较易	少	较差
板模型	中性或重气体	—	—	—	—

(3)喷射火模型。

当天然气从泄漏孔口处释放(一般为小孔泄漏)并被立即点燃时,会形成稳定的喷射火焰,通过火焰的形状即可判断是否形成了喷射火。喷射火模型研究相对较早比较成熟,目前常用模型大致可分为三类:半经验模型、场模型与积分模型。其中,半经验模型比较容易理解,其优点是计算时间短,具有一定的准确度,在实际工程应用更为广泛。此类模型没有对火焰本身特性进行描述,只是对火焰形状及热辐射强度分布进行了预测。常用的半经验模型包括单点源模型、多点源模型及固体火焰模型等。点源模型将喷射火焰看作是一系列点源沿着火焰长度方向周围进行热辐射,并且认为每一个点释放的能量是相等的,点源模型有单点源模型和多点源模型两种分类。固体火焰模型通常指的是 THORNTON 模型,该模型假定火焰的形状为圆锥形或者圆柱形,同固体表面一样具有相同的辐射率,并且模型经过大量实验验证。上述三种模型各有优缺点:点源模型在计算近场喷射火情形时与实际情况相差较远;而 THORNTON 模型及多点源模型在一定程度上解决了该问题,但 THORNTON 模型部分参数计算难度大,计算过程复杂且某些参数不确定性较大,使得计算结果受主观性影响较大。

(4) 火球模型。

天然气管道发生瞬时泄漏后,泄漏出的天然气与空气混合形成混合云团,未经充分稀释遭遇点火源,形成的球形或半球形的火焰,称为火球。火球燃烧的特点是持续时间短但温度高,在较短时间内放出大量热辐射。火球模型通过计算火球半径及火球持续时间来计算火球周围热辐射场的分布情况。

(5) 闪火模型。

关于闪火模型的研究较少,且闪火在实际情况中出现概率极低,尚未有广泛应用的理论模型出现。云团成分、着火点的位置、风速、燃烧物质量、空气透射率、视角因子等因素均会对闪火产生影响,因此关于闪火模型的研究较难开展。

(6) 蒸气云爆炸模型。

在天然气管道泄漏后未直接遇到点火源,而是与空气混合形成混合云团,且气云中的天然气浓度在爆炸极限浓度之间并遇到点火源的情况下,泄漏气体将会被点燃并演化成气云爆炸,并通过冲击波超压对管道周边造成破坏。常用的爆炸模型有以下几种:TNT 当量法、Multi-energy 多能模型法以及 Baker-Strehlow-Tang 模型法(B-S-T)等。

2. 运输液体管道泄漏

管道周围土壤颗粒的孔隙中往往同时存在水和空气,泄漏后油品在土壤颗粒中的流动过程通常伴随水和空气的同时流动。对于埋深较浅的管道,虽然可以忽略气相存在对泄漏油品流动过程的影响,但是土壤环境中仍然存在油水两相。由于轻质油品与水为不混溶流体,故埋地成品油管道泄漏油品在土壤中的流动规律属于多孔介质中的多相流问题。

油品在土壤环境中泄漏后,会在重力作用下进入非饱和土体并向下迁移,部分滞留于土体孔隙中,部分继续向下迁移,到达地下水位后会浮在水面并继续侧向运移,水文地质条件对非饱和土中多相流动特征有重要影响。泄漏油品的密度小于水,当溢油事故发生后,溢油污染羽(污染物随地下水运动所形成的空间围,多呈羽状扩散)在重力和毛细管力的影响下在包气带中垂直下渗。当污染羽迁移至毛细带时羽流会在该处开始累积。最初溢油与包气带中的水相似均处于张力状态,当溢油不断在毛细带上方累积时污染羽会形成污染池,此时部分污染羽处于正压状态。毛细会开始变薄,可移动溢油发生积累。最终毛细带可能完全消失,污染池将直接停留在地下水位上。由于溢油的重量所致,可移动溢油区中心位置处地下水位会随着溢油积累量的增大而降低。需要注意的是毛细带中的污染池以及地下水位附近的污染池并未完全填充孔隙空间,部分小孔道中存在被捕获的小水滴。

3. 海上管道溢油行为与归宿

海底溢油发生后,石油和天然气在泄漏源的压力作用下连续喷射进入水体中并破碎成为油滴和气泡。其中破碎的油滴大小对其在脱离羽流后进行怎样的迁移及其最终残留在各归宿中的量有着重要的影响。由于较大油滴到达海面较快,而较小油滴在水体中的停滞时间较长且受到水动力和扰动产生的海底水平对流—扩散控制的时间也较长,因此较小油滴在到达海面之前会发生更长距离的迁移。这些油滴在短期时间内主要通过浮射流/羽流,在水动力的影响下进入水体和到达海面;在长时间(几个月至几十年)后,水体中的油粒子吸附到颗粒物上,最终沉降到沉积物上。

当溢油发生后,油粒子的运动、转化、消亡的过程都包括在溢油行为与归宿理论中,可以分为动力迁移、非动力风化两个主要过程,其中油膜的扩展、漂移、分散、沉降等组成动力迁移过程,蒸发、乳化、溶解、吸附沉降和生物降解等组成非动力风化过程。油膜扩展过程在溢油初期表现为主导作用,而确定油膜尺度大小则是以油膜扩展规律作为理论基础。在海洋动力环境下油膜面积不断扩大、厚度变薄、浓度逐渐扩散,并由于风化过程进而对油品发生改变。

海上溢油事故多为突发性事件。溢油事故发生后能否迅速而有效地做出溢油事故应急反应并采取应急措施,对控制污染、减少污染损失以及清除污染等都起着关键作用。在溢油事故多发海域(特别是港口),必须建立溢油应急预报系统,以确保海洋生态系统的安全,减少溢油事故所造成的经济损失。因此,海上溢油模型为溢油应急预报系统的建立和实施提供了有力的支持。

二、管道事故应急管理

1. 管道应急预案

应急预案是管道泄漏应急管控体系的核心内容,管道泄漏事故应急预案包含以下内容。

(1)事故分类和分级响应原则:应遵循事故分类和分级响应的原则,根据泄漏介质类型、泄漏强度和潜在的影响范围将海底油气管道泄漏事故进行分类。此外,根据泄漏事故类型和发展态势,应制定不同级别管道泄漏事故响应策略。

(2)应急组织结构和管理:包含管道泄漏事故应急工作中的人员结构和职责分配细节。

(3)应急预案层次:海底管道泄漏应急预案体系以企业行政管理体系为基础,形成自上而下逐级分布的结构,基于风险情景规划,将应急预案的层次划分为总体预案、专项预案和部门(现场)预案。

(4)应急管理程序:是应急预案的核心内容,海底管道泄漏应急管理程序包括泄漏确认、泄漏工艺控制、事故上报、现场处置、信息发布等环节。

(5)应急培训和演练:对保证海底油气管道应急预案的实施和修订具有重要作用,应急领导小组应适时组织各部门管理人员、指挥人员、现场应急队伍和其他相关人员参加培训和演练,使相关人员明确在真实应急场景中自身的职责,提升应急工作能力,保证海底管道应急响应和处置能够正确、快速和高效实施,同时也能够为检验和修订应急计划提供科学依据。

2. 管道应急响应

当确认泄漏事故发生以后,应执行以下响应程序。

(1)管道泄漏时,应关停上游生产装置,并联系下游站关闭阀门。如海底输气管道泄漏时,关停上游生产装置,并进行管线泄压和火炬放空。

(2)上报事故,在事故地点和周边区域设定警戒区域,禁止无关船舶驶入,并通过政府告知可能受影响的居民和企业。

(3)漏点探查和应急封堵,制定管道封堵方案,对管道进行临时封堵或者永久性封堵,恢复生产,减小停产损失。

(4)制定海上清理方案,溢油等进行清理和回收,恢复管道泄漏造成的环境及生态影响。提出污染损害索赔、生态修复方案建议,上报应急办公室。

(5)当管道泄漏事故及影响得到有效控制,管道恢复正常运行时,应急行动终止。

(6)在事故发生及处置的不同阶段,应急办公室根据事故发展和处置情况,协调信息组适时统一对外发布事故信息。

三、管道封堵技术

1. 管道补板抢修技术

补板抢修技术先采用漏点处理装置初步封住管道漏点区域,再用链式紧固器将具有一定弧度的堵漏板与管道紧密贴合,最后焊接为一体堵住泄漏点,如图 7-5-3 所示。该技术简便快捷,适用于管道腐蚀穿孔、微小泄漏、表面金属损失或规则的小面积机械损伤缺陷抢修。应用该技术时,管道运行压力应降至设计压力的 1/3,输气管道应停输泄压;还需注意焊接材料与管材的性能匹配和传力均匀等问题。

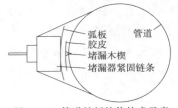

图 7-5-3 管道补板抢修技术示意

2. 管道开孔封堵技术

管道开孔封堵技术先在维修管段或阀门两侧安装机械三通、夹板阀与开孔机,利用开孔机及筒刀进行管道开孔作业,最后注入封堵头完成封堵。国内管道行业主要配备塞式(盘式)封堵器和挡板-囊式封堵器,还应用了悬挂式、筒式和折叠式封堵技术。塞式封堵设备为美国 TDW 公司产品,挡板-囊式封堵器适用于低压力管道(施工压力不超过 0.3MPa),作业前需降低管道运行压力。悬挂式封堵利用管内介质压力使皮碗膨胀实现密封,适用于多种介质、高压力、管内清洁度差的管道情形。筒式封堵适用于中低压气体管道,开孔直径大于管径,成本较高,只适用 DN500 以下管道。折叠封堵适用于大口径(720~1219mm)、低压力(施工压力低于 1.1MPa)管道,开孔直径仅为管径的 1/3。通过引进美国设备和自主研发,国内已具备管径 34~1219mm、运行压力 12MPa 以下油气管道的不停输开孔封堵维修能力,有效降低了油气停输造成的经济损失,目前正在开展管径 1422mm 管道抢修设备研究。

国外带压开孔封堵技术可实现管径 25~2438mm 管道设施抢修,适用于最大工作压力达 10MPa 以上的管道,广泛应用于换管、更换阀门和分输改造等突发性事故抢修,代表性产品是美国 TDW 公司研发的 2400 型开孔机,最大带压开孔直径达到 2500mm(罐体容器开孔)、最高工作压力 15MPa、最大操作温度 370℃,对于输气管道的最大允许流速为 9.2m/s。带压开孔封堵技术在管道抢修中发挥着重要作用,但仍存在一定问题:开孔机刀具振动导致鞍形板掉落;封堵器密封性能不能得到根本保证,开孔封堵作业存在安全风险;开孔机开孔作业效率、精度和筒刀寿命还需提高。未来需重点研发高性能开孔机和新型筒刀,提高开孔作业的效率与精度,保证开孔作业安全;优化改进封堵头注入机械结构,解决封堵器密封问题,特别是大管径封堵头在重力作用下的橡胶变形问题。

3. 夹具堵漏技术

夹具堵漏技术通过在管道泄漏部位安装夹具,夹具与泄漏部位形成密封空腔,实现管道堵漏和补强。夹具抢修操作简便,无须进行焊接作业,避免焊接残余应力,适用于因裂纹、腐蚀穿孔导致的较小油气泄漏情形,但管道形变应在夹具精度允许范围内,且在压力等级较低的管道应用。目前国内陆上油气管道夹具技术成熟,常用夹具类型有链式封头夹具、单面锁式夹具、套袖封堵夹具和对开式(弧板型)夹具等。代表性产品有上海光本公司的 T 型抢修夹具、M 高压抢修卡具;北京管通公司的拆耳浮环夹具、局部双层夹具等,产品技术参数见表表 7-5-2。

国内管道抢修夹具产品技术参数　　　　表 7-5-2

夹具类型	适用管径（mm）	适用压力（MPa）	适用介质	适用位置
T 型抢修夹具	15～3000	≤11	天然气、石油	直管、弯头、三通高压泄漏
M 高压抢修卡具	8～1200	≤10	天然气、石油	直管、弯头、三通高压泄漏
拆耳浮环夹具	219～508（可根据管径预知）	≤8	天然气、石油	法兰中缝或管道焊缝泄漏
局部双层夹具	219～508（可根据管径预知）	≤8	天然气、石油	直管点状泄漏

管道抢修夹具未来将在高寒、山区、水网等复杂恶劣环境应用，对其提出更高要求，例如密封压力越来越高，实现永久性修复，易于安装等。借助计算机有限元等辅助工具，针对卡具材料、本体、耳体、螺栓、密封材料进行结构和应力优化设计等。海洋管道抢修夹具发展趋势是研发新型密封材料以适应高密封压力，适用于深水管道，借助水下机器人或机具完成夹具安装，远程可靠控制操作。

4. 钢质环氧套筒补强技术

钢质环氧套筒补强技术实施过程是先用钢质套筒将管道故障部位包裹，然后用密封剂对套筒两端进行密封，最后在套筒与管体之间的空隙注入环氧树脂。该技术适用于天然气管道和成品油管道，较为经济安全。钢质环氧套筒补强技术在国外非常成熟，广泛用于管道抢修。从 2005 年起，陕京管道、西气东输管道和西南油气田公司管道抢修作业开始采用该技术，管径为 406～1016mm。四川科宏石油天然气工程有限公司的钢质环氧套筒的设计压力达 10MPa，管径为 108～1620mm。

5. 管道智能封堵技术

封堵器在维抢修作业过程中依靠锚定卡瓦与管壁之间的锚定力来抵抗介质压差实现封堵器锚定，进而完成封堵作业。具体封堵工艺为：封堵器从管道清管器发球端进入，在管内介质压力推动下向前运行，到达指定位置时在超低频电磁脉冲信号（ELF）控制下启动微型液压系统进行刹车并完成封堵，在 ELF 控制下启动自动解封，在管内介质压力下移动至收球端取出。该技术无须进行管道开孔、焊接作业，适用于管道干线截断阀更换维修。代表性产品是 TDW 公司产品 Smart Plug（图 7-5-4），适用管径 254～1067mm，最大工作压力 20MPa。

图 7-5-4　TDW 公司的 Smart Plug

本篇参考文献

[1] 丁建林,西昕,张对红.能源安全战略下中国管道输送技术发展与展望[J].油气储运,2022,41(06):632-639.

[2] 严大凡.不同运距的管道经济输量[J].油气储运,1999(02):43-47,60.

[3] https://data.stats.gov.cn/easyquery.htm? cn = C01.

[4] https://www.bts.gov/us-tonne-kilometers-freight.

[5] 国家管网北方管道公司.世界管道概览[M].北京:石油工业出版社,2020.

[6] 黄维和,宫敬,王军.碳中和愿景下油气储运学科的任务[J].油气储运,2022,41(6):607-613.

[7] 杨筱蘅.输油管道设计与管理[M].东营:中国石油大学出版社,2006.

[8] 李玉星,姚光镇.输气管道设计与管理[M].东营:中国石油大学出版社,2009.

[9] 姬忠礼,邓志安,赵会军.泵和压缩机[M].2版.北京:石油工业出版社,2018.

[10] 李玉星,刘翠伟.基于声波的输气管道泄漏监测技术研究进展[J].科学通报,2017,62(07):650-658.

[11] FETTER C W, BOVING T, KREAMER D. Contaminant Hydrogeology[M]. 3rd Edition. Long Grove:Waveland Press,2017.

第八篇

城市交通运输系统

第一章 城市交通运输系统概述

第一节 城市交通供需平衡关系

一、城市交通运输系统的构成要素

(一) 城市交通运输系统的定义

城市交通运输系统是指在城市范围内,由交通基础设施(交通网络、枢纽节点和设备等)、交通工具、交通运营和交通服务等子系统构成,完成人流、车流和物流空间位移的综合交通运输系统。

城市交通因城市而生,城市因人的聚集和物流活动的活跃而得以繁荣,城市交通与城市的方方面面息息相关,是串联起城市各种活动和场所的重要载体,可以说城市交通运行状态是城市政治、经济、社会和公众生活的综合体现,城市交通的建设可以支撑和引导城市的发展。

因此,城市交通与城市互为因果,是与城市相辅相成的城市子系统。基于此,城市交通具有其社会的复杂性,解决城市交通问题应该从城市社会系统的视角综合考虑,避免就城市交通而论城市交通。

(二) 城市交通运输系统的构成

城市交通运输系统的构成可以分为交通基础设施、交通运输设备、交通参与者和货物等。就交通基础设施而言,有道路、城市轨道、交通场站与枢纽等,城市轨道又分为地铁、轻轨和市郊铁路等。交通运输设备有车辆、机电设备和交通通信系统等,车辆又分为各种汽车、电车、轨道交通车辆、摩托车和自行车等。城市又是人员高度聚集的场所,人人都是交通参与者,并且年龄、职业、文化程度、收入水平和交通行为模式各异。

因此,可以说城市交通运输系统呈现为交通基础设施密度高、交通运输设备品种多样、交通参与者特性各异,并具有高度复杂性的巨大系统。在我国城市道路上,还有机动车、非机动车和行人的混合交通,具有密度高、速度低等特性。城市交通就结构而言,具有高架、地面和地下设施的立体特征。总而言之,城市交通是高度复杂、立体、高密度的多方式综合交通。

二、多样化出行需求特征

(一) 刚性需求和弹性需求

在城市交通领域,通常将出行需求分为刚性需求和弹性需求。刚性需求是指受某种限制、时间窗窄的交通需求,如上班、上学、业务和有时间约束的货物配送等。弹性需求指基本不受限制、时间窗宽的交通需求,如观光、娱乐、度假、购物、看病等。

(二)多层次差异化需求

城市区域因人口密集和建筑密度高,所以出行需求巨大,并且分布不均衡。同时,城市交通的构成及交通需求因城市的类型和规模不同而具有各自的特征,即异质性。因此在开展城市交通规划、设计和管控时,针对具体的城市特征进行分析,并"量身定做"非常重要,切忌用一个固定不变的模式套用所有城市。

随着社会经济活动与城市人口出行行为的改变,交通需求的多层次差异化特征进一步突显。一方面,经济活动增加,出行目的更加丰富多样,通勤、通学等基本需求所占比例减少,购物、休闲出行等生活需求日益上升。另一方面,人们收入水平提高,交通需求由简单完成出行向高品质出行转变,这对出行方式的便捷性、可选择性和可达性等条件提出了更高的要求。

(三)高新技术改变出行方式

移动互联网、大数据、人工智能、新能源等新一代技术在交通运输领域的广泛应用,对人类的交通出行带来了新变化。这些新变化正在引发新一轮的城市交通出行革命,人类未来的出行体系正在重塑,未来城市交通出行将呈现以下特点。

(1)共享出行。公共交通本质上体现了共享出行的理念,同时需求响应型公共交通、共享单车、共享汽车、共享停车等新业态在交通领域的应用空间广阔,运输工具、交通服务基础设施以及交通数据、信息的共享不仅有利于提高资源利用效率,还可以缓解资源有限性和个性化需求不断增长之间的矛盾。

(2)出行即服务。在深刻理解公众出行需求的基础上,通过数据来改变和优化整个出行服务,实现多种交通模式的高度整合,同时实现支付体系的一体化,提供无缝衔接、安全便捷和舒适的出行服务。

(3)预约出行。早晚高峰的拥堵现状,使得人们越来越期待一个有序的交通模式。用户可以选择出行目的地和预期到达时间,系统在确保用户不迟到的前提下,为用户提供出行路径及出发时间选择。按照系统提供的预约时间及预约路线出行的人数越多,交通秩序越能得到保障。

三、多模式网络供给特征

从技术构成角度来看,城市交通运输网络是包含基础设施网络(道路、隧道、轨道、停车场等)、配套服务网络(交通控制系统、信息系统等)、外部调控手段/交通需求管理手段(政策、财税、法律等)的一个多维度、有机结合的整体性系统。具体来看,城市多模式交通网络包括地面道路网、快速路网、公共交通网、停车系统、物(货)流系统、交通秩序管理系统六大部分,在其基础上完成机动车、自行车、行人的交通组织,实现了城市内部以及与外部区域之间的客货运输。

(一)地面道路网

由地面道路所构成的网络空间是城市多模式交通运输网中最基本的网络,其他网络或是依附于道路网而存在,例如公共交通网、货运网等;或是与道路网络具有紧密关联,例如轨道交通网。因此,道路网络的空间布局相当程度上影响其他网络的敷设。

地面道路网由不同等级的道路构成,具体道路的等级划分取决于在城市道路系统中的地位和交通功能,主要分为主干路、次干路和支路三个等级。主干路在城市道路网中起骨架作用,主要为相邻组团间和与市中心区的中距离交通服务,也是联系城市各组团以及与城市对外交通枢纽联系的主要通道;次干路是城市各组团内的干线道路,联系主干路,并与主干路组成城市干路网,在交通上主要起集散性作用,兼具服务性功能;支路是城市一般街坊道路,在交通上起汇集性作用,是直接为用地服务和以生活性服务功能为主的道路(包括商务区步行街等)。地面道路应有自行车道和人行道,这是城市道路必备的要素,应当注重自行车和人行的组织协调,发挥城市交通运输网络的总体运行效益。

(二)快速路网

快速路是城市中为联系城市各组团的中、长距离快速机动车交通服务的机动车专用道路,属于全市性的交通主要干线道路。从网络的交通效能角度来看,快速路系统需要处理好与地面道路的组织与衔接关系,以及与高速公路之间的衔接关系。从国内外快速路发展的实践来看,网络布局大多为环形放射式的布局结构。

快速路一般布置有双向四条以上的行车道,全部采用立体交叉(或布置出入匝道)控制车辆出入。快速路常见有三种形式:地面快速路、高架快速路、路堑式(地道)快速路。

(三)公共交通网

公共交通运输系统包括公共汽(电)车、轨道交通、出租汽车、其他公共交通方式(水上巴士、公共自行车、居住小区公交、定制公交、单位班车/校车)等。城市公共交通运输系统的功能特征取决于其要素构成、线网布局和服务方式,系统运行效果受到资源配置、路权分配、票价政策等诸多方面的影响。

公共交通运输系统作为城市交通的主体/主导,其线网布局既要考虑城市的空间结构、功能布局、客流分布等外部因素,也需要考虑系统内部衔接与运行组织等方面问题。

(四)停车系统

停车应当从基本停车需求、公共单位停车安排和社会停车管理三方面统筹考虑。停车系统在多模式网络中的关键,在于通过对不同类型停车需求的供给和管理来调节小汽车的拥有和使用,从而为公共交通优先发展以及慢行交通的发展创造条件,对网络实现以静制动的作用。

(五)物(货)流系统

城市的物(货)流分为三类:一是生产原材料供应的运输,其特点是用不同运输方式,从不同地点将原材料运送到生产企业,运输规模、品种差异大;二是产品的运输,具有高度集约化的特点;三是生活服务业的商品流动,具有集中配送、分送到户的特点。

(六)交通秩序管理系统

交通秩序管理系统包括交通标志标线、交通信号控制等设施,以及各种交通流运行组织方式等,是维护交通秩序、实现交通畅达和安全的基本保障。交通秩序管理系统和交通需求管理相辅相成,交通秩序管理系统重在最大限度地发挥道路应有的交通功能,也是有效减少机动车对环境污染(废气、噪声等)的重要手段。

四、城市交通供需动态平衡

(一)我国城市交通发展历程与问题

改革开放以来,我国城市交通发展波澜壮阔,交通供需特征剧烈变动,交通问题表现错综复杂,具有明显不同于发达国家和一般发展中国家的自身特点:一是时间短,仅用40年就走完了发达国家100多年的城市交通发展历程;二是发展快,40年经历了交通运输设施大规模建设、交通系统现代化管理、交通结构机动化转型、综合交通智能化服务等阶段,前一个阶段还没有结束,后一个阶段就跟上来了,目前基本上是各个阶段同步进行;三是变化大,从自行车主导到机非混行,再到机动车主导,并正在加速迈向智能化、自主化,城市交通面貌变化巨大。

城市交通的快速发展与演变,在不断满足人民日益增长的美好生活需要的同时,也给城市带来了交通拥堵、环境污染、系统脆弱等诸多问题,引起全社会的广泛关注。城市的交通拥堵问题通常表现为早高峰、晚高峰期间,城市重点交叉口、重点路段大范围、常态化的车多拥挤且车流缓慢现象。

(二)城市交通拥堵问题的成因分析

城市交通问题是发展中的问题,尤其在"时间短、发展快、变化大"的背景下是难以完全避免的。业界通常认为,造成我国城市交通拥堵问题的根源是快速城镇化所引发的城市交通供给与交通需求间的失衡,包括总量失衡与结构失衡两方面。

从供需总量上看,城镇化、机动化及社会经济水平的发展,诱发了交通出行需求量的逐年增长。虽然近年来,在城市交通基础设施方面的资金与技术持续投入使得城市道路交通网络、公共交通网络日趋完善,交通供给的缺口得到了一定的弥补。但在总量上,受限于城市的总体空间限制,交通供给的增长仍与需求之间存在较大的差异,在短期内两者很难相匹配。仅以北京为例,自2009年至2018年共十年间,机动车保有量由401万辆增长至608万辆,增长幅度超过51%,但是同期城市道路通车里程增加不足2.5%。

供需总量的失衡已经很难调和,而供需结构上的失衡则更多由城市交通发展策略制订与居民出行方式选择行为所造成。一方面由于在交通供给层面过分着重发展私人小汽车方式以及较为先进的轨道交通方式,致使交通供给缺乏层次性。另一方面,出行者不合理的出行方式选择,使得实际形成的交通方式结构级配不当,造成了交通需求的结构失衡。这种供需间的结构性不匹配,加剧了交通供需之间的失衡,使得高峰时期交通拥堵常态化。

(三)城市交通系统供需平衡机理

供需平衡是缓解拥堵的本质要求,具体作用机理如图8-1-1所示。

以南京为例,2000年至2017年南京经历了最为重要的城市交通结构转型期。此间,机动化发展水平极为显著,私家车保有量从2000年的2万辆增加至2017年的180万辆,增加近90倍。在2000年初,实际发生地面交通需求与同期的路面交通供给能力基本持平;至2017年,快速增长的机动化水平给城市道路交通带来很大压力,实际发生的路面交通需求已超过路面交通供给能力,道路交通系统供不应求($V/C \geqslant 1$),城市道路网络整体呈现交通拥堵状态。

缓解交通拥堵就是协调和控制机动化背景下路面交通需求总量愿望值和路面交通供给能力间的差值,主要途径如下:

(1)通过限行、拥堵收费、停车管理等方法管控路面交通需求;

(2)通过轨道交通、慢行交通等方式转移路面交通需求;

（3）通过增加公共汽车出行率等方式提高路面利用效率。

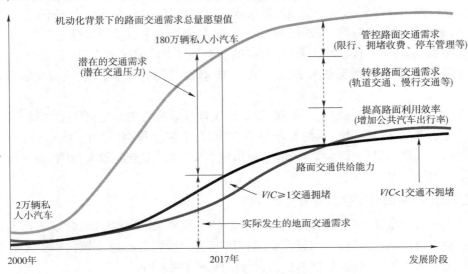

图 8-1-1　供需平衡-交通拥堵关系

因此，如何综合上述途径有效抑制实际地面交通需求之外的潜在交通需求，对当前交通结构转型期和未来城市交通发展期的交通系统供需平衡调控有重要意义，这也是缓解城市交通拥堵的根本之道。

第二节　城市交通运输系统推演与评估

一、城市交通运输系统优化策略

尽管我国城市交通运输系统变化巨大，但本质一直没有变——提高人的出行效率，这是城市交通可持续发展的本质内涵，也是新时代人民群众对美好生活的向往。对待现阶段城市交通出现的问题，首先要在价值观上从以往"以车为本"的理念，重新向"以人为本"转变，即从"保障车的通行"转向"服务人的出行"，从关注车辆行驶的畅通回归满足人的美好出行。结合我国城市交通规划、建设与管理的实际情况，主要从三个层面入手。

（1）公共汽车主导的交通结构优化。构建多模式多层次公共交通网络，通过打造"公交畅通城市"使"公交优秀"，来重新定义"公交优先发展战略"，吸引小汽车出行向多模式公交转移，达到优化交通结构的目的。

（2）交通设施的整体功能提升。针对城市交通基础设施各自为政、条块分割，交通运输系统整体功能薄弱的不足，建立以网络优化、多模式协同、交通功能提升为主要任务的完整性交通规划设计方法，实现交通设施增量优化和存量更新。

（3）交通运输系统智能化协同管控。创新人性化交通需求管理，完善智能化交通运输系统控制，研判无人驾驶等新兴技术的发展方向，构建集土地利用开发、交通设施建设、交通管理控制、交通政策制定于一体的智能决策支持平台。

二、城市交通运输系统优化环节

(一)城市交通建模与仿真

探究城市交通系统各要素及其相互作用关系对系统运行效率的影响规律,构建交通供需分析模型、宏微观交通流模型、交通系统解析模型、数据驱动交通运输系统模型等,开发以计算机数字模型反映复杂交通现象、复现交通流时空变化规律的交通仿真技术,为后续各优化环节提供基础理论与方法支撑。

(二)城市交通规划与设计

解析城市交通运输系统与土地利用的耦合机理,利用系统分析与预测模型来确定公共交通、慢行交通、个体机动化交通、枢纽场站、停车设施及相关附属设施的规模和功能需求,从设施与空间、网络与通道、枢纽与场站等维度,提出城市交通规划设计方案,实现城市交通运输系统资源配置优化和供需平衡目标。

(三)城市交通管理与控制

对交叉口、路段和区域交通流进行科学组织与调度,提出交通需求管理、交通系统管理、交叉口信号控制、干线信号控制、区域信号控制等各种管理措施与控制方案,实现城市交通系统安全、有序、畅通。

(四)城市交通综合治理

城市交通运输系统既是一个复杂的巨系统,也是一个社会子系统。因此,分析解决城市交通问题既需要分析城市交通运输系统自身,又需要对城市社会系统、城市经济和城市用地等进行交叉和系统分析。从制度、体制、机制、需求、人、社会、环境等方面,而不局限于交通运输系统本身,构建城市交通综合治理体系并提出相应的目标和手段。

三、城市交通运输系统优化评估

(一)交通仿真推演与评估的作用及关系

缓解城市交通问题的关键是通过交通资源的优化配置、交通流的精准管控以及城市交通的综合治理,也就是通过上文提到的城市交通运输系统优化策略和环节,来实现城市交通运输系统供需平衡,提升城市交通运输系统运行效能。

要达到城市交通运输系统供需平衡的目的,需要以科学的交通运输系统评估为手段,基于统一的评估标准事先对规划设计、管理控制和综合治理方案进行客观全面的评价、比选和优化;而要达到科学的交通运输系统评估的目的,又需要以有效的交通运输系统仿真为手段,建立一个低成本、低风险、可重用、可控制的仿真环境,以复现实际的交通运行状况或者推演未来在规划设计、管理控制和综合治理方案作用下的交通运行状况。

(二)交通仿真推演与评估关键技术

当前,国内外关注的城市交通仿真推演与评估关键技术主要包括如下方面。

(1)源流并重式评估技术。涵盖交通、安全、环境和资源等多元目标,从源头(交通源)和表象(交通流)两个角度建立城市交通运输系统综合效能评估指标体系与评估方法,包括城市多模式交通网络布局及运行质量评估、基于交通源的城市交通运输系统运行效率评估、源流并重的城市交通运输系统效能综合评估、城市交通运输系统瓶颈识别和问题诊断等,为预防城市交通问题的产生或者为已有问题的标本兼治提供科学依据。

(2)宏微一体化仿真技术。提出服务于交通运输系统评估的新型仿真技术,研发宏观微观一体化的城市交通运输系统仿真技术,包括宏观微观一体化仿真模型、多模式交通网络仿真分析方法、服务于源流并重式评估的新型仿真技术等,支持交通需求在交通网络中从源到流、从整体到局部的演化仿真。

(3)开放集成式平台软件。以数字化、信息化技术和软件复用技术为支撑,研制具有自主知识产权的城市交通运输系统评估与仿真平台软件,涵盖城市交通运输系统数据管理、仿真建模、运行分析、态势推演、综合评估、可视化展示等功能模块,为制订和优化城市交通运输系统规划设计、管理控制和综合治理方案提供技术工具。

(三)未来发展趋势和新特点

现代城市交通运输系统的综合发展态势和多样化技术需求特征,使得通常基于单一维度的交通仿真功能模块难以支持未来复杂交通情景,而且大规模网络交通行为解析与混合交通流仿真的速度和精度亟待提升。

(1)多模式网络协同运行。城市多模式交通网络往往包含数万个节点和道路网、公共交通网、轨道交通网、慢行网等多层子网,当几百万人、几十万车出行在如此超大规模的网络上,很难想象,对这样的复杂巨大系统进行研究和优化能离得开交通仿真工具。目前,针对道路交通运输系统的仿真技术和软件相对成熟,但是能完全实现上述超大规模多模式网络仿真分析的交通仿真系统有待开发完善。

(2)多尺度仿真紧密融合。交通仿真模型一般可分为宏观、中观、微观等不同尺度(或称颗粒度、分辨率)类型,各类仿真模型的机理、特点和应用范围各有不同。城市交通运输系统仿真的一个重要需求和趋势是开始突破微观、中观和宏观的界限,逐渐通过外包式、交流式和整合式等途径走向一体。如何实现不同尺度模型之间的有机融合,使仿真尺度在时空域中连续动态变化,成为交通仿真的研究和应用重点。

(3)多情景业务治理决策。根据我国城市交通行业特点,交通仿真应用主要集中在交通规划建设、管理控制、政策制定等业务领域。近年来,面向智能网联交通、共享交通等新业态新情景的仿真测试和治理决策成为热点。传统交通仿真软件的数据库构建、运行分析、模型标定操作过于复杂,增加了实际业务使用中的操作难度,也阻碍了仿真技术的应用效果。为此,需要强化业务需求导向的多情景交通仿真标准化流程设计与应用。

第二章 城市交通规划与设计

第一节 城市综合交通体系规划

一、城市交通规划体系概述

城市交通规划旨在统筹城市交通发展与城市发展,科学配置交通资源,合理安排城市交通各子系统之间的关系。在城市交通规划的发展和实践过程中,根据规划的目的、内容、深度等不同,城市交通规划可以分为不同的层次和类型。为了发挥城市交通规划的整体效益,需要建立一个整体的、系统的城市交通规划体系。

广义的交通规划是指交通设施体系布局规划、交通运输发展政策规划、交通运输组织规划等一系列以交通为规划对象的规划,可以划分为交通战略规划、综合交通体系规划、交通专项规划、交通实施规划等层次,各层次之间应相互衔接(图8-2-1)。

城市交通发展战略规划注重战略性和方向性,是实现交通战略目标的途径、策略、重大交通政策与行动措施,指导制订全市交通发展政策、编制各种交通规划的指导性与纲领性文件。包括城市交通发展战略规划、城市交通发展纲要等。

城市综合交通体系规划注重系统性和综合性,在交通发展战略的指导下进行,同时作为交通专项规划的上层规划,注重传承性和衔接性。综合交通规划整体统筹城市交通各子系统,主要包括城市综合交通体系规划、分区综合交通规划等。

城市交通专项规划是针对各设施类别的交通规划,侧重于各子系统本身的发展目标、需求分析、设施规模、布局方案、近期建设计划、运营管理、效益评价等。设施规划层面要求交通规划方案具有可实施性。涉及对外交通规划、城市道路网规划、城市交通枢纽规划、城市轨道交通规划、城市常规公共交通规划、城市停车设施规划、步行与非机动车交通规划、城市货运交通规划、公共加油/加气站及充/换电站规划等。

城市交通实施规划包括基础设施具体实施规划以及交通运行管理规划两个方面。交通基础设施实施规划主要是轨道、道路、公交场站等交通基础设施的具体实施规划,主要包括交通系统综合改善规划、交通设施详细规划、交通用地控制规划等。交通运行管理规划包括信息化及智能交通系统规划、交通管理规划(需求管理、系统管理、安全管理等)、交通运输行业管理规划等。

根据规划体系改革的要求,城市层面的规划要形成"一张蓝图",需要建立全域、全要素、全层级一体化的交通规划体系,更好地体现国土空间规划的要素管控及传导要求;同时也要针对不同类型、不同规模、不同发展阶段的城市,建立符合自身发展特点和需求的交通规划体系,促进城市交通规划的整体效益发挥。

城市综合交通体系规划(也称城市综合交通规划)是城市层面空间规划的重要组成部

分,具有重要的传承和衔接作用。本节重点介绍城市综合交通体系规划的相关内容,其规划思想和要点可为其他层次的交通规划提供借鉴和参考。

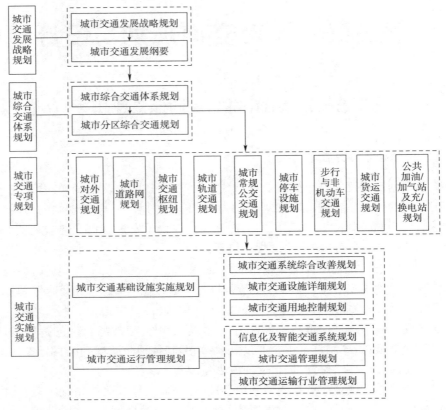

图 8-2-1　广义的城市交通规划体系

二、国土空间规划背景下城市综合交通规划的定位

2019 年发布的《中共中央国务院关于建立国土空间规划体系并监督实施的意见》(以下简称《意见》)提出构建"五级三类"国土空间规划体系。《意见》明确了国土空间规划体系的构成和各类规划的定义,国土空间规划由总体规划、详细规划和相关专项规划构成,专项规划包括海岸带、自然保护地等专项规划和交通、市政、能源等基础设施专项规划。国土空间规划与交通规划的规划层次和传导关系如图 8-2-2 所示。

在国土空间规划背景下,综合交通规划同时具备专项规划和综合规划的双重属性。一方面,综合交通规划属于国土空间规划体系下的专项规划,是对交通运输系统的深入研究;另一方面,综合交通规划类似于交通规划体系内的总体规划,是对各类交通专项规划的指导。可见,综合交通规划具有较强的规划理念传递和指标分解落实的作用,深入理解综合交通规划的双重属性有助于充分发挥其承接国土空间规划、指导各类交通专项规划的作用,有利于推进各类交通专项规划的编制、审批、实施等各阶段的工作。

三、城市综合交通体系规划的发展要求

在过去的几十年里,"超前建设"的规划思想,较好地指导了我国城市快速发展时期的综

合交通运输系统建设。随着城镇化进入中后期，城市的存量用地规模大，人口增长放缓，城市用地进入了存量为主导的发展阶段。规划交通设施的建成率越来越高，新增建设的空间越来越小，而城市交通机动化的增长速度仍然很高，城市不得不需要按照正常运行的要求对交通需求进行甄别，通过优化策略与措施差异化进行应对。因此，城市综合交通体系规划的思路需要重点体现以下几个方面。

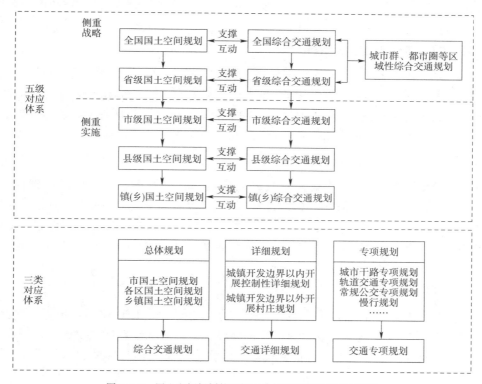

图8-2-2　国土空间规划的五级三类与交通规划的对应体系

（一）注重塑造全域全要素空间

从加强国土空间要素保护与开发、实现共同富裕等目标出发，国土空间规划体系提出全域全要素统筹、规划土地和自然资源。以往的综合交通规划重点关注城市空间，对非城市空间一般只控制重要廊道和设施。在国土空间规划要求塑造全域全要素空间的背景下，综合交通体系规划需增强交通与生态、农业和城镇空间的协调度，减少交通设施与生态保护红线、永久基本农田的冲突。

（二）考虑增量和存量两个发展阶段

随着城镇化速度放缓，我国的城市在未来的发展中，尽管还有大量的城市存在新城、新区的开发建设需要，但存量地区和存量设施的发展将逐步演变为城市规划和交通规划的重点。因此，综合交通体系规划要同时关注城市的增量和存量发展两个阶段，在增量规划地区还要以指导建设为主，注重规划发展的弹性预控；而对于存量发展地区，将与城市更新结合，以地方性设施的改造和既有交通空间中步行、公共交通、自行车交通的空间提升和交通组织优化为重点，加强需求管理的力度。

(三) 加强与突出综合协调功能

随着城市从高速建设逐步走向存量优化阶段，在城市中各种交通系统需要取长补短，综合形成一个高效的交通运输系统，也必须更加注重协调。一方面，继续深入思考综合交通与城市空间、用地之间的协调关系，另一方面，加强交通各子系统相互之间在建设、管理上的协调，根据城市、城市内部不同地区、不同交通方式的特征确定优先规则，突出不同阶段的交通规划规定，作为综合交通协调与优化的依据。

(四) 注重功能性规划指标引导

目前城市之间，城市内部不同功能地区之间的差异越来越大，以往单纯以布局为指导的规划指标很难体现地区的差异性。因此，将表达布局的空间性指标调整为表达交通功能的功能性指标，着重于功能分析，既可以反映不同功能地区的交通特征差异，实现差异化规划，又使得后期的管理能够体现交通规划的意图，实现一体化。

(五) 强化以人为本和绿色低碳

城市交通发展要回归到"人民家园"，以人为本的宜居城市是新时期城市管理与建设的核心。综合交通体系规划要考虑城市居民的交往空间保障、活动便捷、安全、舒适等要求。绿色低碳和可持续发展是城市交通运输系统发展的主要指标，也是全球气候变化下，我国城市交通发展的新要求。规划进一步强化绿色交通优先理念，并融入降低碳排放的要求。

(六) 控制投资规模

制订超常规的交通发展规划和实施计划，可能导致未来的城市交通运输系统的运行背离合理的效益，损害交通运输系统自身的协调性以及交通与城市发展的协调性。因此，将交通运输系统的经济性、节约、集约与符合城市实际作为设施布局与规模的控制重点，符合城市经济可持续发展的要求。

四、城市综合交通体系规划基本规定

(一) 规划目标

城市综合交通体系必须优先发展集约、绿色的交通方式，引导城市空间合理布局和人与物的安全、有序流动，充分发挥市场在交通资源配置中的作用。保障城市交通的效率与公平，支撑城市经济社会活动正常运行。

(二) 基本原则

城市综合交通体系应以人为中心，遵循安全、绿色、公平、高效、经济可行和协调的原则，因地制宜进行规划。

(三) 规划范围与年限

城市综合交通体系规划的范围与年限应与城市国土空间规划或城市总体规划一致。

(四) 主要指标

针对城市客运交通运输系统的基本服务和系统组织要求，选取城市客运交通中绿色出行比例、出行时间、城市干路的行程车速等作为主要规划指标,体现城市空间布局合理性、城市运行效率以及绿色优先理念。

(五)实施评估

(1) 评估流程:引入具有跟踪监测和动态调校作用的规划实施评估机制,形成"编制-实施-评估-调整"的滚动闭环,为修订与编制新一轮规划提供依据。

(2) 评估方法:综合采用定性与定量两种方法。定性评估可采用专家评估、公众评估等形式,定量评估应构建指标体系,提供量化的交通发展描述和规划评估结论。在分析评估基础上,应提出对于规划修订、编制和实施具有反馈作用的建议。

(3) 评估内容:规划中各项交通战略、政策的重视程度和推进实施情况;各类交通基础设施的建设进度和计划完成情况;城市交通运输系统投资规模、分布,以及各交通运输子系统的实际投资安排;道路、公交、停车等下位专项交通规划的实施情况。

(六)城市综合交通体系规划内容

根据城市社会经济发展和城市发展目标,优化选择交通发展模式,确定交通发展与市域城镇布局、城市土地使用的关系,制订综合交通体系总体发展方向和目标,统筹城市综合交通体系功能组织,提出城市综合交通体系规划方案,主要内容包括城市对外交通、城市客运交通枢纽、城市公共交通(含城市轨道交通)、步行与非机动车交通、城市货运交通、城市道路、停车场、公共加油/加气站及充换电站等,各部分子系统规划要点见表8-2-1。

城市综合交通体系规划的内容要点　　　　表8-2-1

类别	定义/分类	规划目标	基本原则	规划任务
城市对外交通	城市对外交通是以城市为基点,城市与城市之间的外部区域进行人与物运送的各种交通运输系统的总称,包括航空、铁路、公路、水运四种运输方式(管道是一种专门化的特定运输方式,不做介绍)	构筑各种交通方式相对完善、相互协调的城市对外综合交通体系	应与城市社会经济发展战略目标相一致;对外交通设施布局应符合市域城镇发展要求;城市的各主要功能区对外交通组织应高效、便捷;城市对外交通走廊或场站规划应减少对城市的分隔	开展航空、铁路、公路、水运四大运输方式线网布局规划;对外枢纽之间的衔接规划;对外枢纽与城市交通的衔接规划
城市客运交通枢纽	城市客运枢纽按其承担的交通功能、客流特征和组织形式分为城市综合客运枢纽和城市公共交通枢纽两类	保障不同客运交通系统的客流安全、有序、高效地集散与转换	城市综合客运枢纽应节约用地,融入城市空间结构,系统衔接各类方式,方便换乘;城市公共交通枢纽应符合城市客流特征与城市客运交通系统的组织要求;鼓励客运枢纽综合开发、共享或合并使用	结合枢纽用地开发模式,开展城市综合客运枢纽和城市公共交通枢纽两类枢纽的布局选址、用地规模、交通衔接与接驳设施配置等规划

续上表

类别	定义/分类	规划目标	基本原则	规划任务
城市公共交通（含城市轨道交通）	城市公共交通类别多样，包括轨道交通、快速公交、常规公交、辅助公交、特殊公交等	满足不同层次空间组织的集约出行要求，提供多样化、有品质、有竞争力的城市公共交通服务	各种方式的城市公共交通应一体化发展，通过统筹规划设施网络布局，提高城市公共交通服务对城市人口和就业岗位的覆盖率，加强与城市客运枢纽的衔接；城市轨道交通线路应预留用地，合理选择制式，优先与集约型公交及步行、自行车交通衔接；鼓励辅助型、灵活型公交的合理发展	以公交一体化发展为目标，开展包括城市轨道交通、城市公共汽（电）车、快速公交系统与有轨电车、辅助型公共交通等多模式多层次的城市公共交通网络布局、场站选址及规模、用地控制要求、车辆发展规模、服务衔接等方面的规划
步行与非机动车交通	步行与非机动车交通系统由各级城市道路的人行道、非机动车道、过街设施、步行与非机动车专用路（含绿地）及其他各类专用设施（如楼梯、台阶、坡道、电梯、自动人行道等）构成	树立行人优先的理念，加强自行车道和步行道系统建设，倡导绿色出行	按照安全、连续、方便、舒适的原则，结合城市功能布局，合理规划步行与自行车系统	确定步行、自行车交通系统网络布局框架及规划指标；提出行人、自行车过街设施布局基本要求；提出步行街区布局和范围；确定城市自行车停车设施规划布局原则；提出无障碍设施的规划原则和基本要求
城市货运交通	城市货运交通包括城市对外货运枢纽及其集疏运交通、城市内部货运、过境货运和特殊货运交通	构建全连通的城市货运交通网络，保障城市生产、生活及商业活动的正常运转	货运枢纽应依托港口、铁路和机场货运枢纽或仓储物流用地设施；生产性货运中心、生活性货物集散点不应设置在居住用地内；过境货运交通禁止穿越市中心；特殊货物应规划专用货运通道等	确定货运枢纽布局、规模，提出集疏运网络；结合不同类型货运需求，开展货运通道规划；提出配送网络的节点层级、规模、布局规划
城市道路	按照城市道路所承担的城市活动特征，城市道路分为干线道路、支线道路，以及联系两者的集散道路三个大类；城市快速路、主干路、次干路和支路四个中类和八个小类	构筑功能清晰、级配合理、布局完善的道路网络系统，支撑城市空间结构与用地布局，引导用地开发，推动城乡统筹协调发展	与城市交通发展目标相一致，符合城市的空间组织和交通特征；道路网络布局和空间分配应体现以人为本、绿色交通优先，以及窄马路、完整街道的理念；城市道路的功能、布局应与两侧城市的用地特征、城市用地开发状况相协调，体现历史文化传统，保护历史城区的道路格局，反映城市风貌；为工程管线和相关市政公用设施布设提供空间；满足城市救灾、避难和日照、通风的要求	优化配置城市干路网结构，规划城市干路网布局方案，提出支路网规划控制密度和建设标准；提出城市各级道路红线宽度指标和典型道路断面形式；确定主要交叉口、广场的用地控制要求；确定城市防灾减灾、应急救援、大型装备运输的道路网络方案

续上表

类别	定义/分类	规划目标	基本原则	规划任务
停车场	停车场按停放车辆类型可分为非机动车停车场和机动车停车场；按用地属性可分为建筑物配建停车场和公共停车场	建设规模适宜、结构合理、布局均衡的城市停车系统，引导市民选择合理的交通出行方式，维持城市动、静态交通的平衡	停车场规划布局与规模应符合城市综合交通体系发展战略，与城市用地相协调，集约、节约用地；停车位的供给应结合交通需求管理与城市建设情况，分区域差异化供给	确定城市机动车停车分区和不同类别停车需求的供给目标；提出城市配建停车指标建议及管理对策；提出城市机动车公共停车场规划布局原则；提出非机动车停车场的布局原则
公共加油/加气站及充换电站	包括加油站、加气站、充/换电站、油气合建站及油气电合建站	适应汽车能源变革的大趋势，平衡加油/加气站布局结构，提升站点资源的利用率	应根据实际需求设置公共加油/加气站及充/换电站；选址便捷，符合安全防护等要求，符合国家现行相关标准；公共汽车加油/加气及充换电站应结合城市公共交通场站设施设置	确定加油（加气、充电）站的布局原则与用地规划布局；提出加油（加气、充电）站等级分类和建设标准，包括用地规模、间距、选址要求、总平面图布置要求；明确加油（加气、充电）站防护要求和安全间距要求

第二节　城市交通设计

一、交通设计的定义

交通设计是基于城市交通规划的理念和成果，运用交通工程学、系统工程学与工业设计的基本理论和原理，以交通安全、畅通、便利、绿色、公平、效率以及环境和谐为目标，以服务为导向，基于人和物移动的需求特征与规律，以交通运输系统的"资源"（包括通行时间与空间资源、环境资源及投资条件等）为约束条件，对现有和未来建设的交通运输系统及其设施条件的功能、性能加以系统性优化设计，寻求改善交通的最佳方案，精细化、精准化确定交通运输系统的结构及其要素有机关系，特别是确定交通的通行权、通行时间与空间分配及其管理与服务方案、相关设施的布局方案等；上承交通规划，下接交通设施工程设计与交通管理及服务，指导交通设施的土木工程设计以及系统的最佳利用和服务，具有中微观性。

根据交通设计项目背景不同，交通设计可分为规划阶段交通设计和治理阶段交通设计。交通设计所处阶段不同，设计思路、方法上也有所区别。规划阶段交通设计要为实现交通规划总体目标以及各子系统的功能服务，强调设计的系统性和全局性。当交通设计方案无法实现规划目标要求时，要对规划方案进行重新论证和调整，调整后的方案要为交通设计提供足够的设计空间。治理性交通设计是针对已经出现交通问题(运行效率、安全、环境等)的交通设施,明确改善设计目标,提出更加具体的治理性交通设计方案。

二、城市交通设计的基础理论

交通设计理论基础体系主要包括以下方面:
(1)构筑与分析交通运输系统的理论基础——系统工程学;
(2)面向功能构思创造性方案的理论基础——工业设计原理;
(3)最佳构筑城市的理论基础——城市设计原理;
(4)解析交通现象,揭示交通规律的理论基础——交通工程学(交通流理论、通行能力理论、交通冲突分析理论、交通行为与安全理论等);
(5)建设交通基础设施的理论基础——交通土木工程学;
(6)揭示交通与资源环境关系的理论基础——资源与环境学等。

三、城市交通设计的理念转变

城市规划价值取向决定了城市交通运输系统的绿色发展理念:以绿色交通支撑城市空间优化、组织城市高效运行,以尽量低的社会成本满足城市活动需求。通过城市空间布局、土地利用与交通运输系统的协同优化,以尽量小的交通基础设施建设、运行、维护成本和出行距离、时间、支出成本,支持城市各项功能,使居民工作之余有更多闲暇时间享受城市生活。以人为本服务城市的交通设计理念,通过促进公共交通发展、复兴步行和非机动车交通,系统改善环境质量、促进社会公平、促进交通结构转型,实现低碳目标。

(1)从"主要重视机动车通行"向"全面关注人的交流和生活方式"转变。

在城市交通设计中应将注意力集中于人的生产生活需要,实现从"以车为本"向"以人为本"的转变。应用系统方法对慢行交通、静态交通、机动车交通和沿街活动进行统筹考虑,创造良好的生活氛围。

(2)从"道路红线管控"向"街道空间管控"转变。

道路的功能不仅仅是通行,还包括了人的生产生活活动与沿街建筑、地块的沟通交流,因此以人为本的道路交通设计,需要对道路红线内外进行统筹,对管控的范畴和内容进行拓展,将设计范围从红线内部拓展到红线以外的沿街空间,将关注对象从单纯路面拓展到包括两侧界面的街道空间整体,实现交通环境的整体塑造。

(3)从"工程性设计"向"整体空间环境设计"转变。

目前的工程设计规范、标准大都是从交通、市政的角度做出规定,导致了设计中过于强调了道路交通设施的工程属性,而对整体景观和空间环境考虑甚少。应突破既有的工程设计思维,突出环境的人文特征,对市政设施、景观环境、沿街建筑、历史风貌等要素进行有机整合,通过整体空间景观环境设计塑造特色道路交通。

(4)从"强调交通功能"向"促进城市街区发展"转变。

交通效率是一个可以预测和评价的标准,交通流量、饱和度、服务水平常常作为道路评价的核心指标,但是对于与居民活动密切联系的道路,不仅仅要具有交通功能,需要重视其公共场所功能、促进街区活力的功能、提升环境品质等综合认知功能。体验城市、促进消费、增加城市交往和社会活动均与街道紧密联系,应当重视街道作为城市人文记忆载体、促进社区生活、地区活力和经济繁荣的作用。

四、城市交通设计内容

城市交通的时空设计是交通设计的基本内容,应给予交通需求、通行权分配、通行能力分析和时空约束,最佳地确定交通时空资源的分配。按照设计对象,主要包括城市道路交通设计、公共汽(电)车交通设计、枢纽交通设计、停车场交通设计等几类设施。在基本的时空设计基础上,还需要同步考虑交通设计的多维度目标,有针对性地加强交通安全设计、交通语言设计、通行环境设计、系统整合设计等方面的内容,如图8-2-3所示。

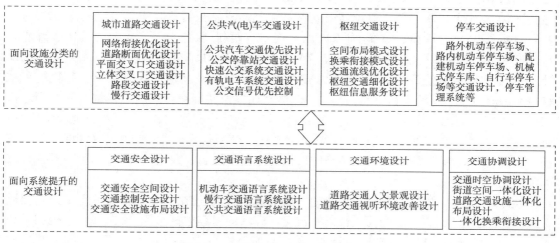

图8-2-3 城市交通设计的主要内容

五、城市交通设计的专项设施设计要点

(一)城市道路交通设计

城市道路是交通基础设施的重要组成部分,其交通设计以实现交通的安全、通畅、环保、有序、便捷、效率化为目标,构筑和谐的道路交通系统与出行环境。主要包括网络衔接优化设计、道路断面优化设计、平面交叉口交通设计、立体交叉口交通设计、路段交通设计、慢行交通设计等内容。

网络衔接优化设计是通过交通组织和交通流微观优化设计等手段来强化或弱化相交道路功能,实现与道路功能定位相匹配的衔接要求,提升道路网络整体效能。道路断面优化设计是通过道路横断面形式设计、机动车道宽度设计、非机动车道与人行道设计、分隔带及其宽度设计等实现道路功能的发挥,确保效率和安全。平面交叉口交通设计包括交叉口选型设计、交叉口范围红线拓宽设计、交叉口渠化布局设计、进出口道渠化设计、交叉口内部精细化设计等内容,通过充分利用时空资源,达到交叉口通行效益最大化。立体交叉口交通设计重点包括立交选型设计、标志设计、出入口设计等,目标是提升立交通行区域的通行能力,减少交通事故。路段交通设计重点开展道路沿线进出交通组织设计、精细化设计等,实现进出交通、主路交通、绕行交通三者综合效益最优的目标。慢行交通设计主要包括人行道和非机动车道设计、行人过街天桥及地道设计、行人过街横道设计、无障碍设计等,以实现慢行交通设施的连续、舒适、便捷等目标。

(二)公共汽(电)车交通设计

公共交通系统是城市客运的主体,优先发展公共交通对于促进城市经济发展、改善出行环境具有重要的意义。公共汽(电)车交通设计的主要任务是落实公共交通的"空间优先"和"时间优先"。主要包括公共汽车交通优先设计、公交停靠站交通设计、快速公交系统交通设计、有轨电车系统交通设计、公交信号优先控制等内容。

公共汽车交通优先设计主要通过公交专用车道优先设计、交叉口公交专用进口道设计、公交停靠站与交叉口一体化设计等,改善公交车辆通行条件,提升公交车辆运行效率和可靠性,进而提高服务水平。公交停靠站交通设计包括停靠站位置优化设计、停靠站形式选择、停靠站站台设计、站牌设计等详细设计,以实现乘客便利、服务水平优质及公共交通系统总运行效率最佳。快速公交系统设计重点关注专用道设计、快速公交站点布置、站点功能区设计、乘客信息服务系统设计等,需要考虑与常规公交、轨道及其他方式的衔接。有轨电车系统交通一般占用一定的道路空间,有全封闭、半封闭以及共享路权三类。根据不同类别运行特征,需要开展横断面设计、与道路交通协调设计(包括乘客换乘、行人交通安全、路口交通协调、路段交通协调等)。公交信号优先控制设计是公交优先通行设计的一个重要内容,包括优先控制方式选择、优先控制策略确定以及优先信号控制方案设计等,目标是降低公交汽车延误,提高系统效率。

除此之外,作为城市公共交通系统的一个重要设施,轨道交通系统相对独立于道路交通系统,其交通设计具有一定的独立性。轨道交通设计的内容包括车辆、线路、站点、控制系统等多个方面的内容,是一项复杂的系统工程。与城市道路交通相关性较为紧密的有轨道站点客流组织设计(基本要点可参考枢纽交通设计的相关内容),与地面交通一体化换乘衔接设计[基本要点可参考慢行设计、公共汽(电)车的停靠站设计等相关内容],不再重复叙述。

(三)枢纽交通设计

枢纽交通设计是以枢纽内交通"资源"(包括时间、空间、运输方式、运能和投资水平等)为约束,对枢纽的各组成部分进行交通优化设计,以实现枢纽内的安全、效率、通畅和高品质服务。枢纽交通设计包括空间布局模式设计、换乘衔接模式设计、交通流线优化设计、枢纽交通细化设计、枢纽信息服务设计等。

枢纽布局设计是整体、概念化地确定枢纽空间布置方式,分为竖向布局设计和平面布局设计。枢纽换乘衔接模式设计是通过合理的交通设施布局和流线设计来缩短乘客的换乘距离、减少各种交通流相互干扰;包括对轨道交通、铁路客运枢纽、长途汽车客运枢纽、航空港等城市客运枢纽的换乘衔接模式开展设计。枢纽交通流线优化设计是基于枢纽内部交通流的宏观布局与组织,确定各类交通主体的运动空间和流向;主要关注机动车辆和行人两类主体,校核车-车冲突、人-车冲突以及人-人冲突的严重程度,对其设施布局及流线开展优化调整。枢纽交通细化设计是对枢纽各功能区进行微观层面的交通设计,包括出入口交通设计、落客区域车位数确定、停车位形式设计、停车道宽度设计、候车空间设计、人行通道设计等。枢纽信息服务设计是通过多种方式和手段,向乘客提供枢纽及其相关信息服务,以引导乘客在枢纽内实现最佳移动;主要包括轨道交通枢纽信息服务设计、常规公交枢纽信息服务设计、对外交通枢纽信息服务设计等。

(四)停车交通设计

停车交通设计是以停车交通规划的成果、停车场(库)用地及周边道路交通条件为约束,以停车交通最佳化(停车场库最佳利用及其与周边交通最佳协调)为目标,来最优地确定停车模式、停车场的空间布局、交通组织流线、管理措施及停车交通与道路交通的衔接等。包括路外机动车停车场、路内机动车停车场、配建机动车停车场、机械式停车库、自行车停车场、停车管理系统等交通设计。

路外机动车停车场交通设计包括路外地面停车场设计(出入口交通组织模式、停车场出入口设计、机动车及行人流线设计、停车场内部布局设计、无障碍设计等)、路外停车库交通设计(停车库出入口设计、停车库内部空间布局设计、行人交通设计、无障碍设计等)、停车泊位设计、停车场(库)标志系统设计。路内机动车停车场交通设计包括路内停车位置设计、路内泊位设计、路内停车与慢行交通的协调设计等。配建机动车停车场交通设计主要确定停车配建标准,其他详细设计参照路外机动车停车场设计内容。机械式停车库交通设计主要确定机械式停车库的类别,结合具体环境做好详细设计。自行车停车场交通设计包括路外自行车停车场交通设计(包括位置选择、出入口、坡度、停车方式等)、路边自行车停车带设计(包括停放位置、停车方式、停车设施等)。停车管理系统是基于电子与信息技术,在停车区域及出入口安装自动识别装置,对出入车辆实施判别、准入/拒绝、引导、收费、放行等智能管理的系统,也是一项重要的设计内容。

以上介绍了几大类交通设施的交通设计内容要点。需要说明的是,交通安全设计、交通语言设计、交通环境设计和交通协调设计等设计内容是以促进设施功能发挥、提升交通系统运行品质为目标的专项设计,其设计内容体现在以上各专项设施的详细设计中,限于篇幅,不在此展开。

第三章 城市交通管理与控制

第一节 城市交通需求管理

一、交通需求管理的内涵和目的

(一)交通需求管理的内涵

交通需求管理(Transportation Demand Management,TDM)就是根据交通出行产生的内在动力和出行过程中所表现出来的时空消耗特性,通过各种政策、法令、现代化信息系统、合理开发土地使用等对交通需求进行管理、控制、限制或诱导,减少出行的发生,降低出行过程中时空消耗,诱导交通流避开拥挤路径,建立平衡可达的交通运输系统。

(二)交通需求管理的目的

交通需求管理的目的是在适度的交通建设规模下,控制交通需求总量,削减不合理交通需求,保证交通运输系统有效运行,让客货出行迅速、安全地到达目的地,缓解交通拥挤,改善城市生态环境和生活环境质量,保持城市健康有序发展。具体来说,现代交通需求管理目的主要包括以下四个方面。

(1)适度控制城市小汽车出行总量,鼓励出行者采取对社会更加有效的交通行为,引导机动车出行者合理使用有限的道路资源,使道路交通设施发挥最佳效能,从而缓解由交通供给不足带来的交通供需之间的矛盾。

(2)通过政策和管理手段合理配置各类交通方式的用户属性,从全局优化、可持续发展角度引导出行者的方式选择行为,在满足运输需求与服务质量的前提下,努力实现区域内合理的交通系统结构目标。

(3)通过各种途径和手段,综合系统地规划用地性质、类型和强度,减少跨区的长距离出行,对交通敏感地区严格控制土地开发类型和用地强度,适度控制或减少拥挤区域内交通发生源和交通吸引源。

(4)促进城市与区域用地的合理化,并协调城市用地规划和城市交通设施之间的矛盾,为区域总体规划目标的实现和经济发展提供基础。

二、交通需求管理策略

交通需求管理策略主要可归类为以下三个层次。

(一)优化城市结构与土地利用策略

(1)在开发建设新区时应重视完善生活、市政设施配套,以减少不合理的非必要的出行。以交通为导向(TOD),引导城市的用地空间布局与开发,通过增强吸引老城中心区市民迁入、定居的力度,以减少人口和就业岗位的分离。

(2)结合老区的拆迁更新,优化各小区居住就业等用地类型配比,使居住与上班地点就近,减少跨区长距离的通勤、通学出行,减少出行距离与总的交通运输量。

(3)对某些敏感地区或地段,其土地使用功能和开发强度均应严格控制,防止交通吸引与发生过分集中,造成拥挤阻塞。

(4)对于较大的城市新开发区,在可能条件下建立城市副中心,避免中心区过分集中。

(二)优化交通结构策略

(1)设施供给:优先保证公共交通和慢行交通设施,并从网络优化、道路规划、断面设计上体现公交优先、保障慢行交通和限制小汽车通行的原则;改善公交服务,运用先进技术提高公交准时性、舒适性,以提高公交吸引力等。

(2)经济手段:道路收费、停车收费、财政补贴或减税、增收税费等。

(3)行政手段:限制车辆拥有与使用,合理控制出租车的总量;差别化(时间、空间)的限行、单双号限行等。

(三)优化道路交通流策略

(1)时间调控法:错时上下班,弹性上班,压缩工作日,分期度假等。

(2)运用高新技术减少出行,发挥道路设施潜力:电话商务和线上会议,利用现代信息技术与卫星定位系统居家办公等。

一个完整的交通需求管理计划通常由若干个单个策略组成,尽管许多单个交通需求管理策略都具有一定的效果,但是多个策略同时实施,有时会产生明显的协同效果(总体影响会大于单个影响的总和),而有时很难实现累积和协同效果,甚至出现相互抵消和矛盾。因此,对交通需求管理策略的总体规划和效果评估也不可或缺。

第二节　城市交通运输系统管理

一、交通运输系统管理的内涵和目的

(一)交通运输系统管理的内涵

交通运输系统管理(Transportation System Management,TSM)是在交通建设、运营和制度建立的过程中,对交通运输系统进行低成本的改进,从而提高系统的运营效率,使现有交通设施、交通服务、交通方式具有尽可能高的容量、效率、安全性和服务水平。

(二)交通运输系统管理的目的

交通运输系统管理的目标是通过改善车辆和道路的管理、运营,实现更有效地利用现有的交通设施。交通运输系统管理的基本原则,是不增加或尽可能少地增加现有交通设施的供给,以充分利用现有交通设施为基础,提高现有交通运输系统的容量、效率和安全。

(三)交通运输系统管理的特点

与着眼于局部交通问题的传统交通管理相比,交通运输系统管理的显著特点是:能够从整个交通运输系统着眼,探求能使现有系统发挥其最优效益的综合治理方案,可避免各种局部措施仅转移交通问题产生地点的弊端,可得到系统效益最优的方案。

与侧重影响交通行为的交通需求管理不同,交通运输系统管理强调通过运营手段和相对较小的物理改进提高运输服务水平,更注重使交通供给更好地适应现有交通需求,从而更加充分地利用现有交通运输系统。不同管理方法的特点见表8-3-1。

不同管理方法的特点比较　　　　　　　　　表8-3-1

项目	管理方法		
	传统的交通管理	交通运输系统管理	交通需求管理
着眼点	着眼于局部交通问题的单一的孤立的治理措施	从整个交通运输系统着眼,探求能使现有系统发挥最优效益的综合治理方案	从管理交通需求的源头入手,使交通需求和交通供给达到平衡
管理效果	仅能对当地的问题起到缓解作用,往往把该地的交通问题转移到附近的地区	避免各个局部措施把交通问题转移地点的弊端,得到系统效益最优的方案,是对已发生交通进行的管理	控制交通需求总量,消减不合理的交通需求,使供需平衡,是对将要发生的交通进行管理

二、交通运输系统管理策略

(一)路口交通管理

以交叉路口为管理范围,采取一系列的管理规则及硬件设施控制,优化利用交叉路口时空资源,提高交通节点的通过能力。

常用的交叉路口管理方式如下。

(1)交叉路口功能区车道拓宽:当交叉路口功能区车行道的宽度不足,又必须划分左转、直行及右转车道时,为了提高交叉路口的通行能力,常采用向道路一侧或两侧拓宽的办法,以增加交叉路口进口车道数来提高道路的通行能力。

(2)车道渠化:根据交通量及转向流量大小设置不同转向的专用进口车道,优化利用交叉路口时空资源。

(3)减少冲突面积:规范车辆行驶轨迹,减小交通流在交叉路口的冲突范围,降低车辆和行人过街时发生碰撞的危险。

(4)调整交叉角度:使相交车流尽可能成直角交叉,缩短冲突时间,为驾驶人提供判断车辆相对位置和速度的最佳条件。

(5)减小合流角度:使交通流以10°~15°的合流角度,以最小的速度差进行合流,使汇合车辆可利用最小车头间距。

(6)缩小进口道宽度:缩小交叉路口进口道宽度或使进口道路弯曲,通过减少驾驶人行驶道路空间,约束驾驶人操作行为,并减速行驶,尽可能减少对干道车流的影响。

(7)分车道转弯:减少过多的机动车道、路基路面工程量降低工程造价,并减轻右转车辆对直行、左转车辆的影响。

(8)设置行人过街安全岛:合理利用交叉路口空间布设交通岛,缩短行人单次过街的时间和距离。减少行人与车流的冲突,从而保障行人的安全,并提高车辆运行速度。

(9)设置转弯候驶车道或区域:通过布置渠化岛,提高车辆运行速度,划分左转、右转专用车道或候驶区域,使车辆各行其道,避免相互干扰。

(10)非机动车渠化:可通过左转二次过街、机动车设置双停车线、非机动车停车线前移以及非机动车与行人一体化设计等方法,充分利用交叉路口空间资源。

(11)左转车流的交通组织:交叉路口左转车辆是产生冲突点及影响直行车通行能力的主要因素。可采取定时段(高峰小时)或全天禁止左转(全交叉路口或部分进口)、环形交通、变左转为右转等途径,提高交叉口通行能力。

(二)路段交通管理

路段交通管理以路段的交通运行效率最大和交通安全性能最佳为管理目标,交通管理应以道路网络布局为基础,并根据道路功能确定管理方式。

常用的路段交通管理方式如下。

(1)接入管理:针对特定道路,对其接入支路的数量、位置、间距、中央分隔带开口,进行系统合理的控制。

(2)车速管理:通过法规控制、心理控制、工程控制的方式,强制性地要求机动车按照规定的速度范围在道路上运行,以确保道路交通安全。

(3)车道管理:包括单向交通、变向交通、禁行交通、专用车道管理。

①单向交通:在旧城区街道狭窄、路网密度很大的地方,需要且有可能在一些街道上组织单向交通。

②变向交通:在不同的时间内变换某些车道上的行车方向的交通,又称"潮汐交通"。

③禁行交通:禁止某几种车(载货车和各类拖拉机)进入城市道路和城市中心区。

④专用车道管理:包括 HOV 车道(共乘车道或多乘员车道)、公交车辆专用道、自行车专用道。

第三节 城市交通控制与诱导

城市交通控制与诱导是城市交通管理的重要组成部分,旨在优化道路交通流量、提高交通效率和安全性。在城市中,交叉路口是交通流量集中的关键点之一。因此,对不同类型的交叉路口进行合理的信号控制是一项关键任务。本节将分别介绍单点、干线、区域信号控制。

一、单点交叉路口信号控制

单点交叉路口信号控制是指利用交通信号灯,对孤立交叉路口运行的车辆和行人进行通行权的分配。单点交叉路口信号控制是城市道路交通信号控制的基本形式,是城市道路交通控制最主要最基本的方法。

单点交叉路口信号控制根据控制方式主要可以分为定时式控制、感应式控制以及自适应控制。

(1)定时式控制是指交叉路口信号具有确定的控制方案,信号灯在控制时段内按照预先设定的控制方案周期式地进行信号控制。定时式控制具有工作稳定可靠,便于与相邻交叉路口的交通信号进行协调,设施成本较低,安装维护方便等优点,适用于交通需求波动小或交通量较大(接近饱和状态)的情况,但存在灵活性差、不适应交通需求波动的缺点。

(2)感应式控制是指交通信号灯能根据交通检测器检测到的交叉路口实时交通流状况,采用适当的信号显示时间以适应交通需求的一种信号控制方式。感应式控制对车辆随机到达以及交通需求波动较大的情况适应性较强,然而存在协调性差、设施成本较高的缺点。

(3)自适应控制是基于人工智能技术发展起来的一种信号控制方式,具有学习、抽象、推理和决策等功能,能根据环境的变化做出恰当的适应性反应。自适应控制具有较强的实时性、鲁棒性和独立性,但控制策略较为复杂,且需要配套相应的检测装置。

二、干线交叉路口信号协调控制

由于密集的土地开发,在城市道路网络中,相邻交叉路口之间的距离通常较近,交通量通常也较大。当采用交通信号灯控制的相邻交叉路口距离较短时,就非常有必要协调相邻交叉路口交通信号灯的绿灯启亮时间和信号配时方案,使车辆高效率地通过相邻的两个或多个交叉路口。为了保持城市主干道的畅通,经常对主干道上的信号控制交叉路口采取协调控制,通常称之为干线交叉路口信号协调控制,或简称为干线协调控制。

本文主要从宏观层面分析信号灯协调控制的主要策略。对于单行道路或者交通量方向不均匀系数较大的双向行驶道路,可以考虑采取单向协调控制的方式。对于双向行驶的道路,如果相邻交叉路口的间距都相等,则可以实现一些比较理想的协调控制方式,如交互式协调控制方式双重交互式协调控制方式。

(一)单向行驶道路的主要协调控制方式

单向行驶道路的协调控制方式主要包括简单协调(前向协调)、可变协调、逆向协调、同步协调。

(1)简单协调。是指相邻交叉路口绿灯的启亮能达到如下的控制效果:从上游第一个交叉路口驶出的车队到达下游每一个交叉路口时,绿灯刚好启亮。简单协调仅适用于单向行驶道路或者某一方向的交通量特别少可以被忽略的双向行驶道路。由于简单协调所产生的绿波与车辆同向运动,所以也可以称之为前向协调。在前向协调控制中,交叉路口的绿灯沿着街道由后向前逐个启亮,前向协调由此而得名。

(2)可变协调。可能出现这样的情形:在一天之中,执行两套或者多套简单协调控制方案,以便适应主要交通流向和流量的变化。城市道路交通的主流向在早高峰和晚高峰之间往往发生变化,而车队的期望行驶速度会随着交通量的变化而变化。这样的协调控制称之为可变协调。

(3)逆向协调。在某些情形下,协调控制系统内部部分交叉路口的排队非常长,理想时差出现了负值。这意味着:下游交叉路口的信号灯启亮时间必须先于上游交叉路口信号灯,在上游车队到达之前给下游交叉路口进口道排队车辆的驶出提供充足的时间。协调控制在视觉上产生了这样的景象:自下游向上游信号灯依次启亮,车队中的驾驶人看到绿波由远处向车队而来,与车队的运行方向相反,因此称之为逆向协调。

(4)同步协调。假设这样一个情形:即使车队的第一辆车也不能不停车地通过这个系统,在第四个交叉路口就遭遇了红灯:当车队经过第三个交叉路口时,仅有12s绿灯可用,也即仅容许通过6pcu(12/2=6),其余车辆被红灯截留下来。在某些特殊情况下,内部排队车辆使得理想时差的计算值为零,这导致系统中的所有的信号灯同时变绿。因此,称之为同步协调。

同步协调也可用于双向行驶道路的协调控制方式,以便在同一路段两个相反方向上平均分配带宽。它主要被应用于交叉路口间距很短的情形。

(二)双向行驶道路的主要协调控制方式

如前所述,双向行驶道路的协调控制非常困难,通常很难在同一路段两个方向同时取得良好的协调效果。两个方向的带宽存在"此消彼长"的现象。然而,对于某些特定的道路几何特征,可以在双向行驶道路同一路段两个相反方向同时获得高效率的协调控制效果。双向行驶道路的协调控制方式主要包括:同步式协调、交互式协调、双重交互式协调。

三、区域交叉路口信号协调控制

区域信号控制(简称面控制)系统的控制对象是城市或某个区域中所有交叉路口的交通信号。区域信号控制系统是把城区内的全部交通信号的控制作为一个指挥控制中心管理下的一个整体的控制系统,是单点信号、干线信号系统和网络信号系统的综合控制系统。

(一)典型定时式脱机控制系统——TRANSYT 系统

TRANSYT 系统是一种定时式脱机优化的区域协调控制系统,全称是 Traffic Network Study Tool,是目前世界各国流传最广、普遍应用的一种协调配时方法。它是根据交通网络的历史数据,应用计算机建模优化与仿真技术,生成交通网络的固定信号配时方案。

它主要由两大部分构成。其一是交通仿真模型,用来模拟在信号控制交通网上的车辆行驶状况,以便计算在一组给定的信号配时方案作用下网络的运行指标,在模拟车流运动时,既考虑了在某些按优先规则通行的交叉路口等候通行车流与享有优先通行权车流之间的相互关系,又考虑了在路段上行驶的车流中前后车辆之间的相互影响;其二是优化算法,通常采用"爬山法",使得整个配时方案的寻优计算时间相对较短,优化过程具有较好的收敛性。

TRANSYT 系统是最成功的静态交通信号控制系统,它被世界上 400 多个城市所采用,证明其产生的社会效益与经济效益很显著。但也存在着许多不足:计算量很大、很难获得整体最优的配时方案。因其离线优化,需大量的路网几何尺寸和交通流数据,为保证可信度往往不得不花费大量时间、人力、财力重新采集数据再优化,制订新方案。但由于这种系统不需大量设备、投资低、容易实施,所以交通增长已趋稳定的地区比较适用这种系统。

(二)典型方案选择式区域协调控制系统——SCATS 系统

鉴于定时式脱机控制系统优化算法存在配时方案容易"老化"、控制对策缺乏灵活性、无实时交通信息反馈等弊端,人们开始着手研究能够根据实时交通状况、自动获取优化配时参数的区域信号实时优化算法。

SCATS(Sydney Coordinated Adaptive Traffic System)控制系统是一种实时自适应控制系统。SCATS 系统的最大特点在于,没有使用模拟实时交通流运行的数学模型,但却有一套以实时交通数据为基础的算法,利用一组简单的代数表达式来描述当前路网的交通调整和运行规律。

SCATS 系统是由实时交通数据计算和优化选择两部分组成,其中实时交通数据计算主要包括"类饱和度"与"综合流量"的计算,优化选择则主要包括公共信号周期的计算、绿信比方案的选择、相位差方案的选择与控制子区的合并问题。SCATS 系统对公共信号周期、绿信比和相位差所进行的优选过程是各自独立的。

SCATS 的控制结构为分层式三级控制,三级控制为中央监控中心——地区控制中心——信号控制机。在地区控制中心对信号控制机实行控制时,通常将每 1~10 个信号控制机组合为一个"子系统",若干子系统组合为一个相对独立的系统。SCATS 系统在实行对若干子系统的整体协调控制的同时,也允许每个交叉路口"各自为政"地实行车辆感应控制,前者称为"战略控制",后者称为"战术控制"。战略控制与成本控制的有机结合,大大提高了系统本身的控制效率。SCATS 系统正是利用了设置在停止线附近的车辆检测装置,才能做到有效、灵活。所以,实际上 SCATS 系统是一种用感应控制对配时方案可作局部调整的方案选择系统。

(三)典型方案生成式区域协调控制系统——SCOOT 系统

绿信比—周期—相位差优化技术(Split Cycle and Offset Optimization Technique,SCOOT)是在 TRANSYT 系统基础上研制的自适应控制系统。其模型及优化原理均与 TRANSYT 系统相仿,不同的是 SCOOT 系统是方案生成式控制系统,通过安装与各交叉路口每条进口道最上游的车辆检测器所采集的车辆到达信息,联机处理,形成控制方案,连续的实时调整绿信比、周期时长及绿时差这三个参数,使之同变化的交通流相适应。

SCOOT 系统优化采用小步长渐进寻优方法无需过大的计算量。此外,对于交通网络中可能出现的交通拥挤和阻塞情况,SCOOT 系统有专门的监视和应对措施。它不仅可以随时监测系统各组成部分的工作状态,对故障发出自动警报。而且可以随时向操作人员提供每一个交叉路口正在执行的信号配时方案的细节情况,每一周期的车辆排队情况(包括排队队尾的实际位置)以及车流到达图示等信息,也可以在输出终端设备上自动显示这些信息。

SCOOT 系统是一个灵活、准确的实时交通模型,用于配时方案和交通信息。它能预测下一个周期的交通量,提高结果可靠性。参数调整采用小增量变化,避免突变损失,适应交通变化。检测器埋设在上游路口出口,为下游信号预留时间,故障时自动调整。但仍存在一些缺点,例如建模耗时、相位不自动调整、区划需人工确定、饱和流率校核烦琐等。

(四)集方案生成和方案选择于一体的区域协调控制系统——ACTRA 控制系统

ACTRA 控制系统是一种集方案生成和方案选择于一体的区域协调控制系统,是目前世界上技术比较先进的交通信号控制系统软件之一。

ACTRA 控制系统的控制结构由三大模块组成:中心控制模块、通信模块及路口信号控制模块。ACTRA 控制系统采用区域协调自适应算法 ACS-L。该算法基于先进的分布式系统,实时采集交通数据,实现区域优化。ACS-L 自适应流程是:首先在交通响应或时间表控制模式框架中利用当前战略控制周期、绿信比和相位差,然后执行 ACS-L"在线优化",即当前时刻相位差和绿信比的优化,进行这两个参数微调的战术控制,最后通过过渡执行器,平潜过渡转换的模式来执行优化方案。

ACTRA 控制系统区别于 SCOOT 系统的最大优点是它所具有的感应式线协调控制功能。感应式线协调控制是在线协调控制的基础上,在保持周期恒定的同时,通过检测器实时感应来自各个方向的交通请求,合理分配协调相位以及非协调相位时间长度。

四、交通流诱导系统

交通诱导系统指在城市道路网或高速公路网的主要节点,布设交通诱导屏,为出行者指示下游道路的交通状况,让出行者选择合适的行驶道路,既为出行者提供了出行诱导服务,同时调节了交通流的分配,改善交通状况。交通诱导系统由以下四个子系统构成:交通流采集子系统、车辆定位子系统、交通信息服务子系统和行车路线优化子系统。

(1)交通流采集子系统。城市安装自适应交通信号控制系统是实现交通诱导的前提条件。这个子系统包括两个关键词:一个是交通信号控制应是实时自适应交通信号控制系统,另一个是接口技术,即把获得的网络中的交通流传送到交通流诱导主机,利用实时动态交通分配模型和相应的软件进行实时交通分配,滚动预测网络中各路段和交叉路口的交通流量,为诱导提供依据。

(2)车辆定位子系统。车辆定位子系统的功能是确定车辆在路网中的准确位置。车辆定位技术主要有如下几种方法:地图匹配(Map Matching)定位、推算(Dead-Recking)定位、卫星导航定位、惯性导航系统(INS)、路上无线电频率(TRF)定位。

(3)交通信息服务子系统。交通信息服务子系统是交通诱导系统的重要组成部分,它把主机运算出来的交通信息(包括预测的交通信息)通过各种传播媒体传送给公众。这些媒体包括有线电视、联网的计算机、收音机、路边的可变信息标志和车载的信息系统等。

(4)行车路线优化子系统。行车路线优化子系统的作用是依据车辆定位子系统所确定的车辆在网络中的位置和出行者输入的目的地结合交通数据采集子系统传输的路网交通信息,为出行者提供能够避免交通拥挤、减少延误及高效率到达目的地的行车路线。在车载信息系统的显示屏上给出车辆行驶前方道路网状况图,并用箭头线标示建议的最佳行驶路线。

第四章 城市交通综合治理

第一节 城市交通综合治理的内涵与目标

一、城市交通问题的演变

随着社会的不断发展,城市交通问题也在不断地变化和演进。在工业化和城镇化发展的阶段,城市交通也随之发生了巨大的变革。城市交通的发展与城市的规模、结构和功能密切相关。在不同的城镇化和工业化阶段,城市交通问题呈现出不同的特征和挑战。在前工业时代,交通运输主要依靠内河运输和人力运输、畜力运输,城市面临着交通工具单一和低效的问题。

随着工业革命的到来,城市交通问题愈加突出,城市面临着交通拥堵、污染和安全等问题。蒸汽机的发明是第一次工业革命的关键之一,也是城镇化进程的推动力量。随着蒸汽火车的出现,交通运输能力得到极大提升,标志着以机械为动力的现代交通运输新纪元的到来。然而,随着城市人口的不断增加,城市交通问题也逐渐显现。在第二次工业革命时期,汽车的出现使得城市交通机动化开始萌芽,但也随之带来了交通拥堵等问题,影响了城市的运作。随着科技的突飞猛进和第三次工业革命的到来,城市交通需求总量激增,需求构成也变得更为复杂。城市交通供给逐渐滞后,道路和交通设施无法满足城市人口的增长和机动化交通方式的需要。此外,随着城市居民收入的提高,私人车辆的数量不断增加,导致交通拥堵问题更加严重。这些问题引起了人们对交通供需关系的关注,并逐渐形成了城市交通规划管理理念。为了解决城市交通问题,需要综合考虑交通运输、城市规划、环境保护等多个方面,采取综合性的措施,促进城市交通的可持续发展。

进入21世纪后,信息革命推动了互联网、人工智能等前沿科技的发展。城市交通问题也在不断地变化和创新,推动了城市交通规划管理向城市交通治理的转变。交通面临着城市空间结构、交通结构、信息不对称等问题,城市规划者开始关注交通发展模式、交通发展战略、交通政策等,以应对城市交通问题的挑战,也因此推动了城市交通规划管理向城市交通治理的转变。在信息化时代,物联网、大数据、人工智能等技术与可持续发展战略的相互融合,催生了网约车、共享单车、新能源汽车等新型交通工具与方式,推进了交通的智能化发展,但也出现了公共交通不完善、道路设计和规划不满足智慧交通需求、环境与能源等新的城市交通问题。

二、城市交通综合治理的内涵

城市交通治理需要综合考虑城市交通规划、交通运输设施建设、交通管理和服务、交通安全等多个方面,采取多种手段和措施,以实现城市交通的可持续发展。城市交通综合治理的内涵十分广泛,涉及制度、体制、需求、人、社会、环境等方方面面。其基本内涵是建立政府、社会、公众等多元主体在交通服务体系构建过程中的新型权责关系,实现城市高效、安全、低耗、可持续运行。从不同角度出发,城市交通综合治理的内涵有着鲜明的特点。

(1)从国家战略的角度来看,城市交通综合治理已经成为推进国家治理体系和治理能力现代化的重要议题。城市交通综合治理是在党和政府的领导下,将城市交通治理的具体目标融入国家发展战略中,以城市治理理论为指导,通过不同主体的合作,实现治理目标的制订和实施。这一过程中,政治内涵愈发鲜明,强调政府的主导作用,同时也需要各方面的积极参与和支持。

(2)从制度体系的角度来看,中国特色新型城镇化目标的实现是城市治理面对的新挑战和新任务。在这一过程中,城市交通综合治理成为关键的环节之一。城市交通综合治理需要通过制度化的设计与安排,塑造出有效的城市问题处理能力。这种制度化的设计应当依据城市发展的客观规律、各种规范要求以及市民的反应。通过系统整治和调理的经常性管理行为,解决城市交通方面的矛盾和不协调问题。

(3)从社会发展的角度来看,城市交通综合治理不仅仅是交通行业内部问题,而且是涉及政府价值体系转变、公民社会意识增强、关联群体利益结构变化等多方面的综合问题。当前我国城市治理正处于"现代化与后现代化交织"的复杂时期,城市化历程已经跨越了增量扩张阶段,进入了以存量优化为发展模式的后半程。这要求非政府部门必须充分发展,市民必须广泛参与,城市治理必须从"治理"向"善治"转变。其基本特征就是政府、企业与公众协同治理社会公共事务,促进城市与社会趋于可持续发展的最佳状态。

(4)从信息化变革的角度来看,城市综合交通治理与互联网技术的新一代科技革命紧密联系。城市交通治理面临的主要挑战是如何在有限的空间和资源条件下,协调人居环境与空间机动性之间的矛盾。因此,构建城市交通智能治理体系的核心任务是充分发挥信息和信使在政府或公众决策中的"催化剂"作用,提供可信的数据搭建平台型沟通和研判环境,通过跨界和跨部门的协作获得共识与信任,形成社会合作的基础环境。

(5)从生态环境的角度来看,城市交通正处在推进绿色交通转型的重要机遇期。为了实现城市交通的可持续发展,需要深入研究绿色交通发展策略,将传统交通与新型绿色交通有机融合,构建多模式的绿色交通运输系统。城市交通治理是一个涉及多方面的系统工程,需要从政策、规划、技术等多个层面进行协调和整合,共同推动城市交通的绿色转型。

三、城市交通综合治理的目标

城市交通综合治理的目标随着社会的发展大致可分为三个阶段:从城市交通发展初期的保障行车安全,到汽车工业时代的缓解交通拥堵,再到近年来可持续发展理念下的节能减排、发展绿色低碳交通。可以发现,城市交通治理逐渐由单一的社会经济目标转变为经济效益、环境保护及社会公平多目标协同发展,可持续发展的城市交通治理政策应实现经济、社会和环境之间的平衡。

当前,城市交通综合治理的目标已经从单纯优化城市交通体系的角度出发,转向了更为广泛的社会治理视角。其目的不仅是提高交通运输效率和安全性,减少交通拥堵和污染,改善城市居民的出行环境和生活质量,促进城市经济和社会发展,更是为了推进国家治理体系和治理能力现代化的总目标。城市交通综合治理不再是一种单纯的技术和工具性的行为,而是更多地关注如何通过更低的行政成本实现更高的行政效率,通过更好的公共服务获得更多的公民支持,以此推动城市治理的现代化和社会治理的创新发展。城市交通综合治理的目标(图8-4-1)主要有以下四点内容。

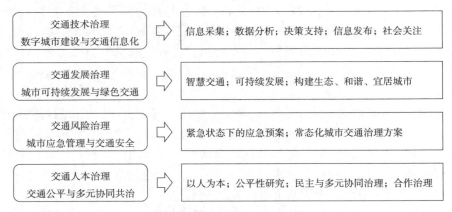

图 8-4-1　城市交通综合治理目标

(一)交通技术治理——数字城市建设与交通信息化

随着数字城市建设的发展,信息化交通运输系统的建设已趋于完善,但在未来智慧城市信息化交通中,信息采集、数据分析、决策支持、信息发布、社会关注等多方面仍有提升空间。为此,城市交通综合治理应从信息空间入手,利用交通大数据挖掘和交通信息可视化等技术,对城市交通要素进行直观分析,实现对城市交通的信息化治理。通过信息化手段,提高城市交通的管理效率和运营质量,为市民提供更加便捷、高效、安全的交通出行服务,在大数据背景下实现对城市交通的信息化治理。同时,这也是推动城市交通智能化、绿色化、可持续发展的关键所在。

(二)交通发展治理——城市可持续发展与绿色交通

随着智慧城市的不断发展,智慧交通的建设已成为城市信息化的重要组成部分。在创新、协调、绿色、开放、共享的新发展理念的引领下,未来城市交通必须坚持可持续发展的理念,推进绿色交通的发展。这需要从政策层面入手,制订有利于绿色交通发展的政策,从交通模式转型角度推进绿色交通治理。同时,需要充分利用大数据等信息技术手段,反映交通碳排放情况,为绿色交通的决策提供科学依据。通过这些措施,实现城市交通绿色化、智能化和可持续发展,为城市的可持续发展做出贡献。

(三)交通风险治理——城市应急管理与交通安全

高传染性疾病暴发后,公共交通这一人口密集的场所,成了交叉感染的高风险区域。因此,城市交通综合治理在应对突发公共事件的需求和变化时,不仅需要制订紧急情况下的应急预案,更需要制订常态化的城市交通治理方案。这些方案应该考虑公共交通的安全性、人员流动性、空气质量等方面的因素,以保证城市交通的正常运转和市民的健康安全。需要加强交通信息化建设,提高交通管理的精细化水平,加强城市交通安全监管,完善城市交通公共卫生管理,从而为城市交通的可持续发展提供更加坚实的基础。

(四)交通人本治理——交通公平与多元协同共治

城市交通的本质是服务于人类社会的人和物的移动,而在城市化进程中,传统的以机动车为主的交通规划和发展模式往往没有充分考虑人类体验。因此，以人为本的城市交通治理体系需要构建更公平、更具普惠性的交通体系。而要实现正义城市的建设，还需要民主与多元协同治理。因此，城市交通综合治理需要建立明确的交通多元治理体系与理论框架，实现城市交通治理模式向合作治理的变迁，建立公众参与决策的机制，推进政府、市民和企业的合作，形成共同治理城市交通的合力。

第二节　城市交通现代化治理体系

城市交通综合治理是运用公共治理的基础理论方法，面向城市交通出行的全过程，优化公共资源配置，促使城市交通公平高效运行。城市交通现代化治理体系主要包括体制机制、科技创新与社会共治三大层面，如图 8-4-2 所示。

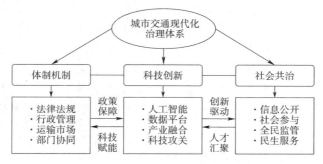

图 8-4-2　城市交通现代化治理体系

一、城市交通现代化治理体制机制体系

城市交通现代化治理体制机制体系是指为实现城市交通的高效、便捷、可持续发展而建立的一系列管理体制和机制安排。这些体制和机制涵盖了政府部门、企业、社会组织以及市民等各方的合作与协调，包括政府主导与协调、市场机制与企业参与、跨部门协同三方面。

为推进城市交通的现代化治理，政府应当建立健全的管理机制，明确各部门的职责和权责关系，并加强协作机制的建设。政府应当制订城市交通规划，包括道路建设、公共交通网络、出行方式等的整体规划，加强对城市交通的规划、建设、运营和维护等方面的管理。此外，政府应当制订相应的交通法规和规章制度，规定交通行为、管理标准、安全要求等，维护秩序和安全。政府还应当积极引导和推动城市交通的技术创新和智能化发展，推广新能源汽车、智能交通系统、无人驾驶等新技术，提高城市交通的安全性、便捷性和环保性。政府还应当鼓励社会力量的参与，加强政府和企业、社会组织的合作，共同推进城市交通现代化治理，为城市的发展提供更好的交通服务和保障。

根据交通运输市场需求和经济效益，鼓励和引导城市交通企业市场化运营。制订市场准入标准和监管规定，确保交通企业在遵守规则的前提下进入市场。建立公平竞争的市场环境，监管机构对交通企业的运营质量、安全标准等进行监督，保障市场运行的有序性。允许交通企业提供多种出行服务，如公共交通、共享出行、包车服务等，促使企业更好地满足运输市场需求。

城市交通领域的跨部门协同治理，是指城市交通治理需要跨越行政管理部门之间的界限,实现跨部门协同。例如,国土空间规划负责国土空间的开发和保护,而城市交通规划则是在公共政策导向下的技术性策略。在现代城市交通治理的体制机制中,这两种规划必须紧密结合。城市交通规划必须遵循国土空间规划中有关资源分配和使用安排的法定效力,同时保持城市交通规划的技术策略和技术体系的系统性。交通运输系统作为国土空间组织的政策性工具,需要城市交通规划提供实现其战略目标的技术支持。

二、城市交通现代化治理科技创新体系

随着交通领域技术和服务体系的不断创新,城市交通领域面临着技术治理的挑战。从学术角度来看,科技创新技术治理主要包括两个方面的问题。第一个方面是政治治理向技术化转型,注重治理方式的规范化、技术化和标准化,以提升治理效率和质量。第二个方面则是将信息通信技术、互联网、物联网、大数据等技术手段引入政治治理和社会治理,推动治理方式的变革。这种变革不仅需要技术创新,还需要政策法规的配套支持和社会各方面的积极参与。

近年来,人工智能、通信技术等学科领域的突破性进展,为交通领域的发展带来了新的机遇和挑战。自动驾驶、车路协同等新技术的快速发展,推动了交通行业技术体系的深刻变革,同时也促进了 Maas(出行即服务)等新兴服务模式进入城市交通服务市场。在政府、企业和社会的共同参与下,我国正处在创造新型服务和新型技术体系的过程中,需要将大数据、区块链、超级计算、人工智能等新技术与交通运输行业深度融合,以推动交通领域的快速发展和创新。

(一)大数据

大数据分析技术提供了全面、连续的观测能力,成为解决复杂性科学问题的不可或缺的技术支撑手段。在城市交通治理这个充满复杂性问题的领域,大数据分析技术展现出了令人兴奋的前景。面对宏观层面的综合性、全面性和系统性交通决策问题,大数据分析技术在"全息"意义上的能力,即把握"模糊的准确性",潜藏着巨大的应用价值。大数据不仅可以帮助我们发现交通问题的本质和规律,还可以提供精准的决策支持和实时的运营优化。

大数据作为一种重要的决策支持工具,不仅能够为城市交通治理提供技术支持,还可以成为政策制定的重要依据。在城市交通综合治理领域,将大数据转化为可操作的决策能力,进而提升治理效果,是当前研究的重要方向。将大数据视为技术工具,应根据城市交通综合治理的具体任务,不断推进政策应用研究,深入挖掘数据资源的价值,积累实践经验,为理论框架的形成提供坚实的基础。

(二)区块链

区块链技术是利用块链式数据结构验证与存储数据的分布式基础架构与计算范式,在城市交通现代化治理的科技创新体系中发挥重要作用。它具有多种特性,应用于交通领域,可以提供更安全、透明、高效的交通服务和管理。同时,实施区块链技术需要解决技术、法律、隐私等方面的挑战,需要综合考虑多种因素。

在智能交通系统中,基于区块链的动态密钥管理能够实现密钥的安全分发、数据的加密和验证、实时的数据共享、增强隐私保护。区块链技术在城市交通现代化治理中的主要应用包括交通数据管理与共享、智能交通管理、车辆身份认证与维护记录等。

(三)超级计算

超级计算是指采用大规模并行处理器系统或多核处理器系统等高性能计算技术,通过

高速网络互联构成的大型计算机群集,具有极高的计算能力和处理速度。其可以用于大规模的数据模拟、分析、处理和可视化等工作,支持交通运输系统的优化、规划和管理,协助城市交通现代化治理不断提升效率。

超级计算可以进行大规模的交通流模拟,模拟不同交通情景下的交通流动,预测交通拥堵、瓶颈等情况。基于模拟结果,可以制订更优化的交通信号控制方案,减少拥堵,提高交通效率。利用超级计算的高性能,实时处理大量交通数据,如实时车辆位置、交通流量、道路状况等。这可以支持智能交通管理系统的实时调度和决策,帮助减少交通堵塞,优化交通路线。此外,超级计算可以用于城市交通规划的复杂模拟,考虑不同道路布局、公共交通线路和设施等因素,对城市道路、公共交通路线进行建模和仿真,预测交通拥堵情况、优化道路规划、公共交通线路设计,以制订更合理的城市规划方案,优化城市交通系统的布局,提高交通运行效率,减少交通拥堵和污染。

(四)人工智能

由于城市交通领域的复杂性和不确定性,针对城市交通领域公共政策制订构建人-机交互的群智空间具有重要作用。其任务是通过搭建共享数据环境,建立合作网络及相应机制,通过人工智能去预测和求解城市交通领域的趋势和难题。基于群体开发的开源软件以及群体编辑的维基百科等,提供了人—机交互群体智能的成功经验;而语义网络、知识图谱等,更是与城市交通综合治理紧密关联的人工智能技术工具。

城市交通综合治理领域中,人工智能技术的典型应用包括智能驾驶、智能道路、智能物流、智能控制等方面,均呈现出系统化、体系化的大范围集成特征。自动驾驶是一个递进式技术过程,由于现有道路情况,特别是城市道路情况,并不完全适合自动驾驶的要求。所以世界各国在研究智能驾驶的同时,展开了针对智能道路及车路协同的持续研发工作。在城市道路中,实现自动驾驶,还将进一步扩展为与网络交通流管控的有机融合。借助智能道路的技术环境,道路在车路协同体系中发挥辅助感知、辅助控制、辅助决策的功能,将使得车和路在新的技术条件下更好地适配,从而增强自动驾驶的普适性。

三、城市交通现代化治理社会共治体系

保障基本公共服务、改善民生是社会治理的重要组成部分。将这一任务分解到城市交通运输领域,则体现在基本交通服务水平显著提升、交通服务均等化程度不断提高,社会力量参与机制不断健全等方面。城市交通现代化治理社会共治体系包括信息公开、社会参与、全民监管、民生服务等方方面面。

民生服务保障旨在为居民提供安全、便捷、舒适的交通出行体验。保障民生的重要措施主要有:①公共交通服务领域中,确保公共交通的频率、车辆状态和服务质量,以满足居民的出行需求。②通过引入共享出行、自行车道、步行街等,为居民提供多样化的出行选择,减少单一交通方式的依赖。③设计和建设无障碍出行设施,确保老年人、残障人士等特殊人群和弱势群体也能方便地使用交通工具和设施。④制订合理的交通票价和收费政策,确保出行成本合理,尤其是对低收入人群的保障。⑤针对特定人群,如老年人、学生等,提供优惠票价、免费乘车等社会福利,鼓励使用公共交通。

构建社会公众参与和合作机制,鼓励居民参与交通规划和决策,确保交通服务满足他们的实际需求。如建立交通咨询委员会,汇集政府、企业、学术界和公众的代表,共同讨论交通政策和规

划；与企业、非政府组织等建立合作伙伴关系，共同推动交通现代化。

第三节　城市交通现代化治理手段

城市交通治理的目标随着城市交通和社会环境的发展而不断变化。近年来，随着我国城市化和机动化进程的不断加快和可持续发展理念的提出，节能减排、发展绿色低碳交通成为城市交通现代化治理的目标，解决城市交通"大气污染""交通拥堵"等问题，需要有效的城市交通现代化治理手段，实现经济、社会和环境之间的平衡，这也是提升国家和城市治理能力的体现。交通治理现代化的核心是提高交通治理能力，充分发挥政府、市场、公众的协同作用。需要将与发展导向、市场设计、技术治理等密切相关的公共政策纳入城市交通现代化治理的主要研究领域。

一、交通政策手段

城市交通政策治理是基于城市发展的客观规律和规范要求，通过政策设计和制度安排，对城市交通发展和居民出行进行引导、协调和控制，从交通法规、交通控制、交通管理和经济政策等多个层面对城市交通问题进行系统调理和整治的管理行为。城市交通治理政策的制订需要依据城市交通治理体系和治理模式，旨在实现城市交通系统中不同利益方之间的平衡和协调。政策制订者在制订城市交通治理政策时，需要考虑交通出行安全、环保、经济效益等多方面的因素，以及人们的出行需求和城市发展的长远规划。这些政策的实施旨在提高城市交通的效率、安全性和舒适性，减少交通拥堵和环境污染，促进城市的可持续发展。因此，城市交通治理政策的制订和实施需要政府、企业、社会组织和公众的共同参与和协作，以达到城市交通治理的目标和效果。

在"互联网+"、大数据和共享经济的推动下，城市交通治理政策和模式需要进行适时的调整和变革。新技术的发展需要城市交通治理政策模式在新时代中得以创新。在我国推进国家治理体系和治理能力现代化的大背景下，以及交通强国建设目标的引领下，我国城市交通政策研究正在向多元协同治理的方向发展。常见的城市交通现代化治理政策手段有新型交通基础设施建设、发展新能源汽车产业等。

（1）新型交通基础设施建设：是指利用先进的科技手段和设备，建设更加高效、智能、绿色的交通基础设施，以满足人们日益增长的出行需求，提高城市交通运输的效率和质量。如在新型交通设施建设过程中，采用先进的技术和材料，建设更加安全、便捷、高效的高速公路网络，提高城市间的交通连通性和运输效率；建设更加智能、快速、安全的高速铁路系统，提高城市间的交通速度和运输效率；利用先进的信息技术和智能设备，建设智能化的交通管理系统，实现交通信息共享、智能调度和交通流量控制等功能；建设更加便捷、智能的新能源汽车充电设施，推广新能源汽车的使用，减少对传统燃油车的依赖，实现城市交通的绿色发展；建设更加完善、智能的交通安全设施，包括交通信号灯、交通标志、交通监控系统等，提高城市交通安全性能。

（2）发展新能源汽车产业：新能源汽车是以电能为动力来源的汽车，代表性的有纯电动汽车、插电式混合动力电动汽车等。发展新能源汽车是新型交通基础设施建设的重要方向之一。随着环保意识的增强和能源结构的调整，新能源汽车已经成为未来交通发展的重要趋势。新能源汽车具有零排放、低噪声、高效能等优点,有望改善城市空气质量和交通拥堵问题。政府出台相关政策,鼓励企业生产新能源汽车和充电设施,优化支持新能源汽车购买使用政策,并提供相应的补贴和优惠政策。

二、交通管控手段

在城市交通现代化治理中,交通管控手段是确保交通运输系统运行有序、安全和高效的关键措施,包括交通信号灯控制、交通监控系统、交通限行和限速措施、公共交通优先措施、道路建设和改造、交通信息化建设等,这些手段可以提高交通运行效率、缓解交通拥堵和减少交通事故的发生。

随着城市现代化水平的进一步推进,"数字路口"成为交通管控的重要手段。数字路口是指利用数字技术和智能化手段对交通路口进行管理和优化,以提高交通流畅性、减少拥堵、提升交通安全和效率的概念。数字路口的核心思想是对城市道路交通信号灯进行智能化改造,将传统的交通信号灯实现数字化、网络化、智能化,通过互联网、云计算、大数据等技术,实现对交通信号灯的实时监控、优化调度和管理。

数字路口采用智能信号控制系统,根据实时交通流量和需求,动态调整交通信号灯的配时,最大限度地减少等待时间和拥堵。通过传感器、摄像头等设备,实时监测交通流量、车辆行驶状态、行人情况等数据。基于实时数据分析,数字路口系统可以产生智能决策建议,帮助交通管理者做出更合理的交通流控制决策。可以根据交通状况自主调整信号灯的配时,适应交通流量的变化,减少交通拥堵。车辆与数字路口系统之间的通信可以实现车辆流量的实时监测,为智能驾驶和车辆协同提供数据支持。

三、信息服务手段

城市交通的基本宗旨是提供服务,但这种服务不是满足无节制的需求,城市交通的基本矛盾是无节制的个体化交通需求与城市人居环境之间的矛盾。因此实现精明供给与理性需求之间的平衡,是城市交通综合治理的基本任务。

如今,公共交通已经不再是传统意义上单一的公共交通体系,而是朝着适度集约化运营、满足个性化需求的方向不断创新发展。此时,出行即服务(Mobility as a Service,Maas)作为一种新型的信息服务体系,旨在提供更加多样化和个性化的出行服务,满足日益增长的个性化需求。这种体系的出现,标志着公共交通正在向着更加智能化和信息化的方向发展。

Maas 是一种将多种交通服务整合为一个有机整体的、可根据需求响应的集成式综合出行服务。该概念于 2014 年在芬兰赫尔辛基举办的欧洲智能交通系统大会上被提出,目前全球范围内已有近 40 款 Maas 应用在 50 余个城市得到应用。Maas 旨在提供一种替代私家车的出行服务,尽可能便捷、可持续、甚至更经济,这有助于减少拥堵和运输能力的限制。以用户为中心,Maas 通过一个统一的应用接口、支付渠道和票务系统,提供多种交通方式的个性化出行服务,包括常规公交、轨道交通、出租车、共享交通等,构建无缝衔接的、协同的和可持续的交通生态系统。Maas 是一种全新的出行方式,是城市交通治理创新的重要方向之一。Maas 具有以下三个不同于以往交通领域系统概念的显著特点。

(1)服务整合:Maas 运营商将公共交通、共享汽车、共享单车、出租车和汽车租赁等多种交通服务整合在一起,以满足用户的需求。

（2）票务一体化：用户只需使用一个应用程序，即可一次性购买所有的票务。

（3）个性化、门到门服务：为了提供最佳的用户体验，Maas 运营商能够满足个人的全过程出行需求，减少不便之处，同时保证整个出行服务系统的连贯性。

除 Mass 之外，城市交通现代化治理的信息服务手段还有很多，如移动应用程序，用户可以方便地查询和比较不同的交通方式和服务，也可以提供实时交通信息、路线规划和导航等功能。智能交通管理系统利用大数据、人工智能和物联网等技术，实现城市交通的实时监测、调度和管理。电子支付系统，用户可以方便地完成交通费用的支付，也可以提供交通消费记录和账单管理等功能。共享交通平台，可以将共享单车、共享汽车、拼车服务等不同的交通模式和服务整合起来，提供更加便捷、高效和可持续的出行体验。

四、决策支持手段

交通决策支持手段主要通过构建统一的城市虚拟交通运输系统，开发符合我国国情的城市道路网络交通仿真分析平台软件，助力"城市交通大脑"建设。构建城市虚拟交通运输系统，可以支撑城市各类交通规划与管理方案决策，建设交通发展决策支持模式，为政府的诸多交通决策制订、实施等环节提供精细化、定量化、可视化、快速反应的决策支持。

城市虚拟交通运输系统的主要内容是将来源于多个管理部门的交通大数据融合，构建统一的交通数据库，提供统一的交通分析方法，建立共享的交通仿真平台，实现政府多部门联合协作的决策支持模式，发展"统一的数据、统一的方法、统一的软件"，形成共享仿真平台和决策支持模式，有效应对政府的宏观、中观、微观等不同层面的交通规划与管理方案决策需求。

城市虚拟交通运输系统与决策支持模式是由城市现实交通运输系统演化而来。现实交通运输系统常包含政府规划部门、交通部门、公交公司、交管部门等多部门之间的协作，但是政府各职能部门之间的业务相对独立，难以实现较好的协同决策。为此，将多部门协作的目标改造方案和现实交通运输系统的参与对象映射至城市虚拟交通运输系统中，在虚拟系统中对居民出行需求、道路交通流、综合交通网络等进行数字化抽象，经过数学计算分析与处理，实现对现实交通运输系统中交通演化规律和需求平衡机理的有效模拟，从而构建与现实交通运输系统具有相同特征的数字化虚拟交通运输系统。

综上所述，城市交通现代化治理手段的对比情况见表 8-4-1。

城市交通现代化治理手段对比　　　　　　表 8-4-1

分类	治理手段	特点
交通政策	新型基础设施、新能源汽车	针对性强，以目标为导向，注重可持续性发展，可以覆盖城市的各个方面
交通管控	数字路口、公共交通优先措施	通过数字化、自动化和智能化技术，将传统路口交通管理方法与现代科技相结合，实现更智能、更高效的交通流控和管理
信息服务	Maas、智能交通管理系统	由数据驱动决策，提供多样化、个性化、实时性的交通方案和服务，提供智能规划和导航
决策支持	城市虚拟交通系统与决策支持模式	提供更加智能、自适应的服务，更加全面、精确地反映城市交通的实际情况，提高交通现代化治理手段的可靠性和实用性

第五章　城市智能交通系统

第一节　城市智能交通感知系统

一、概述

随着智慧交通、智慧城市的建设规模与水平不断发展,对于各种交通态势的感知、管理和控制变得愈发重要。与此同时,更多的交通信息从多源多维的角度不断产生,为城市运行提供了实时动态的数据。

态势感知的概念最早在军事领域被提出,覆盖感知、理解和预测三个层次,交通的态势感知是指通过对大规模城市路网环境中的轨迹数据进行挖掘,能够对交通态势变化进行获取、理解、显示以及对其发展趋势的顺延性预测,进而进行决策与行动。城市智能交通感知系统能够提供准确、实时的交通信息,为城市交通管理和决策提供科学依据。它能够帮助监测交通流量、拥堵状况和交通事件,及时预警和处理交通问题,提高城市交通运输系统效率和安全性。感知系统还可以支持交通导航、智能交通信号控制、交通预测等应用,提供有效的交通管理手段和便捷的出行服务。

本节将介绍城市智能交通感知系统的组成以及各种感知技术和它们的工作原理,探讨如何收集、处理和分析交通数据,以及如何利用这些数据来实现实时交通监测、拥堵检测、交通流量预测等功能。

二、城市智能交通感知系统构成

城市智能交通感知系统是指利用先进的感知技术和数据处理方法,对城市交通状态进行全方位、实时的感知和监测,以获取交通状态、流量、拥堵情况等信息。它是构建城市智能交通系统的关键组成部分。

城市智能交通感知系统由五个部分构成。

(一)交通数据采集获取

这是交通态势感知的初始步骤,数据来源的途径主要有基于感知设备的传感器检测技术和基于用户众包的感知技术两方面。通过对多源多维交通数据的采集,为后续的交通状态检测和态势预测奠定了基础。

(二)交通数据质量控制

由于采集到的交通数据完整度以及准确度存在相应的误差,并不能直接使用,因此要对获取到的交通数据进行质量控制,即利用多种控制方法,在时间和空间维度对多源多维的交通信息数据进行处理,使其更加准确、完整。

(三) 多源异构数据融合

交通数据具有多源异构和时空分布不均的特点,按照时间来分,分为历史数据与实时数据;按照空间来分,分为固定采集数据和移动采集数据。因此需要运用多种算法对多源异构数据进行融合分析,从多个维度提取数据信息。

(四) 交通运行状态检测

通过对各种交通信息的采集、处理和融合之后,城市智能感知系统还可以及时了解道路流量、车速、拥堵状况等信息,实现对交通流运行状态的全面监测和评估。通过分析交通流量、车速、车辆密度等数据,系统能够识别出拥堵区域和拥堵程度,还能够用于检测和识别交通事件,如事故、施工和道路封闭等。

(五) 交通运行态势预测

基于感知系统的海量交通数据,对交通运行态势进行时空域多时间尺度联合预测,有助于市民提前规划出行方案,避开拥堵路段,降低出行成本。同时对于交管部门来说,也可以帮其更好地对未来交通态势进行把控,极大程度地降低交通事故发生概率。

三、交通数据采集获取

交通数据采集方法可以归纳为非自动采集技术和自动采集技术两类。城市智能感知系统中,由于对交通数据获取实时性、范围性、准确性等有较高的要求,因此通常都采用自动采集技术。主要采集形式包括如下。

(一) 路基型交通数据采集技术

目前常用的路基型交通信息采集技术有感应线圈检测器、超声波检测器、磁力检测器、红外线检测器、微波雷达检测器、视频检测器、道路管检测器、声学检测器等检测器法以及车辆牌照自动匹配法、车辆自动识别法等。

(二) 基于 GPS 浮动车的交通数据采集技术

在车辆上装备 GPS 接收装置,以一定的采样时间间隔记录车辆的三维位置坐标和时间数据。

(三) 基于手机无线定位的交通数据采集技术

通过车辆内部的手机,利用无线定位技术探测车辆的位置,从而获得交通信息。

(四) 空基型交通数据采集技术

通过高空摄影技术,捕捉地面发来的各种波段的光子形成不同种类的图像。

(五) 基于用户众包的交通数据采集技术

交通出行者通过移动终端(如智能手机、平板、智能手表等)来反馈其所处位置或了解的交通信息,是交通数据采集的一种重要手段。

四、交通数据质量控制和数据融合

(一) 交通数据质量控制

交通数据质量控制是指对收集的交通数据进行预处理。交通信息的种类和采集形式各不相同,由于种种误差的存在,在进一步处理和使用这些数据之前,首先必须对其进行检索,排除错误数据。此外在实际的数据采集中,由于检测器故障、天气状况或通信系统故障等原因所造成的数据缺失,也应采用一定的技术方法对其进行修复或提供代替数据。以上过程称之为交通信息预处理。预处理是交通信息处理必不可少的前置工作。预处理主要包括异常交通数据处理和缺失数据处理,异常交通数据处理主要指平滑异常数据,缺失数据处理主要指修复残缺数据。

(二)多源多维实时动态交通信息融合技术

交通信息融合又称交通数据融合,是指多传感器的数据在一定准则下加以自动分析、综合以完成所需的决策和评估而进行的信息处理过程。信息融合技术的最大优势在于它能整合多源数据,并充分综合有用信息,从而提高在多变环境中正确决策的能力。基于该信息处理技术的特点和城市智能交通感知系统的信息需求,信息融合技术已经在感知系统的信息处理过程中扮演越来越重要的角色,它为交通信息加工和处理提供了一种很好的方法。

交通信息融合方法大致分为两大类:概率统计方法和人工智能方法。其中人工智能方法又分为两种:逻辑推理方法和学习方法。常采用的与概率统计有关的方法包括:估计理论、卡尔曼滤波、假设检验、贝叶斯方法、统计决策理论以及其他变形的方法。概率统计方法可以在融合的各个层次上使用。常用的逻辑推理方法包括概率推理、证据推理、模糊推理和产生式规则等。常用的学习方法包括神经网络、映射学习方法、数据挖掘等。

五、交通运行状态检测

道路交通状态包括正常状态和异常状态两大类。异常交通状态又可分为常发性交通拥挤和交通事件。交通运行状态检测的目的是运用一定的方法对实时交通数据进行分析,快速识别出各种异常交通状态。交通状态信息的服务对象不同,需要的交通状态特征指标与分级标准以及模式识别的算法也会有所差异。

(一)交通运行状态判别指标

交通运行状态判别指标是反映城市区域路网内交通流整体运行状态的宏观交通流参数。与一般意义上的高速公路或城市主干道的地点交通状态评价指标不同,城市区域路网交通状态评价指标应与实际路网中车辆运行状态存在某种映射关系,能够直观地反映整体交通路网状态,具有受某一路段或交叉路口状态波动影响较小等优点。

判别指标共分为三个层次,分别是宏观指标、中观指标和微观指标。宏观指标包括不同拥挤程度的道路里程与构成和交通事件总数与空间分布。其具体量化数值可通过交叉口拥挤率和道路里程拥挤率来反映。中观指标包括路段拥挤程度等级和交通事件位置与类型。交通事件的位置与类型可通过检测器的反馈以及目击者的上报等方法确定。路段拥堵等级的评价方式包括人工神经网络评价法、模糊综合评价法和灰色综合评价法等。微观指标包括行程时间、行车速度和延误等具体交通流参数。

(二)交通运行状态判断

交通运行状态的判断共分为四步:确定判别指标、套用判别模型、模型系数标定和模型检验。首先根据交通流运行的状态,确定其状态指标和状态判别体系,从宏观、中观、微观三个角度确定其参数并作为评判标准。其次将参数代入交通状态判别模型,计算出相应系数参数。然后进行参数标定,从而识别出交通流处于何种运行状态。最后对模型进行检验,保证其判断的真实性。

六、交通态势预测

交通态势是指道路交通中整体的路况状态和运行趋势。交通态势预测就是通过对交通流等交通参数进行预测,从预测结果去分析路网未来的交通态势情况。交通运行态势预测在时间尺度可分为短期预测、中期预测和长期预测。在城市智能感知系统中,通过对交通流的运行状态检测,可以判断其是否拥堵,同时可以获得交通流、密度和车速等交通参数。

传统基于模型的交通态势预测通过把交通运行检测所获得的交通参数,代入到不同的模型中,来预测未来某一时期的交通状态变化情况。传统基于模型的态势预测包括卡尔曼滤波法、相似序列搜索法和指数平滑法等。基于深度学习的交通态势预测是基于神经网络发展起来的一类机器学习方法。深度学习通过利用多层体系架构来有效地、非监督地提取出底层数据的潜在典型特征,进而提供给高层进行分类与回归。

第二节　城市智能交通管控系统

一、概述

随着城市化进程的加快和人口的不断增长,城市交通拥堵、环境污染、交通事故等问题日益凸显,传统的交通管理方式已经难以满足日益增长的出行需求和城市交通运行的复杂性。为了应对这些挑战,城市智能交通管控系统应运而生。

城市智能交通管控系统是基于现代信息技术和智能算法的综合性交通管理系统,旨在优化城市交通资源配置、提高交通运行效率、改善出行体验、降低交通事故率、推动城市交通可持续发展。该系统涵盖了多个子系统,包括智能道路交通管控系统、智能公共交通运营与管理系统、交通风险预警与应急管理系统等,这些子系统共同构成了一个全面、智能、协调的城市交通管理网络。

二、智能道路交通管控系统

智能道路交通管控系统是城市智能交通管控系统的重要组成部分,其目标是通过智能化的技术手段,优化道路交通流动,提高道路运行效率,减少交通拥堵和交通事故,改善出行体验,增强城市道路交通的可持续性。智能道路交通管控系统包含以下几个主要方面。

（一）智能交通网络与数据管理系统

（1）基础设施管理:智能交通网络的建设涉及道路设施、交通信号灯、交通摄像头等基础设施的规划、建设和管理。系统需要对这些设施进行监控和维护,保证其正常运行。

（2）通信网络构建:智能交通网络建设需要完备的通信网络支持,包括无线通信、卫星导航等技术,以保证交通数据的及时传输和通信的稳定性。

（3）交通数据管理:智能交通数据的采集、存储和管理是智能道路交通管控系统的基础。系统需要整合多种数据来源,包括交通流量、车速、道路状态、事故数据等,确保实时数据的准确性和完整性。

(二)主动交通管理系统

(1)出行方式推荐:基于实时交通数据和出行者的需求,系统可以推荐最佳出行方式,包括公共交通、步行、自行车等,鼓励环保出行方式,减少汽车出行给交通带来的压力。

(2)限行策略:智能交通管控系统可以根据交通流量和污染情况,实施交通限行措施,如尾号限行、区域限行等,以降低交通拥堵和环境污染。

(3)动态收费方案:系统可以根据道路拥堵情况和时间段,实施动态收费策略,引导出行者选择非高峰出行时段,提高道路的使用效率。

(4)动态交通流诱导:利用全球定位系统、电子交通地图和先进的通信技术,基于实时的道路交通信息,使得车载计算机能够自动显示车辆位置、交通网络图和道路交通状况,为驾驶人找到从当前位置到目的地的最优行驶路径,并协助出行者方便到达未知路线的目的地。

(三)智能交通信号控制系统

(1)实时交通信号优化:智能交通信号控制系统根据实时交通数据,对交通信号进行动态优化调整,提高道路通行能力和交通效率。

(2)非机动车和行人信号控制:除了机动车信号控制外,系统还要考虑非机动车和行人的通行需求,保障他们的安全和便利。

(四)智能停车引导与管理系统

(1)智能停车引导:智能停车导引与管理系统通过交通标志、导向标识、电子屏等方式,引导出行者找到空闲停车位,降低在寻找停车位上的时间成本。

(2)电动汽车充电桩管理:系统可以提供电动汽车充电桩的位置和实时信息,引导电动汽车用户找到可用的充电桩,支持电动汽车的推广和使用。

(五)智能交通执法管理系统

(1)交通违法监控:智能交通执法管理系统通过交通摄像头和数据分析技术,实时监控交通违法行为,如超速、闯红灯等,为交通执法提供有效依据。

(2)违法信息处理:系统能够对交通违法行为进行自动处理,包括生成罚单、扣分等,提高交通执法的效率和准确性。

三、智能公共交通运营与管理系统

智能公共交通运营与管理系统是城市智能交通管控系统中的重要组成部分,旨在提升公共交通服务质量、提高运营效率、降低能耗排放,并将不同交通方式联运,以实现更便捷、高效、环保的城市公共交通出行体验。该系统包含以下几个主要方面。

(一)公共交通信息管理系统

(1)公交汽车线路信息管理:系统整合并管理城市内所有公交汽车线路的信息,包括站点信息、线路时刻表、线路规划等,为出行者提供准确、实时的公交汽车线路信息。

(2)实时车辆追踪:通过GPS等技术,实时监控公交汽车的位置和运行状态,让出行者了解公交汽车的到站时间,提高乘车的便利性。

(3)公交汽车监测:对公交汽车进行远程监测,实时检测汽车的机械状况,提前预防故障,并对公交汽车的违规行为进行监控,如超速、急制动等,提高车辆的安全性和运行质量。

(4)客流监测与分析:通过车载摄像头、乘客计数器等设备,实时监测公交汽车的乘客流量,通过数据分析,了解乘客出行偏好,帮助公交汽车线路规划和服务调整,提高公共交通方式的吸引力和满意度。

(二)多模式公共交通联运管理系统

(1)票务一体化与支付便利:实现多模式公共交通票务的一体化,让乘客能够使用一张车票或乘车卡在不同交通方式之间转换。提供统一的支付系统,支持多种支付方式,使乘客可以方便地进行跨交通工具的支付。

(2)数据共享与联动运营:与不同交通运营商和第三方出行平台进行数据共享,实现交通信息的互联互通。基于共享的交通数据,进行联动运营,优化各类交通工具之间的时刻表和车辆调度,提高换乘效率。

(3)换乘优先策略:在交通规划和运营调度中,优先考虑换乘节点的设计和车辆调度,减少换乘时间和等待时间,提高换乘的便捷性。

(4)共享出行平台整合:将共享单车、共享电动汽车等出行方式整合到多模式公共交通联运管理系统中,方便乘客使用不同交通方式出行。提供共享出行信息,如共享单车停放点、电动汽车充电桩位置等,帮助乘客更好地规划出行路线。

(三)共享交通管理系统

(1)定制公交管理:为特定区域或特定人群提供定制化公交服务,根据需求灵活调整公交汽车线路和时刻表,提高公交服务的适应性。

(2)共享单车管理:智能交通系统可以管理共享单车的分布、停放、维护等,优化共享单车的使用体验,提高共享单车的利用率。

(3)共享电动汽车管理:管理共享电动汽车的充电桩分布、动力蓄电池更换等,提供可靠、便捷的共享电动汽车服务,鼓励环保出行方式。

(四)公交汽车电动化与能源管理系统

(1)能源管理与优化策略:采用智能能源管理系统,对电动公交汽车的能源消耗进行监测和管理,优化车辆运行计划,降低能源成本。结合实时交通状况和乘客需求,制订优化能源使用的策略,如调整车辆运行速度、优化车辆行驶路线等。

(2)充电桩智能管理与调度:确定充电桩布局,合理分布在公交汽车线路沿途和终点站等位置,提高充电便利性。通过智能管理系统监控充电桩的状态,实时了解充电桩的占用情况和运行状况。采用调度算法优化充电桩的使用,合理分配充电资源,避免充电桩的拥堵和闲置。

四、交通风险预警与应急系统

交通风险预警与应急系统是城市智能交通服务系统的重要组成部分,旨在通过智能化技术,及时识别交通风险,预警潜在的交通安全隐患,并提供有效的应急管理和决策支持,以保障交通系统的安全稳定运行。该系统主要包含以下三个子系统。

(一)交通风险识别与预警系统

(1)交通风险与事件识别:建立交通风险识别的智能算法和数据模型,通过分析交通数据,判断交通状态,预测潜在的风险事件,包括交通拥堵的识别、交通事故的预测、道路施工影响的分析等。

（2）实时交通风险预警：基于交通数据的分析和预测结果，系统实现实时交通风险预警功能。在交通事故发生时，通过显示屏、手机应用程序（App）、交通导航设备等渠道向驾驶人、乘客和交通管理部门发送预警信息，提醒他们注意潜在的交通风险，以便及时应对交通拥堵和安全隐患。

（二）主动交通安全系统

（1）智能辅助驾驶系统：利用摄像头和传感器等设备，监测驾驶人的状态以及车辆周围的动态环境，可以监测车辆的盲点区域、识别潜在碰撞风险，在发现紧急情况时，系统能够及时向驾驶人发出碰撞预警，若驾驶人未及时反应，系统将自动进行制动，帮助避免碰撞或减轻碰撞程度。

（2）智能交通信号控制优化：发现交通拥堵、事故或其他交通风险时，交通管理者可以通过智能交通信号控制系统，优化交通信号配时。适时调整信号灯的绿灯时长，以减缓或疏导交通流量，避免拥堵进一步扩大，并确保救援车辆等紧急车辆畅通无阻。

（3）交通疏导与动态限行：针对发生的交通拥堵或事故，交通管理者可以及时设置交通疏导标志和指示牌。提供绕行的引导信息，帮助驾驶人避开风险区域，选择更安全和畅通的路线。根据交通状况，交通管理者可以制订临时性的动态限行策略，限制特定区域或时间段内的车辆通行。

（三）应急交通运输系统

（1）事故和紧急事件响应：应急交通运输系统可以快速识别交通事故、火灾、爆炸等紧急事件，并向交通管理中心和应急服务人员发送警报。通过实时监测交通情况，系统可以帮助决策者了解事故的影响范围，制订适当的交通管制和路线规划，以确保救援车辆的畅通通行，同时向公众发送实时的交通和安全信息，确保驾驶人和行人避开事故区域，从而减少交通阻塞和混乱。

（2）交通管制与调度：在紧急情况下，应急交通运输系统可以实施交通管制措施，如临时封闭道路、改变交通信号灯配时、引导交通流量等，以确保应急救援车辆和人员的快速到达事发地点。系统可以提供实时的应急路线规划，帮助应急救援车辆避开事故或堵塞的道路，以快速抵达目的地。这有助于减少时间延误，提高救援效率。

（3）模拟演练与决策支持：应急交通运输系统可以创建不同类型的紧急情景，如交通事故、火灾、恶劣天气等，模拟这些情况下交通运输系统的运行和影响。系统可以生成模拟的交通数据，如车辆流量、行驶速度、交通拥堵等，以反映真实情况下的交通状况。决策者可以在模拟环境中尝试不同的应急响应策略，例如交通管制措施、救援车辆调度、路线规划等，以评估这些策略的效果和可行性。在模拟中，可以使用实时数据来模拟事件的演变，以更准确地评估不同决策在紧急情况下的影响。

第三节　城市智能交通服务系统

一、概述

城市智能交通服务系统是城市智能交通系统的一个子系统，它通过获取交通平台中的相关交通信息,为交通管理人员和车辆驾驶人员提供全面的交通服务信息。城市智能交通服务系统作为一个提供交通信息服务的系统,它通过先进的通信手段向交通管理人员和社会公众提供各种交通信息。它能够让交通管理人员实时掌握交通道路信息状况,也可以让出行者在从起始地到达目的地的整个行程中都能实时地通过各种终端设备了解到当前系统提供的各种交通服务信息。城市智能交通服务系统是智能交通理论研究的应用成果,它的广泛应用是一个城市实现智能交通的重要标志。

本章将从交通信息服务系统、公共交通服务系统、出行即服务(MaaS)系统三个方面介绍城市智能交通服务系统的构成和功能。

二、交通信息服务系统

(一)交通信息服务系统构成

交通信息服务系统是城市智能交通服务系统的重要组成部分,综合运用多种高新技术,通过有线、无线通信手段以及文字、语音、图形、视频等多媒体形式实时动态地提供与出行者相关的各类交通信息,使出行者从出发前、出行过程中直至到达目的地的整个过程随时能够获得道路交通状态、所需时间、最佳换乘方式、所需费用以及目的地等各种相关信息,从而指导出行者以最高的效率和最佳的方式完成出行过程。

交通信息服务系统可分为交通信息采集系统、交通信息传输系统、交通信息处理系统和交通信息发布系统四大子系统。

(二)交通信息服务系统分类

交通信息服务系统可分为各具特点的不同类型,具体如下。

1. 按照向交通参与者提供信息服务的时间进行分类

(1)出行前信息服务。出行前信息服务可使出行者在家里、单位、车内或其他出发地点访问出行前信息服务系统,以获取当前道路交通运输系统和公共交通系统的相关信息,为确定出行路线、出行方式和出行时间提供支持。

(2)行驶中驾驶人信息服务。通过视频或音频向驾驶人提供道路信息、交通信息和各种警告信息,帮助驾驶人修改出行路线,并为不熟悉地形的驾驶人提供向导服务。

(3)公共交通信息服务。利用先进的电子、通信、多媒体和网络技术,使已经开始出行的公交用户在路边、公交汽车站或公交汽车上,通过多种方式获取实时公交汽车出行服务信息,以便乘客在出行中能够对其出行路线、方式和时间进行选择和修正。

2. 按照信息系统所提供信息内容的不同进行分类

(1)驾驶人服务系统。利用先进的信息、通信等技术,为驾驶人提供丰富的行驶信息,引导其行驶在优化的路径上,以此减少汽车在路网中的滞留时间,这种服务主要针对城市路网的个体汽车。

(2)交通流诱导系统。以交通流预测和实时动态交通分配为基础,应用现代通信技术、电子技术、计算机技术等为路网上的出行者提供必要的交通信息,为其当前出行决策和路线选择提供信息参考,这种服务面向的是路网上行驶的所有车辆。

(3)停车场信息服务。给停车者提供一定区域内所有停车场的位置信息以及其车位利用信息,从而有利于驾驶人做出合理的停车选择,减少迂回驾驶和由此产生的无谓交通量及环境污染。

(4) 个性化出行信息服务。个性化出行信息是指满足特定出行者个体需求的信息,通常涉及交通信息、公交信息和黄页信息(例如旅游目的地、住宿)等,出行者可在任何地方通过交互式咨询终端获得这类信息,从而制订合适的出行计划,选择合适的路径。

三、公共交通服务系统

公共交通服务系统是指在公交网络分配、公交调度等关键基础理论研究的前提下,利用系统工程的理论和方法,将现代通信、信息、电子、控制、计算机网络等高新科技集成应用于公共交通系统,并通过建立公共交通智能化调度系统、公共交通信息服务系统、公交电子收费系统等,实现公共交通调度、运营、管理的信息化、现代化和智能化,为出行者提供更加安全、舒适、便捷的公共交通服务,是城市智能交通服务系统的重要组成部分。

(一) 公共交通服务系统体系结构

公共交通服务系统主要包含以下几个部分。

(1) 公交系统优化与设计。对公交线网布局、线路公交方式配置、站点布置、发车间隔确定、票价的制订等进行优化和设计,从规划方面提高公交服务水平。

(2) 公交智能化调度系统。包括公交汽车定位系统、电子站牌和主控中心的监视与通信系统,其主要功能是实现公交汽车的自动调度和指挥,保证车辆的准点运行,并使出行者能够通过电子站牌了解车辆的到达时刻,从而节约出行者的等车时间。

(3) 公交信息服务系统。通过媒体(可变信息牌、信息台、互联网等)将公交信息(出行线路、换乘点、票价、车型等)发布出去,使采用公交出行的人员可以很方便地获得这些信息,从而吸引公共交通出行。

(4) 出行规划与导航系统。提供多模式出行规划服务,结合公共交通、步行、骑行、共享出行等多种交通方式,为乘客提供最佳出行方案。提供导航功能,引导乘客到达最近的换乘站点或共享出行点,提供实时导航服务。

(5) 公交信号优先系统。公交信号优先在公交优先技术上属于"时间优先",它是指在交叉路口为公交汽车(优先汽车)提供优先通行信号,公交信号优先实施的理念是在保证不对整个交叉路口或干线车辆运行产生严重影响的前提下,减少公交汽车的延误(使公交汽车顺利通过交叉路口),降低公交汽车的路线行程时间,提高公交准点率提高公交汽车的运行效率。

(6) 智能票价与优惠策略。基于乘客需求和交通状况,制订智能化票价策略,根据拥堵程度、乘车时间等因素动态调整票价,鼓励乘客选择非高峰时段出行,平衡车辆负载。管理优惠政策,如学生票、老年人票等,智能识别符合条件的乘客,并自动计算票价优惠,提高公共交通的吸引力。

(7) 公交服务水平评价。建立一套科学评价公交系统服务水平的指标体系。这套指标体系既是公交系统的评价标准,又是公交系统建设的依据。利用它对公交系统的经济效益、社会效益、服务质量等方面进行评价。

(二) 智能化调度系统

公共交通智能调度系统是智能公共交通服务系统的核心子系统,利用先进的技术手段,动态地获取实时交通信息,实现对车辆的实时监控和调度,它是公交车辆调度的发展模式,是公共交通实现科学化、现代化、智能化管理的重要标志。

公交智能化调度系统主要由公交调度中心、分调度中心、车载移动站和电子站牌等部分构成。

(1)公交调度中心的信息服务系统负责向用户提供公交信息,地理信息系统接收定位数据,完成车辆信息的地图映射,大屏幕显示系统主要是实时显示车辆运行状况。

(2)分调度中心的车辆定位系统负责完成本调度中心所辖车辆的定位与监控,与车辆间的双向通信。地理信息系统与调度中心中地理信息系统功能相同,只是范围要小些。

(3)车载移动站采用差分 GPS 定位技术,将车载专用终端机安装在移动的公交汽车上,可以在无人干预的情况下自动完成运动汽车的定位和定位信息的回传。

(4)电子站牌负责接收和显示下班车到站信息和服务信息,由一套 MODEM/电台、单片机、电子显示站牌组成。

四、出行即服务(MaaS)系统

MaaS 的全称是 Mobility as a Service,出行即服务,是交通运输领域盛行的概念,即通过整合不同的交通方式,用一个应用来满足用户日常出行的需求,为客户提供量身定制的出行"套餐"。我国学者将其描述为:将多种出行方式进行整合,根据出行者的需求提供定制化的出行服务,并能够通过单一的平台完成全部出行的预定与支付,为出行者提供最佳的完整出行链服务的系统。

根据功能的不同,MaaS 系统主要由四个主体构成:MaaS 用户(出行者)、运营商、MaaS 服务商、数据提供商,四个主体之间相互关联。MaaS 服务商通过整合运营商提供的多种交通方式,结合数据提供商提供的路况信息分析结果,向用户提供满足其出行需求的交通出行服务。运营商由多种交通方式提供方构成,常见的交通运营商有轨道交通、公交汽车、共享单车、网约车、出租车、飞机等。数据提供商对运营商和 MaaS 服务商提供的数据进行分析,获得实时路况信息、轨道交通等公共交通到达时刻信息、交通工具实时定位信息、交通工具内部客流量信息以及用户历史出行偏好信息等。

出行即服务体系需要集成从信息的整合、预订和支付功能到服务的捆绑以及政策方针的制定的各个方面,具体包括如下方面。

(一)出行需求的分析与预测

为了能够准确预测出行者的出行需求,数据信息需要在出行即服务系统中的各个主体之间交流共享,才能充分发挥其作用。出行即服务体系能够广泛地获取出行者的出行数据,运用大数据等先进技术能够准确分析出行者的出行偏好,从而为出行者提供个性化的出行服务。

(二)一次性支付与个性化套餐

在出行即服务体系下,用户在预定行程时可以一次性支付所有出行阶段的费用,在出行时仅通过单一的出行凭证就能够访问所有的交通服务方式,出行凭证可以是智能手机终端或交通卡等。出行者也可以根据需求,选择适合自己的出行套餐,购买一定数量的出行里程或出行时间。各交通服务运营商的资金将由出行即服务体系进行统一分配。

(三)行程规划与预订

在出行即服务体系中,需要构建单一的服务平台与用户交互,服务平台可以是智能手机应用程序或者是 Web 网站。平台能够向用户提供有关城市所有交通方式的实时信息,包括公共交通和私人交通,并通过分析用户的出行偏好,根据用户的不同需求提供个性化定制的出行方案,用户可以根据自己的出行需求进行出行行程的预订和支付。

(四)交通方式整合与运力调度

出行即服务体系能够整合多种交通方式,各交通方式将不再只是独立地发展,而是构成统一的体系。通过交通方式的整合,公共交通能够与其他交通方式有效衔接,可以解决复杂城区的公共交通覆盖问题,并通过共享交通解决出行的"最后一公里"问题。

本篇参考文献

[1] 程泰宁,王建国.中国城市建设可持续发展战略研究[M].北京:中国建筑工业出版社,2021.

[2] 傅志寰,孙永福.交通强国战略研究[M].北京:人民交通出版社股份有限公司,2019.

[3] 汪光焘.城市交通学导论[M].上海:同济大学出版社,2018.

[4] 邵春福,魏丽英,陈旭梅.城市交通概论[M].2 版.北京:北京交通大学出版社,2022.

[5] 任刚.我国城市交通系统仿真技术发展需求探讨[EB/OL].(2023-05-25)[2023-08-17]. https://www.7its.com/index.php? m = home&c = View&a = index&aid = 18117.

[6] 孔令斌,戴彦欣,陈小鸿,等.城市综合交通体系规划标准 GB/T 51328—2018 实施指南[M].北京:中国建筑工业出版社,2020.

[7] 过秀成.交通工程学基础[M].北京:人民交通出版社股份有限公司,2017.

[8] 沈志云,邓学钧.交通运输工程学[M].2 版.北京:人民交通出版社,2003.

[9] 杨晓光,白玉.交通设计[M].北京:人民交通出版社股份有限公司,2020.

[10] 项乔君.道路交通设计[M].北京:人民交通出版社股份有限公司,2022.

[11] 吴兵,李晔.交通管理与控制[M].4 版.北京:人民交通出版社,2009.

[12] 王炜,陈峻,过秀成.交通工程学[M].3 版.南京:东南大学出版社,2019.

[13] 陈峻,徐良杰,朱顺应,等.交通管理与控制[M].2 版.北京:人民交通出版社股份有限公司,2017.

[14] 汪光焘,陈小鸿,杨东援,等.城市交通治理现代化理论及应用[M].上海:同济大学出版社,2022.

[15] 王炜,华雪东,赵德.城市虚拟交通系统—基础理论、关键技术与案例分析[M].北京:科学出版社,2022.

[16] 王炜,赵德,华雪东,等.城市虚拟交通系统与交通发展决策支持模式研究[J].中国工程科学,2021.23(3):163-172.

[17] 杨东援,段征宇,李玮峰,等.大数据与城市交通治理[M].上海:同济大学出版社,2022.

[18] 胡晓伟,包家烁,安实.城市交通治理政策研究综述与展望[J].交通运输系统工程与信

息,2021.21(5):139-147.
[19] 曲大义,陈秀锋,魏金丽,等.智能交通系统及其技术应用[M].北京:机械工业出版社,2017.
[20] John C. Miles,陈干.智能交通系统手册[M].北京:人民交通出版社,2007.
[21] 徐建闽.智能交通系统[M].北京:人民交通出版社,2014.

第九篇

综合交通运输系统

第一章 综合交通运输系统特征

综合交通运输系统利用各种交通运输方式的自身特征与运输网络，基于综合交通枢纽的方式转换与复合运输通道的规模效应，依赖运输服务的信息化组织与多方式交通衔接协作，有效满足多方式综合运输需求。

第一节 综合交通运输系统基本要素

中共中央、国务院于2021年2月印发《国家综合立体交通网规划纲要》，强调要推进综合运输服务高质量发展，标志着我国综合交通运输协同发展进入新的阶段。实际上，综合交通运输的概念产生于20世纪40年代，强调运输的合理分工、市场竞争、资源环境友好，通过各要素协同提升客货运输的效率与效益，实现旅客出行与货物流通的高效、绿色和经济。

一、综合交通运输的概念

城市之间强调铁路、公路、水运、民航、管道五种运输方式的协同发展，城市内部则强调轨道交通、地面公交、小汽车、出租车、自行车、步行等多种交通方式的协同发展。综合交通运输系统是指根据实际交通运输需求场景，充分利用各种运输方式所具有的自身特性与运输网络，基于综合交通枢纽的方式转换与复合运输通道的规模效应，依赖运输服务的信息化组织与多方式交通协作，组织形成的有效满足运输需求的复杂系统。各种运输方式能根据国家发展战略和交通需求，按照各自技术经济特征和比较优势共同构建形成布局合理、功能完善、衔接顺畅、技术先进、安全可靠，运输服务安全、便捷、高效、绿色、经济的交通运输有机整体。

相对单一运输方式，综合交通运输系统产生更高的经济和社会效益，更加适应当代经济多样化、国际化、信息化、网络化和可持续发展的要求。因此，综合交通运输系统不单纯着眼于运输数量与质量等直接目的，还需考虑对区域经济和社会的长期促进作用，以及对沿线生产、生活与生态的长期影响等。

二、综合交通运输发展的驱动要素

综合交通运输是交通发展的大势所趋。综合交通运输发展的驱动要素包括服务人民出行和货物运输、支撑和引导国民经济发展、推动和引导国土空间优化、服务新产业发展等。

（一）服务人民出行和货物运输

（1）满足人们对美好生活的向往。人们对出行品质的要求不断提高，注重出行服务的快速、可靠、经济，运输过程的连续性，各运输方式基础设施、服务网络相互连接和配合的紧密性、融合性、一体性，各种运输方式及服务的可选择性。例如，人们旅行时希望拥有优质的"飞机/高铁+接机/接车+酒店住宿"体验，下飞机后能够在机场换乘全过程无缝衔接，且只需一个订单并享受价格优惠。

(2)满足货物多式联运的需求。多式联运是由两种及以上的交通工具相互衔接、转运而共同完成的运输过程,对降低物流费用在国民经济的占比起重要作用。多式联运通过集装箱进行直达运输,途中换装时无须拆箱、装箱,从而减少了中间环节,缩短货物运输时间,减少货损货差事故,提高货运质量。

(二)支撑和引导国民经济发展

(1)综合交通运输发展调整经济产业结构。对于空间格局与经济产业结构,综合交通运输发展能够发挥调整与优化作用。综合交通廊道沿线因综合交通运输便利性使得组织生产的范围更大、与市场的距离有效缩短,有利于形成更为合理、高效的产业结构。运输成本降低有利于产业的规模集聚与结构调整,又对运输需求的结构产生正向影响。

(2)综合交通运输发展增加并推动就业。据统计,2019年我国大陆地区仅交通运输、仓储与邮政业,就有62.96万家企业、从业人数1866万,综合交通运输发展还带动了机械制造业、建材产业以及能源产业的就业规模,拉动了交通路线附近的产业,使就业率大幅增加。

(3)综合交通运输发展改善投资环境。交通运输不仅是产品与服务成本的主要构成,其便利性也是区域竞争力的体现。在市场竞争和要素流动环境下,资源与资本往往向有较高投资收益率的区域流动。综合交通运输发挥各种交通方式的优势,能够有效降低企业生产成本、提升投资回报,吸引外来资本,加速地区经济发展。

(三)推动和引导国土空间优化

(1)综合交通运输支撑城乡一体化。综合交通运输系统发展水平决定人与物流动的便利、安全、经济。广覆盖、高效率的综合交通运输体系,能进一步缩短城乡之间的距离,促进城乡交流,推动城乡一体化建设进程。

(2)综合交通运输引导国土空间布局优化。国土空间的开发格局决定交通设施的布局走向,交通设施也一定程度上决定空间区位与发展潜力。①水运和铁路运输能力强、成本低但速度较慢,为获得较低的运输成本,能源资源型企业通常选择水运和铁路运输便利的地区。②高速公路高效灵活、运输便捷、能实现门到门服务,可使资本密集型产业的产品实现快速流通与送达,是具有较高附加值工业品优选的运输方式。大量工业园区、高新区、开发区沿高速公路集聚,如长三角G60科创走廊。③航空和高铁运输速度快、时效性强但成本高,电子科技产业、生物医药产业、设计咨询产业、商务商业服务中心等集聚航空枢纽、高铁枢纽,如上海虹桥商务区。综合交通运输的差异性、互补性,对国土空间结构产生反馈和长期塑造作用。

(四)服务新产业发展

(1)综合交通运输与物流业。综合交通运输是全球范围内快速、及时、便利的大规模物流业发展的基础。因地制宜、综合发挥各种运输方式优势并有机结合,是现代物流业的基本特征。

(2)综合交通运输与旅游业。旅游目的地交通运输的有效性、多样性与感知质量,不仅决定旅游者的出游动机,也会对旅游者体验质量和重游意愿产生直接影响。更重要的是,综合交通运输的便捷性提高了旅游网络的通达性,极大地增加了区域内旅游点的数量,使得全球旅游产业蓬勃发展。

(3)综合交通运输与服务贸易。综合交通运输加强了各种运输服务之间的无缝衔接与合作,包括线路、运力、运营时间、票制、价格的衔接。推进客票一体化联程、货物多式联运,大力发展现代物流服务、快递等先进运输服务方式以及汽车租赁等交通服务业,创新服务方式,有效延伸运输服务链,也产生出新的交通服务产品。综合交通运输体系进一步完善了邮政和快递服务网络,提升了传递速度,通过邮政综合服务的平台网络作用,拓展邮政物流、代理代办等业务,实现了普遍服务覆盖城乡,支撑了电子商务、快递配送、配载等新兴业务的发展。

三、综合交通运输系统的构成要素

综合交通运输系统的构成要素主要包括客货交通需求、空间网络设施、交通载运工具、运行服务保障等要素。

(一)客货交通需求要素

综合交通运输系统的客货交通需求,是在实施国家战略、保障国家安全、协调区域发展等过程中,不同人员和物资要素在国土空间流动和转换的交通运输需求,也是国家对外贸易、生产、服务等要素在国际间的交通运输需求,是构建综合交通运输系统的服务客体。相对单一运输方式,综合交通运输的交通需求尤为关注交通方式间的换乘和中转环节,其基本体现是旅客联程运输与货物多式联运。

(二)空间网络设施要素

综合交通运输系统的空间网络设施,是实现综合交通运输系统客货交通运输功能的物理基础,由铁路、公路、航空、水运、管道等多种交通运输方式的网络设施,衔接不同交通运输方式的综合交通枢纽,以及不同交通运输方式形成的复合运输通道构成。

铁路空间网络包括客运铁路网、货运铁路网以及铁路枢纽站;公路空间网络包括各等级公路路网、客货运公路枢纽;航空空间网络包括干线机场及其航路;水运空间网络包括主要港口及其航道;管道空间网络包括原油管道网、成品油管道网、天然气管道网。不同运输方式的网络协同发展形成综合立体交通网。综合交通枢纽是衔接多种运输方式网络、辐射一定区域的客、货转运中心,包括国际性综合交通枢纽、全国性综合交通枢纽、区域性综合交通枢纽。复合运输通道一般由两种或两种以上运输方式线路组成,是承担国家主要客货运输任务的运输走廊,包括国际综合运输大通道、国内综合运输大通道、区域综合运输大通道等。通过强化方式衔接和立体互联,应实现通道空间布局上的立体化。

(三)交通载运工具要素

综合交通运输系统的交通载运工具要素,是容纳与承载被运送人员与物资的基本单元,通过机械动力驱动实现被运送对象在交通运输系统网络上的空间移动。根据运输方式的不同,可以将载运工具分为铁路载运工具、公路载运工具、水上载运工具、航空载运工具和其他载运工具。

铁路载运工具主要包括高速及普通铁路列车(客货车等)、轻轨、地铁、市郊列车等;公路载运工具包括汽车(客货车等)、无轨电车、摩托车等;水上载运工具包括各类船、舰、筏等;航空载运工具包括螺旋桨飞机、喷气式飞机、直升机等;管道运输的载运工具与其空间网络设施为一体,包括各类输油、输气管道等。

(四)运行服务保障要素

综合交通运输系统的运行服务保障措施要素主要包括法律法规、体制机制、国土资源、资金保障、技术政策、人才保障、规划设计等。围绕上述要素推动构建"服务大局、服务人民;统筹融合、协调衔接;优化存量,精化增量;集约节约、资源共享;创新驱动、科技引领"的综合交通运输系统,并保障其健康可持续发展。

四、综合交通运输的目标

(一)安全

安全是交通发展的永恒主题,是经济社会稳定发展的重要前提。综合交通运输的安全性主要体现在交通基础设施建设、运输服务、交通运输工具装备等安全运行能力及行业安全生产关键岗位的从业人员素质。

(二)便捷

便捷是对交通供给能力和质量的要求,提高交通基础设施通达程度,便利人民群众出行,注重综合交通运输服务公平性,增强人民群众获得感。要求提高交通基础设施覆盖衔接水平、综合交通运输设施与服务的无障碍水平,实现全国123出行交通圈和全球123快货物流圈。

(三)高效

高效是对交通供给效率的要求,充分利用物联网、大数据、人工智能等先进技术手段,提高交通基础设施利用效率、衔接转换效率、运营管理效率和交通网运行通畅水平,发挥各种运输方式的比较优势和组合效率。重点是高效利用、一体协调与智能创新。

(四)绿色

绿色是满足人民对优美生态环境的需要,推动形成绿色交通发展方式,提高资源集约节约化水平,促进交通与自然和谐共生。重点是生态环保与集约节约,旨在实现交通运输系统"碳达峰、碳中和"目标。

(五)经济

经济是对交通投入产出比率的要求,是指用户以可承受的价格享受到高品质、高性价比的运输服务,全面适应并支撑经济社会发展。要求满足人民群众对交通运输时间成本和支出费用的可承受能力,提高交通基础设施建设财务可持续能力、全生命周期成本可承受能力、有效防范债务风险能力等,并增强交通运输业对GDP增长的贡献度。

第二节 综合交通运输系统主要特征

一、综合交通运输系统的特征

综合交通运输系统是一个复杂系统,关联要素众多,是由铁路、公路、水运、民航、管道等多种现代化运输方式组成的有机整体,既有基础设施的交织,也有运输方式间的竞争和协作。相对单一运输方式来说,综合交通运输产生更高的经济和社会效益,更加适应当代经济多样化、国际化、信息化、网络化和可持续发展的要求。综合交通运输系统具有层次性、结构性、协同性、服务性。

（一）层次性

综合交通运输系统主要包括四个层次，由下往上分别是线网及设施层、设备及服务层、企业及组织层、法律政策及体制层。线网及设施层体现综合交通运输系统的规模与空间分布特征，设备及服务层体现综合交通运输系统的技术装备与服务水平，企业及组织层体现综合交通运输系统投资、运营主体状况，法律政策及体制层体现政府对综合交通运输系统的管控情况，包括制定的法律、政策、战略、规划、管理机构的职能协调、技术规范、监管体制等。

（二）结构性

综合运输系统包括与运输相关的硬、软件设施。硬件设施包括火车、汽车、飞机、轮船等运输工具，铁路、公路、航线、航道、管道等运输线路，机场、火车站、港口等运输场站，软件设施包括信息系统、运输代理、承运公司等运输组织及管理系统等。

（三）协同性

综合交通运输系统内各种运输方式共存与协同，依托枢纽转换和信息化组织跨越基础设施的分割和障碍，组织成有效满足运输需求的复杂系统。通过多种运输方式的协作与组织，促进综合交通运输系统的发展，强化其对社会经济发展建设的引领促进作用。

（四）服务性

综合交通运输系统立足于国家对运输资源在各运输方式之间的合理配置，立足于各运输方式之间协调互通，从而实现旅客运输的零距离换乘和货物运输的无缝中转，为客货运输提供安全、快捷、方便、经济、优质的服务，提升客货运输能力与效率。

二、综合交通运输的系统性能

综合交通运输的系统性能不仅在于运输方式多样、结构要素多元，还在于服务目的、服务区域的多样，主要体现在功能、空间、运行、服务和技术经济五个维度。

（一）功能维度

各种运输方式基于各自功能在综合交通运输系统中发挥作用。例如，水运和铁路运输能力强、成本低，但速度较慢，适合能源资源型运输需求。高速公路高效灵活、运输便捷、能实现门到门服务，适合工业园区、高新区、开发区等附加值较高的运输需求。航空和高铁运输速度快、时效性强但成本高，适合电子科技产业、生物医药产业、设计咨询产业、商务商业服务中心等运输需求。

（二）空间维度

根据空间维度的不同尺度，综合交通运输系统可以分为城际综合运输系统、城市综合运输系统、城市群与都市圈综合运输系统等。综合交通运输系统的空间布局形成典型的网络结构，综合交通运输网是在一定空间范围（国家或地区）由几种运输方式的线路和枢纽等固定技术装备组成的综合体，空间维度上的不同综合交通运输系统依据综合交通运输网发挥作用。

综合交通运输网是运输生产的主要物质基础，具有一定的组合结构与等级层次，是交通运输生产力在地域上组合的具体体现,其空间分布、通过能力和技术装备影响了整个运输系统的功能、状况与水平,在运输业发展中占重要地位。

(三)运行维度

综合交通运输系统运力的合理组织与衔接可以提高系统的运输效率和质量,增强服务能力和用户体验。在运行维度上,综合交通运输系统的运力组织与衔接主要体现在多种交通方式的协调与衔接、运力优化配置、时刻表协调和信息共享与智能调度等方面。

(1)多种交通方式协调衔接。综合交通运输系统通过衔接不同交通方式,实现乘客的零距离换乘和货物运输的无缝中转,使乘客和货物能够顺畅地在各交通工具之间转移,从而提高运输的便捷性和效率。

(2)运力优化配置。综合交通运输系统的运力优化配置是指根据需求和流量情况,合理配置不同交通运输方式的运力,以确保资源的最大化利用,达到最佳的运输效率和资源利用率。

(3)时刻表协调。综合交通运输系统需要协调各个交通方式的时刻表,确保不同交通方式之间合理衔接。例如,城市轨道交通和高速铁路等的时刻表可以相互匹配,以减少旅客的换乘等待时间,提高出行效率,改善交通出行体验。

(4)信息共享与智能调度。综合交通运输系统依靠信息技术实现交通流量的监测、分析和预测,以便调整交通资源的分配和调度。智能调度系统可以根据交通状况进行动态调整,以减少交通拥堵和延误。

(四)服务维度

根据服务维度的不同对象与组织方式,综合交通运输系统分为客运系统、货运系统、共享系统等,综合交通运输体系的服务性能不仅与各种运输方式及系统的服务能力有关,更取决于运输方式之间的协作与配合、运输结构及相应的综合效益,并与载运工具与基础设施的匹配性、运输组织与运输管理的协同度相关。

客运方面,旅客服务需求更注重舒适便捷的运输品质;货运方面,高附加值和小批量货物运输成为货运需求增长最为迅速的类别,集装箱运输和快递需求大幅增加,更加注重运输的时效性与可靠性。《交通强国建设评价指标体系》从经济、安全、高效、便捷、绿色五个方面设置三级20项指标,全面覆盖了综合交通运输系统的服务性能。

(1)服务经济性。经济是对交通投入产出比率的要求,是指用户以可承受的价格享受到高品质、高性价比的运输服务,全面适应并支撑经济社会发展。服务经济性指标包括交通支出可承受能力、交通运输对经济增长贡献率和通道枢纽经济发展水平共三个指标。

(2)服务安全性。安全是交通发展的永恒主题,是经济社会稳定发展的重要前提。综合交通运输的安全性可从生命安全、应急保障、自主可控3个方面衡量,服务安全性指标包括交通运输安全性、交通系统韧性、应急响应水平和交通设施装备水平。

(3)服务高效性。高效是对交通供给效率的要求,通过提高交通基础设施利用效率、衔接转换效率、运营管理效率和交通网运行通畅水平,发挥各种运输方式的比较优势和组合效率。服务高效性指标包括交通设施利用率、交通网运行通畅水平、旅客联程运输水平、货物多式联运水平和综合交通智慧化水平共五个指标。

(4)服务便捷性。便捷是对交通供给能力和质量的要求,提高交通基础设施通达程度,便利人民群众出行,注重交通运输服务公平性,增强人民群众获得感。服务便捷性指标包括交通基础设施覆盖衔接水平、对外连通度与国际化水平、交通基础设施无障碍水平、全国123出行交通圈覆盖率和全球123快货物流圈覆盖率共五个指标。

(5)绿色服务性。绿色服务从生态环保和集约节约两个方面推动形成绿色交通发展方式,提高资源集约节约化水平,促进交通与自然和谐共生。服务绿色指标包括交通运输工具主要大气污染物排放与碳排放水平、交通与环境协调发展水平和交通基础设施空间资源集约化水平。

(五)技术经济维度

交通运输的技术经济指标有运输能力、运输成本、运输能耗、运送速度、始建投资、安全性和运输便利性。

(1)运输能力。运输能力是系统在单位时间内(小时或日、年)能完成的旅客和货物运输量。运输能力可分为通过能力和输送能力。通过能力为在规定的运输线路、方向和区段上,一定运输组织方法条件下,运输设施/固定设备能通过的客、货运输量;输送能力为在运输线路、方向和区段上,在确定的运输条件下,运输工具所具有的运载旅客或货物的能力。

(2)运输成本。狭义的运输成本是指一定时间内完成一定客货运输量的全部费用支出,也称该期运输总成本。运输成本是一个综合性指标,是劳动生产率、燃料效率、设施使用成本、设备利用率、运输组织水平等的集中反映。

(3)运输能耗。能源作为耗费性支出直接影响运输成本,以万吨公里、万人公里的标准煤或千瓦时度量,是运输过程碳排放的主要来源。运输能源主要是燃油、煤炭和电力。提高集约化运输方式的比重,有利于降低综合交通运输系统的能耗。

(4)运送速度。运送速度指旅客和货物在运输过程中平均每小时被运送的距离,其取决于载运技术发展水平与基础设施能力,各种运输方式有其适用的速度范围。旅客或货物运输链试图将各种运输方式以其最优速度组合并衔接,满足快捷输送的要求。

(5)始建投资。始建投资是指运输设施及设备等方面的初始建造成本,包括线路、车站、码头、港口、机场等基础设施建设投资,运输工具、装卸工具及维护设施设备购置,以及其他固定资产的全部初始投资。

(6)安全性。安全是运输的基本要求,具有避免与减少事故经济损耗和损失以及维护生产力与保障社会经济财富增值的双重功能和作用。

(7)运输便利性。运输便利是指一种运输方式在任意给定两点间、任意时段提供服务的能力,用运输方式的空间与时间可达性表示,主要由运输网络及服务水平决定。如小汽车可以提供门到门服务,公共汽车只能提供站到站且给定时段的服务。

第二章 综合交通系统布局与规划

综合交通运输系统由公路、铁路、水运、航空、管道等多种交通方式运输子系统构成,其布局与规划内容主要包括综合立体交通网络布局与规划、综合交通运输通道布局与规划、综合交通运输枢纽布局与规划。

第一节 综合立体交通网络布局与规划

《国家综合立体交通网规划纲要》(以下简称《纲要》)中提出,根据国家区域发展的战略、国土空间开发保护的格局,结合各个重点区域的交通需求量、交通时空分布的预测确定了国家综合立体交通网规划。

《纲要》把重点区域分成了三种类型,提出打造"6轴、7廊、8通道"的综合立体网的主骨架。第一种类型是京津冀、长三角、粤港澳大湾区和成渝地区双城经济圈,形成4个"极"。除4"极"之外,还有8个组群、9个组团。规划6条综合性的、大容量的、高速的、多通道的、立体化的主轴,将4个集群联系起来,形成6轴。另外,"极"和"组团""组群"之间有7条走廊,在"组群"与"组团"之间、"组团"和"组团"之间有8个通道,组成"6轴、7廊、8通道",综合形成未来国家综合立体交通网的主骨架。本节将围绕综合交通网络需求分析方法、规划流程与方法、规划技术评价介绍综合立体交通网络布局与规划的工作内容。

一、综合立体交通网络概念与需求分析

(一)综合立体交通网络概念

综合立体交通网络连接全国所有县级及以上行政区、边境口岸、国防设施、主要景区等,包括城市间的公路网络、铁路网络、水路网络、航空网络、管道网络以及城市内的城市轨道交通网络、地面公交网络、道路交通网络、慢行交通网络等,是交通运输的基本载体。综合立体交通网络由综合交通运输通道、综合交通运输枢纽、综合交通运输线路等要素组成。

(二)综合立体交通网络需求分析

通常使用集计和非集计两类方法开展综合立体交通网络需求分析,所需数据包括城市群或都市圈区域国土空间规划、综合立体交通网络基础设施配置情况、居民出行调查数据、手机信令数据等。本节主要以综合立体交通网络建模基础表征和综合交通需求预测分析模型为例对需求分析方法进行介绍。

1. 综合立体交通网络建模基础表征

综合立体交通网络需求分析模型主要包括传统四阶段集计交通模型与基于离散数据的非集计模型,其中四阶段模型主要以居民出行调查为基础,由交通生成、交通分布、交通方式划分、交通量分配四个阶段组成。非集计模型则是对车辆、乘客、路网等单元进行建模,通过

模拟这些单元的行为来预测交通流量、速度等指标,包括基于个体、家庭的模型以及基于微观仿真的模型等。综合立体交通网络建模的输入数据主要包括城市群、都市圈区域国土空间规划、省市统计年鉴数据、居民出行调查、对外通道 OD 调查、高速路收费数据、公铁水航客票数据、手机信令数据等,其中居民出行调查数据、对外通道 OD 调查数据也被用于提取区域出行意愿等信息。这些数据可通过相关部门走访、传统居民出行调查获取,或通过交通监测设备、手机信令数据等方式获得。综合立体交通网络模型的输出数据主要包括出行交通量、出行交通分布情况等信息,建模分析结果也常被用于评估交通政策效果、优化综合立体交通网络等。

2. 综合交通需求预测分析模型方法

随着综合交通网络的进一步发展,客运出行与货物运输形态由单一方式交通运输向多方式组合交通运输发生转变,综合交通需求的时空分布以更为复杂的多模式交通链式组合的形式实现。综合交通需求分析模型是预测未来综合立体交通网络交通水平的重要手段,为综合立体交通网络建设提供指导。目前,多个城市群正尝试构建适合当地的综合交通需求预测分析模型,如京津冀城市群结合城市 GDP、人口和地理位置等因素,应用重力模型对城市群交通流进行模拟预测。粤港澳大湾区利用重力模型预测区域客流需求生成量及空间分布的变化,并利用 Logit 模型划分区域客流交通方式。长三角城市群通过构建居民城际出行的关系矩阵,从出行节点、城际关联层面分析区域综合交通网络的出行规模和空间分布特征。广东省构建了基于出行频次、目的地选择的综合交通模型,通过以区县为片区单元,实现城市与区域分析模块化。

对于综合立体交通网络出行需求分析,传统城市交通规划的"四阶段"交通模型相关技术理论在出行生成、出行分布、方式划分和交通分配方面均难以适应,交通需求和出行选择影响因素已发生显著变化,区域一体化与连绵发展特征也难以有效体现。因此,对于综合立体交通网络需求预测分析模型理论研究,需要从单一层次向区域和城市宏观、中观、微观多个空间层次演进,模型功能、架构、算法和所需数据也应进行革新与升级,特别是研究区域交通模型与城市交通模型的差异性、延伸性等,是交通建模理论发展的重要方向和关键工作。

二、综合立体交通网络规划流程

(一)规划类型

(1)时间维度划分。国家综合立体交通网络的长期规划主要针对交通发展的战略需求,表现为制订交通发展的战略和政策、注重制度性体系的设计和全局交通网络的发展和布局。此外还有属于战术层次的中期规划和属于执行层次的近期规划。

(2)空间维度划分。综合立体交通网络规划可根据空间维度划分为国家规划、区域规划和城市规划。国家层次的综合立体交通网络规划综合考虑国家政治、经济、社会、国防、生态等战略导向和未来国土空间形态,研究国家综合立体交通网络结构、布局等。区域层次的综合立体交通网络规划衔接国家战略,综合考虑区域未来社会经济发展对交通的需求等确定区域综合立体交通网络方案。城市层次的综合立体交通网络规划在承接、落实上位发展战略基础上,综合考虑地区客货运输特点等确定城市内多方式网络布局。

(3)规划对象维度划分。综合交通立体网络规划对象需要考虑铁路、高速公路、航空等多种交通运输方式的协调统一发展。不同对象有着不同特点和分工,通道内的交通货流和客流相对集中,包含多种交通方式;骨干线路网在交通网络中起到"动脉"作用,以畅通为目标,将全国的各个城市连接起来;交通支线起到"毛细血管"作用,以满足通达性为目的,将城市与小镇和乡村联系起来;交通枢纽则是交通网络中重要节点,连接了不同交通方式和交通流。

(二)综合立体交通网络规划原则

综合交通网络规划目标在于基于规划区域的社会经济发展要求,结合当地具体的自然地理条件和经济条件,平衡各个方面的发展需求后,通过对通道内交通运输网络的节点、线路、通道和运输网络整体的设计和布局等方式,实现其与社会经济以及环境系统协调发展,同时实现各个交通运输子网络系统间协调合作和优势互补,并最终落实交通项目的规划方案和实施方案制订。综合立体交通网络规划原则通常有以下方面内容。

(1)综合交通网络规划应当适应区域发展战略和规划,统筹考虑经济发展现状、人口及自然资源分布、国土开发、对外贸易和国防建设等的要求,并适度超前。

(2)综合交通网络规划应当建立在对于未来的客流货流的需求量科学准确预测的基础上,还应当将区域外的经济联系和过境的交通需求考虑在内。

(3)综合交通网络规划还应当充分考虑各种交通运输方式的技术经济特征及其比较优势,通过合理的配置和利用各种运输设施的空间布局,优化各种运输线路的资源分配,使得各种运输方式和城市交通系统间相互协调。

(4)交通运输系统的网络布局应当充分考虑规划区域的自然地理条件和资源情况,实现因地制宜地发展各种交通方式。

(5)综合交通网络规划应当注重节约和集约利用土地,在规划过程中要整合既有的资源,提高土地利用效率,构筑环境友好型并且适应能源结构的综合交通运输网络。充分利用地上、地下和水上、空中空间,满足生态文明建设和耕地保护制度要求,促进过江、跨海、穿越环境敏感区的通道与防洪安全、生态环境等协调发展。

(6)综合交通网络规划应当体现出以人为本,要重点考虑居民的出行需求以及尽可能提升居民的出行体验。强化枢纽间的衔接和一体化运输设施的配置,建立通畅、便捷、高效和安全的现代综合交通运输体系。

(7)做好与其他领域的协同联动。鼓励通道内运输方式科技创新和协同模式创新,加强综合交通通道与通信、能源、水利等基础设施统筹。

(三)综合立体交通网络规划布局流程

综合立体交通网络布局是将各交通方式节点和线路按照一定规律在空间上进行分布与组合的过程,重点关注网络的连通性、畅通性和可靠性问题。

综合交通网络布局规划时,首先需要确定上位规划战略和区域内外经济发展对交通的需求,而后确定综合交通网络的关键控制节点与枢纽,接着考虑方式网络比较优势、区域地理环境等因素分层次布局各种交通方式网络,最终实现综合立体交通网络的规划。在综合交通运输网络规划布局过程中,不断深化的布局方案将导致网络方式分担率、网络交通量等发生变化,最终引起交通运输需求发生改变。因此,综合交通网络的规划布局需要反馈网络调整后需求的变化,是一个不断反馈需求变化、不断评估网络效能、不断完善网络布局方案的过程。

为实现网络效能的评价,通常主要从技术层面、经济层面、社会层面和环境层面选取综合网络评价指标进行评价,如表征网络布局水平的网络连接度、网络时空可达性等指标。评价的结果可以反映综合立体网络在当前需求下的运行效能,为评估网络系统的优劣提供参考。

对不同的网络规划方案进行评价后,需要对不同方案进行比选,以选择最优的网络规划方案。常见的方案评估比选方法包括层次分析法、逼近理想排序法、模糊综合评价法、粗糙集模型、物元分析法等。

第二节 综合交通运输通道布局与规划

综合交通运输通道被认为是综合交通运输体系的主骨架,是由承担相同起讫点之间客货流、两种以上运输方式线路组成的交通运输系统,其旅客出行和货物运输密集,交通运输资源配置集中,新型交通方式和组织模式创新频繁,各方式之间及交通与沿线产业城市融合发展紧密。综合交通运输通道布局与规划通过确定多条通道的功能定位、空间布局,以及单条通道内部多种方式线路配置方案,实现多种运输方式线路之间的分工协作和整体效率最优。

一、综合交通运输通道概念与需求分析

(一)综合交通运输通道定义

综合运输通道是综合交通运输体系的主骨架,是由承担相同起讫点之间客货流、两种以上运输方式线路组成的交通运输系统。与之相对应的概念还有通道、交通走廊等。通道多在地理学、城市规划中被提及,一般认为是集聚大量运输需求和线性交通设施的地理区域。交通走廊也多出现于地理学,一般是指由交通干线和交通枢纽共同组成的廊道状地域空间系统。相比而言,综合运输通道强调通道范围内多种运输方式间的分工协作和整体效率最优,伴随政府开展通道规划和政策制定工作逐步形成。

综合交通运输通道具有空间形态线性集合、空间布局与沿线国土空间开发格局一致、客货流功能强度集聚、运行管理一体化、内外部系统多维度耦合关系复杂、形态与功能动态演化等的显著特征。综合运输通道的起讫点可以是城市群、城市或者枢纽场站,两点之间的交通线路距离是通道长度,相距最远的两条平行线路之间的空间距离是通道宽度,以线路出入口、枢纽场站为中心的交通时空圈则构成综合运输通道的影响区域。

综合交通运输通道是包括综合交通、国土空间、城镇发展在内的综合运输通道与外部环境的相互作用长期演变的结果,具有一定的空间稳定性。为精准研究通道功能布局,同时为政府制订通道发展规划明确对象,需要对通道等级进行划分。按照通道起讫点的层级,可将综合交通运输通道分为国际(跨国家或地区)、国家级(跨省)、省级(跨市)和市级四类。

(1)国际通道。通常集聚着跨国家或地区的客货运输需求,例如我国推进建设的新亚欧大陆桥通道属于国际通道。

(2)国家级通道。通常由国家各部门根据国际国内形势并综合发展现状提出并规划,是我国区域间、城市群间、省际以及连通国际运输的主动脉,也是各种运输方式资源配置效率

最高、运输强度最大的骨干网络。例如《纲要》提出加快构建的"6轴、7廊、8通道"属于国家级通道。

（3）省级通道。在遵循国家级综合运输通道在本区域内规划布局基础上，通过加密、优化路网形成省级综合运输通道。省级通道除服务于同省经济产业发展过程中相关的客货流外，同时承担其他省市通过本省的过境客货运输任务。部分城市群存在跨省情况，也将城市群综合运输通道归入省级通道。例如《江苏省综合立体交通网规划纲要》提出以南京为核心的"七纵六横，一核九向"综合运输通道属于省级通道。

（4）市级通道。在遵循省级综合运输通道在本区域内规划布局基础上，通过加密、优化路网串联主要城市组团的交通线路，形成市级的综合运输通道，例如深圳沿海通道。

在上述分类中，省级通道和市级通道的中的部分线路组成中也包含了上一级通道的线路要素，叠加了不同层级的功能，例如广州—深圳通道（省级通道）也是长三角—粤港澳主轴（国家综合运输通道）的组成。

（二）通道需求建模

按照通道上聚集承载的交通流对象，可将综合交通运输通道分为客运通道、货运通道和客货兼顾通道，其相应需求分析方法如下。

1. 客运需求分析

根据通道旅客出行方式，通道客运总量为铁路、公路、水路、航空运输方式客运总量之和；根据通道旅客出行范围，通道客运总量为通道过境客运总量与境内客运总量之和。当通道过境客运总量在通道客运总量中占比较大时，说明该综合交通运输通道在服务本区域经济社会发展不明显；反之，则说明该综合交通运输通道在服务本区域经济社会发展方面起着显著作用。

客运需求分析公式中的参数获取来源包括传统交通行业统计数据、营运（收费）数据和手机信令数据。其中，可利用传统交通行业统计数据和营运（收费）数据获取通道中高速公路、铁路、水路、航空旅客出行信息。利用手机信令数据，能对一定时期通道上用户活动进行追踪，可识别通道中旅客出行规模、出行范围和出行速度。

2. 货运需求分析

货运通道可分为对外交通枢纽集疏运通道、城市生产货运通道和城市生活货运通道。城市生活货运通道主要为城市生活、商业、办公提供服务，该方面货运任务一般由小型货车承担，因此货运需求分析重点在于对外交通枢纽集疏运通道、城市生产货运通道的需求分析。

对外交通枢纽集疏运通道和城市生产货运通道的规模计算流程大致相同，需将货运量转换为交通量再转换为通道规模，货运通道需求规模计算流程如图 9-2-1 所示。其中，产业园区单位用地面积的货运交通生成强度可通过现状货车 GPS 数据分析获取。

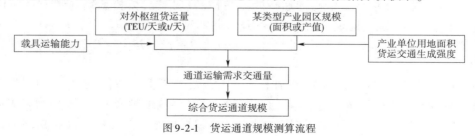

图 9-2-1　货运通道规模测算流程

二、综合交通运输通道规划流程

综合交通运输通道规划需要在该区域综合交通规划基础上开展,根据城市用地和交通系统的现状,合理组织交通运输通道,使城市用地布局、交通需求与交通运输系统的功能和能力相互协调,最终实现综合交通通道运输便捷顺畅、经济高效、绿色集约和安全可靠的目标。

综合交通运输通道规划可分为三个层次,即综合交通运输通道远期、中期和近期规划。

综合交通运输通道远期规划致力于增强对经济社会发展全局和国家重大战略的保障能力,是长远的方向性规划,规划年限一般在 20 年以上。

综合交通运输通道中期规划着眼于整个交通运输通道,研究其中各种线路、不同运输方式的定位与规模,以及这些建设项目的投建顺序,规划年限一般在 5~20 年。需要以该区域综合交通运输通道长期规划为指导,结合运输通道发展趋势,以解决未来运输通道面临的挑战为导向,通过定量分析与定性分析相结合的方法对综合交通运输通道做出中长期引导性规划。

综合交通运输通道近期规划主要完成 1~5 年内的通道建设方案规划。需要了解综合交通运输通道中存在的主要问题,明确其中的主要矛盾及其发展趋势。在城市土地开发的基础上,充分挖掘通道交通设施的潜力,同时对现有的道路交通网络进行进一步的完善,引导城市交通的可持续发展。

综合交通运输通道规划的工作流程如图 9-2-2 所示,主要包括现状分析与评价、发展趋势评估、规划方案设计和效能评估与比选过程。

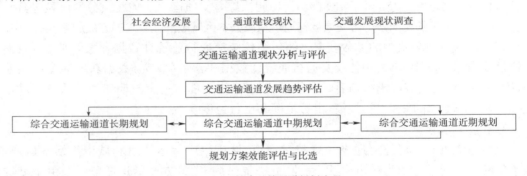

图 9-2-2 综合运输通道规划流程

现状分析与评价要在明确区域社会经济发展、通道建设现状、交通发展现状的基础上,分析通道现状运行效能,评估现状问题与短板。以省级通道为例,在获取区域经济社会交通发展数据、通道运行数据的基础上,重点评估当前通道是否能满足国家综合立体交通网客货运输"123 出行交通圈"(即都市区 1h 通勤、城市群 2h 通达、全国主要城市 3h 覆盖的要求),评估当前通道内多方式线路的通行能力与饱和度情况,分析运输通道对区域产业体系的适应程度,关注运输通道是否存在设施瓶颈,如过江桥梁隧道、收费站等,分析运输通道对生态环境的影响程度等,综合评价当前运输通道建设与运营水平,为后续规划设计提供支撑。

发展趋势评估需要在现状分析基础上,结合区域上位规划发展战略、社会经济发展定位与布局、人口增长预期、客货运输需求增长预期等,评估运输通道发展趋势,预测未来通道布局需求与运输需求。在考虑公路、铁路、水运、航空和管道方式的适用性和运输能力的基础上,基于综合交通需求评估的多方式交通生成与分布、需求预测等模型方法与技术,计算评估规划期综合交通运输通道内各方式的客流或货流强度,预测各方式线路重要断面的高峰流量。

规划方案设计是在现状分析与发展评估的基础上,提出通道的布局规划与设计方案。开展通道方案设计工作时,应在明确通道功能定位与等级的基础上,科学协调通道的位置布局、要素构成、设施规模、关联枢纽节点等要素,使通道与区域的空间结构、土地利用相适应,并与区域综合交通系统间形成有效衔接。在综合交通运输通道布局规划过程中,应结合规划期内通道的客货运方式结构、强度等需求确定通道内各种交通运输方式的设施规模,满足多种方式运输与衔接需求。此外,布局规划时还应充分考虑通道内的各类交通设施功能及对应的空间特征,在立体空间上合理组合各类交通方式线路。通过多种运输方式线路的立体共线设计,力争实现综合运输通道线位资源的立体集约利用,减少对生态环境的影响。图 9-2-3 所示为一种多方式运输通道的布置示意。

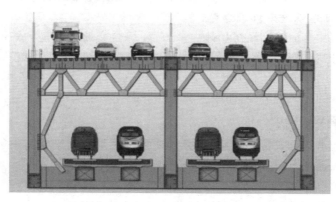

图 9-2-3　一种公路、轨道交通立体共线布置示意图

效能评估与比选需要结合发展趋势评价当前的运输通道的规划设计方案,评估维度主要包括供需匹配、国土空间适宜性、系统最优。其中供需匹配是指运输通道承载未来需求的能力,通常可用饱和度表征;国土空间适宜性是指通道对生态环境、农田、城镇等国土空间要素的影响程度;系统最优是指通道系统效率、服务水平、资源利用水平和社会经济效益的综合水平。在完成当前方案的评估后,需根据评估结果对当前规划布局方案进行优化完善。

第三节　综合交通运输枢纽布局与规划

一、综合交通枢纽概念与需求分析

(一)综合交通枢纽概念

交通枢纽是各种交通方式或几条交通干线交汇,并能办理客货运输作业或换乘换装作业的各种技术设备与建筑设施的综合体。一般由运输场站、港口、机场、各种交通运输线路,以及服务客货运输作业的装卸、联运、票务、换乘等辅助设施组成。

交通枢纽的定义有狭义和广义之分。狭义的交通枢纽强调具体枢纽场站的设施形态与具体功能,包括场站布局形态、运输集散功能及设备设施综合体等,如北京南站、上海虹桥枢纽;广义的交通枢纽强调枢纽在国家及区域经济社会与交通建设中的功能定位及经济作用,包括枢纽集群、枢纽城市、枢纽港站等。为更好建设综合交通枢纽,《交通强国建设纲要》提出要"构筑多层级、一体化的综合交通枢纽体系",《国家综合立体交通网规划纲要》提出"建设综合交通枢纽集群、枢纽城市及枢纽港站'三位一体'的国家综合交通枢纽系统"。

其中,综合交通枢纽集群服务依托于超大型城市群内高度发达的多模式一体化综合立体交通网,以国际性综合交通枢纽城市为核心,联动多个不同层级枢纽城市,形成多中心、多层级、网络化的枢纽集群。

综合交通枢纽城市是综合立体交通网的关键节点,连接国家综合立体交通网主骨架,是综合立体交通网实现一体融合的空间载体,是枢纽功能建设和发挥的基本依托,主要依托区域经济、文化和政治中心城市,发挥跨区域人员交流、物资中转集散的作用。

综合枢纽港站是枢纽运输功能具体落地的重要设施,包括铁路枢纽和场站、枢纽海港、航空(货运)枢纽、邮政快递处理中心等。

综合交通枢纽具有运输和经济功能。一方面,综合交通枢纽是各种运输方式汇集的地区,是客流和货流中转、换乘、换装和集散之地,也是各种运输方式衔接和联运的主要基地,承担综合立体交通网运输和转换功能。另一方面,枢纽地区人员、物资集聚,枢纽经济发展比周围地区有更好的先天优势,从而成为区域经济的一个增长点,具有经济增长促进功能。

(二)综合交通枢纽需求分析

综合交通枢纽承担方式转换作用,旅客换乘需求量与货物换装需求量是综合交通枢纽需求的核心表征参数。

1. 旅客换乘需求量

旅客换乘需求量包括枢纽对外客运需求总量、枢纽城市交通换乘需求和枢纽中转换乘需求。其中,对外客运需求预测是确定综合交通枢纽建设规模的重要依据,主要包括客运需求总量预测、客运结构预测及客运方向预测。城市交通换乘需求是根据综合交通枢纽的地理位置及功能,在未来对外客运需求总量的基础上,预测未来枢纽公交车、出租车、社会车辆、步行等城市交通方式需求量。中转换乘需求则根据枢纽承担的跨区域出行的客流转换功能,结合换乘客流特点及未来各运输方式客流发展趋势分析枢纽未来中转换乘量。

2. 货物换装需求量

货物换装需求量包括方式运输需求、换装需求等。其中,方式运输需求是确定综合交通枢纽形态的基本依据,例如水路运输需求需依托枢纽港口完成,铁路运输需求需依托铁路场站完成。换装需求则是确定综合交通枢纽建设规模的重要依据,当换装量较大且换装时间需求较为严格时,枢纽建设规模也相应提升。

二、综合交通枢纽规划流程

(一)综合交通枢纽规划原则

由于宏观发展战略、用地发展形态、地区经济发展、区域交通环境、交通发展水平、城市路网结构及自然条件、历史文化等诸多相关因素的影响,综合交通枢纽的规划布局、微观选址、交通设计等系列方案的形成具有自身的城市特色。综合交通枢纽规划应遵循以下原则。

1. 充分考虑规划枢纽在全国综合交通运输网中的地位

综合交通枢纽布局应从规划区域社会经济发展和交通运输需求出发,服从于综合交通网的总体规划,使交通枢纽与廊道、干线在能力上相适应,区域多个枢纽间合理分工,满足全国经济发展、产业布局的需要。

2. 满足规划区域或城市总体规划原则

综合交通枢纽规划要与区域总体规划相适应,在土地利用方面与城市用地功能保持一致,在空间上应与城市开发紧密结合,站城一体,形成TOD格局。

3. 合理预测综合交通枢纽需求与规模

应合理预测枢纽港站吞吐量、转换量、服务量,充分考虑需求引导及多种交通方式的综合协调,形成合理的交通运输结构,从而确定预测枢纽港站规模。根据枢纽国际、城际交通集散与转换能力,配置城市集散交通方式及设施。

4. 规划建设和管理运用并重

枢纽布局需要重视建设必要的运输服务设施,也应建立科学合理的组织管理系统,将枢纽的软、硬件系统结合为一个有机整体,提高枢纽运行组织效率。

(二)基本流程

综合交通枢纽规划的流程如图9-2-4所示,具体内容包括如下。

(1)背景研究。背景研究是决定规划成果科学性的前提,可分为现状背景和规划背景两个方面。其中,现状背景关注对发展现状的分析,而规划背景则关注与上位规划的衔接。

(2)交通需求预测。交通需求预测是交通枢纽进行枢纽选址、布局以及方案设计的基础,在交通枢纽规划中占有重要的地位。通过交通需求预测,可以得到枢纽所承担的旅客换乘和货物换装量等,为合理确定枢纽规模以及枢纽布局提供依据。

(3)方案规划。方案规划包括设施方案、交通组织和实施计划等,立体枢纽方案中有时还会涉及地上和地下两个方面。这部分工作主要采用多方案比选的方法进行,且详略有别。对影响大的近期项目(如轨道交通车站、站前广场),其方案深度接近设计;对于影响稍次的远期项目,则只规划要点,为下阶段设计提供明确的指导和灵活变化的空间。方案规划的结果还要经过方案评估检验,且方案规划和方案评估是一个不断循环持续优化的过程。

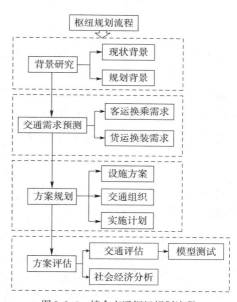

图9-2-4 综合交通枢纽规划流程

(4)方案评估。方案评估实际上是一个定性分析和定量分析相结合的过程,由于方案规划阶段已经进行大量的定性分析,因此在方案评估阶段主要进行定量分析。方案评估最主要的手段是交通评估,其次是社会经济分析。通常,在完成方案评估后需根据结果对规划布局方案进行优化完善。

第三章　客运交通一体化组织与联程运输

随着我国综合交通基础设施进一步完善,一体化组织成为综合客运交通发展趋势。客运交通一体化与联程运输依托枢纽等交通设施,将铁路、公路、水运、航空等多种客运方式结合起来,并进行组织和协调,为乘客提供多方式组合的无缝出行服务。

第一节　客运交通一体化与联程运输系统特征

旅客联程运输(联运)可以将旅客不同运输方式的行程进行统筹规划和一体化运输组织,从而充分发挥各运输方式的比较优势,促进交通运输系统平衡高效运转。

一、客运交通一体化需求

综合客运交通由多种交通方式组合形成,且包含多方式间的换乘和衔接,因而具有与传统的单一方式客运交通不同的出行时空需求特征,主要包括以下方面。

(1)空间范围广。当旅客进行短距离的出行时,单一的交通方式往往能够较好地满足旅客的出行需求;而当旅客进行长距离出行时,单一交通方式普遍存在覆盖范围不足等的问题,而综合客运交通则可以通过充分发挥各种交通方式的运输优势,完成单一模式交通运输网络无法实现的出行,因而综合客运交通的空间范围覆盖较广,旅客联程出行的空间跨度较大。

(2)时间跨度大。综合客运交通包括了多种交通方式间的运输过程,且需要花费时间进行换乘。旅客进行多方式长时间出行时,需要综合考虑各种运输方式的运行时刻,并根据自身出行的时间要求合理搭配时间,以完成一体化客运交通出行。因而综合客运交通出行的时间跨度往往也偏大,且包括了多种交通方式的出行时间和换乘时间。

(3)不确定性多。综合客运交通出行相较于单一交通方式出行,包括换乘等更多环节。较多的环节意味着综合客运交通出行中任一环节出现问题,如航班延误、班次取消等,都有可能使该出行方案受到影响甚至失效。此外,综合客运交通对于联程基础设施和系统的依赖也决定了其会受到诸多不确定性的影响。

(4)影响因素复杂。综合客运交通中多种客运方式组合的特点意味着需要关注大量潜在的影响因素。这些因素往往包括多个方面,并组合出现对综合客运交通施加复杂影响。

综合客运交通出行的特殊时空需求特征决定了客运一体化组织中应当关注以下要点。

(1)大范围出行方案串联。选择综合客运交通的旅客多进行的是大范围的出行,意味着出行方案具有选择多样性和组合复杂性。因此,在进行综合客运交通的方案组合时,需要从更高的空间维度上进行考虑,将多个交通出行方式进行合适的联结,保证串联通畅。

(2)换乘时间窗和服务时间衔接。在综合客运交通中,旅客需要在同一种交通方式内部或多种不同的交通方式之间进行换乘。过长的等待和换乘时间影响旅客出行效率,因而协调不同出行方式班次时刻、优化换乘流线等能够提供合适的换乘时间窗,为旅客提供更为平滑、连贯的出行体验。

(3)综合考虑多种不确定性影响因素。综合客运交通环节复杂、方式多样。为了减少或者避免相关不确定性因素带来的影响,需要全面地考虑各种可能会对行程产生影响的要素,制订多种应急响应措施。

(4)个性化解决方案提供。综合客运交通相较于单一方式客运交通,有着较为不同的属性和特征。因此,需要考虑发挥综合客运交通方案组合多样、灵活多变的特点,针对不同的旅客的出行特征和出行偏好提供个性化的出行方案,并在发生问题时及时调整,提供对应的解决措施。

二、客运交通一体化内容

客运一体化运输系统主要由旅客、运输承运人、运输代理人、一体化运输设施、票务票制、运输行李、一体化运输服务、运输组织、信息系统等要素构成。以下以一体化运输设施与票务票制为例简要介绍。

(一)一体化运输设施

一体化运输设施主要包括联运枢纽场站和依托枢纽场站设置的中转换乘设施。

1. 联运枢纽场站

联运枢纽场站可分为联运枢纽和联运站点。

联运枢纽是指为联程旅客提供中转服务的枢纽,包括空铁联运枢纽、公铁联运枢纽、公航联运枢纽等。随着客运一体化的发展,不少联运枢纽成了汇集多种交通方式的综合型联运枢纽,例如南京南站交通枢纽囊括了高速铁路、公路客运、城市轨道交通、地面公交、出租车等多种交通方式,是典型的综合枢纽。

联运站点是指为联程旅客提供始发或终到服务的末端站点,包括汽车客运站、城市候机楼、轨道交通站点、铁路无轨站等。

2. 中转换乘设施

(1)快速换乘设施。为了方便乘客转机、转车,当前新建枢纽往往都会建设中转服务柜台、便捷换乘通道等,中转旅客可以直接在枢纽内直接凭借前后程车票、机票,在中转柜台办理相关手续或途经换乘直梯、换乘通道通行,缩短换乘时间。

(2)免安检通道。2019年,交通运输部出台《城市轨道交通客运组织与服务管理办法》明确"减少重复安检,提高通行效率和服务水平"。当前施行的安检互认可以分为"单向互认"和"双向互认"两种,其中单向互认是指两种交通方式换乘时仅为单向免安检,如从高铁换乘地铁时设置免安检换乘通道;双向互认是指两种交通方式相互换乘均无须二次安检。

(二)一体化运输票务票制

随着一体化运输逐渐发展,不同公司、部门等主体将其票务与票制相互对接、融合,并在此基础上分别或联合推出了多种不同类型的组合套票优惠制度,通过实惠的票价吸引中转旅客。常见的票务票制形式包括但不限于如下。

1. 统一票务定价机制

由于联程客运模式涉及的票务主体较多,不同的交通工具票价体系各有差异、定价的基础也不同,为更好地为联程用户提供统一的票务服务,由联程服务平台制订统一的票务定价机制。统一票务定价不仅需要考虑联程旅客的出行特性以及基本社会经济属性,同时要兼顾不同运输主体之间的运营模式、服务内容与运输成本。统一票务定价具体包含基准票价和优惠票价机制,从而起到调整客流需求的作用。

2. 票价多元化机制

为了满足联程旅客的出行需求,需要综合考虑多方式交通运营商的成本与乘客的出行效用,对不同联程服务组合进行票价多元化、灵活化的一体化票价换乘补贴与联程优惠政策。多元化机制主要包括联程运输客票优惠、中转换乘优惠等。

(1) 联程运输客票优惠。以空铁联运为例,在空铁联运设施发展的基础上,"机票 + 火车票"优惠购票产品应运而生,相关产品为"航空 + 铁路"客票实行了优惠。例如石家庄正定国际机场推出"空铁快线"产品,为乘机旅客报销短途高铁票;携程旅行联合天津航空推出"空铁联运"产品,对"火车票 + 机票"套票产品提供 50 元优惠。

(2) 中转换乘优惠。针对进出机场的陆侧交通出行过程,相关空地联运市内交通费优惠可分为客车、轨道交通和其他接送机产品等多种优惠服务。如深圳机场"空铁联运"产品为乘客免费提供"深圳机场——深圳北站"机场大巴车票等。此外,针对一体化出行过程中换乘的前后两程可能存在不属于同一天的情况,机场运营公司、航空公司两类主体分别推出了不同规则的中转过夜免住宿费产品。如武汉机场对中转时间在 4~48h 的"空空""空铁"中转旅客提供一晚免费住宿。

3. 票价动态调控机制

票价动态调控主要通过调整票价的浮动与票务数量库存等措施,对联程出行中可能存在的列车晚点、交通拥堵以及事故等的不确定性场景进行主动的调控,提高联程出行票务的可靠性,以减少旅客的成本损失与保证出行可靠度为最终目的。票价的动态调控以政府指导,市场调节为主的模式运行,由政府管理部门设置联程票的最低与最高票价,在此基础上,联程运输企业根据运营成本与市场供需关系,动态地制订票价调控策略。

三、客运交通一体化发展趋势

综合客运交通与运输一体化的需求对不同交通方式之间组织和协调提出了更高的要求。当前,客运交通一体化发展主要存在以下两个方面趋势。

(一) 运力资源协同配置

综合客运交通中,不同交通方式因一体化需求而被要求视作整体。因此,相较于单一方式客运交通而言,一体化运输需要协调各种交通运输方式之间的关系与资源。运力资源的协调包括运能匹配、时刻衔接、枢纽布局等措施。

1. 运能匹配

不同交通方式之间会因交通工具、运营方式的不同而产生交通运输能力上的差异。运能匹配就是通过平衡不同交通方式的运输能力的输出与供给,匹配综合客运交通中不同交通方式之间的运能,提升运力资源的利用效率。

2. 时刻衔接

时间在综合客运交通中占据重要一环。由于涉及多种交通方式之间的换乘,不同交通方式的到达时间之间需要预留适当的时间以供旅客完成换乘。通过调整时刻表等手段,提供合理的换乘时间,从而确保不同环节之间衔接流畅。

3. 枢纽布局

枢纽布局是指综合客运枢纽的不同交通方式和功能区块在平面和空间上的设计和安排,以最大程度上发挥换乘枢纽在连接不同交通方式上的功能和优势。合适的枢纽布局能够强化不同客运方式之间衔接、优化客流集疏。

(二)数字信息互联互通

数字信息资源的共享也是一体化运输的工作重心。不同方式的数据互通有助于方式的衔接与协调。主要包括数据共享、接口互通、智慧平台等内容。

1. 数据共享

通过构建综合交通大数据中心体系,完善综合交通运输信息平台,促进多方数据深度融合共享。通过数据共享,能够同时获取不同交通方式的班次信息、旅客信息、票务信息等,为旅客的联程运输奠定基础。

2. 接口互通

通过接口互通,旅客可以在一个服务平台完成购买由不同运输方式组合的方案客票,实现联程出行。相关接口包括旅客信息同步接口、锁票/解锁接口、退改签接口等。

3. 智慧平台

智慧平台集成用户出行需求、功能需求、供给信息等数据,作为综合交通枢纽信息服务平台为交通运输企业、行政部门以及旅客等社会各方提供相关信息共享服务。

四、客运联程运输

客运联程运输是指通过两种或两种以上的交通方式完成的旅客连续运输,即在一次单程旅程中为旅客提供由至少两种运输方式构成的全程无缝衔接的运输服务。

客运联程运输包含两种以上城际运输方式,如公路运输、铁路运输、航空运输等,其以城际运输方式为主导,同时包括上述方式与城市客运方式之间的联运(如城市轨道交通+飞机+高铁+城市轨道交通)。仅由城市内部客运交通方式组合所形成的联运不是客运联程运输。

第二节 客运交通一体化与联程运输组织

客运交通一体化与联程运输服务于综合交通旅客出行,主要涉及服务需求识别、服务方案生成、服务问题诊断和服务平台集成,其对应关键技术包括以下内容。

一、联程运输需求识别

联程运输需求识别技术用于识别旅客联程时空和个性化偏好等需求。根据需求类型,联程运输需求识别技术可以分为宏观集计需求识别技术和微观个体需求识别技术。

(一)宏观集计需求识别技术

宏观集计需求识别技术针对群体集计需求,基于联程出行购票、手机信令等大数据,应用一定的数据处理挖掘手段识别联程运输时空出行链,分析综合交通运输网络上的联程运输需求时空分布与群体行为特征。

联程出行购票大数据大多基于12306、携程、巴士管家等出行购票平台获取,数据字段主要包括交通方式、出发时间、到达时间、下单时间、班次号、车型、票价、出发城市、出发站、到达城市、到达站等。

基于联程出行购票大数据可以分析联程运输空间需求分布特征,识别需求量大的关键通道、起讫点枢纽位置等;分析联程出行需求时间分布特征,评估需求高峰平峰时段、中转换乘预留时间等,为联程服务组织优化提供依据。

手机信令大数据是指手机与移动通信基站定期或不定期进行通信以维持通信服务所产生的数据。移动通信系统将服务区分割成多个服务小区并设置通信基站,当用户携带手机进入某一服务小区时,系统将自动更新手机所处的服务小区位置。手机信令数据记录了用户地理位置等信息,具有样本量大、时间连续、数据采集用户无感知等优点。结合先进算法,从手机信令数据中能够有效提取大规模联程出行者的联程出行时间、空间分布,识别联程出行链及涉及的联程方式。在此基础上,即可从时间、空间、旅客以及城市等多个角度分析挖掘联程运输宏观集计需求特征。

(二)微观个体需求识别技术

微观个体需求识别技术针对个体出行需求,基于出行调查、出行购票等数据,应用统计分析、行为分析等分析方法识别个体联程运输需求时空与行为特征。

联程出行调查主要针对旅客出行行为,旨在分析用户方式、方案等选择决策行为机理,为合理配置联程运输资源提供个体行为层面的决策依据。通常,调查人员需要根据调查目的确定实际偏好或意向偏好调查方法,并从个体属性、出行目的、方案属性、服务属性等维度设计调查问卷。收集问卷后,基于离散选择模型等理论分析旅客联程出行行为影响因素,并提出相应的优化建议。

购票数据分析主要针对用户购票行为,旨在为用户提供更满意的票务方案,包括联程中转地方案等。通常,需要收集各类用户的购票及出行相关服务购买数据,评估各类用户的消费行为,并根据分析结果为各类用户提供更多样、个性化的出行票务套餐方案。

二、联程运输瓶颈诊断

联程运输瓶颈诊断技术用于分析诊断联程运输中因设施供给不足或服务组织不优而造成的联程运输瓶颈,并为完善设施布局、优化运营服务提供依据。根据瓶颈类型,联程运输瓶颈诊断技术通常可以分为设施瓶颈诊断技术和服务瓶颈诊断技术。

(一)设施瓶颈诊断技术

设施瓶颈诊断技术针对联程运输中的设施瓶颈,通过设施承载力测算、通行能力分析和图论网络分析等方法识别枢纽—通道—网络基础设施的关键瓶颈。联程运输涉及换乘枢纽、运行通道与网络基础设施,其空间分布离散,存在相互作用影响。通常,根据设施的类型可将设施瓶颈诊断分为宏观设施瓶颈诊断与微观设施瓶颈诊断。其中,宏观设施瓶颈诊断是从综合运输网络等宏观层面识别联程运输的瓶颈问题,例如分析综合运输网络中承载能力较低的枢纽节点等。微观设施瓶颈诊断则是针对某一具体枢纽等对象识别设施的瓶颈问题,例如分析枢纽节点内部进出站口闸机承载能力等。

(二)服务瓶颈诊断技术

服务瓶颈诊断技术针对联程运输中的服务瓶颈,通过联程旅客出行满意度调查、联程运输运力组织承载力计算等方法评估联程运输中制约服务提升的关键因素。

以联程旅客出行满意度调查为例,为调查旅客对联程运输中各项服务的满意程度,挖掘服务瓶颈问题,通常可以基于李克特量表设计满意度调查问卷开展调查。联程运输服务涉及接驳、安检和换乘等诸多环节,各环节对联程运输整体服务的满意程度影响存在差异,通常可以使用问卷调查方式评估联程运输不同环节对满意度的影响程度。其中,满意度感知问卷的问题主要可围绕票务服务、信息服务、运营组织、个性服务、换乘衔接、可靠性、可达性、安全性和舒适性等方面设置。

三、联程运输方案生成

联程运输方案生成技术用于智能化生成面向多样化需求的联程出行方案,主要涉及用户偏好分析、可行方案检索和出行方案推荐。

(一)用户偏好分析

每位用户在出行效率、出行费用、换乘时间等方面存在差异化偏好,不同类型的用户对联程出行全过程的服务质量评判标准不同,为满足人们对出行的美好向往,有必要结合用户偏好为用户提供联程出行方案。在用户偏好研究领域,问卷调查方式是主要的研究方式,而随着用户画像等大数据偏好分析技术的日益成熟,这类技术也被广泛应用于广告、电商等各个领域,成为偏好分析的一种重要手段。联程运输中的用户偏好分析主要包含以下3个内容。

(1)联程出行数据预处理与特征分析:将联程历史票务数据进行数据清洗与数据匹配,识别联程数据与联程出行方案,分析联程出行方案选择特征。

(2)联程用户画像构建:基于数据预处理成果,从用户属性、用户行为、用户偏好、用户敏感四个方面应用统计、聚类等方法构建用户画像标签体系。

(3)出行方案策略分析:根据用户画像结果,结合历史订票数据,深度挖掘联程用户对于票务信息各项服务的需求和偏好。

(二)可行方案检索

联程运输涉及"飞机+高铁""巴士+飞机"等两种及以上主要综合交通运输工具,时间空间跨度大,两点间出行方案众多,然而存在着诸如换乘时间预留过大的隔日联程方案,这类方案通常不会被选择,因此有必要结合一定的筛选条件检索出可行的联程出行方案。可行方案的检索通常主要包括出行时间约束、联程费用约束等。

将某一旅客联程出行结构进行简化,如图9-3-1所示,该旅客从A地经由B地换乘,最终到达目的地C。在中转地B确定的情况下,A地与B地、B地与C地之间存在着铁路和飞机两种方式,每种方式都有数十条线路可以被选择。因此,在从A地到C地的出行中,有多种组合方式。

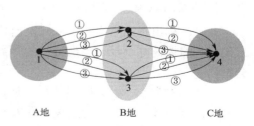

图9-3-1 联程出行简化示意图

(三)出行方案推荐

在用户偏好分析中,基于用户的历史购票行为建立了用户画像,标签化用户的历史出行行为,分析了用户对于出行方案的敏感性和侧重点。出行方案推荐针对不同类别用户,在可行出行方案检索基础上,建立不同的方案筛选目标函数和出行中转网络,为用户推送最可能满意的票务出行方案,实现用户出行方案智能化主动推荐,减少用户出行方案搜索与决策时间,优化出行体验,提升出行品质。

基于用户偏好分析的结果,针对不同类型用户群体建立多目标票务方案规划模型。对出行时间、出行费用、中转地点等进行限定,设计模型求解算法框架并求解,即可生成优选的票务信息出行方案。

四、联程运输服务平台构建

联程运输服务平台构建技术集成联程运输方案生成等联程运输关键技术,集合多种综合交通方式服务于一体化出行服务平台,提供顺畅便捷的"一站式"联程出行服务。主要包括以下四大核心功能。

(一)出行信息检索功能

用于检索用户的全周期出行的信息。用户在联程运输服务平台中输入出发城市、目的城市和出发日期,联程运输服务平台实时检索所有可行的出行方案,包含可行的直达和联程出行方案的具体信息,为后续优选方案推送奠定基础。检索信息可分为联程票务信息、换乘交通信息和出行服务信息。

(1)票务信息包括用户联程出行方案各阶段的班次号码、出发时刻、到达时刻、运行时长、票务类型、座位等级、票价、余票、时刻表等情况。针对机票的票务信息还应提供航班历史准点率、航空公司、机型、候机楼等信息;针对铁路的票务信息还应提供停复运信息、正晚点信息、候车厅等信息;针对巴士的票务信息还应提供停复运信息、候车厅、检票口、检票码等信息。

(2)换乘交通信息包括联程运输中转换乘阶段的换乘信息,包含中转城市、中转枢纽、城际城市交通方式出行指引等信息,城际交通方式如飞机、火车、客车等,城市交通方式如小汽车、轨道交通、常规公交、机场巴士等。出行指引信息包括枢纽场站间或枢纽场站内部的换乘方案、换乘费用、换乘时长及换乘后到达场站至下一程出发的等待时长。

(3)出行服务信息包括接送机预定信息、行包服务信息、隔天换乘酒店服务信息、交通枢纽各类设施地理信息和枢纽周边餐饮娱乐信息等。

(二)实时需求感知功能

通过联程出行用户实时输入此次出行需求以及系统对其历史订单记录分析,全方位对该用户的习惯偏好、起始点、出行目的等需求信息进行用户个性化分析,主要包含以下3类分析。

(1)用户消费行为分析:基于用户通过系统平台购买的历史票务信息,挖掘用户对票价、出行方式、出行时长、出发地点偏好等方面的特征。

(2)个体标签动态分析:针对用户属性、用户偏好以及用户使用本应用产生的历史订单数据,动态赋予用户标签,如"票价敏感出行者""商务差旅出行者"等。

(3)群体画像提取分析:将标签化后的个体用户与机器学习、数据挖掘相关算法结合,挖掘群体共同行为偏好,将用户按行为偏好分类并构建群体画像,为后续提供城际联程票务票价服务、全周期信息服务以及有关个性化服务等提供依据。

(三)动态方案推送功能

基于出行信息检索功能检索获取的所有出行方案,结合实时需求感知功能的用户属性标签与画像,为各类用户显示推送多种优选方案。

(1)综合优选方案:根据实时需求感知功能的用户标签与画像,针对各类用户对出行时间、费用、换乘次数等出行属性的不同敏感程度,按一定评估标准对检索获取的所有出行方案进行评估,根据所有出行方案的综合得分从高到低排序推送给用户。

(2)其他优选方案:除综合优选方案外,动态方案推送功能还提供多种条件筛选排序方法,例如按出发时间筛选排序、按耗时长短筛选排序、按价格高低筛选排序、按中转方式筛选排序、按中转城市筛选等,为旅客出行提供多样化选择。

(四)方案快速执行功能

方案快速执行功能为用户提供服务购买与调整功能,包含订单确认、订单支付、票务信息服务和订单退改等功能。

(1)订单确认:用户从平台提供的出行方案中选择满意的联程出行或直达出行票务方案,并确认订单。

(2)订单支付:用户在平台内一次性完成订单内所有出行服务的支付,无须前往各个交通方式运营平台或出行服务平台支付,即出行"一票制"。用户可选择使用绑定的支付方式进行付款,也可以选择第三方支付平台完成票务付款。

(3)票务信息服务:完成订单支付后,用户可在用户个人中心的订单管理或在行程信息中查询到已确认的票务信息,平台也将通过手机短信、消息推送或电子邮件等方式为用户提供信息服务。当行程发生变更,如航班延误、高铁晚点等情况时,平台将通过上述方式通知用户。

(4)订单退改:当用户行程发生变更,根据用户需要,平台将提供完整行程或某段行程退改签服务。

第三节 客运交通一体化与联程运输主要模式

当前,客运交通一体化与联程运输主要模式包括空铁联运、公铁联运、空巴联运、空海联运。

一、空铁联运服务模式

(一)空铁联运定义

空铁联运是指将高速铁路与民航运输有效衔接,形成空铁一体化的运输链条,为旅客提供高效便捷的联运服务。空铁联运是一种较为先进的联程运输模式,其运输距离长、速度快、品质高,重点服务关注时间成本的旅客。

(二)空铁联运组织

(1)基于虚拟航班的空铁联运服务:航空公司或铁路运营方根据旅客需求,将铁路班次或航班通过虚拟班次的形式录入售票系统,旅客一次性购买飞机票和火车票,在结束第一端行程后前往航站楼或火车站完成下一端出行。该组织形式将车票或机票引入对方销售系统,拓展了销售范围,使得旅客购票更为便捷。

(2)基于"捆绑销售"的空铁联运服务:该形式下铁路车票将作为民航机票的附赠,旅客通过航空公司或在线旅行平台购买空铁联运服务产品,即可自动获赠联程铁路客票,不需自行购买,旅客结束航空端出行后即可前往火车站完成铁路端出行。

(三)空铁联运特征

在空铁联运出行过程中,由于涉及多种交通方式衔接出行,一端出行失败进而影响整体出行的现象时有发生,不确定性是空铁联运的显著特征之一。常见的不确定场景包括航班延误、高铁晚点、票务退订改签等。

(1)航班延误。航班延误是指航班的降落时间比计划的降落时间延迟超过15min或航班取消的情况。根据航班管家发布的《2020年中国航班准点率报告》,2020年全国大型机场、中型机场、中小型机场的平均延误时间分别为20min、21.4min、16.9min。

(2)高铁晚点。高速铁路可实现全天候运行,正点率较高。据统计,中国高铁出发正点率为98%,到达正点率为95%,"复兴号"动车组的出发到达准点率达99%和98%。高铁晚点主要由雨雪天气、地质灾害、设备故障、突发或者意外事故等原因造成。

(3)票务退订改签。票务退订改签和旅客的个人行程安排密切相关。当旅客的行程安排发生变动时,需要改签至更适宜的出行方案或者取消本次出行;当航班延误或者列车晚点时,实际时刻表与旅客的计划时间不一致,往往会选择退订或者改签。

(四)空铁联运实践案例

中国东方航空集团有限公司与中国国家铁路集团有限公司上线了"空铁联运"产品,旅客可通过一站式购买航班与高铁车次组合的联运客票,实现民航和铁路客票销售平台的数据共享、互联互通。同时,依托高德地图为在非紧邻建成的车站和机场间换乘的旅客提供植入式交通攻略,为空铁联运旅客提供中转地图导航。

国内常见的空铁联运出行服务平台(图9-3-2)还有12306、智行、飞常准等。

12306平台联程服务仅提供了单次空铁换乘服务,其服务入口位于主页的一个按钮,主页上仍然是以铁路售票为主。选定空铁联程后,用户输入出发地及目的地,12306会为用户生成相应的空铁联程出行方案,当没有合适的空铁联程出行方案时,则会提醒用户选择飞机直达或火车直达的方案。

智行平台的联程服务名为"智慧出行"。选定智慧出行后,用户输入出发地及目的地,智行平台会为用户提供多种类型方案,包括推荐方案、飞机直达方案、普快直达方案、火车中转方案、飞机/火车中转方案等。

飞常准联程服务提供空铁联程出行方案。选定出发地及目的地后,飞常准会提供火车直达方案、飞机直达方案、中转方案。在中转方案中,用户可自主选择中转地,还包括火车换乘方案、空铁联程方案。

国外空铁联程实践方面,德国铁路(DB)与诸多航空公司合作,为客户提供"铁路和飞行"选项,方便旅客舒适地乘坐火车从 5600 多个德国铁路车站往返机场。旅客可以与航班一起预订空铁联运的火车和飞机票。空铁联运可以在航班当天或前后一天使用,并允许旅客自由选择各种等级的列车。

图 9-3-2　空铁联运服务界面

二、空巴联运服务模式

(一)空巴联运定义

空巴联运是指通过营运客车(机场巴士或公交汽车)连接机场与出行起讫点,实现公路与航空两种运输方式联运的服务模式。旅客在机场降落后,可选择乘坐营运客车离开机场;或是在航班起飞前,乘坐营运客车前往机场。

空巴联运是民航机场枢纽一种重要的基础性集疏运手段,能够有效提升机场对周边城市的辐射能力。空巴联运的合作方一般包括机场和道路客运企业,运营线路类型包括由机场运营的机场大巴或空港快线、由道路客运企业经营的道路客运班线两种。

(二)空巴联运组织

空巴联运是将城市公交系统、道路长途客运系统和航空系统有机结合,以提供更加便捷和高效的出行体验。在这种联运模式中,以"公路—航空"联运为例,旅客可以通过城市公交系统抵达道路运输枢纽,这个枢纽通常是汽车站或者交通枢纽,旅客在这里可以方便地进行购票、退票、值机等手续。接下来旅客可以选择乘坐道路客运,通过长途客运系统前往机场或者空巴枢纽,并进行航班的转乘,通过预订的航班直达目的地,实现出行的快速连接。旅客空巴联运出行全过程服务关键环节示意图如图 9-3-3 所示。

(三)空巴联运实践案例

中国国际航空公司与机场巴士运输公司合作,针对国航主要航点周边地区的旅客出行需求,由国航与当地地面运输公司合作为旅客提供通过航空订座系统查询、预订和购买与航空运输段衔接的城际机场巴士段的联运服务。旅客在购买机票的同时可以通过国航预订机场巴士乘车服务,并前往机场巴士柜台、市区内机场巴士售票站点领取预定的车票,办理乘机、乘车手续,真正意义上实现了一票通达。

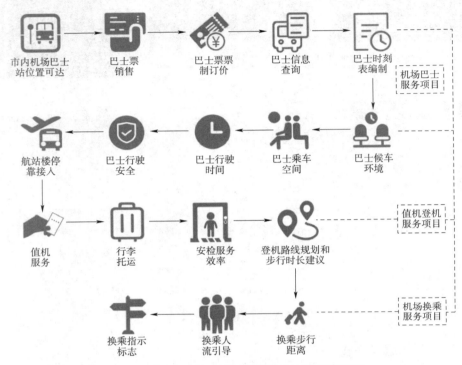

图 9-3-3　旅客空巴联运出行全过程服务关键环节示意图

三、空海联运服务模式

(一)空海联运定义

空海联运是指民航运输与客船或邮轮运输相结合,为旅客提供跨民航与水运两种运输方式的联运服务,参与方包括民航机场、港口集团、船公司等。旅客可以从飞机转乘船舶,或者从船舶转乘飞机,不论运输方向,致力于实现多种交通方式的无缝对接,为旅客带来跨越海陆的便捷出行体验。

(二)空海联运类型

空海联运服务模式下,旅客的组织和信息传递成为至关重要的因素,以提高出行效率和满意度。根据运营主导主体的不同,空海联运可分为机场主导型和港口主导型两种类型。

(1)机场主导型空海联运:在这种模式下,机场设立专门的服务设施,如码头专柜,为旅客提供一站式的服务,包括值机、购票、行李托运和信息查询咨询等。此模式适用于旅客乘坐轮船比其他方式更为便捷的情况,因此在特定条件下推广范围较有限。

(2)港口主导型空海联运:在这种模式下,港口码头(通常为邮轮码头)提供接驳运输服务,将旅客从其所在地运送到机场,或从机场送往港口码头,以方便邮轮游客的行程安排。

(三)空海联运实践案例

深圳机场福永码头距宝安机场仅 2.5km,使得深圳机场成了国内唯一的空海联运交通枢纽。目前,深圳机场码头已开辟空海旅客优先安检通道,打造地面交通中心空海联运专属休息区,并可无缝换乘 M590 路接驳公交往返机场码头与机场新航站楼。深圳机场在包括珠海九洲港的联运港口内设立了城市候机楼,可直接办理值机、行李直挂等手续,为旅客提供更加便捷的空海联运乘机出行服务。

四、公铁联运服务模式

(一)公铁联运定义

公铁联运是指将道路运输与铁路运输相结合,为旅客提供跨方式的联运服务,参与方包括铁路运输企业、火车站、道路客运企业等。

(二)公铁联运类型

公铁联运根据衔接模式可分为配套型和衔接型。配套型公铁联运适用于设施完善的地区,通过高铁无轨站或在火车站附近设立接驳点实现道路与铁路的旅客联运;衔接型公铁联运适用于距离较远的高铁站和汽车站,通过加强站间衔接、提供联运服务来完善高铁与汽车衔接。此外,公铁联运还涵盖客票服务、换乘服务、行李运输服务和引导服务等多种服务方式,旨在为旅客提供更便捷、高效的出行选择,实现公路与铁路等交通方式的紧密衔接。

(三)公铁联运实践案例

2016 年 12 月 19 日全国首个高铁无轨站在广西凌云县正式投入运营,使得凌云县成为全国首个没有高铁线路经过却成功融入高铁路网的城市。凌云县高铁无轨站开通与周边高铁站无缝对接的公铁联运班车,实现了公路与铁路同窗口购票、零距离换乘。目前,我国已建成数百个铁路无轨站,最大限度方便边远地区百姓出行。

美国国家铁路客运公司(Amtrak)同样提供铁路—巴士衔接服务。Amtrak 巴士衔接服务与列车协调连接,使乘客能够使用其他承运商从没有火车站的城市与 Amtrak 铁路网络连接。旅客可以通过该服务换乘前往美国 1000 多个其他车站的 Amtrak 列车。

第四章　货物运输一体化组织与多式联运

随着我国综合交通发展进一步深化,一体化组织成为货物运输发展趋势。货运交通一体化与多式联运依托货运枢纽、物流场站等货运交通换装转运设施,有效衔接铁路、公路、水运、航空、管道等多种货物运输方式,提供"一票制""一单制"的货物高效运输服务。

第一节　货物运输一体化与多式联运系统特征

货物运输一体化是一种综合性的运输管理模式,其主要目标是将不同运输模式和环节整合以优化货物运输结构、提高运输效率、降低运输成本,并减少对环境的不良影响。

一、货物运输一体化需求

货物运输一体化是现代物流业发展到一定阶段形成的一种全面、高效的运输模式。在过去,物流运输常常采用单一的运输方式,缺乏协调和衔接,导致了运输效率低下、成本较高以及服务质量不稳定的问题。随着全球化和市场竞争的加剧,物流业不得不寻求更为优化的运输方案。多方面的需求促使货物运输一体化的发展。

(1)提高运输效率:货物运输一体化以实现多种运输方式的优势互补,充分发挥每种运输方式的特点,从而提高整体的运输效率,减少货物在运输过程中的滞留时间。

(2)降低物流成本:通过一体化的运输方案,以减少中间环节和运输成本,优化物流资源配置,从而降低物流成本。

(3)减少环境影响:货物运输一体化可以减少运输过程中的能源消耗和排放,降低对环境的负面影响,有利于可持续发展。

(4)提高物流服务质量:货物运输一体化可以提供更加高效、安全、可靠的物流服务,满足客户的个性化需求,提高客户满意度。

(5)促进区域经济发展:货物运输一体化能够促进不同地区的经济协同发展,实现区域资源的优势互补,推动区域经济整体水平的提升。

二、货物运输一体化内容

货物运输一体化作为区域经济和社会发展的重要组成部分,是经济一体化的先导力量和支持力量。货物运输一体化强调在整个货物运输过程中各个环节之间的高度协同与衔接,形成一个统一的、高效的运输系统,注重运输的全面性和综合性。货物运输一体化主要体现在以下几个方面。

(1)基础设施规划建设一体化:货物运输一体化的基础设施规划建设是确保货物运输系统顺畅运作的核心。它涵盖了道路、铁路、水路、航空等各种运输方式的规划与建设,以及货运场站和物流中心等关键节点的布局。

（2）货物运输运营一体化：货物运输运营一体化强调各个运输环节之间的紧密配合与协作。这包括货物装载、中转、运输、卸载等各个环节，需要其在整个过程中实现高度衔接，以确保货物的高效运输。

（3）货物运输政策与管理一体化：为了实现货物运输的一体化，政府需要制订统一的政策和管理措施。这些政策应当鼓励不同运输企业之间的合作与资源共享，避免不必要的竞争，同时加强监管，确保运输安全和服务质量。

（4）货物运输信息一体化：货运信息的一体化涉及信息技术的广泛应用，以实现货物运输过程中信息的及时传递与共享。通过建立统一的信息平台，各个环节的信息可以实现互通，从而提高货物运输的可视性和透明度。

（5）货物运输市场一体化：货物运输市场一体化是通过建立统一的市场机制和规则，促进不同运输企业的有序竞争与合作。市场一体化可以激发运输市场的活力，推动运输资源的优化配置，提高运输效率和服务质量。

三、货物运输一体化发展趋势

货物运输一体化作为物流领域的重要发展方向，正面临着日益广阔的发展前景。在全球经济一体化和科技不断创新的推动下，货物运输一体化呈现出多个显著的发展趋势。

（1）信息技术驱动的智能化发展：物联网、大数据、人工智能等技术的应用将实现物流运输的智能化管理。通过传感器和数据采集设备，货物的实时位置和状态可以被监测并实时传输，实现运输过程的可视化和透明化。智能调度系统将优化货物运输路径和资源配置，提高运输效率和准确性。

（2）绿色环保与可持续发展：环保意识的提升和可持续发展的要求将促进货物运输一体化向更加绿色、低碳、环保的方向发展。推广绿色运输方式，如电动汽车、清洁能源驱动的船舶和飞机以及轨道交通等，可减少运输对环境的不良影响。

（3）多式联运的深入推进：多式联运作为货物运输一体化的核心内容之一，将得到更广泛的应用和深入推进。不同的运输方式能够实现高效衔接，形成无缝衔接的运输网络，提高货物的运输效率和灵活性。港口、物流枢纽和交通枢纽将在多式联运中扮演重要角色，实现各个运输方式的快速转换和衔接，促进物流通道的畅通。

（4）全球化和国际合作：国际物流合作将进一步加强，形成国际多式联运网络，提高全球货物的运输效率和便捷性。跨国物流企业将加强合作，共享资源，形成全球一体化的物流服务体系。

（5）定制化服务和末端配送优化：货物运输一体化将越来越注重末端配送的优化，通过智能化技术实现更精准、高效的配送服务。最后一公里配送将变得更加灵活，通过无人机、机器人、自动驾驶车辆等新技术，提供更加便捷、快速的配送服务。

（6）高速铁路和高铁运输的应用：高铁的快速运输能力和大容量特点使其成为货物运输一体化的重要组成部分。高铁联运能够实现城市之间的快速货运，同时与其他运输方式衔接，形成多式联运的运输体系。

（7）供应链协同发展：货物运输一体化将与供应链协同发展紧密结合。通过物流信息平台，实现供应链各环节的数据共享和实时交流，使供应链运作更加协调和高效。供应链各方将加强合作，形成全链条的一体化物流服务，提高整体供应链的竞争力和效率。

四、货物多式联运

多式联运(Multimodal Transport 或 Intermodal Transport),可以简单理解为"多种运输方式组合而成的复合运输",它是区别于"单一方式运输"的一种运输组织形式。从广义上理解,凡是在一趟运输过程中采用两种或两种以上运输方式的运输活动都可以纳入多式联运的范畴,包含了公铁、铁水、公水、空陆等所有跨运输方式的组合形式,以及各种大宗散货(煤炭、矿石、建材、粮食、石油等散货)、集装箱和半挂车等标准运载单元的多式联运等。狭义的多式联运强调两种或多种运输方式在接续转运中,仅使用某一种标准化的运载单元或道路车辆,且全程运输中不对货物本身进行倒载,具有代表性的是欧盟所指向的多式联运。狭义的多式联运不包括大宗散货的多式联运以及跨运输方式换装时需要拆箱、倒载的厢式化多式联运(如空陆联运往往需要落地拆箱后重新集拼装车)。由于技术的不断进步和发展形式的日趋多样,目前各界对于多式联运概念的界定有所不同,见表9-4-1。

多式联运的定义比较　　　　　　　　　　　　　　　　　　　　表9-4-1

地区/部门	文件	定义
国际	《联合国国际货物多式联运公约》	按照多式联运合同,以至少两种不同的运输方式,由多式联运经营人将货物从一国境内接管货物的地点运到另一国境内指定交付货物的地点
美国运输部	—	在运输方式间可以互换的货物集装箱的运输
欧盟	《组合运输术语手册》	货物全程由一种且不变的运载单元或道路车辆装载,通过两种及以上运输方式无缝接续、且在更换运输方式过程中不发生对货物本身操作的一种货物运输形式
中国	《物流术语》(GB/T18354—2021)	联运经营者受托运人、收货人或旅客的委托,为委托人实现两种以上运输方式(含两种)或两程以上(含两程)运输的衔接,以及提供相关运输物流辅助服务的活动

多式联运组成要素主要包括:多式联运经营人、多式联运承运人、多式联运规则、多式联运站场、标准化运载单元、多式联运专用载运机具、转运设施装备以及多式联运信息系统。

第二节　货物运输一体化与多式联运规划设计

为了积极推进多式联运发展,实现各货运方式互连互通、降低货运成本及缓解货物运输供需不均衡的矛盾,实现货物运输一体化,需要制订科学合理的多式联运系统规划设计方案。

多式联运规划设计主要包括货运基础设施规划与布局、载运装备及设施开发、配置、运营、管理以及控制系统设计与开发。其中,设施规划与布局是最基本,也是最核心的部分。多式联运系统规划设计应包括以下主要内容:多式联运货运需求发展预测、多式联运系统布局规划设计、多式联运系统规划设计方案评价与优化。

一、多式联运货运需求发展预测

(一)多式联运规划设计工作总体设计

多式联运规划工作涉及面广、工作量大,在规划工作开展前,必须进行总体设计。总体设计包括以下内容:确定规划地域范围、规划层次、规划年限;确定多式联运规划的指导思想及规划原则;确定规划区(直接影响区及间接影响区)内相关交通小区划分;确定规划目标;设计规划过程。

(二)现状货运交通基础信息调查与分析

1. 社会经济基础资料调查

需收集的社会经济基础资料包括以下几个方面。

(1)人口资料:人口总量及各交通小区分布。

(2)就业岗位资料:就业岗位数及各交通小区分布、薪资。

(3)国民经济指标:国民收入、各行业产值、产业结构等。

(4)运量:各种运输方式运量与周转量、货物类型、运价、分担率等。

(5)载运工具:各种运输方式载运工具类型、数量及相应的载重量。

2. 土地利用调查

与交通规划土地利用调查类似,服务于多式联运规划的土地利用调查信息应包括土地利用性质与数量信息、建成环境信息等。

3. 货运 O-D 调查

货运 O-D 调查即货物起讫点调查,O-D 为 Origin-Destination(起点-终点)的缩写。货运 O-D 调查的内容包括货物的类型、运量、换装量、等待时间、运价等基础情况,以及各次运输的起点、终点、时间、距离、载运工具等运输情况。

4. 货运网络流量调查

货运网络流量资料是进行现状交通网络评价、标定交通运输阻抗函数以及确定未来网络规划设计方案的重要依据。网络流量调查包括以下内容。

(1)节点流量:选择重要港口、火车站、货运站及换装点等,进行其各种货物的进出量调查。

(2)路段流量:调查各运输方式核心干线流量,路段断面流量。

5. 多式联运交通运输基础设施调查

多式联运交通设施调查包括以下内容。

(1)网络:网络类型(公、铁、水、航空、管道),单一运输方式网络数量及等级。

(2)综合枢纽:联运方式、坐标、容量等。

(3)货运场:场站位置、容量等。

(三)多式联运货运需求预测

多式联运网络规划的货运需求预测包括社会经济发展预测和多式联运货运需求发展预测两个部分。

1. 社会经济发展预测

社会经济发展指标是区域或者城市交通货运需求预测的基础。社会经济发展预测一般包括以下内容。

(1) 区域/城市经济发展预测。区域/城市经济发展预测就是要确定各规划特征年(如2010年、2020年、2030等)区域/城市经济发展指标,它包括各特征年区域/城市国内生产总值总量及在各交通区的分配等指标,以此作为区域/城市货运量预测的依据。

(2) 区域/城市人口发展预测。同样,人口发展预测就是要确定各特征年的常住人口、暂住人口及流动人口规模,以此作为区域/城市货运需求预测的依据。

(3) 劳动力资源与就业岗位预测。劳动力资源是指暂住人口中具有劳动能力的人数。各特征年的劳动力资源以各特征年人口指标为基础,考虑当前劳动力资源占总人口比例、人口的年龄结构变化、未来的退休年龄等因素确定。不计未来特征年的失业率,即认为劳动力市场是平衡的,那么,就业岗位数就等于劳动力资源数。在取得区域/城市的劳动力资源数及就业岗位数后,还需将其分配到各个交通小区。劳动力资源数在各交通小区的分配,可根据各交通小区人口数按比例分配。就业岗位数在各交通小区的分配,需根据各交通小区内所包含的工业、商业、科教卫等用地的面积、密度而定。

2. 多式联运货运需求发展预测

多式联运货运需求发展预测一般包括货运需求生成(货运发生、货运吸引)预测、货运需求分布预测、基于超级网络的货运"一体化"网络分配(货运方式划分、交通分配)三部分,可称之为改进的"四阶段"预测法。

该方法涵盖三个核心步骤。首先是货运需求生成预测,采用数理模型进行预测,考虑社会经济、人口就业和交通可达性因素,常用方法包括增长率法、回归分析法和交叉分类分析法。其次是货运需求分布预测,主要采用增长系数法、重力模型法、机会模型和系统平衡模型。最后,为了克服传统"四阶段"法在单一运输方式上的局限,实现多模式货物运输的"一体化"分配,采用特定网络分配算法,将货运 O-D 分布矩阵分配到多式联运网络上,以计算运输网络中各路段的流量。

二、多式联运系统布局规划设计

多式联运系统规划设计最主要的目的是规划设计新增的多式联运网络与枢纽,满足未来年的货物运输需求,同时确保相应的交通运输基础设施具有一定的经济效益。

(一) 多式联运系统规划设计方法

多式联运系统规划设计方法主要包括以下几种。

(1) 功能层次分析法:关注定性分析,一定程度上缺乏定量研究。

(2) 交通区位法:该方法的核心是将交通需求反映到交通区位的规划中,不足之处是从宏观的角度进行规划设计,缺乏微观细致化的研究。

(3) 节点重要度法:从节点的层面对线路进行规划设计,缺乏对网络流量和流向的分析。

(4) 基于多式联运建模的方法:预测未来年运输需求分布 O-D 矩阵,并对交通分布结果进行网络分配,根据货运量的增长速度和流量、流量的分布确定规划线路的位置及运输能力。该方法可以定量预测运输需求,并模拟相关多式联运网络规划设计方案的实际效果,可以更为科学合理地规划设计多式联运网络。

(二) 多式联运网络规划设计方法

多式联运网络布局规划设计重点在于结合以下两方面开展网络设计工作。

(1)通过社会经济活动发展带来的产业结构变化、土地利用形态的变化、运输方式竞合关系变化预测多式联运网络的流量与流向。

(2)考虑社会经济发展带来的产业结构变化以及土地利用形态的变化和综合运输系统某一运输方式的变化对另一种网络规划的影响。

三、多式联运系统规划设计方案评价

在通过以上方法产生多式联运系统规划设计方案后,主要是从经济、社会、环境三方面构建评价指标体系,通过主成分分析或多目标多准则决策等方法对当前方案进行评价,并对当前方案进行优化,不断迭代直至产生满意的多式联运系统规划设计方案。

第三节　货物运输一体化与多式联运组织管理

良好的组织管理是确保货物运输一体化与多式联运系统顺利运行的重要内容。优质的运输服务、恰当的运输能力匹配以及有效的服务质量管理,是保障货物运输一体化与多式联运顺利运行的关键措施。

一、多式联运运输服务内容

多式联运运输服务作为一种综合性的物流解决方案,为货物运输提供了更多元化、高效率的选择。多式联运运输服务的运作方式主要分为以下几个步骤。

(1)货物接收与打包:货物从客户处接收,并按照规定的标准进行打包,确保货物在运输过程中不受损坏。

(2)运输方案设计:根据货物的性质、数量、运输距离等因素,制订最佳的多式联运运输方案,确定各个运输环节和时间节点。

(3)运输组织与协调:运输服务提供商负责统筹各种运输方式的资源,确保各个环节之间的高度协调与衔接,提高运输效率。

(4)信息共享与监控:通过信息技术手段,实现货物运输过程中的信息共享与监控,及时掌握货物的位置和状态,确保货物安全运输。

(5)运输执行与跟踪:按照制订的运输方案,依次进行各个运输环节,同时跟踪货物的运输进程,及时处理可能出现的问题。

(6)货物交付与确认:货物到达目的地后,进行交付,并由收货方进行确认,确保货物运输任务的圆满完成。

二、多式联运运输组织方式

多式联运的全过程就其工作性质的不同可分为实际运输过程和全程运输组织业务过程两部分。实际运输过程是由参加多式联运的各种运输方式的实际承运人完成的,其运输组织工作属于各运输方式内部的技术、业务组织。全程运输组织业务过程是由多式联运经营人组织完成的,主要包括全程运输所涉及的所有商务性事务和衔接服务性工作的组织实施,其运输组织方式可以有很多种。但就其组织体制来说,基本上可分为协作式多式联运和衔接式多式联运两大类。

(一)协作式多式联运

协作式联运一般是指为了保证指令性计划的货物、重点物资和国防、抢险救灾等急需物资顺利到达指定地点,在国家和地区计划指导下统一组织的合同运输。协作式多式联运的组织者是在各级政府主管部门的协调下,由参加多式联运的各种运输方式的运输企业和中转港站共同组成的联运体系,并设综合协调管理办公室。货物全程运输由该办公室指导,这种联运组织下的货物运输过程如图9-4-1所示。

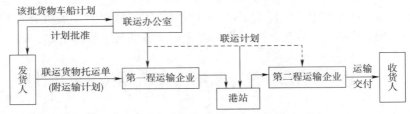

图9-4-1 协作式多式联运组织形式图

(二)衔接式多式联运

衔接式多式联运是指企业通过与货主订立联合合同,开展两种或者两种以上运输方式衔接的经营性全程联合运输。衔接式多式联运的全程运输组织业务是由多式联运经营人完成的,这种联运组织下的货物运输过程如图9-4-2所示。

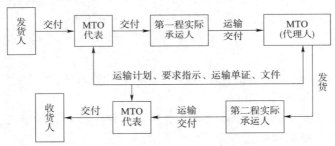

图9-4-2 衔接式多式联运组织形式图

三、多式联运运输能力匹配

多式联运运输能力匹配是指在多式联运的物流管理模式下,合理配置和协调不同运输方式及相关资源,使各个环节之间无缝衔接,实现高效、便捷、经济、安全的货物运输。多式联运运输能力匹配需要考虑以下因素。

(1)货物特性:如体积、重量、易腐性等,以确定适合的运输方式。
(2)运输距离:评估货物运输的距离,选择合适的运输方式和路线。
(3)时效要求:根据货物的时效要求,选择能够满足要求的运输方式。
(4)成本需求:综合运输费用、装卸费用、保险费用等,寻找最合适的运输方案。
(5)运输资源:整合协调多种运输资源,如货车、火车、船舶、飞机、仓储设施等。

四、多式联运运输服务质量管理方法

多式联运运输服务质量管理是为了确保货物在整个运输过程中能够安全、高效、准时地到达目的地,满足客户需求,提高运输服务的水平而采取的一系列管理方法和措施。多式联运运输服务质量管理的主要方法和措施包括以下内容。

(1)设立质量管理体系:建立多式联运运输服务质量管理体系是确保运输服务质量的基础。该体系应包括质量目标、质量标准、质量责任等内容,涵盖整个运输服务过程,从货物接收到交付的全过程进行规范化管理。

(2)运输方案优化:在制订运输方案时,应综合考虑货物的性质、数量、运输距离等因素,选择最优的运输方式和路线组合,提高运输效率,降低运输成本。

(3)信息技术应用:运用信息技术手段,建立统一的信息平台,实现运输过程中位置和状态等信息的共享与传递。

(4)运输环节协调:在多式联运中,涉及不同的运输方式和运输企业,因此需要进行精密的组织和协调工作,确保各个环节之间的高度协调与衔接。

(5)质量监督检查:建立健全质量监督检查制度,定期对运输服务进行检查和评估,及时发现问题并加以解决。

(6)人员培训:加强运输人员的培训,提高从业人员专业素质和服务意识。

(7)风险管理:对运输过程中可能出现的风险进行全面评估,并制订相应的应对措施。例如,对天气变化、交通拥堵等因素进行风险预警,减少运输风险。

第四节　货物运输一体化与多式联运协同运营

货物多式联运的协同运营涉及诸多环节及主体,货物运输全链条的协同运营效能显著影响货物运输效率。本节将介绍货物运输一体化运营的基本原则和内容、多式联运全网络全链条协同运营优化及数字化多式联运服务。

一、货物运输一体化运营的基本原则

货物运输一体化运营是指将不同运输方式和物流环节有机整合,形成高效的运输网络,以提供全链条、全过程的物流解决方案。在实现货物运输一体化运营时,需要遵循以下基本原则。

(1)全程协同:从货物的起始地点到目的地,货物运输的全程需要实现协同运营。各种运输方式和物流环节之间要密切合作,确保货物在全程运输过程中的顺畅衔接。

(2)信息共享:实现货物运输一体化需要大量的信息共享。通过建立物流信息平台,实现各种运输方式之间的信息交流和数据共享,提高运输过程的透明度和可控性。

(3)资源优化:在货物运输一体化运营中,需要优化各种运输方式和物流资源的配置。合理调配运输工具,提高资源利用效率,降低运输成本。

(4)灵活应变:物流环境和客户需求不断变化,货物运输一体化运营需要具备灵活应变的能力,根据实际情况进行调整和优化。

货物运输一体化运营包含运输方式组合优化、运输信息共享平台建设、多运输环节协同优化、物流设施和基础设施建设、智能调度与优化、货物安全保障措施等多个方面的内容,通过这些内容的有机结合,实现货物运输的高效、便捷和可持续发展。

二、货物运输一体化运营的主要内容

货物运输一体化运营是指在多种运输方式和环节之间实现高度协同、资源共享和信息传递的过程。其覆盖从货物接收、运输、转运,到交付和确认的运输全程,力求在各种运输方式和环节之间建立紧密的联系,促进货物在全链条上的高效运转。

货物运输一体化运营的核心目标是提高运输效率、降低运输成本和改善服务质量。通过有效整合不同运输方式的优势,合理安排运输路径,提高运输效率;通过共享运输资源和优化调度,降低运输成本;通过信息共享和监控,提高运输的可视性和安全性,改善服务质量。其关键优化内容包括如下方面。

(1)物流枢纽优化:物流枢纽是实现不同运输方式衔接的重要节点。优化物流枢纽位置和布局,可以实现不同运输方式之间的高效转运,减少货物滞留时间,提高物流效率。

(2)运输线路优化:在多式联运中,合理规划运输线路是提高运输效率的关键。通过优化运输线路,可以缩短运输距离,减少中转次数,降低运输成本。

(3)信息技术支持:建立高效的物流信息平台,实现货物信息的实时跟踪和数据共享,推动不同运输环节之间的协同。

(4)资源整合与共享:多式联运中,不同运输方式的资源需要进行整合和共享。通过资源整合,可以实现运输工具的高效利用,提高资源利用效率。

三、数字化多式联运

数字化多式联运是实现货物运输一体化与多式联运协同运营实现的有效手段。数字化多式联运服务是指运用先进的信息技术和数字化手段,对多式联运运输模式进行智能化管理和优化,从而提供更高效、便捷、可靠的货物运输服务。通过数字化技术,可以实现货物运输全程的实时监控、数据共享、智能决策等,为物流运输带来革命性的变革。实现数字化多式联运服务的关键步骤和技术,包括物联网技术的应用、大数据分析与智能决策、信息共享与协同、实时监控与预警等。

(一)物联网技术的应用

物联网技术是数字化多式联运服务的基础,它通过连接各种传感器和设备,实时获取货物运输过程中的信息,从而实现对货物和运输工具的实时监控。其应用主要包括如下方面。

(1)货物追踪与定位:通过在货物上搭载 GPS 定位设备,实现对货物位置的实时追踪和定位,从而提供准确的货物运输信息。

(2)运输工具监控:通过在运输工具(如货车、火车、船舶、飞机等)上安装传感器,监控运输工具的运行状态和运输条件,确保货物运输的安全和可靠性。

(3)环境监测:通过在运输环节中布置环境传感器,监测货物所处的环境条件,如温度、湿度、气压等,防止货物在运输过程中受到损害。

(4)智能配送:结合物联网技术和智能算法,实现货物的智能配送,缩短运输路径和时间,提高配送效率。

(二)大数据分析与智能决策

大数据分析在数字化多式联运服务中发挥着至关重要的作用,通过对运输过程中产生的大量数据进行深度挖掘和分析,可以提取有价值的信息,优化运输方案和资源配置,做出智能决策。大数据分析的应用主要包括如下方面。

(1)运输路线优化:通过分析历史运输数据和实时交通信息,优化运输路径,选择最佳路线和交通工具,减少运输时间和成本。

(2)资源配置优化:通过对货物运输需求和资源供给进行分析,合理配置运输资源,减少空驶和空载,提高资源利用率。

(3)风险预警与管理:通过对运输过程中的数据进行实时监测和分析,预警潜在的安全风险和运输问题,及时采取应对措施。

(4)客户需求分析:通过分析客户的需求和反馈意见,了解客户对运输服务的要求,优化服务内容和质量,提高客户满意度。

(三)信息共享与协同

实现数字化多式联运服务需要实现各个运输环节之间的无缝衔接和信息共享,形成一个高效的运输网络。信息共享与协同的关键在于建立统一的信息平台和数据标准,实现数据在各个环节之间的流通。信息共享与协同的应用主要包括如下方面。

(1)数据标准化:建立统一的数据标准和格式,确保不同系统和平台之间可以互相交换和共享数据,避免数据孤岛和信息不对称。

(2)运输信息共享:建立信息共享平台,运输各方可以实时共享运输信息,包括货物状态、运输进度、交通状况等,提高运输过程的可见度和透明度。

(3)跨界合作:建立多方合作的联动机制,包括货主、运输公司、仓储企业、物流服务商等各方共同参与,形成合作共赢的模式。

(4)智能决策支持:通过信息共享和数据交互,为运输决策提供支持和参考,使运输方案更加科学和合理。

(四)实时监控与预警

实时监控与预警是数字化多式联运服务的重要组成部分,它可以帮助运输企业实时掌握货物运输的状态和动态,及时发现问题并做出相应的处理。实时监控与预警的应用主要包括如下方面。

(1)运输工具实时监控:运用物联网技术和GPS定位,实现对运输工具的实时监控,包括位置、运行状态、温湿度等信息。

(2)货物实时跟踪:通过物联网设备,实时跟踪货物的位置和状态,确保货物的安全并确保准时交付。

(3)预警与应急处理:建立预警机制,通过大数据分析和智能算法,预测可能出现的风险,及时采取应急措施,防止事故发生。

本篇参考文献

[1]《综合交通运输学》编委会.综合交通运输学[M].北京:人民交通出版社股份有限公司,2022.

[2]龚露阳,陈硕,闫超,等.旅客联程运输理论、政策与实践[M].北京:人民交通出版社股

份有限公司,2022.

[3]《综合交通运输导论》编委会.综合交通运输导论[M].北京:人民交通出版社股份有限公司,2021.

[4] 邵春福,刘志萍,聂正英,等.城市群综合交通枢纽布局规划与功能设计[M].北京:电子工业出版社,2021.

[5] 连义平,杨冀琴.综合交通运输概论[M].3版.成都:西南交通大学出版社,2014.

[6] 吴兆麟.综合交通运输规划[M].北京:清华大学出版社,2010.

[7] 沈志云,邓学钧.交通运输工程学[M].2版.北京:人民交通出版社,2003.

[8] 陈璟,孙鹏,李可,等.综合运输通道理论探索与规划方法创新[J].交通运输研究,2023,9(3):39-47.

[9] 刘振国,田春林,王敏,等.现代综合交通运输理论体系构建与发展方向[J].交通运输研究,2023,9(3):23-29.

[10] 袁春毅,聂向军,邵春福,等.基于多方式广义费用模型的超级交通网络需求预测技术应用[J].中国公路学报,2022,35(11):228-238.

[11] 王炜,华雪东,郑永涛.综合交通系统"多网合一"交通分析模型与算法[J].交通运输工程学报,2021,21(2):159-172.

[12] 杨敏,李宏伟,任怡凤,等.基于旅客异质性画像的公铁联程出行方案推荐方法[J].清华大学学报(自然科学版),2022,62(07):1220-1227.

第十篇

交通运输工程科技前沿与未来发展

第一章 公路交通自动驾驶

第一节 自动驾驶车辆

一、智能化电子电气架构演进路线

随着科技的不断进步,传统的电子电气架构正在向更智能化的架构演进,这一演进的关键在于通过整合和优化各种电子组件和系统,以实现自动驾驶车辆的高效运行和卓越安全性能。在这个不断发展的路线中,几个关键方面的技术变革将推动自动驾驶汽车的实现。

首先,传感器技术的提升是实现智能化电子电气架构演进的基础。传感器在自动驾驶系统中起着关键作用,能够感知车辆周围环境的信息。随着技术的进步,传感器的精确度、灵敏度和范围都得到了提升。例如,激光雷达、摄像头和雷达等传感器的性能不断改进,使得自动驾驶车辆能够更准确地感知道路、障碍物和其他车辆的位置和动态信息。

其次,处理器的发展也是智能化电子电气架构演进中的重要环节。处理器的计算能力决定了自动驾驶系统的实时性和复杂性。随着芯片技术的进步,处理器的性能不断提高,能够更高效地处理大量的传感器数据和算法计算。高性能的处理器可以实现实时的环境感知、数据处理和决策计算,为自动驾驶车辆提供更快速、准确的响应能力。

此外,通信模块的进步也是智能化电子电气架构演进的重要推动力量。通信模块的发展使得自动驾驶车辆能够与其他车辆、基础设施和云端进行高效的数据交换和通信。通过实时的数据传输和车辆之间的协同合作,自动驾驶车辆可以更好地应对复杂的交通环境和道路状况,提高行驶的安全性和效率。

在智能化电子电气架构的演进过程中,车辆的形态也逐渐从传统的人工驾驶车辆转变为专门设计的自动驾驶车辆。这些车辆通过结构和设计的优化,提供了更高的安全性和适应性。例如,通过改进车身结构和调整车辆动力系统,使自动驾驶车辆能够更好地应对碰撞和紧急情况,保障乘客的安全。

在关键零部件的发展方面,多源融合感知系统、规划决策与控制系统、车载智能计算平台和自动驾驶软件系统等起到了至关重要的作用。多源融合感知系统整合了多种传感器技术,提供了更全面、准确的环境感知能力。规划决策与控制系统基于传感器数据和算法计算,能够实现车辆的路径规划、决策制定和动作执行。车载智能计算平台为处理大规模数据和复杂算法提供了强大的计算能力。自动驾驶软件系统是整个智能化电子电气架构的核心,通过算法和模型实现自动驾驶功能,确保车辆的安全驾驶和优化性能。

综上所述,智能化电子电气架构的演进路线是一个不断发展和完善的过程。通过传感器技术的提升、处理器的发展以及通信模块的进步,自动驾驶车辆的安全性能和运行效率得到了显著提升。关键零部件的创新和发展推动了自动驾驶车辆的不断成熟和普及。随着技术的不断进步,我们可以期待未来智能化电子电气架构的进一步演进,为自动驾驶汽车的实现和智慧交通的发展带来更广阔的前景。

二、自动驾驶车辆发展路线

自动驾驶系统是硬件与软件融合的产物,它将先进的车载传感器、控制器和执行器等装置融合在一起,并结合现代通信与网络技术,实现了车辆与人、车、路和云端等智能信息的交换和共享。这使得自动驾驶车辆具备了复杂环境感知、智能决策和协同控制等功能。然而,实现自动驾驶功能是一项复杂的系统工程,为了解决自动驾驶商业化发展所面临的问题,在技术层面上需要同时关注硬件和软件两个关键方面的技术。

在自动驾驶车辆的技术层面上,软硬件分离是实现自动驾驶规模商业化发展的需求。随着自动驾驶技术的不断进步,对自动驾驶汽车的软硬件架构提出了新的要求。域控制器和中央计算平台成了未来发展的趋势。这种架构的优势在于能够实现车辆软硬件的分离,充分利用硬件性能,提高软件的复用率,降低整体成本,并提升控制范围和控制效能。同时,这种架构还能够实现自动驾驶功能的快速迭代,使软件、算法和芯片等关键技术变得愈发重要。

自动驾驶车辆的发展需要不断优化和改进算法和模型。通过不断改进和优化算法,可以提高自动驾驶车辆的环境感知能力、决策能力和控制能力。例如,通过引入深度学习和人工智能技术,可以使车辆更准确地感知和理解周围的道路和交通状况,从而做出更合理的决策。另外,硬件的发展也是实现自动驾驶车辆的关键。随着技术的进步,传感器、控制器和执行器等硬件设备的性能不断提高。传感器的精度和范围得到了增强,控制器的计算能力和响应速度也得到了提升,执行器的精确度和可靠性也得到了改善。这些硬件的发展为自动驾驶车辆提供了更可靠、更高效的基础设施,为实现自动驾驶功能奠定了坚实的基础。

此外,芯片技术的进步也对自动驾驶车辆的发展起到了重要作用。芯片是自动驾驶系统的核心,它承担着数据处理、算法运算和决策控制等关键任务。随着芯片技术的不断创新和突破,自动驾驶车辆可以更高效地进行数据处理和决策计算,从而提高系统的性能和稳定性。

综上所述,自动驾驶车辆的发展路线需要同时关注软件和硬件两个关键方面的技术。软硬件分离架构的采用可以充分发挥硬件性能,提高软件复用率,降低成本,实现自动驾驶功能的快速迭代。在软件方面,不断优化和改进算法和模型是关键。在硬件方面,传感器、控制器和执行器等设备的不断发展为自动驾驶车辆提供了可靠的基础设施。芯片技术的进步也为自动驾驶车辆的发展提供了重要支持。随着技术的不断进步,我们可以期待自动驾驶车辆在商业化应用中发挥越来越重要的作用,为未来的智慧交通做出贡献。

三、智能化功能代际发展路线

智能化功能在自动驾驶车辆中的代际发展路线包括单车自动驾驶、智能网联自动驾驶和车路协同自动驾驶等。单车自动驾驶是自动驾驶技术的最初阶段,实现车辆在特定场景下的自主驾驶。它允许单个车辆在特定的场景下实现自主驾驶,而无须人类干预。单车智能主要依靠在车辆上搭载的感知硬件(毫米波雷达、激光雷达、车载视觉摄像机等)、线控系统及计算单元等进行环境感知、决策控制和执行,从而将车辆自动驾驶到预定目的地。自1984 年卡梅隆大学的 ALV 项目启动以来,单车智能技术已走过近半个世纪的发展道路,然而始终没有形成大规模的商业化产业链,原因主要有以下几点。

（1）车载感知硬件存在盲区。单车自动驾驶往往要在车辆上加装毫米波雷达、激光雷达、摄像头等,但实际行驶路况错综复杂,各个感知硬件很难做到全方位识别,一旦车辆在行驶过程中未能有效感知及预判出障碍物的存在,极易引发交通事故。

（2）高精地图难以高频更新。单车智能技术离不开高精地图,然而一旦道路进行了修缮,高精地图就必须马上进行相应更新。这样的高频更新在现阶段无法大规模实现。

（3）成本过高。感知硬件的成本往往构成单车智能技术的主要成本,而且还要配置相应的计算单元和软件系统,这又带来了附加的维护成本和更新成本。

在单车智能进入技术瓶颈的时期,智能网联自动驾驶应运而生。在单车智能的基础上融合现代通信与计算技术,实现车与车(V2V)、车与人(V2P)、车与基础设施(V2I)等通信主体的信息实时交互与共享,使单车智能转化为多车智能以及连接路侧设备的群体智能,从而将感知需求与建设成本分摊到多个设施上,最终解决单车智能的技术问题,实现全自动驾驶的商用化落地。智能网联的发展主要分为三个阶段,第一阶段是信息交互协同阶段,实现车辆与道路的信息交互与共享,实现诸如碰撞预警、道路危险提示等能力;第二阶段就是协同感知阶段,在第一阶段的基础上,实现车辆与道路设施之间的感知定位,从而辅助安全驾驶;第三阶段就是协同决策阶段,在协同感知定位的基础上实现对车辆的行驶决策与控制,从而实现全自动驾驶的可能。智能网联可以让车辆在行驶过程中提前做好道路信息的搜集,从而提前对驾驶行为进行预判。智能网联自动驾驶需要使用高速通信网络和先进的计算技术,以便车辆之间能够及时地共享信息和协调行动。它可以应用于城市交通、物流配送、车队管理等领域。

车路协同自动驾驶是在智能网联自动驾驶技术的基础上进一步发展而来,它进一步整合了车辆、道路和交通管理系统,实现更高级别的自动驾驶功能。在车路协同技术路线下,车路云是一个整体,车与路互通信息,并把所有信息汇聚到云,使云能做出全局最优、最安全的决策,这种技术可以帮助车辆更好地适应不同的路况和交通状况,从而提高交通效率和安全性。车路协同自动驾驶需要使用大量的传感器和计算资源,以收集和处理车辆、道路和交通管理系统的数据,基于其数据采集范围更加广泛、道路及车辆信息交互更加全面的特点,可以应用于高速公路、城市主干道等需要高度自动化的交通场景。

四、自动驾驶车辆场景化应用

自动驾驶商业化落地存在一定的场景化逻辑:从封闭场景到半封闭场景再到开放场景,从低速场景到高速场景,从简单场景到复杂场景,从载物场景到载人场景等。自动驾驶相关技术仍处于不断迭代进步的阶段,封闭场景和低速场景意味着外界干扰小、安全风险小、容错率高,适合于自动驾驶技术不够成熟的阶段其商业化落地的尝试。随着技术进步,自动驾驶商业化将逐步踏足开放场景和高速场景。自动驾驶应用场景分为三类:载人、载物和特殊。

载人自动驾驶应用场景的代表应用有两种。

（1）Robotaxi,即无人驾驶出租车,是一种融合了人工智能、传感器技术和自动驾驶系统的新型交通工具。它能够在城市道路上自主驾驶,为乘客提供便捷的出行服务。无人驾驶技术的发展使得 Robotaxi 能够实时感知道路情况、交通信号和其他车辆,从而高效地规划路线、避开障碍物。乘客通过手机应用预约、叫车,车辆会按需前往指定地点接送乘客。随着技术的不断进步，Robotaxi 有望逐渐成为未来城市出行的一部分，为人们带来更加智能、便利的交通体验。

（2）Robobus，即无人驾驶巴士，是运用自动驾驶技术的新型公共交通工具。它能在预定路线上无需人类驾驶员自主行驶，为乘客提供便捷的城市出行服务。Robobus 配备了各类传感器和实时数据分析系统，能够识别路况、行人、交通信号等，从而安全、高效地规划行驶路径，乘客可以通过应用程序或站点指示板了解时刻表、预约和等待时间，并在指定站点上下车。Robobus 旨在对地铁接驳、园区通勤、景区摆渡等应用场景提供智能化解决方案，解决城市出行的最后三公里。

载物自动驾驶应用场景的代表应用有以下两种。

（1）干线物流。高速公路相对规范的道路环境以及公路货运行业强烈的应用需求，使得干线物流场景被认为是将最快实现自动驾驶商业化应用的场景之一。货运无人驾驶车辆可以在高速公路等干线道路上自主行驶，自动规划最优路线，避开交通拥堵，有效减少人力成本和提升运输效率，降低人为疲劳带来的风险。

（2）末端无人配送。快递、外卖、商超零售是最典型的三个末端无人配送场景。无人配送车辆能够在城市街道和社区内实现自主驾驶，为最后一公里的配送提供解决方案。通过预先设置的交付点和路径规划，无人配送车辆可以高效地将货物送达目的地，减少人工配送成本和时间。实现末端配送的交通工具往往具有营运速度低、车身体积小、载运货物轻等特点，具备无人驾驶应用的理想条件，从而更加容易落地。此外，末端配送的成本占据着整个物流配送成本的 30% 以上，有着可观的利润空间，因此末端无人配送的大规模商业化有着广阔的市场前景。

特殊自动驾驶应用场景主要有以下两种。

（1）环卫。自动驾驶环卫车不仅能够节省人力，还可以提高环卫工作的智能化水平，提升环卫工作效率和安全性。随着智慧环卫被纳入政府部门和环卫服务公司的发展规划之中，因其巨大的潜在市场空间，以及低速、安全风险更小的技术可行性，成为率先实现自动驾驶商业落地的场景之一。

（2）安防。无人驾驶安防巡逻车可完成安防巡检、应急处突等全天候 24h 站区安全保障工作。它可以在多种不同气象环境下运行，甚至在降雪、降雨等复杂环境下也能保持高效的巡逻能力。

第二节　自动驾驶交通

一、国内外自动驾驶发展历程

本部分主要介绍美国、欧洲和日本等国外发达地区以及我国的自动驾驶发展历程。

（一）国外发展历程

美国对自动驾驶技术的研究起步较早，早在 1939 年纽约世博会便首次引入无人驾驶的概念。此后，德国、荷兰、日本等发达国家均开展了关于自动驾驶技术的探索和研究。

1. 美国

1939 年，在纽约世界博览会上，通用汽车公司赞助建造了一个名为"Futurama"（未来世界展览)的展览,首次展出了无人驾驶概念车的模型。21世纪以来,2007年美国军方发起DARPA自动驾驶城市挑战赛,成功发掘了无人车研究者的潜力。2018年,美国交通部(DOT)与联邦高速公路管理局、联邦汽车运输安全管理局、智能交通系统联合规划办公室和Volpe国家运输系统中心合作,完成协作式自动驾驶、交通管理、标准、公共安全、货运以及数据等工作。2019年,由DOT主导的美国国家ITS参考架构ARC-IT已经演进到了9.0版本,考虑了车路协同自动驾驶,重点是在安全、出行、网络安全、基础设施和联网方面的投资,并于26个州展开试点示范。2021年1月,美国交通运输部发布了《Automated Vehicles Comprehensive Plan》(AVCP),制订了美国交通部的多式联运战略,通过提供实例来应对现代交通系统的挑战。

2. 欧洲

欧洲采用"欧盟—国家层面"两级管理,重视顶层设计与新技术研发,加强跨国家和地区的自动驾驶联合示范。2016年,荷兰举办自动驾驶卡车挑战赛,成功演示了自动列队无人同步行驶、自动制动和加速的行驶过程。2017年,德国在公路上设立自动驾驶测试区,用于自动驾驶在实际跨境交通中的测试。2022年,德国成为唯一允许L4级完全无人驾驶汽车出现在公共道路上的国家。2021年,欧盟道路运输研究咨询委员会(ERTRAC)提出2030年目标应用包括高速公路与运输走廊、限定区域、城市混合交通和乡村道路4类关键应用场景,并提出基于数字化基础设施支撑的网联协同式自动驾驶,同时欧盟也启动了大量的示范验证项目。

3. 日本

日本整体上采取"自下而上、单点功能突破、系统整合"的模式,从各个系统之间的整合到车联网和车路协同技术的应用。日本从顶层机构层面开始统筹布局,构建ITS战略组织机构,在2014至2018年期间,政府以公私合作的方式推动跨部门创新促进战略计划(SIP)"车路协同系统"。2016年至今,先后发布《车路协同汽车道路测试指南》《车路协同汽车安全技术指南》等政策,开展车路协同道路测试工作,大幅提升道路交通管控和服务能力。2020年,日本政府在SIP-adus的规划中进一步提出将基于车路协同的自动驾驶技术作为新阶段的研究重点,加快探索自动驾驶汽车协同决策技术。2022年,丰田、通用和福特宣布成立"自动驾驶汽车安全联盟",制订自动驾驶汽车安全指导原则和相关标准,并且推动自动驾驶立法。

(二)国内发展历程

国内自动驾驶技术起步较晚,但进展迅速。2011年,国家科技部设立了首个"863计划"主题项目"智能车路协同关键技术研究",清华大学、东南大学等十家科研团队承担了项目的研究,围绕车路协同的关键技术开展了系统性探索与应用试点。得益于政府的政策鼓励与支持、市场的需求与规模效应,车路协同在短期内快速积累了后发优势。

2016年,"新能源汽车"重点专项研发项目启动,目标包括突破智能汽车研发所涉及的核心关键技术。2018年,新增"综合交通运输与智能交通"重点专项,推动交通运输科技进步和加快形成安全、便捷、高效、绿色的现代综合交通运输体系。目前我国已构建具有中国特色的车路云一体化协同控制系统,利用新一代信息与通信技术,将人、车、路、云的物理层、信息层、应用层连为一体。

截至2021年8月,全国已建设16个智能网联汽车测试示范区,开放测试道路超过

3500km,发放测试牌照700余张,道路测试总里程超700万km。从长远角度看,中国车路协同产业建设仍将处于审慎发展、尝试应用和不断提升的阶段。

2022年3月,推荐性国家标准《汽车驾驶自动化分级》(GB/T 40429—2021)开始实施。该标准参考SAE J3016的L0~L5级的分级框架,结合中国当前实际情况进行调整,提出了适合中国自动驾驶发展的分级标准,明确了系统和人在驾驶中的角色分配。

二、我国自动驾驶发展战略

本部分主要介绍近年来我国交通运输部、工信部和科技部等部委,在指导中国自动驾驶发展中出台的相关重要政策文件。

(一)交通强国建设纲要

2019年9月,中共中央、国务院印发了《交通强国建设纲要》,其中明确提出要推动大数据、互联网、人工智能和区块链等新技术与交通深度融合,推进数据资源赋能交通发展,鼓励交通行业各类创新主体建立创新联盟,建设具有国际影响力的创新平台。

(二)汽车产业中长期发展规划

2017年4月,工信部、发改委和科技部印发《汽车产业中长期发展规划》,强调要不断完善跨产业协同创新机制,重点攻克核心关键技术,开展智能网联汽车示范推广。到2025年,汽车DA、PA、CA新车装配率达80%,其中PA、CA级新车装配率达25%,高度和完全自动驾驶汽车开始进入市场。

(三)交通领域科技创新中长期发展规划纲要

2022年3月25日,交通运输部、科学技术部联合印发《交通领域科技创新中长期发展规划纲要(2021—2035年)》,强调推动自动驾驶与非自动驾驶车辆混行系统安全智能管控技术研究,研制适应自动驾驶的交通安全设施。提出围绕人工智能等前沿领域,加强相关立法研究,提高城市交通"全息感知+协同联动+动态优化+精准调控"智能化管理水平。

(四)新一代人工智能示范应用场景

2022年8月,科技部发布《科技部关于支持建设新一代人工智能示范应用场景的通知》,提出为加快推动人工智能应用,运用车端与路端高准确环境感知与超视距信息共享、车路云一体化的协同决策与控制等关键技术,开展复杂行车条件下自动驾驶场景示范应用。2022年11月,工信部发布关于《开展智能网联汽车准入和上路通行试点工作的通知》,对L3/L4级别智能网联汽车的准入和上路通行进行试点工作,组织开展城市级"车路云一体化"示范应用。

三、自动驾驶发展路径

本部分将从技术发展和产业发展这两方面讲述自动驾驶的发展路径。

(一)技术发展路径

自动驾驶有单车智能和车路协同两种技术路线。其中单车智能依靠车辆自身的传感器、计算单元、线控系统进行环境感知、计算决策和控制执行。车路协同则是在单车智能自动驾驶的基础上,通过车联网将"人-车-路-云"交通要素有机联系,升级自动驾驶车辆的感知、决策和控制执行等能力。车路协同主要适用于路侧设备和信号全覆盖的线路，而单车智能适用于未覆盖路侧设备或设备故障、通信被干扰的情况。

（二）产业发展路径

在自动驾驶技术产业化的过程中，科技公司/车企/产业部门立足自身特点，发展出了三条演进路径。

（1）路径1——逐级演化至L4/L5。在L2的技术基础上叠加L3、L4自动驾驶功能，通过迭代逐步发展和应用自动驾驶技术，能够有效降低驾驶人劳动强度、显著提升安全等级、提高劳动效率的辅助驾驶技术，是大部分整车厂和一级供应商的选择。

（2）路径2——直接研发L4/L5。基于软件、智能算法以及电子领域的强大实力，跨越L2、L3直接研发L4/L5的发展方式，是新型科技公司的整体选择。

（3）路径3——L2/L3与L4/L5并行发展。同时发展L2/L3与L4/L5，短期内仍以L2/L3模式盈利，逐步推动实现L4/L5，是多数具有较强研发实力的车企的选择。

四、自动驾驶重点挑战

本部分主要从法律法规、核心技术和商业应用的角度叙述自动驾驶面临的重点挑战。

（一）法律法规亟待健全

现行法律文件及准入制度对智能驾驶汽车并非直接约束，主要原因在于智能驾驶汽车并不符合现行标准。车路协同背景下交通事故的责任划分、交通事故保险理赔、市场主体准入退出、隐私保护和信息安全等核心问题也缺乏明确规定和法律依据。

（二）核心技术仍需完善

在感知技术方面，自动驾驶存在感知盲点、辨别度低、反馈时间长且信号弱的缺陷。在决策与控制技术方面，单车决策很难考虑车车协同关系，需要依托V2X和车路协同技术实现智能车辆群体的驾驶决策。此外高精度地图采集和实时更新较难，对于汽车接收数据、数据储存等方面也有较高要求。

（三）商业应用相对不足

目前部分场景应用主要面向L4及以上自动驾驶车辆，由于缺乏应用对象，路侧辅助设施难以发挥智慧高速的服务价值。此外，现有路侧基础设施设计与建设方案场景单一，缺乏统筹性考虑。目前许多相关工程主要面向某单一场景进行设计，路、车协同应用场景较少。

五、自动驾驶未来发展前景

本部分主要从感知定位、云控平台和网联化技术等方面讲述自动驾驶的未来发展前景。

（一）感知与定位技术

（1）视频视觉识别具有图像信息密度最高的优势，而激光雷达相对于毫米波雷达等其他传感器分辨率更高、识别效果更好，未来多传感器融合是商业化自动驾驶达到高可靠性的必由之路。

（2）普通导航地图在内容、精度和完整性方面都无法满足车路协同自动驾驶的应用需求，卫星定位与惯导融合的低成本、高精度、高可靠定位传感器将是实现厘米级定位的必经途径,未来将融合北斗卫星导航系统和路侧设施,构建车路协同自动驾驶高精度地图。

(二)车路协同云控平台

车路协同自动驾驶系统中大量数据存储和计算的需求,为云计算技术从概念层走向应用层提供了机遇,两者可以实现优势互补,提高云服务的安全性将是车路协同自动驾驶技术发展的重要方向。

(三)智能网联技术

网联化智能技术可以使智能车辆从时间和空间维度获取更多的交通信息,提高单车的感知和决策能力,为车辆群体协同感知、决策提供条件,形成了网联与自动化融合发展与应用的新趋势。

六、国内外自动驾驶人才培养需求

本部分介绍国内外自动驾驶领域的人才培养现状,并从研发生产、运营管理和行业监管等方面叙述相关企业对于人才的培养需求。

(一)自动驾驶人才培养现状

斯坦福大学将自动驾驶课程主要分为自动驾驶感知、控制、规划和测试,注重理论和实践结合;麻省理工学院开设计算机科学基础、控制理论、汽车工程和交通管理、人机交互和认知心理学等课程;清华大学坚持"理论与实践、工程与科学、技术与管理"相结合,开设电子信息、人工智能、云计算与大数据等课程;东南大学聚焦交通运输系统运行效能提升,致力于培养交通规划设计、智慧交通、智能车辆、人工智能与大数据等多学科交叉型人才。截至2023年4月19日,已有东南大学、中山大学、西南交通大学等共二十余所院校开设"智慧交通"本科专业。

(二)自动驾驶人才需求

(1)研发生产侧。企业的研发生产往往需要多学科交叉的人才,例如特斯拉、Waymo、百度 Apollo 等自动驾驶企业的人才需具备信息化和交通领域知识,涉及计算机、软件、数学、交通规划、交通工程、交通控制等。

(2)运营管理侧。运营管理类型的人才能够有效推动自动驾驶车辆项目的进展和落地,提高运营效率、降低成本和风险以及提高客户满意度。国内外自动驾驶企业在运营管理侧的人才需求大致相似,主要包括项目管理人员、运营管理人员、数据分析师、质量控制人员和营销人员等。

(3)行业监管侧。由于自动驾驶本身的先进性、探索性甚至颠覆性,行业监管侧的人才需要掌握政策法规、安全、测试评估、数据隐私等方面知识和技能,以充分保障自动驾驶技术的安全性和可靠性。

第三节 自动驾驶交通基础设施

一、面向自动驾驶的交通基础设施基本特征

新型智慧交通基础设施作为新一代信息技术与交通运输系统深度结合的产物,正深刻

改变着人类的出行方式。传统交通基础设施在自动驾驶技术浪潮下,应进行相应的改造和升级,形成智慧化的基础设施网络,以满足自动驾驶车辆的新需求。以公路交通为例,面向自动驾驶交通的智慧道路基础设施应具有信息交互、自感知、自适应、自供能等基本特征。

(一)信息交互

信息交互是指连接道路和车辆监控的智能设备以及连接智能通信系统内的传感器网络和数据库的能力。共享信息、连接与协作是智慧公路的重要主题之一,其核心技术手段是"车路协同"。不同于传统单车智能的自动驾驶路线,车路协同旨在通过部署路端智能感知计算设备,基于5G等先进通信技术实现车路信息共享,通过路端感知补足车端感知的有限视距、感知盲区等问题,从而极大提升自动驾驶的安全性。相比于传统单车协同,车路协同方案具有安全高效、落地广、成本低等显著优势。

(二)自感知

自感知是指能够实现路表功能状况甚至交通状况的自动、实时连续感知和监控的能力。智慧道路系统中的各个组件如传感器、摄像头等会产生大量数据,其中包含了关于基础设施状况和车辆行驶行为等详细信息。此外,新型智慧道路基础设施还应用了电容传感器、振动传感器、加速度传感器等来获取基础设施状态和周围环境信息,这些数据有助于监测路面的状况、路基的冻融情况以及路基的沉降等。智能自感知路面还应能够获取路面环境状态和结构状态参量,实时传输至路侧数据单元,一方面向道路行驶车辆广播当前道路环境状态,达到辅助安全驾驶目的;另一方面将数据上载至路网数据平台,评估路面实时结构状态,并预测未来路面状态,输出至路网服务终端以实现导航路径规划、智能养护决策等功能。

(三)自适应

面向自动驾驶的智慧道路基础设施应该能够自动适应各种道路环境状况。例如:适用于交通流管理的ITS解决方案;道路标志、标识及信号(包括动态的)的ITS解决方案;能自适应路面承载性能需求的智能材料(自愈合、自控温等)。ITS结合了各种技术和服务来优化移动性,使交通运输部门更加安全、更加可持续和高效。可变速限制和速度协调策略可以根据实时交通状况动态调整速度限制,例如在拥堵区前降低最高速度限值以减少拥堵和提升安全性。匝道计量和协调匝道控制策略用于调节进入高速公路的车辆数量,通过自适应交通信号控制来确保最佳交通流状态。动态车道管理和硬路肩行驶策略允许重新配置现有高速公路横截面,使路肩车道在一定情况下可以作为额外车道使用,从而提升通行能力。

(四)自供能

自供能是指道路利用路面、路基或其他基础设施组成部分主动收集绿色能源,为整个智能道路系统提供能源供给的能力,涉及的能源包括太阳能、地热能、温差能、汽车机械能、风能等。在实现自供能的智能道路中,目前主要有三种主要的能源获取方向:太阳能、热能和机械能。太阳能收集通过光伏蓄电池将太阳辐射转化为电能,或通过太阳能收集器系统捕获太阳能并将其转化为热能;热能收集包括利用地热能源和热电发电机从路面和路基层的热变化中获取能量;机械能收集则涉及压电材料和风力涡轮机,如能量收集路面系统和公路风车,从道路上车辆的运动中收集能量。

二、物理基础设施

面向自动驾驶的智慧道路基础设施技术架构可分为物理基础设施和数字基础设施。其中,物理基础设施包含道路标识、道路线形设计、道路结构设计、道路运维方法和城市规划设计等方面。

(一)道路标识

道路标识在智能交通系统中发挥着重要作用。通过路侧单元(RSU)和车载单元(OBU),车辆可以识别、读取和理解关键的道路信息,如限速标志、车道线、交通指示、道路条件等,可使得自动驾驶车辆能够更好地感知路况,从而做出更准确的驾驶决策。新型智能标识技术也在不断发展当中,包括 WiFi 技术、RFID 射频技术、磁性标记探测技术等。其中,磁性标记探测技术是通过在道路上埋设电磁模块或线圈,利用空间电磁场来实现道路信息的标记。

(二)道路线形设计

自动驾驶车辆与有人驾驶车辆行驶特性的差异对高速公路线形设计提出了新要求,包括取消直线长度限制和优化缓和曲线设计以实现更高的速度连续性等。此外,需要根据自动驾驶车辆的视距要求变化来重新审视路段设计,以确保车辆能够准确识别前方场景;纵坡和垂直曲线设计需要适应自动驾驶车辆的能力;横截面设计优化考虑了平均车辆控制宽度和横向控制精度。这些调整为自动驾驶提供了更适配的道路线形设计,以适应自动驾驶车辆的需求,提升道路的安全性和效率。

(三)道路结构设计

现行沥青路面结构设计规范中验算指标计算公式中,一般采用标准轴载下相应计算点处的力学响应作为重要的输入参数。成熟的自动驾驶环境下,由于反应时间大幅缩减,车速会有明显提升,进而影响沥青层受力和寿命预估。其中,编队自动驾驶对路面结构性能会产生较为显著的影响。自动驾驶编队技术使每辆货车都能实现相互联,形成一个多辆货车同时行进的队列;在行驶过程中自动保持车间距离,同步完成加减速、转向、制动,以达到保持队形的目的。因此,货车编队行驶具有明显的渠化特性,会加剧道路基础设施疲劳或车辙损坏。

(四)道路运维与养护

自动驾驶交通基础设施的运维与养护是确保道路系统持续高效运行和保持良好状态的关键环节。通过引入智能技术,道路管理者可以更精准地监测、维护和管理道路基础设施,提高交通安全性和效率。

(1)传感器网络:道路上布置的传感器网络是智能道路的基础,用于收集实时数据,如道路表面状况、交通流量、温度、湿度等。这些传感器能够提供准确的信息,帮助运维人员及时发现问题并采取措施。

(2)道路标志和标线维护:对道路标志和标线进行维护,保证标识物清晰可探测,对自动驾驶安全轨迹决策十分重要。智能技术可以用于监测和维护道路标志和标线的可见性,当标志和标线磨损或变得不清晰时,系统可以及时发出警报并指示维护人员进行修复。

(3)自动化巡检:机器人和自动化车辆可以用于道路巡检,减少人力成本和风险。这些设备可以收集数据、拍摄图像,并进行初步的状况评估。

三、数字基础设施

数字基础设施是自动驾驶系统所需道路环境的数字化呈现。它包括车辆与道路基础设施之间的信息互接、高精度地图、定位基础设施以及与先进道路管理系统的信息连接等,如图 10-1-1 所示。

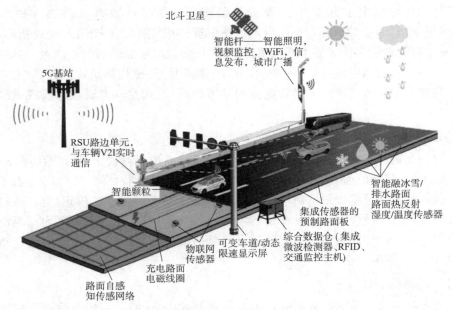

图 10-1-1　智慧道路基础设施典型场景配置

(一)信息互联

智能交通系统中的 V2X 是指车辆到基础设施和车辆到车辆之间的通信技术。这种技术使得车辆能够与周围的基础设施(如交通信号灯、路边传感器等)以及其他车辆进行实时通信和信息交换。就目前而言,自动驾驶汽车感知系统仍存在一些问题,如无法有效检测非线性视线和盲点;易受雨、雪、雾、霾等恶劣天气影响;无法有效检测路面结冰并调整转弯操作;感知距离较短;无法实现全天候自动驾驶等。随着自动驾驶技术的发展,V2X 还可以支持自动驾驶车辆之间的协同,实现更高级别的自动化交通系统。通过车辆之间和车辆与基础设施之间的实时通信,提升了交通安全性、效率和流畅性。

(二)高精度地图

高精度地图是一种具备极高空间分辨率和精确度的地理信息数据集,在自动驾驶中通常用于车辆定位、感知、路径规划和决策功能。这种地图以厘米级的精度呈现道路、交通标识、建筑物及其他环境特征,融合了如激光雷达、摄像头、GPS 等多种数据源,以实现对车辆周围环境的高度准确的描述。高精度地图在自动驾驶中的作用可以主要为以下三个方面。

(1)车辆定位:高精度地图为自动驾驶提供了可靠的实时定位基准,通过多源传感器数据融合,实现车辆的高精度、鲁棒的定位,为自动驾驶系统提供必要的定位信息。

(2)环境感知:高精度地图能够扩展自动驾驶车辆的环境感知范围,提供超视距的环境信息,弥补传感器能力的限制。这为车辆创造了更完整的环境认知,增强了安全性,并为行为决策提供更多的时间和数据。

(3)行为决策:在自动驾驶的决策阶段,高精度地图是路径规划、避障和智能速度控制等关键决策的基础。

(三)定位基础设施

自动驾驶技术通过 GNSS 信号和高精度地图来进行定。目前的卫星定位精度为 5m 左右,配合 RTK(载波相位差分)使用时,在复杂环境下精度可达到 1.5m,高精度地图可达到厘米级精度。但由于 GNSS 定位依赖于从车辆到卫星的"视线",因此当车辆在隧道内时会丢失与卫星信号的连接,车辆不再能够通信和确定其位置。因此,在特殊路段应通过交通基础设施向自动驾驶汽车主动发射定位信息,可采用的手段包括路端基站、磁编码标记单元等。

四、自动驾驶基础设施展望与挑战

智慧道路基础设施作为面向自动驾驶未来的数字交通体系的重要一环,一方面为行人、车辆和交通管理部门提供了必要的出行服务和交通流等信息,有利于提升安全性和通行效率;另一方面,以道路为载体的新型材料和结构、新型能源系统和多功能技术的应用,也为道路检测和维护提供了多维度的数据支持,从而对道路自身运营状态提供实时监测,也有助于提升道路服役寿命和乘客舒适性。

面向自动驾驶交通的基础设施技术推广过程中也面临多重挑战。技术方面,确保准确的环境感知、复杂决策能力和应对不确定性都是关键,而技术安全问题则涉及系统稳定性、故障处理和安全性保障。法规方面,需要制定适应性法规和解决责任分配、保险等问题。同时,伴随城镇化水平提升,针对市政道路的自动驾驶基础设施建设会逐渐完善,而针对低交通密度的郊区或农村道路,自动驾驶基础设施场景建设任重道远。

第二章 磁悬浮交通

磁悬浮(Magnetically Levitation, Maglev)交通是指利用磁力支承、导向和推进列车的非接触式轨道交通系统,在我国简称为"磁浮交通"或"磁浮铁路"。正常运行时磁浮列车不依赖机械接触进行力的传递和能量传导,车轨之间的作用力是非接触式分布力,造成的机械噪声和环境振动小,车载磁体和轨道几乎没有机械磨损,维护成本低。磁悬浮交通使用直线电动机推进列车前进,避免了传统轮轨列车的车轮打滑和爬轨现象,列车无脱轨风险,爬坡能力和转弯能力更强,能够更快地加减速运行,可以灵活适应地形。特别地,高速磁悬浮交通摆脱了轮轨黏着和机械接触式受流对列车速度提升的制约,在开放大气环境下的运营速度可以达到600km/h,刚好填补高速动车组和民航飞机之间的速度空白,是更高速轨道交通的主要发展方向。

磁悬浮交通按悬浮导向力的产生方式主要分为电磁悬浮型(Electromagnetic Suspension, EMS)、电动悬浮型(Electrodynamic Suspension, EDS)和超导钉扎悬浮型(Superconducting Pinning Levitation, SPL),其中电动悬浮型又分为超导电动悬浮型和永磁电动悬浮型。EMS磁浮列车使用铜线绕制的电磁铁和铁磁性导轨之间的电磁吸力为车辆提供悬浮力,车辆可静止起浮。为了维持8~10mm的悬浮间隙,EMS磁浮车辆必须采用主动控制系统实时调节电磁铁电流。EDS磁悬浮交通利用车载磁体与地面线圈或金属板感应磁场之间的电磁斥力支承车辆,车载磁体可以是永磁体,也可以使用低温或高温超导线材绕制而成的超导磁体。EDS磁浮车辆运行速度较低时,磁斥力小于车辆重量,需要橡胶轮辅助支撑车辆运行;当运行速度高于起浮速度(约150km/h)以后,收起辅助支撑轮,车辆与地面无接触运行,悬浮间隙可达100mm。SPL磁浮车辆上安装高温超导块材,地面铺设永磁轨道,利用高温超导块材在外磁场中的磁通钉扎力为车辆提供悬浮导向力。SPL磁浮车辆可以静止悬浮,悬浮间隙10~20mm。不同悬浮方式磁悬浮车辆及轨道技术特点见表10-2-1。由于EMS、EDS和SPL悬浮原理不同,三种悬浮制式的磁浮车辆及轨道技术有显著差别,这与高速铁路、重载铁路和地铁均采用轮轨制式并具有大量通用共性技术不一样。

不同悬浮方式磁悬浮车辆及轨道技术特点 表10-2-1

悬浮原理	电磁悬浮型(EMS)	电动悬浮型(EDS)		超导钉扎悬浮型(SPL)
		超导EDS	永磁EDS	
磁力类型	电磁吸力	电磁感应斥力	电磁感应斥力	磁通钉扎力
悬浮高度	8~10mm	80~100mm	50~100mm	10~20mm
悬浮导向稳定性	本质上不稳定 需主动控制	自稳定	导向不稳定 需要机械导向轮	自稳定
车载磁体	常导电磁铁	超导线圈磁体	永磁体	高温超导块材

续上表

悬浮原理	电磁悬浮型（EMS）	电动悬浮型（EDS）		超导钉扎悬浮型（SPL）
		超导 EDS	永磁 EDS	
磁体运用温度	常温	极低温	常温	极低温
地面导轨	铁轨	铝或铜制线圈	铝板或铜板	永磁导轨
轨道平顺性要求	高	低	低	高
起浮时列车速度	0	120～150km/h	30～50km/h	0
纵向磁阻力	小	低速大,高速小	低速大,高速小	小
适用速度范围	中低速,高速	高速,超高速	中低速,高速	中低速,高速
工程应用情况（截至2023年底）	中国、日本、韩国均有运营线	日本正在建设东京至名古屋磁浮线	无	无

磁悬浮交通按照车辆所使用磁体的类型可分为常导磁浮交通、超导磁浮交通和永磁磁浮交通。这种分类方式不能区分车辆悬浮原理，容易引起混淆，例如，超导 EDS 磁浮交通和超导 SPL 磁浮交通被统称为超导磁浮交通，但两者的悬浮原理完全不同，车辆和线路技术有显著差别。因此，本文使用磁体类型＋悬浮原理对磁悬浮交通进行分类，下面主要介绍常导 EMS 磁浮交通、超导 EDS 磁浮交通和高温超导 SPL 磁浮交通技术。

第一节 磁悬浮交通发展现状

磁悬浮交通概念最早出现在美欧发达国家。1934 年，德国工程师 Hermann Kemper 申请获得世界上第一项电磁悬浮磁浮交通技术专利。1966 年，美国布鲁克海文国家实验室的 James Powell 和 Gordon Danby 首次提出超导电动磁浮交通方案并获得专利。1969 年，美国麻省理工学院 Bruce Montgomery 教授提出永磁电动悬浮交通方案。1997 年，中国和德国联合研制了高温超导钉扎悬浮型磁浮模型车。2000 年，西南交通大学研制出世界首辆载人高温超导钉扎悬浮型磁浮实验车。从二十世纪 60 年代末至今，德国、日本、美国、中国、韩国等开展了多种类型磁悬浮交通技术研究与开发，其中常导 EMS 型和低温超导 EDS 型磁浮交通技术得到了长足发展，目前已达到商用化水平。

一、常导电磁悬浮型磁浮交通发展概况

常导 EMS 磁浮列车可采用直线感应电动机（Linear Induction Motor, LIM）或直线同步电动机（Linear Synchronous Motor, LSM）牵引运行。LIM 直线电动机的定子安装在磁浮车辆上，从地面轨道上采集电能，车辆仍使用了机械接触式集电系统。由于 LIM 直线电动机的定子长度短，采用 LIM 直线电动机的常导 EMS 磁浮交通又被称为短定子常导磁浮交通。LSM 直线电动机的定子安装在地面轨道上，牵引动力来自地面轨道，车轨之间采用非接触方式进行电能传递。LSM 电动机的定子需要全线铺设，故采用 LSM 直线电动机的常导 EMS 磁浮交通又被称为长定子常导磁浮交通。直线感应电动机的功率因素（效率）低，牵引能力受车载变压器容量的限制，适用于中低速领域。高速磁浮交通运输系统大多使用了牵引效率更高、牵

引能力更强的直线同步电动机。长定子常导 EMS 磁浮交通和短定子常导 EMS 磁浮交通在国内外均得到了长足发展，下面分别简要介绍其发展历史与现状。

1. 长定子常导磁浮交通发展历史

德国从 1969 年开始磁悬浮交通技术实用化开发，组建了 Transrapid 磁浮交通联合体，集中力量发展长定子 EMS 磁浮交通技术。1987 年，德国建成 31.5km 的埃姆斯兰德磁浮试验线，TR06 磁浮列车试验速度达到 412.6km/h。1991 年，德国联邦铁路局认为 Transrapid 系统已具备实用化水平，并启动柏林至汉堡磁浮线规划与论证。1999 年，TR08 商用型磁浮列车开始试验运行，最高速度达到 450km/h。2000 年，中国上海市与德国磁浮交通公司签约，启动上海高速磁浮示范线可行性研究。2003 年 1 月，采用德国 TR08 技术的上海磁浮交通示范线开通运行，是世界上第一条商业运营的高速磁浮线，线路全长 30km，试验最高速度 501km/h，最高运营速度 430km/h。

"十五"至"十二五"期间，科学技术部均设立了磁悬浮交通重大专项，持续推进长定子常导磁浮交通技术国产化研发，研制了时速 500km 国产化样车，建成 1.5km 长高速磁浮试验线。"十三五"期间又设立了"高速磁浮交通关键技术研究"项目，设计时速 600km 的高速磁浮试验样车于 2019 年在青岛下线，2020 年在同济大学高速磁浮试验线上成功试跑（图 10-2-1）。

图 10-2-1　设计时速 600km 长定子常导磁浮试验列车

2. 短定子常导磁浮交通发展历史

英国是最早开展短定子 EMS 常导磁浮交通实用化技术开发的国家之一，1984 年建成伯明翰国际机场中低速磁浮摆渡线，路线全长 600m，最高运行速度为 42km/h。1995 年，该路线在运行 11 年之后停运。

从 1974 年至 1990 年，日本航空公司（Japan Airlines，JAL）相继研制了 HSST01～05 型短定子常导磁浮试验车，形成了面向商业化应用的时速 100km 级磁浮交通系统 HSST-100S 和 HSST-100L。2005 年，日本建成并开通世界上第一条中低速磁浮交通运营线——爱知县东部丘陵线，线路全长 8.9km，列车最高运行速度 100km/h。

韩国从 1985 起开始研发短定子 EMS 磁浮交通技术，1997 年研制了 UTM-01 磁浮样机，最高试验速度为 65km/h。1998 年，韩国机械与材料研究所和韩国铁道车辆公司合作，推出两车编组的 UTM-02 磁浮列车。2013 年，韩国建成 6.1km 长仁川机场磁浮线，2016 年 2 月投入运营，最高运营速度 80km/h。

中国短定子常导磁浮交通技术研究起始于二十世纪80年代,1980年,国防科技大学研制出小型磁浮实验装置,于1989年研制了小型磁浮原理样车。1994年,西南交通大学研制了自重4t、悬浮间隙8mm的室内磁浮试验车。2001年,西南交通大学在青城山建成中国首条中低速磁浮试验线,试验线全长420m,磁浮车辆长度11.2m。2002年,国防科技大学在校园内建成204m长中低速磁浮试验线,磁浮车辆长度15m,设计时速150km。为推动中低速磁浮交通在我国的应用,2009年,中车唐山机车车辆有限公司在厂内建成中低速磁浮列车工程化试验线,全线长1.55km,标志着中国首列具备完全自主知识产权的实用型中低速磁浮列车和配套实验线建成。2010年,上海临港中低速磁浮交通工程试验线建成并投入试验运行,试验线全长1.7km,三节编组试验列车最高运行速度达到100km/h。2011年,中车株洲电力机车有限公司在厂内建成1.57km中低速磁浮交通工程试验线,列车最高试验速度达94km/h。

2016年,中国自主设计、自主制造、自主施工、自主管理的首条中低速磁浮商业线——长沙磁浮快线开通试运营(图10-2-2)。长沙磁浮快线起于长沙火车南站,止于黄花机场,线路全长18.55km,初期运营速度为100km/h。2021年,长沙磁浮快线提速至140km/h,磁浮列车单程运行时间由19min40s缩减至16min,目前是世界上运营速度最高的中低速磁浮线。2017年,北京中低速磁浮交通示范线(S1线)正式商业运营。S1线东起石景山苹果园枢纽,终点为门头沟石门营站,全长10.2km,最高运营速度80km/h。2022年,连接凤凰高铁站与凤凰古城景区的凤凰磁浮观光快线开通运营,线路全长9.12km,是世界首个"磁浮+文化+旅游"模式的中低速磁浮线。目前,广东清远磁浮旅游线已开始试验运行,预计于2024年开通运营。中国短定子常导磁浮交通运营线的主要技术参数见表10-2-2。

图10-2-2 中国首条中低速磁浮交通运营线——长沙磁浮快线

截至2023年开通运营的中国短定子常导磁浮交通线技术参数　　　　　表10-2-2

项目名称	正线长度(km)		最小曲线半径(m)	最大坡度(‰)	车辆编组(辆)	设计速度(km/h)	轨距(mm)	站点(个)
	全长	桥梁						
长沙磁浮快线	18.55	18.55	100	41	3	140	1860	3
北京地铁S1线	10.2	9.95	—	—	6	100	2000	8

续上表

项目名称	正线长度(km)		最小曲线半径(m)	最大坡度(‰)	车辆编组(辆)	设计速度(km/h)	轨距(mm)	站点(个)
	全长	桥梁						
凤凰磁浮观光快线	9.12	8.09	100	50	3	100	1860	4

二、超导电动悬浮型磁浮交通发展概况

20世纪60年代末,日本国铁(Japanese National Railways,JNR)启动超导EDS磁浮交通技术研究。1972年,JNR推出ML100磁浮实验车。1977年,日本建成7km宫崎磁浮试验线,ML500磁浮试验车创造了当时的地面交通最高速度世界纪录517km/h。1979年,宫崎试验线将倒T形轨道改造为U形轨道,同时研制了MLU001磁浮试验车。1987年,日本铁路集团(Japan Railways,JR)东海旅客铁道公司承接了超导EDS磁浮交通技术研究,推出了为商业运行准备的MLU002磁浮试验车。1993年,日本建成18.4km山梨磁浮试验线先导段,1997年42.8km试验线全线建成并升级为商用规格。1997年至2011年,三节编组MLX01磁浮列车在山梨磁浮试验线上进行了大量的高速试验运行。2009年,改进型试验列车MLX01-901A投入试验运行,经技术评审确认"已经建立完整的运营线路建设的必要技术体系"。2010年,日本确定适应运营线路的L0系高速超导磁浮列车(图10-2-3)的主要技术条件,流线型车头长15m,车体宽2.9m、高3.1m,列车最长编组12辆。L0系超导磁浮列车始发时是橡胶轮走行,当速度超过150km/h时,电磁力足够把车辆抬起,列车转换为磁悬浮走行,悬浮高度约100mm。

图10-2-3 日本L0系超导电动悬浮型磁浮列车

2014年,日本国土交通部批准JR东海公司动工建设超导磁悬浮中央新干线,设计速度为505km/h,计划2027年开通东京至名古屋区间,2045年延伸至大阪。磁悬浮中央新干线将连通东京都市圈、大阪都市圈和名古屋都市圈,其中东京——名古屋段长286km,86%的线路位于隧道内,地上路段仅40km,东京端的品川站深达地下40m,名古屋站则深约30m。第一期项目总预算约5万亿日元,建成通车后品川至名古屋的旅行时间将从目前东海道新

干线的 1h28min 缩短至 49min。2015 年 4 月，L0 系超导磁浮列车在山梨试验线上创下载人速度 603km/h 的地面轨道交通世界新纪录。L0 系超导磁浮列车采用低温超导磁体，使用了成本昂贵的液氦冷媒，近年来日本着力开展高温超导磁体技术，安装高温超导磁体的试验车辆已在山梨试验线完成试验运行。

近年来，中国也开展了超导 EDS 型磁浮交通技术研究（图 10-2-4）。2018 年，中国航天科工集团第三研究院启动时速 1000km 高速飞行列车研发项目。2021 年，高速飞车磁悬浮电磁推进系统研制取得突破，试验速度达 623km/h，为超高速低真空管道磁浮交通试验线建设奠定了技术基础。2022 年，超高速低真空管道磁浮交通全尺寸试验线在山西省大同市阳高县开工建设。2023 年，建成 210m 全尺寸低真空管道磁浮交通试验线，高速飞车完成首次航行试验，试验速度超过 50km/h。

图 10-2-4　中国首套高温超导电动悬浮全要素试验系统

2019 年，中车长春轨道客车股份有限公司启动高温超导 EDS 磁浮交通技术研发，自主研制了可全断电运行的车载高温超导磁体、电动悬浮原理样车、高强度无磁轨道等多项关键核心技术。2023 年 3 月，中国自主研制的首套高温超导电动悬浮全要素试验系统完成首次悬浮运行，标志着我国在高温超导电动悬浮领域实现重要技术突破。

第二节　常导电磁悬浮型磁浮交通技术

一、电磁悬浮原理

图 10-2-5 所示为电磁悬浮原理示意图。EMS 磁浮列车利用通电导体磁场效应的基本原理来实现悬浮，为增大磁场强度以提高列车承载能力，通电导体以线圈的方式密集地缠绕在具有良好磁导率的铁芯上，形成悬浮铁芯线圈。小间隙下被极化后的铁芯产生的吸引力将列车吸向轨道从而实现悬浮支撑，该吸引力与磁场强度的平方成正比，与悬浮间隙

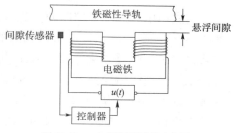

图 10-2-5　电磁悬浮原理示意图

的平方成反比。假定电磁铁与导轨无横向错位,悬浮间隙均匀,不考虑铁芯和铁轨材料的非线性磁阻特性,忽略漏磁和磁饱和,电磁吸力的计算公式为:

$$F_\mathrm{m}(t) = \frac{\mu_0 N^2 A}{4}\left[\frac{I(t)}{c(t)}\right]^2 \qquad (10\text{-}2\text{-}1)$$

式中,μ_0——空气磁导率;
　　N——电磁铁线圈匝数;
　　A——电磁铁有效磁极面积;
　$I(t)$——线圈电流;
　$c(t)$——悬浮间隙。

由公式(10-2-1)可知,如果铁芯线圈的电流恒定(不主动调节电磁铁电流),当系统受到外界干扰后,悬浮间隙将大于(小于)平衡间隙,同时电磁吸力将小于(大于)悬浮体重量,悬浮间隙将进一步变大(变小),电磁铁不能回复到初始平衡位置。因此,必需增设主动反馈控制系统,实时检测悬浮间隙大小,当悬浮间隙大于额定悬浮间隙时,增大线圈电流以提高电磁力,反之减小线圈电流以降低电磁力,从而维持稳定的悬浮间隙。EMS 磁浮列车通常采用比例-积分-微分(Proportional-Integral-Derivative,PID)控制算法实时调整悬浮间隙大小。比例调节在悬浮间隙偏离额定间隙时,根据悬浮间隙偏差量调节电磁铁线圈电流,比例系数 K_p 越大,控制作用越强,系统响应越快。但是,K_p 过大会使系统产生较大的超调和振荡,导致系统的稳定性变差。积分调节主要用于消除悬浮间隙的静态偏差,积分作用的强弱取决于积分时间常数 T_i。减小 T_i 有利于减小静态误差,但过强的积分作用会增大超调量,甚至引起振荡。增大 T_i 虽然可减小超调量,避免系统振荡,但不利于消除静态误差。微分调节根据悬浮间隙偏差量的变化趋势(速度)提前给出较大的控制作用,将偏差消灭在萌芽状态,这样可以减小系统的动态偏差和调节时间,改善系统的动态特性。微分调节的作用强度与微分时间常数 T_d 有关,微分时间常数过大,系统对扰动敏感,还容易引入高频噪声,会使系统出现不稳定。微分时间常数偏小,系统响应变慢,超调量增加,系统动态性能变差。电磁悬浮系统的 PID 控制规律为:

$$u(t) = K_\mathrm{p}\left[\delta(t) + \frac{1}{T_\mathrm{i}}\int_0^t \delta(t) + T_\mathrm{d}\frac{\mathrm{d}\delta(t)}{\mathrm{d}t}\right] \qquad (10\text{-}2\text{-}2)$$

式中,$u(t)$——控制器的输出电压;
　$\delta(t)$——额定间隙值和测量间隙值之差;
　K_p——比例系数;
　T_i——积分时间常数;
　T_d——微分时间常数。

公式(10-2-2)反馈控制的目的是获得稳定的悬浮间隙,也称为 PID 位置环。PID 位置环的输出为控制电压,由于电磁铁线圈的电感较大,电流难以快速跟踪控制电压,电流延时响应将极大地影响悬浮稳定性。因此,为了使电磁铁电流快速跟踪控制电压,通常引入电流负反馈来加快电流响应速度,称之为电流环。实际工程中,电磁悬浮控制系统是由位置环和电流环组成的两级串联控制器,如图 10-2-6 所示。

中低速 EMS 磁浮列车一般不设置导向电磁铁,而是利用悬浮电磁铁的横向分力为车辆提供导向力,属于被动导向。高速 EMS 磁浮列车所需导向力较大,需要设置专门的导向电磁铁,电磁导向控制原理与电磁悬浮控制原理基本相同。

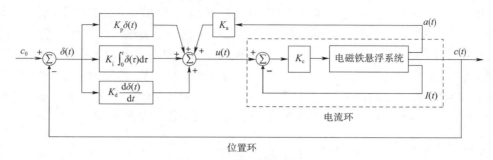

图 10-2-6　电磁悬浮控制系统流程图

为了降低电磁铁的额定工作电流,减小 EMS 磁浮列车的悬浮功耗,额定悬浮间隙一般取为 8~10mm。EMS 磁浮列车"抱"轨运行,电磁铁与导轨之间形成闭合磁路,磁场向外界扩散极少,车内外的辐射磁场远低于相关国家标准规定的限值,对人体的影响可以忽略不计。常导 EMS 磁浮交通所使用的工业技术成熟,研发历史长,技术成熟度高,目前日本、韩国和中国已开通运营 5 条中低速常导磁浮交通线。常导 EMS 磁浮列车的额定悬浮间隙小,对轨道几何平顺性和基础结构(路基、桥梁)变形控制要求高,难以推广应用于超高速轨道交通领域。

二、电磁推进技术

磁浮列车均采用直线电动机牵引列车前进。直线电动机将电能直接转换成直线运动机械能,不需要任何中间转换机构的传动装置,也称为线性电动机、线性马达和直线马达。如图 10-2-7 所示,将传统旋转式笼型电动机沿径向剖开后展开拉直,初级的周向旋转磁场变为直向行波磁场,旋转电动机的定子部分变为直线电动机的初级,旋转电动机的转子部分变为直线电动机的次级。如果初级固定不动,次级磁极由直流励磁绕组励磁,次级将沿着行波磁场运动的方向做直线运动,而且磁极运动的速度与行波磁场的速度相同,此时初级要做得很长,延伸到运动所需要达到的位置,而次级则不需要那么长,称之为长定子直线同步电动机。直线同步电动机具有更大的驱动力,运行效率高,控制性能和位置精度更好,因此,高速磁浮列车(无论 EMS、EDS 和 SPL 型)均采用了直线同步电动机,长定子安装在地面轨道上,转子分别为车载的直流励磁悬浮电磁铁、磁极极性交错布置的超导磁体和永磁体。

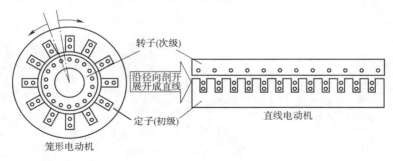

图 10-2-7　直线电动机原理图

中低速 EMS 磁浮列车采用了短定子直线感应电动机(LIM),其主要特点是电动机初级安装在磁浮车辆上,次级感应板位于地面轨道上,一般使用铝板或铜板。当车载初级绕组通以交流电时,行波磁场在次级金属板表面感应电流,感应电流再和行波磁场发生安培力,从而在初级磁场与次级金属板之间产生纵向作用力,推动初级做直线运动。由于直线感应电动机初级行波磁场的移动速度总是要大于感应磁场的移动速度,且初级短、次级长,因此称之为短定子直线电动机或直线感应异步电动机。磁浮列车使用直线感应电动机的好处是牵引系统的成本低,缺点是电动机初级安放在车辆上,为其供电的逆变器等设备也必须放在车上,这增大了车辆的自重和结构的复杂性,电动机的功率也因此受到限制。

三、长定子常导磁浮交通车辆

为了提高车辆载重能力,EMS 磁浮车辆在底部两侧布满电磁铁,电磁铁额定悬浮间隙约 10mm,额定电流为 20~30A。电磁铁模块长度一般不超过 3m,可使得多个电磁铁模块在纵向上能以折线方式安全平顺通过小半径曲线线路。图 10-2-8 所示为长定子常导磁浮列车头车结构示意图。磁浮车辆主要由车体、链式走行部以及二系悬架系统构成,链式走行部主要包括 4 组悬浮架、7 对完整的悬浮磁铁、6 对导向电磁铁、1 对制动电磁铁以及搭接相邻车辆的半体悬浮电磁铁。其中,列车中部的悬浮磁铁包含 12 个磁极,其中前、后 6 个磁极分成两组,分别配置 2 个独立的悬浮控制器;列车头位和末位悬浮磁铁有 14 个磁极,分成三组,对应配置 3 个悬浮控制器;每节车辆共有 32 个悬浮控制器。每个导向磁铁包含 6 组线包,分成 2 组或 3 组,每节车辆共有 32 个导向控制器。多个悬浮、导向和制动电磁铁模块分别安装在 8 个悬浮框上,形成相互搭接的链式走行结构。其中,悬浮框由 C 形托臂、横梁和短纵梁连接而成,前后 2 个悬浮框通过长纵梁连接成一个完整的悬浮架单元,每个悬浮架单元内安装有 1 对悬浮磁铁和 1 对导向磁铁,相邻悬浮架之间搭接 1 对悬浮磁铁和 1 对导向磁铁(或制动磁铁)。这种链式走行部结构允许前后磁铁模块具有一定的垂向和横向相对运动,实现了磁铁模块之间的机械解耦。当某个磁铁模块失效以后,相邻磁铁可以分担其荷载,确保磁浮列车仍然可以无接触地运行。

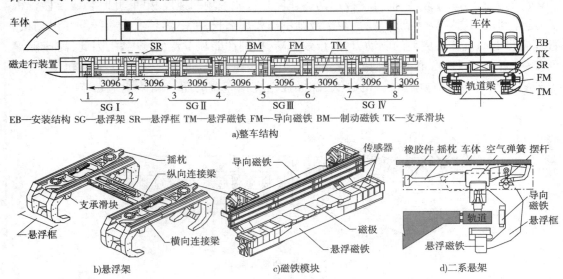

图 10-2-8 长定子常导磁浮交通车辆结构及关键部件(单位:mm)

长定子常导磁浮交通车辆通过小半径平面曲线时，车辆端部的悬浮框与车体之间的横向相对位移超过 80 mm，空气弹簧不能承受如此大的横向变形，因此，采用了摇枕、摆杆和空气弹簧组成的二系悬架系统（图 10-2-8d）。摆杆上端与摇枕外侧端部铰接，摆杆下端与车体铰接，车体和悬浮框之间的横向和纵向相对运动可通过摆杆摆动补偿，同时摆杆的横向分力可促使车体横向回复，而空气弹簧基本不承受横向力。

四、长定子常导磁浮交通线路

常导 EMS 磁浮交通大量采用了高架线路，线路结构由轨道功能件、承载梁和下部基础结构组成。如图 10-2-9 所示，轨道功能件由定子铁芯和线圈、铁磁性导向板、顶部滑行板及连接件组成，磁浮列车的无接触支承、导向和驱动就依靠上述轨道部件和车载电磁铁相互作用来实现。轨道功能件通过螺栓与轨道梁锚固，沿纵向分段间隔布置，是有缝线路。轨道功能件长度是直线电动机定子件单元长度（1.032m）的整数倍，标准长度为 3.096m。轨道功能件有三个工作面：定子铁芯底面、顶板滑行面和外侧导向面，其中定子面既是悬浮磁铁的作用面，又是直线电动机作用面，因此，其安装精度要求很高，在梁跨内的最大允许垂向误差为 ±1.5mm/m，在梁端不得超过 ±0.75mm/m。同样，对功能件外侧导向面和顶部滑行面也有较为严格的安装精度要求。

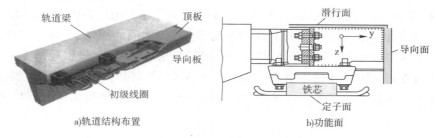

a) 轨道结构布置　　　　　b) 功能面

图 10-2-9　常导高速磁浮交通轨道结构

轨道梁承受磁浮列车垂向、横向和纵向荷载，其跨度通常为轨道功能件长度的整数倍，上海高速磁浮线使用了 12.384m、18.576m、21.672m 和 24.768m 跨度的简支混凝土轨道梁，部分使用了简支变连续轨道梁。图 10-2-10 给出了 24.768m 跨度轨道梁横截面图。箱型轨道梁梁高 2.2m，顶面宽度 1.78m，两侧导向面横向距离 2.8m，轨道梁总重约 180t。预应力混凝土梁在工厂内预制完成，并预埋连接件，轨道功能件通过高强螺栓与混凝土梁连接，然后将整根梁放置于五轴数控机床上，对轨道功能面进行机加工以提高磁浮轨道平顺性。上海地区主要为软土地基，地质条件较差，而高速磁浮交通对线路沉降变形的限制极为严格，因此，上海高速磁浮线大量采用了桩基础，主要为 PHC 预应力管桩，直径 600mm，桩长一般为 40m。

常导 EMS 磁浮列车"抱"轨运行，无脱轨风险，故弯道上可设置更大的横坡（超高），最大横坡角可达 12°；曲线半径也可以设置的更小，最小平曲线半径为 350m。磁浮列车采用直线同步电动机牵引运行时，爬坡能力不受轮轨黏着能力的限制，牵引动力设置在地面，供电能力强，列车爬坡能力可达 10%，因此，常导 EMS 磁浮交通选线更为灵活，可以节约土地征用量，降低线路造价。

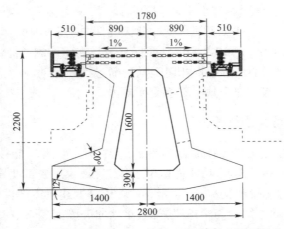

图 10-2-10　上海高速磁浮线 24.768m 跨度轨道梁跨中截面(单位:mm)

第三节　超导电动悬浮型磁浮交通技术

将超导材料应用于磁浮交通主要有两种技术途径。一是利用超导材料的零电阻特性,将超导线材(带材)绕制成线圈,输入数百安的电流获得很高的磁通势和磁场强度,将其作为磁浮列车的车载磁体,然后利用超导磁体与地面闭合线圈之间的相对运动产生排斥力,实现列车的无接触悬浮和导向。超导线圈磁体可使用低温超导材料(临界转变温度 $T_c<30\text{K}$),也可以使用高温超导线材,分别称为低温超导电动悬浮和高温超导电动悬浮。二是将高温超导块材作为磁浮列车车载磁体,利用高温超导块材的磁通钉扎特性实现列车悬浮和导向,称为高温超导钉扎悬浮。

一、超导电动悬浮原理

电动悬浮的基本原理是楞次定律。当磁浮列车前进时,车载磁体使得轨道上的闭合线圈或金属板产生感应电流,感应电流产生感应磁场,并与车载磁体的磁场相互作用,产生排斥力实现悬浮。车载磁体和地面导体相对运动而产生的磁斥力的大小与磁体运动速度成正比,因此,理论上列车运行速度越大,磁斥力越大,悬浮间隙也越大;这也意味着列车运动速度较低时,磁斥力小于列车重量,列车不能完全依靠磁力脱离地面悬浮运行,此时需要机械系统提供辅助支撑。

超导电动悬浮车辆将通电超导线圈作为车载磁体,超导磁体可以产生高达 5T 的强磁场,因此,仅使用少量的超导磁体就能获得足够大的承载能力,但车辆需要进行磁屏蔽处理以保障旅客安全。超导电动悬浮车辆与轨道的截面形式及其工作原理如图 10-2-11 所示,车辆两侧安装了超导线圈磁体,地面 U 形轨道的两侧布置了"8"字形零磁通悬浮导向线圈。当磁浮车辆沿轨道方向行进,且超导磁体中心和悬浮线圈中心存在高度差时,与车载超导磁体对应的悬浮线圈将产生感应电流,悬浮线圈上环路和下环路的电流方向相反,上环路感应磁场与超导磁体产生吸力,下环路感应磁场与超导磁体产生斥力,两者的垂向合力向上,而横向合力指向车辆,从而为磁浮车辆提供支撑和导向力。

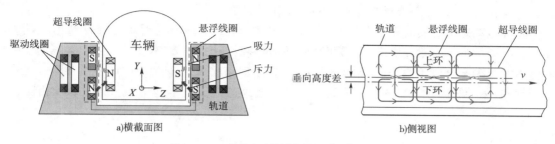

图 10-2-11　超导电动悬浮车辆悬浮工作原理图

二、超导电动悬浮车辆与轨道

超导电动悬浮列车的车载磁体需要低温系统维持超导态,车内还需要进行磁屏蔽处理,因此,车辆之间使用了铰接式转向架以减少车载磁体数量。三车编组磁浮列车及其关键部件结构图如图 10-2-12 所示。磁浮列车配备了 4 个转向架,头车和尾车由 1.5 个转向架支撑,中间车由 2 个半体转向架支撑。转向架单元长度约 5.4m,宽度约 3m,主要由 2 个磁铁模块、构架、液氦制冷机、辅助支承和导向系统、二系悬架系统等组成。转向架需要满足低速条件下(小于 150km/h)机械辅助支承和导向功能,以及车辆起浮以后无接触悬浮和导向功能。每个超导磁铁模块包含 4 个线圈磁体,相邻两个线圈磁体的极性相反,左右磁铁模块相对应的两个线圈磁体的极性也是相反的,这样可以减少车厢内部的磁场辐射。超导磁铁模块主要包括内腔、外腔、热绝缘支撑、超导线圈、热辐射屏、车载液氦制冷机、车载液氮制冷机、液氦储存罐、超导开关、液氮储存罐以及各种冷却管道等。

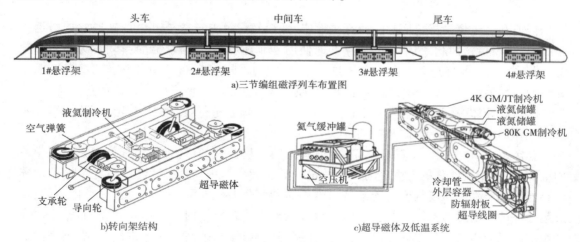

图 10-2-12　超导电动悬浮列车结构总体及其关键部件

目前,日本 L0 系超导磁浮列车使用了 NbTi 低温超导线材(临界转变温度 9.3K),需要使用液氦冷却,导致车载低温系统复杂。超导磁体降温和通电供能流程如下:先将液氮通过管道对辐射屏进行冷却,待冷却完成后,辐射屏温度为 77K 左右,将液氦通过管道进入内腔,实现对超导磁体的浸泡,使超导磁体的温度稳定在液氦温度 4.2K 左右;然后,通过超导开关对线圈励磁充能,待充磁结束后,闭合此开关实现线圈内的闭环恒流。近年来,日本、韩国、中国等开展了高温超导线圈磁体技术研究,将其替代低温超导线圈磁体以后,车载低温系统将大为简化,还可以显著降低超导磁体的运用和维护成本。

超导电动磁浮交通的轨道截面呈 U 形,可以整体预制或现浇,但难以保证轨道几何精度,因此,通常将侧壁梁和底座板分开预制,现场拼装,如图 10-2-13 所示。侧壁梁采用非铁磁性钢筋混凝土分段预制而成,侧壁梁标准长度为 12.6m,现场安装于底座板承台上。悬浮导向线圈、驱动线圈在工厂内预先安装成标准模组,与侧壁梁上预埋连接件通过螺栓相连。

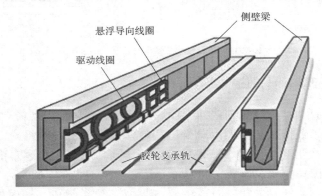

图 10-2-13　超导电动磁浮交通轨道结构示意图

第四节　高温超导钉扎悬浮型磁浮交通技术

一、超导钉扎悬浮原理

低温和高温超导材料均有磁通钉扎效应,低温超导材料捕获外部磁场磁通的能力远小于高温超导材料,因此,超导 SPL 磁浮交通使用了非理想第二类高温超导体,称为高温超导 SPL 磁浮交通。非理想第二类超导体是人为地通过加工变形、热处理、掺杂等方式,造成了材料的不均匀性,比如晶格缺陷、位错网、杂质等异常。正是这些异常区形成的位能势阱,有效地制止超导体内部的磁通涡旋线移动,对穿透的磁通线进行"束缚",从而对磁通线运动具有钉扎作用,这种现象被称为磁通钉扎。

如图 10-2-14 所示,外磁场中高温超导体束缚已被俘获的磁力线,使其停留在钉扎中心内,同时阻止未被俘获的自由磁力线渗透进入高温超导体内。这种独特的钉扎特性使得高温超导体能够随外磁场的变化而感应出阻碍这种变化的超导强电流。与常规导体不同,高温超导体的电阻近似为零,因此,产生的感应电流会在超导体内一直循环下去,而感应电流产生的磁场与轨道磁场方向相反,将相互作用产生悬浮力,平衡悬浮体重量,并提供横向稳定所需的导向力,从而实现自稳定悬浮。因此,高温超导钉扎悬浮列车无需复杂的控制系统,车体结构简单,但为了保证高温超导体一直处于超导工作状态,车载磁体需要使用液氮制冷系统,其成本低于液氦制冷系统。

二、超导钉扎悬浮车辆与轨道

目前,世界上从事高温超导钉扎悬浮交通技术研究的国家不多,尽管我国于 2021 年研制了世界首台全尺寸高温超导钉扎悬浮样车,并建成 165m 试验线,但短距离低速试验仅能验证其基本原理,磁浮车辆及轨道技术方案仍有待优化比选。图 10-2-15 所示为高温超导钉扎悬浮车辆结构示意图。

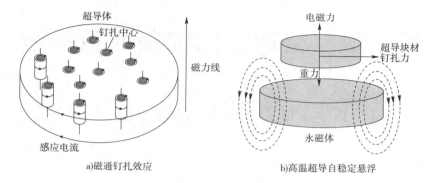

图 10-2-14　高温超导钉扎悬浮原理图

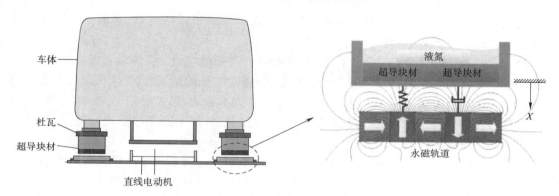

图 10-2-15　高温超导钉扎悬浮车辆结构示意图

高温超导钉扎悬浮车辆的承载能力与永磁导轨上方的磁场强度和梯度有关,早期研究中永磁导轨上下具有对称的磁场分布,车辆只利用了其上部磁场,一半的永磁导轨磁场能量被浪费。近年来,Halbach 永磁阵列被用于制作高温超导钉扎悬浮交通的永磁导轨,它将几块不同磁化方向的永磁体按照特定的顺序排列,使得永磁轨道上方有两处极值点,并能产生出更理想分布的轨道磁场,从而有效提升钉扎悬浮系统的承载能力。

第三章 空地协同的新航行系统

第一节 空地协同新航行系统的未来发展

一、新航行系统的发展演进

从 20 世纪 90 年代国际民航组织提出 CNS/ATM 新航行系统概念,到 2003 年全球空中交通管理运行概念出台,再到 2012 年全球航空系统组块升级计划发布,未来空中航行系统的发展演进也历经了多个阶段。

(1)第一阶段:技术驱动阶段。CNS/ATM 新航行系统概念始于各国发展极不平衡,航行系统基础设施水平参差不齐,运行标准无法统一,全球连贯的运行保障需求难以实现。因此,提出了基于卫星、数据链、计算机网络、自动化等技术手段,提供通信、导航、监视方面的先进服务,并以此作为未来航行系统发展的直接驱动力,来解决安全性不佳、容量和效率低下以及全球一致性不好的问题。

(2)第二阶段:运行驱动阶段。2003 年,国际民航组织召开了第十一次全球空中航行大会,提出并通过了《全球空管运行概念》(Doc9854),明确将全球空管运行概念作为未来空中航行系统规划和实施的统一框架和远景目标。与第一阶段的通信导航监视技术驱动不同,在这一阶段国际民航组织初步明确了一个理念:新技术的应用和设施设备的升级,最终目的都是为了实现适用于所有用户和各个飞行阶段的全球可互用的空中交通管理运行服务。因此将运行理念和运行方式的变革作为未来空中航行系统的发展牵引,强调了空域动态管理、需求容量平衡、交通同步、冲突管理等聚焦空管运行的核心要素。

(3)第三阶段:融合发展阶段。从 2012 年至今,以全球空管运行概念为最高指导的《全球空中航行计划》(Doc9750)第 4 版、第 5 版、第 6 版持续更新,标志着国际民航组织推进和发展未来空中航行系统开始进入实施阶段。其中,航空系统组块升级作为战术层的指导方法,进一步明确了包含在各项性能改进领域中的若干技术发展引线,突出了协同信息环境在未来空中航行系统建设中的极端重要性。特别是随着大数据、云存储、云计算、5G 等通信技术的快速发展,空管运行的信息环境以及深度挖掘信息的价值等方面越来越受到前所未有的关注。至此,以通信导航监视设施与服务、空管运行能力以及协同信息环境为核心组成要素的未来空管技术体系框架已逐步形成(图 10-3-1)。

二、空地协同新航行系统的特征

伴随着航空航天技术、卫星技术、新一代信息技术的持续发展,未来通信导航监视服务、空管运行服务以及空管信息服务的技术发展趋势也呈现出新的特征。

(1)通信导航监视朝着高性能、高精度、空天地一体化方向发展。在通信领域,随着地面空管系统与航空器之间信息共享与交互日益增加,传统地空窄带通信系统面临更高性能的通信需求,飞行全阶段的空通信的宽带化已是大势所趋,ASBU 中关于未来通信技术的路线图已经包含机场民用航空机场场面移动通信系统(Aeronautical Mobile Airport Communication System,AeroMACS)和航路 L 波段数字航空通信(L-band Digital Aeronautical Communications System,L-DACS)等宽带通信新技术。在导航领域,卫星导航将逐步发展成为主用导航系统,高精度、高可靠性是航空卫星导航系统追求的目标,双频多星座卫星导航和星基、空基、陆基等多基增强技术将是未来发展的重要方向。在监视领域,高精度无缝监视是各类空管监视系统发展的共同目标,随着航天科技的发展和卫星星座运行技术的日益成熟,利用星基系统的广域无缝覆盖能力和陆基系统的稳定可靠保障能力,实现卫星、航空器、陆基系统之间"空天地一体化"的通信、导航、监视应用将成为现实。例如,加拿大 Aerion 公司基于铱星二代系统构建的星基广播式自动相关监视(Automatic Dependent Surveillance-Broadcast,ADS-B)服务、国际海事卫星组织提供的 SB-S(SwiftBroadband-Safety)宽带安全通信服务均已部署应用。

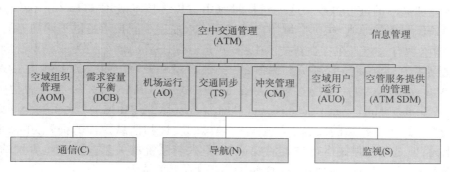

图 10-3-1　未来空中航行系统的体系框架

(2)空管运行服务朝着一体化、精细化、灵活化方向发展。在 ASBU 的模块和引线矩阵中,基于航迹的运行(Trajectory Based Operations,TBO)是各类引线的总集成和最终实现目标,并计划在 2032 年后在全球推广应用。TBO 的核心理念是以航空器全运行周期的四维航迹为中心实现一体化和精细化的运行。"一体化"既包括航路、进场、场面运行、离场等不同阶段运行的一体化,也体现在空管、航空公司、机场等不同参与方决策的一体化,还体现在空域管理、流量管理、空中交通管制服务、气象与情报等不同空管业务围绕航迹运行的一体化。"精细化"主要体现在对空管系统运行服务能力和水平的要求,通过精细控制、精准到达来实现空间和时间资源的精细利用。"灵活化"则是指随着基于性能的导航(Performance Based Navigation,PBN)、基于性能的通信与监视(Performance Based Communications and Surveillance,PBCS)等理念的应用推广,基于性能的服务被认为是未来空管提供服务一个基本原则,即根据不同性能的需求提供灵活可配置的空管服务。

(3)空管信息服务朝着网络化、协同化、智能化方向发展。以全系统信息管理平台(System Wide Information Management,SWIM)为基础的空管网络化信息服务架构,正在逐步替代传统点对点、孤立式的信息服务方式,未来信息管理将从以应用为中心过渡到以数据和服务为中心,为全行业提供共同态势感知。当前,国际民航组织明确将发展基于 SWIM 平台的飞行与流量协同信息环境(Flight and Flow Information for a Collaborative Environment,FF-ICE)

作为航行系统的主要性能提升领域之一,预计 2020 年起在全球推广基于 FF-ICE 的起飞前飞行计划服务,为实现空管、航空公司、机场等民航不同业务系统之间协同决策奠定基础。随着大数据、云计算、人工智能等新一代信息技术在空管系统深入应用,可以预见,气象、情报等信息服务将逐步实现智能化,为空管运行提供更灵活高效的决策支持。

三、新航行系统的应用

未来空中航行技术发展和应用将长期呈现新旧混合的态势,不能盲目地认为新技术将取代所有的传统技术,而是需要综合考量安全、效率、性能、成本等因素来具体分析。

(1)产生新型服务。目前,有些传统技术仍然可以满足空管系统现有的运行模式和服务方式,但随着航行技术的发展和空域用户对于容量、效率和灵活性的需求不断提升,一些以新技术为依托的新型服务应需而生。这些新的服务可以提升空域用户的运行效率,从而使空管运行整体性能得到提升。例如传统仪表着陆系统(Instrument Landing System,ILS)可以满足精密进近的需求,但卫星导航地基增强系统(Ground-based Augmentation Systems,GBAS)可以提供更加灵活的进近轨迹。这类新技术应用与传统技术应用并不存在矛盾,可以本着最佳效率最优服务的原则,根据空域用户的实际需求使用不同技术提供不同性能的服务。

(2)增强现有运行。在各类新技术中,有些是专注于通过整合相关业务系统和信息,辅以自动化决策工具来提高管制员和系统的安全、容量和效率。这类新技术包括进场管理(Arrival Manager,AMAN)、离场管理(Departure Manager,DMAN)、高级场面活动引导控制(Advanced Surface Movement Guidance and Control System,A-SMGCS)、地面安全网以及流量管理系统等。这类新技术的发展依赖于运行理念的改进和信息管理的提升,虽然借助传统的技术手段,但是更加强调运行方式的变革,注重人与系统的关系。随着航班量的增加,运行压力逐渐增大,这类技术的使用需求和适用范围将越来越大。

(3)实现优势互补。有些新技术与传统技术相比具备极大的性能优势,但也可能具有先天性不足,传统技术与新技术各具优势,因此两者可以混合互补。例如卫星导航具备精度高、覆盖广、成本低等传统导航技术无法比拟的性能优势,但卫星导航自身又有其固有的脆弱性,且较易受到干扰,所以传统的陆基导航技术并不能被完全取代。在监视技术方面,ADS-B 拥有建设维护成本低、使用寿命长、不受地形限制等诸多优点,与二次雷达有非常好的互补性。因此,这类新技术可以采取在一段时期内混合使用,取长补短,各自发挥优势,用新技术提供高效服务或弥补传统技术的不足,而用传统技术作为新技术可靠性得到验证前的坚实备份。

(4)完全取而代之。有些新技术通过不断迭代和发展,在功能、效率、兼容性等诸多方面得到了大幅提升,与功能类似的传统技术相比具有绝对优势,完全可以取而代之。例如在通信领域,基于互联网通信协议(IP)的地面通信网络已经为空管系统多种业务提供服务,但航空固定电信网(Aeronautical Fixed Telecommunications Network,AFTN)仍然采用分组交换和异步通信协议,相比而言,未来空管 AFTN 网络必然逐步向基于 IP 的航空电信网(Aeronautical Telecommunications Network,ATN)过渡。而在导航领域,PBN 已广泛应用,无向信标(Non-Directional Beacons,NDB)作用逐步弱化,面临逐渐减少甚至淘汰。这一类新技术的应用将是一个循序渐进的过程,可采用停止新建、淘汰替换的更新方法,完成新技术取代传统技术的过渡。

第二节　空地宽带安全通信与可信导航

一、空地宽带安全通信

空管通信系统是空管服务保障体系的重要组成部分，对实现航行系统高效运行、保障飞行安全具有重要作用。典型的空管通信数据链包括高频数据链（High Frequency Data Link，HFDL）、甚高频数据链（Very High Frequency Data Link，VDL）和航空移动卫星业务（Aviation Movement Satellite Service，AMSS），这些数据链已成为当前空管通信的核心系统。然而HFDL、VDL以及AMSS中的窄带卫星数据链均属于窄带空管通信系统，传输速率难以进一步提升。随着航空交通的增长和通信需求的不断扩大，传统的窄带系统的传输速率已不足以满足现代航空业的要求，民航未来空地及机场通信将广泛采用宽带数据链路。

为了解决民用航空交通运输的快速增长给通信、导航、监视和机场基础设施带来的重大挑战，FAA与EUROCONTROL在2004年合作发起了未来通信研究计划。该计划在未来民航通信的主要技术手段上达成以下共识：在陆地航路飞行阶段，主要使用L频段航空宽带数据链系统；在机场终端区域，主要使用航空移动机场通信系统；在陆地偏远及跨海飞行阶段，主要使用航空移动卫星通信系统。代表性系统包括L-DACS、AeroMACS和宽带卫星数据链路。

（1）L频段数字航空通信系统（L-DACS）是一种新型数字航空通信系统，提供了高达2.59Mbps的传输速率，适用于陆地航路飞行阶段的高速通信需求。它在L波段利用频谱空隙传输数据，支持话音和数据通信，并有潜力成为一体化通信、导航、监视系统。通信系统包括物理层、数据链路层和子网络层，采用OFDM（Orthogonal Frequency Division Multiplexing）技术和自适应调制编码。L-DACS工作在星形网络结构下，支持多架飞机通信，通过专用控制信道和动态资源分配实现高效传输。这是未来航空通信的关键技术，能提供更高效、更灵活的通信服务。

（2）机场宽带移动通信系统（AeroMACS）传输速率可达5～9Mbps，为机场终端区域的通信提供高效解决方案。AeroMACS基于IEEE 802.16-2009标准，运行在C波段，为机场提供高效的航空通信。中国民用航空局提出引入5G等新技术，以提高AeroMACS系统的频谱效率、降低干扰和通信延迟，获得了ICAO专家组的支持。AeroMACS采用OFDMA（orthogonal frequency-division multiple access）技术，支持多种带宽和调制方式，适应不同通信需求。它在ATC、AOC、机场运行、安保视频和多点定位等领域有广泛应用，提供高效、可靠、安全的航空通信服务。虽然系统建设成本较高，但在航空领域的应用前景广阔，有望进一步提升ATM和ATS的运行效率。

（3）宽带卫星通信系统提供更大的传输容量，可为航空用户提供大容量的卫星信道，用于传输大量数据和高清视频，以促进高效的空中交通管理系统的态势共享，并为跨海和偏远地区的通信需求提供了可行性。常见的Iridium Certus铱星宽带系统和Inmarsat SwiftBroadBand系统通过卫星中继连接飞机前舱和地面管制中心，提供宽带通信。Iridium Certus使用Ka波段，传输速率高达24Mbps，SwiftBroadBand则使用L频段。通信网络提供商为ANSP和航空公司提供地面基础设施。

另外,面向提升以航空安全通信为核心的航空器宽带通信能力的需求,聚焦于提高航空通信系统的带宽、覆盖范围和可用性,研究卫星通信自适应天线、智能路由、网络切片、频谱智能分配和网络优化技术,建立更安全、高效、可持续的航空宽带通信系统,进一步提升空地航空信息互联、互通和共享能力。

二、可信卫星导航

空管导航系统是引导航空器安全飞行的重要手段。现有空管导航系统主要包括陆基无线电导航系统和GNSS。GNSS可满足全部飞行阶段的空管导航应用需求,支持所有飞行阶段的基于性能导航应用,提高航空器引导精度,改善全天候运行能力,保障地形复杂机场的运行安全,同时实现灵活而优化的飞行航径,减少飞行时间和燃油消耗,提高繁忙机场的运行效率,是新航行系统的重要基础设施之一。

GNSS由导航卫星发射无线电信号,使地表和近地空间的用户可以测定空间坐标和时间信息,具有全球、全天候、高精度、实时定位和授时能力。ICAO提出了GNSS概念,包括导航星座、增强技术和机载接收机等主要元素,并定义了各飞行阶段的GNSS性能需求。GNSS自运行以来,在世界范围内得到了广泛应用,然而长期以来,其完好性、连续性、导航精度等难以满足航空用户将其作为主用导航系统的性能要求。卫星导航增强系统的建立和使用,正是针对这一问题对GNSS进行的改进措施,按系统的组成可划分为地基增强系统(GBAS)、空基增强系统(Aircraft-based Augmentation System, ABAS)、星基增强系统(Satellite Based Augmentation System, SBAS)等。

(1)地基增强系统:卫星导航地基增强技术是基于局域差分和完好性监视技术的卫星导航外部增强手段。GBAS在位置精确已知的参考站获得测量伪距值,并利用卫星星历和参考站的已知位置求出伪距计算值(真实值),求出两者之差,称为校正值,然后把它发给用户。一定距离内与参考站同步测量的用户可以利用卫星导航校正值对自己的伪距观测值进行校正。当参考站和用户之间的距离间隔小于50km时,差分定位精度可达1m(95%)。应用于民用航空的GBAS系统在局域差分基础上进行完好性监视,以满足对于性能需要较高的精密进近需求。

(2)空基增强系统:根据卫星定位原理,机载接收机同时能接收到4颗卫星的信号即可定位。实际中,机载接收机即使只使用单一GNSS星座,在大部分的时间和地点也能同时收到8颗以上卫星的导航信号,因此对于定位而言存在较大的冗余。ABAS利用冗余的导航信号或从其他可用机载设备得到的信息增强GNSS,以满足所需的运行要求,包括故障检测和故障排除两个功能。故障检测目的是检测存在的定位故障。当检测到故障存在时,通过故障排除功能排除存在故障的导航信号,机载接收机可以使用其余的导航信号继续当前的运行。如果没有故障排除功能或故障无法排除,则服务中断。ABAS是GNSS机载航电设备的一种自主增强手段,不需要地面设备的辅助。

(3)星基增强系统:由于GNSS卫星围绕地球运动,同一地区不同时刻观测到的卫星会发生变化,而对于同一地区播发差分改正信息需要一个固定的发射源,因此不能使用GNSS卫星广播增强信号。相对于GBAS的有限覆盖范围,使用地球同步卫星播发增强信号,可以实现大范围覆盖。美国FAA利用GEO卫星播发广域差分改正和完好性监视信息,构建了WAAS(Wide Area Augmentation System)。欧洲空间局采用相同的原理,构建了对地静止导航覆盖服务EGNOS（European Geostationary Navigation Overlay Service）系统。在亚洲，日本建立了多功能卫星增强系统MSAS（MTSAT Satellite Augmentation System），并开发准天顶卫星系统QZSS（Quasi-Zenith Satellite System），作为GPS的一种增强服务。中国的北斗卫星导航系统正在开展服务于中国及其周边地区的SBAS建设工作。

另外，为解决单一导航手段存在的可靠性不足的问题，进一步提高航空导航的安全性，航空导航手段正从单一系统向多源弹性融合方向发展。开展异质信号兼容共生、多源信息弹性融合、服务性能可信验证等方法研究，成为航空导航的重要方向。研究信号兼容设计和环境异常监测与修正方法，揭示复杂运行场景下航空电磁干扰和空间传播异常的偏移机理，突破电磁干扰的广域检测与精准定位技术，构建大气空间环境异常空天地一体化监测技术体系；研究多基卫星导航增强和多源弹性融合导航方法，建立多源融合导航误差精细化模型，建立多源弹性导航自主完好性监测技术体系，实现多源导航信息的自适应弹性组网；研究多源时空精准匹配与评估、导航服务性能监测与验判方法，构建航空导航引导风险的实时监测技术体系，验判全飞行阶段与复杂运行条件下的航空导航服务性能。

第三节 空地一体态势认知与自主运行

一、未来场景和趋势

基于航迹运行（TBO）概念下，未来空中交通运行管理将不再通过划设扇区，而以管制员对飞行员"单对单"通话发布管制指令方式实现，基于航空器航迹规划、计划和协商，同时融入多个飞行员飞行意图，以多架航空器航迹生命周期管理的方式来实施；与此同时，未来机载和地面系统能力的不断提升，空地系统之间的高效互联和协同，空中交通运行管理中的决策也不再由人的经验和脑力计算为主导，而是更多融入机器智能的人机智能融合决策，形成更高自动化水平的人机协同管制新模式；此外，当前航空器飞行过程中由管制员统一负责发布指令实现空中交通的安全、有序、顺畅运行，随着对交通态势演变趋势的精准掌握、空地系统的辅助决策更加智能灵活，未来地面管制员将仅提供必要的安全监视，空中航空器则按照计划轨迹和实时协商轨迹实施的自主运行；未来空中交通运行管理将侧重研究全阶段数字化管制、航电管制协同、自主间隔保持、自主航迹运行、管制决策智脑等前沿技术。

二、关键技术研究

聚焦地面和机载系统能力提升以及未来空地系统之间的高效互联和协同，探索具有更高自动化水平的人机协同管制新模式，研究基于可接受风险的航空器动态间隔空地协同控制问题，提升空地一体化运行环境下的态势精准认知能力，提出面向机场、终端区、航路的交通航迹间隔动态控制与冲突解脱决策方法，为支撑研制自主可控的新一代空中交通运输系统装备及自动化能力等级提升奠定技术基础。

1. 空地多源信息融合处理

空地多源信息融合处理是对来自卫星、机载、地面设备和系统等多个信息源获取的数据和信息进行检测、关联、相关、估计和综合等多级多方面的处理，以获得航空器、车辆、人员等关注目标的精确位置和高度、速度、方向等活动状态估计。多源信息融合是信息处理的持续性过程,该过程通过不断获取空地实时更新信息进行不断自我修正从而得到更优结果。当前研究大多基于现有的空地协同环境限制,包括现有通信、导航、监视等硬件设备,长期广泛使用的标准和规范等,导致机载端态势感知信息类型有限、感知范围不足、空地态势感知不一致等问题。未来空地信息源更加多样、获取信息更加全面,空地获取信息更加统一,基于未来构建空地协同环境,重点研究空中交通运行的多源异构态势要素信息融合理论与方法,突破空地多源异构信息实时处理、空地飞行信息可信融合、多尺度空地气象信息可信融合和机载态势识别与可信融合等方法,实现地面端与机载端对运行态势的一致认知,增强机组的飞行态势感知能力,为空地一体化自主运行提供统一、可信与及时的运行态势信息,提升空管服务保障能力。

2. 多尺度空域态势高效计算与认知

多尺度空域态势高效计算与认知技术是对空地融合信息进行深度处理和知识提炼,通过对空域与航空器、空域中航空器与航空器、地面航空器与车辆、地面航空器与人等之间的相互作用关系进行识别、理解和分析研判,具体分为态势识别、态势理解、态势预测和态势评估4个循环迭代的态势计算和认知核心处理环节。当前研究受实际可获取信息等限制,对态势的理解、认识和研判相对简单和片面,同时针对智能化航空器自主运行、智能化航空器无人飞行以及有人/无人混合飞行等运行需求,传统以人在环路控制、地面管制为主的运行方法难以保障各类航空器的飞行安全的问题。未来多尺度空域态势高效计算与认知重点研究各类因素的作用与传播机理、多尺度空域安全、拥堵等态势要素传播演化规律,构建空域态势演变溯源链条,突破基于空地融合态势的安全风险智能预测与多尺度风险智能化消减技术方法,构建航空器个体与群体风险认知模式以及规律,实现复杂空域环境风险智能预警,显著降低管制员工作负荷,保障各类航空器的安全、平稳运行。

3. 空地一体四维航迹管控

四维航迹管控通过传统的三维空间(经度、纬度和高度)和第四维(时间)来确定航空器航迹,并考虑重量、高度、速度等飞行参数,得到实时、精准且连续的四维航迹信息,同时在规划、战略、预战术、战术和事后分析阶段,融合旅客、空管、机场、航司等多方需求,通过调整航空器计划航迹和计划航迹的精准执行,实现对整个空中交通流的管控(图10-3-2)。航空器四维航迹精准管控的实现,将改变以扇区为单元的空管运行模式,管制员更加专注航班的全过程的航迹管理。关于四维航迹预测一直是空管研究的热点和难点,所提出的模型、方法和算法等种类繁多,但受空地航迹信息获取不一致、空管运行规则不统一等影响,航迹预测准确度以及所预测航迹对实际空管生产借鉴作用还有很大提升空间。未来针对空地航迹不一致、运行间隔冗余较大、管制效率提升受限等问题,围绕航空器运行全阶段的空地协同运行和"秒级"精细化管控需求,以多粒度、多维度、多模态数据的实时融合处理为基础,研究多主体环境下的四维航迹高效协同与动态控制理论方法,建立以四维航迹为核心的空地数字化航迹共享和同步机制,突破面向飞行全阶段的大规模航迹协同规划与飞行冲突高精准预警和精细化安全间隔管理技术,预期形成以四维航迹为核心的空地数字化运行管理能力。

4. 多模式空地协同自主运行

多模式空地协同自主运行以航空器自主间隔保持为核心,通过综合考虑人、机、环、管等多方面因素影响,不断提升空中机载端航空器的态势识别能力、航迹规划和执行能力,从而提升有人无人航空器飞行的自主运行能力,未来空管运行的部分作用和能力逐渐迁移到空中机载端,地面空管以提供安全监视服务和航班飞行的规划计划服务为主。前期此部分的技术研究较少,大多集中在运行概念理念层面,同时随着无人机的兴起,此部分正在成为研究热点。未来针对有人无人航空器四维航迹面向未来高密度运行环境对进一步缩小航空器运行间隔的发展需求,以空地一体的四维航迹精准管控为基础,探索支持航空器自主运行的协同化管制运行技术与方法,提出分布式和集中式并存的多模式间隔管理方法,研究人工智能技术在管制运行中的可信应用理论与方法,突破高可靠性和可解释性的智能管制机器人、人机协作新范式构建技术、基于航空器性能和运行环境的尾流间隔动态优化、面向突发事件和异常航迹的管制引导策略智能生成等技术,形成面向突发事件和异常航迹的管制引导策略智能生成方法,实现航空器自主运行与空管统一引导相结合的高效运行模式,在确保安全风险可控的前提下,增强航空器飞行的灵活性和自主性,形成覆盖全空域、全阶段、多用户的自主管制能力。

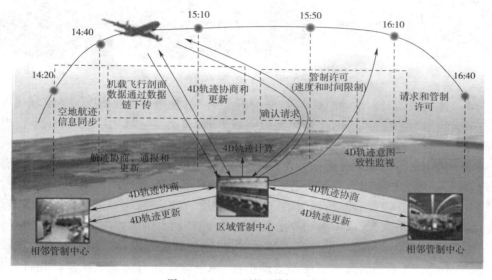

图 10-3-2　TBO 下的四维轨迹管控

第四节　空域流量协同管理与智能决策

一、空域一体化规划与柔性动态管理

空域一体化规划是实现空域系统高效运行的基础,需面向整个国家空域系统。国家空域系统覆盖机场和低/中/高空异构空域,服务军事航空、公共运输航空和通用航空等多元用户。在国家空域系统内,公共运输用空以跑道、航路点、航段和扇区等基础结构进行组合衔接,通过机场管制区、终端/进近管制区、高空航路等形式,构成面向民航空管、客货运输等业务的机场网络、航路网络和航线网络;军事用空以区块结构为主要形式,分布于低中高空全域,构成以任务飞行、实战演练等军事活动为主的特殊空间;通航用空以块状、通道结构为主要形式,分布于低空范围,构成以低空物流、应急救援、作业巡检等活动为主的低空空间;各

类网络、区域、航路、航线和节点交织互联,覆盖整个低中高空全域,共同构成国家空域系统一体化运行环境,如图10-3-3所示。

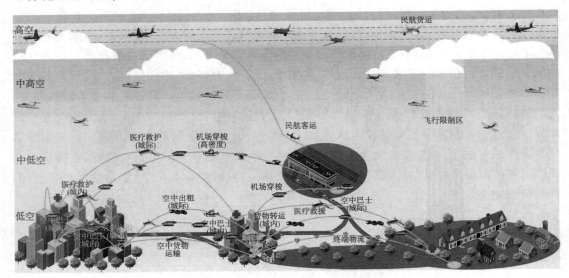

图10-3-3 国家空域系统一体化运行环境示意

空域一体化规划与柔性动态管理从"一体化运行"的视角开展静态层面的空域规划设计与动态层面的空域柔性管理,因涉及多层级空域单元、多类型空域用户、多元化运行规则交织运行,是一项十分复杂的工作,该工作的开展首先需要设计空域一体化运行概念。

空域一体化运行概念设计旨在开发适应性强、灵活度高、通用性好的新型空域形态和运行管理模式,以最大程度提升空域资源利用率,满足各类空域用户的使用需求。目前,国际先进的空域运行概念主要有欧控提出的空域灵活使用、自由航线空域和功能空域块概念,美国提出的天空走廊概念,德国宇航局提出的无扇区空管概念,中国提出的军民航空域协同运行概念。空域一体化运行概念设计的主要内容包括:空域规划设计与运行管理的现状调查分析;多层异构空域系统的基本组成要素解析;空域一体化运行体系架构总体设计;空域一体化运行模式、程序与管理规则;空域一体化运行概念仿真验证与评估。

在空域一体化运行概念设计的基础上,开展空域一体化规划与柔性管理工作。在静态、战略层面的空域一体化规划方面,应重点开展以下工作:多类型空域用户需求预测及演变分析、空域一体化运行要素提取与模型构建、空域单元及全系统运行能力综合评估、空域一体化运行评价指标及综合测度、考虑空地设施性能的空域融合运行规划等。在动态、(预)战术层面的空域柔性管理方面,应重点开展以下工作:空域供给能力动态评估与预测、面向单一用户的空域资源动态配置、面向多元用户的空域资源协同配置、军民空域资源灵活使用策略优化设计、扰动事件影响下的空域资源使用管理等。

二、空中交通容量管理与供需平衡

在诸多大型繁忙机场和空域系统内,空中交通需求已接近、达到甚至超越空域容量供给,频发引发空域资源"供"与"需"之间的失衡,迫切需要开展空中交通容量管理与供需平衡工作,这是挖掘空域资源效益、优化空中交通流量、缓解空域拥堵和航班延误的最根本解决手段。空中交通容量管理与供需平衡面向多类型空域单元和多元化空域用户,综合考虑空地设施、空域结构、交通分布、运行模式、环境扰动等因素,通过构建空中交通"供给"与"需求"之间最佳匹配的相关模型与方法,实现空中交通"需求—容量—时刻—计划"之间的多阶段最优匹配,如图10-3-4所示。

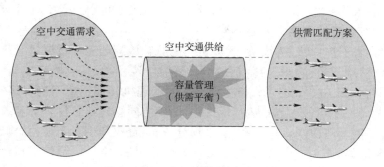

图10-3-4 空中交通供需平衡管理示意

空中交通容量的计算可采用数学模型、仿真评估、统计分析等方式,包括静态容量、动态容量、运行容量三类,如图10-3-5所示。随着时间的不断变化,静态容量为单一固定值,形成一条直线;动态容量为连续变化值,形成一条曲线;运行容量则为离散变化值,形成多条分段直线。空中交通需求的计算通过分析需求影响机理来构建一套空中交通需求预测的指标体系,利用计量经济、趋势外推、系统动力学、灰色系统、组合预测、轨迹预测等方法,对战略和(预)战术需求进行预测,推演分析流量的多尺度变化特征。

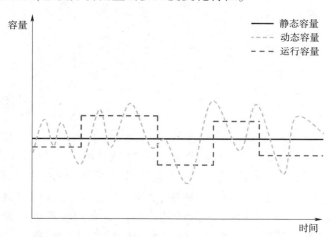

图10-3-5 空中交通容量分类

在明确空中交通容量与需求的基础上,空中交通供需平衡应重点开展以下工作:空地协同下的空中交通容量评估、多时空粒度下异质化飞行需求精密预测、面向运行前阶段的大范围飞行活动统筹优化、面向运行中阶段的供需动态协同优化管理、面向运行后阶段的空中交通性能评估与优化。目前,国内外尚未建立适用于异质用户混合运行场景的空中交通供需适配性评价标准,亟需探究多层空域网络供需适配状态演变机理,提出供需适配性评价标准与方法,为混合化空中交通流协同优化调配提供理论基础和参考依据。

三、空域流量协同管理与智能决策

空域流量协同管理与智能决策是实现空中交通高效运行的关键核心手段,其内涵是综合考虑空域管理与流量管理问题,实现空域与流量之间的相互适应。空域流量协同管理与智能决策应从"机制"和"技术"等视角重点开展研究工作,可分为空域流量协同管理机制、空域流量协同运行决策技术两大方面。

在空域流量协同管理机制方面,通过分析军民航空域管理和飞行流量管理的现状、问题及空域流量协同管理需求,构建一套国家统筹、军民协调、顺畅高效的空域与流量多层级协同管理运行机制,如图10-3-6所示。空域流量协同管理机制建设应明确各级空域流量协同管理的组织架构、设施设备及人员、运行模式等,明确协同管理的总体目标和基本原则,明确职能关系界定问题,厘清协同作用关系、层级划分依据、责权和主要职能,并构建空域流量协同管理的规章制度体系。主要工作包括空域动态管理机制、空域灵活使用机制、常态流量协同管理机制、异态流量协同管理机制、多阶段协同联动机制以及相应的军民航应急转换、重大活动协同保障、突发事件协同应急、国际跨界协同监控等内容。

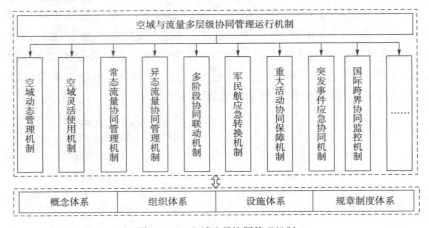

图10-3-6 空域流量协同管理机制

在空域流量协同运行决策技术方面,针对融合空域环境下混合飞行活动的网络化运行与一体化调度难题,面向基于航迹运行的概念体系,聚焦跨机场/跨区域/跨国境等跨域飞行活动协同管理需求,建立兼顾安全、容量、效率、成本、效益和公平性等目标的空域流量协同优化调配模型,提出一套面向多层级、多阶段的空域流量多阶段互适应调配技术及策略集,实现空地协同下飞行流量调配与空域资源配置之间的最优联合决策,为战略和(预)战术阶段空中交通管理的最优精准决策提供技术支撑。空域流量协同运行决策的核心思想如下:首先对飞行流量进行预测、对空域容量进行评估,若客流不匹配,则优化空域结构、调整空域容量;调整后如果仍不能满足飞行需求,则调配飞行需求、分配流量,使之和空域供给相适应。主要工作包括多阶段跨域飞行流量协同调配、融合空域与混合飞行流量互适应调配、面向多利益主体的空域流量协同运行智能决策等内容。

第四章　水路交通新一代航运系统

第一节　新一代航运系统内涵

新一代航运系统(New Generation of Waterborne Transportation System, NEW-WTS)是利用高新技术实现航运系统"船-港-货、人-机-环"要素融会贯通、自洽共享,运输船舶组织运营呈现"岸基驾控为主、船端值守为辅"的新型水路运输系统,由绿色智能船舶、数字生态设施、可靠岸基支持、韧性运营服务组成,以信息物理系统为基础,构建数字化创新技术体系。船舶、港口、航道和客货等单元物理分散但信息互联共享,显著提升运输服务的绿色、安全、智能和便捷水平。

一、内涵特征

新一代航运系统是典型的人—信息—物理—社会系统,具有非线性、强耦合、高时变、多模态等特征,当前水路交通运行控制仍处于以人为主的弱控制阶段,船舶和港口等装备运营作业主要由船舶驾驶员和港口操作人员完成,系统或设备具备基本的状态感知、数据采集和对指令的响应能力,决策和控制程序均为预设值,不具备适应性与延展性,缺乏有效的协同和数据集成处理,尚处于自动化发展阶段。航运装备设施的动力供给仍以传统化石燃料为主,综合能效优化、污染物排放控制等绿色化技术应用紧迫。船舶运行由船端驾驶员操作,岸侧控制能力弱,运营组织由船务公司和货物代理调配,交通管理响应被动。系统建设应用割裂,功能板块以离散化的信息服务为主,基于功能需求设计的应用方案可持续性低,无法满足绿色智能航运发展的产业要求,整体缺乏体系性创新和资源节约、集约利用。新一代航运系统通过重塑"人—船—岸"之间的关系和价值,使得运营组织效率和服务保障能力提升,总体呈现绿色化、智能化、韧性化的特征。

(一)绿色化

航运装备设施绿色化、轻量化且高效环保,减少有害材料的使用,提升材料使役服役性能的同时延长生命周期,动力类型以多能源协同利用为主,温室气体等大气污染物的排放控制能力增强。动力蓄电池、燃料蓄电池和太阳能、风能、氢能等可再生能源在船舶与港口得以推广应用,绿色服务区与岸电配套设施实现全覆盖,交通基础设施网与能源网融合发展。

(二)智能化

通过构建数字化创新技术体系,增强水路运输组织运营的数据应用水平,信息互联、系统共建。航运要素单元、功能系统和架构系统具备全息感知、协同认知、智能决策、自动控制、人机协同交互能力,在岸基驾控中心实时对在航运营船舶进行监管和控制,提供接管请求响应和主动干预等功能,功能/架构系统高度集成,数据信息充分共享,设备设施协同联动,技术业务深度融合。

(三)韧性化

"船—港—货、人—机—环"的运行流程趋于衔接畅通、协同指挥和主动适应,系统的可持续性与普适性得以提升,对于自然环境、运行冲突的应变能力增强,事前预警、事中处置、事后评价,保持原有功能和恢复可达性,能够有效缓解货物匹配和场桥泊位调度优化等问题,提供个性化、差异化服务,统筹管理、按需分配,减少资源的闲置和浪费。

二、体系架构

(一)信息物理结构

新一代航运系统以实现乘客和货物的舒适搭载与个性化、高效精准位移为服务导向,绿色智能船舶、数字生态设施、可靠岸基支持和韧性运营服务等独立运作而又随机关联的组件、要素和系统适时交互、协同作业。物理世界与信息空间的人、机、物、环境、信息等要素构成平行映射,联通相关的流程、功能、数据,交通要素行为分层涌现、信息交互共享、域内/域间协作、自主运行管理,实现系统内资源配置和运行的按需响应、动态优化,是船舶、交通、信息和通信等多系统协同发展的典型复杂信息物理系统(Cyber-Physical System,CPS)。各要素单元、功能系统间具有松耦合关系,整个系统为耗散结构,处于远离平衡态的自组织状态,是新一代航运系统体系架构的基础,其信息物理结构如图10-4-1所示。

图10-4-1 新一代航运系统的信息物理结构

(二)系统组成

新一代航运系统具有明显的层级特征,分为要素单元级、功能系统级和架构集成级(System of System,SoS),各架构集成级以任务为导向搭建总体架构,从数据传递到能量传递的总成,以共享资源与能力构成一个实用性更强的系统,实现个体无法达成的整体效果,与多个系统的权值相比,功能更为广泛、性能更加优越。在对新一代航运系统内涵梳理分析的基础上,应用信息物理系统的层级结构提出新一代航运系统物理框架,主要包括绿色智能船舶、数字生态设施、可靠岸基支持、韧性运营服务等四个部分,其整体框架如图10-4-2所示。

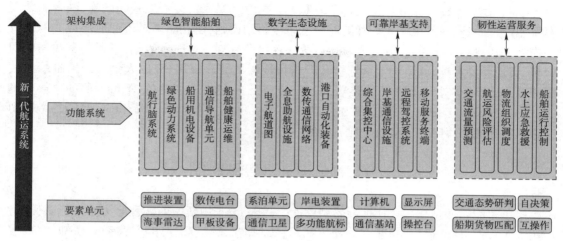

图 10-4-2 新一代航运系统整体框架

(1) 绿色智能船舶。乘客与货物承运的主要载体包括常规船舶、增强驾驶船舶、辅助驾驶船舶、远程驾驶船舶以及自主航行船舶，由航行脑系统、绿色动力系统、船用机电设备、通信导航单元、船舶健康运维共同组成。

(2) 数字生态设施。实现船舶时空位移的通道链路与重要节点，包括数字生态航道、智慧绿色港口和信息基础设施建设三个方面，具体为电子航道图、全息助航设施、数传通信网络与港口自动化装备。

(3) 可靠岸基支持。运输船舶的协同指挥平台和新一代航运系统的指令发布终端，完成在航船舶的驾控，对航运全过程进行监管，在紧急情况下介入操作，船东和海事监管机构可在移动终端或第三方平台实时监测和获取信息，由综合集控中心、岸基通信设施、远程驾控系统和移动服务终端等组成。

(4) 韧性运营服务。开放、共享、协同的水路运输管理与服务系统/平台，支持面向具体航行场景、安全管理、物流服务功能需求的个性化定制，提供韧性化运营服务和交通流量预测、航运风险评估、物流组织调度、水上应急救援和船舶运行控制等功能。

三、功能逻辑

在船岸协同环境下，传统航运的人为因素将不断弱化，船—船、船—岸、岸—岸耦合增强，系统可柔性测控，随机性减弱，系统的感知、认知、决策及控制主体逐渐从驾驶员/操作员转向机器。运行维护由船员/操作员操作执行演变为人机共驾，经历增强驾驶、辅助驾驶、智能驾驶、自主驾驶4个特征阶段，不同要素单元、功能系统级、架构集成级混行并存，重构交通运输系统要素运行规律、个体服务于群体控制的平衡机理等过程。运行模式由交通诱导过渡至主动控制，操作地点从船舶等载运装备移至岸基驾控中心，指令形式由随动操作信息、机械执行信息转化为航向、航速、航迹、航次计划等目标任务，决策端由船舶逐步转向岸侧，人在运营作业的参与度逐渐降低。

在组合通信链路与"空—天—海—地"一体化网络的支持下，打通新一代航运系统数据链路，使其具备低时延、高带宽、多切片的远程通信能力，提供可靠的通信通道和算力支持，建立船岸协同的信息感知、采集网络，数据交互准则。充分利用已有的航保感知网络、北斗卫星导航系统、视觉监控等岸基支持单元和 5G 数传终端等新型信息基础设施,融合船载现有智能监管设备、辅助决策系统和港航全息态势感知设施,建立船岸对于通航环境的基础数字描绘。联通不同业务应用层的信息流,统一存储和管理海量航运数据,打通信息数据间的壁垒,实现各要素单元级、功能系统级和架构集成级的共享复用,完成人由决策控制端向被服务端的转移。在没有足够人类监督和参与的情况下,能够在变化的、不可预测的交通环境"理性地行动",实现知识库的扩展和任务的迁移,以适应不同操作指令和应用场景,由被动交通响应和优化转向主动交通管理与服务。

第二节 绿色智能船舶

绿色智能船舶是在新一代标准船型设计的基础上,采用新型能源及电力推进形式,通过应用人工智能、移动通信、物联网等先进技术,实现航行环境和船舶状态感知、认知,完成航行任务的决策和控制,达到自主航行或者远程驾驶的目标,集成新一代信息、计算机、传感器、通导、网络、控制、新能源和新材料等应用的高技术船舶。

一、航行脑系统

"航行脑"系统是服务于船舶智能航行的人工智能系统,由感知、认知、决策和控制等功能空间组成(图 10-4-3)。"感知空间"获取船舶在航环境和自身状态信息;"认知空间"根据感知的信息抽象出航行态势,实现自身状态辨识,最终基于人工驾驶记录和机器学习建立智能船舶驾驶行为谱;"决策空间"利用"感知空间"反馈的信息修正"认知空间"的态势认知,并通过"控制空间"在驾驶行为谱的支持下实现对智能船舶的鲁棒控制,面向智能船舶、自主船舶开展实船应用,达到减少配员、降低排放和提高船舶航行安全性的目的。

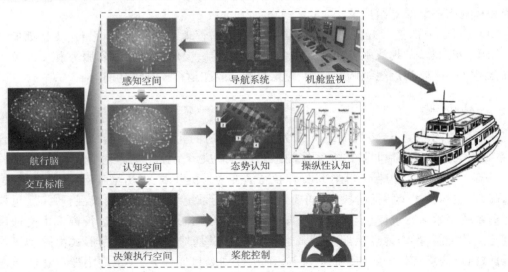

图 10-4-3 航行脑系统组成

"感知空间"依靠航海雷达、毫米波雷达、激光雷达、摄像机、前视声呐、全球定位系统(Global Positioning System, GPS)、陀螺罗经、油耗传感器、轴功率传感器、转速传感器及 AIS

等传感器采集数据并进行融合处理,获取在航船舶的自然环境和运动状态信息,同时接收来自岸基监管中心的航行警告信息。

"认知空间"功能区从上述信号中抽取、加工与航行相关的要素,利用航行态势分析算法对船舶航行时面临的碰撞风险进行全面描述,并对面临的风险进行等级划分和实时更新;利用船舶驾驶行为学习算法,结合船舶航行态势构建船舶驾驶行为谱,以实现船舶在特定条件下的自主航行。

在对船舶航行风险进行全面"认知"的基础上,"决策执行空间"利用航行决策算法和船舶航行控制算法,通过控制系统使船舶达到或接近期望状态,并将当前状态反馈给"感知空间"和"认知空间"功能区,进一步修正航行态势和操控模型。

二、通信导航系统

考虑语音通话、数据传输、视频会议等不同通信需求,建立船岸协同的分布式网络结构,针对弱网环境和时延丢包特性,形成多链路和不同节点/通道的统一接入方案,构建 LTE/5G、有线/蜂窝网络智能融合和多链路深度聚合理论,突破数据驱动的网络化状态预测与随机时滞条件下的主动补偿等关键技术。深度融合 5G + 北斗卫星导航系统等通信手段,基于 GNSS + INS 深度耦合方式,实现时间和空间位置维度的高精度导航定位。

三、绿色动力系统

船舶绿色动力系统在船舶航行过程中提供了动力输入,主要由主机设备、动力推进装置和机械传动器件组成,具有低排放、环境友好等优点,能够满足船舶智能航行所需的功率冗余、可靠性高、易于操控等需求。能源供给类型主要包括电力驱动、液化天然气和氢氨等零碳燃料,将液化天然气(LNG)燃料作为解决航运碳减排问题的过渡性替代燃料,同时采用增强蓄电池能量密度、提升蓄电池推进系统效率等方式满足大型船舶长时续航需求,探索氢氨零碳燃料和可持续生物燃料,开展碳封存、碳捕集等技术研究。在动力推进装置方面,应用电磁弹射、无轴轮缘等新型高效推进方案已经成为当前的主要研究方向。

四、船舶健康运维

在船舶运营过程中,面向全天候、多元应用场景和复杂工况的状态监测和运维决策支持对于保障船舶航行安全和设备可靠性具有重要意义,需要通过采取能源集成管理、航程优化、航速推荐和余热循环利用等技术手段,提升燃料的利用效率,降低能量损耗。基于状态监测数据分析和评估主机、螺旋桨、舵机等设备与动力系统整体的运行状态、健康状况,建立健全船舶运营全生命周期的视情维护机制,保障船用机电设备的健康稳定运行,避免由于设备磨损造成的安全事故,提升设备的使役服役性能。

第三节 数字生态设施

数字生态设施主要包括支撑新一代航运系统建设应用的新型智能化港航装备、关键系统与信息基础平台,通过构建数字化的技术体系,营造创新生态,提升现有港航装备的自洽和互操作水平,实现基础设施的互联互通,推动系统的网联化、智能化发展。

一、电子航道图

整合水文气象、视频监控、交通流量等多源数据,建设全息场景助航地图,推动数字孪生、BIM 技术在航道监管和养护管理方面的创新应用,提升航道公共服务能力和管理水平,加强重点航段和港区的安全监管与应急救援能力建设,形成以智能航标为核心的遥测遥控体系,实现航道要素信息的实时感知与船舶航行动态预警。深化电子航道图的信息共享水平和云网交互能力,结合 AIS 船舶识别系统、CCTV 高清监控系统等感知手段,提升数据处理能力与融合应用水平。

二、数传通信网络

高效、可靠、稳定、快速且经济的通信网络是保障智能船舶功能实现的基础。加快推进航运基础设施信息化和航行保障体系建设,实现传输网络的全天候全覆盖,增强测控数传的柔性能力,通过海事卫星、新一代移动通信技术实现高通量、低延时的通信组网,构建空—天—海—地一体化的自组织网络,确保通信的实时性与可靠性,为船岸协同管理和航行控制提供数据传输保障。推动北斗卫星导航系统在长江、珠江干线的常态化应用,提升船岸通信能力和安全水平,加强船舶航行全过程的船岸协同。

三、智慧港口

综合应用 BIM、元宇宙和数字孪生等技术手段,构建港区孪生仿真场景,打造新一代港口智慧大脑,研发场桥一体化指挥调度与智能控制和智能水平运输管理系统,实现码头 TOS 操作系统、场桥、岸桥和智能水平运输机器人之间的协同作业。通过新一代移动通信、北斗卫星导航系统、人工智能和物联网技术的泛在应用,实现港口的全流程自动化作业,推动自动化堆场、电子提单、车路协同等关键技术集成应用,实现港区作业动态仿真、远控岸桥智能管理和无人驾驶集卡指挥调度,依托智慧港口建设新一代人工智能示范应用场景,提升港区作业的自动化水平,保障运营作业的安全高效。

第四节　可靠岸基支持

可靠岸基支持是在船舶航行过程中通过北斗卫星导航系统地基增强、多网融合通信传输等技术手段,在岸侧为船端提供气象导航、路径规划、航行建议等信息服务,保障船舶航行效率和运营安全,主要包括岸基协同系统、航行安保系统和远程控制系统。

一、岸基协同系统

通过岸基的 RTK 差分定位基站、AIS 基站、气象站等感知设备采集船舶航行信息,经处理分析后为船端提供气象水文信息、高精度导航定位、交通流量预测、航行态势分析等协同数据服务。

二、航行安保系统

通过船岸一体化信息平台,融合多源感知数据,实时监控船舶的驾驶状态,识别危险驾驶行为、检测异常航行事件,根据期望轨迹和安全边界动态识别船舶碰撞风险,为船端值守员和远程监管人员提供航行预警信息。

三、远程控制系统

在船舶驾驶位置之外的远程控制站或控制位置完成航行操作,主要包括实时操控和自动控制两种模式,由船载智能系统在设计运行范围内执行动态驾驶任务,岸基驾引人员持续监测航行环境和船舶状态并为船端提供航行建议与决策支持,当遇到船载智能系统无法处理的情况或系统失效时接管驾驶任务,船端值守员负责操作与管理机舱、消防等设备并进行应急处置(图 10-4-4)。

图 10-4-4　船舶远程驾驶控制系统

第五节　韧性运营服务

韧性运营服务是指面向运输过程的海事管理、物流调度等典型业务需求,通过融合船舶、航道、港口等交通要素,提供异常事件检测、动态风险预警、交通流量管理、船队运输调度、运力评估分析等服务,提升系统整体的运行控制效率。

一、水路交通要素融合感知

水路交通作为一个复杂的大系统,实时动态掌握各类要素的状态和态势,是保证其正常运行的必要条件。事实上,各类现代传感器正在广泛地部署于水路交通运输系统中的各类要素中,以便能及时、准确、充分地获取系统的运行参数,并有效地服务水路交通运输系统的决策和控制。水路交通要素感知和传输的核心问题在于如何使传感数据以尽可能稳定可靠的方式被数据的消费者(如系统中的决策控制单元)分析和使用。

(1)前端数据的处理。水路交通运输系统中广泛部署的传感器所采集信息成为一种泛在数据源,有效地利用和分发这些数据成为当前研究关注的新问题。其中两个方面的因素尤为突出,首先是消除数据中蕴含的冗余或不一致,其次是如何建立健壮的传输系统来承载这些数据的生产和使用。其中,数据的规范化、形式化表达一致是对前端数据实行结构化处理的重点问题。

（2）数据（信息）融合的算法和架构。从算法的角度而言，研究人员需要诉诸更先进和高效的方法，以实现对前端数据的校对和去噪，还原得到可信的数据，而感知信息的融合则是指应用智能算法将多源数据进行关联和组合；从架构的角度而言，在现有的水路交通运输系统的数据处理体系上，学术界正在尝试应用新的计算模型，如使用端-边-云的计算，用以灵活地平衡数据和计算资源的分配。

（3）感知数据传输的可靠性。对于承载数据分发的网络而言，提高水路交通信息网络的可靠性是保障高效感知融合计算能力的基础条件。随着前端数据量的迅猛增长，研究人员对感知的数据使用数据压缩方法来降低数据传输网络的负荷，避免网络拥塞造成的数据同步性失真。同时，在网络基础设施上实行一定的保护措施来增强网络的弹性，这种保护可以是物理层上的，也可以是路由层上的。通过实施保护措施，可以在若干链路发生突发故障时实现传感数据敏捷和平顺的迁移。

二、水路交通装备运行控制

水路交通作为巨大的能量消费体成为实现节能减排目标的重要领域。然而由于设备数据只掌握在用户一侧，且设备间没有形成互联互通，导致数据的挖掘分析受阻。随着物联网（Internet of Things，IoT）、数字孪生、人工智能（Artificial Intelligence，AI）等新兴技术的发展和能源转型的不断深入，如何结合物理信息技术，借由 AI、IoT、信息与通信技术（Information and Communications Technology，ICT）、云、边等技术的加持，实现多种能源设备之间的泛在连接，提高不同设备之间的互通能力，建设一体化、智能化的水路交通装备系统运行控制与运维平台成为关键。未来的研究发展内容包括如下方面。

（1）开展水路交通装备能效优化与健康管理技术基础研究，采用能效参数在线监测、数据驱动的机器学习、智能优化模型等方法构建水路交通装备能效优化的计算平台，以满足水路交通装备节能减排和能效提升的需求。利用装备运行状态实时监测数据，开展装备健康状态的剩余寿命评估方法、预测方法和异常检测方法等基础研究，构建装备健康管理的智能云平台，突破水路交通装备预知健康管理的关键科学问题。

（2）针对以整体感知和边缘计算为基础的端-岸-云装备智能运维架构，开展基于数字孪生的物联-云架构体系研究和装备运行状态决策与预测方法的基础研究。采用数据驱动、信息融合、机器学习等智能数据处理分析方法和有限元计算、数值仿真等手段，构建装备从关键部件到整体的数字孪生模型，以装备运行健康状态衰退机理为理论支撑，实现装备物联网信息融合条件下的状态决策与预测的云生态体系。

（3）面向船-岸-云协同需求，基于大数据和数字孪生技术，围绕水路交通装备运营维护与保障的智能化决策支持，构建船-岸-云协同的水路交通装备可视化、一体化、模块化智能运维平台构架，突破水路交通装备的基于可靠性设计的状态监控、关键性能特征提取与预报、性能衰变机理与延寿技术及健康管理、视情维护等关键技术，形成水路交通装备的智能维护与安全应急的方法策略、模型算法、基础软件工具、应急机器人等智能运维核心技术与设备体系。

三、水路交通运输系统状态控制

现代水路交通解析、管理与控制已经不再局限于单一领域、浅层数据的统计分析与挖掘,其范畴已延拓到更为深层的基于跨域大数据、虚拟交通运输系统、人工智能、平行智能相关联的综合分析、评估与决策支持。深度开发数据、算法、算力已成为提升水路交通运输系统精准、高效、智能管控水平的必然途径,未来的研究发展内容包括如下方面。

(1)水路交通运行体征状态全水域深度刻画机制。水路交通全要素立体感知数据本身尚不足以支撑物理水路交通运输系统的数字化推演和预测。虚拟水路交通运输系统是实际水路交通运输系统的软件化定义,不仅是对实际系统的数字化和虚拟化"仿真",也是实际交通运输系统的替代版本,是交通仿真系统在更高层次、更广视野上的拓展。因此,研究水路交通运输系统中各类对象的属性和行为的深度刻画和虚拟映射机制,使交通的计算机仿真升华为交通的计算实验是水路交通运输系统状态描述的基础。

(2)多尺度和多维度高精度交通态势预测机理。水路交通运输系统是复杂巨系统,存在多尺度、多分辨率、长短时、多维度等复杂动态特性。计算实验利用实验设计、数据驱动、知识自动化、机器学习等方法,达到可计算、可学习、可优化、实时性等要求;利用计算推演方法在虚拟交通运输系统上进行各种实验或试验,对复杂交通运输系统的行为进行预测和分析。通过计算实验探究在正常与异常状态下系统各要素的相互作用关系及演化规律,模拟并"实播"系统的各种状态和发展特性。

(3)高非确定性条件下多目标多控制点决策方法。水路交通运输系统存在高度的不确定性和非线性,且往往存在多个管控目标需求和多个控制点。如何根据实际水路交通运输系统感知到的数据、信息,不断地调整、优化人工交通运输系统,使实际交通场景和系统模型化、数字化、虚拟化,进而使实际交通运输系统和虚拟交通运输系统形成一个闭环的数据、信息、控制交互过程,可有力地提升水路交通管理与控制的智能化水平。

第五章　智慧互联管网运输系统

第一节　智慧互联管网的内涵

一、智慧互联管网的内涵

近年来,随着信息技术的发展,以"智慧"冠名的概念在人类社会的多个领域如雨后春笋般涌现。在这个由信息化迈向智能化的时代,具有技术密集特征的油气管道行业提出"智慧互联管网"的概念是顺应时代要求的必然选择。

智慧互联管网的核心内涵是通过具有高度自动化、智能化、数字化及网络化特征的信息管理、决策支持与自动作业系统,满足管道全生命周期内的各种业务需求。该系统具有自动感知、分析、诊断、评价、预测、展示、控制、调节实体管道整体及其各组成部分状态的功能,可以对实体管道全生命周期内的各种作业、工程项目管理、管道运营业务进行自动决策或提供决策支持。为实现这些功能,作为信息管理与决策支持系统的智慧互联管网通常应包括数据采集、数据传输、数据存储、数据处理、运行仿真、管道状态评价、单元状态评价等支持管道生命周期内各种业务和作业的决策工具或辅助决策工具以及相关的数据库、知识库、模型库等组成部分。

智慧互联管网的具体功能、结构、内容因实体管道而异,取决于实体管道的输送介质类型、输送工艺、拓扑结构、设备配置、建设项目管理与施工组织方式、经营模式等多方面因素。智慧互联管网不但适用于新建管道,也适用于改扩建管道或管网,即使对于没有任何改扩建的老旧管道或管网,也可以构建智慧互联管网。然而,由于老旧管道的完整历史数据获取困难,故对老旧管道建立的智慧互联管网系统往往不如新建管道完整。

从智慧互联管网的内涵与外延可知,其本质特征是信息管理和决策,支持因此其必然与互联网、物联网、大数据、云计算、人工智能、专家系统、系统工程等现代信息技术和决策技术密切相关。同时,作为一个具有鲜明专业特色的系统,智慧互联管网也必然包括与油气管道自身的物理特性、工程特性及各种业务需求相匹配的专用软件、数据及配套硬件。通过互联网技术,将不同能源形态和来源的输送网络连接起来,形成一个全面的能源网络。这样可以根据需求和供应情况在不同管道间灵活调配能源,实现能源资源的高效配置。当可再生能源过剩时,智慧互联管网可以将多余能源输送到需要的地方,减少能源浪费,对环境保护和节能减排具有重要意义。

二、智慧互联管网的功能

(一)全方位感知

通过在管道上安装传感器和监测设备,管网系统能够实时感知管道内的各种数据,包括输送温度、压力、流量以及管道结构的完整性等。通过感知数据的传输和处理,运营人员可以实时掌握管道的运行情况,及时发现问题,从而确保管网的安全和稳定运行。

(二)综合性预判

利用历史数据的分析和建模,结合人工智能和大数据技术,管网系统可以预测未来能源的需求和供应情况。这种预测不仅能够帮助管网运营者做出相对准确的决策,合理配置能源资源,还可以适应能源市场的波动,提高管网运行的灵活性。

(三)一体化管控

通过集中式控制系统,将所有管道和相关设备纳入一个中央控制中心。运营人员可以通过这个中心实时监控和管理整个管网的运行情况,包括调整输送流量、控制阀门、监测管道结构的健康状况等。这种一体化管控方式提高了管网的运行效率和安全性,有助于实现管网内各个环节的高效协同。

(四)自适应优化

通过人工智能和自主学习算法,可以根据实时数据和环境变化自主调整管网的运行模式,优化能源的传输路径,以达到最佳的能源利用效率。这种自适应性使得管网能够灵活应对不同的能源需求和变化情况,更好地满足不同用户的能源需求。

第二节　管道数字孪生体

一、概念和背景

数字孪生是充分利用物理模型、传感器、历史运行数据等,集成多学科、多物理量、多尺度、多概率的仿真过程,在虚拟空间中完成映射,从而反映相对应的实体装备的全生命周期过程。关于数字孪生的思想可以追溯到20世纪70年代,当时NASA的阿波罗计划建造了两个相同的太空飞行器,以便镜像太空飞行器的状况。数字孪生最初被称为信息镜像模型,而后于2011年演变为"数字孪生(Digital Twin)"的术语,其主要由三个部分组成:物理空间的实体、虚拟空间的虚拟孪生体、物理空间和虚拟空间之间的数据和信息交互接口。管道数字孪生体是在虚拟空间中构建的数字模型,由管道本身、管道内的流体、站场设备和周围环境组成,与实际管道系统精确映射、行为一致、共同成长、迭代优化。

(一)精确映射

实际管道系统的各个组成部分(管道本身、管道内的流体、站场设备和周围环境)应在数字孪生中得到充分反映,确保数据监测和传输的准确性以及数据和模型的统一和完整。

(二)行为一致

管道数字孪生应集成多物理场、多时空尺度、多概率的仿真功能以及大数据分析功能,能够准确模拟管道运行状态。

(三)共同成长

数字化在管道系统的全生命周期中发挥着重要作用,贯穿着管道设计、施工、运营和维护等多个阶段,可以提高管道系统的效率、安全性和可靠性,减少人为错误和维护成本。

(四)迭代优化

管道数字孪生与实际管道形成数据和决策的闭环系统,并且随着实际管道系统整体感知能力、信息集成能力和自动控制能力的不断提升,数字孪生可以不断优化升级。

二、应用

数字孪生在管道领域的应用主要分为设计阶段、操作阶段、服务阶段三方面。

(一)设计阶段

(1)管道设计优化。传统的管道设计大多采用三维静态设计模型,其弊端很明显,例如对设计人员依赖性高、对于全局性的考虑不够完善。利用数字孪生体进行油气管道设计涉及管道线路、站场、建筑三个方面。管道线路方面包括场地勘察、三维测量以及选线三者协同设计;站场方面包括控制、设备、工艺、电气管路等多专业协同设计;建筑方面包括建筑辅助设施和钢结构协同配合。此外,管道数字孪生体可以帮助设计人员确定最佳工艺或设计参数,如设备类型、设备位置、拓扑结构、运输边界条件等,以最大限度地减少能耗和建设成本。

(2)管道施工建设。在管道施工期间建立管道数字孪生体可以详细获得管道的精确数据,主要包括周边环境数据、设计数据及建设期竣工数据。管道周边环境数据包括基础地理数据和管道周边地形数据,为管道本体建立承载环境。管道设计数据包括专项评价数据、高后果区识别数据及施工图设计数据。管道建设期竣工数据包括竣工测量数据、管道改线数据,并将施工数据、采办数据与管道本体挂接,如高度准确的管道中心线、焊接位置、覆盖深度和沟渠几何形状等。此类数据在管道整个生命周期中均能被访问,方便运行阶段和服务阶段的应用。

(3)虚拟评估和验证。数字孪生可以模拟所设计的工艺、设备以及管道中介质的流动性质,也可以模拟极端运行条件,从而评价设计方案的可行性与可靠性。

(二)运行阶段

(1)实时监测与预警。与传统监测技术相比,数字孪生可以以更好的方式提供实时监测。数字孪生将实时数据与三维模型虚拟集成,并提供一个平台,用于分析来自虚拟(数字)和物理孪生的历史和实时数据。此外,数字孪生的实时监控不仅仅是对物理对象当前数据和状态的呈现,还能通过仿真模型根据当前状态做出预测,如工况识别、设备能耗监测与预测等。

(2)仿真模拟。仿真模型是数字孪生的核心,管道仿真主要涉及管道介质流体的稳态和瞬态仿真以及管道本身的应力、应变仿真等。例如,流体的稳态和瞬态仿真方法分为数据驱动方法和数值计算方法。上述两种方法都有各自的优缺点,如数据驱动方法模拟计算速度快,但是模拟结果可能会违背物理条件;而数值计算方法则严格遵守物理条件建立方程,但是在求解瞬态问题或者多相介质问题时计算速度较慢。而数字孪生仿真方法能使数据驱动模型和物理模型有机结合,从而使虚拟模型与物理实体能够实时双向交互。

(3)工艺或运行优化。基于数字孪生的管网优化,利用 SCADA 系统以及 GIS 建立完善的数据感知系统,采集测量数据、偏差数据、工艺设计数据,通过互操作性接口与其制造环境进行交互,并将这些数据与仿真模型、优化模型集成,可以进行贴合实际情况的管网运行状态仿真,实现动态的迭代优化并根据调度需求或生产计划制订最佳调度方案或控制方案。

同时，由于管道数字孪生体是管道全生命周期数据的承载体，集成了从设计期到运行期的所有数据，因此，它不仅可以通过实时数据的传输完成管网资源调配优化，还可以结合历史数据解决运行工艺参数设定等问题。

（三）服务阶段

（1）安全评估。管道安全评估主要包括管道本体安全、管道中介质的流动安全和管道周围环境安全评估。基于数字孪生的仿真模型，通过实时数据与实时仿真的数据结合，可以进行安全评估分析，从而加强管道防护。例如，对管道本体进行泄漏检测与预警、腐蚀分析与预测、清管预测，对管道中介质的水击现象进行防护或对多相管道介质形成的阻塞流进行控制，对管道周围环境的高后果区监测与预警等。

（2）预测性维护。通常在产品设计阶段，便会确定其安全性和潜在的危险或破坏性，与其制造和使用方式无关。工程师在考虑安全因素时，可能会推荐定期维护，但同时也会增加成本和降低产品性能利用率。数字孪生是对物理实体的实时高保真反映。数字孪生集成多学科模型（几何、机械、材料、电气等）以准确地计算物理对象对其使用环境的响应。预测性维护是从数字孪生发展开始到现在在学术研究和工业实践中最流行的数字孪生应用。然而，目前的应用主要集中在高价值设备上，许多已有研究忽略了设计过程和制造过程对产品性能的影响。

管道设备的组成涵盖电气设备、测量设备、减振设备等多个方面。这些设备的安全直接影响整条管道线路的稳定运行，因此，确保管道设备的安全至关重要。基于数字孪生的管道设备维护可以通过实体设备的检测系统和历史运行状态数据对数字孪生体加以更新，进而实现多功能集成仿真，对设备健康寿命进行准确评估并制订合适维护作业计划。这些功能可以减少计划外的停机维护操作，从而优化运营成本。

三、未来发展方向

除上述应用外，管道数字孪生在未来的发展方向可以包括以下应用领域。

（1）仿真技术。基于机理的仿真模型在鲁棒性和可解释性方面具有优势，有助于在工程实际中使用；而数据驱动的仿真模型可以学习统计依赖关系，且运算速度比机理仿真模型更快。将两者融合之后，仿真模型不仅具备可解释性，还能保持较低的计算成本，能够为自适应优化和实时决策支持提供坚实基础。

（2）增强现实和虚拟现实。利用增强现实和虚拟现实技术，将数字孪生模型与实际管道系统的视觉信息进行融合，实现更直观、沉浸式的管道运营和维护体验。操作人员可以通过头戴式显示设备或平板电脑，直接在现实环境中查看管道系统的状态并操作指导，提高工作效率和准确性。

（3）区块链技术。将区块链技术应用于管道数字孪生中，可以实现管道运营数据的安全共享和可追溯性。区块链可以确保数据的不可篡改性和去中心化存储，提高数据的可信度和安全性，促进不同利益相关方之间的合作与交流。

（4）人机协同与自动化。通过将管道数字孪生与自动化技术相结合，实现人机协同操作和管道系统的自动化控制。自动化技术可以根据数字孪生模型提供的数据和分析结果，实时调整管道系统的操作参数，最大限度地提高运行效率和安全性。

（5）可持续发展与环境监测。在管道数字孪生中加入环境监测模块，实时监测和评估管道系统对环境的影响以及管道系统本身的环境适应性。通过优化管道系统的设计和运营，减少对环境的负面影响，促进管道运营的可持续发展。

第三节　管道智能化运营

　　管道智能运营是指利用先进的技术、数据分析和智能算法，对管道系统进行实时监测、数据采集、分析和优化，以提高管道运营的效率、可靠性、安全性和环保性的一种管理方法。这种智能运营模式依赖于实时监控和数据分析，能够有效地预测潜在问题和诊断故障，进而优化管道系统的运行参数。该方法不仅可以显著降低运营风险，减少能源消耗，也能提高管道运输的效率和安全性。管道智能运营主要包括数据采集与监测、数据分析与预测、优化调度与运行、安全运行与维护、远程监控与控制等方面。

　　优化调度与运行通过对管道系统的实时数据进行分析和优化控制，实现管道运输的高效、安全和经济运行。优化调度与调节的基础是实时数据采集与监测，通过各种传感器和监测设备，收集管道系统中的流量、压力、温度、液位等关键参数的数据。这些数据会被实时传输至智能调度与控制系统，使运营人员能够实时了解和监控管道的运行状态。接下来，利用智能调度与控制系统对采集到的数据进行分析和处理，通过大数据分析、机器学习等智能算法，预测未来可能发生的问题，例如管道堵塞、压力异常、泄漏等，从而在问题发生之前采取预防措施。基于数据分析和预测结果，智能调度系统通过各种算法优化管道运行计划和调度策略。比如，在高峰时段调整流量和压力，以满足需求并减少能耗和运营成本。此外，系统还可以优化多个管道之间的配合和协调，以确保整体运输效率最大化。此外，管道系统在运行过程中会受到许多因素的影响，例如气温、流量波动、用户需求变化等。智能调度与控制系统能够根据实时数据动态调节管道参数，如阀门开启度、泵站运行状态等，以适应不断变化的运行环境和需求。

　　管道智能安全运维是通过智能化技术和方法，全面管理管道系统的安全和维护，包括实时监测与故障诊断，通过传感器采集管道运行数据，及时诊断潜在故障。安全预警与报警功能能够在管道系统出现异常时发送警报通知。此外，安全控制与应急处理功能可防止超压、超温等危险情况，并启动应急措施以应对紧急状况。安全风险评估与管理功能可帮助分析潜在风险，制订管理措施，防范潜在问题。防止泄漏与事故响应功能可监测泄漏情况并采取应急措施。定期维护与检修功能可根据数据分析结果制订合理维护计划，以确保管道运行稳定可靠。通过综合运用智能技术，管道系统的运行安全性、可靠性和环保性能得到有效改善。

　　远程监控与控制利用现代通信技术，使运维人员可以随时随地对管道系统进行监测和控制。在远程监控中心，智能系统对传感器和监测设备采集得到的数据进行处理和分析，生成管道系统的状态信息和运行趋势。运维人员可以通过计算机、智能手机或其他终端设备远程访问监控中心，实时了解管道运行状况。同时，远程监控系统具备报警功能，一旦发现异常或不满足安全限制条件，系统会自动发送警报通知运维人员。除了远程监测，远程控制也是远程监控的重要组成部分。运维人员可以通过远程控制系统对管道设备进行调节和操作，如控制阀门、启停泵站等，从而对管道运行进行实时干预和调整。远程监控的便利性使得运维人员可以及时响应管道系统的变化和异常情况，从而快速做出决策并采取应对措施，确保管道系统的安全、高效运行,降低运维成本,并提高整体管道系统的稳定性和可靠性。

第四节　新介质管输系统

为了深化能源体制改革、增强能源供应链安全性和稳定性,在管道输送领域,我国将基于油气管输技术,大力发展氢能、二氧化碳、液化天然气(LNG)、浆体、轻烃及海洋矿产资源等特殊介质管道,从而拓展在役油气管网运输边界、增加油气管网输送的灵活性。

一、氢能管道输送

推动以氢能系统为代表的新型能源系统发展是应对全球气候问题、推动经济社会全面绿色转型的重要方式。然而氢气产业链成本居高不下,其中运输成本约占"制、输、储、用"总成本的30%~40%,已成为制约产业规模化发展的主要瓶颈之一。因此,发展经济高效的氢能管道输送方式是关键思路。

(一)纯氢/掺氢管道输送

我国氢能源的分布和输送方向与天然气主干管网高度吻合,因此天然气掺氢输送是氢能产业发展初期实现氢气低成本、大规模、跨区域输送的重要手段。天然气和氢气在物性上具有一定的相似性,其压缩、储存、管输、燃烧等基础设施对氢气均有一定的适应性,这为开展纯氢/天然气掺氢输送奠定了良好的基础。但氢气的掺入势必对已有天然气基础设施的运行工况产生影响,需要针对纯氢/掺氢天然气管道涉及的主要环节开展技术分析。

在纯氢/掺氢对管材及其焊接相容性、性能与损伤的影响方面,氢气使得天然气管道缺陷不稳定程度增加,材料性能下降,缺陷尺寸增长过程加剧。我国目前在役的高钢级天然气管道材质主要为X80管材,由于高钢级管道材料韧性较中低钢级更低,同时高钢级管道长期处于更高的应力状态使得高钢级管道在氢原子的渗入条件下性能劣化更为明显,此外,氢致管材损伤的失效机理及其极限状态尚不明确。

在纯氢/掺氢管道输送系统的监检测与动态风险评价方面,目前管道在线监检测技术多用于长输油气管道,在管道内检测技术中,漏磁检测是国内外检测金属损失最普遍的技术,但漏磁很难检测裂纹;在管道泄漏监测技术中,当前国内外开发的监测系统针对氢气管道的微泄漏不敏感,在氢气管道的应用效果还有待验证;在管道监检测基础上,国内外开展了管道及关键设备的寿命预测与动态风险评价研究,但试验主要针对压力范围为5.5~13.8MPa的纯氢或低掺氢条件,相关研究仍处于初步阶段。

(二)储氢液体管道输送

除了纯氢/掺氢高压气态管道输送形式,氢能储运还可借助有机液体氢化物的形式实现管道输送。由于有机液体氢化物的性质和燃料油类似,可在常温常压下稳定储存,可利用管道进行运输和加注,因此在储存、运输、维护等方面更加安全方便。液态有机氢载体是有机液体储氢技术的核心,受储氢密度、催化剂、脱氢反应条件、可重复利用性、节能环保等因素制约,目前只有少数有机液体材料被商业化应用,主要包括碳环化合物、杂环化合物以及萘等材料。有机液体储氢技术要想实现大规模商业化应用还需要解决很多难题,包括储氢性能下降严重、脱氢反应温度及能耗偏高以及脱氢催化剂研发难度大等。此外,氨作为一种高效、安全的氢能载体也逐渐受到国际社会的高度关注,以液氨为储氢载体的长距离管道输送技术已经在全球范围内实现工程应用。

二、二氧化碳管道输送

目前二氧化碳驱强化采油技术成为二氧化碳封存的最佳选择之一,而管道输送则以输送量大、输送距离远的特点,在二氧化碳长距离输送中具有经济便捷的优势。

根据输送二氧化碳介质的不同相态,管道输送可分为气态输送、一般液态输送、密相输送和超临界输送。对于二氧化碳远距离输送,密相输送和超临界输送是相对合理的输送方式,其中超临界输送方式的技术性和经济性明显优于其他方式,而二氧化碳在管道系统中的输送状态取决于温度和压力参数。

采用超临界态输送二氧化碳,虽然提高了输送效率,但较高输送压力下面临不同于普通气体管道的输送风险。与天然气相比,二氧化碳在管道超临界态输送运行范围内的物性变化可能更剧烈,将其看作理想气体会导致水力计算结果偏差较大;二氧化碳溶于水会生成碳酸,有可能会进一步生成水合物;当泄压时,二氧化碳经泄漏口或放空管直接进入大气,由于巨大的压差和强烈的节流作用,会发生温度骤降,过低的温度可能会对管道及设备产生伤害。

国内外研究人员针对二氧化碳管道输送系统开展了相关研究,得到输送压力、温度等参数的变化规律,确定了合理的输送工艺参数,验证了二氧化碳管道输送方式的经济性优势。此外,研究人员还建立了管道优化模型,对管道运行参数、中间站距离、管材等级相关信息进行了优化设计。建设二氧化碳管道输送系统是一项十分复杂的系统工程,当前技术仍处于初步阶段。

三、LNG 管道输送

根据《中国天然气发展报告 2021》预测,2030 年我国天然气需求供应缺口的 65% 将由海上进口 LNG 满足。LNG 到站后通过装卸设施储存在站内,而后通过槽车或气化后进入管道的方式实现陆上运输,在新的能源背景下,可进一步探索低温液态管道输送技术。

(一)低温软管输送

在 LNG 的装卸过程中,低温软管由于其柔韧性好、耐腐蚀性强、隔热性能优异,且能承受因海流、浮船运动和安装导致的大变形等优点,相较传统的刚性装卸臂,更适宜海上 LNG 输送。然而,耐低温柔性管道的结构设计与材料选型难度大,加工制造与性能测试技术难度高,泄漏监测、超低温密封及连接困难,并且低温软管输送系统安全性要求高,需要在开展海洋低温输送系统研究时,以系统性、安全性、可靠性、适用性和经济性作为考核目标,并通过科学细致的数值分析,确定外输软管的设计条件和设计参数。

(二)LNG 长距离管道输送

相比于气化后管道输送,LNG 长距离管道输送在同等输量下管径更小,管输能量密度更大,可节省埋地敷设的管廊空间。同时,该方式可省去 LNG 到站后的气化环节,降低输送过程中的能耗费用以及单位周转量的碳排费用。

然而,该输送方式对保冷材料、设施设备、储运工艺以及安全维护等方面的要求均相较常规输气管道更高。在保冷材料方面,影响 LNG 长输管道传热及保冷效果的因素众多,作用机理复杂,复合传热规律尚不明确;在设施设备方面,国内技术水平已达到国际类似规格同等水平,但仍需在泵水力技术、罐内泵底阀的配套研发以及耐低温的材料研发方面展开研究;在储运工艺方面,国内 LNG 储罐系统中部分保冷及仪表设备仍未实现国产化,管道停输、保冷失效等特殊工况下管道不稳定机制仍不明确;在安全维护方面,监检测、风险评价及应急管理体系尚未形成。

此外,制约 LNG 液态管输发展的因素还有经济性。为此,可充分发挥 LNG 低温管道输送的优势,通过与电力输送相结合,降低综合能源系统输送的损耗率,提升输送效率,开展低损耗、大容量、小通道的综合能源输送技术研究,助力高效集约的管输技术发展。

四、浆体管道输送

利用管道输送固体矿物的浆体(矿浆、煤浆、矿渣等)已有数十年历史,其应用场景也在不断拓展。浆体管道输送是将不因掺水而影响性质的特定大小颗粒制成特定浓度的浆液后,通过泵送使其颗粒保持悬浮状态并在管道中以经济流速实现长距离输送。近年来,我国在长距离浆体管道输送工程方面开展了大量研究,浆体流动特性受到运输物体的颗粒浓度、运输过程中流体的温度以及流体的化学特性等因素的影响,但目前采用的试验方式还不能够适用于各种复杂的情况,相应研究成果也不能够大范围应用。此外,浆体管道所输送的固体物料,以及管道事故泄漏后可能发生的水合作用式结晶,均为堵管的重要原因,当前相关研究主要集中在泄漏和堵塞的预控预警技术、事故点的检测定位技术、事故的应急预案与处理技术等方面。

与传统油气管道相比,浆体输送管道通常没有火灾、爆炸、低温冻伤、高温烫伤等危险,不会造成大范围的人员伤害,但仍存在磨蚀、腐蚀、堵塞、泄漏及水击等风险。因此,对浆体输送管道进行管道完整性管理具有必要性和迫切性。2020 年 9 月,由陕西神木到渭南的神渭输煤管道试运成功,是我国浆体管道运输发展的里程碑,该管道全长 727 km,输送浓度为 51%~53% 的煤浆,年设计输煤能力 1000 万 t。

五、其他介质管道输送

通过管道输送的特殊介质还包括轻烃及海洋矿产资源等。轻烃是油田生产的主要矿产品之一,也是重要的石油化工原料,主要由乙烷、液化石油气和稳定轻烃组成。目前,油田轻烃运输主要采用管道输送方式,为保障轻烃管道的安全运行,三个问题至关重要,分别是轻烃管输流动保障、轻烃管道顺序输送、油田轻烃输送管道安全距离。

浩瀚的海洋蕴藏着资源量巨大的多金属结核、多金属硫化物、富钴结壳、深海稀土和天然气水合物等矿产资源。随着长距离垂直管道运输技术的长足发展,管道输送技术成为实现海洋矿产资源从海底向水面船只输送的主要技术途径,为提升管输系统监测响应和水下运维技术水平,需要加强海洋资源管输系统整体设计,突破深海管道、阀组、增压设备、检测设备等核心技术装备研发和制造瓶颈。

第五节　面向能源互联的管网系统

能源互联网是以电能的利用为核心,充分结合可再生能源发电技术、互联网信息技术及区块链等新兴技术,融合电力网络、天然气网络、供热/冷网络等多能源网以及电气交通网而形成的异质能源互联共享网络,是减少环境污染、促进清洁能源消纳、提高能源使用效率的重要途径。近年来,在技术革新和气候政策的导向下,管网系统在能源互联网中的作用愈发重要,应用不断深化,与其他能源系统的互补融合不断增进,如图 10-5-1 所示。

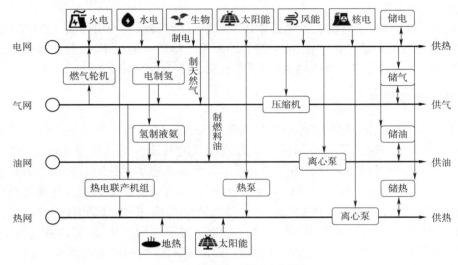

图 10-5-1　能源互联管网示意图

一、能源互联管网系统的应用

(一)城市供电

随着能源互联网的发展和"双碳"目标的提出,可再生能源发电量快速增长,其中以风力发电、太阳能发电为主,但此类发电技术受能源禀赋限制,具有波动性、周期性、间歇性的特点,难以高效利用。对此,利用天然气作为灵活电源进行气电调峰是保障电力稳定供应的重要手段,可用于弥补可再生能源发电由于受自然环境约束而无法长时间持续发电的不足。天然气管网通过与可再生能源深度融合,能够为以可再生能源为主体的新型电力系统提供重要支撑,保障能源系统韧性、安全性和稳定性。

近年来,中国东部地区气电装机规模不断扩大。作为煤炭的竞争能源,天然气发电在火电中的占比逐渐增长。燃气电站可以承担与燃煤电站相同的腰荷、峰荷发电任务,与传统的燃煤发电相比,燃气电站具有诸多优点,如天然气发电更清洁、负荷调节范围更宽、响应速度更快,因此其更加适合电网调峰。

(二)城市供热

能源供给、转化及消费是能源互联网中的能源流,也是整个技术框架的最终优化协调对象,多种能源产生的电、热、冷等能量形式通过输电电网、管网等运输通道最终抵达用户侧,满足用户的用能需求。

在能源互联管网系统中,天然气主要用于日常生活、供热、发电、交通等领域。风电、光伏能源以及天然气等一次能源先由能量枢纽整合,然后通过能量枢纽中的热电联产机组、燃气锅炉、电转气设备以及电锅炉等能源转化设备对能量形式进行转化,最后以电、热、气多种能量形式通过输出侧输出满足用户负荷需求。其中,热电联产机组组成主要包含燃气轮机和余热锅炉,其优点在于可以同时产生电能和热能,既能满足电负荷需求,又能保障热负荷需求,是常用的能源转化设备。

(三)城市供气

城市燃气管网主要负责接收来自多路干线管网的天然气,同时向多种类型用户输气,满足地区燃气销售公司、化工企业、燃气发电厂等不同用户的用气需求。目前,经过数十年的发展,中国大多数城市已经建立了管道燃气设施。城市燃气系统由干线高压天然气管道供气,高压天然气经多个门站、调压站加臭降压后,进入城市燃气管网向各类用户供气。不同于干线管网,城市燃气管网按压力等级分为高压、次高压、中压、低压管道,是一个多气源、多用户、多压力级制的复杂管网系统。

此外,城市管网也兼具储气调峰功能。在无法建设地下储气库的地区,城市调峰主要由高压管道、高压球罐及LNG调峰三种方式来解决。目前,中国下游用户普遍缺少储气调峰设施,故季节性调峰、日调峰及重点大型用户的小时调峰基本依靠调节上游的天然气供气量来解决,城市管网调峰则主要负责居民燃气的小时调峰。

随着"双碳"目标的提出,能源互联网技术、P2G(Power to Gas)技术为能源的高效利用提供了解决措施。P2G技术将在天然气管网与电网之间构建一座双向桥梁,天然气可通过气电发电,当可再生电力富余时,也可以通过P2G技术将电能转化为甲烷(称其为可再生天然气),可再生天然气通过调压、过滤、计量等处理后,可直接就近注入当地天然气管网。

(四)可再生能源的利用

对于分布式可再生能源,有效的利用方式是实施分布式的"就地收集、就地存储、就地使用"策略。P2G技术能够促进可再生能源的高效利用和管理,将电能转换为天然气或氢气,将得到的气体存储在天然气/氢气管网或存储设备中,在可再生能源电力高峰时期进行转化存储,在电力短缺时供能,从而提高系统对可再生能源的消纳能力。

氢能可作为一种新型的储能形式,通过"电—氢—电"的转化方式帮助大规模消纳可再生能源。为了更好地帮助可再生能源实现跨季节、跨地域储能,氢能的储运也是能源互联网中的重要环节。利用管道运输规模大、距离远的优势,在管道输送天然气时按比例掺入氢气,是目前氢气大规模输送的实现方式之一。输送至终端的掺氢天然气一方面可进入城市燃气管网作为燃气,另一方面也可将其中的氢气分离使用,但还需提升相关技术的经济性。

二、前沿与未来

(一)管网公平开放

管网作为天然气输送系统的主体,其公平开放程度直接影响天然气市场与能源互联网的发展进程。2019年5月24日,国家发展和改革委员会、国家能源局、住房和城乡建设部、国家市场监督管理总局联合印发了《油气管网设施公平开放监管办法》(简称《办法》),为天然气管网的公平开放提供了行动指南。国家管网集团于2019年12月9日在北京正式成立,为油气管网系统公平开放奠定了平台基础。2022年4月1日,国家管网集团举行开放服务及交易平台上线发布会,标志着国家管网集团开放服务交易平台正式运行。在未来,随着能源互联管网系统的不断发展,管网公平开放程度有望进一步扩大,从而提高现有管道利用率,助力绿色能源的经济低碳输配。

(二)天然气管网储能

实现各类能源之间的双向转换是能源互联网多能互补的基础。电网产生的未消耗电能需要转换成热能、化学能等其他能量形式进行大规模存储,以此实现电网与天然气管网、供热网等能源网的连接。目前,大规模储能方式有热储能、氢储能、电化学储能以及利用 P2G 技术将电能转化为天然气存储。在众多储能方式中,除天然气外,其他储能方式均受到一定限制,无法达到网络层面。因此,既要满足大型电网储能的储量需求,同时实现灵活的网络化储能,天然气储能是首选。

(三)深化油气管网融入能源互联网

在未来较长一段时期,化石能源仍是中国能源利用的主体。随着能源革命的不断推进,预计到 2035 年,油气供应在中国一次能源供应体系中的占比将逐渐由 1/4 提升到 1/3,对维持国民经济社会稳定发展的作用愈发重要。油气管网将为能源互联网实现可再生能源消纳、智慧能源建设发挥积极作用,成为构建能源互联网重要的组成部分之一。

能源互联网在推进能源生产和消费革命过程中,应立足于整个能源系统的升级,将互联网技术与化石能源及可再生能源的生产、运输、存储、销售及贸易深度融合。油气管网与电网、互联网一样具有灵活、可靠的网络化结构和实时互动的技术特征。相似的运行方式表现出来的相仿的组织模式和市场特点,使得油气管网更易融入能源互联网的发展。因此,现阶段构建的能源互联网应以中国能源结构为基础,融合现有的电网和油气管网,与互联网共同构建"能源广域网",融合城市配气网、配电网、微电网、城市热网等构建"能源局域网",采用分散自治协同模式,实现能源按需传输和动态平衡。

(四)"横""纵"双向优化能源互联管网系统

未来,能源互联管网系统的发展需要实现多种能源纵向优化配置和横向多能互补,构建能源产业发展的新业态。其中,横向多能互补需要以历史和实时生产、输送及交易数据为基础,以互联网技术为手段,并合理高效利用现有管网系统,加强能源间的互补与融合,突出各类能源之间的相互协调,实现跨能源种类的优势互补。例如,通过能源互联网将实时掌握用户电力、热力需求情况,及时启动燃气热电联产机组,抽调油气管网内的天然气并转化为电力和热力,及时满足用户需求,提高能源综合利用效率。

纵向优化配置是对各种能源的生产、运输、存储、贸易、用能等环节,实施能量流、信息流和业务流高度一体化管理。支持能源纵向运营优化,提升资源配置水平。例如当前中国可再生能源发电弃风、弃光现象仍然严重,2017 年分别达到 12% 和 6%,造成能源浪费。能源互联网实时掌握可再生能源发电上网的波动情况,充分利用天然气管网便捷的优势以及管容进行气电调峰,既可稳定上网电力负荷,又可实现天然气的优化配置,从而实现天然气与可再生能源互驱共进,进一步提高清洁能源利用比例。

本篇参考文献

[1] 卢春房,马成贤,江媛,等.中国车路协同产业研究与发展对策建议[J].中国公路学报,2023,36(03):225-233.

[2] 吴祥明.磁浮列车[M].上海:上海科学技术出版社,2003.

[3] 丁叁叁.时速600公里高速磁浮交通系统[M].上海:上海科学技术出版社,2022.

[4] 张昆仑.高速磁浮铁路技术[M].北京:中国铁道出版社,2021.

[5] 谢海林.中低速磁浮交通系统工程化应用—长沙磁浮快线[M].北京:中国铁道出版社,2018.

[6] 魏庆朝,孔永健,时瑾.磁浮铁路系统与技术[M].2版.北京:中国科学技术出版社,2010.

[7] 翟婉明,赵春发.现代轨道交通工程科技前沿与挑战[J].西南交通大学学报,2016,51(2):209-226.

[8] 徐飞,罗世辉,邓自刚.磁悬浮轨道交通关键技术及全速度域应用研究[J].铁道学报,2019,41(3):40-49.

[9] 翟婉明,赵春发.磁浮车辆/轨道系统动力学(Ⅰ)—磁/轨相互作用及稳定性[J].机械工程学报,2005,41(7):1-10.

[10] 赵春发,翟婉明.磁浮车辆/轨道系统动力学(Ⅱ)—建模与仿真[J].机械工程学报,2005,41(8):163-175.

[11] 马卫华,胡俊雄,李铁,等.EMS型中低速磁浮列车悬浮架技术研究综述[J].西南交通大学学报,2023,58(4):720-733.

[12] 刘士苋,王磊,王路忠,等.电动悬浮列车及车载超导磁体研究综述[J].西南交通大学学报,2023,58(4):734-753.

[13] 马光同,杨文姣,王志涛,等.超导磁浮交通研究进展[J].华南理工大学学报(自然科学版),2019,47(7):68-74.

[14] 张军.现代空中交通管理[M].北京:北京航空航天大学出版社,2005.

[15] Joint Planning and Development Office. Concept of Operations for the Next Generation Air Transportation System,Version2.0 [R]. Washington DC:JPDO,2007,3.

[16] Federal Aviation Administration. Next generation air transportation system integrated plan [R]. Washington DC:FAA,2004.

[17] Federal Aviation Administration. NextGen implementation plan [R]. Washington DC:FAA,2011.

[18] European Organisation for the Safety of Air Navigation. SESAR consortium D1 Air Transport Framework. The Current Situation. Version 3.0[R]. Brussels:EUROCONTROL,2006.

[19] 吕小平.空中交通管理文集[M].北京:航空工业出版社,2009.

[20] 张军,张彦仲.空管航空电子技术新进展:2011高技术发展报告[R].2011.

[21] 周其焕.机载电子设备面向CNS/ATM系统的进展[J].中国民航大学学报,2001,19(3):6-10.

[22] 程学军.新航行系统及其在航空电子系统中的应用[J].电讯技术,2009,49(5):101-107.

[23] Joint Planning and Development Office. NextGen Avionics Roadmap. Version 1.2[R]. Washington DC:DTIC,2010.

[24] European Organisation for the Safety of Air Navigation. Study Report on Avionics Systems for

2011-2020,Version 2.2[R].Brussels:EUROCONTROL,2007.

[25] 伊恩·莫伊尔,阿伦·西布里奇.民用航空电子系统[M].北京:航空工业出版社,2009.

[26] 霍曼.飞速发展的航空电子[M].北京:航空工业出版社,2007.

[27] 熊华钢,王中华.先进航空电子综合技术[M].北京:国防工业出版社,2009.

[28] 潘诚,韩宣宗.民航空管通信网可靠性初探[J].信息安全与技术,2012,003(010):21-23,38.

[29] 高保生,朱良彬.无人机地空链路信道特性与宽带数据传输[J].无线电工程,2011,41(9):4-6.

[30] 姜恩勇.航空机场场面宽带移动通信系统在民航的应用[J].无线互联科技,2015(14):7-8.

[31] 宁津生,姚宜斌,张小红.全球导航卫星系统发展综述[J].导航定位学报,2013(001).

[32] 杨元喜,李金龙,徐君毅,等.中国北斗卫星导航系统对全球PNT用户的贡献[J].科学通报,2011,56(21):1734-1740.

[33] 中国民用航空局空中交通管理局.中国民航空管现代化发展战略CAAMS[R].2016.

[34] National Aeronautics and Space Administration. Strategic Implementation Plan[R]. Washington DC:NASA,2019.

[35] International Air Transport Association. Aircraft Technology Roadmap to 2050[R]. Montreal:IATA,2021.

[36] 中国民用航空局.智慧民航建设路线图[R].北京:中国民用航空局,2022.

[37] 朱永文,陈志杰,蒲钒,等.空中交通智能化管理的科学与技术问题研究[J].中国工程科学,2023.25(5):174-184.

[38] 胡明华.空中交通流量管理理论与方法[M].北京:科学出版社,2010.

[39] 胡明华,张洪海.世界空管概况及发展趋势[M].北京:科学出版社,2017.

[40] 严新平.内河新一代航运系统构建的思考[J].中国水运,2021(05):6-8.

[41] 严新平,李晨,刘佳仑,等.新一代航运系统体系架构与关键技术研究[J].交通运输系统工程与信息,2021,21(05):22-29+76.

[42] 严新平,刘佳仑,范爱龙,等.智能船舶技术发展与趋势简述[J].船舶工程,2020,42(03):15-20.

[43] 宁昶雄,张雪琴,严新平,等.船舶电力直驱推进装置状态监测和智能诊断[J].哈尔滨工程大学学报,2023,44(04):527-537.

[44] 张侨禹,宋汉江,李良才,等.基于数字孪生的舰船动力系统智能运维技术[J].中国舰船研究,2022,17(S1):73-80.

[45] 郑洁,柳存根,林忠钦.绿色船舶低碳发展趋势与应对策略[J].中国工程科学,2020,22(06):94-102.

[46] Yu W,Jiaming Z,Shuo X,et al. Resource allocation of offshore ships' communic ation system based on D2D technology[J]. Systems Science & Control Engineering,2022,10(1).

[47] 罗睿,李晓雨.电子航道图标准建设与应用[J].测绘地理信息,2022,47(01):56-58.

[48] Krzysztof N,Mariusz W,Piotr S,et al. Assessment of ship position estimation accuracy based

on radar navigation mark echoes identified in an Electronic Navigational Chart[J]. Measurement,2020.

[49] Jin X,Baozhu J,Xinxiang P,et al. Hydrographic data inspection and disaster monitoring using shipborne radar small range images with electronic navigation chart.[J]. PeerJ. Computer science,2020,6.

[50] 徐晓帆,王妮炜,高瓔园,等.陆海空天一体化信息网络发展研究[J].中国工程科学,2021,23(2):39-45.

[51] 曹菁菁,雷阿会,刘清,等.虚实融合驱动智慧港口发展研究[J].中国工程科学,2023,25(03):239-250.

[52] Pagano P,Antonelli S,Tardo A. C-Ports:A proposal for a comprehensive standardization and implementation plan of digital services offered by the "Port of the Future"[J]. Computers in Industry,2022,134:103556.

[53] 陈德山,范腾泽,元海文,等.内河航运系统监管技术现状与展望[J].交通运输系统工程与信息,2022,22(06):1-14.

[54] 吴长春,左丽丽.关于中国智慧管道发展的认识与思考[J].油气储运,2020,39(04):361-370.

[55] Wanasinghe T R,Wroblewski L,Petersen B K,et al. Digital twin for the oil and gas industry:Overview, research trends, opportunities, and challenges[J]. IEEE access,2020,8:104175-104197.

[56] 李柏松,王学力,王巨洪.数字孪生体及其在智慧管网应用的可行性[J].油气储运,2018,37(10):1081-1087.

[57] 黄维和,沈鑫,郝迎鹏.中国油气管网与能源互联网发展前景[J].北京理工大学学报:社会科学版,2019(1):6.

[58] 宫敬,殷雄,李维嘉,等.能源互联网中的天然气管网作用及其运行模式探讨[J].油气储运,2022(006):41.